냉전과 새마을

냉전과
동아시아 냉전의 연쇄와 분단국가체제
새마을

허은 지음

창비
Changbi Publishers

 이 책을 쓰며 역사는 흐르는 것이 아니라 켜켜이 쌓이는 것이라는 생각이 들 때가 많았다. 겨울이 오면 고향 바로 옆 한강 둑을 향해 드넓게 펼쳐진 벌판에서 공수부대원들이 강하훈련을 했다. 어린 눈에 낙하산을 활짝 펼치며 내려오는 공수부대원의 모습이 그렇게 멋질 수 없었다. 바둑판처럼 잘 정리된 벌판은 일제가 한강변을 간척하여 만든 식민지 농장이었다. 농장의 소작농으로 삶을 이어가던 이들이 많았던 아랫마을은 우연인지 필연인지 사회주의를 지지하는 이들이 많았고, 1950년 10월 광기 어린 집단학살이 벌어졌다. 인민군 점령통치에 참여한 이들이 국군이 진주하자 오히려 앞장서 좌익으로 분류된 일가족을 몰살했다. 두 살, 네 살의 어린아이도 있었다. 그리고 이 상황은 같은 친인척 관계로 엮인 윗마을 주민들을 짓눌렀다. 정전 후 반공포로가 마을 공동체의 일원이 되었고, 야만적인 학살의 공포와 분노를 뒤로하고 입대한 청년들이 돌아와 가장이 되어 두 어깨가 한껏 무거워질 무렵 마을에서는 베트남전에 청년을 보내야 했다. 1970년 중반 무렵 새마을운동으로 집집마다 초가지붕이 슬레이트 지붕으로 바뀌고 마을 입구가 시멘트로 포장되며 넓혀졌다. 그러나 분단과 전쟁이 마을에 드리운 무거운 침묵은 있는 듯 없는 듯 거기 있었다. 일가족이 몰살될 때 학살을 면해 윗마을로 이주한 꼽추할아버지의 어두컴컴한 집은 새마을운동 와중에도 마치 존재하지 않는 곳처럼 무너질 듯이 그 자리에 버티고 있었다. 3·1운동 때 횃불이 타올랐던 마을 마루터기에 향토예비군 무기고가 들어서고 동네 청년들은 벌판을 가로질러 서치라이트 비추는 강변 초소에서 무장간첩의 침투를 막기 위해 야간근무를 섰다. 1990년대 이후 고향에도 공룡처럼 커지는 강 건너 서울을 위해 베드타운 건설의 바람이 불었다. 아파트들에 덮여 이제는 옛 모습을 찾기조차 어려울 정도로 변했으나, 공동체의 아픔과 희망을 품으며 새로운 생명을 잉태해왔던 고향은 여전히 거기에 있는 것 같다. 무엇은 썩어 역사의 토양이 되었고, 무엇은 썩지 못한 채 그 자리에 있을까?

이 책은 '새마을'에 관한 역사인식의 재구축을 시도한다. 많은 한국인들은 '근면·자조·협동'이라는 용어와 '잘살아보세'라는 노랫소리를 들으면 자동적으로 박정희 정부가 대대적으로 추진한 '새마을운동'을 연상하게 된다. 특히 1970년대 농촌에서 살았던 이들이라면 마을길이 넓혀지고, 초가지붕이 개량되고, 마을에 새마을공장이 들어서던 모습을 또렷하게 기억하고 있을 것이다. 새마을운동은 당시 마을의 변화를 함께 만든 많은 이들에게 쉽게 지워지지 않는 소중한 기억으로 남아 있다.

그러나 새마을운동이 불러내는 역사상은 박정희 정부가 건설하고자 한 새마을을 온전하게 보여주지 않는다. 이른바 '10월유신'을 선포한 박정희와 친위세력은 단지 잘살기운동을 벌이는 새마을이 아니라 새로운 냉전·분단 국가체제의 기반이 되는 새마을을 건설하고자 했다. 지금 새마을운동이 불러내는 이미지는 냉전·분단시대가 만든 새마을의 한 측면일 뿐이다. 이 책의 목적은 '새마을'과 이에 기반한 신체제의 등장을 거시 역사적으로 고찰하여 냉전·분단시대의 분단국가체제에 관한 역사 이해를 심화하는 데 있다.

지금 새삼스럽게 왜 새마을을 고찰해야 할까? 책을 써가며 내내 한 자문이다. 하나는 학문적인 이유이다. 지금까지 새마을운동과 관련된 새마을의 이미지는 냉전과 분단, 억압적인 지배체제와 철저히 절연된 1970년대 역사상을 그린다. 이는 동족상잔이자 세계대전인 전쟁을 3년간 치른 뒤 양 진영의 거대 분단선을 끌어안고 살아야 했던 한국인의 역사와 거리가 멀다. 또한 이는 동아시아 냉전과 불가분의 관계를 맺으며 전개된 한국현대사를 휴전선 이남에 국한되어 바라보게 만들고, 개항 이래 식민지배와 분단의 대립을 거치며 한인이 밟아왔던 근대화를 온전히 이해하는 것도 제약하기 때문이다. 무엇보다 새마을은 한반도를 포함한 동아시아 냉전의 결과물이기에 새마을에 관한 재고찰이 필요하다.

　다른 하나는 현재적인 이유이다. 한국사회는 6월항쟁 이래 촛불혁명까지 30년이라는 탈냉전기를 거치며 낡은 것을 보냈으나 새로운 것을 아직 만들어가지 못하고 있다. 신자유주의의 파고에 이어 기후위기와 코로나 재난까지 겹치고 있으나, 도시 서민은 아파트 공화국에서 파편화된 채 힘겨운 생존투쟁을 벌여야 하는 상황이며, 지방의 농촌은 인구감소와 고령화 앞에 사멸하기 직전이다. 신자유주의 광풍에서 힘을 얻은 그릇된 승자독식의 논리가 정규직/비정규직 갈등, 젠더 갈등, 세대 갈등을 폭발 직전까지 만들어왔다. 여기에 한반도는 여전히 분단된 채 미국과 중국의 지정학적 완충지대에서 벗어나지 못하고 있다. 4차 산업혁명과 AI시대의 새로운 파고에 빨리 올라타라는 소리는 사방에서 들리나 한국사회가 추구하는 인간다움이 무엇인지 그리고 이를 위한 공동체의 모습은 무엇인지 참으로 그리기가 어렵다.

　한국사회가 냉전·분단시대 체제경쟁의 승리를 위해, 이념의 우월함을 위해 비인간화를 강요한 공동체를 넘어서서 새로운 공동체를 건설하기 위한 가치와 관계를 찾는 데 힘을 쏟아왔는지 반문하지 않을 수 없다. 지구의 다양한 생명체의 일원임을 자각하고 서로의 차이를 존중하며 자유롭게 더 나은 인간다운 삶을 추구할 수 있는 공동체를 만든다는 것은 특히 적대적 대립이 일상화된 분단체제가 유지되는 상황에서 결코 쉽지 않다. 하지만 그러할수록 비정상을 정상으로 용인하지 말고 대내외적인 상황을 비판적으로 성찰하는 한편 변화를 만들어왔던 민초의 여러 실천을 읽어내며 새로운 방향과 가능성을 찾는 노력이 그 어느 때보다 필요하다고 본다.

이 책은 민중이 극복해온 역사적 장애물을 명확히 드러내야 식민지배와 분단·전쟁 속에서 인간다운 삶을 살기 위한 민중의 고투를 깊게 이해할 수 있으며 그러할 때 한국사회가 더 나은 삶의 공동체를 만들어가는 데 기여할 수 있다는 소박한 생각에서 출발한다. 생각은 짧고 욕심만 크니 문제다. 1930년대 만주국 농촌에서부터 1970년대 한국의 농촌까지, 말라야 신촌에서 남베트남 신생활촌 그리고 한국의 새마을까지, 이어지고 겹쳐지며 연쇄하는 역사를 담고 싶은 욕심에 책이 두꺼워졌다. 짧은 공부로 인한 부족함은 선행 연구에 많이 의존하며 채울 수 있었다. 특히 전체 논지를 구성하기 위해 배치한 1부가 그러하다. 선행 연구 성과를 놓치거나 오독한 부분이 있다면 질정을 구한다. 대부분의 장은 발표한 논문들을 대폭 수정, 재배치했기에 일일이 전재 내용을 언급하지 않고 참고문헌에서 일괄 제시했다.

여러 도움을 받아 책이 모양새를 갖출 수 있었다. 국가기록원이 정보공개 요청을 받아들여 비공개로 묶여 있던 대공(對共)새마을 관련 자료철을 공개하지 않았다면 이 책은 나올 수 없었을 것이다. 대통령기록관도 국가안전보장회의 관련 자료를 공개해주어 1967년 안보정책의 최고위 책임자들의 인식을 들여다볼 수 있었다. 군사편찬연구소에서는 베트남전 관계 자료와 주월한국군이 생산한 민사활동 관련 주요 자료를 볼 수 있었다. 군사편찬위원회의 자료 이용에 도움을 주신 양영조 선생님과 군사편찬위원회 관계자분들께 감사드린다. 민족문제연구소로부터는 만주국군 관련 자료를 구해 볼 수 있었다. 도움을 준 김승은 연구원에게 감사드린다. 민주화운동기념사업회 오픈 아카이브의 지역 민주화운동 자료와 국사편찬위원회가 수집한 지방관련 문헌 및 구술자료는 지역사회의 변화를 파악하는 데 큰 도움이 되었다. 노영기 교수님, 최영호 박사님, 정병준 교수님이 자료를 공유해주어 중요한 사실을 확인하고 논지를 전개할 수 있었다. 감사드린다. 충청북도 등 여러 기관에서 구축한 이미지DB를 통해 사실을 확인할 수 있었다. 제주도4·3사건의 이미지 수집은 양정심 박사에게 도움을 받았다. 오래전 자료 활용에 도움 준 동학 이정호와 김윤희에게도 뒤늦게나마 고마움을 전하고 싶다.

이 책에는 국가기록원에서 진행한 박정희 전 대통령 관련인사 구술채록 사업과 민주화운동기념사업회의 현장민주화연구사업 그리고 괴산지역 현지조사 과정에서 구술자로 만난 여러분들의 경험이 반영되어 있다. 만주국에서 성장하고 만주국의 패망 후에 귀환하여 군 입대하고 1970년대까지 군의 성장기를 함께한 최석신 전 대사님과의 만남은 박정희 정부에서 안보·외교를 책임진 군인의 경험 및 사고의 폭과 깊이를 깨닫는 기회였다. 최영주, 김영곤 선생님의 구술은 1970년대 초 민주화운동에 참여한 대학생의 저항과 지향을 생생히 접하는 자리였다. 최영주 선생님께서는 소중히 보관하고 있던 학생운동 관련 자료를 활용할 수 있게 해주셨다. 책을 마무리할 무렵 괴산지역 신용조합운동, 가톨릭농민회, 기독교농민회에 참여하여 농민운동에 헌신하신 분들을 뵐 수 있었다. 이분들과의 만남으로 1980년대 한국사회가 밑으로부터 민중이 민주주의 열망을 분출하며 탈냉전의 경로를 마련해갈 수 있었던 배경과 동력을 확인할 수 있었다. 인터뷰에 응해주신 여러 어르신과 특히 중간에서 애써주신 이재호 어르신께 감사드린다.

2015년 한국냉전학회 창립준비 학술회의에서 동아시아 냉전과 한국의 지역사회 재편을 연계해서 볼 필요성을 제기하는 글을 발표했다. 연구년을 교토(京都)에서 보내며 급히 준비한 발표문이었는데 다행히 좋은 평가를 받아 후속 연구를 진전시킬 힘을 얻었다. 발표 기회를 준 이동기 교수님과 한국냉전학회 관계자분들께 감사드린다. 이 발표 내용을 일본 조선사연구회 간사이(關西)지부의 월례발표회에서 소개할 기회를 가졌다. 교토대 미즈노 나오키(水野直樹) 교수님을 포함한 여러분들로부터 날카로운 지적을 받으며 지적 자극을 받았다. 부산대 김려실 교수님이 이끄는 문화냉전연구팀과 교토대 쓰치야 유카(土屋由香) 교수님이 이끄는 동아시아 문화냉전연구 모임에서도 관련 연구를 발표할 기회를 마련해주었다. 감사드린다.

일본에서 안정적으로 조사와 연구를 할 수 있도록 물심양면으로 배려해주신 오타 오사무(太田修) 선생님과 도시샤대학 글로벌스터디즈 연구과 관계자분들께 감사드린다. 리쓰메이칸대 안자코 유카(庵逧由香) 교수님과 이건제 선배님도 즐거운 자리를 마련해주셨다. 조선사연구회 월례발표 때 통역을 해주신 홍종욱 교수님께도 감사드린다. 한국연구재단의 국제교류 지원으로 6개월 동안 조용하고 멋진 동네 이와쿠라(岩倉)에 머무르며 냉전시기 지적 네트워크 연구를 위한 자료 조사와 책 구상을 마음껏 할 수 있었다.

책 초고를 보고 여러 지적을 해주신 지수걸 선생님께도 감사드린다. 연구가 부족해 선생님의 조언을 적극적으로 반영할 수 없었다. 이후 더 진전된 글로 답할 수 있도록 노력하겠다. 2009년 초 대학원 수업에서 학생들과 평택 '대곡일기'를 함께 읽다가 '대공전략촌'이라는 용어를 보며 생긴 궁금증을 해결하는 데 이렇게 오랜 시간이 걸릴 줄은 몰랐다. 연구조교를 맡았던 여러 학생들이 자료수집과 정리에 많은 도움을 주었다. 이 책이 혹여 좋은 평가를 받는다면 이는 귀중한 시간을 나누어주고 고민을 함께한 지도학생들의 몫이다.

건강이 나빠지고 여러 일이 겹치며 힘들 때마다 아내 김옥경과 어느새 장성한 두 아들은 든든한 버팀목이 되어주었다. 꿈 많던 대학생에서 군인의 길을 걸어야 했던 아버지의 삶을 돌아가실 무렵에서야 조금이나마 이해했던 것 같다. 당신들이 겪었던 세월이 자식세대에서 반복되지 않도록 헌신하시고 늘 역사교사가 되어주신 부모님께 항상 감사드린다.

코로나 재난까지 겹쳐 출판계 사정이 어려운 때임에도 시장성이 전혀 없는 책의 출판을 받아준 창비 이지영 부장님과 박주용 팀장님께 감사하다. 두 분은 딱딱하기만 한 원고를 내밀며 대중과 소통하기 위해 썼다고 강변하는 필자의 뻔뻔함을 웃음으로 받아주었다. 거친 원고를 다듬느라 고생한 김가희 님께도 감사의 마음을 전하고 싶다.

2022년 올해는 1972년 '유신체제'라 불린 분단국가체제가 등장한 지 50주년이 된다. 책머리 글을 써내려가며 의도하지 않게 출판 시점이 맞물리게 되었음을 깨달았다. 몇 주년을 따지며 의미를 부여하는 세태를 좇는 데는 관심이 없으나, 이 시대에 성장한 역사학자로서 숙명처럼 느껴지며 어깨가 무거워지는 것은 어쩔 수 없다. 부족한 이 책이 수많은 이들을 증오와 이념의 노예로 만들어온 분단체제를 완전히 극복하고 한반도의 모든 이들이 더 나은 인간다운 삶을 영위하기 위한 새로운 공동체를 만들어가는 데 미력하나마 도움이 된다면 필자에게는 더할 나위 없는 기쁨이다.

2022년 2월 24일
허은

차례

2부 연쇄와 실습

3부 균열과 충돌

4부 냉전의 근대

약어

AFAK(주한미군 대한원조): The Armed Forces Assistance to Korea.

AFFE(미 극동육군): Army Forces Far East.

AID(미 국제개발처): Agency for International Development.

CIA(미 중앙정보국): Central Intelligence Agency.

CORDS(민사·혁명개발지원처):Civil Operations and Revolutionary Development Support.

EUSAK(주한미8군): Eighth United States Army in Korea.

ICA(미 국제협조처): International Cooperation Administration.

INR(미 국무부 정보·조사국): Bureau of Intelligence and Research, Department of State.

IRG/EA(미 국무부 동아시아태평양국 및 부처 간 그룹): Interdepartmental Regional Group, East Asia and Pacific Affairs.

JUSPAO(미 통합공보실): Joint United States Public Affairs Office.

KCAC(주한민사처): Korea Civil Assistance Command.

MACV(주월미군사원조사령부): Military Assistance Command, Vietnam.

NSC(미 국가안전보장회의): National Security Council.

ORO(미 존스홉킨스대학 부설 작전연구실): Operations Research Office, The Johns Hopkins University.

OSS(미 전략첩보국): Office of Strategic Services.

SIG(선임간부 부처 간 그룹): Senior Interdepartmental Group.

UNCAC(유엔민사처): United Nations Civil Assistance Command in Korea.

USIA(미 해외공보처): United States Information Agency.

USIB(미 정보위원회): United States Intelligence Board.

USIS(미 공보원): United States Information Service.

USOM(미 원조사절단): United States Operations Mission.

근대이행과 냉전·분단체제의 역사적 이해

'새마을'의 역사화

1976년 2월 24일 청와대에서 박정희(朴正熙) 대통령이 영국 국제전략문제연구소 고문 로버트 톰프슨(Robert Thompson)경을 접견했다. 외국 싱크탱크의 고문이 대통령을 예방한 일은 대단한 일이 아니라서 그런지 언론사들은 큰 관심을 보이지 않았고, 한두 언론사에서 짧게 소식을 전했을 뿐이다. 그런데 이날 접견은 예상과 달리 의례적인 자리로 끝나지 않았다. 박정희는 예정시간 15분을 훌쩍 넘겨 1시간 30분이나 자리를 이어갔고, 대통령도 장관도 아닌 일개 싱크탱크의 고문인 톰프슨을 차 타는 곳까지 나가 환송했다. 전례가 없는 일이어서 톰프슨도 놀라 감격할 정도였다. 배석한 문화공보부 장관 김성진(金聖鎭)에 따르면 박정희는 톰프슨과 의기투합하여 활기차게 대화를 나누었으며, 이후 기회가 있을 때마다 톰프슨과 자주 만남을 가졌다고 한다.[1]

동북아 끝에 위치한 분단국가의 대통령 박정희와 영국의 저명한 싱크탱크의 고문 로버트 톰프슨이라는 외양만 놓고 보면 두 사람이 처음 만나자마자 오랜 지우(知友)처럼 의기투합하여 대화를 나눌 수 있었던 배경을 찾기 어렵다. 하지만 흥미로운 일화처럼 여기며 지나칠 수 있는 이 만남은 우연이 아닌 필연이었다. 이 둘은 동아시아 냉전의 연쇄와 새마을이라는 매개를 통해 연결되었기 때문이다. 박정희에게 톰프슨은 구식민제국 영국이 말라야에서 신촌(新村) 건설을 포함한 대공전(對共戰)에 깊이 관여하며 이를 동아시아 냉전의 모범으로 제시한 인물이며, 톰프슨에게 박정희는 말라야의 성공사례를 따라 새마을을 건설하며 농촌문제를 경시하지 않고 근대화를 성공적으로 이끌어가고 있는 지도자였다. 그러나 1976년 한국에서의 이들의 만남은 탈식민지에서 신생 반공국가의 수립과 유지를 위해 냉전의 최전선에 섰던 전사들의 때늦은 마지막 회합과도 같았다. 새마을을 낳은 동아시아 냉전체제는 국제 열강의 이해 속에서 역사 속으로 퇴장했고 한국사회에서는 새마을에 기반한 국가체제, 이른바 '유신체제'에 대한 저항이 터져나오던 때 이들은 만났기 때문이다.

1976년 2월 박정희와 톰프슨의 만남은 제2차 세계대전 직후 말레이반도에서부터 한반도까지 걸친 동아시아 냉전과 박정희가 1972년 천명한 신체제의 역사적 실체에 접근하기 위한 실마리를 제공한다. 이제 박정희와 톰프슨이 남긴 실마리를 당겨 새마을운동이라는 실타래 속에 가려져 있는 역사를 드러내보자.

'새마을'은 동아시아에서 냉전과 근대화를 상징한다. 동아시아 냉전진영의 경계지대에 있던 이른바 '저개발국가'들에서 신촌, 전략촌, 신생활촌, 대공(對共)새마을 등 다양한 명칭을 내걸고 건설된 '냉전의 새마을'은 이주

---

1 Robert Thompson, *Make for the Hills: Memories of Far Eastern War*, Leo Cooper 1989, 275면; 김성진 『박정희를 말하다: 그의 개혁 정치 그리고 과잉충성』, 삶과꿈 2006, 248~50면.

와 재정착, 감시와 동원, 폭력과 계몽, 안보와 개발이 맞물리며 냉전이 치열하게 벌어진 공간이자 그 결과물이다. 이들 '냉전의 새마을'은 커다란 시간적·공간적인 거리와 그리고 문화적인 차이를 거리낌 없이 횡단하는 냉전전사들에 의해 이식되거나 접합되었다. 그리고 민초(民草)라 불린 민중은 '냉전의 새마을'을 기반으로 삼은 지배체제에 이탈과 저항 그리고 항쟁을 이어가며, 주권자로서 인간다운 삶을 살기 위한 새로운 공간을 만들어갔다.

한국 현대사는 냉전을 빼놓고 이해할 수 없다. 주지하다시피 한반도는 글로벌 냉전체제를 확립시키며, 학살과 보복학살로 외진 마을과 가족 단위에까지 깊은 상처를 남긴 6·25전쟁이 벌어졌던 곳이다.[2] 또한 남과 북의 두 분단국가는 진영의 최전선 보루를 자임하며 베트남전에 장기간 개입했다. 게다가 한국은 일본제국의 지배정책 유산과 미국의 동아시아 냉전전략, 여기에 영국과 같은 구제국주의 국가의 구식민지역 냉전전략까지 흡수한 박정희 정부에 의해 '냉전의 새마을' 건설이 추진되었던 곳이다.

그런데도 1970년대 한국사회, 특히 농촌은 박정희 정부가 동아시아 냉전과는 관계없이 굶주림과 가난에서 벗어나기 위해 근대화의 열망을 분출한 곳으로만 기억되고 있다. 냉전·분단시대라는 역사적인 맥락에서 탈구된 근대화 인식이 장기간 한국인의 역사관에 심대한 영향을 미칠 수 있었던 까닭은 1970년대 박정희 정부가 추진한 농촌 재편정책을 '새마을운동' 중심으로 파악해온 학계의 경향과 무관하지 않다. 새마을운동은 박정희 정부의 근

---

2 박명림 『한국 1950: 전쟁과 평화』, 나남 2002; 윤택림 『인류학자의 과거 여행: 한 빨갱이 마을의 역사를 찾아서』, 역사비평사 2003; 박찬승 『마을로 간 한국전쟁』, 돌베개 2010; 권헌익 『전쟁과 가족』, 정소영 옮김, 창비 2020. 민간인 학살에 관해서는 다음 연구를 참조. 서중석 『조봉암과 1950년대(하): 피해대중과 학살의 정치학』, 역사비평사 1999; 김동춘 『전쟁과 사회』, 돌베개 2000. '진실·화해를 위한 과거사정리위원회'가 2006~2010년까지 발간한 보고서 내 민간인 집단희생 사건보고, 집단희생규명위원회 조사보고, 적대세력에 의한 희생 사건보고 등은 학살과 보복학살의 양상을 잘 보여준다.

대화 노선과 지역사회 재편정책을 파악하기 위한 핵심적인 소재이기에 그 어느 분야보다 많은 관심을 받았고, 실로 많은 연구 성과가 제출되었다.[3] 기존 새마을운동 연구가 수많은 사례 분석을 축적하고 다양한 방법을 활용했지만, 박정희 정부가 조국근대화라는 기치를 내걸고 추진한 한국사회 재편정책을 '개발 영역'에 국한하여 조명하는 데는 차이가 없다.[4]

박정희 정부의 지역사회 재편정책을 개발 영역에 국한하여 파악하면 안보와 개발을 유기적으로 결합한 지역사회 재편정책을 제대로 조명하기 어렵고 이를 주도한 주체들에 대해서도 일면적으로 평가할 가능성이 크다.[5] 나아가 이러한 접근은 1970년대 민초의 삶의 공간인 지역사회와 공동체를 냉전과 무관하게 만들어 냉전·분단체제와 그 역사성을 규명하는 데 근본적인 제약을 가하는 문제가 있다.

---

3 근대화론의 입장에서 한국사회 및 농촌의 변화를 조망한 대표적인 연구는 E. S. 메이슨 외 『한국 경제·사회의 근대화』, 한국개발연구원 1981; 반성환 『한국농업의 성장』, 한국연구개발원 1973. 최근 농촌 새마을운동 연구는 근대화론의 시각에서 새마을운동의 성공적인 측면만을 부각하는 데서 벗어나, 국가의 대중동원 전략과 참여 주체들의 지향이 복합적으로 맞물리는 과정을 미시적으로 규명하고 있다. 새마을운동에 대한 최근 연구 경향에 관해서는 다음 책을 참조. 오유석 편 『박정희 시대의 새마을운동: 근대화, 전통 그리고 주체』, 한울아카데미 2014.

4 최근에는 동아시아에서 추진된 '지역사회개발이 지닌 안보적 성격'을 주목하면서 새마을운동을 분석한 연구가 제출되어 주목된다(정주진 『우리의 새마을운동』, 아이엔티 2017). 다만 이 연구도 박정희 정부가 안보 영역에서 추진한 농촌 재편을 검토하지 못하고 있어, '냉전의 새마을'의 등장을 역사적으로 규명하기에는 한계가 있다.

5 1970년대 박정희 정부의 농촌사회 재편이 개발에서 안보가 강화되는 방향으로 나아갔고 이는 농촌조직의 변화로 이어졌다는 지적은 이미 당대에 제기되었다. 권태준·김광웅은 1975년부터 새마을운동에 인보운동(隣保運動)이 추가되었고, 이로 인해 농촌 주민조직이 기존 '생산협동 내지 노동협력 조직' 중심에서 자체 방위와 사회적 유대를 목적으로 하는 '인보운동 조직'이 강화되는 방향으로 바뀌었다고 지적했다(권태준·김광웅 『한국의 지역사회개발』, 법문사 1981, 184면). 이러한 평가에도 불구하고 관련 부분에 대한 논구가 이루어지지 못한 이유는 자료의 제약도 있겠지만, 근대화를 개발정책 중심으로 이해한 학계의 연구 경향도 크다고 본다.

한국사회가 겪은 냉전·분단시대의 특성과 1990년대 이래 밟아온 탈냉전의 경로를 파악하기 위해서는 박정희 정부가 대대적으로 추진한 새마을 건설을 '동아시아—한반도—한국사회'라는 중층적인 공간을 관통하고, 1930년대에서부터 1970년대까지를 하나의 시간대로 묶는 냉전의 맥락에서 조명해야 한다.

'밑으로부터의 냉전'과 때 이른 시작

20세기 냉전은 지역과 시점에 따라 다양한 양상을 보였다. 따라서 미국과 소련이 주도하는 진영의 수립과 대치를 중심으로 냉전을 획일적으로 이해하는 접근에서 벗어나서 20세기 후반 분단시대를 규정한 냉전의 고유한 특성을 파악해야 한다.[6]

20세기를 제1차 세계대전 이래 대학살을 초래한 총력전과 공산주의 체제의 등장과 몰락을 주목하며 '단기 20세기'로 바라보거나,[7] 식민제국의 지배와 이에 대한 피지배자들의 저항에 주목하며 '장기 20세기'로 이해하더라도,[8]

---

6 냉전의 역사적 배경과 지역적 다양성을 주목해야 한다는 견해는 거시 지구적(global) 냉전사 연구와 미시 지역적(local) 냉전사 연구를 진행한 연구자들 모두에 의해 제기되었다(Odd Arne Westad, *The Global Cold War*, Cambridge University Press 2005; Jeffrey A. Engel ed., *Local Consequences of the Global Cold War*, Woodrow Wilson Center Press 2007). 같은 문제의식에서 동아시아 냉전과 동아시아 냉전진영의 경계지대에 위치했던 한국의 냉전이 지닌 특성을 탐색하려는 일련의 연구가 제출되었다(성공회대 동아시아연구소 편 『냉전 아시아의 문화 풍경 1: 1940~1950』, 현실문화 2008; 기시 도시히코, 쓰치야 유카 편 『문화냉전과 아시아: 냉전 연구를 탈중심화하기』, 김려실 옮김, 소명출판 2012; 오타 오사무, 허은 편 『동아시아 냉전의 문화』, 소명출판 2017).

7 에릭 홉스봄 『극단의 시대: 20세기 역사』 상, 이용우 옮김, 까치 1997.

8 木畑洋一 『二〇世紀の歷史』, 岩波書店 2014.

한인에게 20세기는 식민제국의 지배와 저항, 총력전과 동원, 여기에 공산주의·자본주의·파시즘 이념의 대립이 뒤엉키며 만들어낸 기나긴 냉전의 시대였다는 사실은 바뀌지 않는다.

1917년 러시아혁명의 성공으로 대두된 체제와 이념을 달리하는 두 거대 세력의 대립을 냉전의 기점으로 주목하는 견해를 따르더라도,[9] 아니면 제2차 세계대전 종전 이후 1947년 미국의 트루먼 독트린 선언과 마셜플랜 추진, 이에 대한 소련의 코민포름 수립으로 전면화된 진영대립을 냉전시대의 시발점으로 삼는 고전적인 관점을 따르더라도, 국내외의 한인은 좌우대립의 상황에 일찍부터 끌려들어가 혹독한 고초를 겪었다.

1920년 연해주의 '4월 참변'과 이듬해 '자유시 사변'이 보여주듯이 많은 한인은 러시아 공산주의 혁명에 '간섭전쟁'을 벌인 일제에 의해서도, 군사적·이념적 통제권을 확보하려던 러시아 혁명군에 의해서도 희생을 당했다.[10] 가족의 생계를 위해, 독립운동을 위해 연해주 지역으로 이주한 한인들은 러시아혁명의 파고 속에서 빨치산에 참여하거나 백군을 지지하는 길을 선택해야 했다.

20세기 후반 한국 현대사를 규정한 냉전은 공산세력과 반공세력의 이념 대립과 중앙에서 벌어진 정치세력의 권력투쟁만을 조명해서는 제대로 파악할 수 없다. 이 냉전은 20세기 전반기 식민지배와 저항이라는 역사적 경험을 배경으로 반공과 용공이라는 이념의 잣대로 공동체를 적과 동지로 나누고, 적으로 규정된 이들의 제거를 국가건설과 근대화 달성의 대전제로 여기며, 이를 위해서 민중이 삶을 영위하는 공간의 지배와 재편을 놓고 벌어

9 베른트 슈퇴버 『냉전이란 무엇인가』, 최승완 옮김, 역사비평사 2008, 제1장.
10 박환 『러시아 한인민족운동사』, 탐구당 1995; 김블라지미르 『재소한인의 항일투쟁과 수난사』, 조영환 옮김, 국학자료원 1997; 임경석 『한국 사회주의의 기원』, 역사비평사 2003; 윤상원 「러시아 지역 한인의 항일무장투쟁 연구(1918~1922)」, 고려대 박사학위 논문 2009.

지는 전쟁의 연속이었기 때문이다. 이와 같은 냉전을 '밑으로부터의 냉전' 이라 부를 수 있을 것이다.

'밑으로부터의 냉전'은 1930년대라는 시간대와 만주라는 공간이 맞물린 지역에서 원형을 찾을 수 있다. 세계공황과 농업공황이 겹치면서 시작된 1930년대는 조선을 포함한 식민지의 농촌을 파국적인 상황으로 내몰았고 이는 식민지 농촌을 계급해방 및 민족해방을 주창하는 공산주의자들과 안정적인 지배를 유지하려는 식민제국이 충돌하는 곳으로 만들었다.[11] 또한 1930년대 세계적인 파시즘 세력의 팽창에 대한 서구 열강의 소극적인 대처는 이후 커다란 파국을 미리 방지하지 못했다는 회한 어린 인식을 낳으며, 냉전시대 미국 정부의 최고위 대외정책 책임자들의 역사인식에까지 영향을 미쳤다.[12]

한국 민족운동사에서 1930년대는 이후 현대사에서 냉전과 탈냉전의 대립 구도를 만들어간 정치세력이 형성된 시대였다. 중국 관내에서 항일운동 세력의 지속과 이념대립을 넘어선 통일전선 수립은 이후 좌우합작·남북협상으로 이어진 민족운동의 자산을 축적하는 과정이자,[13] 조소앙(趙素昂)의 삼균주의가 보여주듯이 전쟁에 반대하며 평화에 기반을 둔 국제질서를 수립하기 위한 보편적인 가치관을 확립하는 과정이었다.[14]

---

11 지수걸『일제하 농민조합운동 연구: 1930년대 혁명적 농민조합운동』, 역사비평사 1993; 이준식『농촌사회변동과 농민운동: 일제 침략기 함경남도의 경우』, 민영사 1993; 지수걸 「일제의 군국주의 파시즘과 '조선농촌진흥운동'」,『역사비평』제47호, 1999; 제임스 스콧 『농민의 도덕경제』, 김춘동 옮김, 아카넷 2004, 제5장; 제프리 페이지『농민혁명』, 강문구 옮김, 서울프레스 1995, 449~52면.

12 1930년대 역사 전개와 1950년 한반도에서의 전쟁 경험에 대한 역사인식이 이후 미국의 베트남전 개입 정책 결정에 영향을 미친 부분에 관해서는 다음 연구를 참조. Yuen Foong Khong, *Analogies at War: Korea, Munich, Diem Bien Phu and Vietnam Decisions of 1965*, Princeton University Press 1992.

13 이에 관해서는 다음 연구를 참조. 강만길『조선민족혁명당과 통일전선』, 역사비평사 2003.

14 김기승『조소앙이 꿈꾼 세계』, 지영사 2003, 222~23면. 1930년대 중국 관내 민족운동을 주목할 때 이범석과 같이 장제스(蔣介石)의 파시즘적 노선에 영향을 받고, 일제 패망 이후 민

1930년대 만주가 남과 북의 현대사에 지대한 영향을 미친 정치세력이 형성된 곳임은 주지의 사실이다. 일제의 팽창을 추구한 파시즘 노선과 '국방국가(國防國家)' 건설이 실험되었던 만주국(滿洲國)[15]에서 행정관료, 군인, 경찰이 되어 '친일위만(親日衛滿)'의 길을 걸으며 일제의 반소·방공 국방국가 건설 기획에 세례를 받은 조선인들이 있었고, 이들의 대척점에는 '반만항일(反滿抗日)' 무장투쟁에 참여한 조선인들이 있었다. 더불어 1930년대 만주는 문익환(文益煥), 강원용(姜元龍)과 같은 기독교 계열 인사들이 성장한 곳이다. 이들은 1970,80년대 '비인간화'를 초래하는 근대화 노선과 냉전·분단체제를 넘어서고자 했다.[16]

만주국에서는 위로부터 국가 형태를 갖추는 기획과 함께 밑으로부터 국가건설의 기반을 확립하려는 기획이 동시에 추진되었다.[17] 만주국의 군과 경찰에 복무한 조선인들이 몸소 체득한 국가건설 기획은 주로 농촌지역사회에서 전개된 지배정책이었다. 1940년 만주국 통화성(通化省) 린장현(臨江

족지상·국가지상과 반공의 입장에서 국가건설을 추진하는 주체가 형성되었다는 점을 간과할 수 없다(후지이 다케시『파시즘과 제3세계주의 사이에서: 족청계의 형성과 몰락을 통해 본 해방8년사』, 역사비평사 2012, 제1장).

15 만주국에서의 총력전체제 확립과 국방국가 실험에 관해서는 다음 연구를 참조. 임성모「滿洲國 協和會의 總力戰體制 構想 研究」, 연세대 박사학위 논문 1998; 임성모「'국방국가'의 실험: 만주국과 일본파시즘」,『중국사연구』제16집, 2001; 임성모「일본제국주의와 만주국: 지배와 저항의 틈새」,『한국민족운동사연구』제27권, 2001; 제니스 미무라『제국의 기획: 혁신관료와 일본 전시국가』(원제: *Planning For Empire*, 2011), 박성진 옮김, 소명출판 2015.

16 이들의 생애 궤적에 대해서는 다음 논저를 참조. 김형수『문익환 평전』, 실천문학사 2004; 강원용『역사의 언덕에서』 1, 한길사 2003; 박명림·장훈각『강원용 인간화의 길 평화의 길』, 한길사 2017; 김건우『대한민국의 설계자들: 학병세대와 한국 우익의 기원』, 느티나무 2017.

17 한석정『만주국 건국의 재해석: 괴뢰국의 국가효과, 1932~1936』, 동아대학교 출판부 2007; 야마무로 신이치『키메라: 만주국의 초상』, 윤대석 옮김, 소명출판 2009; 임성모「만주국 협화회의 총력전체제 구상 연구」, 연세대 박사학위 논문 1998; 윤휘탁『일제하 '만주국' 연구: 항일무장투쟁과 치안숙정공작』, 일조각 1996; 윤휘탁『만주국: 식민지적 상상이 잉태한 '복합민족국가'』, 혜안 2013.

縣)의 한 만주국 협화회(滿洲國協和會) 간부는 이른바 '공비토벌공작'에 대해 '세계적 대전쟁'의 일환이자 '국지적 토벌'이며, 무력전·사상전·경제전·봉쇄전·선전전 그리고 모략전까지 포괄하는 '국가총력전'이라고 의미를 부여했다.[18] 1910년대 압록강 북안의 린장현은 일찍이 한말 의병이 옮겨가 서간도 이주 조선인들의 지원을 받으며 항일무장투쟁을 벌인 곳이었는데,[19] 이 협화회 간부는 1910년대 이래 이어져온 민족해방전쟁의 역사를 배제한 채 철저히 적대적 이념을 가진 세력 간의 대립으로만 지역사회의 구도를 재단했다. 1940년 만주국 협화회 간부는 자신이 제2차 세계대전 이후 냉전진영의 경계지대에서 탈식민화 노선을 놓고 내전이 곳곳에서 벌어지기 훨씬 이전에 만주국의 지역사회에서 '냉전적' 상황이 이미 벌어지고 있음을 설명하고 있다는 사실을 미처 깨닫지 못했을 것이다.

식민제국의 '근대 이행', 강제수용소에서 냉전의 새마을로

1960,70년대 박정희 정부시기 냉전·분단체제가 낳은 '냉전의 새마을'을 역사적으로 이해하기 위해서는 19세기 말 20세기 초 식민제국이 식민지 경략을 위해 벌인 전쟁까지 거슬러 올라가야 한다.

식민제국들은 제국주의가 얼마 안 지나 쇠락의 길에 접어들 줄도 모르고

---

18 佐藤公一「討伐工作回顧(一)」,『協和運動』1940.10, 57면. 사토 고이치(佐藤公一)는 린장현 협화운동 지부에서 청년훈련소 지도원으로 1940년 2월에서 3월에 걸쳐 린장(臨江), 푸쑹(撫松), 멍장(濛江) 밀림지대에서 활동한 토벌대에 종군반으로 합류하여 선무활동을 전개한 인물이다.

19 김도형『민족과 지역: 근대 개혁기의 대구·경북』, 지식산업사 2017, 301~302면. 신흥무관학교를 중심으로 한 1910~20년대 서간도 지역 항일무장투쟁의 전개에 관해서는 다음 연구를 참조. 서중석『신흥무관학교와 망명자들』, 역사비평사 2000.

19세기 말 20세기 초 아프리카, 중남미, 동아시아에서 식민지 팽창에 몰두했다. 19세기 말 20세기 초 식민지배에 저항한 세력들은 압도적인 군사력을 지닌 식민제국과 전쟁을 벌였다. '쿠바독립전쟁'(1895~1898), '필리핀전쟁'(1899~1902), '보어전쟁'(1899~1902), '헤레로전쟁'(1904~1908) 그리고 '동학농민전쟁'에서 '의병전쟁'으로 이어진 한말 민중의 전쟁이 대표적인 사례이다. 일본군이 벌인 진압작전이 잘 보여주듯이 식민제국의 전쟁은 군사력의 절대적인 격차 속에서 무자비한 초토화작전과 거의 일방적인 학살을 벌이는 전쟁이었다.[20] 제2차 동학농민전쟁 진압에 나선 일본군은 붙잡힌 농민군을 모두 살육하라는 조처를 내렸고, 충청도 괴산, 경상도 성주와 상주, 경기도 이천, 그리고 전라도 각지에서 붙잡힌 농민군 대다수가 참수·타살·총살을 당했다.[21]

그러나 이 시기 식민제국의 지배에 맞선 이들의 소규모 분산적 저항을 '작은 전쟁'으로만 부를 수 없다. 이들이 벌인 전쟁은 식민지 지배를 근대화 기획 달성의 핵심 방안으로 삼았던 식민제국의 지배에 저항하며 근대이행을 주체적으로 이루려는 이들의 고투였기 때문이다. 민중 자치에 기초한 국가 수립의 전망을 열어준 동학농민전쟁은 식민제국의 근대화 기획에 포섭되지 않고 민중 주도의 독자적인 근대이행을 열어간 대표적인 사례라 할 수 있다.[22]

---

20 홍순권 「의병학살의 참상과 '남한대토벌'」, 『역사비평』 제45호, 1998; 배항섭 「동학농민전쟁 당시 일본군의 개입과 그 영향」, 『군사』 제53호, 2005; 강효숙 「청일전쟁에 있어 일본군의 동학농민군 진압」, 『열린정신 인문학 연구』 제6호, 2005; 강효숙 「청일전쟁기 일본군의 조선 민중 탄압」, 왕현종 외 『청일전쟁기 한·중·일 삼국의 상호전략』, 동북아역사재단 2009; 이노우에 가쓰오 「일본군 최초의 제노사이드 작전」, 나카츠카 아키라 외 『동학농민전쟁과 일본』, 한혜인 옮김, 모시는사람들 2014 등.

21 강효숙 「제2차 동학농민전쟁과 일본군」, 『동양사학회 학술대회 발표논문집』 2006, 335~40면.

22 동학농민전쟁 기간 농민군이 표출한 지향을 '전근대'와 '근대'라는 이항대립적 구도에서 파악하는 방식에 대한 비판은 다음 연구를 참조. 조경달 『이단의 민중반란』, 박맹수 옮김,

식민제국은 식민지 건설을 위한 전쟁에서 승리하기 위해 저항세력과 민간인을 분리하는 강제이주와 집단수용 정책을 폈다. 여러 연구자가 지적했듯이 그 나름 서구 근대국가가 문명적 수혜를 과시하려는 측면이 있었던 식민제국의 강제수용소와 처음부터 특정 인종이나 적의 '절멸'을 주된 목표로 삼은 나치의 강제수용소나 크메르루주의 강제수용소는 구분할 필요가 있다.[23] 하지만 이러한 차이가 식민제국의 강제수용소가 대규모 아사나 병사(病死)를 초래하면서까지 지배를 관철하려는 수단이었다는 사실을 바꿀 수는 없다.

식민제국의 강제이주와 집단수용소 건설의 경험은 식민제국 간의 상호학습을 통해 공유되었다. 스페인이 쿠바에서 반란세력을 진압하기 위해 실시한 강제이주정책은 스페인과 전쟁을 벌인 미국과 보어전쟁을 벌인 영국으로부터 주목을 받았으며, 영국이 보어전쟁에서 만든 강제수용소는 독일이 헤레로전쟁을 벌이며 만든 강제수용소의 원형이 되었다.[24]

서구 식민제국의 강제수용소 운영과 대(對)반란전 경험은 동북아시아아까

역사비평사 2008; 배항섭 「'근대이행기'의 민중의식: '근대'와 '반근대'의 너머」, 『역사문제연구』 제23호, 2010; 배항섭 「19세기 지배질서의 변화와 정치문화의 변용」, 『한국사학보』 제39호, 2010.

23 안드레아스 슈투키는 쿠바, 남아프리카, 필리핀, 나미비아 등지에서 만들어진 강제수용소를 나치의 강제수용소와 구별해야 함을 강조한다(Andreas Stucki, "Frequent Deaths: The Colonial Development of Concentration Camps Reconsidered, 1868-1974," *Journal of Genocide Research*, 20:3, 2018). 크메르루주의 수용소에 관해서는 다음 책을 참조. 티에리 크루벨리에 『자백의 대가: 크메르루즈 살인고문관의 정신세계』, 전혜영 옮김, 글항아리 2012.

24 Iain R. Smith & Andreas Stucki, "The Colonial Development of Concentration Camps(1868-1902)," *The Journal of Imperial and Commonwealth History*, Vol. 39, 2011; Aidan Forth & Jonas Krienbaum, "A Shared Malady: Concentration Camps in the British, Spanish, American and German Empires," *Journal of Modern European History*, 14:2, 2016; Aidan Forth, *Barbed-Wire Imperialism: Britain's Empire of Camps 1876-1903*, University of California Press 2017; Andrea Pitzer, *One Long Night: A Global History of Concentration Camps*, Little, Brown and Company 2017.

서장 근대이행과 냉전·분단체제의 역사적 이해 **27**

지 전파되었다. 일본은 여러 경로로 식민제국의 경험을 학습했다. 19세기 홋카이도 개발추진과 아이누 지배과정에서 인디언의 이주정책 경험을 가진 미국 자문관들로부터 조언을 받기도 했다.[25] 또한 클라우스 뮐한(Klaus Mühlhahn)에 따르면 일본은 제1차 세계대전 연합국의 일원으로 참전하여 서구 제국들의 강제수용소 모델을 연구하고 칭다오(靑島) 점령 후 전쟁포로 독일인을 대상으로 한 수용소를 자국 내에 건설했다. 중국은 독일이 식민제국의 경략 방안을 체득한 곳이었다. 의화단운동 때 마을 진압을 지휘한 로타어 폰 트로타(Lothar von Trotha)는 이후 헤레로전쟁에서 대학살을 지휘했다. 1930년대 장제스(蔣介石)는 독일 군사고문 알렉산더 폰 팔켄하우젠(Alexander von Falkenhausen)으로부터 식민제국의 대반란전 경험에 기초한 대공전(對共戰)의 조언을 받았다.[26] 일제는 만주국 점령 후 지린(吉林) 지역의 집단부락 건설과 국민당의 대공전을 참조했다. 이러한 식민제국의 강제수용소와 집단부락 건설의 복잡한 연쇄와 상호 학습은 제2차 세계대전 이후 동아시아 지역에서 '냉전의 새마을'이 등장하게 되는 토양을 제공했다.

제2차 세계대전 이후 식민제국은 강제수용소 대신 '재정착촌'을 건설했다. 폭력과 학살, 질병과 아사로 덧칠된 식민제국의 강제수용소는 탈식민화와 독립의 열망이 분출하는 곳에서 유용한 지배수단이 될 수 없었다. 강제수용소와 재정착촌 모두 강제이주와 이른바 '비민분리(匪民分離)'라는 식민제국의 대반란전 방침을 공유했지만, 후자는 식민제국의 해체와 신생국가 건설의 기획 속에 있었다는 점에서 전자와 질적으로 달랐다. 20세기 전반기

---

25 Vivian Blaxell, "Seized Hearts: 'Soft' Japanese Counterinsurgency Before 1945 and Its Persistent Legacies in Postwar Malaya, South Vietnam and Beyond," *The Asia-Pacific Journal: Japan Focus*, 18:6:2, 2020, 2~3면. 블랙셀은 일제에 의해 대만에서 원주민 이주촌 건설과 만주국에서 집단부락 건설의 경험이 말라야로 이어졌다고 추론한다(같은 글 7~11면).

26 Klaus Mühlhahn, "The Dark Side of Globalization: The Concentration Camps in Republican China in Global Perspective," *World History Connected*, 6:1, 2009, 4면.

식민제국의 팽창을 추구한 영국이 보어전쟁을 벌이며 강제수용소를 유산으로 남겼다면, 20세기 후반기 냉전시대 영국은 말라야에서 신촌이라 불린 재정착촌을 유산으로 남겼다. 재정착촌은 강제수용소와 마찬가지로 강제적으로 해자, 토성, 철망, 죽창 등으로 분리된 공간이었으나, 방벽 안은 국민이 되기를 요구받는 주민의 생활공간이자, 개발이 추진되고 동시에 행정체계의 말단에 편입되는 곳이었다.

그러나 이러한 식민제국의 강제수용소와 제2차 세계대전 이후 재정착촌의 원론적인 차이를 강조하며 후자를 윤리적·이성적으로 진일보한 결과물로 볼 수는 없다. 강제수용소와 재정착촌 모두 '총체적 기관'(total institution)으로서 특성을 강하게 발현했기 때문이다.[27] 재정착촌의 안전을 책임진 기관은 겹겹의 감시체제를 작동시키며 거주민에게 냉전의 도구적인 존재가 되기를 강요했다.

냉전시대 재정착, 개발, 학살을 광범위하게 고찰한 크리스티안 게를라흐(Christian Gerlach)는 제2차 세계대전 이후 동아시아에서 다양한 경험이 수렴되는 양상으로 벌어진 대(對)반란전과 대(對)유격전, 비민분리, 재정착 등은 '구 제국'의 존재를 제외하고 설명할 수 없음을 지적한다. 제2차 세계대전 직후 그리스, 팔레스타인, 버마(지금의 미얀마) 등지에서 활약한 식민제국 영국의 전사들은 다시 말라야로 모여 재정착과 신촌 건설을 주도했다.[28] 말라야에서 영국의 대반란전 경험은 말라야 국방상을 역임한 로버트 톰프슨이 고문단을 이끌고 남베트남의 '전략촌'(strategic hamlet) 건설에 개입하며

---

27 Souchou Yao, *The Malayan Emergency: A Small, Distant War*, NIAS Press 2016, 106~107면. '총체적 기관'에 관해서는 다음 책을 참조. 어빙 고프먼 『수용소』, 심보선 옮김, 문학과지성사 2018.

28 Christian Gerlach, *Extremely Violent Societies: Mass Violence in the Twentieth-Century World*, Cambridge University Press 2010, 224~26면.

공유되었다.[29]

그러나 '밑으로부터의 냉전'을 위한 경험과 전략의 공유는 결코 일방적 전파나 맹목적 수용의 과정은 아니었다. 톰프슨의 고문단이 남베트남에 개입하기 이전부터 응오딘지엠(Ngô Đình Diệm) 정부는 자신의 공동체 개혁 구상 속에 지역사회 재편정책을 추진하고 있었다. 더구나 응오딘지엠 정부는 미국의 원조를 받으며 농촌 재편정책을 추진하면서도 반공을 위한 방위촌이자 미국의 경제적·이념적 영향을 극복하기 위한 공동체를 건설하고자 했다.[30]

베트남 전장은 여러 제국이 동아시아 지역 민중의 이해와 무관하게 추진한 재정착과 새마을 건설 경험이 모여 소용돌이친 곳이었다. 프랑스가 알제리와 베트남에서 벌인 대규모 재정착 사업의 경험 위에,[31] 미국의 지원을 받은 필리핀 정부의 공산세력 토벌과 재정착촌 건설 경험이 겹쳐지고, 영국의 말라야 대반란전의 경험까지 더해졌다.

---

29 Robert Thompson, *Defeating Communist Insurgency: Experiences from Malaya and Vietnam*, Chatto and Windus 1966, 9면; Robert Thompson, *Make for the Hills: Memories of Far Eastern Wars*, 제XII~XIV장; Peter Busch, "Killing the 'Vietcong': The British Advisory Mission and the Strategic Hamlet Programme," *Journal of Strategic Studies*, 25:1, 2002.

30 Duy Lap Nguyen, *The Unimagined Community: Imperialism and Culture in South Vietnam*, Manchester University Press 2020, 제3장. 2000년대 이후 미국학계의 베트남전 연구는 베트남전에 개입한 미국의 관점에서 베트남전을 이해하는 태도에서 벗어나 베트남인을 역사행위자로 주목하며, 독자적 근대화 노선을 모색한 그들의 지향을 드러내는 데 주안점을 둔다 (Philip E. Catton, *Diem's Final Failure: Prelude to America's War in Vietnam*, University Press of Kansas 2003; Edward Miller, *Misalliance: Ngo Dinh Diem, the United States, and the Fate of South Vietnam*, Harvard University Press 2013; Geoffrey C. Stewart, *Vietnam's Lost Revolution: Ngô Đình Diệm's Failure to Build an Independent Nation, 1955–1963*, Cambridge University Press 2017). 이러한 경향의 연구는 응오딘지엠 정부의 농촌 재편정책이 지닌 주체적 측면을 드러내는 데 관심을 기울인다.

31 Keith Sutton, "The Influence of Military Policy on Algerian Rural Settlement," *Geographical Review*, Vol. 71, 1981.

동아시아와 한반도에서 벌어진 냉전과 분단의 성격을 온전히 파악하기 위해서 우리는 또 다른 냉전의 연쇄와 환류를 주목할 필요가 있다. 일제가 만주국에 뿌려놓은 지배체제의 유산이 38도선 이남으로 이어지고, 이를 흡수한 한국군의 경험이 베트남전으로 이어지고 다시 베트남전의 경험이 한국사회로 유입되는 과정이 그것이다.

'내부전쟁'으로서 냉전과 불신의 근대화

1970년대 박정희 정부는 기존 마을을 해체나 이주, 재정착 없이 그대로 새마을로 만드는 방식을 취했다. 그렇다면 1970년대 한국의 새마을은 동아시아 냉전과 무관했던 것일까? 이에 대한 답을 구하기 위해서는 우선 동아시아 '냉전의 새마을'이 발현한 특성을 정리할 필요가 있다.

동아시아 '냉전의 새마을'이 보인 특성은 크게 다음 세 가지를 들 수 있다. 첫째, 냉전의 새마을은 국가(체제) 건설의 토대로 여겨졌다. 냉전의 새마을 건설을 지지한 이들은 기존 마을을 적대세력의 침투를 차단할 수 있는 '안전지역'으로 만들고, 안보와 개발을 포괄한 재편정책을 추진하여 반공국가 건설의 기반으로 삼는 것을 목표로 했다.

1960년대 케네디 정부의 동아시아 지역 안보정책 책임자들에게 대반란전과 근대화는 별개의 사안이 아니었다.[32] 제2차 세계대전 때 버마에서 미전략첩보국(OSS) 요원으로서 대일 유격전을 벌였던 케네디 정부의 미 국

---

32 Michael E. Latham, *Modernization as Ideology: American Social Science and "Nation Building" in the Kennedy Era*, The University of North Carolina Press 2000, 제5장; Michael E. Latham, *The Right Kind of Revolution: Modernization, Development, and U.S. Foreign Policy from the Cold War to the Present*, Cornell University Press 2011, 제5장.

무부 정보·조사국(Bureau of Intelligence and Research, INR) 국장 로저 힐스먼(Roger Hilsman)과 소련·중국 공산주의 전문가였던 미 국무부 정책기획실(Policy Planning Staff) 실장 월트 로스토(Walt W. Rostow)와 같은 안보 책임자들은 공산세력의 확대를 조기에 차단하고, 저개발국가의 대내 안보 능력을 강화하는 전략을 중시했다.[33] 힐스먼은 공산세력과의 싸움에서 이기기 위해서는 단지 게릴라 제거에 그치지 말고, 정치적 개혁, 경제적 발전을 종합적으로 추진하는 것이 필요하다고 역설했다.[34]

힐스먼과 함께 '밑으로부터의 냉전'에 적극 개입한 미국의 냉전전사들은 민중의 지지 획득을 냉전의 승리와 국민국가 건설의 관건으로 여겼다. 이들은 1930년대 미국에서 등장한 근대화 노선 중 위로부터 대규모 개발정책을 추진하는 '하이 모더니즘'(high modernism) 노선보다 지역사회의 자율적인 정치·경제·사회적 변화를 중시하는 '로 모더니즘'(low modernism) 노선을 계승한 국가건설의 기술자들이었다.[35]

박정희 정부의 근대화 노선도 '하이 모더니즘'과 '로 모더니즘'의 성격을 동시에 지녔다. 4차에 걸친 국가주도의 경제개발 5개년계획이 전자를 상징한다면, 마을 주민의 자발성을 촉구한 새마을운동은 후자의 경향을 보여준다. 하지만 박정희 정부는 지역사회 공동체의 실질적인 자치를 촉진하는 방

---

33 William Rosenau, "The Kennedy Administration, U.S. Foreign Internal Security Assistance and the Challenge of 'Subterranean War,' 1961-1963," *Small Wars & Insurgencies*, 14:3. 2003, 76~78면.

34 Bureau of Intelligence and Research Department of State, *Internal Warfare and The Security of The Underdeveloped States (PRS-1)*, 1961.11.20, vi면, Folder title: Counter-insurgency, 케네디 대통령 도서관.

35 이에 대해서는 Edward Garvey Miller, *Misalliance: Ngo Dinh Diem, the United States, and the Fate of South Vietnam*, 제2장; Daniel Immerwahr, *Thinking Small: The United States and the Lure of Community Development*, Harvard University Press 2015, 제2장. '하이 모더니즘' 개념에 관해서는 제임스 C. 스콧 『국가처럼 보기』, 전상인 옮김, 에코리브르 2010.

식을 취하지 않았다. 따라서 박정희 정부의 근대화 노선을 이해하고자 할 때 중요한 점은 국가중심적 지향에도 불구하고 지속적으로 '로 모더니즘'적 성향을 발현했던 것으로, 그 역사적 배경과 의도를 규명할 필요가 있다. 이를 논구하기 위해서는 한석정(韓錫政)이 상세히 논구한 만주국 '하이 모더니즘' 유산[36]과 함께 '로 모더니즘'적인 유산이 냉전·분단시대에 부활, 변주되는 계기와 과정을 고찰해야 한다.

둘째, 냉전의 새마을은 공동체 구성원 중에 항상 '내부 적'이 존재한다고 여기며, 공동체 외부에 의한 감시와 공동체 내부 구성원 간의 상호감시라는 중층적인 감시체제를 작동시켰다. 즉, 냉전의 새마을은 구성원 간의 '상호 불신'을 기반으로 삼아 유지되는 공동체라 할 수 있다.

6·25전쟁 이후 '양극적 진영체제'가 공고하게 확립된 이후 미국의 안보정책 책임자들은 냉전, 특히 동아시아 진영의 경계지대에서 벌어진 '밑으로부터의 냉전'을 '간접침략'(indirect aggression) 및 '내부전쟁'(internal war)이라는 두 개념으로 바라보았다.[37] 케네디 정부는 내부전쟁을 '핵 교착' 상태에서 외부 공산세력의 간접침략으로 인해 체제 전복이 진행되는 양상을 지칭하는 개념으로 사용했다.[38] 케네디는 내부전쟁을 '지하전

---

36 한석정 『만주 모던: 60년대 한국 개발 체제의 기원』, 문학과지성사 2016.

37 'internal war'라는 용어는 1960년대 후반 한국에서는 '국내전' 또는 '국내전쟁'으로 번역되어 쓰였다(부완혁 「월남에 일개군단을 꼭 보내야 하나?」, 『사상계』 제158호, 1966.4, 60면; 임동원 「(특집: 현대전략으로서 게릴라전) 핵무기시대의 게릴라전략」, 『신동아』 제58호, 1969.6, 64면). 하지만 '국내전' 개념이 '국제전'과 대립어로 쌍을 이루어, '간접침략' 이라는 요소가 전혀 고려되지 않는 용어로 읽힐 수 있기에 이 글에서는 '내부전쟁'으로 번역한다. 또한 '내전'으로 번역하지 않은 이유는 사전적 의미의 '내전'(civil war)과 구분하기 위해서이다. 로저 힐스먼은 'internal warfare'라는 말보다 'internal war'라는 말을 쓰는 것을 선호했는데, 이는 그가 '내부전쟁'을 경제전·사상전과 같이 전쟁을 구성하는 형태(warfare)가 아닌 전쟁의 한 종류로 여기고 있음을 보여준다. 힐스먼은 공산진영이 쓴 '해방전쟁'(war of liberation) 또는 '정의의 전쟁'(just war)을 비판하며 '내부전쟁'이라는 용어를 사용했다.

38 Roger Hilsman, 'Internal War: The New Communist Tactic,' Delivered at Institute of World

쟁'(subterranean war)이라고 칭했는데,[39] 이 또한 베트남전의 양상에 빗대어 간접침략과 내부전쟁으로 규정된 냉전을 은유적으로 표현한 것이라 할 수 있다. 힐스먼은 저개발국가에서 벌어지는 내부전쟁에서 승리하기 위한 대응책의 마련을 최우선의 과제로 삼았다.[40]

간접침략과 내부전쟁으로 규정된 냉전에서는 '내전'의 함의도 바뀌었다. 제2차 세계대전 직후 대규모의 민간인 희생을 초래한 '내전'(civil war)[41]은 탈식민화와 민족국가 건설을 놓고 벌어진 갈등의 분출로 이해되었다면, 6·25전쟁 이후 내전은 공산세력의 간접침략에 의해 야기된 태업(sabotage), 전복(subversion), 유격전 등 다양한 요소로 구성된 내부전쟁의 최종 단계를 의미했다.

이처럼 간접침략과 내부전쟁에 규정된 냉전의 새마을은 외부의 공산세력과 연계된 내부의 적을 실재 여부와 관계없이 상정하고, 비정규전의 방식으로 침투하는 외부의 적과 이에 호응하는 내부의 적을 끊임없이 색출하는 것을 당면 과제로 삼았다.

셋째, 냉전의 새마을은 냉전에 규정된 동아시아의 근대이행이 낳은 결과물이다. 동아시아 지역의 '밑으로부터의 냉전'에서 승리하기 위해 추진된 근대화는 전근대 국가의 지역사회 말단 지배체제를 해체하는 경로가 아닌 변용(變容)하는 길을 밟았고, 이러한 근대이행의 특성은 체제와 이념의 차이와 상관없이 양 진영의 냉전의 새마을에 그대로 반영되었다.

Affairs, San Diego, California, August 10, 1961, CIA-REP75-00001R000300280044-7.

39 Roger Hilsman, *To Move a Nation: The Politics of Foreign Policy in the Administration of John F. Kennedy*, Doubleday & Company 1967, 413면.

40 Roger Hilsman, Memorandum For The President, 1962.1.13, Folder title: Counter-insurgency, 케네디 대통령 도서관 https://www.jfklibrary.org/archives.

41 내전과 학살의 상관성에 대한 정리는 다음 연구를 참조. 김학재 「한국전쟁 전후 민간인학살과 20세기 내전」, 『아세아연구』 제142호, 2010.

전근대 중국 제국이 대민 지배를 위해 활용한 대표적인 방안인 보갑제도 (保甲制度)는 국민당 정부와 일제가 모두 활용했으며, 중국 공산당도 지역사회 장악과 통제를 위해 잠시나마 운용했다.[42] 이러한 중국 공산당의 말단 지역사회 지배정책은 근대국가 건설에서 민중의 자율적인 영역에 대한 지배가 이념에 상관없이 모든 정치세력에게 당면 과제였음을 확인시켜준다.

전근대적인 대민 지배체제를 상징하는 최말단 대민 통제조직이 공산과 반공이라는 이념적 대립과 상관없이 변용하여 활용되는 양상은 베트남 전장에서도, 한반도에서도 역시 확인된다. 냉전시대 한반도의 근대이행 양상을 이해하기 위해서는 전근대 통치제도의 전파와 수용,[43] 일제와 국민당 정부 간의 공산세력 진압책의 상호차용,[44] 일제의 만주국을 포함한 식민지 통

---

[42] 중국 공산당이 북경을 중심으로 추진한 지역사회 기층 공동체에 대한 지배체제 수립 정책에 관해서는 다음 글들을 참조. 윤형진 「중화인민공화국 도시주민 조직 방식의 형성: 일본 점령기에서 건국 초기(1937~1954)의 북경을 중심으로」, 서울대 박사학위 논문 2014, Ⅱ편; 박상수 「1950년대 북경 街道 '공간'과 거민위원회의 작동 방식」, 『중국근현대사연구』 제64호, 2014.

[43] 전근대 한·중·일 국가의 최말단 지역사회 통치제도의 유사성과 차이점에 관해서는 다음 책을 참조. 穂積陳重 編 『五人組制度論』, 穂積奨學財團出版 1921. 동아시아 국가들이 중국의 제도를 일률적으로 수용하지 않았으며, 수용된 제도들도 각국의 역사 속에서 내용을 달리해나갔음은 물론이다. 우드사이드에 따르면 베트남 민망 황제는 중국의 보갑제 수용을 거부했으나, 유민이 몰리는 19세기 초 대도시 하노이 외곽에서는 유사형태의 조직이 만들어졌다고 한다(Alexander B. Woodside, *Vietnam and the Chinese Model: A Comparative Study of Vietnamese and Chinese Government in the First Half of the Nineteenth Century*, Harvard University Press 1971, 161~62면). 유인선에 따르면 민망 황제가 청(淸)과 대등한 관계를 추구하며 청의 법제를 오랑캐의 법으로 여겼는데(유인선 『새로 쓴 베트남의 역사』, 이산 2002, 254~55면), 아마도 그가 보갑제 수용을 거부한 이유는 이러한 경향 때문으로 보인다.

[44] 20세기 보갑제도의 부활과 확대를 다룬 연구들은 기층 행정조직 재편과 지배라는 차원에서 청의 보갑제도가 일제의 대만 지배를 위한 수단으로 변용되고, 다시 만주국과 국민당 정부로 이어지는 경로를 보여준다(遠藤正敬 「滿洲國統治における保甲制度の理念と實態: '民族協和'と法治國家というの國是をめぐって」, 『アジア太平洋討究』 제20호, 2013; 문명기 「保甲의 동아시아: 20세기 전반 대만·만주국·중국의 기층행정조직 재편과 그 의미」, 『중앙사론』 제47호,

치방식,[45] 그리고 특히 내부전쟁이 치열하게 벌어진 동아시아 냉전의 역사를 고찰할 필요가 있다.

냉전·분단체제를 역사적으로 이해하기[46]

박정희 정부의 '1972년 분단국가체제'[47]의 수립은 일차적으로 박정희를 위시한 친위세력이 1968년 '1·21사태' 이후부터 1972년 10월까지 벌어진 동아시아 냉전과 남북관계의 변화 그리고 한국사회의 변화 요구에 관한 대

    2018). 이런 제도의 전이와 함께 일제 관동군과 만주국이 장제스 정부가 '대공전(對共戰)의 효과적인 수단'으로 전개한 신생활운동을 도입하고자 한 사실을 주목하며, 쌍방향적인 제도적 영향을 드러내기 위해 '상호차용'이라는 표현을 쓴 것이다.

45 일제가 식민지 조선에서 추진한 지역사회 재편정책을 검토한 연구자들은 '전근대적' 또는 '전통'으로 분류되는 오인조제도, 향약, 유교와 같은 개발적·안보적·사상적 기제가 이른바 지역사회 '근대화' 기획에 변형, 결합되었다는 점을 지적하고 있다(이준식「혁명적 농민조합 운동과 일제의 농촌통제정책: 함경북도의 관북향약을 중심으로」, 김동노 편『일제 식민지 시기의 통치체제 형성』, 혜안 2006, 266~68면; 水野直樹「咸鏡北道における思想淨化工作と郷約·自衛團」, 松田利彦·陳姃湲 編『地域社會から見る帝國日本と植民地』, 思文閣出版 2013, 253~60면; 윤해동『지배와 자치: 식민지기 촌락의 삼국면구조』, 역사비평사 2006, 374~75면).

46 이 책에서 쓰는 '분단시대' '분단체제' '분단국가체제' 등의 용어는 강만길, 백낙청과 이후 분단체제론을 논구한 연구 성과에서 빌려왔다(강만길『분단시대의 역사인식』, 창작과비평사 1978; 백낙청『흔들리는 분단체제』, 창작과비평사 1998; 이종석『한반도 평화통일론』, 한울아카데미 2012; 김종엽『분단체제와 87년체제』, 창비 2017; 김성민『통일담론의 지성사』, 패러다임북 2015 등). 다만 선행 연구의 관점을 그대로 수용하는 것은 아니다. 필자는 선행 논의들이 분단시대와 분단체제에 관한 학문 영역을 열어주었다는 점에서 그 의의는 매우 크나, 이론적·구조적 이해에 치중하며 주체들의 행위와 역사적 경험의 누적 속에서 만들어진 냉전·분단체제의 수립과 해체를 파악하는 데는 부족했다고 본다.

47 이 책에서는 '유신체제'라는 용어를 문맥상 군이 써야 하는 경우를 제외하고 '1972년 분단국가체제'라는 표현을 쓴다. 당대 정부가 억압적인 체제 수립에 정당성을 부여하기 위해 쓴 용어를 그대로 따라 사용하는 것은 적절하지 않으며, 1972년에 확립된 체제를 냉전·분단체제의 맥락에서 파악해야 함을 강조하기 위해서이다.

처 결과물이라 할 수 있다.[48] 하지만 한반도를 둘러싼 국제질서의 변화와 남북의 군사적 긴장 관계의 고조라는 요인만으로는 집권세력이 왜 특정한 체제를 수립했는가를 설명할 수 없다.

1972년 분단국가체제의 수립과 성격을 역사적으로 파악하기 위해서 다음 세 가지 점에 주안점을 두고자 한다. 첫째, 특정 국면에서 벗어나 1972년 분단국가체제를 만들어간 주체의 사고방식을 규정한 역사적인 요인을 거시적으로 규명하는 것이다. 바꾸어 말하면 1972년 분단국가체제는 1930년대부터 1970년대까지 켜켜이 쌓인 국가안보 주체들의 경험을 배경으로 등장한 체제로 주목할 필요가 있다. 이른바 '유신체제'를 다룬 깊이 있는 연구가 축적되고 있지만,[49] 신체제 수립을 주도한 이들, 특히 군부를 중심으로 한 안보 관계자들의 경험과 인식은 여전히 미답의 영역으로 남아 있다.[50]

와다 하루키(和田春樹)는 1972년 12월 김일성(金日成) 정부의 신헌법 제정을 1961년 노동당 제4차 대회 이래 추진된 '유격대국가' 건설의 제도적인 완성을 알리는 것이라 보았는데,[51] 그의 유격대국가 논의는 북한이 1972년 수립한 신체제의 연원을 만주국까지 거슬러 올라가 살펴볼 필요성을 제기한다. 박정희 정부가 1960년대 후반, 더 정확히 말하면 1967년부터 추진하기 시작한 체제 재편의 결과물인 신체제도 마찬가지이다. 1960년대 말부터 1970년대 초까지 남한의 새로운 체제 수립을 주도한 안보정책 최고위 책임

---

48 국제정치외교 차원에서 동북아 데탕트 전개와 냉전의 내재화 그리고 분단체제의 형성에 관해서는 다음 연구를 참조. 홍석률 『분단의 히스테리』, 창비 2012.

49 대표적인 연구 성과로 오창헌의 연구가 있다. 오창헌 『유신체제와 현대 한국정치』, 오름 2001.

50 이와 관련하여 최근 군부 주요 인사들에 대한 구술 성과를 활용한 연구가 주목된다. 정용욱 외 『구술로 본 한국 현대사와 군』, 선인 2020.

51 '유격대국가'에 대해서는 다음 글을 참조. 和田春樹 「遊擊隊國家の成立と展開」, 『世界』 1993.10, 272~73면; 와다 하루키 『북조선』, 서동만·남기정 옮김, 돌베개 2002, 273면.

자들에는 만주의 젠다오(間島) 지역에서 대유격전의 경험을 공유한 이들이 포진했다. 1972년 남북의 체제 전환은 남북 집권세력의 역사적 경험에서 볼 때 '유격대국가'와 '대(對)유격대국가'의 성격을 지닌 두 분단국가가 적대적 대립에서 승리하기 위해 만든 것으로 주목할 수 있다.

둘째, 한반도에서 벌어진 냉전과 분단을 동아시아 냉전의 맥락 속에서 파악하는 것이다. 베른트 슈퇴버(Bernd Stöver)가 지적했듯이 글로벌 냉전을 이끌었던 미국과 소련 모두 '해방'을 기치로 걸고 상대 진영의 국가를 내부적으로 와해시키려는 정책을 추진했으며, 이는 내부냉전을 냉전의 본성으로 만들어 진영대립에 인입된 모든 국가에서 자국 내 사회와 개인을 철저히 통제하고 동원하는 양상을 낳았다.[52] 동아시아 지역에서 '내부냉전'은 인민전쟁, 대반란전 등의 이름을 내걸고 벌어진 '밑으로부터의 냉전'에 의해 규정되었다. 이러한 냉전의 굴레에 갇힌 한반도의 두 분단국가는 '유격대국가'이면서 대유격전을 준비하고, '대유격대국가'이면서 유격전을 준비하며 민중에게 총력안보태세의 확립을 강요했다.[53]

1972년 분단국가체제의 등장을 역사적으로 이해하기 위해서는 1930년대까지 만주국에서 수립된 지배체제와의 연속성을 규명하는 것과 함께, 1930년대 만주국과 1970년대 박정희 정부를 매개한 동아시아 냉전과 분단을 고찰해야 한다. '대반란국가'(counter-insurgent state)를 등장시킨 동아시

---

52 베른트 슈퇴버 『냉전이란 무엇인가』 48면.

53 '유격대국가'와 '대유격대국가'의 이러한 특성은 분단정부의 수립 직후부터 드러나기 시작했다. 6·25전쟁 이전부터 한국군은 이북에 '호림부대'와 같은 특수부대를 파견하여 유격전을 벌였고, 전쟁 기간에도 국군과 미 극동군사령부가 관리한 유격부대들이 전선 이북 지역에서 활발하게 유격전을 벌였다. 또한 이러한 양상은 접경지역의 방위체제 강화를 강요했다. 이에 관해서는 다음 연구를 참조. 육군본부 군사연구실 편 『한국전쟁과 유격전』 1994; 조성훈 『한국전쟁의 유격전사』, 국방부 군사편찬연구소 2003; 김재웅 「북한의 38선 접경지역 정책과 접경사회의 형성: 1948~1949년 강원도 인제군을 중심으로」, 『한국사학보』 제28호, 2007.

아 냉전이 없었다면 1930년대 만주국에서 등장한 국가체제나 근대화 노선이 1972년 분단국가체제까지 연결되는 역사는 없었을 것이다.[54]

셋째, 동아시아 '밑으로부터의 냉전'과 직결된 근대화 노선의 수립과 추진 결과를 주목한다. 일제와 만주국의 군·경으로서 만주국 '변방'에서 '공비토벌'을 벌이며 쌓은 조선인의 경험은 한때의 지엽적인 경험으로 끝나지 않았다. 분단국가의 수립과 베트남전은 대유격전이 지닌 함의가 확장되는 계기였다. 그리고 이는 국가 근대화 노선과 지역사회 공동체의 삶을 특정한 방식으로 통제하는 1972년 분단국가체제가 등장할 수 있는 배경이 되었다.

냉전에 규정된 한국 근대화에 관한 논구는 곧 한국사회가 걸었던 탈냉전 경로를 이해하는 출발점이라 할 수 있다. 이는 동학농민전쟁에서부터 전면화된 민중 자치의 지향이 식민지배와 냉전·분단체제에 의해 좌절, 지체, 왜곡되다가, 1980년대 민중항쟁을 계기로 민중 자치가 점진적으로 확대되어 간 역사를 파악하는 것과 동전의 양면을 이룬다.

이 책은 크게 4부로 나뉜다. 1부에서는 일제가 방공 최전선 만주국에서 벌인 지역사회 지배정책을 고찰하며 '냉전의 새마을'의 원형을 이루는 공간과 제도의 등장 그리고 전시체제로의 변화를 살펴보고, 이를 체득한 만주국 조선인 방공전사들이 1945년 미·소 분할점령과 6·25전쟁까지 이어지는 분단 고착화 과정에서 냉전전사로서 거듭나며 자신의 경험을 전파하는 과정을 살펴본다.[55]

---

54 '대반란국가' 개념은 다음 연구 참조. Paul B. Rich & Richard Stubbs eds., *The Counter-Insurgent State: Guerrilla Warfare and State Building in the Twentieth Century*, Macmillan Press 1997. 동아시아 지역 대공반란전에 대한 면밀한 검토는 임동원(林東源)에 의해 1967년 이루어졌다. 임동원 『革命戰爭과 對共戰略: 게릴라전을 중심으로』, 탐구당 1967.

55 이 글에서는 만주국 조선인 방공전사들이 지역사회 현장에서 이른바 치안숙정공작(治安肅正工作)을 벌이며 체득한 경험을 주목하고, 만주국 군관학교에서 받은 학습과 훈련에 대해서는 다루지 않는다. 만주국 사관학교 및 일본 육군사관학교 교육에 관해서는 다음 연구

2부는 시공간을 달리한 역사적 경험이 동아시아 냉전의 전개 속에서 교류되는 과정을 다룬다. 한국군이 동아시아 냉전의 연쇄와 환류에 능동적인 주체로 참여할 수 있었던 계기로서 5·16군사쿠데타와 베트남전 참전을 주목한다. 5·16군사쿠데타 세력의 주도하에 민주적 민군관계 지향을 배제하고 베트남전 참전의 길을 걸은 한국군은 자신의 역사적 경험을 기반으로 삼아 '냉전의 새마을' 건설 경험의 교류와 확산에 일익을 맡았다.

3부는 1960년대 말 1970년대 초 '역사적 전환기'로 불렸던 시기를 조명한다. 1960년대 중반 이래 동아시아 냉전의 유동과 급변은 한반도 안보의 불확실성과 평화 진전의 가능성을 동시에 제공했다. 이 시기에 관한 고찰을 통해 다른 선택지들이 차단되고 냉전의 새마을에 기반을 둔 1972년 분단국가체제의 수립을 낳은 계기와 과정을 확인할 수 있을 것이다.

4부는 냉전의 새마을 건설과 작동 기제를 마을 차원에서 미시적으로 고찰하여 박정희 정부가 대대적으로 건설해간 냉전의 새마을이 보인 특성을 규명하고, 분단국가체제가 밑으로부터 균열, 해체되어갔음을 살펴보고자 한다.

종장에서는 냉전의 새마을에 기반을 둔 1972년 분단국가체제의 역사적 성격을 정리하고, 냉전을 위한 공동체가 아닌 인간을 위한 공동체 건설을 위한 역사적 전환을 살펴보고자 한다.

를 참조할 것. 신주백 「滿洲國軍 속의 조선인 장교와 한국군」, 『역사문제연구』 제9호, 2002; Carter J. Eckert, *Park Chung Hee and Modern Korea: The Roots of Militarism, 1866-1945*, The Belknap Press of Harvard Universities Press 2016.

1부

원형의 이식

1장

'냉전의 새마을' 원형, 만주국 농촌사회

식민제국의 방공 최전선, 만주국

주지하다시피 만주는 식민지 조선의 많은 농민이 일제의 수탈적인 농업
정책 결과 이른바 '기민(飢民)'으로 전락하여 반강제적으로 이주한 곳이자,
항일운동가들이 이주 조선인들의 지원을 받으며 민족의 해방을 위한 무장
투쟁을 전개했던 곳이다.[1] 반면 만주국 중앙육군훈련처와 만주국 육군군
관학교, 간도특설대 출신의 조선인 장교들과 1940년 당시 1만여 명에 달했
던 조선인 관공리, 그리고 교육기관 및 만주국 협화회 등에 참여한 조선인
들에게 만주국은 제국의 첨병이 되어서라도 각자의 꿈을 달성하려는 '개척
지'와 같은 곳이었다.[2] 그 결과 만주는 식민지 민족해방을 위해 '반만항일

---

1 이에 관한 전체적인 흐름에 대해서는 다음 두 연구를 참조. 박창욱 외『中國 原州村 硏究』,
　원주시 2007; 양소전 외『중국조선혁명투쟁사』, 연변인민출판사 2009.
2 일제의 만주국 통치에 참여했던 조선인들에 대한 분석은 다음 연구를 참조. 임성모「일본
　제국주의와 만주국: 지배와 저항의 틈새」,『한국민족운동사연구』제27권, 2001, 제4장; 박

(反滿抗日)' 무장투쟁을 벌인 조선인들과 일본제국주의 영역에서 '친일위만 (親日衛滿)'을 통해 입신양명을 추구한 조선인들이 사활을 걸고 대결하는 역사적 공간이 되었다.

만주국을 지배한 일제 관동군과 '혁신관료'들이 군사전략적인 지향의 산업화와 국방국가 건설을 적극적으로 추진한 가장 큰 이유는 만주국이 일본제국의 대륙팽창 최전선이자 소련과 접경하며 소련을 봉쇄하는 반소·방공의 최전선이 되었다는 현실에 있었다. 1931년 9월 18일 '만주사변'을 일으켜 중국의 동북 지역을 단숨에 점령한 관동군은 1932년 3월 '만주국' 수립을 선포한 이후 반만항일세력을 진압하는 데 몰두했다. 하지만 관동군의 기본 임무는 소련과의 전쟁 준비였고, 각 지역에 병력을 분산 배치하여 전개한 항일세력 진압은 만주국이 치안력을 확보하지 못한 상황에서 수행한 부차적인 임무였다. 1933년 일본 육군성은 소련과의 전쟁 준비를 구체화했고, 같은 해 관동군도 '만몽(滿蒙)'의 경략에 경주하여 소련의 '적화정책'을 무력화하고 기회가 되면 '길항적 세력'을 일소해야 한다고 방침을 정했다.[3]

관동군은 1934년부터 만주국군에 항일유격대 토벌을 위임한다는 방침을 세우고 이를 위한 인력양성과 일본군 출신자들의 배치를 진행하였고,[4] 이후 만주국 내 치안 상황이 호전되자 관동군은 분산 배치된 병력을 철수시키며 소련과의 전면전을 대비하는 데 치중했다.[5] 관동군과 소련군의 군사적인 대

성진 「만주국 조선인 고등 관료의 형성과 정체성」, 『동양정치사상사』 제8권 1호, 2009, 224~26면; 강상중·현무암 『기시 노부스케와 박정희』, 이목 옮김, 책과함께 2010, 88~104면; 한석정 『만주 모던: 60년대 한국 개발 체제의 기원』, 문학과지성사 2016, 117~23면. 만주에 거주한 대다수 조선인은 '2등 공민'으로서 지위도 확보하지 못한 채 일본인과 중국인 사이에서 멸시를 받았다. 만주 거주 일반 조선인의 실상과 민족적 정체성에 대해서는 다음 글을 참조. 윤휘탁 「'滿洲國'의 '2등 국(공)민,' 그 실상과 허상」, 『역사학보』 제169호, 2001.
3 富田武 『戰間期の日ソ關係』, 岩波書店 2010, 274~75면.
4 淺田喬二·小林英夫 編 『日本帝國主義の滿洲支配』, 時潮社 1986, 169~71면.
5 같은 책 99~109면.

립 관계는 1938년 장고봉(하산호) 전투, 1939년 노몬한(할힌골) 전투와 같은 대규모 전투를 포함한 지속적인 국경분쟁으로 표출되었다.[6]

소·만 국경의 충돌은 관동군에게 소련과의 전면전 준비를 크게 의식하게 만드는 계기이자,[7] 후방의 공산주의자들이 주도하는 반만항일 유격전을 다시 주목하게 만드는 계기였다. 관동군은 노몬한 전투 시 항일유격대 활동이 급증하는 것을 보고, 전면전이 발발하면 잠재적 위협이 될 수 있다고 여겼다.[8]

일제는 노몬한 전투에서 소련에 대패하고 중일전쟁도 장기전이 되는 상황에 직면하자 '방공'을 더 소리 높여 강조했다. 1939년 일제 관변학자 히라타케 덴조(平竹傳三)는 '동아방공지대화'와 같은 용어를 사용하며 일제의 동아시아 침략을 소련의 동아시아 공산화를 차단하기 위한 시도라고 미화했다.[9]

사상전향을 통해 일제의 사상전 전사로 거듭난 김두정(金斗禎)도 히라타케와 같은 논조를 설파하는 데 앞장섰다.[10] 김두정은 중일전쟁을 일본과 중

---

6 같은 책 223~26면. 일제의 공세적인 대소전 준비는 1941년 '관동군 특종연습'으로 정점에 달했으나, 극동 소련군이 전력을 유지하고 태평양전쟁의 전황이 악화하면서 관동군의 전력은 약화 일로를 걸었다(같은 책 240~44면). 관동군은 패망 직전인 1945년 3월부터 소련 참전을 본격적으로 대비했고, 소련과 접경한 함경북도 주둔 일본군도 관동군에 편입되어 소련과의 전쟁을 준비했다(신주백 「1945년 한반도에서 일본군의 '본토결전' 준비: 편제와 병사노무동원을 중심으로」, 『역사와 현실』 제49호, 2003, 194면).

7 關東軍參謀部 『最近における滿洲國の治安』 1937, 25면. 1937년 관동군은 국경분쟁의 근원이 "유사시(有事時)를 위한 정찰에 있고, 만주국을 교란하려는 음모이며, 군비 충실에 따른 예봉이 드러나는 데 있다"라고 언급했다.

8 Ian F. W. Beckett ed., *The Roots of Counter-Insurgency*, Blandford Press 1988, 137면.

9 김영숙의 연구에 따르면 일본 정부는 중일전쟁 개전과 중소불가침조약 체결(1937.8.21)로 중국을 방공협정에 끌어들일 가능성이 없어지자, '방공'이라는 이름으로 중일전쟁 수행을 정당화하는 방향으로 외교정책을 수정했다. 이러한 정책 변화는 '방공'의 함의가 소련을 저지한다는 차원에서 일본의 동아시아 지역 이해를 확보하고 군사적 침략을 정당화하는 차원으로 확대됨을 의미했다. 김영숙 『근대 일본의 동아시아 정책』, 선인 2009, 127면.

10 김두정의 이력에 대해서는 다음 글을 참조. 지승준 「친일인물연구, 사회주의에서 친일의

국의 '민족전쟁'이 아니라 '방공전쟁'이라는 논리로 침략전쟁을 정당화했다. 그에 따르면 중일전쟁은 일본이 중국의 '적화방지'를 위해 '소련의 전초부대인 인민전선'을 징벌하는 전쟁으로 "방공전쟁의 전초전이자 완전한 사상전"이었다.[11] 김두정은 도래할 세계전쟁이 방공전쟁이 될 것이라 확신하며, 이 숙명적인 방공전쟁은 무력전의 최종 승리를 보장하기 위한 사상, 문화, 국민정신에서의 승리를 요구하는 역사상 최대의 사상전이 될 것이라고 보았다. 그리고 '방공적 세계대전'에서 철두철미한 방공전선을 이끌며 소련과 대적할 주력은 일본이라 단언했다.[12] 히라타케나 김두정과 같은 이데올로그들은 일제가 벌이는 침략전쟁의 정당성을 공산세력 척결에서만 찾지 않았다. 이들은 세계적 변혁기에 일본 국민은 '신일본주의'로 무장해서 '자유주의'와 '공산주의'를 청산할 것을 주창했다.[13]

이들 일제 이데올로그의 주장은 실리를 추구하는 열강의 이해가 복잡하게 맞물리며 전개되는 국제정치의 현실과 거리가 멀었음은 두말할 것도 없고 심지어 일제의 동북아 외교정책과도 큰 괴리가 있었다. 1937년 11월 일본·독일·이탈리아 삼국의 방공협정 체결로 방공전선의 외형이 갖추어졌지만, 1939년 관동군이 노몬한에서 소련군에게 궤멸적인 패배를 입은 직후에 독일이 소련과 불가침 조약을 체결한 사실은 일제가 주창한 '방공연대'가 공허한 구호에 불과했음을 잘 보여준다. 또한 방공협정으로 결합한 삼국이

길로 전향한 김두정」,『민족문제연구』제5권, 1994; 친일인명사전편찬위원회 「김두정」,『친일인명사전』2, 민족문제연구소 2009, 331~32면.

11 金斗禎『防共戰線勝利の必然性』, 時局對應全鮮思想報國聯盟 1939, 253면.

12 같은 책 288~89면.

13 김두정은 "국가 비상시에 거국적 국민운동의 진전과 함께, 자유주의·공리주의·개인주의 그리고 혁명주의·계급주의의 전면적인 극복·청산이 촉진되고, 반대로 국민주의·공동주의·통제주의가 괄목할 정도로 발전하고 있다"라고 언급하며 '신일본주의의 발전'과 '자유주의·공산주의의 패배'를 입증하는 여러 상황이 전개되고 있다고 강변했다(같은 책 298면).

1940년 7월 소련과의 관계를 인정하는 내용을 담은 동맹 협정을 체결한 사실이나 이후 일본이 1941년 4월 '일·소 중립조약'을 체결한 사실 등은 방공 연대가 각국의 전략적 이해 추구를 위해서는 언제든지 폐기될 수 있는 구두선에 불과했다는 사실을 명백하게 보여준다.[14]

이러한 외교정책의 실상과 별개로 일제는 만주국을 식민제국의 반소·방공의 최전선 보루로 만들기 위한 안보전략을 적극 구사했다. 일제의 만주 지역 이주정책은 '식민지주의 이해'와 '이념적 이해'가 중첩된 만주국의 공간적 특성을 잘 보여준다. 일제의 만주 지역 식민화 정책은 대소(對蘇) 군사 안보 방침과 긴밀하게 맞물리며 진행되었다.[15] 만주국 수립 직후부터 관동군은 일본인의 이주를 항일무장투쟁 세력의 발흥 속에서 농촌의 치안을 확보하기 위한 수단이자, 대소 국방의 방책으로 여겼다.[16] 만주국 수립시기부터 방위를 목적으로 한 이민을 강구한 관동군은 '시험기 이민'을 거친 뒤 1936년에 이듬해인 1937년부터 20년 동안 500만 명을 북만주 지역에 이주시킨다는 '만주농업이민 백만 호 이주계획'을 확정했다.[17] 이렇게 북만주 국경지대에 건설된 일본인 입식촌은 당연히 국경 방비라는 임무를 부여받았다.[18]

만주국의 관제 언론과 단체들은 대중에게 방공 최전선 국가의 구성원으로서 정체성을 반복적으로 주입했다. 만주국 협화회는 1938년 2월 독일이 만주국을 정식 승인하자 축하대회와 강연회 등을 개최하며 방공 최전선 국

---

14 중일전쟁 이후부터 일·소 중립조약 체결 시기까지 일제의 동북아 국제관계 인식과 방공 외교의 흐름에 대해서는 김영숙『근대 일본의 동아시아 정책』제4장, 제5장 참조.

15 John R. Stewart, "Japan's Strategic Settlements in Manchoukuo," *Far Eastern Survey*, 8:4, 1939.2.15, 37면.

16 淺田喬二「滿洲農業移民政策の成立過程」, 滿洲移民史硏究會 編『日本帝國主義下の滿洲移民』, 龍溪書舍 1976, 14면.

17 같은 글 45~46면. '무장이민' 구상과 추진에 관해서는 다음 연구를 참조. 桑島節郎『滿洲武裝移民』, 敎育社 1979.

18 平竹傳三『新東亞の建設: 蘇聯·支那·滿洲·北洋問題』, 敬文堂書店 1939, 113면.

가로서 정체성을 불어넣는 계기로 삼았으며,[19] 1939년 1월에 만주국의 방공
협정 가입이 결정되자, 만주국 내 일제 언론은 극동에서 '철통의 방공포진
(防共布陣)'이 이루어졌다고 선전했다.[20]

만주국은 소련의 연해주 한인의 강제이주정책도 반소·방공 의식을 고취
하기 위한 선전 소재로 적극 활용했다. 1936년부터 소련은 방공연대를 표방
한 독일 및 일본과의 전쟁에 대비하기 위해 국경지대의 불안 요소로 여겨진
민족들을 강제로 이주시켰다.[21] 소·만 국경에서 정보전 강화는 소련 내 국
경지대는 두말할 것도 없고 연해주에 거주하는 한인 전체를 격리의 대상으
로 만들었다. 소련은 연해주 거주 한인이 일제와 만주국의 '첩보거점'이 되
고 있으며, 전쟁이 발발하면 일제와 만주국의 공격에 매우 유리하게 활용될
수 있다고 여겼다.[22]

중일전쟁 개전 직후인 1937년 9월부터 소련의 한인 강제이주정책으로 많
은 한인이 커다란 고초를 겪는 상황이 벌어지자,[23] 일제와 만주국은 곧바

---

19 「日滿獨伊 防共成立で大祝大會を開く」, 『大阪 朝日, 滿洲版』 1938.2.24.

20 「極東赤化勢力に鐵桶の防共布陣」, 『大阪 朝日, 滿洲版』 1939.2.25.

21 윤상원 「소련의 민족정책 변화와 1937년 한인 강제이주」, 『사림』 제46호, 2013, 82~83면.

22 소련의 조선인 강제이주정책에 대한 보고서를 올린 조선군 국경수비대에 따르면 소련
은 "소·만 간의 관계가 중대"해지자, "비공산당원이 국경선 부근에 거주하는 것이 방첩상
(防諜上) 불리하다고 판단"했고, 이에 따라 국경 4리 이내에 거주하는 조선인, 중국인, 러
시아인을 강제 이주하기로 결정했다(「在ソ鮮人奧地强制移住其他ニ關スル蘇聯情報送附ノ
件(1937.10.12)」, 栗屋憲太郎·竹内桂 編集·解說 『對ソ情報戰資料』 제3권, 1999, 125면; 「最近
ニ於ケル南部沿海州蘇軍ノ情勢觀察(1937.10.11)」, 같은 책 136면). 이듬해 1938년 2월 개최
된 조선군 정보주임자 회동에서 군참모장 구노 세이(久納誠)는 소련의 한인 강제이주정책
으로 첩보 거점이 거의 파괴되었고, 이에 대한 획기적인 방책을 모색해야 한다고 언급했다
(「朝鮮軍情報主任者會議書類送付ノ件」, 같은 책 176면; 竹内桂 「對ソ情報戰資料解說」, 『對ソ情
報戰資料』 제1권, 1999, xviii~xvx면). 한인들을 활용한 일제의 대소련 첩보활동의 전개와 이에
대한 소련 당국의 대응에 관해서는 다음 연구를 참조. 이상일 「1937년 연해주 한인의 강제
이주 배경과 일본의 對蘇 정보활동」, 『한국독립운동사연구』 제19집, 2002; 김인수 「1930년
대 후반 조선 주둔 일본군의 對소련, 對조선 정보사상전」, 『한국문학연구』 제32호, 2007.

로 이를 반소·반공의 정서를 고조하기 위한 소재로 활용했다. '전 만주 조선인 민회(民會) 연합회' 본부가 "폭력적인 소련을 응징하기 위한 민족전"을 전개해야 한다고 주장하며 반소·방공의 격앙된 분위기를 조선인들 사이에서 고조시키자,[24] 만주국 협화회는 곧바로 이 반소운동 전개를 조선인만의 문제가 아닌 만주국 국민 전체의 문제로 확대했다. 오족협화(五族協和)의 입장에서 만주 5족 전체의 '배공국민대운동(排共國民大運動)'을 추진하여 1937년 10월 27일 '배공국민대회'가 전 만주에서 일제히 개최되었다.[25]

'집단부락' 건설과 지역사회 통제

만주국에는 '소·만 국경'이라는 고정적인 방공전선 이외에도 각지에서 공산세력이 주도하는 유격전으로 인해 유동적인 방공전선이 만주 전역에 걸쳐 편재되었다.[26] 1933~34년경부터 반만항일투쟁을 구동북계 항일의용군

---

23 리 블라지미르 표로도비치, 김 예브게니 예브게니예비치 『스딸린 체제의 한인 강제이주』, 김명호 옮김, 건국대학교 출판부 1994; 윤상원 「1937년 강제이주 시기 한인 탄압의 규모와 내용」, 『한국사학보』 제78호, 2020 등.

24 「協和會でも重視, 全満朝鮮人が一齊蹶起!」, 『大阪 朝日, 滿洲版』 1937.10.19. 일제가 만주 각 지역의 조선인들을 통제하기 위해 만든 조선인 민회는 일제의 만주지역 치외법권 철폐 이후 만주국 협화회 산하 민족분회로 재편되었다. 조선인 민회를 감독했던 '조선인 민회 연합회'의 수립과 활동에 대해서는 다음 연구를 참조. 김태국 「만주지역 '朝鮮人 民會' 연구」, 국민대 박사학위 논문 2001; 신규섭 「'만주국'의 협화회와 재만 조선인」, 『만주연구』 제1호, 2004.

25 「暴ノ膺懲へ蹶起, 全滿一齊に排共國民大會開く」, 『大阪 朝日, 滿洲版』 1937.10.28.

26 일제시대 고정된 전선과 편재된 전선이 겹친 이중의 방공전선은 만주국뿐만 아니라 식민지 조선에서도 펼쳐졌다. 미즈노 나오키(水野直樹)의 분석이 잘 보여주듯이 식민지 조선에서도 제한적이나마 유사한 상황이 전개되고 있었다. 1936년부터 동변도(東邊道)에서 치안숙정공작이 전개될 때, 접경지역인 함경남북도에서도 만주국 숙정공작의 조선판이라 할 수 있는 '사상정화공작'이 전개되었다. 함경남북도 사상공작과 조선 내 방공전선 건설에 대해서는 다음 연구를 참조. 미즈노 나오키 「1930년대 후반 조선에서의 사상통제 정책: 함

이 아닌 공산주의자들이 주도하기 시작하면서 투쟁 양상도 소단위 유격전으로 변화했다.[27] 각지에서 벌어지는 항일전선에 대응하기 위해 일제는 만주국 지역사회를 강력하게 통제하며 '치안제일주의'의 국가로 만들어갔다.

만주국 수립 직후 관동군은 반만항일유격대 토벌을 위해 병력을 분산 배치하면서 중앙과 지방 행정단위에 치안을 전담하는 군·관·민 합동 기구인 '치안유지회'를 설치했다. 치안유지회는 이후 치안이 어느 정도 확보되자 1938년에 폐지되었고, 이듬해 1939년에 국가총동원체제 수립의 하나로 '방위위원회'가 설치되었다.[28]

윤휘탁(尹輝鐸)의 치밀한 연구가 잘 보여주듯이 관동군과 만주국은 1930년대 내내 공산주의자들이 주도한 반만항일 무장투쟁세력을 진압하고자 고심하며 이른바 '치안숙정공작(治安肅正工作)'을 연이어 전개했다.[29] 공산주의자들이 항일운동을 주도한 이후 항일전선이 확대되는 실태는 만주국을 이른바 '내면 지도'하는 관동군의 신경을 더욱 건드렸다.[30] 관동군은 공산주의자들이 주도하는 항일유격대를 '공비(共匪)'라 칭하며 "도적과 달리 구체적인 정강을 내걸고 민중에 해방과 행복을 약속하며 그 실현에 노력하는 하나의 정치적·군사적·사상적 단체"로 규정하고, 지역주민이 '통비(通匪)' '반비(半匪)' 분자가 되는 것을 차단하기 위해서는 강력한 사상전·정치전에 기반을 둔 '비민분리공작(匪民分離工作)'을 전개해야 한다고 강조했다.[31]

경남북도의 '사상정화공작'과 그 이데올로기」, 방기중 편 『일제 파시즘 지배정책과 민중생활』, 혜안 2004; 水野直樹 「咸鏡北道における思想淨化工作と郷約·自衛團」, 松田利彦·陳姃湲 編 『地域社會から見る帝國日本と植民地』, 思文閣出版 2013; 변은진 『파시즘적 근대체험과 조선민중의 현실인식』, 선인 2013; 이태훈 「일제말 전시체제기 조선방공협회의 활동과 방공선전전략」, 『역사와 현실』 제94호, 2014 등.

27 淺田喬二·小林英夫 編 『日本帝國主義の滿洲支配』 108~14면.
28 만주국 치안부 경무사(길림성 공안청 공안사연구실 편역) 『滿洲國警察史』 1982, 197면.
29 윤휘탁 『일제하 '만주국' 연구: 항일무장투쟁과 치안숙정공작』, 일조각 1996, 제2장.
30 「東邊道復興工作特輯」, 『宣撫月報』 제2권 7호, 1937.7, 9면.

여러 선행 연구들에서 상세히 규명된 것처럼 젠다오(間島) 지역에서 조선총독부가 조선인을 대상으로 세운 '집단부락(集團部落)'은 만주국 '비민분리공작'의 모범적인 사례가 되었다. 만주사변 직후 조선총독부가 조선인 피난민의 관리와 치안유지를 위해 '안전농촌(安全農村)'과 집단부락을 건설했다.[32] 1932~33년 건설된 안전농촌과 집단부락은 조선인 피난민을 관리하는 데 목적이 있었으나 1934년 이후부터 건설된 집단부락은 비민

사진 1 만주 젠다오 집단부락

분리를 통해 항일유격대를 고립시키는 데 주된 목적을 두었다.[33]

조선총독부의 주도하에 젠다오 지역에 건설된 집단부락은 방위를 위해

---

31 滿洲國軍事顧問部『國內治安對策の硏究』1937, 243면.

32 만주사변 직후 조선인 농민들의 피해 및 안정농촌 건설과 관련된 상세한 설명은 鄭光日「日僞時期東北朝鮮族 '集團部落' 硏究」, 延邊大學校 박사학위 논문 2010, 19~21면 참조. 이하 젠다오 지방에서 추진된 집단부락 건설에 대해서는 다음 연구를 참조. 金靜美『中國東北部における抗日・朝鮮・中國民衆史序說』, 現代企劃室 1992, 第3編; 홍종필「'만주사변' 이후 조선총독부가 젠다오 지방에 건설한 조선인 집단부락에 대하여」,『명지사론』제7호, 1995; 윤휘탁『일제하 '만주국' 연구: 항일무장투쟁과 치안숙정공작』제4장; 孫春日『「滿洲國」時期 朝鮮開拓民硏究』延邊大學出版社 2003. 집단부락 형성을 위한 강제이주에 대해서는 다음 연구를 참조. 유필규「만주국 시기 한인의 강제이주와 집단부락 연구」, 국민대 박사학위 논문 2014.

33 金永哲『「滿洲國」期における朝鮮人滿洲移民政策』, 昭和堂 2012, 33~34면.

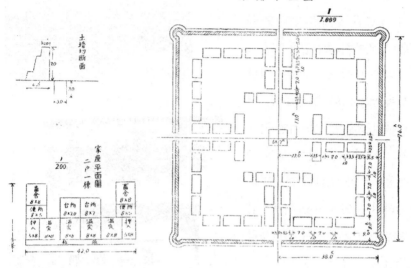

사진 2 조선총독부의 젠다오 집단부락 건설 계획도

외곽에는 방벽과 호를 파고 네 귀퉁이에 포대를 설치하는 것에서부터 통문과 가옥의 형태까지 부락의 기본 설계를 공유했다.[34] 1932년부터 1935년까지 조선총독부 주도하에 젠다오 지역에 건설된 집단부락 28개소에 입주한 조선인은 1936년 6월 말 당시 1만 6,500여 명에 달했다. 만주국도 젠다오 지역에 산재한 20호 미만의 조선인 소부락을 모아 집단부락을 건설하는 계획을 1933년부터 본격적으로 추진해, 1934년에만 3만여 명의 조선인이 집단부락에 강제 입주했다.[35]

이 시기 조선인 집단부락은 대부분 위험지대와 안전지대의 경계지대에 건설되어 일종의 '전초' 역할을 했으며,[36] 따라서 부락민은 '공산주의자'가

---

34 朝鮮總督府『間島集團部落』1936, 2~4면.
35 같은 책 11~14, 55~60면.
36 같은 책 53면.

사진 3 이주지 도착 직후 경찰 훈시를 받는 조선인들

사진 4 집단부락의 토루를 구축하는 조선인들

아닌 '사상적 견실성'을 갖춘 이들로 구성하는 것이 집단부락 건설에서 중요한 부분이 되었다.[37] 조선인을 대상으로 한 집단부락 건설은 뒤에도 이어졌다. 일제는 100만 호 이주계획을 본격적으로 추진하며, 새로 이주하는 조선인들을 '불안전지대'에 집단부락을 건설하는 데 활용했다. 이외에도 1938년에는 소·만 국경지대 40km 이내와 여타 지역에 거주하던 조선인들을 특정 지역으로 모아 집단부락을 건설하는 조치가 취해졌다.[38]

한편, 조선총독부의 집단부락 건설이 치안 확보에 유용하다는 판단을 한 관동군과 만주국은 1935년부터 1939년까지 만주 전역에 걸쳐 집단부락을 건설해 1939년까지 만주국 전체 인구의 10분의 1에 해당하는 500만 명 이상의 농민을 집단부락에 입주시켰다.[39] 특히 중일전쟁 이후 일제는 항일유격전이 치열하게 벌어지던 만주국 러허성(熱河省) 일대에서 '서남지구특별숙정(西南地區特別肅正)'을 연이어 벌이며, 1939년부터 1944년까지 3,000여 개가 넘는 집단부락을 건설해 '무주지대'를 광범위하게 만들었다. 연이은 숙정 과정에서 잔혹한 토벌과 강압적인 이주가 시행되었음은 두말할 필요가 없다.[40]

그런데 젠다오 지역 집단부락 건설을 연구한 정광일(鄭光日)도 지적했듯이 중국의 동북 지역에서 불모지를 개척하며 비적의 약탈을 방위하고 지배

---

37 中谷給治「間琿地方に於ける鮮農集團部落」, 『朝鮮』 제224호, 1934.1, 185면.

38 鄭光日「日僞時期東北朝鮮族 '集團部落' 硏究」 71~72, 84면.

39 張磊「東北淪陷時期日軍建立 '集團部落' 的影响及危害」, 『長春大學報』 第28卷 第5期, 2018, 99면; 王廣義·張寬「東北抗聯反日僞 '集團部落' 鬪爭硏究」, 『歷史教學問題』 2019年 第2期, 43~44면. 1940년 만주국 전체 인구수는 4,320여만 명이었다(한석정 『만주 모던: 60년대 한국 개발체제의 기원』, 문학과지성사 2016, 113면 '표2-3' 참조).

40 이에 대한 상세한 내용은 다음 연구를 참조. 윤휘탁 『중일전쟁과 중국혁명』, 일조각 2002, 제1편 제III장; 李淑娟「日僞統治下的東北農村述論」, 南開大學歷史學院 박사학위 논문 2005, 49~55면; 劉志兵 『集團部落: 日軍侵華暴行的又一鐵證』, 承德市老區建設促進會 2013, 2~4면. 건설된 집단부락 숫자는 논자에 따라 차이가 있는데 여기서는 윤휘탁의 글을 따랐다.

를 확대하기 위한 집단부락은 만주국이 수립되기 이전부터 등장했다.[41] 만주국 민정부 경무사에 따르면 만주 지역에서 최초의 집단부락은 장쭤린(張作霖)이 지배하던 시기인 1926년 지린성(吉林省) 쳰안현(乾安縣)에서 만들어졌다. 1926년 지린성 당국은 서부 황무지 지역에서 토지조사 및 개척 사업을 벌이고, 다음 해에 '토비'를 방어하기 위해 정사각형으로 마을을 건설하고 방어공사를 했다.[42] 만주 전문가로 1939년에 만주국 방위부락에 관한 글을 쓴 존 스튜어트(John R. Stewart)도 비민분리를 위한 마을 건설의 효시로 1926년 지린성 정부의 집단부락 건설을 들었다.[43] 조선총독부를 포함하여 관동군과 만주국이 방위를 목적으로 한 집단부락을 건설할 때, 이 지린성 쳰안현의 집단부락을 선례로 삼았을 가능성이 크다.

집단부락 건설은 관동군조차 폐단을 인정할 정도로 거주민에게 커다란 희생을 강요했다.[44] 일본 관동군과 만주국 군·경은 일방적인 집가정책(集家政策)에 저항하는 이들에게 무자비한 폭력과 살상을 자행했다.[45] 또한 집단

---

41 鄭光日「日僞時期東北朝鮮族'集團部落'研究」33~34면.

42 民政部警務司『滿洲國警察槪要』1935, 797면; 乾安縣地方志編纂委員會『乾安縣志』, 吉林人民出版社 1999, 47, 60~61면.

43 John R. Stewart, "Protected and Railway Villages in Manchuria," *Far Eastern Survey*, 8:5, 1939.3.1, 60면. 그는 만주사변 이후 만주의 변화를 다룬 연구를 태평양문제연구회(Institute of Pacific Relations, IPR) 제6차 회의에 회의자료로 제출하고, 이를 출판할 정도로 만주 지역에 이해가 깊은 인물이었다(John R. Stewart, *Manchuria Since 1931*, New York: Institute of Pacific Relations 1936). 태평양문제연구회는 만주에 관해 지속적인 관심을 보였고, 스튜어트의 책은 주로 만주에서 일본 경제 분야의 지위와 활동을 다루었다(박선영『글로컬 만주』, 한울아카데미 2018, 80~88면). 1925년 설립된 태평양문제연구회는 동아시아 문제에 관한 연구와 주요 의제를 토론하는 민간기구였으나 일본과 미국의 이해가 반영되는 개량주의적인 성격을 지닌 단체로 비판을 받았다(고정휴「태평양문제연구회 조선지회와 조선사정연구회」,『역사와 현실』제6권, 1991, 298~302면).

44「東邊道復興工作特輯」,『宣撫月報』제2권 7호, 1937.7, 74면.

45 이에 대한 상세한 설명은 윤휘탁『일제하 '만주국' 연구: 항일무장투쟁과 치안숙정공작』261~69면; 王廣義·張寬「東北抗聯反日僞'集團部落'鬪爭硏究」44면.

사진 5(위), 사진 6(아래) 젠다오 지역 집단부락에 출동한 만주국 군·경

사진 7 젠다오 지역 집단부락 자위단(자경단)

부락 건설은 이주민의 경작지 면적 감소, 부역 일수 증가, 여기에 집단부락 건설비, 보갑비와 같은 각종 잡세 부담의 증가를 낳았고 이는 곧 빈농의 부채 증가로 이어졌다. 조선인 농민들은 견디다 못해 타지로 이주하거나, 집단부락 건설이 '주민의 생활을 위협하는 치안공작'에 불과하다고 반발하며 집단부락 건설 반대 청원서를 제출하기도 했다.[46]

관동군은 집단부락을 포함한 만주국의 말단 지역사회가 비민분리와 방위를 자체적으로 수행하도록 보갑제를 도입했다. 촌의 자위와 상호감시 및 연대책임을 내용으로 하는 보갑제는 역대 중국 왕조가 말단 지역사회 통치를 위해 활용한 '전통적 제도'이자, 공동체에 연대책임을 부과한다는 점에서 '전근대적인 제도'였다. 중화민국이 건국될 때 베이징 정부도 보갑제를 근대화의 장애물로 여기며 폐지해버렸지만,[47] 이후 장제스 정부는 지역사회 장악과 '대공공작(對共工作)'의 성공을 위해 보갑제를 부활시켰다.[48] 장제스 정부는 공산세력의 유격전 전개, 식민제국 일제의 침략, 향촌의 구지배세력 등과 같은 장애를 타파하며 국가통합을 달성하는 것을 최우선의 과제로 내걸며,[49] 이를 달성하기 위한 수단으로 '인보검찰(隣保檢察)'이라는 용어로 상징되던 전근대 국가의 지역사회 통치 기제인 보갑제를 적극적으로 활용했다.

일제는 이미 대만에서 청의 통치제도인 보갑제를 활용하여 식민통치 기반의 강화에 큰 효과를 본 경험이 있었다. 엔도 마사타카(遠藤正敬)와 문명

---

46 우영란 「위만주국 시기의 집단부락에 대한 연구」, 서굉일 외 『間島史新論(하)』, 우리들의 편지사 1993, 329~30면; 윤휘탁 『일제하 '만주국' 연구: 항일무장투쟁과 치안숙정공작』 제6장. 야마무로 신이치 『키메라: 만주국의 초상』, 윤대석 옮김, 소명출판 2009, 277~81면.

47 遠藤正敬 「滿洲國統治における保甲制度の理念と實態: '民族協和'と法治國家というの國是めぐって」, 『アジア太平洋討究』 제20호, 2013, 38면.

48 聞鈞天 『中國保甲制度』, 商務印書館 1935, 59, 365~66면.

49 같은 책 3~5면.

기(文明基)의 연구에 따르면 일제가 대만에서 시행한 보갑제가 경찰 행정 전반을 보조했다면, 만주국에서 시행한 보갑제는 치안숙정 보조에 국한되었다.[50] 하지만 일제의 지배를 받는 이들의 처지에서 보면 이러한 차이는 중요하지 않았다. 대만의 보갑제는 대만인만을 대상으로 했으며, 만주국에서는 치외법권 대상자인 조선인과 일본인 중 일본인만 보갑제 적용 대상에서 제외되는 등 제국의 지배자는 전근대적 통치 기제의 대상에서 제외되었기 때문이다.[51]

치안숙정에 치중된 만주국 보갑제의 운영방식은 국민당 정부의 방식을 따르는 양상을 보였다. 1929년 국민당 정부는 경찰제도가 충실해지고 지방자치제도가 자리를 잡았다는 판단이 들자 보갑제에서 호구조사와 같은 일반 행정을 보조하는 내용을 삭제하고, '도비(盜匪) 및 반혁명분자'의 경방(警防), 소방 등 치안유지에 치중하는 조직으로 기능하도록 법안을 개정했다.[52] 1930년부터 공산당 토벌을 대대적으로 전개하던 장제스 정부는 1932년 보갑제를 주요 방안으로 여겨 확대해나갔다.[53]

---

50 遠藤正敬「滿洲國統治における保甲制度の理念と實態: '民族協和'と法治國家というの國是をめぐって」41~42면; 문명기「근대 일본 식민지 통치모델의 轉移와 그 의미: '臺灣 모델'의 關東州·朝鮮에의 적용 시도와 변용」, 『중국근현대사연구』 제53호, 2012. 일제가 대만에서 실시한 보갑제에 관해서는 다음 연구를 참조. Ching-chin Chen, "The Japanese Adaptation of the Pao-Chia System in Taiwan, 1895-1945," *Journal of Asian Studies*, 34:2, 1975; 王學新『日治時期臺灣保甲制度之硏究』, 國史館臺灣文獻館 2009.

51 Ching-chin Chen, "The Japanese Adaptation of the Pao-Chia System in Taiwan, 1895-1945," 395면; 遠藤正敬「滿洲國統治における保甲制度の理念と實態: '民族協和'と法治國家というの國是をめぐって」45~46면.

52 滿洲國民政部警務司『保甲制度槪說』, 1934, 15면. 만주국 민정부 경무사에 따르면 국민당 정부가 1914년에 실시한 '지방보위단조례(地方保衛團條例)'는 평톈, 지린성에서 시행되었으며, 1929년 제정된 '현보위단법(縣保衛團法)'은 곧 이은 '만주사변'의 발발로 동북지역에서는 실시되지 못했다고 한다(같은 책 16면).

53 和田淸『中國地方自治發達史』, 汲古書院 1939, 제6장 3절 참조.

국민당 정부가 대공전 차원에서 보갑제 확대를 추진한 직후인 1933년에 만주국도 보갑제 시행을 추진했다.[54] 만주국은 전근대 통치제도 부활에 대한 비판을 의식했는지 '국민사상의 발달과 경찰제도의 충실개선'을 이루면 폐지될 법이라 합리화하며 '잠정적인(暫行) 법'이라 명시했다.[55] 1933년 4월 '잠행(暫行)보갑조례 및 잠행보갑조례시행준칙,' 12월에 '잠행보갑법'을 반포하고, 1934년 3월 '잠행보갑법 시행법'이 공포되며 보갑제가 본격적으로 실시되었다.

만주국은 인구가 희박한 지역이나 치안이 확보된 지역을 제외한 전 지역에서 보갑제 시행을 추진했으나 뜻대로 되지 않았다. 특히 조선인이 다수 거주하고 동북항일연군의 활동이 활발하게 전개된 지역에서 보갑제 정착이 지지부진했다. 이에 만주국 공안 분야를 총괄한 민정부 경무사는 전국적으로 보갑제를 시행한다는 기존 방침을 바꾸어 특정 지역에 집중하는 '보갑특별공작'을 추진했다.[56] 집단부락에 대한 반만항일 무장세력의 공격이 빈번하게 일어난 젠다오성 왕칭현(汪淸縣)과 같은 곳에서는[57] 1935년 관동군이 치안숙정공작을 벌인 뒤에야 보갑제가 겨우 뿌리를 내릴 수 있었고, 동북항일연군의 활동이 더욱 활발했던 안투현(安圖縣)에서는 보갑제를 정착하려는 만주국의 시도가 여러 차례 실패를 거듭하다 결국 치안이 확보된 현성(縣城)에서만 시행되었다.[58]

---

54 만주국의 보갑제 시행에 관한 면밀한 검토는 다음 연구를 참조. 윤휘탁 「'만주국' 시기 일제의 대민지배의 실상: 보갑제도와 연관하여」, 『동아연구』 제30호, 1995.

55 國務院總務廳情報處 『省政彙覽: 第六輯 間島省篇』 1935, 322면.

56 遠藤正敬 「滿洲國統治における保甲制度の理念と實態: '民族協和'と法治國家というの國是めぐって」 43면; 만주국 치안부 경무사(길림성 공안청 공안사연구실 편역) 『滿洲國警察史』 214면.

57 홍종필 「'만주사변' 이후 조선총독부가 젠다오 지방에 건설한 조선인 집단부락에 대하여」 56면.

58 國務院總務廳情報處 『省政彙覽: 第六輯 間島省篇』 326면.

보갑제는 지역과 치안 상황에 따라 다양한 양상을 보였으나, 농촌지역에서는 대개 10호를 묶어 최소단위 패(牌)로 만들고, 촌(村)의 패들을 묶어 갑(甲)을 편성하고, 1개 경찰서 관내의 갑들로 보(保)를 구성하는 방식을 취했다.[59] 보갑제는 구성원인 주민 간 상호감시를 하도록 만들고, 이를 토대로 호구 변동 신고, 비적 정보 및 범죄 발생에 관한 신속한 보고, 교통통신망·방호시설 보호, 자위단 의무, 납세 의무, 관공서 명령 등을 이행할 것을 강요했다. 만주 경찰은 보갑제 현황을 정확히 파악하고 '공비'의 침투를 막기 위해 갑(甲)마다 '호구조사부'를 작성하도록 했다.[60]

'보갑연좌제'라는 명칭에서 알 수 있듯이 연좌제는 보갑제와 불가분의 관계를 맺으며 보갑제의 특성을 규정한 핵심적인 제도였다. 패의 구성원들이 규약을 위반하거나 의무를 이행하지 않을 경우, 특히 '내란죄, 외환죄, 총포취체규칙 위반' 등 치안유지에 중대한 해를 끼치는 범죄를 저질렀을 경우, 지역 경찰서가 '패'의 가장들에게 연좌금을 부과했다.[61]

만주 조선인들에게 연좌제는 낯선 제도가 아니었다. 조선인들은 만주국이 수립되기 이전부터 중국과 일제로부터 이중의 통제 아래 연좌제의 속박을 받았기 때문이다. 1925년 중국 펑톈성(奉天省) 경무처장 위전(于珍)과 조선총독부 경무국장 미쓰야 미야마쓰(三矢宮松)는 중국 영토 내 조선인의 거

---

59 만주국 보·갑·패의 범위는 지방행정제도의 변천에 따라 변화했다. 1935년에는 모든 촌을 갑으로 만드는 방식에서 주촌(主村)만으로 갑을 삼는 방식으로 변경하여 갑의 수가 대폭 축소되었고, 1936년에는 둔(屯)을 갑으로 삼고, 주촌으로 보를 삼는 방식으로 변화되었다. 滿洲國臨時産業調査局『(奉天省 新民縣) 農村實態調査 第4卷: 一般調査報告書(下)』1936, 468면.

60 윤휘탁「'만주국' 시기 일제의 대민지배의 실상: 보갑제도와 연관하여」245면. 이외에도 보갑제는 개인이 보유한 총기 회수 등과 같은 경찰업무를 보조함으로써 항일세력에 무기가 제공되는 것을 방지하는 임무도 맡았다(같은 글 218면).

61 國務院總務廳情報處『省政彙覽: 第六輯 間島省篇』322면; 滿洲國民政部警務司『保甲制度概說』23면.

주 및 검거에 관한 협정, 이른바 '미쓰야협정(三矢協定)'을 체결했는데, 이들은 협정 제1조에 조선인은 각호 등록을 완료하고, '비행에 대해서 연대책임'을 져야 한다는 규정을 적시했다.

민정부 경무사는 청조와 국민당 정부가 보장—갑장—패장이 연대책임을 지는 '종적 연좌'와 패의 가장을 포함한 단원 전체가 연대책임을 지는 '횡적 연좌'를 더불어 시행했으나 자신들은 '횡적 연좌'만을 적용하기에 대민통제의 강도가 훨씬 약하다고 자화자찬했다.[62] 하지만 이는 관동군 헌병과 만주국의 군·경이 이중 삼중의 치밀한 감시체제를 작동시키는 현실을 외면하며 차이를 부각한 기만적인 언사에 불과했다.

일제는 젠다오 지역의 치외법권 철폐에 대비하려는 예비조치로 공산조직 및 반만항일단체를 '근본적'으로 파괴하고자 했고, 이를 위해 집단부락 건설과 보갑제도 시행 이외에도 특무경찰이 관리하는 '특고망(特高網)'이라는 사찰망을 운용했다. 젠다오성 특무경찰은 밀정뿐만 아니라 귀순자, 지역의 유력자, 청년들을 사찰망을 위해 활용했다.[63] 특고망을 통해 요시찰·요주의 대상자에서부터 각종 결사(結社), 학교, 강습회, 연구회까지 잠재적인 위협 요인으로 분류되어 사찰을 받았으니, 사실상 모든 조선인이 이중 삼중의 감시망에서 벗어날 수 없었다.

보갑제는 해당 지역의 경찰에게 막강한 권한을 부여했다. 집단부락의 부락장 및 부부락장(자위단장)의 선임은 주민이 추천하고 현장이 임명하는 방식을 취했으나 실제 임면권은 지역 경찰이 쥐고 있었다.[64] 경찰은 해당지

---

62 滿洲國民政部警務司『保甲制度槪說』36면.

63 關東軍參謀部『最近における滿洲國の治安』354면.

64 만주국 농촌행정 지배를 분석한 가자마 히데토(風間秀人)는 패장(牌長), 보장(保長), 갑장(甲長)은 경찰기관의 뜻을 따르는 구지배층 중에서 선출되었음을 지적하며, 이는 보갑제가 지방의 구지배자를 만주국 통치기구에 포함시켜 관동군의 지방 지배를 대체하도록 만드는 것이었다고 평가했다. 淺田喬二·小林英夫 編『日本帝國主義の滿洲支配』263면.

역에서 선출된 보·갑·패의 행정책임자 임명을 인가하고 또한 부적절하다고 판단될 때 인가를 취소하는 권한을 지녔으며,[65] 자위단의 결성과 운영도 관장했다.[66]

자위단은 보갑제의 전위조직으로, 집단부락을 방위하는 핵심 수단이었다. 관동군은 지역의 모든 '직업 자위단'을 '의용봉사(義勇奉仕)' 자위단으로 바꾸는 방침을 취했는데,[67] 집단부락 100호에 20명, 200호에 40명 규모로 자위단이 설치되어, 부락방위 외에 일군·만군으로 조직된 군·경 토벌대의 안내, 정찰, 통역, 연락 등의 임무까지 수행했다. 조선총독부는 집단부락의 자위단이 젠다오 치안공작에 지대한 공헌을 했다고 치켜세웠다.[68]

1935년 젠다오성 경찰청은 관내의 자위단들을 강화하는 사안을 크게 중시하여 경찰 간부들에게 만사를 제쳐놓고 일본 군대 및 일본 영사관의 도움을 받아 자위단을 반복적으로 훈련시킬 것을 지시했다. 경찰청은 지역사회의 확고한 통제는 자위단원에게 '보갑법의 취지'를 철저히 주입하여 이들이 책무를 자각할 때 달성된다고 여겼다.[69] 부락의 장정 모두는 자위단에 소속되어 지역 경무 지도관의 주관으로 연 3회 이상 훈련을 받았다.[70] 만주국은 보갑제가 '인보우애'로 서로 의지하는 정신에 기반하고 있다고 선전했지만,[71] 자위단원이 된다는 것은 곧 토벌작전에 강제로 동원되어 생사를 넘

65 윤휘탁『일제하 '만주국' 연구: 항일무장투쟁과 치안숙정공작』199면.

66 關東軍參謀部『最近における滿洲國の治安』18면. 원론적으로 자위단 결성은 경계 방어를 위해 주민이 자발적으로 추진하는 것이지만, 필요하다고 판단되면 경찰서장이 자위단 결성을 언제든지 명령할 수 있었다.

67 國務院總務廳情報處『省政彙覽: 第六輯 間島省篇』1935, 321면.

68 朝鮮總督府『間島集團部落』20면.

69 國務院總務廳情報處『省政彙覽: 第六輯 間島省篇』269면.

70 關東軍參謀部『最近における滿洲國の治安』335면; 滿洲國軍事顧問部『國內治安對策の硏究』32면.

71 만주국은 1933년에 반포한 '잠행보갑법'의 제1조에 "인보우애(隣保友愛)로써 상의(相倚)

나들어야 함을 의미했기에 지역주민들은 자위단원으로 활동하는 것을 꺼렸다.[72]

만주국에서 유지되던 치외법권 철폐에 따른 지방행정제도 개편을 계기로, 1937년 12월 보갑제가 '가촌제(街村制)'로 통합되었다.[73] 이후 가촌제는 1939년 재차 정비되어 보(保)는 가(街)와 촌(村)으로, 혈연 중심의 자연부락을 단위로 한 갑(甲)은 둔(屯)으로 명칭이 변경되고 둔 밑에 소규모 마을인 패(牌)를 두었다. 촌과 둔의 조직은 경찰 및 협화회 조직과 관할구역뿐만 아니라 인원까지 일치시켜 기층조직 지배의 단일화를 달성했다.[74] 일제와 만주국은 가촌제를 실시하여 지방행정을 정비하고, 지역사회 지배층의 지배수단으로 보갑 자위단이 활용되는 폐단을 없애고자 했다.[75] 더불어 가촌제로의 전환은 지역사회 '방위'와 '개발'을 유기적으로 통합한 지역사회 통치체제를 확립하려는 의도의 산물이었다. 이는 다음 두 가지 점에서 확인할 수 있다.

첫째, 말단 행정기관이 방위와 개발 양자를 동시에 담당하는 방식으로 지

하여 지방의 강녕(康寧)을 보지(保持)하고, 불측긴급(不測緊急)한 위해(危害)를 방지하기 위하여 보, 갑, 패 제도를 마련한다"라고 취지를 내걸었다(滿洲國民政府警務司『保甲制度概說』부록 1면).

72 加藤豊隆『滿洲國警察小史』, 財團法人 滿蒙同胞援護會 愛媛縣支部 1968, 100면.

73 1936년부터 잠행가촌제가 펑톈성을 포함한 4개 성에서 실시되고, 이듬해 1937년 가촌제가 지방제도로서 확립되었다(吉林省社會科學院 編『(日本帝國主義侵華檔案資料選編) 僞滿傀儡政權』3, 1994, 501면).

74 李淑娟「日僞統治下的東北農村述論」20~21면. 이하 가촌제 실행과 국민인보조직 결성으로 이어지는 과정에 대해서는 이숙연의 논문을 주로 참조했다.

75 가촌제로 전환된 배경에는 보갑제 시행의 폐단과 이에 따른 반발이 컸다는 점이 있었다. 보갑제는 독자적으로 유지하기 어려울 정도로 여러 문제점을 드러냈다. 가자마 히데토(風間秀人)에 따르면 보갑제의 자위단이 거액의 유지비용을 빈농들에게 전가했고, 구지배층(또는 구봉건층)이 빈농을 지배하는 수단으로 전락하여 농민들의 불신이 격화되었다(淺田喬二·小林英夫 編『日本帝國主義の滿洲支配』267~68면).

방 행정제도가 개편되었다. 만주국 안동성(安東省) 공서(公署)의 경우 대립적인 병존 형태를 취했던 보갑제와 구촌제를 통합하여 가촌제로 재편하고, 현장과 참사관이 방위 관련 사안까지 담당하도록 했다. 관동군과 만주국은 지방 행정제도 재편이 안보와 개발 양 측면에서 긍정적인 결과를 낳을 것이라 기대했다. 즉, 기존 관행에 따르면 보갑제는 경찰 보조기관이기 때문에 행정계통에 관여할 수 없었으나 가촌제는 지역방위와 지방행정의 밀접한 연계 공작을 가능하게 만들고,[76] 여기에 지방의 행정과 경제 관련 기구를 통합할 수 있다는 판단을 내렸다.[77]

따라서 엔도 마사타카가 지적한 바처럼 가촌제로의 전환은 보갑제의 폐기가 아니라 보갑제가 가촌제의 주요 내용으로 통합되는 것을 의미했다.[78] 이는 보갑제의 핵심기구였던 자위단이 해체되지 않고 지역의 촌장 밑에 배치되었고,[79] 연좌제의 내용이 그대로 유지되었다는 사실에서 잘 확인된다. 만주국은 연좌제를 유지시키는 '시·가·촌 자위법(市街村 自衛法)'을 새롭게 제정하여 상호감시체제를 유지하고,[80] 연좌 벌금제의 적용 범위도 기존 연좌제보다 더 확대했으며,[81] 경찰의 특고망도 '가촌정보망(街村情報網)'으로 대체해 중층적인 감시망을 유지했다.[82] 가·촌의 홍보원은 행정관계(인구증

---

76 滿洲國軍事顧問部『國內治安對策の研究』344면; 李淑娟「日僞統治下的東北農村述論」20면.

77 「實行街村制度目的是使行政機構單一化」, 吉林省社會科學院 編『(日本帝國主義侵華檔案資料選編) 僞滿傀儡政權』503면.

78 遠藤正敬「滿洲國統治における保甲制度の理念と實態: '民族協和'と法治國家というの國是めぐって」46~47면;「東邊道復興工作特輯」,『宣撫月報』제2권 7호, 1937.7, 11면.

79 大同學院 編『興城縣農村實態調査報告書』1942, 30면.

80 加藤豊隆『滿洲國警察小史』101면. 일제는 즉결처분권 '임진격살(臨陣擊殺)'을 승인하는 법안도 끝까지 폐지하지 않았다. 공산주의자들이 주도하는 반만항일 무장투쟁세력이 치안숙정공작으로 거의 무력화된 시점이라 할 수 있는 1941년 12월에 기존 '잠행징치도비법(暫行懲治盜備法)'이 폐기되고 '치안유지법'이 공포되었다. 하지만 '임진격살'을 용인하는 '잠행징치도비법' 제7조는 그대로 존속시켰다(같은 책 96면).

81 李淑娟「日僞統治下的東北農村述論」20면.

감과 이동상황, 가촌행정집행에서 곤란한 사항), 농산 일반, 재해일반(천재, '비적' 이외의 특별사건, 재해처리 예방조치), 민심동향(관청 희망 사항, 유언비어 및 민심 동요 유무, 조선인·만주인 사이의 문제 발생) 등의 정보를 수집하는 임무를 맡았다.

둘째, 가촌제 실시는 강력한 '관치행정'으로 지역사회를 장악, 통제하려는 의도를 담고 있었다. 일제는 만주국 지역사회의 완전한 장악을 위해서는 '봉건적'인 구세력을 배제할 필요가 있다고 보았다.[83] 관동군은 농촌의 근대화란 '강력한 관치행정'을 실시할 때 가능하다고 보고, 가촌에 '자치제 허용'은 "봉건성의 혁신을 지연시키고 또한 토호열신(土豪劣紳)의 지배를 존속시킬 뿐"이라는 입장을 피력하기도 했다.[84] 일제는 가촌제를 실시하여 이른바 '토호열신'으로 분류된 구지배세력이 촌 행정에 간섭할 수 없도록 했으나,[85] 이러한 방침이 모든 지역에서 관철되지는 않았던 것으로 보인다. 1941년 농촌실태조사보고서에 따르면 조선인이 다수 거주한 통화성(通化省)의 경우도 둔장은 지주계급 또는 유력자로 분류되는 이들 중에서 선출되었기 때문이다.[86]

일제와 만주국은 구지배세력의 영향력을 약화시키고, 대신 자신들의 의

---

82 石垣貞一(桓仁縣公署副縣長) 「共匪地帶における宣撫工作」, 『宣撫月報』 제4권 4호, 1939.4, 48면.

83 만주국 관동군만 이러한 인식을 보였던 것은 아니다. 중국 지방자치 발달사를 연구한 도쿄대학 동양사학과 교수 와다 세이(和田淸)도 '토호열신'의 배제를 강조했다. 그는 중국 농촌의 근대화를 위해서는 '반봉건적 토호열신'의 통치하에서 "행정공리로서 직능과 반봉건적·과두적 향촌자치직"이 명확히 구분되지 않는 상황을 극복할 필요가 있다고 보았다(和田淸 『中國地方自治發達史』 217~18면).

84 滿洲國軍事顧問部 『國內治安對策の硏究』 354면.

85 大同學院 編 『興城縣農村實態調查報告書』 31면.

86 大同學院 編 『通化省 農村實態 行政事情 調查報告書』 1942, 89면. 일제하 만주지역 농촌 실태를 분석한 이숙연에 따르면 가촌제 실시 이후 지방 봉건세력의 농민 착취는 더욱 확대되었다(李淑娟 「日僞統治下的東北農村述論」 22면).

도를 자발적·효율적으로 수행할 새로운 주체들을 양성하고자, 이른바 '중견청년'을 봉건적 지주층 대신 지역사회의 행정체계를 이끌어갈 주체로 부각시켰다. 중견청년은 농촌개발을 담당하는 주체이자 방위를 책임지는 주체가 되어야 했다. 중견청년들은 치안공작의 일환으로 현 단위에서 전개된 '청년훈련' 과정을 이수하며 생산지식, 생활지식, 협동조합 등에 대한 지식과 함께 '국가의식, 반공사상, 보갑제도, 군·관·민 일치' 등에 대해 학습했다.[87]

만주국은 물적·인적 자원을 총동원하는 방안으로 1941년에 '국민인보조직 확립요강'을 발표하고 도시에 반(班)과 조(組)를 설치했다.[88] 이는 일본 정부가 1940년 9월 발표한 '부락회(部落會)·정내회(町內會) 등 정비요령'과 같은 맥락에서 취해진 조치로 보인다. '부락회·정내회 등 정비요령'은 10호로 구성된 '인보반'을 조직하고, 인보반을 조직할 때 5인조, 10인조 등 구 관습을 가능한 한 활용할 것을 지시하고, 상회(常會)의 주체를 부락에서 '인보반'으로 더 세분화하고 상회에 구성원 전원이 참석하도록 만든 조치였다.[89] 1943년 말 만주국에서는 촌 건설 요강이 발표되어 둔마다 둔장이 주도하는 '둔상회(屯常會)'를 열도록 했다. 만주국은 둔상회를 국민인보조직의 거점으로 삼아 모든 마을을 '대가정식(大家庭式) 둔공동체'로 만들겠다고 공언했다. 일본제국주의가 만주국에서 전시동원체제를 수립하며, 인보조직이 공산주의와 개인주의가 초래하는 계급 갈등과 양극화의 폐단을 극복한 이상적인 '천황제 가족국가' 건설의 기반이 된다는 지배 이념까지 주입했음을 보여준다.[90]

---

87 「後篇, 東邊道復興委員會と宣撫工作」, 『宣撫月報』 제2권 7호, 1937.7, 182면.

88 李淑娟 「日僞統治下的東北農村述論」 24면.

89 진필수 「1930~40년대 일본 지역조직의 재편과 관제적 자치: 오인조(五人組)에서 인조(隣組)로」, 『실천민속학연구』 제34호, 2019, 266면.

90 桑原三郞 『隣保制度槪說』, 二見書房 1941, 16~17면.

그런데 일제가 전시동원체제를 위해 만주국에 만든 최말단 조직은 조선에 만든 것과 거의 같았으나 지역방위 측면에서 분명한 차이가 있었다. 만주국이 국민인보조직을 통제하기 위한 공작을 크게 '정신공작' '경제공작' '자위공작' '홍보공작' 등으로 구분한 사실에서 알 수 있듯이, '자위'는 최말단 동원조직이 맡은 주요 임무 중의 하나였다. 자위공작의 내용은 '자위조직 확립, 연방조직 확립, 첩보망 조직 확립, 통비자 및 불량분자 배제, 연좌제 책임 강화, 호구신고 철저' 등으로 채워졌다.[91] 이는 보갑제의 자위조직, 상호감시, 연대책임 시스템 등이 전시 말단 동원조직에서 그대로 유지되었음을 잘 보여준다.

만주국의 인보조직에서 자위공작과 같이 방위 역할이 크게 강조된 점은 식민지 조선의 애국반과 일본의 인보반이 대중의 일상생활 통제와 경제적 동원에 힘을 쏟았던 사실과 대비된다. 조선총독부는 기존의 '반'을 '애국반'으로 개칭하고[92] 국민정신총동원조선연맹과 국민총력조선연맹의 말단조직이자 행정 말단조직으로서 식민지 조선 민중의 생활과 의식 규제, 식량공출, 징병사무, 징병기피자 색출, 인구조사 등의 임무를 수행하도록 했다. 총독부도 애국반의 동원 및 감시 임무와 관련해 연대책임을 부가했지만, 만주국에서처럼 자위단을 만들어 지역사회 방위 임무까지 맡기지는 않았다. 일제는 패망 직전에 가서야 식민지 조선인 전체를 전쟁에 동원하기 위해 애국반을 전면 해소하여 '국민의용대'로 만들었다.[93]

---

91 吉林省社會科學院 編『(日本帝國主義侵華檔案資料選編) 僞滿傀儡政權』532면.

92 일제는 식민통치 강화를 위해 1917년 동·리 밑에 '반(班)'을 설치하여 동·리의 책임자인 구장(區長)을 보조하게 했다(내무부 한국지방행정연구원『한국지방행정사(1948~1986)』하, 1988, 2386면).

93 이종민「전시하 애국반 조직과 도시의 일상 통제: 경성부를 중심으로」,『동방학지』제124호, 2004; 안자코 유카「조선총독부의 '총동원체제'(1937~1945) 형성 정책」, 고려대 박사학위 논문 2006, 153, 204면.

침략국 일제와 괴뢰적 성격의 만주국은 대중의 자발적인 지지를 끌어낼 수 없었고, 상호감시와 연좌제의 작동, 그리고 군·경의 무력을 동원해야 지역사회에서 전시동원을 위한 통치력을 겨우 유지할 수 있었다.[94] 일제와 만주국은 자신의 통제 밖에 있는 농촌을 '완고한 전통'에 갇혀 있는 곳이라 비난하며, 이 완고한 전통의 타개책으로 '보갑 정신의 회복'을 외쳤다.[95] 도쿄대 동양사학과 교수 와다 세이(和田淸)는 식민지인의 저항을 탄압하기 위해 '보갑제'를 활용할 수밖에 없는 상황을 두고, "근대로 이행하기 위한 과도기적 시련 과정"이라고 묘사했다.[96] 만주국이 패망할 때까지 농촌을 온전히 장악하고 지배하지 못한 일제는 농촌의 근대화를 외치면서 상호감시와 불신을 조장하는 전근대 지배체제인 보갑제를 농촌근대화 달성의 핵심적인 기제로 강조하는 역설적인 모습을 보였다.

만주국 조선인 방공전사들의 경험

일제와 만주국이 추진한 치안숙정공작과 집단부락 건설, 지역사회 통치와 전시동원체제 수립, 국민운동 전개 등을 크게 체험하고 그 방침을 몸소 익힌 조선인들은 두말할 필요 없이 만주국의 군과 경찰, 협화회 지부 등에 소속되어 일제의 치안숙정공작에 적극적으로 참여한 이들이다.

촌에서는 공서, 경찰서, 협화회 분회가 삼위일체 되어 집단부락을 유지했

---

94 가자마 히데토(風間秀人)에 따르면 만주국은 가촌제 실시 이후에도 패망할 때까지 지역사회를 전시동원체제에 부응하는 곳으로 개편하고 지배의 취약성을 극복하고자 시도했으나, 패망할 때까지 관동군과 경찰 같은 물리력이 없으면 농촌에 대한 행정지배를 관철할 수 없었다(淺田喬二·小林英夫 編『日本帝國主義の滿洲支配』325~26면).

95 吉林省社會科學院 編『(日本帝國主義侵華檔案資料選編) 僞滿傀儡政權』535~36면.

96 和田淸『中國地方自治發達史』218면.

으며, 여기에 지방법원, 농사합작사, 세연국(稅捐局) 등 지역 관공서가 치안 숙정공작에 협조했다. 특히 치안숙정공작에 앞장선 조선인 특별공작반 반 장들은 반민족행위자로 악명을 떨쳤다.[97] 조선인이 다수 거주한 동변도 지 역에서는 조선인 하급관리들이 치안숙정공작에 앞장섰다. 1939년 말 젠다 오성 왕칭현에서 전개된 치안숙정공작에서 왕칭현 협화회는 성(省) 협화회 로부터 일제와 만주국 군·경의 숙정공작에 호응하는 특별공작을 전개하라 는 지시를 받고, 4개의 분반으로 구성된 특별공작반을 구성하여 선무공작 을 벌였다. 왕칭현 춘룽촌(春融村) 관내의 부락 선무공작을 담당한 공작반 의 경우 일본인 반장을 제외한 나머지는 협화회 현·촌 분회, 현공서, 촌 경 찰서 등에 소속된 조선인 그리고 촌장을 맡은 조선인으로 구성되었다.[98]

만주에 이주한 조선인 대다수는 열악한 생활수준에서 벗어나지 못했다.[99] 모범촌으로 분류된 조선인 집단부락조차도 자작농보다 자소작 또는 소작 농이 대다수였기에 이주민에게 집단부락 건설비는 커다란 부담이었다. 빚 이 빚을 부르는 악순환 속에서 소작농에서 출발한 조선인들이 자작농이 된 다는 것은 불가능에 가까웠다.[100] 열악한 상태에서 벗어나지 못한 조선인

---

97 일제시대 강원도 경찰부 경부, 도경시, 만주국 치안부 경무사 독찰관 등을 역임한 김창영 (金昌永)은 반민족행위특별조사위원회 조사과정에서 만주 반만항일 무장투쟁세력 탄압에 앞장섰던 인물들로 박두영(朴斗營, 일본육사 졸업), 이기권(李基權), 황재호(黃在浩, 통화성 경좌), 김학성(金學聲, 안투현 경무과장), 안광훈(安光勳, 통화성 공작반장), 김송렬(金松烈, 지 린성 옌지 공작반장), 계난수(桂蘭秀, 지린성 왕칭 공작반장) 등을 들었다. 김창영 반민족행위 특별조사위원회 자료「피의자신문조서 제4회」, http://db.history.go.kr).

98 森崎行二「春融村特別工作班の記錄」,『協和運動』1940.1, 142면.

99 만주국 내 조선인의 실태를 조사한 협화회 본부는 1940년대 초(1940년 또는 1941년) 조선 인의 8할에 해당하는 100만 명이 농업에 종사하고 있으며, 이들 중 대다수는 소작농으로서 최저 생활수준을 겨우 유지하는 상황이라고 보았다(滿洲帝國協和會中央本部調査部『國內に おける鮮系民實態』1943, 29면).

100 강대민 편『기억 속의 만주국: 중국 동북지역 조선인의 만주국 체험』I, 경인문화사 2013, 36~37면.

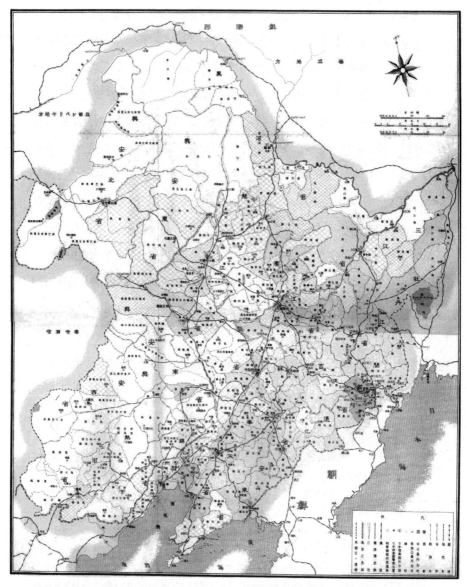

사진 8 만주국과 조선인 현황(1937): 1937년 조선총독부가 치외법권 이양을 기념하여 제작한 자료
이다. 1937년 당시 조선총독부 조사에 따르면 재만 조선인 총수는 95만 1,000여 명이며, 젠다오성
(間島省)에 가장 많은 인구인 48만 3,000여 명이 거주했다. 이후 1945년 일제 패망 시기까지 재만
조선인은 급증하여 195만여 명에 달했다(박경숙 「식민지 시기(1910~1945년) 조선의 인구 동태와
구조」, 『한국인구학』 제32권 2호, 44~46면).

집단부락은 안보불안 요소로 여겨져 해체와 강제이주의 대상이 되었다. 일례로 1939년 왕칭현에서는 '자유이민' 조선인들이 만든 소부락이 화전 경영에 적응하지 못해 궁핍한 상태에서 헤어나지 못하자, 지역 협화회 지부가 자위 능력이 부재하고 '통비자(通匪者)'를 만들 가능성이 있다는 이유를 들어 주민 전부를 소개해버렸다.[101]

1930년대 후반 젠다오성 및 여타 동변도 지역에서 만주국의 통치기반 확립에 앞장선 이들도 강압적인 집단부락 건설이 초래한 문제점을 잘 알고 있었다. 1939년 안둥성 환런현(桓仁縣)의 부현장은 방위를 목적으로 강압적으로 집단부락을 건설하여 반만항일세력의 침입을 차단하고 농촌 내 공산당 '하부조직'을 약화하는 성과를 거두었으나, 농민 생활의 피폐화를 초래하여 공산주의자에게 선동 소재를 제공하고 나아가 농민들의 강력한 저항까지 초래할 수 있다고 우려했다.[102] 만주의 동변도 지역이 대소 전선의 후방에 위치하여 전략적으로 중요한 자리를 점하고 있는 사실도 농촌 개혁을 고려하게 만드는 압력 요인이었다.[103]

관동군도 농촌의 피폐 상황에 대해 잘 알고 있었다. 이는 만주국 군사고문부가 1937년 집단부락이 방위 목적에 치중하여 농민의 생존 자체를 위협받는 상황을 타개하지 못한다면, 치안공작 자체가 실패하게 될 것이라고 평가한 데서 잘 드러난다.[104] 방위에 치중된 농촌 지배정책의 한계를 파악한 만주국 군사고문부는 공간적인 구획과 봉쇄라는 '협의의 치본공작(治本工作)' 수준을 넘어서서 대중의 생활 기반을 근본적으로 개편하는 '광의의 치본공작'이 추진될 필요가 있다고 판단했다.(표 1-1 참조)

---

101 森崎行二「春融村特別工作班の記錄」147면.
102 石垣貞一(桓仁縣公署副縣長)「共匪地帶における宣撫工作」39면.
103 같은 글 50면.
104 滿洲國軍事顧問部『國內治安對策の研究』94면.

표 1-1 일제의 만주국 북부 동변도지역 치안공작 일람표

분류		공작 내용	공작 명칭	기관
치표(治標)공작		토벌공작, 특수공작	비단(匪團)섬멸파괴공작	토벌지도부
광의적 치본 (治本) 공작	협의적 치본 공작	• 무주지대(無住地帶) 설정 • 방위부락 및 집가부락(集家部落) 건설 • 경비두로, 통신망 건설 • 보갑제도의 확립 - 호구조사 철저 - 보갑연좌법의 적용과 포상 - 자위단의 훈련정비 • 민간총기의 회수 • 주민증, 통행증, 구매허가증 발급 • 검열, 검색, 검거	직접적 비민(匪民)분리 공작 가촌정화자위(街村淨化自衛)공작	특별 치안 유지회	치안 공작 위원회
	부흥 (復興) 공작	• 산업지도, 지방적 부업의 장려 • 모범촌의 건설 • 부흥계획안의 조사기획 • 협화회의 확대공고화(청소년 훈련)	가촌부흥(街村復興)기초 공작	부흥판 사처	
선무(宣撫)공작		• 선전공작(강연, 영화, 기타) • 시료(施療), 시약(施藥) • 응급생활구제(應急生活救濟)	선무공작	선무소 위원회	

* '치표(治標)'는 긴급한 현상적 해결, '치본(治本)'은 완만한 근본적 해결을 의미하는 한자 표현.
* 출처: 滿洲國軍事顧問部『國內治安對策の硏究』1937, 309면, '治安工作內容一覽表' 재인용.

    군사고문부는 집단부락의 '항구화'라는 목표를 달성하기 위해서는 근대적 토지제도의 확립, 토지소유관계의 합리화, 소작관계 개혁, 농업기술 개혁, 농업금융 근대화 등을 실현해가야 하며 그중에서도 소작관계와 금융부채 개선에 주안점을 두어야 한다고 지적했다.

    치안숙정공작에 농촌부흥 계획을 결합한다는 군사고문부의 구상은 현실성이 전혀 없었던 것은 아니다. 젠다오성과 같은 곳에서 초보적인 수준에서나마 농촌부흥 사업이 이미 시행되고 있었다. 1935년 젠다오성에서는 '농사개량, 축산, 임업, 부업, 자작농 창정, 협동조합 설치, 농민정신 환기, 모범부락 설치' 등을 내용으로 하는 '농촌진흥실시계획'을 추진했는데, 이 계획의 주요 대상이 '집단부락'이었다. 젠다오성 행정당국은 농촌부흥계획의

전범이 되어줄 모범부락을 '집단부락' 중에서 선정하고 이를 점차 확대하는 방안을 구상했다.[105]

하지만 군사고문부가 구상한 '광의의 치본공작'은 실내용을 채우지 못했다. 1939년 주민의 대다수가 조선인인 통화성 린장현 공서 관리는 소작농으로의 전락, 고리대 부채 증대, 촌비(村費)·부역(賦役)의 가중 등과 같은 농촌경제에 '파괴적인 영향'을 끼치는 요소들을 제거해야 한다고 역설했다.[106] 현지 관리의 이러한 언급은 이른바 '광의의 치본공작'의 필요성이 제기된 뒤에도 '소작제 조정'이나 '고리채 정리'조차 제대로 추진되지 않았음을 보여준다. 침략전쟁을 지속하며 반만항일세력을 진압해야 하는 일제가 공산세력과 적대적 관계에 있는 지주세력을 배제하는 근본적인 개혁을 추진하기는 어려웠을 것이다.

일제는 지린·젠다오·통화에서 활동하는 동북항일연군을 대상으로 한 대규모 토벌숙정공작을 1939년 10월부터 1941년 초까지 지속했다. 이 토벌전은 전투 위주에서 벗어나 "치표공작, 치본공작, 사상공작을 삼위일체로 삼아 치밀하게" 전개된 작전이었다.[107] 이 작전에서 치본공작은 '협의의 치본공작' 수준을 벗어나지 않았고, 반면 지역사회 주요 단체와 인물을 장악하기 위한 사상공작에 대한 비중은 확대되었다.[108] 일제가 만주국 지역사회 지배를 위해 잠시나마 숙정공작에서 농촌부흥을 진지하게 고려했지만, 침

---

105 國務院總務廳情報處『省政彙覽: 第六輯 間島省篇』375~76면.

106 早野正夫「東邊道における宣傳宣撫工作: 臨江縣を中心として」,『宣撫月報』4권 4호, 1939.4, 103면.

107 淺田喬二·小林英夫 編『日本帝國主義の滿洲支配』191면.

108 노조에 쇼도쿠(野副昌德) 토벌사령부가 작성한 '1941년도 길림·간도·통화 각 성 토벌숙정계획요강'의 치표공작, 치본공작, 사상공작의 내용에서 이를 확인할 수 있다. 친일반민족행위진상규명위원회『친일반민족행위관계사료집: 일제의 해외 조선인 통제와 친일협력(1931~1945)』2009, 127~29면.

략전쟁이 지속되고 여기에 항일무장세력이 크게 위축된 상황에서 굳이 농촌부흥에 힘쓸 이유는 없었다.

전시상황 악화와 이에 따른 동원체제의 강화 속에서 만주국 농촌은 농촌 생필품 통제, 농산물 통제를 받으며 수탈의 대상이 되었다.[109] 특히 뒤늦게 조성된 이른바 '개척민' 마을의 조선인들은 고율의 소작료 이외에 전시 식량공출의 압박을 받아 열악한 생활에서 헤어나기 어려웠다.

1943년 젠다오성 홍보위원회가 선전을 위해 초빙한 조선인 문인협회 시찰단조차 조선인 농촌의 열악하기 그지없는 실상을 외면할 수 없었다. 시찰단에 참가한 정비석(鄭飛石)은 일찍 이주한 조선인은 식민지 조선의 농민과 비슷한 생활수준이지만, '개척민'들은 전부 '소작인'의 상태에서 벗어나지 못하고 부업으로 겨우 생계를 이어가는 상태라고 개탄했다. "간도 주재 반도인의 씩씩한 활약상을 보고 충심으로 기쁨을 느꼈다"라고 소감을 밝혔던 정비석도 차마 외면할 수 없을 정도로 이주 조선인 농민들의 상황은 열악했다. 문인시찰단에 참가한 채만식(蔡萬植)은 만주국이 식량 공출 대가로 농민에게 지급한 면포가 너무 적어 여인들과 아이들이 한겨울에 맨발로 다녀야만 하는 현실을 조선인들이 '기꺼이 감내'하고 있다고 언급하며, 조선인이 전시체제에 순응하고 있다고 묘사했다.[110] 그러나 관동군 헌병대는 조선인이 '정치적으로 무관심'한 태도를 보이고 있으나 그 이면에는 민족적 저항감과 전시통제와 수탈에 대한 반발 의식이 깔려 있다고 보았다.[111]

---

109 만주국의 전시 농산물 통제에 대해서는 淺田喬二·小林英夫 編『日本帝國主義の滿洲支配』 525~37면.

110 정비석 「間島의 農村相」, 『半島の光』 제64호, 1943, 11면; 채만식 「농산물 출하(공출) 기타」, 『半島の光』 제64호, 1943, 13면. 만주 조선인들이 겪었던 강압적인 식량 공출 상황은 구술을 통해서도 자주 확인된다(강대민 편『기억 속의 만주국: 중국 동북지역 조선인의 만주국 체험』I, 14~16면).

111 전시 통제경제하 식량배급 부족과 강제적 출하에 대한 농민들의 불만은 당시 민심 동향

이처럼 열악한 실태에 처한 조선인들에게 지역 관공서, 만주국 군·경, 협화회 지부 등의 간부가 된 조선인들은 막강한 권력을 쥔 존재와도 같았다. 1940년 7월 잡지 『삼천리』 기사에 따르면 만주국의 조선인 고등관은 83명에 달했으며 이들 대부분은 젠다오성, 퉁화성, 펑톈성 등에 근무하며 대민 통치와 직결된 업무를 맡았다.[112]

만주국 고등관 조선인 중 젠다오성 경찰청 사무관 홍순봉(洪淳鳳)은 만주국 경찰 고위직까지 올라가 반만항일세력 토벌과 지역사회 통제에 앞장선 인물이었다. 그는 일제와 만주국 군·경이 전개한 촌과 둔(屯) 단위 부락의 성벽 건설, 치안대 훈련과 토벌방침에 정통하여 이를 놓고 만주국 내의 조선인 경찰 중 그와 견줄 자는 없었다.

홍순봉은 1976년에 발간한 자서전에 만주 시절 행적을 비교적 자세히 정리해놓았다. 그는 1920년대 평안남북도 경찰계통에서 승진을 거듭하고,[113] 1935년 만주국 행정관으로 초빙되어 만주국 빈장성(濱江省) 하얼빈시 경무청 경무과 기획고장(企劃股長)을 역임했다. 1935년은 일제와 만주국이 보갑제도의 강화를 위한 특별조치를 대대적으로 취한 해였다. 만주국 경찰관들은 '보갑특별강습'을 받았으며, 특히 홍순봉이 근무할 당시 하얼빈 경찰청은 담당 현들을 특별공작 대상으로 삼아 보갑제 확대를 추진했다.[114] 따라서 홍순봉은 비민분리, 호구조사, 상호감시체계 수립과 연좌제 징벌, 자위

을 점검하던 헌병대가 자주 언급했는데, 조선인이 대다수인 젠다오성의 민심 동향도 예외는 아니었다(吉林省檔案館·廣西師範大學出版社 編 『日本關東憲兵隊報告集(第一輯)』3, 2005, 41, 73~74면).

112 「우리 사회의 諸內幕」, 『삼천리』 제12권 7호, 1940.7, 9~10면.

113 1924~1926년까지 평안남도 경찰부 경무과, 1927~1928년 평안남도 용강경찰서, 1929~1930년 평안북도 신의주 경찰서, 1931년 평안북도 위원경찰서 등지에서 경부보(警部補)로, 1932~1934년 평안북도 초산경찰서에서 경부로 근무했다. 국사편찬위원회 한국사 데이터베이스 '직원록 자료,' http://db.history.go.kr.

114 李淑娟 「日僞統治下的東北農村述論」 17면.

단 등 보갑제 운영을 그 어느 조선인들보다 체계적으로 습득한 인물이었다.

이후 그는 1937년부터 4년간 젠다오성에서 경무청 보안과의 차석인 보안고장(保安股長)으로 근무했는데, 그가 반만항일세력을 철저히 파괴한다는 젠다오성 경찰청의 목표를 달성하는 데 앞장섰음은 부언할 필요가 없다. 그는 자서전에 '장고봉 사건'과 '김일성 공비'에 대한 일본군의 대토벌 작전이 인상 깊었다고 적었다. 더불어 박석윤(朴錫胤), 정사빈(鄭思斌) 등과 같은 대표적인 친일파를 '민족운동 인사'로 소개하며 이들과 깊은 교류를 했다고 밝혔다.[115] 박석윤은 1940년 간도협조회 산하 '동남지구 특별공작위원회'를 조직하여 관동군의 선무공작을 지원하는 데 앞장선 인물인데,[116] 홍순봉은 이들과의 교류를 '민족 인사들의 교류'라고 포장했다. 이는 만주국에서 친일위만에 앞장선 이들이 자신의 행위를 '공비토벌=조선인보호=민족주의'라는 논리로 정당화했음을 보여준다.

홍순봉은 1941년 동북항일연군 세력이 무력화된 이후 젠다오성에서 벗어나 남만주 쓰핑시(四平市) 초대 보안과장을 역임했고, 1943년에는 만주국 중앙고등경찰학교의 교관 겸 연구관을 역임했다. 그는 1945년 7월 만주국 고등경찰학교가 폐교된 후 국무원 총무청 참사관으로 보직발령을 받자마자 패망을 맞았다.[117]

간도특설대 간부 신현준(申鉉俊)의 행적에 대해서도 주목해볼 필요가 있다. 그는 간도특설대원들이 만주국 지역사회의 병영화에 깊게 관여한 사실을 보여준다.[118] 자서전에서 신현준은 만주사변 직후인 1932년 2월 빈궁한

---

115 홍순봉 『나의 생애』, 서강 1976, 43면.

116 박석윤의 친일 행적에 대해서는 친일인명사전편찬위원회 『친일인명사전』 2, 민족문제연구소 2009, 22~24면.

117 홍순봉 『나의 생애』 30~49면; 친일인명사전편찬위원회 『친일인명사전』 3, 민족문제연구소 2009, 949~50면.

118 간도특설대의 창설과 활동에 대해서는 다음 논저들을 참조. 김주용 「만주지역 간도특설

가정형편을 돕기 위해 일본군에 종군했다고 적었다. 이후 그는 1938년 만주국 중앙육군훈련처(봉천군관학교)를 졸업하고 러허성(熱河省) 청더(承德) 지역 만주국군에 소속되어 있다가, 1939년 3월부터 간도특설대에서 근무했다.

신현준은 1940년 12월 봉천군관학교 5기 동기생이자 간도특설대 간부였던 송석하(宋錫夏)의 후임으로 지린성 훈춘(琿春)의 농업고등학교와 만주협화회의 청년훈련소 담당 배속장교로 전임되었다. 소련과 접경지역인 훈춘은 일본군 1개 여단이 배치된 곳이었다. 이후 그는 다시 안투현(安圖縣) 청년훈련소에서 교육을 담당했다.[119] 신현준이 간도특설대로 복귀한 시점은 1943년 4월이었으니 그가 2년이 훨씬 넘는 기간 동안 만주국 지역사회의 병영화와 동원체제를 확립하는 최일선에서 복무했음을 알 수 있다. 전시체제하 청년훈련소 배속장교였다는 사실은 일제의 만주국에서 설파한 국가관과 국민운동관을 교육하는 주체였음을 의미한다.

일제는 만주국을 방공 최전선의 국방국가로 만들기 위한 국민운동을 지속적으로 전개했다. 관동군은 반만항일투쟁을 주도하는 공산주의 세력의 영향력을 근원적으로 차단하기 위해서는 도시와 농촌을 가리지 않고 국민생활양식을 근본적으로 개편하는 '사회개혁'이 필요하다고 보았다. 공산주의사상과 반만항일사상이 발생할 수 있는 사회적 여건을 근본적으로 개선

대의 설립과 활동」, 『한일관계사연구』 제31호, 2008; 조건 「일제의 간도성 '조선인특설부대' 창설과 재만 조선인 동원(1938~1943)」, 『한국근현대사연구』 제49호, 2009; 김효순 『간도특설대』, 서해문집 2014 등. 정규 만주국군 부대와 특수부대인 간도특설대, 국경감시대, 자동차부대 등에 다수의 조선인 장교, 하사관 및 사병들이 근무했다. 간도특설대의 핵심 간부였던 김석범(金錫範)에 따르면 부대가 창설된 1938년 12월부터 해체 시점인 1945년 8월까지 2,100여 명의 사병이 이 부대에서 근무했다고 한다. 김석범 『滿洲國軍志』 1987, 36면.
119 신현준의 간도특설대 활동과 귀환 과정에 관련된 내용은 그의 회고록을 참조했다. 신현준 『노해병의 회고록』, 가톨릭출판사 1989, 제2장.

할 방책을 강구하던 군사고문부는 장제스 정부가 농촌에서 공산주의의 영향력을 차단하고 '사상적 방공강화'를 위한 수단이자 전시 대중동원의 수단으로 삼은 신생활운동을 크게 주목했다.[120]

만주국 군사고문부는 장제스 정부의 신생활운동을 신중하게 도입하면 국민의 훈련 및 조직화가 지지부진한 상황을 타개하며 (준)전시체제를 확립하는 데 유용하리라 판단했다.[121] 군사고문부가 볼 때 신생활운동에서 규율운동, 위생운동, 상무(尚武)운동(학생 및 국민 생활의 군사화), 절약운동, 노동운동, 식자(識字)운동, 거독(拒毒)운동(아편중독을 없애기 위한 운동), 미신·사교타도운동, 결혼합리화운동 등은 만주국의 대민통치에 즉각 활용할 수 있는 방안들이었다.

만주국 협화회도 신생활운동에 큰 관심을 보였다. 만주국 협화회는 장제스 정부가 만든 신생활운동 팸플릿을 번역하며 국민운동의 지침으로 활용할 정도였다.[122] 1938년 9월 26일 개최된 만주국 협화회 전국연합협의회에서 '부가강국(富家強國)'을 위한 실천활동으로서 신생활운동의 추진이 공표되었다.[123] 전시상황이 지속되며 물적·인적 자원동원의 필요성이 증대되자 만주국은 부가강국운동을 소비 관련 운동으로서뿐만 아니라 생산 관련 운동으로서 만들어갔다.[124] 농촌에서는 '건전생활운동(健全生活運動)'이라는 이름을 내건 국민운동이 전개되었다. 만주국 협화회는 건전생활운동을 일

---

120 滿洲國軍事顧問部『國內治安對策の研究』201면. 장제스가 전개한 신생활운동의 세부 내용에 대해서는 다음 두 연구를 참조. 천성림 「신생활운동의 성격」, 『중국사연구』 제9호, 2000; 段瑞聡『蔣介石と新生活運動』, 慶應義塾大學出版會 2006; 임성모 「일본제국주의와 만주국: 지배와 저항의 틈새」 174면.

121 滿洲國軍事顧問部『國內治安對策の研究』215면.

122 임성모 「일본제국주의와 만주국: 지배와 저항의 틈새」 175면.

123 「新生活運動實踐や民心の動向打診」, 『大阪 朝日, 滿洲版』 1938.9.11; 「富家強國實踐展」, 『大阪 朝日, 滿洲版』 1938.10.4.

124 「富家強國運動要綱」, 『協和運動』 1940.2, 114면.

본 내 전시동원운동과 호응하며 '애국심'을 고취하는 활동들로 채웠다.[125] 더불어 일제와 만주국은 '국민후생운동'을 벌여 개개인의 일상생활에서부터 육체와 정신까지 전시체제를 위해 철저히 통제하고자 했다.[126]

한편, 만주국 협화회는 1937년에 '잠행청년훈련 규정' '청년훈련소 규칙' 등을 공포하고 청년의 전쟁 동원을 위해 훈련을 시작했다. 청년훈련소 교련 교육은 만주국군의 군사지도원이 담당했고,[127] 간도특설대 소속 조선인 장교들도 청년훈련소에 파견되었다. 각 지역 청년훈련소에서는 군사훈련에 대응하는 생활의 협동화와 규율화 교육, 엄격한 군사교련, 향토애 강화 교육, 청년단 지도자 양성을 목표로 한 정신훈련 등이 실시되었다.

1940년 상반기부터 만주국 협화회는 만주국 내 청년들을 일제의 대륙침략정책의 주체로 만들기 위해 '청년자흥운동(靑年自興運動)'을 벌였다.[128]

---

125 「地方農村にも提唱」, 『大阪 朝日, 滿洲版』 1938.10.9; 「新生活運動强調」, 『大阪 朝日, 滿洲版』 1938.12.15.

126 국민후생운동에서 제시된 실천 항목들은 다음과 같다. '건국정신의 현창을 통한 직역 봉공의 생각을 진기(振起)시키는 것'(國體奠定의 本意 철저, 조례 실시, 신사·충령탑의 단체 숭배, 직장에서 국가사명의 환기, 정신강화 시국강연 실시), '심신 단련으로 명랑 활달한 기풍을 작흥(作興)할 것'(합동체제 실시, 운동경기 실시, 무도 장려, 야영 및 소풍 실시, 체육장 설치), '생활 규정 및 보건위생의 개선을 도모하여 건전한 생활을 확보할 것'(소비 규정 및 폐품의 회수이용, 저축 장려, 주거 확보 및 改善美化, 영양개선, 영양식당 설치, 건강진단 勵行, 치료·요양의 철저, 건강 상담소 및 요양 시설의 설치, 결혼상담소 설치, 기타 복리시설의 설치), '건전한 오락 실시로 정조(情操)를 도야하여 활동력을 배양하는 것'(영화회, 연극회, 음악회 등 취미 회합 개최, 운동회·야유회 개최, 관광여행 및 견학 실시, 후생회관·구락부 설치), '작업능률의 증진을 도모하여 직역여행(職域勵行)에 힘쓸 것'(직업교육, 기능경쟁, 출근 및 公私 회합시간 엄수, 능률증진 관련 각종 週間의 개최, 직장 청결정돈, 정근자 표창) 등이다. 「厚生運動基本·實踐要綱」, 『宣撫月報』 제61호, 1942.6, 4~5면.

127 청년훈련소에서는 군사교육과 함께 공민교육도 실시되었다. 임성모의 연구에 따르면 이는 만주국이 가촌제 전환 이후 지방의 치안력 강화와 행정의 합리화를 확립하기 위한 기반을 마련하려는 의도가 반영된 것이었다. 임성모 「만주국 협화회의 총력전체제 구상 연구」 98~102면.

128 이 운동은 1940년 6월 전면화되었다. 협화회 지부에서 청년을 개조시키기 위한 운동을

만주국 협화회는 청년자흥운동을 통해 농촌을 '국가적 의식에 불타오르는 농촌 청년'들로 채우고,[129] 또한 도시의 청년들을 '고도 국방체제 정비'에 부응하는 공장노동자로 만들기 위해 공장 청소년의 생활 전반을 강하게 통제하고자 했다.[130] 만주국 협화회 본부는 특히 조선인 청년을 통제, 장악하기 위해 '조선인 보도분과위원회'를 주요 도시에 설치하고, 청소년 단원의 획득 및 훈련, 국민개로 보국운동 실천, 징병제 시행을 위한 계몽교화 등을 맡도록 했다.[131]

이러한 다양한 운동을 통해 만주국인에게 주입된 이념은 '일본주의'였다. 고노에 후미마로(近衛文麿) 내각이 서구의 자유주의, 자본주의 그리고 공산주의가 지닌 폐단을 극복하는 '일본주의'에 입각하여 국방국가체제를 수립해야 한다고 주창하자,[132] 만주국 협화회도 이에 호응하며 '자유주의, 개인주의, 공리주의, 공산주의' 등을 서구사상의 폐해로 규정하고, 만주국 내 청년들에게 국가주의를 불어넣고자 했다.[133] 유물주의, 개인주의, 자유주의는 제거되어야 할 '반국가적 문화풍조'로 여겨졌고, '아메리카니즘'은 사회풍조를 악화시키는 '저속하고 천박한 문화'로 비난을 받았다.[134]

이상에서 살펴본 송석하와 신현준의 사례는 만주국 국민운동과 간도특

전개해야 한다는 논의가 4월에 제기된 뒤 6월까지 다양한 방식의 자흥운동 간담회가 진행되었고, 6월 10일부터 4일간 개최되었던 수도연합협의회에서 '자흥운동에 관한 건'을 협화회 전국연합협의회에 제출하기로 결정했다. 堀勇雄 「青年自興運動の提唱」, 『協和運動』 1940.10, 25면.

129 福田清 「青少年運動發展の爲に(上)」, 『協和運動』 1940.9, 23~26면.

130 松井政茂 「青少年運動は當面何をなすべきか(二)」, 『協和運動』 1940.9, 39~40면.

131 滿洲帝國協和會中央本部調查部 『國內における鮮系民實態』 1943, 59~60면.

132 高賀斌(협화회 중앙본부 기획국) 「新政治體制に關する意見」, 『協和運動』 1940.11, 85~86면.

133 堀勇雄 「青年自興運動の提唱」 38면.

134 같은 글 34면.

설대가 단절된 것이 아니라 깊게 연계되어 있었음을 보여준다. 두 인물의 사례를 대원 전원에게 일반화시킬 수는 없겠지만, 만군 출신자들이 제한적이나마 전시체제 사회의 수립과 유지 그리고 이를 위한 군의 사회개입 방식을 직접·간접으로 경험했음이 분명하다. 간도특설대를 포함한 만군 출신자들의 역사적 경험을 폭력과 학살이라는 측면에서 접근할 때 '임진격살(臨陣擊殺)'의 시행자로서의 모습이 크게 부각되나,[135] 이들의 경험에서 간과할 수 없는 것은 사회 내부의 적대세력 제거를 위해 폭력과 개발을 동시에 수행했다는 점이다.

요컨대, 만주국에서 군인과 경찰로서 제국의 방공전사로 복무한 조선인들은 농촌안정을 위해 '폭력적인 비민분리와 적대세력 배제'ー'보갑연좌제 및 특고망으로 구성된 중층적인 감시체제 작동'ー'농촌안정을 위한 부흥정책 추진'으로 구성되는 일제·만주국의 농촌지배 전략을 체득한 이들이었다. 또한 이들은 방공국가이자 국방국가를 전시체제 방식으로 작동시키기 위한 다양한 국민운동을 누구보다 크게 경험한 이들이었다. 하지만 일제의 만주국 농촌사회 지배정책이 군사적 토벌과 집단부락의 방위적 측면에 치중되고 농촌부흥은 원론적 차원을 벗어나지 못했기에 만주국 방공전사로 양성된 조선인들의 경험은 당시 일제의 표현을 빌리면 '치표'와 '협의적 치본공작'에 치중될 수밖에 없었다. 따라서 안보와 개발이 유기적으로 결합된 평정 방침은 잘해야 원론적으로 이해하는 수준에서 그치고, 사고의 폭도 지역사회 차원을 넘기 어려웠다. 이들은 지역 치안숙정공작의 경험을 통해 지역사회 개발과 근대화 전략 그리고 국가체제를 고민할 수 없었고 그럴 위치도 아니었다. 이는 이후 크게 두 번의 계기를 통해 채워졌다. 만주국의 조

---

135 만주군 출신자들의 '임진격살' 자행과 폭력성 체득, 그뒤 1945년 이후의 연속성을 다룬 연구는 飯倉江里衣 「滿洲國軍朝鮮人の植民地解放前後史: 日本植民地下の軍事經驗と韓國軍への連續性」, 東京外國語大學 大學院 박사학위 논문 2017.

선인 방공전사들은 제2차 세계대전 이후 한반도 분단국가 수립에 적극적으로 개입하며 대유격전을 냉전진영의 국가건설과 연결했고, 이후 베트남전에 개입하며 대유격전을 근대화와 유기적으로 연결하여 사고하고 실행해나갔다.

2장
방공전사에서 냉전전사로, 이식과 학습

만주국 방공전사의 귀환

1945년 8월 소련의 개전과 만주국의 급격한 붕괴 그리고 뒤이은 국공내전 등 만주 지역에서 급변한 상황은 민족갈등을 억눌렀던 '오족협화'라는 외피와 물리적 강제력을 일시에 제거해버렸다. 여기에 친일파 청산과 이념적 대립이 맞물리며 만주 지역은 혼돈 상태로 빠져들었다.[1]

일제의 만주지배 결과 친일위만에 앞장선 조선인들은 두말할 것도 없고 생존을 위해 이주를 선택해 힘들게 삶을 이어간 조선인들조차 일제 대륙침략의 앞잡이로서 중국인의 토지를 약탈해 집단부락을 만든 존재로 낙인찍혀 공격을 받는 대상이 되었다. 만주 지역에서 소련군의 진주와 이후 국민

---

1 이에 대해서는 다음 연구를 참조. 李海燕『戰後の滿洲と朝鮮人社會: 越境·周緣·アイデンティティ』, 御茶の水書房 2009, 제1~3장; 염인호『또 하나의 한국전쟁: 만주 조선인의 조국과 전쟁』, 역사비평사 2010, 제2장; 윤휘탁『만주국: 식민지적 상상이 잉태한 '복합민족국가'』, 혜안 2013, 제15장.

당군과 공산당군의 내전 확대는 일본군 밀정이 국민당군이 장악한 지역에서 '반공'을 외치면서 기사회생하는 상황을 만들기도 했으나,[2] 이러한 운은 모든 이에게 따르지 않았다. 친일위만에 앞장선 조선인들은 소련군 진주와 중국 공산세력의 영향력 확대 이후 각지에서 '주구 청산투쟁' '악질분자 청산투쟁'이 벌어지는 만주에 계속 머무를 수 없었다.[3] 이들은 일찍 귀환을 택했고, 험난한 귀환 과정은 이미 내장된 반소·반공 이념을 증폭시켰다. 생사를 넘나든 정일권(丁一權)은 '왜 미군이 아니라 하필 소련군인가'라는 아쉬움을 토로했는데,[4] 이는 만주국에서 제국의 방공전사로서 길을 걸었던 조선인들에게 귀환 과정이 만주국에서 내장한 이념, 즉 '반소·반공'과 '반미·반자유주의' 중 후자를 털어내는 과정이었음을 보여준다.

미군과 소련군의 잠정적인 점령선으로 그어진 38도선은 건국준비위원회, 지방인민위원회, 좌우합작 및 남북협상으로 이어진 자주적 민족국가 수립 시도의 좌절, 그리고 한반도 문제의 유엔 이관 등을 거치며 미국과 소련 두 강대국의 세력 분할선이자 진영의 대립선으로 바뀌어갔다. 1948년 '제

---

2 주영복『내가 겪은 조선전쟁』, 고려원 1990, 53면.
3 국공내전 상황 속에서 만주 지역 한인의 귀환과 정착 상황에 관해서는 다음 연구를 참조. 김춘선「광복 후 중국 동북지역 한인들의 정착과 국내 귀환」,『한국근현대사연구』제28호, 2004; 장석흥「해방 후 중국지역 한인의 귀환과 성격」, 중국해양대학교 해외한국학 중핵대학 사업단 편『귀환과 전쟁, 그리고 근대 동아시아인의 삶』, 경진 2011. 옌볜 지역에서 친일파 청산은 만주국 패망 직후가 아닌 1946년 5월 이후 본격적으로 전개되었다. 1945년 11월 구성된 옌볜정무위원회는 저항하는 일본군 패잔병이나 악질적인 인사를 제외하고 진정으로 회개하는 자는 포용한다는 관용적인 정책을 취했으나, 1946년 3월 국공내전이 시작된 후 중국 공산당은 동만주 근거지 건설을 강조했고, 곧이어 각 지역에서는 부대 정비와 토비 숙청, 주구 청산이 대대적으로 전개되었다. 1946년 5월 이후 왕청현, 옌지현 각지에서도 주구 청산투쟁이 전개되었다. 김동화 외 편저『연변당사 사건과 인물』, 연변인민출판사 1988, 286~89면; 신일호「동북혁명근거지를 창설하기 위한 조선족 인민들의 투쟁」, 서굉일 외『間島史新論(하)』, 우리들의편지사 1993, 458~59면.
4 정일권『정일권 회고록』, 고려서적 1996, 87면.

주4·3사건'과 '여순사건'에서 벌어진 대량학살과 보복학살은 잠정적인 분할 점령선이 진영 분단선으로 전환되어가며 낳은 저항과 진압의 현실을 그대로 보여준다.

미군정과 이승만(李承晩) 정부는 제주4·3사건이 제주도민의 항쟁으로 전개된 근본 원인을 살피지 않고, 제주도를 공산주의자들이 '폭동'을 일으킨 반란의 섬이자 따라서 무자비한 진압과 집단학살이 당연한 곳으로 만들어갔다.[5] 미군정과 이승만 정부는 만주에서 대유격전의 풍부한 경험을 쌓은 방공전사들을 제주도와 지리산으로 파견했다.

그 결과 1948년 4월 3일 이래 제주도에서는 만주국의 치안숙정공작이 그대로 반복되었다고 말해도 과언이 아닐 지경의 상황이 벌어졌다. 반공을 지상과제로 내건 친일위만 경력자들과 민족문제 해결을 중시한 공산주의자들의 대결은 학살과 보복학살을 낳았고, 수많은 이들이 '통비분자'라는 혐의를 받으며 감시와 격리 그리고 학살의 대상이 되는 상황이 반복되었다.

그리고 이 일을 주도한 이들 중에는 만주국이 낳은 조숙한 '방공전사'들이 있었다. 홍순봉은 친일경력 인사들이 더는 만주에서 살 수 없음을 깨닫고 1945년 8월 말 만주를 떠나 평안남도 고향으로 돌아갔다가 1946년 6월 다시 38도선을 넘었다. 월남한 홍순봉은 당시 합동통신사 중역이자 미군정 경무부장 조병옥(趙炳玉)과 친교가 있던 남상일(南相一)의 소개로 미군정 경찰이 되었다. 남상일은 젠다오성 성장(省長)의 비서관을 역임했던 인물이다. 홍순봉은 1949년 헌병 장교로 전직할 때까지 미군정 경무부 교육국 교양과장, 국립경찰전문학교장 서리, 공안국 공안과장, 공안국 부과장을 역임하며 공안체계 수립에 깊이 관여했다.

---

5 제주4·3사건에 관해서는 다음 보고서와 연구를 참조. 제주4·3사건 진상규명 및 희생자 명예회복위원회 『제주4·3사건 진상조사 보고서』 2003; 제주4·3평화재단 『제주4·3사건 추가 진상조사보고서』 I, 2019; 양정심 『제주4·3항쟁: 저항과 아픔의 역사』, 선인 2008 등.

1948년 5월 미군정 경무부 공안국 공안과장이었던 홍순봉은 경무부장 조병옥으로부터 제주도 상황에 대한 '근본적인 진압책'을 입안하라는 지시를 받았다. 그가 제출한 진압책 '제주도 치안대책요강'은 경무부 전체 부처 과장 회의에서 그대로 통과되었다. 홍순봉이 자서전에 만주국 시기 '공비소탕작전'에 참여하며 배운 지식을 토대로 "치표공작이니 지하공작이니 하여 공비진압 대책을 입안"했다고 언급한 점으로 미루어볼 때,[6] 1930년대 후반 일제와 만주국 군·경의 만주국 동변도 치안숙정 방침에서 무력진압책을 차용하여 진압책이 작성되었다고 볼 수 있다. 만주에서 체득한 진압책의 적용은 홍순봉 개인의 독단이 아니라 만주에서 항일유격대 토벌에 참여하다 다시 제주도로 파견된 간부들의 공통된 인식이었다. 이들은 무력토벌, 집단부락 건설, 보갑제 시행을 주안점에 둔 진압책을 중시했다.[7]

1948년 5월 초 홍순봉은 조병옥의 지시를 받고 1,700여 명의 응원경찰대를 이끌고 제주도로 출동하여 1948년 9월 말까지 제주에서 벌어진 항쟁의 진압을 주도한 이후 1948년 10월부터 1949년 7월까지 제주도 경찰국장을 맡았다. 홍순봉은 제주도에서 대량학살이 대대적으로 자행되던 기간에 서북청년단 출신의 경찰을 증편하고 경찰의 진압을 진두지휘한 책임자였다.[8] 이후 그는 '반민특위'의 조사를 피해 군에 들어가 헌병학교 교장을 역임했고, 전시에는 경남지구 병사구 사령관을 맡았다.[9]

---

6 홍순봉 『나의 생애』, 서강 1976, 101면.

7 양봉철 「홍순봉과 제주4·3」, 『4·3과 역사』 제17호, 2017, 45~46, 58~59면.

8 홍순봉 『나의 생애』 59면. 홍순봉은 1948년 10월 5일에 제주도 경찰청장에 임명되었다(「제주경찰청장에 홍순봉씨 임명」, 『동아일보』 1948.10.6). 제주도 4·3사건 당시 서북청년단원 출신의 경찰 증편 등 경찰의 진압 총책임자로서 홍순봉의 행적에 대해서는 양봉철 「홍순봉과 제주4·3」 참조.

9 홍순봉은 반민특위의 활동이 활발하던 1949년 2월 경찰에서 군으로 자리를 옮겼다. 육군 소령으로 임관한 이후 1949년 서울 헌병대 대장, 1950년 제2군단 헌병대장, 1951년 헌병학교 교장 등을 역임했다. 이력에서 알 수 있듯이 그는 주로 헌병대에서 복무했다(憲兵史編纂室

신현준의 귀환도 만주국의 반소·방공 전선이 한반도로 이동하는 궤적을 잘 보여준다. 1943년 12월 신현준이 속해 있던 간도특설대는 만주국 치안부로부터 러허성 지역으로 이동하여 팔로군 토벌작전을 지원하라는 지시를 받았다. 러허성은 앞에서 살펴보았듯이 만주국의 서남지구 국경에 위치하여 패망 직전까지 중국 공산당 팔로군이 집단부락을 파괴하는 유격전을 활발하게 벌인 곳이자, 일본군과 만주국군이 대유격전을 치열하게 벌인 곳이다.[10] 러허 지역으로 이동하여 팔로군과 전투를 벌인 간도특설대 대원 신현준, 백선엽(白善燁) 등은 1944년 7월부터 만주군 제8단에서 박정희(朴正熙), 이주일(李周一)과 같이 근무했다. 일제가 패망하자 신현준은 박정희, 이주일과 함께 소련군의 동향을 주목하며 베이핑(北平, 지금의 베이징)을 거쳐 톈진(天津)에서 배편으로 귀국했다.

신현준은 1946년 5월 귀환 후 곧바로 남조선경비사관학교에 근무하던 봉천군관학교 동기생 정일권을 찾았고, 그의 권유에 따라 해군의 전신인 조선해안경비대에 입대했다. 당시 조선해안경비대 인사국장은 간도특설대 출신의 김대식(金大植)이었다.[11] 1942년 만주국 육군군관학교(신경군관학교) 제1기로 졸업하고 만군 대위로 신징(新京, 지금의 창춘長春)에서 만주국 패망을

『韓國憲兵史』, 헌병사령부 1952, 442면). 그는 이승만 정권하에서 대한방범협회 사무국장을 맡다가 5·16군사정부 시기인 1962년 대한증권업협회장을 맡았다(강진화 편 『大韓民國建國十年誌』, 대한민국 건국십년지 간행위원회 1956, 1123면; 「회장에 홍순봉씨」, 『동아일보』 1962.2.7).

10 이에 대해서는 중국 공산당 허베이성 위원회가 편찬한 관동군사령부와 만주군 헌병대의 러허성 특별공작 관련 보고 자료들에서 잘 확인된다(中共河北省委黨史硏究室 編 『長江線上千里无人區: 日偽檔案及日偽檔案資料摘編』 第四卷, 中央編譯出版社 2005).

11 김대식은 1918년 강원도 화천에서 태어나 춘천고등보통학교를 졸업한 후 교원을 지냈다. 이후 만주국 동북지역 국경감시대 상사로 근무하다 차출되어 간도특설대 창설 멤버로 참여했다. 귀국 후 해병대에서 해병학교장, 해병교육단장, 해병사령부 참모장, 해병 1여단장 등 주요보직을 역임했다(친일인명사전편찬위원회 『친일인명사전』 1, 민족문제연구소 2009, 290면; 강진화 편 『大韓民國建國十年誌』 969면).

맞았던 김동하(金東河)도 신현준의 권유로 해병대 창설 멤버로 참여했다.[12]

해군지휘부는 여순사건을 겪으며 상륙작전 수행을 위한 해병대의 필요성을 절감하고, 1949년 2월 신현준을 해병대 사령관으로 임명하여 해병대 창설의 책임을 일임했다. 이후 신현준이 이끄는 해병대사령부는 진주에서 유격대 토벌에 참여하다 1949년 12월에 제주도로 이동하여, "제주도 내 공비를 소탕하고 민심을 수습하기 위한 제반 대민활동"을 벌였다. 해병대는 사령부 외에 제주읍부대와 모슬포부대를 두었는데 모슬포부대 지휘는 김동하가 맡았다.[13]

1948년 여순사건이 발발한 이래 1952년까지 지속되었던 지리산 일대의 유격대 토벌을 진두지휘했던 이들도 만군 출신의 군인들이었다.[14] 지리산지구 전투사령부 사령관을 맡았던 정일권(1949.3.1~5.9), 김백일(金白一)(1949.9.28~1950.3.15), 그리고 전시에 신설된 이른바 '백야전사령부'를 지휘했던 백선엽(1951.11.30~1952.3.15)은 잘 알려져 있듯이 모두 만주 봉천군관학교 출신이며 특히 김백일과 백선엽의 경우는 간도특설대를 대표하는 군인들이었다.

지리산 토벌작전에는 사령관을 맡았던 세 인물 이외에 간도특설대 1기생이었던 이용(李龍)이 참여했다. 이용도 1944년 러허성 지역 전투에 참여했는데, 백선엽은 이용이 풍부한 경험을 바탕으로 백야전사령부에서 빼어난 실력을 발휘했다고 평가했다.[15] 이외에도 만주 봉천군관학교 4기 출신인 김

---

12 신현준 『노해병의 회고록』, 가톨릭출판사 1989, 104~105면.

13 국방부 전사편찬위원회 『對非正規戰史』 1988, 71~72면.

14 여순사건 진압에 참여한 만군 출신 군인들에 대해서는 김득중 『'빨갱이'의 탄생: 여순사건과 반공 국가의 형성』, 선인 2009, 239~40면.

15 백선엽 『對ゲリラ戰: アメリカはなぜ負けたか』, 原書房 1993, 44면. 이용은 함경북도 경성(鏡城) 출신으로, 월남 후 육사 5기로 입교했다. 장창국(張昌國)에 따르면 이용은 사단장, 보병학교장, 육군본부 기획통제실장, 강원도지사, 교통부차관, 철도청장, 인천제철 사장 등을

응조(金應祚)[16]가 개전 후 태백군 일대에서 토벌부대를 이끌었다.

일본에서 발간된 저서에 자신이 '정강한 간도특설대' 대원이었음을 당당하게 밝힌 백선엽은 봉천군관학교를 졸업하고 동부 지역 만주군 보병사단에서 근무하다 1943년부터 간도특설대에 결합했다. 백선엽에 따르면 반만 항일 무장투쟁이 활발했던 젠다오성 지역에서 간도특설대가 벌인 주된 활동은 대유격전을 위한 특수전 전개, 즉 잠입과 파괴 공작이었다.[17] 백선엽은 간도특설대 출신의 대표적인 인물들로 전쟁 중 1군단장을 맡았던 김백일(본명 金燦圭), 해병대 창설을 이끈 신현준과 김석범(金錫範), 육군 대장까지 진급한 임충식(任忠植)을 꼽았다.[18]

대유격전 인식과 경험의 설파

만주국의 방공전사였다 귀환하여 국군이 된 이들은 미군사고문단이나

역임했으며, 송요찬이 이용을 중용하여 두 사람은 깊은 유대관계를 맺었다고 한다(장창국 『육사졸업생』, 중앙일보사 1984, 138면).

16 김응조는 봉천군관학교 4기 졸업생으로 미군정 시기 경찰계통에 투신하여 전라북도 경찰국장 등 주요직을 맡았다가 죄수를 학대했다는 사유로 1946년 2월 해임되었다. 이후 6·25전쟁이 터지자 입대하여 태백군 지역 유격대 토벌의 책임을 맡았다. 이후 그는 육군 준장까지 진급했으나 1962년 감리교 목사 구타사건을 일으켜 파면되었다('Korean Military Factionalism', 1962.8.17, Enclosure 1, 'Korean Officers Graduating From the Manchurian Academy' 1면. 국회도서관 Political affairs and relations: internal security, June–December, 1968/ Porter, William 문서군, 국회전자도서관 dl.nanet.go.kr).

17 백선엽 『若き將軍の朝鮮戰爭』, 草思社 2000, 73면; 김효순 『간도특설대』, 서해문집 2014, 227~28면.

18 백선엽 『若き將軍の朝鮮戰爭』 72면. 또 다른 책에서 백선엽은 간도특설대가 낳은 자랑스러운 인물로 김동하(중장), 이동화(중장), 송석하(소장), 이용(소장), 박춘식(朴春植, 소장) 등을 추가로 언급했다(백선엽 『對ゲリラ戰: アメリカはなぜ負けたか』 27~28면).

미군으로부터 단지 수동적으로 지시를 받으며 '공비토벌' 임무를 수행한 군인들이 아니었다. 만주국에서 대유격전의 실전경험을 쌓으며 일제 숙정 공작을 학습한 이들은 미군과 유격대 진압 방식을 놓고 의견 충돌을 벌이기도 했다.[19] 더 중요한 것은 이들의 대유격전에 대한 사고와 태도였다. 만군 출신자들은 만주국에서 체득한 경험과 인식을 바탕으로 진영대립과 유격전이 고조되는 세계정세를 주목하며 한반도의 상황에 대한 대응책을 제시했다. 이는 1948년 8월에 만군 출신 정일권과 예관수(芮琯壽)[20]가 함께 저술한 경비대 유격전 교육교재『공산군의 유격전법과 경비와 토벌』을 통해 확인할 수 있다.

만주에서 공산주의자들이 주도하는 반만항일 무장투쟁의 진압에 앞장서며 자연스럽게 반소·반공주의자가 되지 않을 수 없으나, 특히 정일권은 간도 헌병대 대대장까지 승진하여 반만항일운동 세력을 색출했으며, 일제가 시베리아 철도 폭파를 위해 만든 특수부대에서 3개월 동안 훈련을 받은 이력의 소유자였다.[21]

---

19 Bruce Cumings, *The Origins of the Korean War: Vol. II, The Roaring of the Cataract*, Princeton University Press 1990, 286면.

20 예관수는 1941년 간도국민고등학교를 졸업하고, 이후 만주국 육군군관학교 4기로 입교하여 1943년 8월에 졸업했다. 그는 만주국 패망 이후 신경에서 정일권의 주도하에 만군 출신 군인들이 조직한 '신경치안대'(동북 대한민단 보안사)에 참여했다가 귀국하여 1949년 육군 보도과장, 1950년 2월 육군본부 작전과장, 육군종합학교 교도대장, 육해공군합동헌병대장 등을 역임했다(憲兵史編纂室『韓國憲兵史』396면). 예관수는 경비대에 들어가기 전 '병학연구사(兵學硏究社)'라는 출판사를 운영하며 경비대의 각 병과교범의 발간을 전담하다시피 했다(공국진『한 노병의 애환』, 원민 2001, 47면). 이후 예관수는 군내에서 이른바 족청 계열로 분류되어 승진이 차단되자 퇴역했다(장창국『육사졸업생』51면).

21 봉천군관학교 4기 출신인 계인주(桂仁珠)의 회고에 따르면 제2차 세계대전 개전 이후 일본은 목단강에 전진사령부를 설치하고, 소련과 개전 시 특수돌격대를 투입해 시베리아 철도를 폭파하는 계획을 세웠다. 특수돌격대 편성은 만군 헌병훈련처와 간도특설대가 맡아 헌병훈련처에서는 계인주와 정일권이 선발되고, 간도특설대에서는 김백일과 최남근이 선발되었다. 선발 요원들은 약 3개월간 폭파훈련을 받았다(계인주『맥아더 장군과 계인주 대

정일권·예관수는 앞서 언급한 책에서 국내외 정세인식 및 유격전의 내용과 성격을 논구하고 있어, 분단이 현실화하고 이에 대한 사회적 저항이 분출하던 때에 만군 출신 군인들의 현실인식을 살펴볼 수 있다.[22] 먼저 국제정세에 관한 인식을 살펴보자. 이들은 체제를 달리하는 양 진영으로 세계가 나뉘어 "노골적으로 경쟁과 암투가 계속되고" 있는 상황으로 국제정세를 정리했다. 두 필자에 따르면 양 진영이 경제적으로 상대의 파탄을 도모하고, 사상적으로 상반된 이념을 고집하고, 선전적으로 술책과 모략을 시책하고, 도의적으로 표리가 상반된 태도를 보이며 맹렬한 전투를 계속하고 있는 상황이 세계정세이며 그 책임은 소련에 있었다. 소련은 온갖 '악독한 수단'으로 주변 약소 민족의 '부용화(附庸化)'를 꾀하는 존재이자 내란을 일으켜 어부지리의 이득만을 취하고 국제적 책임을 회피하는 국가로 규정되었다.[23]

"보라! 노대국(老大國) 중국의 내란을! 들어라! 희랍(希臘) 북부지방의 사태를!"이라는 주창이 잘 보여주듯이,[24] 정일권과 예관수는 1945년 이후 전 세계적으로 공산주의자가 주도하는 유격전이 확산하고 있음을 예의 주시했다. 그리고 정일권과 예관수만큼 그리스 사태를 주목한 이들이 이북의 공산주의자들이었다. 정일권과 예관수가 목소리를 높이기 이전부터 이북의 공산주의자들은 그리스 사태를 주목하여, 1948년 1월 북조선노동당은 그리스 사태를 포함한 전후 열강의 세력분할 시도를 다룬 글들을 번역하여 자료

령』, 다인미디어 1993, 101~102면; 신주백 「만주국군 속의 조선인 장교와 한국군」, 『역사문제연구』 제9호, 2002, 129면).

22 경찰도 1949년에 유격전을 다룬 서적 『적화전술: 조국을 좀먹는 그들의 흉계』를 발간했다. 하지만 이 책은 북한이 마오쩌둥(毛澤東)의 유격전론을 번역하여 이남에 배포한 책자들을 그대로 묶어 공산당 유격전 전략과 전술을 파악하기 위한 교재로 발간한 것이다(김일수 편 『적화전술: 조국을 좀먹는 그들의 흉계』, 경찰교양협회 1949, 3면).

23 정일권·예관수 『共産軍의 遊擊戰法과 警備와 토벌』, 병학연구사 1948, 8~9면.

24 같은 책 9면.

집을 발간했다.[25] 정일권과 예관수가 반공과 대유격전의 차원에서 국제정세를 주목했다면, 이북의 공산주의자들은 반제민족해방운동의 완결을 위한 유격전의 확산이라는 차원에서 국제정세를 주시했다.

정일권과 예관수는 베트남, 인도네시아 등에서 전개되는 반제국주의 유격전에도 주목했다. 한반도와 이남의 정세를 세계적 차원의 공산세력, 자유세력의 대결 구도에서 파악한 두 저자가 이 시기 동남아시아 상황을 주목한 것은 자연스러웠다. 1946년 초부터 국내 언론은 동남아시아 지역 식민지를 다시 지배하려는 프랑스·네덜란드·영국과 자주적 민족국가를 수립하려는 민족해방운동 세력의 충돌을 소개했다.[26] 미·소의 분할점령과 탈식민화의 갈등이 반란과 유격전으로 표출되는 상황에서 동남아시아 상황의 소개는 단지 사실 전달의 차원을 넘어 정치적 담론을 형성하는 주요한 소재였다.[27] 1947년 중반부터 주요 신문에는 인도네시아와 버마, 말라야연방 등지에서 공산세력의 공세가 강화되고 있으며, 특히 말라야연방에서 공산세력의 테러와 이에 대처하기 위한 영국의 비상사태 선포 및 군 동원을 통한 적극적인 공산세력 소탕작전을 다룬 기사들이 연이어 실렸다.[28]

---

25 북조선노동당 중앙본부 선전선동부 강연과 『戰後의 希臘(강연자료)』 1948.
26 「자주정권을 요구」, 『조선일보』 1946.1.10; 「국제정세와 조선」, 『동아일보』 1946.1.17; 「월남인 봉기를 지령, 佛側은 胡大統領을 비난」, 『동아일보』 1946.12.28; 「和 '인' 兩軍戰鬪準備 險惡化하는 '인도네시아' 정세」, 『동아일보』 1947.7.1; 「和 '인' 戰遂本格化」, 『동아일보』 1947.7.23.
27 해방 직후 베트남의 제1차 인도차이나 전쟁의 표상화를 둘러싼 언론의 보도 경향 분석에 대해서는 다음 연구를 참조. 임종명 「해방 직후 남한 신문과 베트남전쟁 재현·표상」, 『현대문학의 연구』 제54호, 2014. 미군정 통치와 뒤이어 분단정부가 수립되는 상황에서 이남 지식인들은 식민지 해방투쟁과 신생국가들이 등장하는 아시아에 관한 관심은 매우 컸으나 아시아 인식의 재정립은 간단치 않았다. 일본제국주의의 첨병으로 동원된 식민지 조선인이 아시아인들에게 남긴 유산 그리고 미국의 헤게모니와 진영 구축이 아시아 상의 정립에 영향을 미쳤기 때문이다(이에 관해서는 장세진 『슬픈 아시아: 한국 지식인들의 아시아 기행(1945~1966)』, 푸른역사 2012, 제1~2장).
28 「馬來 '테로'는 공산당의 음모」, 『동아일보』 1947.7.9; 「馬來 유격대진지, 英 전투기 폭격」,

정일권·예관수는 교재에서 '월남 민족'과 '인도네시아 민족'이 전개하는 유격전은 '민족해방의 유격전'으로, 중국 공산군의 유격전은 공산세력이 정치이념을 달성하기 위한 유격전으로 구분했는데,[29] 이러한 분류는 중국 의 공산화가 가시화되기 이전인 1948년 중반이기에 가능했다. 중국 공산화 이후 국내 언론은 공산화의 위협을 소련이 공산화를 담당한 한국 및 일본의 '동북루트'와 중국이 공산화를 담당한 동남아 일대의 '남부루트'로 크게 나누어 설명했다.[30]

동남아시아에 관한 관심은 지속되었다. 1949년부터 이승만 정부가 한국 과 동남아시아를 반공연대로 묶으려 시도할 때, 도미노와 같은 동아시아의 공산화를 막기 위한 '태평양동맹'과 같은 '방공협정' 결성의 필요성이 주목 받기도 했다.[31] 또한 6·25전쟁을 거치며 미국 정부도 한반도 문제를 동아시아 진영 차원에서 다룬다는 점을 분명히 했다. 1953년 2월 아이젠하워(D. D. Eisenhower)는 연두교서에서 6·25전쟁을 인도차이나, 말라야에서 공산 세력의 공세와 함께 동아시아 지역에 동시에 압박을 주는 공산주의 침략으

<hr/>

『동아일보』 1947.7.10; 「共黨 馬來서도 폭동파괴살상」, 『동아일보』 1948.7.4; 「剿共戰에 군 대동원」, 『동아일보』 1948.7.7; 「영군 馬來에 증파」, 『경향신문』 1948.7.24; 「馬來서 영군 과 게릴라 격전」, 『동아일보』 1948.8.6; 「'인도네시아' 共軍叛亂 각지서 활발」, 『동아일보』 1948.10.8.

29 정일권·예관수 『共産軍의 遊擊戰法과 警備와 토벌』 18면. 1993년 백선엽이 커다란 시간적 인 격차가 있음에도 불구하고 정일권·예관수와 똑같이 유격전의 유형을 구분한 점이 흥미 롭다. 1993년 백선엽은 유격전을 '민족해방'을 목표로 한 유격전과 '공산정권 수립'을 목표 로 한 유격전으로 구분하고, 전자는 정당성을 가지나 후자는 '합법정권'의 전복을 지향한 다는 점에서 용인할 수 없다고 정리했다(백선엽 『對ゲリラ戦: アメリカはなぜ負けたか』 10면).

30 「냉전 와중의 아세아」, 『동아일보』 1950.3.1.

31 필리핀 키리노(E. Quirino) 대통령의 '태평양협정' 제안에 자극받은 이승만은 1949년부터 '태평양동맹' 구상을 추진했고, 정전 이후에는 '반공통일전선' 결성을 추진했다. 이를 위해 이승만 정부는 사절단을 파견하여 동남아시아 지역의 상황을 파악하며 국가교류를 증대하 고자 시도했다. 이에 관해서는 다음 연구를 참조. 최영호 「이승만 정부의 태평양동맹 구상 과 아시아민족반공연맹 결성」, 『국제정치논총』 제39권 2호, 1999.

로 규정하기도 했다.[32]

다시 1948년 8월 정일권·예관수의 논의로 돌아가 보자. 두 저자는 38도선 이남이 유격전에 유리한 여건을 갖추고 있다고 주장했는데, 그 근거로 크게 네 가지를 들었다. 첫째, 모스크바삼상회의 결정안이 폐기되고 신생 정부 수립을 눈앞에 둔 상황에서 공산주의자들의 선택지는 "파괴와 모략의 음모공작" 이외는 없게 되었고, 둘째, 경제적 측면에서 보면 "남조선은 물산이 풍부하고 특히 식량이 있어서" 유격대가 '약탈'할 수 있는 여유가 있으며, 자금도 이북으로부터 쉽게 지원받을 수 있다는 것이다. 셋째, 중국 공산군, 조선의용군에 소속되어 식민지 시기부터 유격전 경험을 쌓은 이들이 다수여서 군사적인 조건도 갖춰졌다고 판단했다. 여기에 육지로 이북과 이남을 왕래할 수 있고, 산악지대의 존재 등 지리적인 이점도 있다고 보았다. 넷째, 공산세력이 "유격전 지구의 심장을 구성하는 농민과 생산부문 노동자"에 '뿌리 깊은 조직체'를 가지고 있으며, 이는 유격전 활동의 생명인 정보수집과 인적 동원의 유리한 토대가 마련되었음을 의미한다고 주장했다.[33]

하지만 1949년 초 미 중앙정보부(CIA)의 판단은 정일권·예관수의 견해와 상반되었다. 미 중앙정보부가 볼 때 이남에서 유격대 활동이 확대될 여지는 별로 없었다. 이남에는 민둥산이 많아 게릴라가 대중과 상당히 떨어진 곳에 도피처를 구해야 하고 이에 식량 보급을 습격에 의존할 수밖에 없어 쉽게 경찰에 노출되며, 또한 남북한에서 교육받은 유격대원들의 정신력이나 훈련 정도가 소련에서 교육받은 이들에 비해 현저히 낮다는 게 미 중앙

---

32 「한국군 적극 증강」, 『조선일보』 1953.2.4. 아이젠하워가 연두교서를 발표하기 직전인 1953년 1월에는 미국이 말라야, 인도차이나, 한국 등을 포괄하는 대공투쟁을 벌이기 위해 '통합사령부' 설치를 구상한다는 언론보도가 나기도 했다(「防共총사령부 설치」, 『조선일보』 1953.1.14).

33 정일권·예관수 『共産軍의 遊擊戰法과 警備와 토벌』 10~11면.

정보부의 판단이었다.[34]

다만, 미 중앙정보부도 정일권·예관수와 마찬가지로 남한의 농촌이 공산세력에게 침투하기 쉬운 여건을 제공하고 있다고 보았다. 미 중앙정보부는 농촌 취락의 전형적인 형태인 '외딴 농촌 마을'(isolated rural settlement)을 주목하며, 이 외딴 마을의 고립성이 외부로부터 신사고의 유입에 탄력적으로 대응하지 못해 공산주의자들의 '선전'에 취약한 상황을 낳고 따라서 '공포와 혼란'을 일으키려는 공산주의자들에게 우호적인 여건을 제공한다고 판단했다.[35]

정일권과 예관수는 '제주도 폭동세력'이 중국 공산군의 유격전법을 쓰고 있으며 이는 이남의 유격대가 중공군과 결합할 가능성을 보여주는 조짐이라고 주장했다.[36] 당시 제주도에서 무장대의 전술은 중공군의 유격전법이라는 주장이 분명한 근거 없이 언론에 의해 유포되었는데,[37] 정일권과 예관수 역시 이러한 주장을 폈다. 제주도 무장대가 팔로군 출신자로부터 훈련을 받았다는 주장은 이후 육군이 정리한 '공비토벌사'나 백선엽과 같은 개인에 의해 반복되었다.[38]

---

34 CIA, *Communist Capabilities In South Korea (ORE 32-48)*, 1949.2, 6면. 국사편찬위원회 전자사료관 archive.history.go.kr.

35 같은 책 10면. 미 중앙정보부는 외딴 부락의 고립성은 지배적인 영향력을 발휘하는 촌장 주도하에 '신사고'를 집단적으로 수용하게 만들고, 이는 극우주의자들이 지배하는 지역에서 좌익마을이 존재하는 상황을 낳는 요인이라고 보았다(같은 책 5면).

36 정일권·예관수『共産軍의 遊擊戰法과 警備와 토벌』48면.

37 동아일보는 1948년 5월 제주4·3사건을 다루며 "군사부 최고 간부급에는 과거에 일본 군대에서 그리고 팔로군 등에서 상당히 훈련을 받은 자"도 있어, 이들이 팔로군 등이 산악지대에서 전형적으로 쓰는 전법을 활용하고 있다고 보도했다(「제주도폭동 현지답사」,『동아일보』1948.5.8).

38 육군본부 정보참모부『공비연혁』, 육군본부 전사감실 1971, 193면; 백선엽『對ゲリラ戰: アメリカはなぜ負けたか』114면. 경비대 제2연대 상사로서 제주 진압에 참여했던 최갑석(崔甲錫)도 2005년 발간한 회고록에서 제주4·3사건에 군이 개입한 이유를 팔로군 출신자들이

세계정세를 공산·자유 진영의 대립으로 이해한 정일권·예관수는 38도선 이남 지역은 소련이 직접 전투에 개입하지 않고 내란과 파괴를 통해 막대한 이익을 추구하는 지역, 달리 말하면 소련과 중국 공산군이 사주한 유격전이 벌어질 가능성이 큰 곳으로 간주했다. 두 필자는 이남의 곳곳에서 일어나는 '폭동 사건'이 그 가능성을 보여주는 사례들이라고 주장했다.[39] 이들의 논지를 그대로 따른다면 38도선 이남에서 일어나고 있는 모든 갈등과 충돌은 '진영 대결'이라는 하나의 잣대로 정리되고, 충돌의 주요 원인인 '식민지 문제'나 '분단 문제'는 시야에서 사라진다.

'유격전'과 '대유격전'은 고도의 정치 행위로 규정되었다. 정일권·예관수는 유격전을 "단순한 유동적인 전투행위"를 지칭하는 용어가 아니라, "일종의 주의 또는 이상을 달성하기 위해," 달리 말하면 당파적인 임무를 달성하기 위한 임무 수행(전투)으로 규정했다. 이들은 교재에서 유격전과 정치는 불가분의 관계이며, 정치적 기반 없는 유격전이란 있을 수 없다는 점을 명심하라고 거듭 강조했다. 이들은 공산군의 유격전법을 파악하는 일이 "강토와 민족을 구출하는 성업의 거보를 웅장하게 내딛는 깃발"을 높이 드는 것이자, "조국이 직면한 위기를 극복하고 부강한 국가로 만드는 첩경"이라고 설명했다.[40]

1949년 미 중앙정보부도 '게릴라 진압의 성공'을 '미국의 지속적인 지원' 및 '유엔의 우호적인 태도'와 함께 신생 대한민국의 구성원들에게 미래에

한라산 지형·지세에 맞는 유격전법을 개발해 유격대를 훈련한 결과 그 기세를 경찰이 감당할 수 없게 되었기 때문이라 언급했다(이계홍 『장군이 된 이등병: 최갑석 장군 이야기』, 화남 2005, 113면). 그러나 팔로군 출신자들의 군사훈련 실시를 입증하는 자료는 확인되지 않는다. 명확한 근거 없이 중국 공산당과 유격전의 연계성을 언급하며 제주4·3사건을 반공, 냉전 논리로 단순화하는 시도가 1948년 이래 반복되었다고 할 수 있다.

39 정일권·예관수 『共産軍의 遊擊戰法과 警備와 토벌』 11면.

40 같은 책 12~15면.

대한 확신을 불어넣는 요소로 여겼다.[41] 이처럼 대유격전은 군사작전에 한정되지 않고 탈식민지 지역에서 반공·친미의 신생국가 건설을 위한 정치투쟁으로 받아들여졌다.

대유격전이 '건설적인 정치 행위'라면 당연히 공산주의자들의 유격전은 '파괴적인 정치 행위'가 되어야 했다. 두 필자는 공산주의자들의 유격전술이 잔혹성을 띠는 이유는 유격전을 정치이념의 달성을 위한 수단으로 여기고 있기 때문이며, 또한 중국 공산주의자들은 혁명전쟁으로서의 유격전에서 승리하기 위해 민중의 정치적 목표와 유격전의 정치적 목표를 합치시켜 민중을 전쟁에 동원하는 전략을 취하고 있다고 주장했다. 그리고 두 필자는 공산주의자들의 유격전 전략이 남조선에서 대표적으로 발현되고 있는 곳이 곧 제주도라고 주장했다. 이들에게 제주도는 "좌익계열의 맹렬한 지하활동으로서 정치운동과 북조선의 무장유격대가 연결되어 공산세력이 정치이념을 실현하기 위해 투쟁을 전개하는 곳"일 뿐이었다.[42]

제주도에 투입된 진압군과 경찰은 1948년 10월부터 중산간 지역 주민들을 소개하여 무주지대로 만들어 유격대와 주민을 분리했고, 11월에는 이승만 대통령의 제주도 지역 계엄령 선포와 함께 초토화작전을 대대적으로 벌였다. 무장대가 초토화작전에 대한 보복 공격을 전개하자 1949년 1월부터 본격적으로 해안지역에 '집단부락' 형태의 수용소에 소개민을 거주시키는 정책이 취해졌다. 2연대의 토벌작전이 끝난 1949년 3월부터는 중산간 지역 주요 지점에 소개민을 수용하는 마을이 건설되었다.

집단부락 축성은 홍순봉이 주도했다. 그는 제주도 출동 때 만주국에서의 경험을 참조하여 작성한 '제주도 치안대책요강'에서 마을 방어대책으로 성

---

41 CIA, *Communist Capabilities In South Korea (ORE 32-48)*, 1949.2, 1면.
42 정일권·예관수『共産軍의 遊擊戰法과 警備와 토벌』18면.

사진 9 집단부락으로 재건된 제주 노형리(1950년대)

사진 10 해안마을로 강제 이주되는 중산간 지역 제주도 주민들

곽을 쌓는 방안을 제시했다.[43] 홍순봉도 밝혔듯이 제주도 주민들은 축성을 위한 고된 노역과 열악하기 그지없는 주거환경을 감내하고 마을 경비를 맡아야 했다. 제주도 집단부락에서도 만주에서와 같이 양민증 발급, 민보단 (民保團) 운영, 보갑제 시행 등을 통한 불순분자 색출이 시행되었다.[44]

1993년 백선엽은 제주도에서 시행된 비민분리정책은 "일반 민중을 게릴라 쪽으로 기울게 만들었을 뿐"인 실책이었다고 강하게 비판했다. 백선엽에 따르면 제주도에서 최빈곤층에 속하는 중산간 마을의 거주민들을 소개할 때 충분한 보상과 보호를 통해 기존보다 개선된 생활을 보장하지 않은 채 무주지대화 조치를 시행하여 토벌대에 대한 주민들의 원망만 키우고, 자력으로 생활할 수 없게 된 주민들이 입산하여 게릴라의 예비대가 되는 결과를 낳았다는 것이다.[45] 더불어 백선엽은 간도특설대가 민중을 자기편으로 만들었기 때문에 '공비토벌'에서 뛰어난 전과를 거두었다고 평했다.[46] 백선엽의 이러한 언급은 부차적인 운용을 본질적인 문제로 호도한다는 점에서도 문제가 있지만, 간도특설대의 대민 방침을 긍정적으로 평가하며 친일 행위를 정당화한다는 점도 큰 문제라 하겠다.

백선엽은 2연대장 함병선(咸炳善)이 기존 초토화작전으로 이루어진 토벌

---

43 홍순봉 『나의 생애』 60~61면.

44 이에 관해서는 다음 연구를 참조. 김은희 「제주 4·3전략촌의 형성과 성격」, 제주대 석사학위 논문 2005. 일제시대 만주 집단부락 건설을 다룬 존 스튜어트가 '전략적 정착'(strategic settlement)이라는 표현을 썼으므로 '전략촌'이라는 용어가 혹 쓰였을 수도 있겠으나, 1960년대 말까지도 대유격전을 다룬 글에서는 '집단부락'이라는 용어만 사용되었다. '전략촌'이라는 용어는 제주도, 전라도, 경상도 지역에 공산유격대 토벌전에 참가한 이들이 1990년대 이후 쓴 회고록에서 주로 보이는데, 베트남전을 거치면서 일제의 폭력적인 지배를 상기시키는 용어인 '집단부락'보다 '자유진영 수호'라는 냉전 논리로 쉽게 연결되며 좀더 정당성을 획득하기 쉬운 '전략촌'이라는 용어가 의식적·무의식적으로 선호된 결과일 것이다.

45 백선엽 『對ゲリラ戦: アメリカはなぜ負けたか』 80면.

46 같은 책 31~32면.

사진 11 마을 입구 축성에 동원된 제주도 주민들

사진 12 경계에 동원된 제주도 여성 민보단원들

작전에서 근본적으로 벗어나 민심 획득을 위한 선무공작과 자위조직[警防組織] 구축에 역점을 두는 가장 이상적인 진압정책을 시행했다고 높게 평가했다. 당시 2연대 상사였던 최갑석(崔甲錫)도 함병선이 이끄는 2연대 지휘부가 제주도의 실상을 접하고 주민 전체를 적으로 상정한 초토화작전을 부정적으로 평가했다고 회고했다.[47]

그러나 함병선이 벌인 진압작전의 실상은 백선엽의 설명과 완전히 달랐다. 미군에 따르면 함병선이 지휘하는 2연대는 제주도에 진주한 직후 강경 진압작전을 벌였고, 선무공작은 실제 유재흥(劉載興) 제주도지구 전투사령부 사령관이 도착하여 지휘권을 잡은 이후부터 전개되었다.[48] 1949년 3월 말부터 진압군이 선무공작을 강화할 수 있었던 것은 중산간 마을의 초토화로 무장대가 크게 약화했기 때문이다. 산으로 올라간 이들 중 대부분은 초토화작전을 피한 주민들이었다. 이들은 죄를 묻지 않고 생명을 보장해준다는 선무공작을 믿고 하산했다가 총살을 당하거나 형무소로 보내졌다.[49]

백선엽은 민심 획득에 심혈을 기울여야 한다는 점을 만주군 시절에 철저하게 배웠고,[50] 자신이 몸담았던 간도특설대는 이를 잘 지킨 부대였다고 평가했다. 또한 그 자신도 6·25전쟁 당시 '백야전사령부'를 지휘할 때 주민을

---

47 2연대 상사로서 제주 진압작전에 참여했던 최갑석(소장 전역)은 당시 제주도 국회의원이었던 홍순녕(洪淳寧)으로부터 혈연적 유대가 강한 제주도에서 "이분법적으로 피아를 구분하고," "흑백논리식으로 서로 이간질하고 반목하게 만드는 몰아붙이는" 진압정책은 민심 이반만을 조장할 것이라는 지적을 받고 진압정책의 전환을 연대장에게 건의했다고 한다(이계홍 『장군이 된 이등병: 최갑석 장군 이야기』 105~106면).

48 제주4·3사건 진상규명 및 희생자 명예회복위원회 『제주4·3사건 진상조사 보고서』 327~28면.

49 같은 책 330면.

50 백선엽은 만군에서 "죽이지 말라, 태우지 말라, 능욕하지 말라"는 지침을 반복적으로 들었으며 그때 이후 게릴라 토벌은 민심을 얻어야만 성공한다는 점을 항상 마음속에 새겼다고 언급했다(백선엽 『對ゲリラ戦: アメリカはなぜ負けたか』 52면).

소개하고 집단부락을 만들며 일방적인 초토화작전을 철저히 금하고 생계가 가능한 거리에 거주하도록 세심한 주의를 기울였다고 주장했다.[51] 그러나 그의 주장은 사실과 부합하지 않는다. 간도특설대가 동북항일연군 토벌과정에서 여러 잔학 행위를 벌였음은 잘 알려진 사실이다.[52] 또한 그가 백야전사령부를 지휘할 때 민심 획득을 최우선시했는지도 논란의 여지가 있다. 백야전사령부 작전참모였던 공국진(孔國鎭)조차 그의 일방적 진압정책을 반대한 사실이 있기 때문이다.[53]

다만, 공산유격대 토벌에 주로 참여한 만군, 특히 간도특설대 출신 군 지휘관들이 대민공작·선무공작을 일반 군인들보다 더 의식했을 가능성은 있다. 반만항일세력과 민중의 분리를 일차적 과제로 삼은 숙정공작에서 민심 장악과 이를 위한 군기 유지는 간과할 수 없는 부분이었다. 노조에(野副) 토벌사령부도 1941년 지린, 젠다오, 퉁화 지역 동북항일연군 세력을 토벌하며 "민중에게 피해를 주지 않음으로써 민중의 존경심을 얻고 설득하며, 군대의 기율을 엄격히" 하는 '사상공작'을 전개하라고 지시했는데,[54] 이는 민중

---

51 백선엽『對ゲリラ戦: アメリカはなぜ負けたか』54면.

52 간도특설대가 토벌작전 중 벌인 잔학 행위에 대해서는 '中共延邊州委5人省組辦公室'에서 작성한『僞特設部隊組織活動』에 상세히 정리되어 있다(친일반민족행위진상규명위원회『친일반민족행위관계사료집: 일제의 해외 조선인 통제와 친일협력(1931~1945)』460~78면).

53 공국진은 백선엽의 토벌작전에 대해 다음과 같이 비판했다. "지리산이 4개 도 9개 군입니다. 9개 군 주민이 20만입니다. 이 양반은 이 안에 있는 것은 다 적이다. 광주에 포로수용소를 지었어요. 그래 가지고 공격 개시하면 아이들 부녀자들 다 적을 만들고 포로 해오는데 트럭에 싣고 광주까지 후송하면 다 얼어 죽을 것입니다. 그러나 국내전에서 동족상잔을 하고 있는데 다소 양민과 적을 가려 취급해야지, 그렇지 않으면 이북 땅에 가서 팔로군 토벌하는 것하고 다름이 있느냐 했습니다"(미디어오늘, 2011.6.29, http://www.mediatoday. co.kr). 이들을 수용한 광주 포로수용소는 열악한 환경과 양민 수용으로 사회문제가 됐고, 이승만 대통령의 지시로 1953년 해체됐다고 한다(「백선엽 지리산 토벌작전 때 양민 집단 동사」, 2011.6.21 http://www.hani.co.kr/arti/politics/defense).

54 친일반민족행위진상규명위원회『친일반민족행위관계사료집: 일제의 해외 조선인 통제와 친일협력(1931~1945)』128~29면.

을 보호하려는 차원이 아니라 비민분리를 위한 민심 장악 차원에서 내린 지시였다. 간도특설대원은 학살과 민심 획득을 동시에 수행하는 이들이었다.

만군 출신 지휘관들은 과거 만주국에서의 유격대 토벌 경험을 군 간부들에게 전파했다. 지리산지구 전투에 연이어 참여한 공국진에 따르면 '지리산지구 전투사령부'(1949.3.1~5.9)는 처음에는 유격대에 대한 대응전법이 전혀 없다시피 했으나 만주 유격대, 마오쩌둥(毛澤東)의 인민해방 전쟁론에 일가견이 있던 정일권의 지도로 대응전법을 세웠다고 한다.[55]

정일권이 이끄는 전투사령부는 행정기관과 협력하여 비민분리공작을 전개했다. 비민분리공작은 민통선 설치, 외딴 마을의 이주 및 소각, 인구이동의 통제와 통행증 발행, 우편물 검열, 그리고 민심수습공작으로 구성되었는데 특히 민심 수습에 세심한 노력을 기울였다.[56] 공국진에 따르면 전투사령부의 토벌작전은 비정규전에 대한 지식이 사실상 전무했던 진압군이 '정치적으로 선(先)비민분리공작, 작전상으로 거점 선점과 외곽(外廓) 포위, 내곽(內廓) 교란, 접촉—추격—포위—포착—섬멸'로 구성되는 비정규전 교리를 마련하는 계기가 되었다.[57]

만주국에서 쌓은 비민분리와 선무공작의 경험을 적용하려는 시도는 정일권 개인의 특이한 행동이 아니라 간도특설대와 만군 출신자들이 일반적으로 보인 모습이었다. 공국진은 정일권 후임으로 지리산지구 전투를 이끌

---

55 공국진 『한 노병의 애환』 60~61면.

56 민심 수습 방안으로는 상환곡의 장기분할 납입제, 천수답 및 화전민에 대한 조세감면, 춘궁기 정부 양곡의 장기저리 대여를 통한 장리쌀 단절, 적빈(赤貧) 농민에 대한 장기저리 장학금 대여, 입산자 가족의 특별관리(이들을 통한 입산자 귀순공작 전개와 유공자 포상), 비민분리의 극대화를 위한 군·관·민 합동의 '계엄민사부' 설치 등이 제시되었다(같은 책 63면).

57 같은 책 70면. 당시 언론도 정일권 전투사령부가 '토벌보다는 선무활동'에 치중하여 주민 대부분이 좌익에서 군 협력자로 바뀌었다고 평가했다(「토벌보다는 선무」, 『자유신문』 1949.5.11).

었던 김백일에 대해 간도특설대 지휘관으로 쌓은 실전경험을 활용하여 비민분리공작을 위한 정치공작 중심의 토벌작전을 정착시킨 인물로 높게 평가했다.[58] 간도특설대 출신 이용도 1951년 제1기갑연대를 이끌고 백야전사령부가 1951년 12월부터 1952년 2월까지 4기에 걸쳐 실시힌 도빌작전에 참여하여, 만주에서 일본군이 민심 장악에 성공하여 토벌작전에 성공한 사례를 들며 부사관들에게 작전 교육을 실시했다.[59]

6·25전쟁 때 유격대 토벌을 맡은 주요 지휘관 중 한 명인 박기병(朴基丙)은 '민심 수습을 위한 문화작전'의 중요성을 강조했다. 박기병은 관동군 출신으로 일제·만주국 패망 직후 '신경치안대'에 합류하여 정일권, 원용덕(元容德), 예관수 등 만군 출신자들과 긴밀한 관계를 맺었던 인물이다.[60] 그는 개전 전에는 호남지구에서, 1953년에는 중부지구에서 경비사령부 사령관을 맡아 유격대 토벌을 지휘했다. 박기병은 '현대전쟁'이 단순히 무력만을 의미하지 않으며, '문화성'을 겸비하지 않는 전쟁의 수행은 '지배의 영속화'가 불가능하다고 강조했다.[61]

박기병은 유격대와의 전투가 '문화성'을 그 어느 전쟁보다 강하게 요구하며, "국군과 공비조차 구분하지 못하는" 산간벽지 문맹의 마을 주민들을 공비와 분리하기 위해서는 군·관·민이 일치하여 문화, 행정, 경제 영역에 걸친 강력한 '대민공작'을 전개해야 한다고 역설했다. 그는 대민공작의 세부 방안으로 무료 시료, 시국 강연, 구호물자 배급 등을 들고, 적극적인 대민

---

58 공국진 『한 노병의 애환』 81면.

59 漢南戰友會 편 『陸軍獨立 機甲聯隊史』 1997, 465~67면. 6·25전쟁 동안 정규전과 비정규전에서 뛰어난 전과를 거둔 제1기갑연대는 이후 1965년부터 1973년까지 베트남전에 파견되었다(같은 책 551면).

60 「秘話한 世代, 창군전야(9)」, 『경향신문』 1976.11.11; 고정훈 『(祕錄)軍』, 동방서원 1967, 203~204면.

61 박기병 「공비정책의 시대성」, 『국방』 제23호, 1953.4, 30면.

공작이 시행되어야 공비를 고립시키고 "주민이 '자치적'으로 공비를 근멸 (根滅)할 수 있다"라고 주장했다.[62]

비민분리공작이 벌어지는 지역의 주민이 직면한 현실은 엄혹하기 그지 없었다. 여순사건이 발생한 지 1년이 지나며 유격전이 자리를 잡는 경향을 보이자, 이승만 정부는 유격전이 벌어지는 곳에서 지역주민의 전면적인 소개와 집단부락 건설이라는 대책을 세웠다.[63] 1949년 오대산, 태백산 지역으로 남파된 '인민유격대'를 토벌하기 위해 발족한 '태백산지구 전투사령부'는 산간마을을 소각하고 50호 단위의 집단부락을 도로변에 건설하여 지역 주민과 유격대와의 접촉을 근절시키고자 했다. 전투사령부는 집단부락 건설이 진전되지 않자 단기간에 건설을 완료하도록 강요하며 위반자를 '공비'로 간주하는 정책을 취했다. 마을을 초토화하고 강압적으로 집단부락을 건설하는 정책은 지역 민심을 들끓게 만들었고 지역 국회의원들의 요구로 국회 조사단이 현지 조사를 벌여야만 할 정도였다.[64]

여순사건 이후 지리산 지역 집단부락 수립 상황을 검토한 연구에 따르면 정부의 계획은 임시방편 수준이었으며, 소개된 주민이 '토벌'에 연이어 동원되어 집단부락 건설은 제대로 진행될 수 없었다.[65] 경상북도 석달마을의

---

62 같은 글 31~32면.

63 김무용 「여순사건 진압을 위한 대항 게릴라 작전과 민간인 희생화 전략」, 『역사연구』 제 31호, 2016, 278~282면.

64 전사편찬위원회 『한국전쟁사(1): 해방과 건군』 1967, 503~504면. 1949년 정부의 동계 진압작전에 대해서는 존 메릴 『침략인가 해방전쟁인가: 1948~1950 한국전쟁의 국제적 배경』, 신성환 옮김, 과학과사상 1988, 제6장 5절 참조. 제주4·3사건부터 6·25전쟁 직전까지 유격대, 인민유격대 활동에 관해서는 다음 연구를 참조. Bruce Cumings, *The Origins of the Korean War: Vol. II, The Roaring of the Cataract*, 제8장, 제12장; 정병준 『한국전쟁: 38선 충돌과 전쟁의 형성』, 돌베개 2006, 471~75면; 이선아 「여순사건 이후 빨치산 활동과 그 영향」, 『역사연구』 제20호, 2011.

65 김아람 「한국의 난민 발생과 농촌 정착사업(1945~1960년대)」, 연세대 박사학위 논문 2017, 33면.

사례처럼 군·경이 작전지역에서 '통비분자'라는 혐의를 씌워 집단학살까지 자행하는 상황에서[66] 안정적인 재정착을 위한 집단부락 건설이 체계적으로 추진될 리 없었다.

새로운 대유격전론의 학습과 실험

만주국 간도특설대원이면서 항일운동에 참여한 박창암(朴蒼巖)의 궤적은 식민지 문제와 분단 문제가 결합하는 또 다른 유형을 보여준다. 그는 간도특설대원 백선엽, 신현준 등과 다른 경로를 밟으며 냉전전사로 거듭났다. 만주국 군·경 출신자들 모두가 치안숙정공작(治安肅正工作)과 농촌 재편 전략 그리고 국민운동 등을 똑같게 체험하며 일률적인 이념이나 지향을 지녔던 것은 아니다. 그들 안에서도 편차가 있었다. 간도특설대는 형식적으로 모병제였으나 실제로는 강제적 할당제를 취했기에 충성심 정도는 다를 수밖에 없었다.[67] 여기에 드물지만, 만군과 간도특설대에는 박승환(朴昇煥)을 매개로 건국동맹에 연계된 이들도 있었다.[68] 하지만 이러한 '균열 요소'는 1945년 일제의 패망과 함께 도래한 미·소 분할점령과 이후 분단의 고착 과정에서 확실하게 제거되었다.

박창암은 1921년 함경남도 북청군에서 출생하여 1930년 만주로 건너간 뒤 만주 간도사범학교를 졸업한 후 초등학교 교사로 일하다, 1943년 간도특

---

66 김학재 「한국전쟁 전후 민간인 학살과 20세기 내전」, 『아세아연구』 제142호, 2010, 106면; 「문경 석달 사건」, 진실과 화해를 위한 과거사 정리위원회 『2007년 상반기 조사보고서』 2007 참조.

67 田中隆一『滿洲國と日本の帝國支配』, 有志舍 2007, 177~78면.

68 정병준 「조선건국동맹의 조직과 활동」, 『한국사연구』 제80호, 1993, 127면; 「방원철(구술)」, 한국정신문화연구원 편 『내가 겪은 한국전쟁과 박정희 정부』, 선인 2004, 284, 292~94면.

설대에 입대했다. 박창암의 회고에 따르면 1944년에 '건국동맹 군사분맹'에 참여했으며, 이후 1945년 1월 간도특설대 내에서 반란이 발생하자 일제가 부대를 분산 배치하여 닝안(寧安)의 신병교육대에서 일제의 패망을 맞았다.[69] 간도특설대에서 반란이라 칭할 만한 사건이 일어났는지는 확인할 수 없으나, 박창암이 일제 패망 이후 국내에서 박승환, 여운형(呂運亨) 등 건국동맹의 핵심 인사들과 연결되어 있었다는 점을 볼 때 1944년 건국동맹과 관련을 맺은 것은 틀림이 없을 것이다.

박창암은 귀국 후 건국준비위원회에 참여하다 1946년 군사영어학교에 입교했으며, 여운형의 요청을 받고 박승환, 방원철(方圓哲), 박임항(朴林恒) 등과 함께 월북하여 인민군 창설에 관여했다. 여운형과 뜻을 같이한 이들은 인민군 건설에 참여하는 것이 '내전'을 막는 방안이라고 판단했다고 한다. 인민군 1사단 창설에 관여한 박임항은 1947년 투옥되었다가 남하했고, 보안간부훈련대대부 창설에 관여한 박창암을 포함한 6명도 1948년에 구속되었다가 남북협상을 위한 김구(金九)의 북행을 계기로 가석방되자 이남으로 겨우 탈출할 수 있었다.[70]

이북에서 탈출한 방원철 등은 이북에서 체험한 공산정권이 학습을 통해

---

69 蒼嚴 간행위원회 『蒼嚴: 만주 박창암 장군 논설집』 2002, 46면.

70 만주 신경군관학교 1기생이었던 방원철의 구술에 따르면 박승환에 의해 건국동맹에 참여한 만군 출신 군인 10여 명이 여운형의 지시를 받고 순차적으로 월북하여 1946년 2월 북한의 인민군 창설에 참여했다. 또한 방원철은 자신들이 초기 북한군 창군을 적극적으로 지원했으나, 여운형 세력을 견제한 이강국의 요구로 군사 관련 업무에서 배제되었다가 이후 이들은 구속되어 1년 3개월여 동안 형무소 생활을 했다. 이들은 김구와 방북한 근로인민당 인사들의 접견 요청이 있자 1949년 5월 풀려나 10월 이남으로 탈출했다(한국정신문화연구원 편 『내가 겪은 한국전쟁과 박정희 정부』 286~308면). 만주 신경군관학교 1기로 방원철과 동기였던 이기건(李奇建)도 여운형의 지시를 받고 여러 차례 방북했고, 인민군 창설에도 관여했다고 한다(육사7기특별동기생회 『노병의 추억: 육사7기특별임관 40주년기념 특집』 1989, 181면); 김선호 「한국전쟁 전후 조선인민군의 월남병과 분단체제의 강화」, 『역사문제연구』 제36호, 2016, 353~54면.

배운 공산주의와 달리 권력 지향적인 집단일 뿐이라고 판단했다.[71] 이처럼 이들이 이남으로 탈출했을 때 확고한 반공주의자가 되었다고 하더라도 월북 경력으로 불신의 눈초리를 피할 수 없었고 군 복귀도 쉽지 않았다. 결국 이들의 군 복귀를 실현해준 이들은 만군 출신 장교들이었다.[72]

남로당에 참가한 박정희는 박승환, 박창암과 다른 경로를 밟았지만, 숙군이 벌어질 때 만군 인맥에 의해 구명되어 기존의 사상적 지향성이 모두 거세되고 오로지 냉전전사로서 재탄생하는 과정을 밟았다는 점에서 같았다. 이후 박임항, 박창암 등은 1961년 반공태세의 재정비를 제일 과제로 내건 5·16군사쿠데타에 적극적으로 참여했다. 박창암은 반혁명 사건으로 박임항과 함께 축출되기 직전까지 '혁명재판소' 소장을 맡아 이른바 '용공세력'의 제거를 주도하고, 베트남전 시찰단에도 유격전 전문가로 참여했다.

박창암은 월남한 귀순병으로 구성된 대유격전 특수부대인 '보국대대'에 정보참모로 근무했다.[73] 박창암의 증언에 따르면 보국대대는 전국을 순회하며 선무활동을 벌이고, 김백일 대령이 지휘하는 3사단에 소속되어 밀양, 청도, 운문산 등지에서 공산유격대 토벌을 전개했다.[74] 개전 이후 박창암은

---

71 한국정신문화연구원 편 『내가 겪은 한국전쟁과 박정희 정부』 311면.

72 1962년 주한미대사관 참사관 필립 하비브(Philip C. Habib)에 따르면 박임항은 월남 후 만주군관학교 선배들의 지지로 한국군에 참여할 수 있었다. 군 복귀 전까지 박임항은 수원 지역 민족청년단 학교에서 가르쳤다('Korean Military Factionalism,' 1962.8.17, Enclosure 2, 1면. RG59 795.5/ 8-1762, NARA; 「1962년 미대사관 기밀문건」, 『신동아』 제606호, 2010.3, 587면). 5·16군사쿠데타 직후까지도 이들의 북한군 참여 경력은 관심의 대상이었다. 하비브는 한국군 내 파벌을 정리하면서 만군 출신이며 북한군에 참여했던 박임항, 방원철, 김목과 같은 인물들을 주목할 필요가 있다고 언급했다('Korean Military Factionalism,' 1962.8.17, 9면. RG59 795.5/8-1762, 국회도서관 dl.nanet.go.kr).

73 보국대대의 창설과 운영에 관해서는 조성훈 『한국전쟁의 유격전사』, 국방부 군사편찬연구소 2003, 69~70면; 김선호 「한국전쟁 전후 조선인민군의 월남병과 분단체제의 강화」 370~71면.

74 보국대대는 '병사들의 민폐'와 '관리들의 민폐'를 없애 민심을 획득하는 '공비토벌'만이 성공한다는 토벌 방침을 취했다고 한다. 전쟁 개전 직전에는 전방에 투입되어 북한의 유격

8사단 수색대 대장으로 북진했다가 이후 호남지방의 공산유격대 토벌에 참여했다.

일제의 최전선 만주국 방공전사들의 냉전전사로의 변신은 미군의 유격전/대유격전을 새롭게 학습하는 과정을 동반했다.[75]

1952년 1월 박창암은 대구에서 이북 출신 사병 100여 명으로 창설된 특수부대의 부사령관을 맡았다.[76] 부대원들은 1952년 1월 말부터 5월 말까지 하와이의 미 특수전학교에서 프랑스가 알제리에서 전개한 비정규전 사례에서부터 대북 침투를 위한 유격전, 심리전 및 반첩보 등까지 다양한 교육을 받았다.[77] 이후 박창암은 1953년 2월부터 3개월에 걸쳐 부대의 주력(일명 '무지개 부대')을 이끌고 제주도에서 토벌작전을 벌였는데, 이 작전은 미군에게 배운 특수전 능력을 실습하여 전투력을 높이려는 목표를 갖고 실시되었으며,[78] '적 주력 격파' '비민분리 공작' '무장공비 및 망조직 기간요원과 재

대 남파를 근원적으로 봉쇄하기 위해 대북 침투공작을 준비하기도 했다(국방부 군사편찬연구소 「보국대대 중대장 중위 박창암」, 『6·25전쟁 참전 증언록(1)』 2003, 53~54면).

75 간도특설대, 팔로군과의 전투, 6·25전쟁 시기 유격전 전개 등으로 유격전/대유격전에 조예가 깊었던 이들, 특히 박창암과 같은 이들에게는 미군의 대유격전 교리가 큰 인상을 주지 못했던 것 같다. 2003년 박창암은 한 언론인과의 인터뷰에서 미군의 특수전 교육에 대해 '근본원리'에서 핵심에 들어가지 못했다고 평가했다(「독립·통일 지향하다 철저한 반공 군인으로」, 프레시안 2003.12.10, http://www.pressian.com).

76 노성린 「9172부대장 박창암 장군 승전기」, 창암 간행위원회 『창암: 만주 박창암 장군 논설집』 916면.

77 육대교수단 「제주도 공비토벌 작전」, 『군사평론』 제79호, 1967.2, 10면; 조성훈 『한국전쟁의 유격전사』 89~90면. 미 육군의 특수전 교육과정을 통해 부대 대원들은 "비밀작전, 유격전술, 침투(육·해상), 공중낙하, 산악전술, 공작, 심리전, 도피전술, 전이·태업, 생존 훈련 등 첩보, 유격, 방첩 및 반방첩" 등의 훈련을 받았다(육군본부 정보참모부 『공비연혁』 523~24면). 교육내용을 볼 때 대북 침투와 유격전 전개를 위한 교육을 집중적으로 받았음을 알 수 있다. 교육과정을 이수한 직후 부대는 '비밀작전부대'(C.O.G.)로 지칭되다가, 이후 1953년 육군첩보대로 배속되며 '무지개 부대'로 변경되었다.

78 육군본부는 '무지개 부대'가 제주도에 투입된 이유로 다음의 두 가지를 들었다. "첫째, 상

건 소요의 섬멸' '건설 복구(대민사업 및 선무공작)' 등으로 작전단계를 설정했다.[79]

북한의 대남 무장간첩 침투가 빈발하던 1967년 육군은 과거 박창암 부대의 제주도 작전을 다시 주목하고, 이에 대해 "4·3사건 이후 처음으로 주민의 절대적인 신뢰와 지지를 얻었다"라고 높게 평가했다.[80] 군이 전시 제주도에서 시행된 토벌작전을 새롭게 주목한 이유는 북한의 대남 유격전 공세에 대한 대응책을 마련하는 데 모범적인 사례가 된다고 보았기 때문이다.[81] 더불어 군·경의 진압책이 제주도민의 항쟁을 낳은 주요 원인이라는 사실을 부정하기 어려웠던 군에게 박창암 부대의 대민작전은 크게 부각하고 싶은 사례였을 것이다.[82]

제주도와 여수·순천, 그리고 전시 지리산 일대에서 작전을 벌이며 만군 출신 군인들이 미군으로부터 큰 영향을 받았다는 사실은 잘 알려져 있다. 1951년 미8군사령관으로 부임한 제임스 밴 플리트(James A. Van Fleet)가 그

이 장병의 후생 정착지로 제주도가 선정되어 잔비의 소탕이 요구되었고, 둘째, 잘 훈련된 부대의 투쟁력 유지를 위해 부사령관 박창암이 부대 실습을 건의했기 때문이다"(육군본부 정보참모부 『공비연혁』 524면). 무지개 부대에서부터 진압작전에 참여한 한 경관은 이북에 침투하기 위한 훈련을 한 것 같다고 회고했다(제주4·3사건 진상규명 및 희생자 명예회복 위원회 『제주4·3사건 진상조사 보고서』 356면).

79 육대교수단 「제주도 공비토벌 작전」 11면. 무지개 부대가 7차례에 걸쳐 벌인 작전에 관해서는 다음 책을 참조. 국방부전사편찬위원회 『對非正規戰史(1945~1960)』 1988, 246~56면.

80 육대교수단 「제주도 공비토벌 작전」 15면.

81 유안석(육대 특수학부 교관) 「산악지역에서의 대 '게릴라' 작전」, 『군사평론』 제109·110호, 1969.9, 76면.

82 육군은 '제주도 공비소탕'이 장기간 진행된 주요 요인으로 '경찰의 강압적 치안으로 인한 대민감정의 악화에 따른 입산자 속출과 공비에 동조하는 환경 조성' '서북청년단의 무차별 행동에 따른 양민의 공산분자화' 그리고 '주둔부대의 문란한 군기 및 풍기로 인한 주민의 불신 초래' 등을 열거했다(육대교수단 「제주도 공비토벌 작전」 15면; 육군본부 정보참모부 『공비연혁』 532면). 육본은 '진압'에서 큰 문제를 초래한 이들을 경찰, 서북청년단으로 규정하고, 군은 전술적 오류를 범한 존재로 묘사하고 있다.

리스 내전에서 대유격전을 주도한 미 합동군사고문단장으로 활약했으며,[83] '백야전사령부'를 위해 그리스 내전 경험이 있는 지휘관을 파견하여 지원했다.[84] 미 군사고문 제임스 하우스먼(James H. Hausman)은 한국군이 여순 사건을 진압하며 경찰을 보조하는 수준에서 벗어나 대규모 합동 포위작전을 수행할 수 있는 군대로 거듭났다고 평가했다. 하우스먼은 진압을 이끈 주요 인물에 정일권, 백선엽, 김백일, 송석하를 포함했다.[85]

한국군은 전쟁이 한창인 1951년 5월 육군본부 작전교육국이 배포한 대유격전 교범 『대유격작전(기교 50-31-20-1)』을 통해 미군의 대유격전론을 본격적으로 접했다. 이 교범은 개전 직후인 1950년 9월에 미 육군 야전군 지휘부가 야전 지휘관들이 유격전에 대처할 수 있도록 급히 배포한 대유격전 교범을 그대로 직역한 것이다.[86] 미 육군은 제2차 세계대전 때 독일군의 대유

83 미국의 그리스 내전 개입과 미 합동군사고문단장 밴 플리트의 활동에 대해서는 다음 연구들을 참조. 송광성 「그리스와 미국의 전쟁: 냉전정책의 선언」, 『정책과학연구』 제10집, 2000; 양정심 「제주4·3과 그리스 내전 비교 연구: 미국의 역할을 중심으로」, 『이화사학연구』 제37집, 2008; 허호준 『그리스와 제주, 비극의 역사와 그후』, 선인 2014, 제2장.

84 밴 플리트는 그리스 내전에서 대게릴라전을 수행했던 윌리엄 도즈(William Dodds) 중령을 '백야전사령부'를 지원하는 미군사고문단의 책임자로 파견했다(안정애 「만주군 출신 장교의 한국전쟁과 주한미군에 대한 인식」, 『한국인물사연구』 제3호, 2005, 349면; 백선엽 『군과 나』, 대륙연구소 출판부 1989, 221면).

85 짐 하우스먼·정일화 공저 『한국 대통령을 움직인 미군 대위: 하우스만 증언』, 한국문원 1995, 184면.

86 미군의 대게릴라전 교범 Special Text 31-20-1: Operations Against Guerrilla Forces은 제2차 세계대전 때 일본에 점령당했던 필리핀에 잔류하여 게릴라전을 이끌었던 러셀 볼크먼(Russell Volckmann) 대령이 저술했다. 미군의 대반란전 교리 발전을 치밀하게 검토한 앤드루 버틀의 연구에 따르면 이 Special Text 31-20-1은 개전으로 관련 매뉴얼이 필요하게 되자 미 육군이 1950년 9월 급하게 초고 형태로 발간한 것이었고, 1951년 2월에 FM 31-20: Operations Against Guerrilla Forces라는 제목을 단 정식 교범으로 발간했다(Andrew J. Birtle, U.S. Army Counterinsurgency and Contingency Operations Doctrine 1942-1976, Center of Military History U.S. Army 2006, 134면).

격전과 필리핀에서 일본군이 벌인 대유격전을 참조하여 교범을 제작했다.[87]

미군은 교범에서 농촌 거주자는 대유격전의 요주의 대상자로 여기고, '유격대와 민간인 지원자에 대한 단호한 조치'와 유격대 약화를 위한 '전면적 계획'의 수립을 일반원칙으로 강조했다. 미군도 만주국에서 일제와 만주국의 군·경이 '광의의 지본공작'을 강조했던 것처럼, 대중의 저항과 반란을 약화하고 이들의 지지를 끌어내기 위해서는 지역민의 정서에서부터 사회, 문화, 정치, 행정, 경제, 군사 분야까지 총체적으로 고려한 전면적 계획을 추진하는 것이 중요하다고 보았다.[88]

미군은 현지 우호적인 주민을 정보원, 선전원, 정부요원, 경찰(부대), 경비대원, 노역부대원 등으로 활용하고, '특수 대유격대' 대원을 구성하여 유격대 토벌에 활용할 것을 강조했다.[89] 전시에 한국군에게 배포된 미 육군의 대유격전 교범은 제2차 세계대전의 경험에 한정되어 만주에서의 유격전/대유격전을 전혀 다루지 않았지만,[90] 이러한 지침은 만군 특히 간도특설대 출신의 군 지휘관들에게는 익숙한 내용이었을 것이다.

미군이 관동군이 만주국에서 벌였던 치안숙정공작에 관해 정보를 접하는 시점은 6·25전쟁 기간인 1952년경이다. 미 육군 극동사령부(Hq, AFFE)

---

[87] 볼크먼은 *Special Text 31-20-1*을 저술할 때 패전한 독일군 장교들이 작성한 전사(戰史) 연구를 참조했으며(Andrew J. Birtle, 같은 책 133면), 여기에 자신의 경험을 토대로 필리핀 루손섬에서 일본군이 벌인 대유격작전을 사례로 참조했다(국방부 육군본부작전교육국 『對遊擊作戰(技敎50-31-20-1)』, 국방부 육군본부 고급부관실 1951, 90면; The Infantry School, Fort Benning, Georgia, *Special Text 31-20-1: Operations Against Guerrilla Forces*, 1950.9, 43면).

[88] 같은 책 84~85면.

[89] 같은 책 91~92면.

[90] 앤드루 버틀은 *Special Text 31-20-1*의 정식 판본인 *FM 31-20: Operations Against Guerrilla Forces*가 미군 교리 발전에 전환을 이룬 교범이지만 대상 시기가 제2차 세계대전에 한정되어 '마오쩌둥의 유격전과 전후 제3세계에서 고조되는 반란상황'을 반영하지 못한 한계를 보인다고 지적했다(Andrew J. Birtle, *U.S. Army Counterinsurgency and Contingency Operations Doctrine 1942-1976*, 142면).

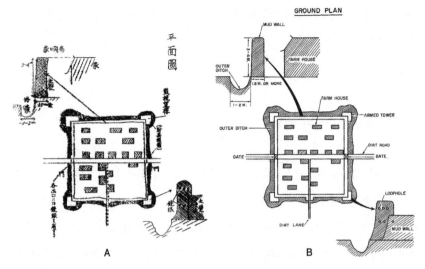

사진 13 미군의 만주국 집단부락 건설 숙지(A: 1952년, B: 1955년)

가 전쟁사 정리를 목적으로 일본 정부에 아시아 태평양 전쟁에 관한 자료 정리를 지시했고,[91] 구 관동군 장교들이 참여하여 작성한 만주국 관동군사에 치안숙정공작의 방침이 상세히 정리되었다.

관동군사가 영문으로 번역되어 배포된 시점은 1955년경이라 이승만 정부 수립 이후부터 전쟁 직전까지 대유격전 진압을 책임진 주한미군이 그 내용을 충분히 숙지했을 것 같지는 않다.[92] 다만, 치안숙정공작을 다룬 관동군사에서 주 서술 대상이 동북항일연군과 간도특설대를 비롯한 이민족 토벌

---

91 Office of the Chief of Military History Department of the Army, *Guide to Japanese Monongraphs and Japanese Studies on Manchuria 1945-1960*, 3~6면, RG550, Organizational History Files, 1959-1973, NARA, 국사편찬위원회 전자사료관.

92 브루스 커밍스도 이 자료를 언급하며 관동국 대유격전 전문가가 미군에게 조언했음을 지적했는데, 그 시점을 명확하게 언급하고 있지는 않다(Bruce Cumings, *The Origins of the Korean War: Vol. II, The Roaring of the Cataract*, 286면). 이 글에서는 일문(日文)으로 작성된 시점과 번역된 시점을 따르고자 한다.

부대, 집단부락 조선인이었기에,[93] 38도선 이남의 상황과 대비하며 번역 배포 이전에 자료의 내용에 관심을 가졌을 여지는 있다.

일제 국방국가론의 부활

1948년 제주4·3사건 및 여순사건 이후 남한 각지에서 유격전 전개, 38도선 군사 충돌, 미군 철수 논의 등이 이어지는 상황에서 1948년 11월 린뱌오(林彪)가 이끄는 중국 공산당 인민해방군이 만주 지역을 장악하며 전세의 주도권을 쥐는 양상으로 내전이 전개되자, 군과 민간에서 국방국가체제 수립의 필요성이 제기되기 시작했다.

민간에서는 이승만 정부의 전위조직인 대한청년단이 국방국가체제의 수립을 제창했다. 1948년 12월 이승만 정부가 우익 청년단체들을 통합하여 출범시킨 대한청년단(이하 '한청')은 단원들을 전투훈련까지 시키고 군·경 보조요원으로서 유격대 토벌에 동원하는 사실상 준군사단체였다.[94] 한청은 대규모 청년단체라는 조직적 측면에서뿐만 아니라 사상적인 측면에서도 군

---

93 김일성과 간도의 조선인 그리고 조선인 토벌부대가 명시적으로 다루어지고 있다. 復員局資料整理課『滿洲に關する用兵の觀察』第12卷 第4篇 滿洲に於ける各種作戰の史的觀察, 第9章 匪賊及住民, 1952(일본국회도서관 소장자료 https://dl.ndl.go.jp). 집단부락 건설 방식에 대해서는 만주국 지역별 지형과 지질을 다룬 부분에서 상세히 소개되었다. 復員局資料整理課『滿洲に關する用兵の觀察』第3卷下(第3篇 滿洲に對する戰略戰術的兵要地理觀察), 1952, 90면(일본국회도서관 소장자료 https://dl.ndl.go.jp); Office of the Chief of Military History Department of the Army, *Strategic Study of Manchuria: Military Topography and Geography*, 1955, 88면, Figure 4: Fortified Village, Sanchiang Provice, RG550, Organizational History Files, 1959–1973, NARA, 국사편찬위원회 전자사료관.

94 대한청년단의 중앙 및 지방 조직 결성에 관해서는 다음 연구를 참조. 전갑생 「한국전쟁 전후 대한청년단의 지방조직과 활동」,『제노사이드연구』제4호, 2008.

사동원체제 수립에 앞장섰다.

한청 최고위원을 맡은 서상천(徐相天)[95]이 1948년에 발간한 소책자『아국의 국방론』은 거칠게나마 한청에 참여한 이들의 안보관을 보여준다. 그는 당면 현실을 "만주를 일거에 삼키고 북한에서 기세를 올린" 공산세력이 "남한을 정복하려고 제주도를 비롯하여 지리산과 태백산 등을 중심으로 무장을 하고 특유한 게릴라전을 전개하기 위하여 비상한 세력으로 남한에 침투"하는 상황이라고 정리했다. 이러한 시국에 '국방'을 청년에게 "총이나 메워 교련이나 시키고 약간의 무기 조정술이나 가르치는" 차원으로 여기는 태도는 큰 오류이며,[96] 국방 문제는 "전 국가적으로 방대한 문제", 즉 '국가체제의 차원'에서 접근해야 한다고 역설했다.

서상천은 국가의 총력을 동원하는 현대전에 대비하기 위해서는 '국가경제력, 국민정신력, 군비력, 기타 유형무형의 힘'이 종합된 국력이 곧 '국방력'이 될 수 있도록 해야 하며,[97] 이를 위해서는 국방을 위한 산업 개발과 주도면밀한 국방 행정의 확립,[98] 그리고 국가총동원체제의 수립이 필요하다고 역설했다.[99] 서상천에 따르면 임박한 중국 공산당의 승리, 남침을 준비하는 이북 정권, 강력한 소련군의 남한 압박 등에 대처하기 위해 '국가총동원

---

95 서상천은 일제시대 민족주의 계열 인사들과 교류했으나, 1943년 국민총력조선연맹에 참가했고, 이 때문에 이후 반민특위에 체포되었다. 해방 직후 한국민주당 발기인으로 참여했다. 1946년 9월 창립한 대한독립청년단의 단장(총재 이승만)을 맡았다. 이후 그는 대한청년단의 최고위원을 역임하며 우익 청년운동과 반공에 앞장섰다. 1947년 1월에 좌익계열 신문인『현대일보』가 미군정에 의해 정간 처분을 당하자, 이를 인수하여 대한독립청년단 기관지로 만들었다. 국회 진출을 시도했으나 계속 낙선했고, 개전 이후 납북되었다(건국청년운동협의회『대한민국건국청년운동사』1989, 1007~1042면).
96 서상천『我國의 國防論』1948, 9~11면.
97 같은 책 20면.
98 같은 책 14~16면.
99 같은 책 70~78면.

법' 제정이 시급했다.[100]

서상천의 국방론 이후 국방국가 건설에 대한 논의는 더 체계가 잡혔다. 이는 대한국민회 지도부의 적극적인 추천을 받으며[101] 1949년 말에 발간된 『대한국민운동의 기초이론』을 통해 확인된다.[102] 『대한국민운동의 기초이론』은 대외적으로 새로운 세계대전이 폭발할 가능성이 고조되고, 대내적으로 준동하는 '폭도'에 대한 '국가총동원의 소탕전'을 전개해야 하는 현실은 국방국가 건설을 '일대 행동 목표'이자 '실천 강령'으로 제기하고 있다고 주장했다.[103]

이 책의 논지에 따르면 구시대의 유물일 뿐인 '의회주의 국가'를 대신해 '국민조직 국가'를 건설하고자 하는 국민운동을 통해 국방국가가 건설되어야 했다.[104] 의회주의 비판은 반대세력이 주도하고 있던 국회를 무력화하고자 하는 이승만 정부의 이해와 맞닿아 있었다. 이승만 정부를 비판하는 국회는 '정당적·파벌적 자유사상'에 물들어 있는 곳이자 남로당 프락치가 침투해 있는 곳으로 규정되었다.[105] 그리고 의회주의 대신 정부의 엄격한 통제에 의한 관민 일치의 협력 실현, 각 산업의 통제단체 결성, 국민반과 민보

---

100 같은 책 81~84면.

101 대한국민회의 성립과 활동에 관해서는 다음 연구를 참조. 김수자 「1948~1953년 이승만의 권력강화와 국민회 활용」, 『역사와 현실』 제55호, 2005; 김학재 「국가권력의 모세혈관과 1950년대의 대중동원: 국민반을 통한 감시와 동원」, 김득중 외 『죽엄으로써 나라를 지키자』, 선인 2007.

102 서지열 『대한국민운동의 기초이론』, 협계사 1949, 38면. 대한국민회의 활동을 상세히 검토한 김영희는 국민회 중앙총본부 사무국장 이활(李活), 국민회 회장 오세창(吳世昌), 국민회 최고위원 명제세(明濟世) 등이 이 책을 추천한 사실을 지적하며, 대한국민회의 교과서와도 같은 책이라고 설명했다(김영희 「국민동원체제와 식민지 유산」, 김영희 외 『민족과 국민, 정체성의 재구성』, 혜안 2009, 5면). 서지열의 이력은 확인되지 않는다.

103 서지열 『대한국민운동의 기초이론』 37면.

104 같은 책 17면.

105 같은 책 76~77면.

단 등을 통한 말단 행정의 확충·강화, 전국적인 국민생활 관련 조직 건설 등이 국방국가를 위한 정치의 필연적인 귀결로 열거되었다.[106]

한편, 중국의 공산화 직후 군에서도 국방국가체제 건설의 필요성이 제기되었다. 1949년 12월 국방부 정훈장교 이소(李蘇) 대위가 '국방국가체제'의 수립을 주창하는 책을 국방부 장관 신성모(申性模)와 육군참모총장 채병덕(蔡秉德)으로부터 추천사를 받아 발간했다.[107] 이소는 동시기를 국내적으로는 '비상시'이며, 세계적으로는 '개인주의(자유주의) 대 전체주의 대결' 구도가 '개인주의 대 계급독재주의 대결' 구도로 바뀌는 '역사적 일대 전환기'라고 규정했다. 그리고 한반도는 이 대전환의 축소판이었다.

이소는 이러한 현실에 대처하기 위해서는 국방국가체제를 시급히 수립해야 한다고 주장했다.[108] 이소에게 국방국가 건설이란 '자유주의적 국가관'과 '계급독재주의적 국가관' 양자를 동시에 배제함을 의미했다. 그는 개인주의·이기주의가 조장되어 사적 이익 획득에 치중된 경제활동이 강화되는 상황은 좌익 지하조직이 계급적 대립을 조장할 수 있는 여건을 제공한다고 여겼다. 여기에 부의 편중, 국민 대중의 빈곤, 중소 상공업자와 농민의 몰락 등으로 국민생활이 위협받고, 국가는 통수능력이 미약하여 개발 및 안보와 관련한 적절한 정책을 추진하기도 어려운 상황이라고 판단했다. 정훈장교 이소의 눈에 비친 1949년 말 대한민국은 위태롭기 그지없었다.

이소는 '민주 자유의 바람'으로 질서와 규율이 없어진 상황에서 '계급독재 북한의 공세'에 대처하기 위한 '강력한 정치지도부'가 필요하며, 더불어

---

106 같은 책 85면.

107 이소가 책을 낸 1949년 12월 시점에 채병덕은 10월 남북교류 문제로 육군참모총장 자리에서 해임되어 예편되었다가 다시 소장으로 복귀한 상태였다. 그는 1950년 4월 육군참모총장으로 복직했다.

108 이소 「自序」, 『군인의 사고』, 학생사 1950.

그는 사회 각계각층의 인사들도 '일본의 재무장' '중국의 공산화' '동남아시아의 좌익운동 전개'라는 대외적 여건 속에서 대한민국이 처한 위기 상황을 자각하고 국방국가 건설에 박차를 가해야 한다고 강조했다.[109]

이소는 서상천과 달리 '일본 재무장'을 국가안보를 위협하는 요인으로 추가했다. 1948년 6월 중간파 지식인 오기영(吳基永)이 미국이 일본을 재무장시켜 동북아 대소(對蘇) 방공요새로 삼으려 한다는 우려를 표명한 사실에서 알 수 있듯이, '일본의 재무장화' 우려는 1948년부터 정치적 입장 차이와 관계없이 이남 사회에서 고조되고 있었다.[110] 일본의 재무장화에 대한 우려는 미국 정부가 일본의 경제부흥을 추진하면서 1949년 5월 일본의 배상을 중지하는 결정을 내린 뒤 크게 불거졌다. 호주, 중국, 필리핀은 미국의 대일본 유화조치가 일본의 재무장으로 이어져 세계 안전을 위협할 것이라는 우려를 표명했으며,[111] 한국 정부도 법무부 장관 이인(李仁)을 통해 이는 일본의 재무장을 초래하여 세계평화를 교란할 것이라는 성명을 발표했다.[112]

이소가 고려한 한국의 안보위협 요인들, 즉 북한의 위협, 중국 공산세력의 위협, 미국의 일본 중시, 그리고 동남아 공산세력의 위협 등은 1960년대 말부터 1970년대 초까지 동아시아 냉전질서의 전환기에 박정희 정부와 군

---

109 같은 책 7~8면.
110 남한의 지식인들은 이념을 떠나서 미국이 일본 재무장 정책을 취하고 있다고 판단하며 심각한 우려를 표명했다. 이러한 우려를 명확히 보여주었던 이가 오기영이다. 1948년 6월 오기영은 미국이 일본을 대소전을 위한 방공요새로 만들기 위해 군수공장 등을 대일배상 대상에서 제외하는 등 일본 재무장 정책을 취하고 있으며, 이는 결국 소련과 일본의 중간에 있는 조선과 중국의 참화를 낳을 뿐이라고 비판했다(오기영 「일본의 재무장」 1946.6.5, 오기영전집편찬위원회 『동전 오기영 전집 3: 자유조국을 위하여』, 모시는사람들 2019). 전집 편찬위원회에 따르면 오기영은 이 글을 발표하지 않았다.
111 「日 배상 중지와 국외여론: 美案에 皆擧 반대」, 『경향신문』 1949.5.22; 「국제정치 전망」, 『동아일보』 1949.5.23.
112 「대일배상 포기 일본 재무장 초래」, 『동아일보』 1949.5.28.

부의 안보위기론을 구성하는 요인들로 다시 등장했다.

이소에게 이상적인 국방국가는 국가가 개인의 '전 생활'을 지도하며,[113] 독점자본의 모순을 해결하기 위한 '경제에 대한 정치의 우위,' 국방과 통수의 대립을 극복하기 위한 '국무와 통수의 일체화된 강력한 정치,' 그리고 '전 분야의 활력을 국방으로 집중' 등을 실행할 수 있는 국가였다.[114] 일제시대 국방국가 건설을 주창한 논자들이 '전쟁'을 '혁신의 계기'로 여겼듯이, 이소도 '전쟁'을 '국방 목적을 실현하는 정치행동'이자 '국방국가 생성발전의 기본적 활력의 작용'으로 여겼다.[115]

이소는 상호견제를 기반으로 하는 '대의제 정치제도'는 급변하는 국내외 정세에 제대로 대처할 수 없다고 비판하며 권력이 집중된 정치체제로서 '건설정치체제'의 수립을 강조했다. 건설정치체제는 첫째, 정치전략과 군사전략의 일치, 즉 '정전양략(政戰兩略)의 일치'를 요구하는 체제였다. 둘째, '철석같은 국민조직'의 건설을 요구하는 체제였다. 이소는 "훈련·조직·규율성이 없는 국민을 강력한 통일력을 발휘하도록" 만들려면, 개개인을 유기적인 일체로 묶을 필요가 있다고 보았다.[116] 국민의 총력을 모으기 위한 국민조직은 국민의 일상생활에서 조직적인 효과를 발휘해야 하는데, 이를 위해서는 대중의 일상생활과 밀착된 '경제와 문화' 영역을 축으로 삼아 조

---

113 이소『군인의 사고』 2~3면.

114 이소는 국방국가의 이상적인 조건으로 다음과 같은 여섯 가지를 나열했다. '국비가 국시 수행을 하는 데 충분할 것' '전쟁 수행을 용이하게 하기 위한 국무와 통수가 완전히 일체화된 강력 정치를 시행할 것' '경제적으로는 공익제일주의로 조직되며 국민생활이 확보되게 끔 운영할 것' '자원적으로 자급자족이 가능하게 하며 공업적으로는 군수를 충분히 충족시킬 것' '과학적으로는 적을 능가할 수 있으며 발명 능력을 갖출 것' '사상적으로는 국민의 정신이 국가 민족의식에 충만할 것' 등이다(같은 책 6면).

115 같은 책 4면.

116 같은 책 31면.

직이 만들어져야 했다.[117]

이상에서 살펴본 이소의 국방국가론은 일제 국방국가론의 부활이라 해도 과언이 아닐 정도로 주요 내용이 겹친다. 1942년 리쓰메이칸(立命館)대학 교수 요시토미 시게오(吉富重夫)는 국방국가를 "국방 목적에 따라 모든 정치력을 통합시키는 국가"로 규정하며, 당면한 전쟁이 사회의 모든 물질적·정신적 측면의 강화를 요구하는 총력전이기에 국방국가의 성립은 곧 '정치에서 가치의 전환'을 의미한다고 주장했다.

요시토미는 국방국가의 정치체제가 지닌 특징으로 두 가지를 들었다. 첫째, 종래 국가정치 범위 밖에 있던 경제, 문화, 교육, 종교와 더불어 넓은 의미에서 '국민의 사생활' 대부분을 직접 국가정치의 대상으로 삼으며, 둘째, 국제적 위기의 타개를 위한 국방의 강화는 국내 체제의 혁신을 동반한다. 즉, 국방국가의 성립은 국제정치적 측면의 필연적 귀결이자 동시에 국내정치와 불가분의 관계를 맺고 있다는 것이다.[118]

이처럼 '국제적 위기'를 국방국가 건설과 직결시키고 국민 사생활의 지배를 국방국가의 기반으로 삼아야 한다는 요시토미 시게오의 논의는 중국의 공산화를 위시한 공산진영의 확장을 위기의 주요인으로 강조하며 국민생활의 말단까지 침투하는 '국민조직'을 국방국가체제의 근간으로 삼아야 한다는 이소의 설명 구도와 차이가 없다.

일제의 국방국가론의 핵심적인 내용은 국방국가체제의 완비를 위한 '강력한 정치'의 실현이었다. 요시토미의 논지에 따르면 강력한 정치를 실현하기 위해서는 이를 저해하는 의회의 역할은 축소하고, 대신 국가기구의 집행력을 강화하며 "국가기구와 국민사회를 유기적으로 연계"해야 했다.[119] 요

---

117 같은 책 31~32면.
118 吉富重夫『國防國家體制論』, 立命館出版部 1942, 18~19면.
119 같은 책 44면. 요시토미 시게오는 대의민주주의제가 강력한 정치체제 구축에 장애가 된

시토미는 또한 국방국가가 요구하는 신속하고 강력한 국책을 수행하기 위한 '정치기구의 수립'을 위해서는 '정전양략의 일치'라는 입장에서 내각과 군이 긴밀한 일체성을 확보하는 것이 필요하다고 역설했다.[120]

이소의 국방국가 건설론은 군부의 사고가 의식적이든 무의식적이든 일제의 국방국가론의 자장에서 벗어나지 못했음을 보여준다. 일군·만군 출신이 아닌 이소가 이럴 정도라면 일제의 국방국가론을 보다 체계적으로 학습한 일본군 및 만군 장교 출신 군인들의 사고 속에는 국방국가론이 더욱 깊게 뿌리를 내리고 있었다고 보아도 무리는 아닐 것이다.

만주국 지배체제의 부활

동북아시아와 한반도에서 진영대립 구도의 고착화는 사상적인 측면에서 일제의 국방국가론이 부활하는 양상을 낳았고, 조직적인 측면에서는 만주국 전시 국민동원체제가 부활하는 양상을 낳았다. 만주국이 보갑제를 전시 동원체제의 주요한 기제로 삼았던 것처럼 이승만 정부도 보갑제를 행정 말단 조직인 국민반, 경찰보조 조직인 민보단, 그리고 자위조직인 자위대의 운영과 결합했다. 만주국에 걸쳐 있던 방공전선이 남한으로 이동하자 보갑제가 남한 사회를 망령처럼 배회하기 시작했다.

앞서 대한국민회의 국민운동 주창자들이 국방국가론에서 언급한 바와

다고 보아 철저히 부정했다. 그는 다음과 같은 이유를 나열했다. 첫째, 의회가 국책을 수립할 만한 행정 분야에 관한 전문적인 경험과 지식이 부족하고, 둘째, 행정 분야의 경험과 지식의 부족은 정부와 유리된 의회를 낳고 이러한 의회는 실질적인 감독 기능도 수행하지 못하며, 셋째, 당리당략에 빠진 의회는 국민 여론을 바탕으로 국가의지(國家意志) 성립에 참여함으로써 국민을 지도하는 능력이 결여되어 있다는 것이다(같은 책 45면).
120 같은 책 186면.

같이 행정 말단 세포조직인 국민반과 경찰보조 조직인 민보단은 국방국가가 총력전을 펼치기 위한 행정적 기반으로 평가되었다. 민보단의 전신은 1948년 5·10선거에 대비하기 위해 미군정 경무부장 조병옥이 만든 경찰보조 조직 향보단(鄕保團)이었다.[121] 1948년 4월 말 조병옥은 언론에 향보단이 "조선시대 향약과 중국의 보갑제를 준거로 삼아" 만든 향토방위 자위단이자 경찰 직속 기관이 아닌 '자치조직'이라고 설명했다.[122] 조병옥은 단선(單選)·단정(單政)에 대한 거센 반대가 일어나고 있는 상황에서 5·10선거를 무사히 치르기 위해 대규모 경찰 보조조직을 급조할 필요가 있었다고 향보단을 만든 의도를 설명했다.[123]

그런데 조병옥이 개인적으로 조선시대 향약과 중국의 보갑제를 향토방위 조직의 준거로 중시하게 된 배경이나 동기가 분명하지 않다. 특히 그의 삶의 궤적에서 중국의 보갑제를 직접 체험할 기회는 없었다. 추론컨대 그가 중국의 보갑제를 거론한 데는 휘하에 있던 홍순봉과 같은 만주국 경찰 출신 자들의 영향이 컸을 것이다.

향보단의 목적에서 향토방위를 견고히 하여 불순분자의 침입을 방지한 규정, 의무 조항에서 단원에 공동책임을 부과한다는 내용, 운영 조항에서 경찰이 훈련을 담당하고 지역주민으로부터 운영비를 출연한다는 규정[124] 등은 만주국에서 실시된 보갑연좌제 및 자위단 운영 방침과 차이가 없다.

향보단은 5·10선거 이후에도 존속되다 각종 부정행위, 월권행위 등을 일으키며 지탄을 받고 결국 해체되었다. 만주국 보갑제에서는 촌의 부부락장

---

121 향보단, 민보단의 결성과정에 대한 상세한 내용은 다음 연구를 참조. 이만재 「제1공화국 초기 향보단·민보단의 조직과 활동」, 『한국민족운동사연구』 제93호, 2017.

122 「향보단은 자치제」, 『경향신문』 1948.4.20; 「불상사 미연방지, 향보단은 자위조직」, 『동아일보』 1948.4.28; 김영미 『동원과 저항』, 푸른역사 2009, 294면.

123 조병옥 『나의 회고록』, 해동 1986, 185~88면.

124 「향토방위의 목적으로 '향보단'을 조직」, 『경향신문』 1948.4.16.

이 자위단장을 맡고 운영비를 갹출하는 형식으로 그나마 향토방위 조직으로서 모양새를 취했지만, 향보단은 그러한 구색조차 갖추지 않았다. 이는 향보단을 대신해 등장한 민보단도 마찬가지였다. 민보단은 1948년 10~11월에 걸쳐 서울, 경상도, 제주도 등지에서 결성되었으며,[125] 향보단과 마찬가지로 지역사회를 감시, 통제하는 경찰 보조조직으로서의 성격이 강했다. 단장—부단장—반장—단원으로 이루어진 조직구성도 향보단과 같았다.[126] 민보단은 행정계통의 명령체계를 무시하거나, 말단에서 사실상 별개의 조직처럼 움직이며 운영비도 강제로 할당했다.[127]

1948년 11월경부터 대한국민회 간부들은 애국반을 국민반으로 개편하여 국민회의 말단조직으로 삼고자 시도했다.[128] 이듬해 1949년 8월 24일 전국 지방장관회의에서 대한국민회가 '공산주의 분쇄 극복'을 위한 관민 일체의 국민운동을 관장하는 주체이며, 기존 애국반을 전부 국민반으로 개편하여 국민회의 하부조직으로 삼는다는 것이 공표되었다.[129] 국민반은 정부 행정계통의 최말단 조직이자 대한국민회의 기반 조직이 된 것이다. 1949년 9월부터 1950년 초까지 각 지역에서는 도 국민회 대회 또는 군·읍·면장 회의 등이 개최되어 시·군·읍·면의 각 행정기관장이 위원장을 맡는 상급 운영위원회 설치와 국민반 개편이 이루어졌다.[130]

125 이만재「제1공화국 초기 향보단·민보단의 조직과 활동」329~30면.
126 같은 글 323~24, 329면.
127 김학재「국가권력의 모세혈관과 1950년대의 대중동원: 국민반을 통한 감시와 동원」 305면; 김영미『동원과 저항』299면.
128 「반공태세 강화 국민회서 건의」,『동아일보』1948.11.19.
129 「김효석 내무부 장관, 전국 지방장관회의에서 국민회를 모체로 국민조직을 강화하라고 훈시」,『자유신문』1949.8.26.
130 「애국반을 국민반으로 개편」,『경향신문』1949.9.23;「국민회 전라남도 각급 대표자회의 개최」,『동광신문』1949.10.12;「국민회 경상남도대회 개최」,『부산일보』1949.10.11;「강릉군내 읍·면장회의, 국민회와 연계하여 국민운동을 전개」,『동방신문』1950.1.25.

이승만은 국민회를 '방공 국민조직의 획기적 재편'의 결과물로 높이 평가하며, 의회정치를 이끄는 정당들에 대해서는 '민족적 입장'에 서지 않고 '사색당쟁'만을 일삼아 기대할 것이 없는 이들이라고 비난을 쏟아부었다.[131] 이승만은 국민운동을 국회를 압박하며 권력을 유지하기 위한 수단으로 여겼다.[132]

국민반은 상호감시와 연대책임을 주요 운영방식으로 삼는 국가의 최말단 통제기구로서의 성격을 강하게 드러냈다. 이는 선행 연구들이 상세히 규명했듯이 국민반이 주민의 동태를 감시하고 공산주의자를 색출하기 위해 도입된 유숙계(留宿屆) 제도의 시행 주체였다는 사실에서 잘 드러난다.[133] 국민반의 출범이 공식화되기 이전인 1949년 4월 이승만은 제주도를 방문하여 국민회를 포함한 청년단, 부녀단에게 각 동리와 마을에 세포조직을 만들어 유동 인구와 불순분자에 대한 감시보고를 철저히 하라고 지시했다.[134] 서울시는 강한 반대 여론에도 불구하고 6월 5일 유숙계 제도를 공포하고 7월 25일부터 시행했다. 국민반은 인구동태를 파악하기 위해 반원 명부를 작성하고 변동사항을 경찰에 신고해야 했다.

대한국민회는 1949년 9월 말에 국민반이 '단위 연대책임제'로 운영될 것이라는 담화를 발표했는데, 이에 따르면 국민반은 "이적행위를 범한 자"가 있을 때 "해당 가족과는 일절 교제를 중지"하는 징벌 조치를 가하기로 했다.[135]

---

131 「반관반민 국민회 조직 共産跳梁을 봉쇄」,『동아일보』 1949.9.24.

132 김수자「1948~1953년 이승만의 권력강화와 국민회 활용」367~71면.

133 김학재「국가권력의 모세혈관과 1950년대의 대중동원: 국민반을 통한 감시와 동원」306~11면; 김득중『'빨갱이'의 탄생: 여순사건과 반공 국가의 형성』546~52면; 김영미『동원과 저항』302~303면.

134 「이승만 대통령, 제주도 시찰 결과와 국민조직 강화 필요성 등 치안에 대하여 담화를 발표」,『조선중앙일보』 1949.4.13.

135 「국민회, 국민반 단위의 연대책임제, 국민회와 정당 간의 관계 등에 관한 담화를 발표」,『서울신문』 1949.9.30.

국민반은 반 전체에 연대책임을 묻는 것보다 해당 가족에 징계를 가하는 데 주안점을 두었던 것으로 보인다.

태백산 토벌지구에서는 군·경의 허가 없이 집단부락에서 함부로 벗어날 수 없었고, 국민반은 부락민의 외부 출입과 치안관계, 사상동향, 적 동정을 감시하고, 관련 보고를 매일 국민반장—구장—면장—군수를 거쳐 최종 토벌지구 사령부로 전달해야 했다.[136] 이승만 정부와 대한국민회가 관민 합작으로 추진한 국방국가의 건설은 일제가 만주국에 만든 전시동원체제의 최말단 조직으로 '자위공작'을 수행한 '둔(屯)'과 흡사한 국민반을 만들어놓았다고 할 수 있다.

군은 여순사건 이후 경찰보다 위약한 존재가 아닌 계엄지구를 완전히 통제하는 권한을 가진 존재가 되었고, 학도호군단 및 준군사조직의 교관을 맡을 체육 교사의 군사훈련과 대민사찰 시행 등 민간영역에 대한 직접 개입도 확대해갔다.[137] 하지만 군부는 정훈장교 이소가 소망한 정치, 경제, 사회, 문화 전반에 걸친 국방국가체제의 수립을 이끌 역량이 없었다. 이 시기 군은 이제 막 미군의 군사교리를 흡수하며 군의 체계를 갖추는 데 급급했다.

일본군과 만주국군 사관학교 출신 군 간부들도 극히 일부를 제외하고 대부분은 초급장교 양성 교육을 받는 데 그쳤다. 초급장교로 국방국가론의 세례를 받았던 것과 국가전략 차원의 안보정책을 수립, 시행하기 위한 고등교육을 받는 것은 근본적으로 다르다. 군 지휘관들은 3년 동안 정규전과 비정규전 작전을 직접 지휘하고 미군으로부터 고등교육을 받으며 군 지휘관으로서 능력을 쌓았고, 정전 이후에야 다수의 군 최고지휘관들이 국방연구원에서 교육을 받아 국가경영 전반을 안보 차원에서 접근하는 '대전략'적인

---

136 「출입과 등산 엄금, 토벌지구 군경 공동포고」, 『동아일보』 1950.2.12.
137 김득중 『'빨갱이'의 탄생: 여순사건과 반공 국가의 형성』 454~55면; 노영기 「1945~50년 한국군의 형성과 성격」, 성균관대 박사학위 논문 2008, 211~23면.

사고를 갖출 수가 있었다.

실제 지역사회 방위체계 수립도 경찰과 대한청년단이 주도하고 군은 마지못해 쫓아가는 형국이었다. '청년방위대'의 설치와 운용 과정은 이를 잘 보여준다. 1949년 11월 준군사조직으로서 기능했던 한청이 주축이 되어[138] 기존 민보단원 및 호국단원까지 흡수한 향토방위 조직으로서 '청년방위대'가 결성되었다. 청년방위대는 1950년 4월까지 전국 시·군·면·동·리 단위의 조직 편성을 마쳤다.[139]

충청남도 서천군(舒川郡)의 경우 1949년 11월 23일 서천경찰서 주최로 각 지서 주임, 대한청년단 읍·면 단장, 읍·면 소방대장이 연석회의를 개최하고 각 마을에 자위대를 편성하기로 했다. 군 자위대 대장은 경찰서장이 맡았고, 읍·면의 대장은 지서 주임이 맡았으며, 마을 자위대 대장은 마을 한청 단장이 맡았다. 마을 자위대원의 가입도 18세에서 40세 사이의 한청 단원으로 제한되었다.[140] 경상북도 군위군(軍威郡)에서도 한청과 경찰이 청년방위대 결성에 주도적인 역할을 했다. 1950년 2월 지역 한청 간부, 지서 주임, 예비역 장교가 군위경찰서에 모여 결성했으며, 군수가 위원장을 맡고 내무과장(행정 위원), 경찰서장(치안 위원), 국민회장(국민계몽 위원), 방위대장

---

138 대한청년단은 간부 중에서 700여 명의 요원을 선발하여 육군보병학교 장교교육대에서 40여 일간 단기훈련을 받게 했다. 육군예비역 소위로 임관한 이들은 대한청년단 배속장교로서 전국에 배치되어 청년들에게 군사훈련을 시켰다(전사편찬위원회『한국전쟁사(1): 해방과 건군』355면).

139 같은 책 356면. 청년방위대는 1950년 4월에 이르러 전국 시도에 사단급인 단, 군 단위에는 연대급인 지대, 면 단위에는 대대급인 편대의 편성을 완료했다. 청년방위대 결성과 맞물려 호국단, 민보단은 해체의 수순을 밟았다(「호국·민보 양단 해산, 청년방위대 조직 완성시」,『동아일보』1950.3.13). 이·동 단위에는 중·소대에 해당하는 구대(區隊)를 편성하여 방위 중위가 담당케 하고 그 밑으로 소대를 두어 방위 소위를 임명했다(육사7기특별동기생회『노병의 추억: 육사7기특별임관 40주년기념 특집』1989, 143면).

140 「충청남도 서천경찰서, 각 부락 자위대를 일제히 조직」,『동방신문』1949.11.30.

(자위 위원), 우편국장(무임소 위원) 등 총 19명이 위원으로 참여하는 '치안계몽위원회'가 결성되었다.[141]

이처럼 경찰과 한청이 지역 청년방위대를 관장했고, 국방부는 외양상 청년방위대의 통솔을 맡았을 뿐이다. 1950년 1월 신태영(申泰英) 육군참모총장은 청년방위대는 군이 운영을 통괄하고 도지사가 관리하며 말단조직은 경찰이 지도 감독하는 방식이 될 것이라 발언했지만,[142] 청년방위대원은 반드시 한청 대원이 되어야 했고, 인원을 충원하는 데도 해당 지역의 한청 단장으로부터 동의를 구해야 했다.[143] 청년방위대는 사실상 한청이 간판을 바꾼 조직에 불과했다.

신태영은 청년방위대 창설이 '군·경 혼연일체의 일원적 향토방위의 확보'를 의미한다고 높게 평가했지만,[144] 이는 의례적인 발언에 불과했다. 그는 호국군을 해체하고 청년방위대를 설치하는 방안에 반대하며 국방부 장관 신성모와 심각한 갈등을 빚었기 때문이다.[145] 이러한 군부의 시각은 이후에도 지속되었던 것으로 보인다. 1967년 국방부 전사편찬위원회도 이승만 정부가 병역법 공포와 함께 예비군 역할을 한 호국군을 해체하고 청년방위대를 신설한 조치는 이승만이 자신의 전위조직인 한청을 유지하기 위해 "호국군에 비해 실효성이 없는 어용단체"를 만든 것에 불과하다고 비판

---

141 「경상북도 각 지역에서 청년방위대·국민보도연맹 등이 속속 조직」, 『영남일보』 1950.2.7.
142 이승만 정부는 여순사건 이후 민병제 시행을 주장해왔고, 청년방위대가 창설된 직후인 1949년 12월에도 '20만 민병제의 예비대'라고 언급하고, 한청과 민보단에서도 유사한 조직을 건설하기를 바란다는 발언을 했다(「20만 민병대의 예비대로 청년방위대 조직」, 『경향신문』 1949.12). 이에 신태영은 한청과 민보단 등이 민병으로 개편되지 않고, 청년방위대가 전체 청년을 조직적으로 포괄하며 향토방위 훈련을 시키는 역할을 맡는다고 의견을 밝혔다(「청년방위대 훈련」, 『동아일보』 1950.1.3).
143 전갑생 「한국전쟁 전후 대한청년단의 지방조직과 활동」 53면.
144 「청년방위대 훈련」, 『동아일보』 1950.1.3.
145 육사7기특별동기생회 『노병의 추억: 육사7기특별임관 40주년기념 특집』 142면.

했다.[146]

전쟁이 터지자 이승만은 1950년 7월 22일 대통령 긴급명령 제7호 '비상시향토방위령'을 공포하여 모든 마을에 17세에서 50세 사이의 남성을 동원하여 '자위대'를 결성하도록 지시했다. 한청 단원, 청년방위대원이 주축이 된 사위대는 "괴뢰군, 공비, 기타 이에 협력하는 자의 동태에 관한 정보를 수집하며 부락의 방위와 방범"을 책임지는 임무를 부여받았다.[147]

자위대의 긴급 편성 결정은 개전 직후 내무부 장관을 맡은 조병옥의 견해가 크게 반영된 결과일 것이다. 7월 29일 조병옥은 언론에 '공산도배'가 유격전을 치열하게 벌일 것이 예상되어 치안 대책을 전면 재검토하고 새로운 방책을 실시하게 되었다고 설명했다. 그는 전투경찰 편성을 포함한 경찰력을 강화하는 한편 자위대를 조직하여 경찰력이 미치지 못하는 촌락의 자위력을 강화하자는 견해를 내놓았다.

그런데 조병옥은 대통령 긴급명령에 따른 마을 자위대의 결성을 두고 "한국 고유의 자위 수단인 보갑제의 실시"라고 언론에 설명했다.[148] 앞서 향보단을 설치할 때 보갑제를 '중국의 제도'라고 분명히 소개한 조병옥이 왜 이런 실수를 했는지는 알 수 없다. 언론사의 오보가 아니라면 이는 조병옥조차 스스로 착각할 정도로 보갑제가 이승만 정부의 통치 기제에 깊게 반영되었다는 사실을 보여주는 방증이라 할 수 있다.

자위대는 '국민방위군 사건' 이후 해체되었다. 한청 단장 김윤근(金潤根) 등이 사복을 채우며 1만여 명에 달하는 국민방위군을 아사시키는 일을 자

---

146 전사편찬위원회 『한국전쟁사(1): 해방과 건군』 313면.

147 '비상시향토방위령'(대통령긴급명령 제7호, 1950.7.22 제정), 법제처 국가법령정보센터; 남정옥 「국민방위군」, 국방부 군사편찬연구소 편 『한국전쟁사의 새로운 연구(1)』, 국방부 군사편찬연구소 2001, 153~54면. 청년방위대는 1950년 12월 국민방위군 설치법 공포와 함께 국민방위군으로 재편되었다.

148 「조병옥 내무부 장관, 치안대책에 대해 담화를 발표」, 『경제신문』 1950.7.31.

행했다. 1951년 4월 국회에서 국민방위군 해체 법안이 통과되자, 이승만은 국민방위군의 해체를 지시하지 않을 수 없었다. 이는 이승만의 수족과도 같은 한청이 준군사적인 역할에서 배제됨을 의미했다.[149] 이승만은 1951년 5월 기존 국민방위군, 청년방위대, 향토방위대를 전부 해체하여 군을 상비병과 예비병 체제로 운영하고, 예비군은 국방부가 장교를 배치하여 통솔하라는 지시를 내렸다.[150]

정전 이후 마을 단위 향토방위 조직은 유지되지 않았고,[151] 국민반은 이승만 정권의 선거 때나 작동되는 동원조직으로 전락하여 반상회조차 제대로 열리지 않았다. 전쟁을 거치며 우익 청년단이 지역사회를 지배하는 상황에서 이승만 정부는 굳이 향토방위 조직을 유지해야 할 필요성을 크게 느끼지 못했을 것이다. 마을 단위 향토방위 조직을 신설하고 최말단 행정조직인 '반'을 총력안보체제의 최말단 조직으로 재편하는 작업은 1960년대 말 박정희 정부에 의해 다시 추진되었다.

---

149 양영조에 따르면 이승만은 자신의 전위부대인 한청을 군 지휘계통에 통합하라는 미대사 존 무초(John J. Mucho)의 요구에 반대하다가, 개전 후 더는 이를 무시할 수 없는 상황이 되자 사실상 한청이 장악한 조직인 국민방위군을 만들었다(양영조 「한국전쟁기 해외 군사경력자들의 재편과정과 정치화」, 『한국근현대사연구』 제26집, 2003, 195~96면).

150 「국민방위군·향토방위대 해산에 관한 건(大秘指國防제39호)」, 이승만 대통령 기록물, 국사편찬위원회.

151 이승만 정부는 전후에 기존 청년방위대와 유사한 민병대를 결성했다. 이는 정치적으로 준전시태세 유지를 위한 기구로 조직되었으나 1955년 해산되었다. 당시 예비사단 설치와 관련이 있어 보인다.

2부

연쇄와 실습

3장

'민군관계' 전도와 내부로 향하는 냉전

정전 후 국가안전보장 인식의 분화

6·25전쟁 전 국방국가론은 정전 이후 진영체제에 조응하는 방향으로 변주되었다. 1955년 국방부 정훈국장 김종문(金宗文)은 진영체제에 맞추어 기존 국방국가론을 수정하는 군부의 입장을 대변했다. 김종문은 학도병으로 징집되어 일제의 선전전을 총 지휘한 '대본영 보도부'(大本營 報道部)에서 근무했기에,[1] 일제 국방국가론에 관한 정리는 개인적으로도 회피할 수 없는 과제였다.

김종문은 귀환 후 1946년 군사영어학교를 졸업한 뒤 통위부 초대보도부장을 맡았고, 여순사건이 터지자 '순천지구 민사 지도부장'으로 파견되기도 했다. 그는 제3연대 부연대장으로 지리산지구 전투에 참여한 뒤 육사 교관으로 재직하며 선전전을 다룬 교재를 썼다.[2]

---

1 한용원 『創軍』, 박영사 1984, 54면.

정전 이후 김종문은 정훈국장으로서 군인 교육교재 편찬을 주도하며, 국 방국가론에 관한 글을 실었다. 그는 일제의 국방국가론을 비판했으나 '국 방국가' 그 자체를 부정하지 않았다. 앞서 살펴본 전쟁 이전 제기된 국방국 가론이 대내외적 위기에 대응하기 위한 국가안보체제 확립에 주안점이 있 었다면, 정전 이후 김종문의 국방국가론은 기존 논의에 미국이 주도하는 진 영의 유기적인 결합이라는 과제를 더했다.[3] 세계적 수준에서 총력전이 전개 되는 현대전의 특성을 고려할 때 국가안보 문제를 일국이 독자적으로 처리 할 수 없다는 판단은 전쟁 이전부터 제기되었으나,[4] 김종문은 미국이 주도 하는 진영과의 결합을 명시적으로 강조하고 있다는 점에서 차이가 있었다.

김종문은 '진영적 국방국가권역'이 이념과 정치형태를 공유하는 국가들 의 집합체이자, 과거와 같은 제국주의 예속관계가 아닌 국가 간의 '독립과 자유'를 전제로 한 협동관계로 묶인다는 데 그 특징이 있다고 보았다. 그는 약소국가 한국이 주권국가로서 위상을 확보하는 최선의 길은 대내적으로 국방국가체제를 공고히 하고, 대외적으로 미국이 주도하는 '진영적 국방국 가권역'에 '능동적이고도 적극적으로' 참여하는 데 있다고 보았다.[5] 김종문 이 이러한 논의를 밀어붙이기 위해서는 '국가주의'를 정리해야 했다. 그는 진영에 통합된 국방국가를 만들기 위해서는 '극단적 국가주의'의 폐단을

---

2 김종문은 교재에서 대한민국은 정통성을 이은 존재로, 반면 김일성이 이끄는 이북은 '소련 의 인종정책'이 부식된 곳, 즉 사대주의 조류에 휩싸인 곳으로 규정했다. 김종문 『宣傳戰의 理論과 實際』, 정민문화사 1949, 58~59면.

3 김종문 「국방과 일반교육」, 김종문 외 『국방의 당면과제』, 국방부 정훈국 1955, 9면.

4 1949년 김홍일(金弘一)은 '현대전쟁'이 2개 국가 간의 단독전쟁에서 집단과 집단 간의 연 합전쟁으로 변화하여 일국의 총력국방이 '국제 간의 연합국방'으로 변형된다고 정리했다 (김홍일 『국방개론』, 고려서적 1949, 23~24면). 김홍일의 체계적인 총력전 학습 경험과 국 방개론에 대한 전반적인 검토는 다음 연구를 참조. 김지훈 「김홍일의 중국 국민혁명군 경 험과 『국방개론』 저술」, 『군사』 제112호, 2019.

5 김종문 「국방과 일반교육」 12~14면.

조심해야 하며 국민의 자발적인 참여의식 형성을 위한 '체계화된 국가주의 교육'을 시행할 필요가 있다고 보았다.[6]

그런데 3년간의 전쟁을 치른 뒤라도 모든 이들이 '국방국가'라는 국가관에 경도되었던 것은 아니다. 육사 교수였던 정하은(鄭賀恩)[7]은 1956년 육사 생도들이 발간하는 문예잡지 『추성(鄒星)』에 냉전의 현실과 국방국가적 전쟁관을 비판하는 글을 실었다. 그는 전 세계가 두 차례의 세계대전을 겪은 뒤에도 또 다른 대전을 위한 전쟁을 끊임없이 준비해야 하는 상황을 보며,[8] '전쟁'을 긍정적으로 받아들이는 태도를 단호하게 부정했다. 그에게 전쟁은 문명을 파괴하는 문화 진보의 장애물이었고, 따라서 '전쟁이 만물의 아버지'라는 주장은 과거 군국주의자나 제국주의자가 침략을 정당화하기 위한 논리에 불과했다. 일제시대 국방국가론자와 남한의 국방국가론자가 모두 보였던 '전쟁 긍정론'에 대한 강도 높은 비판이었다.

특히, 정하은에게 인류 공멸을 초래할 수 있는 핵전쟁의 위기를 안고 있는 냉전 상황에서, 전쟁의 긍정성을 찾는 주장은 언어도단에 불과했다. 정하은은 '전쟁행위'를 '민족문화'와 '세계문화'의 건설을 위한 계기이자 창조적 행위라고 말하는 이들이 "아직도 있다"라고 개탄했다.[9] 핵무기에 기반을 둔 냉전은 인간을 실존적 위기로 내몰고 있으며, 따라서 시급히 극복되어야 할 대상이었다. 정하은은 이후 1960년대 한신대학교 교수를 역임하고 1970년대 민주화운동에 참여하는 방향으로 나아갔다.

정전 이후 군부의 안보관 변화와 관련하여 국방국가론의 변주와 함께

---

6 같은 글 29~30면.
7 정하은은 1953년부터 1956년까지 육군사관학교 교원으로 철학 교과를 담당했고, 대위로 제대했다(육사30년사편찬위원회 편 『대한민국 육군사관학교 30년사』 1978, 538면).
8 정하은 「행동, 전쟁, 문화」, 『추성』 제3호, 1956.5, 262면.
9 같은 글 264면.

'군'의 '민주적 문민통제'를 역설하는 견해가 군부에 소개된 사실을 주목할 필요가 있다. 3년간의 전쟁을 치르며 거대한 집단으로 성장한 한국군은 자신의 역할과 위치를 새롭게 모색하지 않을 수 없었는데, 이때 민주주의 국가의 확립이라는 입장에서 민군관계를 정립하려는 지향도 군인들 사이에서 공유되기 시작했다. 이러한 상황이 조성되는 데 서석순(徐碩淳)의 역할이 컸다. 그는 1953년 미국 유학을 마치고 귀국한 직후 주한미대사관의 지원을 받아 루이스 스미스(Louis Smith)의 『민주주의와 군사력』(원제: *American Democracy and Military Power*)을 번역했다. 이 책은 주한미대사관이 출판 비용 일체를 부담하여 1955년 8월 출판되어 군 교육기관에 배포되었다.[10]

아마도 주한미대사관 측이 서석순의 번역을 지원한 이유는 루이스 스미스의 책이 '군사력의 문관통제'를 제도화한 미국의 전통을 상세히 보여주기 때문일 것이다. 여하튼 루이스 스미스는 해럴드 라스웰(Harold D. Lasswell)의 주장을 수용하며 민주주의 국가인 미국을 가장 위협하는 것은 '병영국가'의 현실화라고 보았다. 스미스는 병영국가란 '전쟁'을 국가의 "가장 필요하고 숭고한 기능"으로 여기는 군국주의를 핵심 교의로 삼는 국가라고 정의했다.[11] 그는 병영국가에서 인간에 대한 존엄, 대중생활 수준의 점진적 개선향상, 민주정부의 수립, 그리고 지적 계획에 입각한 평화적 개혁이란 있을 수 없다고 단언했다.[12] 또한 스미스는 '냉전'이 미국을 병영국가로 변형시킬 가능성이 크다고 우려했다. 스미스는 핵무기 독점이 끝나버린 미국은 자국과 동맹국의 군대를 방대하게 유지해야 하는 상황에 직면했고, 이는 정부와 사회에 대한 군부의 영향력 강화를 야기한다고 보았다.[13]

---

10 석산 서석순박사 고희기념문집 발간위원회 『석산 서석순박사 고희기념문집』 1991, 39면.
11 루이스 스미스 『민주주의와 군사력』, 서석순 옮김, 박문출판사 1955, 24~25면.
12 같은 책 37면.
13 같은 책 28, 481~82면.

총력전으로서 현대전은 군 전력뿐만 아니라 사회 전체의 전력을 동원하고, 생활의 전 분야와 정부의 전 부분을 전쟁과 연계시키기 때문에 민과 군의 분쟁이 일어나지 않도록 민·군 간의 책임이 명확하게 규정되어야 한다.[14] 루이스 스미스는 자유진영 국가에서 군대가 '민주주의적 자유'의 침해를 '전시 위기'로 정당화하려는 경향을 보인다면, 그 국가의 자유민들이 자유의 상실을 막기 위해 문관통제를 유지하는 것이 절대적으로 필요하다고 역설했다.[15]

  서석순은 잡지 『해군』에 발표한 글에서 '국민생활의 전 분야가 연관되는 총력전'에서 군사적 측면이 전쟁 승리의 유일한 요건은 아니기 때문에 군은 정책 결정의 최고 책임자가 아니라 정책 결정자가 즉시 활용할 수 있는 '수단적인 존재'가 되어야 함을 분명히 했다. 또한 군은 '수단적 존재'이기에 자신이 달성해야 하는 '목적'을 더욱더 명확하게 알아야 하고, 이를 위해서는 정치를 연구하고 이해하는 데 게을리하지 말아야 한다.[16] 더불어 서석순은 군이 '목적의 부당성'을 인지했다면 무력을 관장하는 특수한 존재인 군인으로서가 아니라 일반 국민으로 돌아가 반드시 헌법에 규정되어 있는 방법인 '투표'라는 방식을 통해 정치에 개입해야 한다고 못 박았다. 그는 군인의 정치적 소양과 군인의 정치개입을 구분했다.[17]

  서석순은 루이스의 책을 번역한 이후 각 군 교육기관에 강연을 나가고, 국방대학원과도 긴밀한 관계를 유지했다. 이러한 점 등을 고려할 때 '군사력에 대한 민주적 문관통제'라는 입장은 1950년대 후반기 이래 군부에서 공

---

14 같은 책 482면.

15 같은 책 496면.

16 서석순 「군인과 정치」, 『해군』 제42호, 1956.6, 16~17면. 1956년 12월에도 서석순은 『해군』에 루이스 스미스의 논지를 축약한 글을 게재했다(루이스 스미스 「군사력의 문관통제 문제」, 『해군』 제48호, 1956.12).

17 서석순 「군인과 정치」 18면.

유되어갔다고 보아도 틀리지 않을 것이다.

군의 정치적 개입을 반대하는 조류의 형성과 관련하여 당시 육군대학 총장 이종찬(李鍾贊)의 영향도 빼놓을 수 없다. 주지하다시피 이종찬은 일본 육군사관학교 출신이면서도 군의 정치적 중립을 견지했다. 그는 1953년부터 1960년까지 육군대학 총장으로 장기간 재직하며 입교한 영관 및 장성급 군인들의 사고에 큰 영향을 끼쳤고, 국방연구원 강연 등을 통해서도 군의 중립화론을 설파했다.[18]

정전 이후 군사력에 대한 민주적 통제에 관한 입장이 군부에서 자리 잡기 시작했으나, 군부에서는 여전히 군의 정치적 개입을 고무하는 '총력전' 대전략'과 같은 논의들이 더 많이 회자되었다. 총력전은 1950년대 후반에도 현대전의 성격을 규정하는 주요한 개념으로 쓰였다. 1957년 육사 8기생이자 육군본부 정보국 중령 서정순(徐廷純)은 총력전에 대처하기 위해 군사, 정치, 사상, 경제 분야에서 전력을 국가 차원뿐만 아니라 국민생활 영역까지 조직해야 한다고 주창했다.[19]

서정순은 루덴도르프(Erich F. W. Ludendorff)나 클라우제비츠(Carl von Clausewitz)와 같은 총력전론의 대가들이 총력전의 기초를 정신력 아니면 무력과 같은 특정 부분 전력에서 찾고 있다고 비판했다. 그는 군사, 정치, 경제, 사상 영역의 전력들을 병렬적으로 파악하고 상호 결합관계를 중시했다. 하지만 서정순도 여러 전력 중에서 '정치력(政治力)'을 좀더 중시했다. 사상력(思想力), 경제력(經濟力)과 같은 잠재적인 전력이 실질적인 전력으로 바뀌기 위해서는 정치력에 의한 조직화가 필요하다고 보았기 때문이다.[20] 2년

---

18 강성재 『참군인 李鍾贊 장군』, 동아일보사 1986, 170~72면. 육군 준장 손희선은 이종찬의 영향을 받아 쿠데타 직전인 1961년에 국방연구원 졸업논문으로 군의 정치적 중립화를 주제로 다루었다고 한다.

19 서정순 「總力戰力」, 『군사평론』 제2호, 1957.5, 4면.

뒤인 1959년에 육군본부 이인수(李仁洙) 중령도 서정순의 논의를 거의 그대로 반복하며 정치력의 중요성을 역설했다.[21]

흥미롭게도 1950년대 말 총력전에서 정치력의 중요성을 강조한 두 영관 장교는 5·16군사쿠데타를 지지하고 군정에 참여했다. 이는 이승만 정부를 비판적으로 바라보던 군인에게 총력전에서 정치력의 중시는 '군의 정치개입'과 친연성이 있었음을 보여준다. 서정순은 김종필(金鍾泌)이 주도한 중앙정보부 창설에 참여하고 이후 중앙정보부 차장까지 역임했다. 이인수도 평안북도 출신인 장도영(張都暎) 국가재건최고회의 의장의 비서실장을 맡았다.[22]

1950년대 후반 군사정권 수립을 주도하거나 동참한 이들의 국가안보관을 파악하기 위해서는 '대전략' 개념의 확산을 주목할 필요가 있다. 1950년대 말부터 군부에서 회자된 대전략 개념은 "전쟁의 정치적 목적 달성을 위하여 국가의 모든 자원, 국민의 결속을 협조하고 지휘하는 것"으로 정의되었다.[23]

이인수와 같은 영관급 장교들은 대전략의 추진을 위해서는 국군조직법상에 있는 '최고국방위원회'가 미 정부의 국가안전보장회의(NSC)처럼 '국가기획(대전략)'을 기획, 수행하는 실질적인 기구가 될 필요가 있다고 보았다.[24] 대통령 자문기관인 국방위원회는 1953년 6월 설치되었으나 명목상으

---

20 같은 글 12면.

21 이인수 「국방력 강화를 위한 시론(상)」, 『군사평론』 제6호, 1959.8, 25면.

22 이인수는 1928년 평북 선천 출생으로 육군사관학교를 10기로 졸업했다. 이후 서울대학교 행정대학원 및 미국 육군 보병학교 및 참모대학 졸업하고, 육사 교수, 국방대학원 교수, 군사쿠데타 직후 국가재건최고회의 의장 비서실장 및 특별보좌관 등을 역임했다. 반혁명 사건으로 사형 선고를 받고 이후 장기간 복역했다(이인수 『언제까지나 당신과 함께』, 삼일서적 1985).

23 이인수 「국방력 강화를 위한 시론(상)」 22~23면.

24 같은 글 25면.

로 존재하는 기관에 불과했으며,[25] 대전략의 수립을 당면 과제로 여긴 영관급 장교들에게 국무회의 논의와 국회에서 사전추인을 밟는 안전보장 조치의 실행 절차도 비효율적이라 여겨졌다.[26]

1959년 국방부 총무국장 권병호(權炳鎬)는 미국, 영국, 소련, 나아가 일제의 총동원기구 운용을 비교하며 총력전의 완수에 요구되는 '종합 기능체'가 부재한 상황을 타개하기 위해서 총동원 기구의 창설과 함께 미국의 방위생산법 또는 일제의 국가총동원법과 견줄 수 있는 법안을 제정할 필요가 있다는 견해를 냈다.[27]

국가전략의 차원에서 안보정책 수립의 필요성은 군부가 6·25전쟁을 치르며 얻은 뼈저린 교훈 중의 하나였다. 전쟁을 치르며 군부는 현대전에 대비하기 위해서는 군사력을 비롯한 전 국력을 동원할 수 있는 시스템의 구축, 신속한 국력 동원을 위한 통수 조직 및 군사계획 수립, 군 지휘부의 현대전 특징 파악, 군사부문과 민간행정부처 사이의 상호업무 이해 등이 필요함을 절감했다.[28]

이러한 판단은 1955년 국방대학의 창설로 나타났다. 국방대학은 정전 직후 주한미군의 지원을 받아 창설되었으나 실제 대학으로서 명실상부한 면

---

25 문태준 「국가안전보장정책의 개념」, 『국방연구』 제3호, 1958.11, 13면. 국방위원회는 대통령을 의장으로 하고 국무총리, 국방부 장관, 내무부 장관, 재무부 장관 및 육·해·공군의 각 참모총장 9명으로 구성되어 정책기획 기능과 각료 협조 기능을 담당하는 자문기관이었다.

26 같은 글 14면. 미국에서는 국가안전보장회의에서 입안된 정책을 대통령이 채택하면 바로 수행되는 반면 한국에서는 연합참모회의에서 입안된 안전보장정책이 대통령에 의해 채택되더라도 국무회의 논의와 국회 사전추인이라는 절차를 밟아야 했다.

27 권병호 「國防動員機構論」, 『국방연구』 제5호, 1959.6, 211, 227면. 1959년 국방부 총무국장이었던 권병호는 국방부 정훈국장을 역임하고, 장면 정권에서 농업은행 부총재를 맡았다. 이후 군사정권 시기 '증권파동' 관련자로 구속되었다가 무죄 판결을 받았다.

28 국방대학원30년사편찬위원회 『국방대학원30년사』, 국방대학원 1987, 1~2면; 국방대학 『국방대학이란?』 1956, 5~6면.

모를 갖추지 못했기에 1957년 국방연구원으로 개칭되었다.[29] 1957년 이후 국방연구원은 대전략 교육을 확대했고, 이듬해부터는 '국가안보정책'을 교과목으로 삼았다.

만군 출신인 박임항, 송석하가 국방연구원장을 연이어 맡으며 군의 '대전략' 확립을 위한 교육적 기반을 마련한 점도 눈길을 끈다. 1955년 국방대학 설립 때부터 이 기관을 이끈 박임항은 1960년에 '국가안보정책'을 국방대학원 교육을 총결산하는 종합교과로 만들었다. 1958년 국방연구원장 박임항은 전쟁을 지도하고 적의 위협에 대비하기 위해서는 전쟁 수행 능력의 종합적 운용기술인 대전략이 필요한데, 한국의 정치 지도자들이나 군사 분야의 지도자들 모두 참혹한 전쟁을 겪었음에도 여전히 전략에 대한 깊은 이해가 부재하다고 개탄했다. 그는 국방연구원이 '대전략 학교'로서 가장 시급한 과제인 전략 분야를 개척하는 데 앞장서고 있다고 자부심 넘치는 자평을 했다.[30]

박임항의 뒤를 이어 1961년 7월 국방연구원장으로 임명된 송석하는 국방연구원의 명칭을 국방대학원으로 바꾸고, 입교 대상도 종래의 군인과 국가공무원 이외에 학사학위를 가진 정부 관리, 기업체의 부장급 이상의 주요 간부까지 확대했다.[31] 1960년대 말에 이르면 국방대학원의 국가안보정책 교과목의 수준은 국가전략을 기획하고 계획을 도출하는 차원까지 이르렀다.[32]

1950년대 말 국방연구원의 교육과정을 마친 군 지휘관은 안보 차원에서 국가경영을 구상할 수 있었다. 해병대 사단장을 마치고 국방연구원 과정을 밟은 김성은(金聖恩)은 국가경영에 대한 큰 그림을 그릴 수 있게 되었다고

---

29 이훈섭 구술, 조성훈 엮음 『전시동원과 경제건설』, 선인 2017, 46면.
30 박임항 「권두사」, 『국방연구』 제2호, 1958.6.
31 국방대학원30년사편찬위원회 『국방대학원30년사』 55~56면.
32 같은 책 60면.

회고했는데,[33] 이는 과장이 아니었다. 국방연구원은 미 군사고문단의 전폭적인 지원과 학계 전문가들의 지원을 받으며 대전략 관련 교육을 내실 있게 했다.[34] 원생들은 '국가안보에 관련된 정치, 경제, 군사, 사회심리 및 과학기술 등의 제 이론'에서부터 '자유, 공산 및 중립 진영의 이념, 국력, 정책, 전략 및 국가 간의 관계' '한국의 정치, 경제, 군사 및 사회심리 등 국력의 제 요소' '국내 및 국제 문제, 국제경제와 대외교역, 한국군 현황과 운용, 전쟁 기획의 편성과 절차' 등에 관한 교육을 받았다.[35] 국방연구원에서 군부의 고위 지휘관들은 일반 대학보다 방대하면서도 밀도 있는 교육을 받았고, 이는 민간 엘리트에 대한 우월의식과 국가개혁의 주체로서 의식을 갖는 계기가 되었다.[36]

---

33 김성은 『나의 잔이 넘치나이다』, 아이템플 코리아 2008, 531면.

34 1959년부터 1960년까지 국방연구원 교수부장을 역임했던 장우주에 따르면 미 고문관들이 미국의 산업대학과 국방대학원의 교재를 지원해주어 교과과정 내용을 발전시키는 데 큰 도움을 주었다(장우주 『국격의 그림들』, 글마당 2014, 139~40면). 1960년에는 국방연구원장 최경록을 비롯하여 국방연구원 교수 6명이 도미하여 미국의 국방대학, 산업대학, 합동참모대학을 견학하기도 했다(조인복 『戰塵落穗』, 삼신서적 1968, 80~84면).

35 국방연구원과 이후 국방대학원에서 진행한 대전략 관련 교육은 각 주제의 전문가들이 참석하여 강의와 분임토의 방식으로 상당히 밀도 높게 진행되었다. 일례로 1961년 11월 국방연구원이 작성한 '제5과정 국내정치력의 분석' 교육안에 따르면 강의 주제와 담당자는 다음과 같이 구성되었다. '한국정치사−신석호 고려대 교수' '한국의 정부형태−윤천주 고려대 교수 및 최영두 전 육군사관학교 교수부장' '한국외교의 국제적 여건과 외교정책−조순승 고려대 교수' '한국의 공무원 제도−김운태 동국대 교수' '한국의 선거제도와 입법기능−김도창 군정 사무처 법제국장' '한국의 외교역량−김영주 외무부 기획조정관' '한국법제사−전봉덕 변호사' '한국의 통일−이동원 국제학술원장' '한국의 정치단체 및 압력단체−오병헌 고려대 교수' '한국의 매스컴−천관우 언론인' '한국의 사회구조, 국민성, 문화형−이만갑 서울대 교수' '한국 국민의 정치의식과 지도방향−신상초 국회의원' '한국정치의 문제점과 전망−윤천주'(국방연구원 『4295년도 교육과정 지시: 국내정치력의 분석(5-1)』1961 참조). 군정 수립 직후여서 국내정치 분석을 맡은 강사진은 국가재건최고회의 기획위원회 정치분과에 참여한 윤천주, 조순승, 김운태, 오병헌으로 구성되었다.

36 그렉 브라진스키 『대한민국 만들기, 1945~1987』, 나종남 옮김, 책과함께 2012, 161~62면.

물론 '대전략' 학습이 군사쿠데타에 동참하는 직접적인 계기였다고 볼 수는 없다. 대전략 교육을 받은 군인들이 모두 쿠데타에 찬동했던 것도 아니기 때문이다. 다만 대전략 교육이 국가경영에 관한 관심과 자신감을 키운 계기였음은 분명하다. 5·16군사쿠데타 때 육사 생도의 동원을 반대하다 쿠데타 세력에게 구금되었던 강영훈(姜英勳)은 국방연구원이 일부 군인들에게 국가경영 전반에 대한 자신감과 무능력한 민간행정부를 대신해 군이 국가통치를 책임지지 못할 이유가 없다는 인식을 심어주었다고 언급했다.[37]

여기에 미군의 군사교육도 군부의 정치개입 경향을 강화하는 환경을 제공했다. 미국 정부는 해외 군사원조 및 외국군 간부교육을 통한 군의 능력 강화가 군의 쿠데타 추진과 상관관계를 보인다는 점을 가장 민감하게 느끼고 있었다. 1961년 11월 말 미 국무부 '정보·조사국'(INR)은 미국의 저개발국 군 장교들에 대한 강도 높은 교육과 군사원조가 군이 모든 분야에서 민간 관료를 뛰어넘게 만들고, 이는 군사쿠데타의 조건뿐만 아니라 '근거'(rationale)를 제공해줄 수 있다고 우려했다. 그리고 그 대표적인 사례로 이집트, 파키스탄, 수단, 이라크, 터키, 한국을 들었다. 미군은 저개발국가에서 온 교육생에게 정보기관의 수립, 대중에 대한 통제, 군의 사회·경제 개혁에 대한 지원 등을 강조했고, 이는 미 국무부 정보·조사국이 볼 때도 미국이 군사원조 수혜국의 권위주의 체제 수립을 지원한다는 인식을 충분히 불어넣을 수 있었다.[38]

하지만 미 국무부 정보·조사국은 미국으로부터 군사교육을 받은 수원국(受援國) 군부의 집권을 민주주의 체제의 약화를 우려하며 바라보지 않았다. 정보·조사국의 우려는 군의 집권이 미국의 냉전안보 이해에 부정적인

---

37 강영훈 『나라를 사랑한 벽창우』, 동아일보사 2008, 285면.

38 Bureau of Intelligence and Research Department of State, *Internal Warfare And The Security of The Underdeveloped States*, 1961.11, xi면.

영향을 끼칠 수 있다는 데 있었다. 정보·조사국은 군의 지배가 정치적 긴장 야기, 군부의 부정부패와 세력다툼 등으로 사회 안정을 보장하지도 못하고 행정의 효율성을 기하지도 못하는 상황을 야기할 수 있고, 반서구적이며 민족주의적·중립주의적 성향을 지닌 군인이 다수인 군부가 집권하는 것도 장기석으로는 미국에 부정적인 결과를 초래할 수 있다고 판단했다.[39]

요컨대 1950년대 말 60년대 초 군부 최고위 및 고급 지휘관들은 국방연구원의 대전략 교육과 미군으로부터 원조와 교육을 받으며 국가경영 전반을 안보적 차원에서 접근하는 사고를 키웠고, 나아가 이는 군의 권력 장악에 동참하거나 동조하는 인식의 확산과 무관하지 않았다.

군부의 '도의국가, 도의군대' 건설론 주창

미국 및 소련의 막대한 개입 속에 한반도의 분단과 3년간의 전쟁이 벌어지고, 정전 후 미국의 영향력이 전방위적으로 강화된 현실은 식민지에서 벗어나 자주적인 민족국가 건설을 꿈꾸었던 한국인들이 쉽게 받아들일 수 없는 것이었다. 군부도 예외는 아니었다. 미국이 도미 연수를 통해 한국 군부와 군사적 측면은 두말할 것도 없고 문화적·정신적 측면에서 공고한 결합관계를 만들어갔지만,[40] 분단과 전쟁을 겪으며 형성된 군인들의 인식은 '한미혈맹' '멸공성전'과 같은 용어로 간단히 재단될 수 없었다.

---

39 같은 책 59면.

40 도미유학장교단에 참여한 군인들의 인상기들은 이들이 겪었던 문화적 충격과 체험을 잘 보여준다(이광호 「도미유학장교단의 보고」, 『국방』 제25호, 1953.7). 한국군의 도미연수가 군사교육체제에 미친 영향에 대해서는 다음 글을 참조. 김민식 「1950년대 한국군의 미국 군사유학 시행과 군사교육 체제의 재편」, 고려대 석사학위 논문 2015.

1954년 육사 생도 가운데는 공산주의뿐만 아니라 자본주의도 비판하는 생도가 있었다. 이 육사 생도는 '식민적 제국주의'와 함께 성장한 자본주의 사회는 '탐욕의 근시안적인 자본가'들 때문에 분배양식의 모순을 전폭적으로 수정해야 하는 상황에 직면하고 있다고 주장했다.[41] 또 다른 육사 생도는 미국과 소련을 선악의 이분법적 구도에서 접근하는 태도를 비판하며, 소련뿐만 아니라 미국도 자국의 이해 속에서 한반도의 통일을 바라보는 존재로 규정했다. 이 생도는 사대주의적 사고를 비판하고 '자주적 태도'를 견지할 것을 강조했다.[42] 정전 이후 군내에서 대미 사대주의적 태도에 대한 비판은 1950년대 말 영관급 장교들에게서도 확인된다. 6·25전쟁을 겪은 뒤 미국도 국익을 위해 한반도에서 전략을 추구하는 존재이자 분단과 전쟁 발발에 일정한 책임이 있는 존재라는 인식이 초급장교에서부터 고위급 장교까지 폭넓게 공유되었음을 알 수 있다.

민족주의를 중시하면서도 국가주의와 분명하게 선을 긋는 인식도 확인된다. 한 육사 생도는 민주주의의 핵심을 '개인의 존엄과 자기의 완성'에서 찾고, 이는 '조국의 생활환경, 통일, 안전, 부강' 등을 계기로 삼을 때 온전히 달성될 수 있다고 주장했다. 더불어 이 생도는 '국가의 추악함'을 비판하지 못하는 맹목적인 태도가 "정의로운 비판자도 모조리 '비국민'으로 규정하여 오히려 '자국에 대한 증오감'을 불러일으킬 위험"이 있음을 지적했다.[43] 맹목적인 국가주의는 국가 자멸의 길이라고 인식한 육사 생도가 '국가의 추악함'에 대해 비판의 날을 세울 때 그 끝은 당연히 이승만 정부로 향했을 것이다. 1954년 육사 생도들이 드러낸 인식은 정전 이후 군인의 사고를 '혈맹' '진영'과 같은 냉전진영 논리로 쉽게 재단해서는 안 된다는 것을 보여준다.

---

41 유갑수 「서구문명에 대한 一考」, 『추성』 창간호, 1954, 48~49면.
42 이대원 「진실에의 정신혁명」, 같은 책 123~26면.
43 이영학 「현대의 애국심」, 같은 책 129~32면.

한편, 일제시대 교육을 받고 군 지휘부의 정점까지 오른 강영훈과 같은 연배의 군인은 젊은 육사 생도들과는 다른 맥락에서 서구 근대성을 비판했다. 1955년 연합참모본부 본부장 강영훈은 공산주의와 자본주의 양자 모두 "인간 생명의 구체적인 발현을 보장"할 수 있는 '신이론체계'를 만들어낼 수 없다고 여겼다. 강영훈은 '현대국가'는 '도의국가(道義國家)'를 지향해야 한다고 보았다. 여기서 도의국가란 "근세국가의 자유방임주의적 입장을 지양하고 공허한 형식적 자유와 평등의 간판 밑에 조장된 빈곤과 기아, 혼란과 전락(轉落)의 자유를 수정 지도하며 적자생존의 원칙하에 전개된 약육강식의 현상을 교정하며 세계 공영원리를 수립"하는 국가를 의미했다.[44]

1955년 강영훈의 도의국가 건설론은 같은 해 군이 '도의군대' 건설을 천명한 사실을 고려할 때 전쟁을 겪은 후 새로운 지향점을 찾던 군부의 고민을 반영한 주장으로 보인다.[45] 육군 대령 김병찬(金炳燦)은 1955년 1월 육군 창설 9주년을 기념해 『경향신문』에 한국군이 '북진통일'이라는 역사적 사명을 완수하기 위해서는 '자주의 군대' '민주의 군대' 그리고 '도의의 군대'를 현 단계의 지표로 삼아야 한다는 견해를 밝혔다. 도의군대여야 민심의 지지를 받으며 그렇지 못할 때는 패망의 길을 걸을 뿐이고, 설령 북한을 점령하더라도 이는 마찬가지라는 것이다.

더불어 김병찬은 도의군대가 되어야 '태평양 문명 건설의 선구자' 역할

---

44 강영훈 「현대 국방문제」, 김종문 외 『국방의 당면과제』, 국방부 정훈국 1955, 46면.

45 도의국가에 대한 언급은 이승만 정부와 교육계의 도의교육 강화 방침과도 무관하지는 않았을 것이다. 전전(戰前)부터 언급되던 도의교육은 전쟁을 거치면서 가장 중요한 교육방침으로 부상했다(이에 관해서는 다음 연구를 참조. 이유리 「1950년대 '도의교육'의 형성과정과 성격」, 『한국사연구』 제114호, 2009). 1955년 문교부 장관 최규남(崔奎南)은 전쟁이 낳은 피해 중에서 '국민의 정신적 손실'이 인적·물적 피해보다 더욱 크다고 판단하여 이에 대한 시급한 교육 대책을 강구했다. 그 결과 1955년도 문교부는 시정방침의 최우선 순위를 '도의교육의 추진'에 두었다(문교부 『도의교육』 창간호, 1956, 1~2면).

을 담당할 수 있다고 주장했다.[46] 김병찬은 동양과 서양을 정신문명과 물질
문명으로 대비하고, 공산주의와 자본주의를 서구 물질문명의 쌍생아라 규정
하며 강영훈과 대동소이한 주장을 폈다. 김병찬은 정신문명을 동반하지 않
은 물질문명이 수많은 파행을 낳았고, 이를 극복할 주체는 동아시아의 정신
문명을 미국의 긍정적 물질문명과 결합할 수 있는 한국이라고 주장했다. 그
리고 양자의 결합으로 새롭게 도래할 문명이 '태평양 문명'이라는 것이다.[47]

그런데 강영훈이 언급한 도의국가의 역사적 지층은 만주국의 시기까지
내려간다. 강영훈은 자서전에서 만주 건국대학이 1938년 설립 때 내건 도의
세계, 왕도낙토(王道樂土), 오족협화 실현이라는 구호에서 미래에 대한 희망
을 발견하며 입학했다고 적었다. 하지만 그는 만주국이 일본의 우월함을 전
제로 하는 제국주의의 지배에 불과하다는 현실에 크게 낙담했다고 한다.[48]

강영훈은 일본 군국주의자들의 지배수단으로서 건국대학과 학문을 추구
한 건국대학을 구분하며, 전자를 비판하고 후자는 긍정적으로 평가했다. 그
는 건국대학 건립과 교육의 틀을 잡았던 사쿠다 소이치(作田莊一)의 사상으
로부터 큰 영향을 받았다. 강영훈은 사쿠다에게 직접 배우지는 않았으나,
사쿠다의 주요 논지들인 사회조절 능력을 상실한 자본주의에 대한 비판, 유
심사관에 입각한 맑스주의 유물론에 대한 비판, 그리고 상대주의 국가론에
대한 비판 등을 의미 있게 여겼다.[49] 도의국가의 전제로서 '국가의지'를 주
목하는 것 또한 사쿠다의 핵심 논의 중 하나였다.[50]

---

46 「국군의 장래(완): 국군의 지표」, 『경향신문』 1955.1.15.
47 「국군의 장래(2): 육군창설 9주년에 제하여」, 『경향신문』 1955.1.14.
48 강영훈 『나라를 사랑한 벽창우』, 동아일보사 2008, 55~56면.
49 같은 책 60면. 강영훈과 달리 건국대학 학생이었던 홍춘식(洪椿植)은 건국대학에서 배울
   만한 수업은 영어 이외에 전혀 없었다고 술회하기도 했다(山根幸夫『建國大學の硏究』, 汲古
   書院 2003, 196면).
50 강해수 「도의국가로서의 만주국과 건국대학」, 『일본공간』 제20호, 2016, 95면.

만주국 시기까지 거슬러 올라가는 자본주의 비판, 반공주의 그리고 도의 국가를 중시하는 인식은 건국대학 학생뿐만 아니라 여타 만군 출신 조선인 장교들에게도 영향을 끼쳤을 가능성이 크다. 건국대학은 자신들이 수행한 연구를 만주국의 정부, 협화회 그리고 중앙육군훈련처에 개방했기 때문이다.[51]

이처럼 한국 군부의 도의국가론이 일제와 만주국의 지배 논리와 맞닿아 있었으나, 그렇다고 이것이 미국과 적대적인 대립각을 세울 가능성은 없었다. 일제시대 체득한 도의국가론은 반공주의의 체득이라는 서사로 재정리되었고,[52] 앞서 김병찬의 언급에서 알 수 있듯이 도의국가론은 '물질문명 미국'과의 결합과 같이 진영과의 통합을 역설했기 때문이다. '도의국가'와 '도의군대' 건설론은 대외적으로는 미국의 진영론과 결합할 수 있는 논리이자 또한 대내적으로 1950년대 후반 육사 생도나 젊은 장교들이 드러내고 있던 서구 근대성 비판 및 민족주의적 지향을 국방국가 건설과 접합시킬 수 있는 논리였다.

일제의 군부는 도의국가 건설과 국방국가 건설은 불가분의 관계임을 주창했다. 1933년 7월 일본 육군 황도파(皇道派)의 수장 아라키 사다오(荒木貞夫)는 '도의입국'의 기치 아래 국민의 '윤리와 도의 철저' 운동을 적극적으로 실시할 것을 천명하며 이는 국방과도 '근본 관계'가 있다고 강조했다.[53]

국방과 도의의 결합은 5·16군사쿠데타 세력에 의해 다시 주창되었다. 박정희는 자본주의와 공산주의에 대해 제국주의 지배를 낳은 근대 이념이라 비판하며 '국민도의'의 재건을 역설했다. 여기서 국민도의는 "사회 혼란과

---

51 山根幸夫 『建國大學の研究』 132면.

52 강영훈이 자서전에서 만주 건국대학의 학문 성향을 높게 평가한 까닭은 그곳이 "구체적인 행동목표와 행동강령을 가지고 공산주의 세력 확산에 대한 대처에 취약함을 보였던 서구 자유주의 사상의 결함을 보충하려는 열의로 가득 찬 곳"이었기 때문이라고 회고했다(강영훈 『나라를 사랑한 벽창우』 55~56면).

53 「일본정신을 기조로 국민의 道義運動」, 『동아일보』 1933.7.31.

부정을 조장"하는 '책임 없는 자유'와 "파쟁과 부패를 조성"하는 '의무 없는 권리,' 이 양자에 대립하는 개념으로 배치되었다.[54] 5·16군사쿠데타 세력은 도의 재건이 경제를 재건하여 공산주의 침투를 근절하고 자유민주주의를 확립하기 위한 출발점이라고 선전했다.[55]

안보불안 요소로서 농촌과 빈곤문제 규정

국가의 전시동원체제를 확립하기도 전에 세계대전 수준의 전쟁을 치러야 했던 군부는 경제 안정과 통제, 자원 확보와 동원, 인력관리 기구와 제도의 확립 등을 포괄하는 '국방경제'에 대한 깊은 이해가 필요함을 절감했다. 여기에 전시와 평시의 구분을 없앤 냉전과 남북한의 군사적 대치 상황에서 군부는 군사력 이외 각 부분의 전력을 강화, 종합하고 동원할 방안을 계속 고민하고, 적대국의 경제를 무력화하기 위한 '경제전(經濟戰)'까지도 관심을 기울였다.[56]

대전략 차원에서 국방경제는 국방연구원에서 꾸준히 검토되었다.[57] 국방

---

54 「우리 민족의 활로」, 『최고회의보』 제2호, 1961.10.11, 5면.

55 「조급한 統一嚴戒」, 『경향신문』 1961.10.12.

56 경제전의 중요성을 강조한 글은 조인복 『經濟戰 硏究』, 태성사 1960. 조인복은 미·소 냉전하에서 경제전은 전쟁상태와 무관하게 계속되고 있다는 점을 간과하지 말 것을 강조하며 경제전을 "전시, 평시를 막론하고 적의 전쟁경제의 파멸을 목적으로 하는 한편 자국의 전쟁 경제력의 증강 및 방위를 목적으로 하는 동기에서 감행되는 행위와 수단의 연속적인 일종의 투쟁 방법이다"(같은 책 4면)라고 했다. 군수자원의 파괴, 수출입 교역의 차단, 재정압박 그리고 냉전시대 진영의 확대와 강화를 위한 '경제원조' 등이 경제전의 구체적인 방안들이었다.

57 국방연구원 또는 국방대학원 과정을 거친 민간인 관료 중에 이기홍(李氣鴻)은 국방경제를 다룬 글을 연구논문으로 제출했다. 그는 만주국에서 고등문관시험에 합격하여 만주국 국무원 사무처, 만주국 안둥성(安東省) 실업청 산업과장서리 등을 역임했고, 이후 미군정 교

경제는 전시 물자동원만 준비하는 것이 아니라 생산, 분배, 교환, 소비, 투자 조직과 활동이 평시 상태에서 비상 상태로 그리고 반대로 전환될 때 발생하는 변화를 고려하는 것을 의미했다.[58] 국방경제는 군지휘관들이 전쟁의 관점에서 사회를 바라보는 주요한 틀이었다. 군부는 미군의 지원을 받으며 국방경제론에 관한 이해를 심화해갔다.[59]

대전략과 국방경제를 중시하는 군인이 국가의 주산업인 농업과 농촌의 실상에 큰 관심을 보인 것은 당연했다. 1955년 군인은 아니었지만, 전시군인연합대학 강사였던 이정규(李晶圭)가 정훈 교재 『국방의 당면과제』의 필자로 참여하여 피력한 국방경제와 농촌에 관한 견해는 흥미롭다.

이정규는 국방경제를 "단지 군사적 목적을 위한 경제배치와 준비만을 말하는 것이 아니라 전 국민의 강력한 정신적 자각에서 국민경제의 전체 결부 능력 및 저항력을 말하는 것"이라 설명하며, 국방경제를 실천하기 위해 국가가 사적 이윤을 추구하는 기업인들을 국방경제를 솔선수범하여 실천하는 주체로 전환하도록 지도하고,[60] 국민의 정신적 기초를 확립하게 하는 것이 매우 중요하다고 주장했다.

그는 개개인이 생활의 윤리적 토대를 두고 있는 '농촌'이 "비교적 분열되

육부에서 잠시 근무한 후, 이승만 정부에서 농림부 과장, 장면 정권하에서 부흥부 기획국장 등을 역임했다(국사편찬위원회 전자사료관). 그는 국방연구원이 신설되자 자진 등록했는데, 국방연구원 동기생으로 이한림이 있었다. 이기홍은 졸업논문을 정리하여 1958년 『국방과 국민경제와의 연관성』이라는 소책자를 발간했다(이기홍 『국방과 국민경제와의 연관성』, 홍원상사주식회사 1958, 2면).

58 김재영 「국방경제에 대한 시론: 전쟁에 미치는 국가경제력을 중심으로」, 『국방연구』 제2호, 1958.6, 205면.

59 1961년 12월 국방대학원은 미국방대학 산하 산업대학(Industrial College of the Armed Forces)에서 발간한 『국방경제론』(원제: *The Economics of National Security*)을 번역하기 시작하여 1964년까지 완역, 발간했다.

60 이정규 「국방경제 확립의 기초문제」, 김종문 외 『국방의 당면과제』, 국방부 정훈국 1955, 327면.

지 않은 공동(체) 관계를 유지"하고 있어 국가 형성의 기반을 제공한다고 주장했다.[61] 국방경제에서 '정신적 측면'을 중시한 이정규는 농촌을 이상적인 윤리를 제공하는 공간으로 상정했지만, 이러한 견해가 1950년대 후반 군인들에게 호소력을 갖기는 어려웠다. 1950년대 말 60년대 초 군인들도 한국 농촌을 피폐하게 만든 미국의 원조정책을 비판하며, 안보적 관점에서 농촌의 빈곤상을 우려스럽게 바라보았기 때문이다.

미국의 잉여농산물 원조정책이 농촌경제에 미친 악영향은 당시 육사 생도들도 직시하고 있었다. 한 육사 생도는 저곡가정책의 명목으로 수입되는 막대한 분량의 미국 잉여농산물이 농촌경제를 파탄시켰음을 강도 높게 비판하고 더불어 농촌의 근대화를 위해서는 고식적인 행정, 원조에 의존하는 망국사상, 도시 집중을 초래하는 낡은 관료주의적 사상 등을 타파하고, 근면한 노동정신 확립과 '내고장 건설운동'을 전개하여 유능한 청년들을 농촌으로 유도하는 방안을 시행해야 한다고 주장했다.[62]

육사 생도들은 후진성의 원인이 선진국이 만든 예속체제에 있으며,[63] 미국과 소련을 수원국의 민족을 희생시켜 자국의 행복을 추구하는 존재로 여겼다. 따라서 '조국의 주체성'을 찾기 위해서는 "소련에 맹종하는 이북의 공산주의자들"뿐만 아니라, "자본주의의 관용성과 민주주의의 인도주의에 기생하는 자본가와 관리들"도 제거 대상이었다. 이들을 제거하여 봉건주의, 공산주의, 자본주의에 시달려 빈곤 상태에서 벗어나지 못하고 있는 농민에게 '민주생활화'를 부여하는 '정의'를 구현해야 한다는 것이 생도들의 생각

---

61 같은 글 307~10면.

62 정선호「대한경제 원조와 그 영향: 농촌경제를 중심으로 한」,『추성』제7호, 1960.7, 142면. 정선호(鄭善昊)는 1938년생으로, 1961년 육사를 졸업했다. 그는 이후 미국 유학을 통해 공학자가 되어 한국과학기술연구소, 대한전선에서 근무했다. 이후 11, 12대 민정당 국회의원, 국회 상공위 간사, 체육부 차관(1983~1984) 등을 역임했다.

63 정선호「후진국경제와 경제체제」,『추성』제8권, 1961.3, 61면.

이었다.[64]

그런데 이러한 비판은 냉전적 사고를 넘어서기보다 거기에 결합하는 양상을 보였다. 빈곤에서 벗어나지 못하고 있는 농촌 실태를 비판적으로 바라보는 인식과 중립화 통일론의 대두를 부정적으로 여기는 인식의 결합은 농촌을 안보불안 요인으로 여기는 태도를 낳았다. 당시 육사 생도들도 대학가에서 고조되는 통일 논의를 예의주시했다.[65] 1961년 봄 『추성』에 중립화 통일방안을 다룬 글을 게재한 육사 생도는 미 상원 의원 마이크 맨스필드(Mike Mansfield)의 중립화 통일론은 한국의 현실과 전혀 부합하지 않는 오스트리아를 전범으로 삼았기에 타당성이 없다고 비판했다.[66] 또한 이 생도는 외국군 철수 후 인구비례에 따른 총선거를 통한 통일안도 부정적으로 보았는데, 인구가 많은 남한이 집권하더라도 남한의 열악한 경제상으로 인해 공산주의 침투를 허용하여 결국 북한이 공산화를 달성할 가능성이 크다는 것이었다. 이러한 인식은 수많은 실업자와 전 국민의 80%에 달하는 농민을 '공산주의 침투'를 받는 대상자로 규정하는 데까지 나아갔다.[67]

대다수 육사 생도는 중립주의가 공산세력의 침투 수단에 불과하며, 중립주의의 발흥과 공산세력의 침투를 막고 통일의 주도권을 쥐기 위해서는 '국가 부흥'을 최우선의 과제로 삼아야 한다는 인식을 공유했던 것으로 보인다.[68] 이러한 당시 육사 생도들의 인식은 장면(張勉) 정부가 민간차원의 남북교류 시행이 '라오스'와 '월남'처럼 공산세력의 간접침투라는 결과만

---

64 이병주 「중립론」, 같은책 104면. 이병주와 같이 『추성』 제8호에 글을 실은 최봉용은 전후 미·소 양대국의 이데올로기 대립과 그들의 이권 추구로 인해 한반도의 분할을 가져왔다고 비판했다(최봉용 「통일론에 대한 소고」, 같은 책 194면).

65 이병주 「중립론」 97면.

66 같은 글 98면.

67 같은 글 103면.

68 최봉용 「통일론에 대한 소고」 198면; 한용원 「후진국과 공산주의」, 같은 책 219~20면.

초래할 것이라고 주장하며, 중립화 통일론과 민간차원의 대북 협상을 원천 적으로 불허한 태도와 공명했다고 볼 수 있다.[69]

5·16군사쿠데타 세력은 한국사회를 '방대한 문맹, 극도의 빈곤, 무수한 실업자, 경제적 파탄, 불만과 불안으로 가득 찬' 곳으로 규정하고, 이러한 사회에서 '공산주의의 면역제'인 정치적 성숙과 경제적 발전은 실현 불가능 하다고 주장했다. 군사쿠데타 세력은 이승만 정권의 농업정책은 농민을 빈곤으로 몰아넣는 수탈정책에 불과했다고 비판하며 열악한 농촌 실태를 사회불안의 요인으로 여겼다.[70] 이승만 정부와 장면 정부 시기를 거치며 한국군 내에서 농촌과 농민을 안보불안 요인으로 간주하며 공산세력 침투의 예방책으로서 경제발전을 중시하는 인식이 지위고하와 관계없이 광범위하게 공유되었음을 알 수 있다.

군내 '군사력의 민주적 문민통제' 지향의 확산

정전 직후 군인의 국민관은 '총후(銃後) 국민'으로 바라보는 총동원체제 관점에서 크게 벗어나지 않았다.[71] 남북의 군사적 대치가 유지되는 상황에서 '총후 국민'적 인식이 폐기되기는 어려웠겠지만 그렇다고 군의 민군관계 인식이 여기에서 정체되었던 것도 아니다.

1950년대 말 육사는 그 나름대로 토론의 자유가 있는 공간이었다. 생도

---

69 「대북협상 않는다」, 『경향신문』 1961.1.4; 「정외무, 남북교류론 경고」, 『동아일보』 1961.1.7; 「중립화통일 남북교류 반대」, 『조선일보』 1961.1.8.

70 韓國軍事革命史編纂委員會『韓國軍事革命史』제1집, 1963, 180면.

71 한국진(국방부 정훈국 방송과장 및 서울대 농과대학 강사) 「정훈과 부흥」, 김종문 외 『국방의 당면과제』, 국방부 정훈국 1955, 523면.

들은 군의 파벌문제를 생도 간에 논의하고, 민군관계, 경제발전 방안 등에 관한 강연을 들으며 사회문제에 관해 고민할 수 있는 기회를 얻었다.[72] 1950년대 후반 육사 교장을 맡았던 이한림(李翰林)과 강영훈은 육사를 개방적인 공간으로 만들고자 했다. 이한림은 다양한 학술대회를 개최하여 생도와 일반 대학생의 교류를 확대했으며,[73] 강영훈은 경식된 반공 태도에서 벗어나 생도들의 지적 욕구를 채워주고자 했다. 강영훈은 당시 일부 육사 생도들이 공산주의 서적을 비공식적으로 탐독하자, '공산주의 사상 비판' 교과를 개설하는 대처 방안을 강구할 정도였다.[74]

1950년대 말 60년대 초 육사 생도의 민주주의 인식은 1959년 육사 생도 이종찬(李鍾贊)의 글을 통해 살펴볼 수 있다. 이종찬은 한국은 정치적·경제적 수준이 낮아 아직 서구의 '원칙적 민주주의'를 실행할 능력을 갖추지 못했다고 주장했다.[75] 그는 미국의 역사학자 칼 베커(Carl L. Becker)의 민주주의관에 크게 영향을 받아,[76] 민주정치의 실현은 물질적·지적 전제조건의 유무에 따라 좌우된다는 견해를 밝히며 두 가지 점을 주장했다.

첫째, 이종찬은 대중이 정치의식이나 교양 수준이 매우 낮아 권력을 견제하고 권리를 행사하는 민주정치를 실현할 능력이 없다고 보았다. 대중의 능력이 부재하고 위정자의 덕성마저 부재한 상황에서 시행되는 '형식적인 민

---

72 이종찬 『숲은 고요하지 않다』 1, 한울 2015, 121~22면.
73 이한림 『세기의 격랑』, 팔복원 1994, 309면.
74 이종찬 『숲은 고요하지 않다』 1, 120면; 강영훈 『나라를 사랑한 벽창우』 238면. 강영훈은 공산주의 기피증으로 젊은 육사 생도들의 지적 갈증을 외면하는 것보다 공산주의 사상 비판 교과목을 개설해 '올바른' 방향으로 유도하는 것이 적절하다고 보고, 상부에 건의했으나 수락받지는 못했다.
75 이종찬 「우리나라 민주주의 신과제」, 『추성』 제6호, 1959.5, 81면. 이종찬은 육사 16기로 1956년 입학하여 1960년 졸업했다.
76 칼 베커(Carl L. Becker)의 저서는 일찍부터 국내에 번역 소개되었다. 『현대민주주의론』, 윤세창 옮김, 삼진문화사 1954; 『자유와 책임』, 윤세창 옮김, 민중서관 1956 등.

주주의'는 권모술수의 정치판이 되기 십상이고 여론조작과 선전으로 국민의 인식을 왜곡하여, '기만적인 민주주의'에 그칠 가능성이 매우 크다는 게 그의 판단이었다.

둘째, 그는 경제적 기반이 없는 상황에서 민주정치의 실현은 기대하기 어렵다고 판단했다. 이종찬은 궁핍한 사회에서 민주주의는 번영할 수 없다는 베커의 주장을 좇으며 동아시아인에게 중요한 사안은 형식적 민주주의의 실행이 아니라 '사회적·경제적 악'의 개량에 있다는 월트 로스토의 주장을 반복했다.[77]

이종찬은 '대통령제에 기반한 지난 10년'이라는 표현을 쓰며 이승만 정부의 통치 기간을 민주주의를 위한 정치·경제적 기반을 마련하는 데 실패한 시기로 평가했다. 중요한 점은 그가 민주주의 실현은 '유능한' 지도자가 위로부터 '무능한 밑'을 교도할 때 성취될 수 있다고 인식했다는 것이다.[78] 아마도 이러한 인식이 있었기에 이종찬은 군사쿠데타 발발을 긍정적으로 받아들였을 것이다. 군사쿠데타가 발발했을 때 전방 소대장이었던 이종찬은 자서전에 5·16군사쿠데타를 '민족적 거사'로 인식하고 이에 참여하지 못했음을 안타까워했다고 밝혔다.[79]

그런데 모든 육사 생도가 경제개발과 민주주의의 관계에 대해 이종찬과 같은 판단을 내리지는 않았다. 1959년 이종찬의 글이 실린 『추성』에는 사회·경제적 민주주의 달성을 위한 국가의 개입이 '인민의 창의와 독립'을 침해하는 결과를 낳을 수 있다고 우려하는 목소리도 있었기 때문이다.[80]

민군관계에 대한 육사 생도들의 생각도 간단치 않았다. 쿠데타가 일어나

---

77 이종찬 「우리나라 민주주의 신과제」 82~83면.
78 같은 글 83~84면.
79 이종찬 『숲은 고요하지 않다』 166~67면.
80 한영옥 「현대국가의 변천」, 『추성』 제6호, 1959.5, 88면.

기 직전인 1961년 초 4학년의 한 육사 생도는 군사력이 '문관권력'에 종속되어야 한다는 '문관우위론자'들의 입장을 탐탁하게 여기지 않으며, 군대의 목적이 특정 정당을 위하거나 정치의 수단으로 복무하는 데 있는 것이 아니라, 국가와 국민의 방위에 있다고 강조했다.[81] 그가 볼 때 정치가가 전문섭난으로서 군의 특성을 제대로 알지 못한 채 군을 정치 수단으로 활용할 때 국민의 자유에 가하는 위협은 군대보다 훨씬 컸다.

하지만 문관우위론에 관한 회의적인 태도를 보인 육사 생도조차 군의 정치개입에 대해서는 단호하게 비판적인 태도를 보였다. 다음 인용문을 보자.

군사력은 정당을 떠나 국민적 입장에 있어야 하며 정치가는 함부로 전략에까지 간섭해서는 안 되며 군 지도자는 정치에서 엄연한 중립성을 지녀 대의의 입장에서 살아야 할 것이다. 그것은 부조리에 대한 해결이 아니고 다른 부조리로 바꾸어놓은 것이다.[82] (강조는 인용자)

이러한 인식은 정치적 중립을 지향하는 흐름에 세례를 받은 결과물이라 볼 수 있다. 한용원(韓鎔源)에 따르면 1952년 이승만 대통령이 부산정치파동을 일으켰을 때부터 군내에서 군의 '정치적 중립주의'와 '정치 개입주의' 두 지향이 표출되었고, 이후 전자는 4월혁명 직후 허정(許政) 과도내각에서 이종찬 국방부 장관, 최영희(崔榮喜) 육군참모총장의 주도하에 거행된 군의 절대적 중립을 알리는 '헌법준수선서식'으로 표출되고, 후자는 박정희 소장 주도의 정군운동 및 쿠데타 추진으로 나타났다.[83] 장면 정부 시기 군부는

81 전용홍 「군사력을 위한 지도자와 정치가」, 『추성』 제8호, 1961.3, 75면.
82 위와 같음.
83 한용원 『한국의 군부정치』, 대왕사 1993, 160~67, 184~86면; 강성재 『참군인 李鍾贊 장군』, 동아일보사 1986, 166~69면. 1960년 7월 17일 제헌절을 기념해 삼군 참모총장들과 해

'4월혁명에 대한 군의 중립과 옹호'를 4월혁명을 성공시킨 중요 요인으로 여기며 육사 생도에게 자부심을 불어넣는 교육을 실시했다.[84]

5·16군정 시기 군의 정치적 중립화 지향은 정치적 이해와 맞물려 왜곡된 형태로 표출되었다. 쿠데타 핵심 세력들이 공화당 사전조직, 4대 의혹 사건 등으로 큰 물의를 일으키자, 박정희는 민정 불참 의사의 '번의'를 거듭하며 집권방안을 모색했다. 민정 이양과 '군의 원대복귀' 여부를 놓고 드러난 군부의 갈등은 이른바 김종필계와 반김종필계의 대립, 함경도 파벌 제거 등과 같은 쿠데타 세력 내 이해 충돌이 배경으로 깔려 있었다.

여하튼 1963년 2월 27일 군 중립화 선언식[85]과 3월 15일 '수경사 장교단 군정 연장 데모,'[86] 그리고 3월 22일 '전군비상지휘관 회의'까지 이어지

병대 사령관이 허정 과도내각 수반과 전 국무위원 앞에서 군의 엄정 중립 준수를 공표하는 선서식을 했다. 이는 정군운동을 주도하던 8기생들과 박정희를 견제하며 군 통수권을 확립하려는 의도에서 거행된 선서식이었다(한용원, 같은 책 186면).

84 육군사관학교『한국정치제도론』1961, 98면. 이 책은 육사 생도 교재로 1961년 4월에 발간되었다.

85 1963년 2월 27일 군 최고지휘부의 군 중립화 선언식은 이날 박정희의 정치적 돌파 방안이기도 했지만, 군의 원대복귀를 지지했던 군 간부들의 이해가 반영된 결과물이었다. 1962년 말부터 공개되기 시작한 공화당 사전조직이 사회적으로뿐만 아니라 군정 참여세력 내부에서도 거센 반발을 불러일으키며 정치적으로 궁지에 몰린 박정희는 2월 18일 민정 불참 의사를 밝힌 이후 2월 27일 다시 정치 인사와 시민 앞에서 민정 이양 불참을 선언했다. 김동하, 박병권(朴炳權, 국방부 장관), 김종오(金鍾五, 육군참모총장) 등 장성급은 군의 원대복귀 입장을 견지하며 김종필이 주도하는 8기생과 대립했으며, 이들은 2월 27일 거행된 군 중립화 선서에도 가장 찬동하는 모습을 보였다(김성은『나의 잔이 넘치나이다』610~11면). 김윤근(金潤根)은 김동하가 이후 박정희로부터 가혹한 보복을 당한 이유도 여기서 찾았다(김윤근『해병대와 5·16』, 범조사 1987, 218면).

86 이 시위는 박정희가 민정 이양 불참 선언 후 군사쿠데타 참여세력 내에서 군의 중립화와 원대 복귀론이 힘을 받자 이에 반대하는 이들이 벌인 관제 시위였다. 언론보도에 따르면 1963년 3월 15일 정오, 혁명의 '전위 장교'를 자처하는 약 60여 명의 위관급 및 영관급 장교와 30여 명의 부사관이 최고회의 앞 광장에 집결하여 계엄선포, 군정 연장, 박정희 의장 민정 이양 참여, 구태의연한 정치인들 정치활동 중지 등을 요구하는 시위를 벌였다(「군정연

는[87] 일련의 봉합 과정을 지켜본 미 국무부는 다수의 군인이 정치개입을 원치 않고 특히 대중운동을 진압하는 역할을 원하지 않는다고 판단했다.[88]

1963년 3월 한국의 상황을 주목하던 케네디 정부는 대중적·정치적 지원을 받는 '안정적인 정부'의 창출을 최우선의 과제로 삼고 더불어 "군을 정치영역(political arena)에서 배제하는 것"을 당면 목표로 설정했다.[89] 주한 미대사관은 민정 이양을 앞두고 군에서 5·16군사쿠데타 세력을 견제할 만한 세력을 양성하고 싶었으나,[90] 이러한 바람은 실현되기 어렵다는 점을 잘 알고 있었다. 박정희, 김종필 등 군사쿠데타 핵심세력은 연이은 '반혁명사건'을 통해 군내 반대세력을 제거하거나 이견을 제기하는 지휘관들을 요직에서 배제했고, 군 지휘부를 쿠데타 핵심세력에 순응하는 이들로 채웠기 때문이다.[91] 그런데도 미국 측에서 쿠데타 세력을 견제할 대항세력 양성을 고려한 이유는 정치적 중립화를 중시하는 흐름이 군에서 유지되었기 때문이 아닐까 싶다. 군정 기간에 쿠데타 세력이 군내 반대세력을 지속해서 제거했음에도 불구하고, 군에는 쿠데타 세력을 지지하지 않는 이들이 있었다.[92]

장 등 외치며」, 『경향신문』 1963.3.5). 이들은 유엔군사령부의 통제를 받지 않는 수도방위사령부 소속 병력이었다(한국정신문화연구원 현대사연구소 편 『5·16과 박정희 정부의 성립』, 현대사연구소 자료총서 제1집, 1999, 339면).

87 군의 중립화를 지지했던 박병권 국방부 장관이 수경사 군인들의 데모를 정치적 공격으로 여기고 사퇴하자 박정희는 김성은을 후임으로 임명하고 상황 수습을 요청했다. 김성은은 주한 미대사 및 유엔군사령관과 협의 없이 전군 지휘관회의를 개최하여, '민정 이양 준수와 박정희의 선거 참여'라는 절충안으로 상황을 정리했다(김성은 『나의 잔이 넘치나이다』 622~30면).

88 "297. Telegram From the Department of State to the Embassy in Korea," Washington, 1963. 3.28, *Foreign Relations of United States (FRUS)*, Vol. XXII, Northeast Asia, 638면.

89 같은 글 636면.

90 "311. Telegram From the Embassy in Korea to the Department of State," Seoul, 1963.7.15, *FRUS*, Vol. XXII, Northeast Asia, 655면.

91 "313. Telegram From the Embassy in Korea to the Department of State," Seoul, 1963.9.2, *FRUS*, Vol. XXII, Northeast Asia, 658면.

92 이와 관련하여 반대파에 대한 지속적인 제거에도 불구하고 군사쿠데타 핵심세력과 군사

‘민주적 문민통제’라는 민군관계의 원칙을 군에 전파한 서석순은 이승만 퇴진 시점에 군부의 대두를 보며, 반공을 명분 삼아 군부가 권력을 장악할 가능성을 우려스럽게 내다보았다.[93] 이러한 우려가 5·16군사쿠데타로 현실이 된 직후인 1961년 8월 서석순은 『동아일보』에 실은 사설에서 군사쿠데타를 ‘불행한 일’이자 ‘민주복지국가’를 수립하기 위한 시도라 평가하면서도 “국민의 의사에 따른 민주정치”로의 복귀를 강조했다.[94] 이성적으로 군정 실시를 받아들일 수 없었던 그의 착잡한 심경을 읽을 수 있다.

서석순은 5·16군사쿠데타 이후 국가재건최고회의 산하 최고 고문단에 참가했으나 한 달 만에 사퇴했다. 아마도 당시 최고 고문단 단장 유진오(兪鎭午)와의 친밀한 관계 때문에 최고 고문단에 이름을 올렸던 것으로 보인다. 그는 ‘민주정치’라는 기준을 놓고 볼 때 군사쿠데타 세력과 행보를 같이할 수 없는 인물이었고, 이후 한일협정체결 반대시위를 주도한 뒤 박정희 정권의 탄압을 받아 도미했다.

서석순이 군에 전파한 민군관계 인식은 군사쿠데타와 군정 실시에도 불구하고 지속될 정도로 뿌리를 내리고 있었다. 이를 확인해주는 이가 국방대학원 교수 권정식(權貞植) 대령이다.[95] 그는 1960년 4월 26일 이승만의 하야

정권에 반대하는 흐름은 군내에서 미약하나마 유지되었다는 미대사관 측의 판단도 주목된다. 1963년 10월 민정 이양을 위한 대통령 선거에서 특정 군사지역에서 박정희에게 표를 던지지 않았던 사실을 놓고 미 국무부는 군정에 대한 군의 지지를 당연시해서는 안 된다고 보았다(“316. Telegram From the Department of State to the Embassy in Korea,” Washington, 1963.10.22, *FRUS*, Vol. XXII, Northeast Asia, 667면).

93 홍석률 「4월혁명과 이승만 정권의 붕괴 과정」, 『역사문화연구』 제36집, 2010, 178면.
94 석산 서석순박사 고희기념문집 발간위원회 『석산 서석순박사 고희기념문집』 174~77면.
95 국방대학원30년사, 신문기사 등에서 확인되는 권정식의 이력은 다음과 같다. 1956년 육군대학 9기 졸업(3등 육군참모총장상 수상)하고, 1961년부터 1964년까지 국방대학원 교수(육군 대령), 1964년 육군본부 감찰차관 등을 역임했다. 이후 1965년 1월 준장으로 승진한 뒤, 같은 해 8월 숙환으로 사망했다. 그는 군내 특정 파벌과 관련이 없었던 것으로 보인다.

를 '민주혁명'이라 높게 평가하고, 제2공화국의 핵심과제가 '구악 일소'를 통한 민주주의 기반의 강화에 있다고 본 인물이다.

권정식은 1964년 4월 발간한 저서 『군인정신의 양식』에서 한국군이 안고 있는 여러 문제점과 함께 군의 정치개입에 관한 자신의 견해를 밝혔다.[96] 그는 '부상의 현대화'를 '외면적인 근대화'로 비유하고, '군의 민주화'를 '내면적인 근대화'로 비유하며, 군이 권위주의, 파벌주의, 무사안일주의 등을 청산하여 민주화를 달성하지 못하면 한국군은 현대적 군으로 재탄생할 수 없다고 지적했다.[97] 권정식은 민주주의는 이기주의와 구별되는 개인주의를 기반으로 삼는다고 이해했다.

이러한 그에게 만군·일군 등과 같이 군 출신별로 파벌을 짓거나, 지연·학연 등으로 뭉치는 모습은 '구시대의 유물'일 뿐이며, 일본군은 한국군에 요령주의를 유산으로 남긴 존재이자 상층부 대부분이 부정부패로 찌든 집단에 불과했다.[98] 박정희나 5·16군사쿠데타 세력이 일본의 메이지 유신이나 일본 군부의 쿠데타 시도인 2·26사건을 높게 평가했던 것은 잘 알려진 사실이다.[99] 권정식은 민주화를 근대화의 주요한 평가 기준으로 삼을 때 일본사를 평가하는 방식이 완전히 달라졌음을 보여준다.

권정식은 한국이 처한 여건은 군의 정치개입을 초래하기 쉽다고 보았다. 권정식이 볼 때 국내적으로 '국방 보전'이라는 과제 앞에서 정치와 군사력의 '주종적인 관계'가 흔들리기 쉬우며, 국제정치 무대에서 군사력의 영향력을 증대시키는 '냉전'은 이러한 경향을 더욱 촉진하는 구조적인 요인이

---

96 권정식은 저술 의도가 수년간 인간적·도덕적으로 '용서할 수 없는 갖가지 불상사'를 겪은 군을 정신적으로 제고하는 데 있다고 밝혔다(권정식 『군인정신의 양식』, 백문사 1964, 9면).
97 같은 책 3면; 권정식 「6·25전란과 한국군의 현대적 성장」, 『공군』 제85호, 1964.3, 46면.
98 권정식 『군인정신의 양식』 7, 141면.
99 이석제 『각하, 우리 혁명합시다』, 서적포 1995, 64~65면.

었다. 창군 이래 군대의 육성·강화에만 치중하여 군에 대한 통제와 억제 방침을 제대로 마련하지 못한 점도 문제였다.[100]

하지만 권정식은 이러한 국내외적인 여건이 군의 정치개입에 정당성을 결코 부여할 수 없다고 보았다. 그는 군의 정치적 중립이 국가안보 확보를 위한 필수 조건인 이유를 다음과 같이 열거했다. 첫째, 총력전으로서 현대전을 대비해야 하는 현실에서 군대는 정치·사회적 안정의 확립에 이바지하는 존재가 되어야 했다. 권정식이 볼 때 군이 할 수 있는 가장 긍정적인 역할은 대외 안보에 관한 확신을 주어 경제 침체로 인한 만성적 빈곤과 연이은 정권교체에 따른 사회불안에 고통받는 국민이 삶을 포기하지 않고 용기를 낼 수 있는 기반을 제공하는 데 있었다.

둘째, 군의 정치적 중립은 국제적인 지지를 받기 위한 전제조건이라는 것이다. 권정식은 군의 정치적 중립은 대외적으로 한국이 법치국가임을 인정받는 주요한 요건이며, 한국이 법치국가로 인정받아야 국제적인 지지를 받을 수 있다고 설명했다.[101]

셋째, 남북 대치 상황에서 군사쿠데타는 결코 용인될 수 없는 행위였다. 권정식은 군사쿠데타나 군의 정치참여가 마치 '유행처럼' 번지고 있는 중남미 지역과 한국은 전혀 다른 여건이라고 강조했다. 중남미 지역 국가에서 쿠데타 발발과 국가 존립이 별개의 사안일 수 있으나, 한국은 국가 자체가 없어질 수 있다는 것이다. 권정식은 군의 정치개입 또는 정치지배를 시도하는 군 내 세력들을 "군이 아니고 무장한 정당"일 뿐이라고 단호하게 비판했다.[102]

권정식은 루이스 스미스의 견해를 따라 군의 정치지배 유형을 직접 정권을 장악하는 '프레토리아니즘'(Praetorianism), 특정 정당을 통해 지배하는

---

100 권정식 『군인정신의 양식』 230~34면.
101 같은 책 240~42면.
102 같은 책 248면.

'시저리즘'(Caesarism), 그리고 '병영국가'(garrison state)로 구분하고, 이 세 유형이 한국에서도 쿠데타 이래 발현되었음을 지적했다. 그에 따르면 5·16 군정 수립으로 프레토리아니즘이 현실로 되었고, 시저리즘도 1963년 3월 15일 최고회의 광장에서 일군의 수도방위사령부 장교들이 벌인 군정 연장 '데모'로 나타났다. 그는 군정 연장을 요구한 장교단 데모기 국민의 복지와 자유를 확립하기 위해서는 문관이 군을 통제하고 민주주의적 권위에 종속 시켜야 함을 재차 확인해준 부정적인 사례라고 비판했다.[103] 권정식은 군 정 연장 데모를 군의 명예를 더럽힌 치욕스러운 사건으로 여겼지만, 1963년 2월 27일 국방부 장관, 각 군 참모총장, 해병대 사령관 등이 '군의 정치적 중 립'을 선포한 것에 관해서는 "군의 존재를 국가이익을 보전하는 방향으로" 자리매김하려는 조치라고 높게 평가했다.[104]

권정식은 냉전·분단으로 한국이 처한 현실, 즉 '총력전의 성격' '국방의 초긴요성(超緊要性)' 그리고 '국방의 대외의존으로 인해 군이 정부의 통제 밖에서 움직이기 쉬운 실태' 등의 여건을 주목했는데, 그 이유는 이러한 현 실이 대중을 '전쟁 발발과 절멸'의 불안감에 휩싸이게 할 가능성이 매우 크 고 병영국가가 등장하는 데 호조건을 제공한다고 판단했기 때문이다. '병 영국가'는 대중의 안보불안을 조장하며 번성하는 군의 지배 유형이기 때문 이다.[105] 권정식의 우려는 1960년대 말 70년대 초 박정희 정부에 의해 현실 이 되었다.

권정식의 사례는 군인들의 민군관계 인식은 군의 권력 장악이나 정치 개입 을 통한 민군관계의 역전을 추구하는 방향으로 일방적으로 경도되지 않았으 며 또한 군정 기간에도 그러한 지향이 완전히 거세되지 않았음을 확인시켜준

---

103 같은 책 227면.
104 같은 책 238면.
105 같은 책 236~37, 245면.

다. 이를 놓고 볼 때 5·16군사쿠데타는 '군의 정치적 중립'과 국민의 군대로서 정체성을 확립하려는 군내 지향이 크게 위축되는 계기였다고 할 수 있다.

간접침략론의 부각과 국가안전보장 전략의 방향

5·16군사쿠데타를 벌인 군인들은 권력을 장악하자마자 '반공태세의 재정비와 강화' '미국을 위시한 자유 우방과의 유대강화' 그리고 '국민도의와 민족정기 바로잡기' 등을 주요 실천사항으로 내걸었다. 쿠데타 세력은 정치적·사회적 불만이 폭발 직전인 상황에서 공산세력의 '간접침략'과 '용공세력'의 준동을 방관하면 '내부침략'으로 공산화될 수 있는 상황이 명백해졌기에 군이 나설 수밖에 없었다고 강변했다.[106]

주지하다시피 쿠데타 세력은 냉전·분단체제에서 벗어나려는 지향을 다시 이념의 잣대로 재단하며, 집권하자마자 반공체제의 재정비와 강화를 위해 반공법 제정, 국가보안법 개정 등을 시행했고, '특수범죄자 처벌에 관한 특별법'을 소급 적용하여 통일운동과 사회민주화를 전개한 혁신계 인사 및 학생들을 '용공분자'로 몰아 탄압했다.[107] 여기에 쿠데타 세력은 중앙정보부를 신설하여 정보 수집 및 사찰 역량을 크게 강화했다.

쿠데타 세력은 5월 19일 첫 기자단 회견에서 '반공'이라는 목표 아래 미

---

106 공보부 『정부 중요시책 및 업적』 1961, 77~78면.
107 장면 정부에서 5·16군정으로 이어진 반공법 제정에 대해서는 다음 논문 참조. 후지이 다케시 「4·19/5·16 시기의 반공체제 재편과 그 논리」, 『역사문제연구』 제25호, 2011. 군사쿠데타 직후부터 1962년 8월까지 전국 경찰이 반국가적 용공분자로 검거한 인원은 3,000여명이 넘었다. 여기에는 정당인(1,083명), 교직원(818명), 사회단체원(408명), 학생(236명), 언론인(80명) 등이 포함되었다(韓國軍事革命史編纂史委員會 『韓國軍事革命史』 제1집, 1963, 174면).

국과 이해를 같이하고 있음을 천명하고,[108] 다음 날 5월 20일에는 이를 재차 확신시켜주기라도 하듯이 이른바 '군사혁명'을 완수하는 데 필요한 구호를 '간접침략 분쇄하자'로 삼는다고 공포했다. 쿠데타 세력은 '간접침략 분쇄' 를 군사혁명 완수를 위한 기치로 내건 이유로 북한이 "무력에 의한 침략방식을 버리고 사상적·사회적·경제석 혼란을 조장시킴으로써 남한을 내부로부터 적화시키려" 하기 때문이라고 설명했다.[109]

군사쿠데타 세력의 '간접침략' 위협의 부각은 이들이 미국의 동아시아 냉전전략과 공명한 세력이었음을 말해준다. '간접침략'은 1946년 그리스 내전에서 게릴라 원조행위를 놓고 유엔에서 처음 언급되었다가 이후 1956년 유엔 특별위원회에서 논의되었는데, 이 용어는 타국의 내정에 개입하여 내란 또는 전복활동을 조장하는 행위 또는 타국을 공격할 목적을 가진 무장단체를 원조하거나 자국 내에서 활동하는 행위를 지칭하는 개념으로 정의되었다.

1950년대 말 아이젠하워 정부도 공산주의자의 전복, 폭동을 우려하며 기존 대량보복전략에 치중된 냉전전략의 수정을 재고하기 시작하면서, 간접침략의 위험성을 부각하기 시작했다. 1958년 아이젠하워 대통령은 레바논에서 반미시위가 고조되고 이어 내전이 전개되자 공산주의자들의 간접침략에 대한 대처라는 명분을 내걸고 파병을 결정했다. 이듬해 크리스천 허터 (Christian A. Herter) 미 국무부 차관이 공산주의자들이 파괴활동과 경제적·정치적·심리적 방법을 동원한 침투작전에 주력하고 있다고 언급하며 공산주의자들의 간접침략을 재차 부각했다.[110]

---

108 「한미 간 유대강화는 반공태세강화의 길이다」, 『동아일보』 1961.5.20.
109 「간접침략을 철저히 분쇄하자」, 『경향신문』 1961.5.23; 정태진 편 『5·16 군사혁명 요람』, 재정사 1961, 17면.
110 「핵시대의 방위문제」, 『국방연구』 제4호 부록, 1959.3, 120면.

아이젠하워 정부는 1954년부터 공산주의 세력의 위협을 받는 저개발국가들에서 전복, 폭동 등의 발생을 우려하며 '미 국제협조처'(ICA)의 원조프로그램을 활용하여 해당국 경찰이 '내부 안보' 대처 능력을 확보하도록 만드는 데 관심을 가졌다.[111] 한국도 이 프로그램 지원을 받은 국가 중 하나였다. 물론 아이젠하워 정부가 대량보복전략에 쏟은 재원에 비하면 이는 극히 미미한 수준에 불과했다.

주한 미 원조사절단(USOM/Korea, 이하 '유솜'으로 약칭) '공안국'(Public Safety Branch) 관계자들은 4월혁명 시기 경찰의 행동을 보며 이승만 정부 시기 경찰원조 프로그램이 성공을 거두지 못했다고 평가하면서도 공산주의자들의 체제전복을 막기 위해서는 한국 경찰이 '비유혈적'인 방식으로 대규모 소요나 대중 시위를 통제할 수 있는 능력을 갖추도록 원조 프로그램을 지속할 필요가 있다고 주장했다.[112]

'간접침략 분쇄'는 군정 기간 내내 반복적으로 강조되었고, 이후 박정희 정부의 억압적인 통치를 정당화하는 핵심적인 논거로 활용되었다. 1961년 10월 국가재건최고회의 최고위원 김형욱(金炯旭)은 '간접침략'을 "내부적 무장폭동과 외부적 물심공세가 합세하여 국내기관을 전복하고 정권을 탈

---

[111] 아이젠하워 정부는 1954년부터 미 국제협조처(ICA)를 통해 공안원조계획(Public Safety Program)을 입안하고 이듬해 인도네시아 지원을 시작으로 각국에 대한 원조계획을 본격적으로 추진했다. 이 계획은 베트남, 태국, 한국, 콩고, 파키스탄, 사우디아라비아, 브라질, 과테말라, 자메이카, 우루과이 등 여러 국가에서 시행되었으나, 국제협조처의 전체 원조계획에서 차지하는 비중이 크지는 않았다('History of Office of Public Safety (1955 to Present),' 1970, 2~4면, RG286. Subject Files, 1956-1975 (Entry A1 31), Box 24, 국사편찬위원회 전자사료관).

[112] 'Subject: End of Tour Report Control No. U-513, Irven S. Brown, Chief Public Safety Advisor,' 1960.11.15, 4면, RG469, Korea Subject Files 1950-1961, Box 169, NARA; 'Subject: Korean National Police, (a) Memo to Dr. Moyer Regarding the USOM Support Program,' 1960.7.22, 6면, RG469, Korea Subject Files 1950-1961, Box 169, NARA.

취할 수 있게끔 주·객관적 조건을 인위적으로 농숙시키는 전법"이라 규정하고,[113] 공산세력이 "정권 이양의 불가피성 강조, 군정의 협찬 방해, 방관주의의 유익성 강조, 반제·반군정 감정의 고조, 평화통일 강조" 등을 고무하는 심리·사상전을 전개할 것이라고 내다보았다.[114] 김형욱의 논조는 쿠데타 세력의 집권 유지에 부정적인 영향을 미칠 수 있는 모든 행위를 '용공적인 태도'로 단정하여 탄압하겠다는 의사를 노골적으로 밝힌 것이다.[115] 정권 안보의 수장인 중앙정보부장을 맡은 김재춘(金在春)과 같은 이에게 '간접침략' 위협을 강조하는 일은 빼놓을 수 없는 사안이었다.[116]

군사쿠데타 세력은 어렵사리 민정 전환에 성공한 후에도 간접침략 차단과 내부 불안 요인의 제거를 국가안보의 핵심과제로 삼았다. 이는 1963년 헌법개정을 통해 신설된 국가안전보장회의의 운영 방향으로 표출되었다. 대통령 직속기관으로 신설된 국가안전보장회의는 국가안전보장에 관련된 대내외 정책과 군사정책을 자문하는 역할을 맡았고, 국무총리, 경제기획원장, 외무부 장관, 내무부 장관, 국방부 장관, 중앙정보부장 및 기타 대통령이 위촉하는 이들로 구성되었다.[117] 국가안전보장회의의 신설은 1950년대 말

---

113 김형욱 「간접침략이란 이런 것이다」, 『최고회의보』 제2호, 1961.10, 145면.

114 같은 글 149면.

115 그는 선동에 초점을 맞추고 유격전과 같은 무장투쟁을 간접침략의 내용에 포함하지 않았다(같은 글 146~47면). 그러나 1965년 이후 '간접침략' 범주에는 심리전, 선전공세, 간첩활동, 태업, 전복활동뿐만 아니라 유격전까지 포함되었다. 1965년 '민방위개선위원회'가 작성한 법안에는 유격전이 포함되었고, 1970년대 초반 민방위 관련 서적에도 마찬가지로 포함되었다(「부작용 걱정」, 『동아일보』 1965.11.25; 이성구·황의백 『한국의 민방위』, 세우출판사 1972, 137면).

116 김재춘 「간접침략과 국민생활」, 『최고회의보』 제9호, 1962.6; 김재춘 「간접침략을 분쇄하는 길」, 『최고회의보』 제21호, 1963.6 등 참조.

117 1960년대 중반 국가안전보장회의 산하에는 정책기획실과 조사동원실이 설치되었고, 국방부에서 파견된 현역군인 10여 명을 포함한 60여 명이 근무했다. 언론은 국가안전보장회의가 안보 관련 핵심 주제들을 다루기 위해 소집되었으나 중요 정책 논의는 청와대에서 열

군에서 제기된 국가안전보장 시스템의 부실에 대한 제도적인 대처라 할 수 있으나, 국가안전보장회의를 이끈 이들은 1950년대 말 '외부 위협'을 중시한 군인들과 달리 '내부 위협'을 중시했다.

1964년 국가안전보장회의 초대 상임위원장은 과거 만주국 간도특설대의 핵심 간부였던 송석하였다.[118] 송석하는 국가안전보장에서 '내환에 대한 국내 안정'의 확보가 큰 비중을 차지하게 되었다고 설명하며, 간접침략에 대한 철저한 대비와 함께 정치·경제·사회 각 분야에 걸쳐 안정을 공고하게 다져야 한다고 강조했다.[119] 그는 '냉전' 상황에서 국가안전보장은 대외적인 군사·외교만으로 불가능하고, '국내 안전에 대한 위협과 그 요소'를 시급히 제거해야 한다고 강조했다. 송석하가 중시한 냉전은 간접침략, 내부전쟁으로 규정된 냉전임을 알 수 있다. 송석하는 간첩·태업·전복·게릴라 등 간접침략에 대비하기 위한 민방위 설치 법안을 추진했으나, 국민의 자유권과 기본권을 침해할 우려가 크다는 비판을 받고 입법을 성사시키지 못했다.[120]

리는 정부·여당 연석회의에서 다루어지고 있음을 지적하며, 국가안전보장회의는 문자 그대로 '자문' 이상의 역할을 하지 못해 미국 정부의 그것보다 위상이 크게 낮다고 지적했다(「정책의 산실(4): 메이커와 입안 과정 — 국가안전보장회의」, 『조선일보』 1966.5.10).

118 송석하는 5·16쿠데타에 참여하지 않았지만, 군정 기간에 국방연구원 원장, 전역 후 1964년부터 1967년까지 국가안전보장회의 사무국장 등을 역임했다. 1966년 국가동원체제 연구위원장을 맡았다는 언급이 있으나 재직 여부는 분명하지 않다.

119 송석하 「국가안전보장의 현대적 개념과 우리나라의 국가안전보장회의」, 『국회보』 제39호, 1964.12, 136~37면. 송석하는 국내 안정과 관련하여 국가안전보장회의가 자문하는 '국내 정책'들로 국내 공안(公安)계획, 긴급재정계획, 민간동원계획, 노동정책, 국민여론 선도책 등을 열거했다(같은 글 137면). 언론에 따르면 신헌법 심의과정에서 국가안전보장회의에 관해 큰 이론(異論)이 있었다고 하나 세부 내용은 알 수 없다(「이렇게 다뤄졌다」, 『동아일보』 1962.11.5).

120 「부작용 걱정」, 『동아일보』 1965.11.25. 1965년 2월 24일 대통령령으로 민방위개선위원회 규정이 공포되었다. 이는 민방위체제와 법령조정에 관한 조사연구를 위해 국가안전보장회의 산하에 민방위개선위원회를 설치한다는 내용을 담았다(『관보』 제3973호, 1965.2.24, 1면; 송석하 「우리나라의 민방위 문제」, 『국회보』 제45호, 1965.6, 35면). 국민의

송석하의 냉전 및 국가안보에 관한 견해는 박정희의 발언을 그대로 옮긴 것이다.[121] 간접침략론에 규정된 박정희의 안보관은 정부의 일방적·반역사적 한일협정 체결에 대한 전국민적 반대시위를 언급한 발언에서 잘 드러난다. 1964년 8월 국방대학원 졸업식에 참석한 박정희는 한일협정체결 반대시위를 계기로 국가안전보장을 위해서는 '사회적 안전'이 선행되어야 한다는 점을 절감했다고 언급하며, 공산세력의 대외적 침략에 대비하는 것 이상으로 정치·사회적 불안에 편승한 대내 공산세력의 준동을 막는 내부 안보의 확보가 중요하다고 강조했다.[122] 박정희는 일제 식민지배의 올바른 청산을 요구하는 전 사회적인 항쟁을 간접침략론에 입각한 냉전 논리를 동원해 공산세력의 준동을 야기하고 안보불안을 일으키는 '사태'로 규정했다.

쿠데타 세력의 '반공을 위한 국민운동' 전개

1949년 정훈장교 이소는 '국방국가'의 작동을 위해서는 '철석같은 국민조직'의 결성이 필요하다고 역설했는데, 이러한 인식은 전쟁을 거치며 군인들의 사고 속에 확고하게 자리 잡았다. 1952년 육군본부 정훈차감 김병률(金炳律)은 대공전의 승리를 위해서는 항구적 국민조직이 필요함을 주창했는데, 당면한 전쟁뿐만 아니라 도래할 전쟁에서 '필승'하기 위해서는 국민조직의 강화가 절박한 과제라고 보았다.[123]

기본권 침해로 논란이 컸던 민방위법은 1967년 다시 논의되었으나 역시 사회적인 반대에 직면하여 입법되지 못하다가, 1975년 남베트남 패망 이후 박정희 정부가 안보위기 정국을 조성하여 이른바 '전시입법(戰時立法)' 중의 하나로서 통과되었다.

121 「대내안전에 중점」, 『경향신문』 1964.3.9; 「정책조정위안 논의」, 『경향신문』 1964.3.7.

122 국방대학원30년사편찬위원회 『국방대학원30년사』, 국방대학원 1987, 295면.

123 김병률은 '육사 7기 특별반'으로 박정희로부터 교육을 받았다. 쿠데타 직후 계엄사령부

그런데 김병률은 전면전에 대비하기 위한 국민동원 조직의 필요성을 강조하는 데 그치지 않고, 후방에서 유격전이 전개되는 현실을 주목하며 국민조직의 강화를 역설했다. 1952년 김병률은 지금 치르고 있는 전쟁이 총력전이자 자유진영과 공산진영의 사상이 대립하는 전쟁으로서, 사상전 성격을 강하게 지닌 전쟁에서 승리하기 위해서는 '사상의 통일'과 함께 '적의 후방 교란 책동 방지'가 중요하다고 보았다. 그리고 이러한 두 과업을 수행하기 위해서는 국민조직의 강화를 통해 국민 스스로가 '멸공전선'에 나서도록 하고, 대중을 국민조직에 강력하게 결합시켜 '게릴라'를 고립시켜야 한다고 보았다.[124]

　　김병률이 볼 때 이승만 정부와 민간인이 주도한 기존의 국민운동은 당면 과제에 전혀 대처하지 못하고 실패한 운동에 불과했다. 즉, 기존 국민운동이 제대로 되었다면 전시의 후방에서 '게릴라의 준동'도 없었을 것인데, 운동 지도자들이나 정치가들이 '이기적 정권 야욕'을 갖고 국민운동을 이용하려고만 했고, '한청, 대한국민회, 대한농총, 대한노총, 전국문화단체총연합회' 등은 국민운동의 성격을 지녔으나 실상 권력 장악의 도구에 불과했다. 1952년 말 김병률은 정전협정이 체결되더라도 그 본질은 군사작전의 일시적인 중지에 불과하며, '장기전'이 시작되리라 전망했다. 그리고 장기전의 대비는 '국민총력에 의한 새로운 체제의 전투태세·국방태세'를 갖추는 것이고, 새로운 국민총력의 국방태세의 완비는 '철통같은' 국민조직의 결성에 달려 있다고 거듭 강조했다.[125]

　　보도국장을 잠시 맡았다가, 제1군사령부 기획참모부장, 육본 관리참모차장을 거쳐 1964년 ~1968년에 걸쳐 국방부 정훈국장(섭외국장)을 장기간 역임했다. 이 시기 소장으로 진급했으나 1968년 국방부 3개년 계획 누설사건에 연루되어 다른 장성들과 함께 경질되었다. 이후 통일주체국민회의 서울시 대의원으로 이름을 올렸다. 1977년 사망했다.

124 김병률 「현대전과 국민조직」, 『국방』 제10호, 1952.1, 34면.
125 같은 글 36면.

김병률의 논의는 '국민조직의 강화'를 중시하는 군부가 국민조직을 정권
재창출의 수단으로 활용하는 이승만 정부의 상황을 지켜보며, 민간주도 국
민운동에 대한 불만을 키웠을 가능성이 컸음을 짐작하게 한다. 5·16군사쿠
데타 세력의 국민운동 중시와 정당정치에 대한 불신은 쿠데타를 정당화하
기 위한 일시적인 것이 아니라, 군인들의 사고에 싶게 뿌리 내린 대의정치
에 대한 불신과 국민운동에 대한 지향이 드러난 것이라 할 수 있다. 1962년
8월 주한미대사관 참사관 필립 하비브(Philip C. Habib)가 지적했듯이, 군사
쿠데타 세력이 드러낸 정치에 대한 불신은 만주국 시절 역시 정치를 혐오한
관동군으로부터 받았던 영향까지 거슬러 올라갈 정도로 그 연원의 뿌리가
깊었다.[126] 1952년 김병률은 일제의 '대정익찬회(大政翼贊會)'가 국민의 국
정 참여를 무시했기 때문에 민주주의 제도를 취하고 있는 한국에 적용할 수
없으며, 자신이 관제 국민운동을 주창하는 것이 아니라고 여러 차례 언급했
다. 그의 언급은 1950년대 초까지도 일제하 국민운동의 경험이 무시할 수
없을 정도의 영향을 미치고 있었음을 방증한다.

5·16군사쿠데타 세력은 권력을 장악하자마자 대의민주주의 제도를 부정
부패의 근원으로 규정하고 국민운동을 대대적으로 추진했다.[127] 1961년 5월
27일에 공포된 '최고회의법'에 따라 재건국민운동본부가 발족되고, 곧이어
'재건국민운동에 관한 법률'(1961.6.11)이 공포되면서 국민운동이 본격적으
로 전개되었다. 동아일보 사회부 기자 홍인근(洪仁根)에 따르면 군사쿠데타
준비 중에 '재건국민운동' 기구의 설치를 김종필과 강상욱(姜尙郁)이 추진

---

126 'Korean Military Factionalism,' 1962.8.17, 7면.

127 동아일보 사회부 기자였던 홍인근에 따르면 쿠데타 세력은 거사 이전부터 이미 국민운
동을 구상했다. 쿠데타 성공 직후인 5월 20일, 강상욱 등 장교 7명이 국민운동에 대한 구체
안을 작성하고, 운동에 참여할 민간인들을 통제하기 위해 국민운동 기구를 관제 기구로 배
치했다(홍인근 「재건국민운동」, 『신동아』 1965.2, 155면; 이지형 「전진하는 국민운동」, 『재
건통신』 제6호, 1962.6, 6면).

했으며, 군정 기간 재건국민운동본부에 대한 감독은 형식적으로 최고회의 문교사회위원회에 있었으나 실질적인 감독권은 김종필이 이끄는 중앙정보부가 쥐고 있었다고 한다.[128] 실제 중앙정보부가 재건국민운동 운영에 어느 정도 영향력을 행사했는지는 분명히 알 수 없으나, 중앙정보부는 국민운동 조직을 방첩, 방공 그리고 대민통제의 수단으로 중시했을 가능성은 크다.

1961년 6월 12일 7만여 명의 학생, 시민들이 동원된 '국가재건 범국민운동 촉진대회'가 열렸다. 이날 국가재건최고회의 의장 장도영은 격려사에서 재건국민운동을 기본적으로 반공을 위한 국민운동으로 여기고 있음을 분명히 밝혔다. 그는 "빈곤과 혼란을 틈타 부단히 침투하려는 공산주의를 막기 위해 투철한 반공정신으로 무장하고 동시에 반공체제를 강화하고 승공의 참된 힘을 길러 용공분자들을 철저히 분쇄하여 공산 위협으로부터 국토를 수호"하는 것을 당면과제로 천명했다.

이 자리에서 '용공적 중립주의 사상'을 일체 배격할 것이 결의되었고, '승공 민주이념의 확립(용공주의 사상의 배격)' '내핍생활의 여행(勵行)' '근면정신의 고취' '생산 및 건설의식의 고취' '국민도의의 앙양' '정서관념의 순화' '국민체위의 향상' 등 일곱 가지가 재건국민운동의 목표로 제시되었다. 재건국민운동본부 차장 이지형(李贄衡) 준장이 "간접침략 분쇄하자"를 외치고, 국가재건최고회의 부의장 박정희가 만세삼창을 하며 이날의 행사는 막을 내렸다.[129]

재건국민운동에는 '반공 국민'의 주조라는 목표를 공유한 학계, 문화계, 언론계 인사들이 결합했다. 유달영(柳達永)과 같은 민간인 본부장은 '반공'이라는 목표를 공유했으나 재건국민운동을 민간이 주도하는 항구적인 국

---

128 홍인근 「재건국민운동」 156~57면.
129 「국가재건에 총궐기」, 『동아일보』 1961.6.12.

민운동으로 만들고자 했다.[130] 1961년 7월 말까지 두 달여의 짧은 기간 동안 모든 마을에 재건국민운동 촉진회와 산하 조직 재건반(再建班)이 신설되었고, 이후 연이은 조직 개편을 단행하여 마을마다 재건청년회와 재건부녀회 대표가 핵심이 된 '이·동 재건위원회'가 설립되었다.[131]

쿠데타 직후 박정희는 이른바 '반공 국시의 현창'이라는 과제를 완수하기 위해서는 정치·경제적 과제의 수행에 앞서서 '국가 기강과 사회정의' 확립을 위한 대대적인 범국민운동을 전개할 필요가 있다고 역설했다.[132] 국가재건최고회의 문교사회위원회 위원장을 맡았던 손창규(孫昌奎) 준장은 '구정치세력'의 '조직적인 부정·부패'가 국민의 일상생활 양식에까지 침투했으며, 이는 곧 공산당의 간접침략과 세력 확장을 초래할 수 있는 요소가 국민생활 속 깊숙이 침투한 것을 의미하기에 시급한 제거가 필요다고 주장했다.[133]

이후 그는 1962년 1월에 열린 각도 지부장 연석회의에 참석하여 재건국민운동의 '민족적 과업'이 단지 민생고 해결에 있는 것이 아니고 '후진성'을 극복하여 북한을 능가할 수 있는 실력을 배양하는 데 있다고 강조했다.[134] 쿠데타 세력은 후진성 극복이 반공의 첩경이라는 주장을 반복하며 민중을 정신개조의 대상으로 만들었다. 김동하는 지방적 파벌 의식, 불로소득을 추구하는 비진취성 등과 같은 고질적인 민족성으로 인해 아시아적 정

---

130 이에 대해서는 다음 글을 참조. 허은 「5·16군정기 재건국민운동의 성격: '분단국가 국민운동' 노선의 결합과 분화」, 『역사문제연구』 제11호, 2003. 군정 기간 유진오(1961.6~1961.9), 유달영(1961.9~1963.4), 이관구(1963.5~1964.2) 세 명이 재건국민운동 본부장을 역임했다.

131 1963년 9월 당시 재건국민운동의 조직현황은 "11개 시·도 지부, 189개 시·도·구 지부, 2,759개 읍·면·동 재건위원회, 25,316개의 리·동·통 재건위원회에 375,787명의 각급 위원회 위원, 45,009개의 재건청년회와 44,591개의 재건부녀회에 총 3,363,638명"이 소속되어 있었다(「우리의 종합보고」, 『재건통신』 제9·10합호, 1963.9, 58면).

132 박정희 「혁명정부의 사명」, 『최고회의보』 창간호, 1961.8, 5면.

133 손창규 「국가재건을 위한 전제와 사회문화정책의 방향」, 같은 책 110~11면.

134 「각도 지부장 및 지부차장, 연석회의 개최」, 『재건통신』 제1호, 1962.1, 37면.

체성을 극복하지 못하고 식민지화에서부터 공산당의 남침까지 허용하는 결과를 가져왔다고 주장했다. 그는 재건국민운동의 초점이 '인간혁명과 민족성 개조'를 위한 정신혁명에 맞추어져야 한다고 주장했다.[135]

재건국민운동본부 운영부장 심이섭(沈怡燮) 대령은 위로는 쿠데타 핵심 인사의 의사부터 밑으로는 각도 지부장이나 차장급으로 참여한 군인의 의사까지 대변, 관철하는 위치에 있었다. 그의 견해는 쿠데타에 적극적으로 동참한 군인들의 국민운동관을 보여준다.

재건국민운동 조직의 체계가 잡힌 시점인 1962년 1월에 심이섭은 국민운동의 기본 목표가 '반공이념'으로 철저히 무장한 조직원들이 민중을 계몽하여 '반공태세'를 확립하는 데 있다고 역설했다.[136] 그는 "이북에 공산당이 있다면 이남에는 오직 전체 국민으로 된 혁명적 범민중조직이 있을 뿐"이라 언급하며 냉전·분단의 대립 구도에서 재건국민운동의 역할을 규정했다.[137]

재건국민운동본부는 '반공태세'를 갖춘 국민을 만들기 위해 다양한 사업을 벌였다. 일례로 승공이념 확립운동의 하나로 1962년 6월과 11월 '반공토론대회'를 개최했으며,[138] '방첩강조 및 간첩자수 주간'(1962.11.19~62.12.18)에는 '간첩색출운동'을 전개했다. 방첩행사 주간에는 표어·포스터·시 경연대회, 반공웅변대회와 강연대회, 좌담회, 전시회 등이 개최되었고, 반공영화가 순회 상영되었으며, 전단 및 인쇄물도 대거 배포되었다.[139] 재건국민운동본부는 간첩색출운동을 무기한 시행하기로 정하고 관련 교재 3,000부를 제작

---

135 김동하 「창간사」, 『최고회의보』 창간호, 1961.8, 2면.
136 심이섭 「조직활동의 강화를 위하여」, 『재건통신』 제1호, 1962.1, 8면.
137 심이섭 「발전의 여지」, 『재건통신』 제6호, 1962.6, 12면.
138 재건국민운동본부 『재건국민운동』 1963, 48~49면. 토론대회의 주제는 '공산주의에 이기는 길' 'A. 승공을 위하여 경제재건이 앞서야 한다. B. 승공을 위하여 사상재건이 앞서야 한다' 등이었다.
139 같은 책 49면.

사진 14 재건국민운동본부 주최 전국반공웅변대회

사진 15 반공모범부락 및 간첩체포 유공자 표창식(1963.8)

하여 배포하기도 했다.[140]

한편, 심이섭은 정당정치에 대한 불신을 노골적으로 드러냈다. 그는 1962년 6월 재건국민운동 1주년 특별사에서 개인과 정당을 통해 정치를 한다는 생각은 구시대적인 발상이며, '정당정치'로의 회귀는 시대의 흐름에 역행하는 것이라고 비판했다.[141] 그는 민정 이양이 공개적으로 논의될 때인 1963년 1월에는 정당정치를 용인하는 모습을 보였으나, 이때도 그는 국민 생활에 관한 전반적인 지도는 국민운동 조직이 담당해야 한다고 강조했다. 군인 심이섭은 정당정치에 대한 불신을 거두지 않았다.[142]

국민운동 조직을 북한 공산주의와의 대결에서 승리하기 위한 핵심 수단으로 여긴 심이섭은 '국민의 대동단결'을 위한 사업을 적극적으로 배치했다. 심이섭은 특히 '자매결연운동'을 중시하여, 자매결연사업을 통해 문화 교류, 경제교류 등을 촉진하여 전 국민을 '하나의 이념'으로 묶어내고, 문화적·경제적으로 뒤처진 마을이 부흥을 이룰 수 있도록 상부상조해야 한다고 강조했다.[143]

자매결연운동은 군정과 재건국민운동본부가 군정 전 기간에 걸쳐 전력을 기울인 사업 중의 하나였다. 군사쿠데타 직후인 1961년 9월 군정 공보부와 재건국민운동본부가 대내적인 균열의 통합을 목표로 삼은 유사한 계획을 동시에 추진했다. 군정 공보부는 '지역사회 상호 친선관계 결연에 대한 사업계획'을 도시와 농촌 간의 균열과 갈등 요인의 제거를 목표로 추진했다.[144] 공보부가 지역사회의 상호 친선을 위해 추진한 사업은 주로 궁벽한

---

140 「재건국민운동 일주년 주요사업」, 『재건통신』 제6호, 1962.6, 28면.
141 위와 같음.
142 심이섭 「국민운동의 갈 길」 『재건통신』 제1호, 1963.1, 14면
143 같은 글 10면.
144 공보부가 내건 목적은 크게 네 가지였다. ① 지역사회 상호 간의 깊은 이해와 친선을 도모하여 도시와 지방의 차등을 불식한다. ② 인보상조의 미풍을 되살려 분열을 방지하고 배

농촌에 라디오와 신문 보내기였다. 한편, 재건국민운동본부는 "국민 전체를 5·16군사혁명 주체세력 중심으로 굳게 단합"시키기 위해 공무원, 문화인, 종교인, 학생, 교육자, 중소기업인과 노동단체 등 7개 부문에서 단합운동을 추진하고 농촌을 대상으로 한 '이상촌 건설운동'을 벌인다는 계획을 발표했다. 재건국민운동본부가 발표한 이상촌 건설운동은 도시 중요기관, 사회단체 및 학교와 농촌 마을이 자매관계를 맺어 농촌문고 및 보건시설 설치와 농촌 학생 장학지원제도의 구비 등을 목표로 삼았다.[145] 이상촌 건설운동은 곧 자매결연운동의 시작이었다.[146]

군정 마지막 해인 1963년 한 해 동안 추진된 자매결연사업이 5,000여 건을 상회할 정도로 군정 말기까지 자매결연사업은 재건국민운동의 역점 사업이었다.[147] 재건국민운동본부와 읍·면·동 각급 지구별 조직들은 자매결연을 알선하고, 자매결연운동 계획의 관리, 조정 등 행정적 지원을 맡았다.[148]

타심을 지양하여 모든 국민의 단합을 기한다. ③ 농어촌에 대한 도시의 자발적인 협조 정신을 촉구한다. ④ 도시와의 결연으로 농어촌 후진성의 극복을 꾀하고 경제적·문화적 혜택을 충분히 받음으로써 이농의 경향을 없게 하는 동시에 애향심을 고취한다(「서울·벽촌 자매결연운동」, 『조선일보』 1961.9.18).

145 「17일부터 본격적 재건운동」, 『동아일보』 1961.9.18.

146 언론보도에 따르면 군정에서 '자매결연운동'을 창안한 이는 재건국민운동 경기도 지부 차장 이명춘(李明春)이었다. 그는 일제시대 국민학교 훈도 생활을 하며 '이상촌'이라는 단행본을 낼 정도로 농촌에 일찍부터 관심을 가졌다가 육군사관학교 8기로 입교해, 5·16군사 쿠데타에 참여한 인물이다. 1970년대 초 국무총리 비서실장을 역임했다(「자매결연 창시한 혁명주역」, 『조선일보』 1975.1.8; 「이명춘 국무총리 비서실장」, 『동아일보』 1975.1.8). 이명춘은 1962년 재건국민운동과 농촌문제를 다룬 책을 발간했는데, '자매부락결연운동'을 농민교육(문맹퇴치교육, 반공교육, 협동정신교육)과 함께 벌여야 할 운동(저축운동, 자매부락결연운동, 동포애발양운동)의 하나로 간단히 언급하는 데 그치고 있어(이명춘 『새역사를 창조하는 사람들』, 精研社 1962, 57면), 그가 이 자매부락결연운동의 주창자인지는 확실하지 않다.

147 「민정복귀의 힘찬 발걸음」, 『재건통신』 제12호, 1963.12, 16면.

148 「자매부락을 어떻게 지도 육성하나」, 『재건통신』 제9호, 1962.9, 24면.

자매결연사업과 관련하여 두 가지 점을 짚고 넘어갈 필요가 있다. 첫째, 이 사업은 군대가 일익을 담당한 사업이었다. 공보부나 재건국민운동본부가 자매결연사업을 통해 '도시와 농어촌의 연계'를 도모했다면 군은 '군·관·민'의 유대강화를 목표로 삼았다. 1961년 말부터 1962년 말까지 각 군의 부대는 300여 개가 넘는 농어촌 마을과 자매관계를 맺고, 영농을 위한 가축지원, 보건위생을 위한 각종 의료·약품 지원, 농어촌 자녀교육을 위한 학용품 지원, 노동력 및 기계 동력 지원 등을 벌였다. 자매결연 이외에도 농번기 봉사, 수해지구 복구지원, 한해(旱害) 구호 등을 벌이며 민·군 유대를 강화하고자 했다.

1963년으로 접어들어 군은 '자매부락'의 명칭을 '지도부락'으로 변경하여 주민의 군 지원에 대한 의뢰심을 불식시키고 '자활능력'을 키운다는 지도 목적을 부각하고자 했다.[149] 재건국민운동본부도 자력갱생을 중시하며 이미 1962년에 자조·자립의 노력이 '현저한' 마을을 자매결연 대상 부락으로 우선 선정한다는 방침을 분명히 밝혔다.[150]

둘째, 같은 시기 미국도 문화냉전 정책의 하나로 자매결연운동을 벌였다는 사실이다. 아이젠하워 정부가 1956년부터 추진한 '국민 대 국민 접촉계획'(People to People Project)이 곧 자매결연운동이었다.[151] 아이젠하워 정부는 '국민 대 국민 접촉계획'을 통해 한국을 포함한 '자유진영' 국가와 개인, 단체, 대학, 도시 차원에서 다양한 교류를 추진했다.[152] 케네디 정부도 새로운 '국민 대 국민 교류기관'을 만들고 이사장으로 아이젠하워를 임명하여

---

149 국가재건최고회의 한국군사혁명사편찬위원회 『한국군사혁명사』 제1집, 1963, 765면.
150 「자매부락을 어떻게 지도 육성하나」 24면.
151 「만물상」, 『조선일보』 1961.10.20.
152 Kenneth Osgood, *Total Cold War: Eisenhower's Secret Propaganda Battle*, University Press of Kansas 2006, 제7장.

표 3-1 5·16군정 시기 군대의 자매결연사업 추진

군별	결연 내용[1]			지원 내용[2]	
	활동기간	결연부대수	결연부락수	도서류	노력지원(연인원)
국방부	1961.11.1~62.12.30.	6	6	120	
육군	1961.11.1~62.12.30.	211	240	15,661	47,884
해군	1962.1.5~63.3.6.	20	24	4,808	2,642
공군	1961.10.11~62.10.30.	19	23	4,505	3,242
해병	1962.1.30~62.12.30.	11	11	330	19,720

* 1 1962년까지 군의 자매결연사업을 정리한 것임.
  2 군의 자매결연 지원사업은 위의 표 내용 이외에도 농우, 농어기구(農漁器具), 가구, 의료약품,
  식료의류, 학용품류, 문화활동 등이 있음. 위 표는 양적으로 대표적인 사업만을 열거한 것임.
* 출처: 국가재건최고회의 한국군사혁명사편찬위원회 『한국군사혁명사』 제1집, 1963, 765면. '자
  매결연사업 활동 상황'에서 재인용.

미국 시민과 상대국 국민과의 교류를 촉진하는 사업을 지속했다.[153]

군사쿠데타 세력이 추진한 자매결연운동이 분단국가의 국민 통합의 수
단이었다면, 미국 정부는 자매결연운동을 진영 통합의 수단으로 삼았다고
할 수 있다.

3년간의 군정 통치가 끝나자마자 재건국민운동은 급격히 쇠락의 길을 걸
었다. 재건국민운동 조직을 민정 이양의 도구로 여겼던 군사쿠데타 세력은
재집권에 성공하자 재건국민운동에 관심을 기울이지 않았다.[154] 여기에 언
론은 재건국민운동 기구가 쿠데타 세력의 정치도구에 불과하다고 강도 높
게 비판하며 해체를 요구했고,[155] 자매부락결연운동도 후속지원의 부재로

---

153 「국민 대 국민 교류기관 창설」, 『동아일보』 1961.11.10.
154 재건국민운동이 '재건'이라는 표어만 남발되고 군정의 유지와 정권 재창출을 위한 수단
  으로 이용되고 있다는 비판은 군정 시기에도 제기되었다. 김병로는 당시 재건국민운동본
  부를 국고를 낭비하는 무용지물의 기관이라고 혹평했다(「대담(김병로·양호민): 民政은 民
  間人에게 맡기라」, 『사상』 제117호, 1963.2, 34면).
155 「국민운동본부 폐기안」, 『동아일보』 1964.1.24.

사진 16 국가재건최고회의와 화성군 일왕면 오전리 자매결연식(1961.12)

사진 17 3군단사령부 자매결연식(1962.2)

내실 없는 사업에 그쳐 실질적인 효과를 거두지 못했다고 질타했다. 집권에 성공한 박정희 정부는 부정적인 여론 속에 대규모 유급 인력을 유지하는 부담을 굳이 질 필요성을 느끼지 못했을 것이다.[156] 박정희 정부는 말단 행정 기구를 강화하여 국가의 지역사회 침투력을 강화하는 데 집중했다. 재건국민운동의 진로에 관해 쿠데타 세력과 이견을 보였던 민간 지도자들은 재건국민운동을 민간주도 국민운동으로 전환시켰으나,[157] 정부의 지원이 없어진 상태에서 기존처럼 활발한 활동을 벌일 힘이 없었다.

하지만 박정희 정부의 관제 재건국민운동 폐기가 대공전의 방안으로서의 대중동원과 농촌사회 재편에 관한 관심이 사그라들었음을 의미하지 않았다. 이는 '밑으로부터의 냉전'이 벌어진 베트남 전장을 통해 1970년대 새마을운동으로 다시 이어진다. 베트남 전장에서 한국군이 자매부락 결연에 정성을 기울였던 사실이 상징적으로 보여주듯이 박정희 정부와 한국군은 베트남전에서 자신의 경험을 전수하고, 더불어 동아시아 지역의 '밑으로부터의 냉전' 전략을 흡수하며 '냉전의 새마을'을 건설하기 위한 경험을 쌓아갔다.

---

156 「재건국민운동 2년의 공과」, 『경향신문』 1963.4.30. 2,200여 명에 달하는 재건국민운동 시·군·구 직원들은 유급 공무원이었고, 면 단위에도 월 4,000원의 보수를 받는 상임간사가 1962년 말 현재 2,300여 명이나 있었다. 1964년 경제기획원은 1965년 예산편성에서 공무원 1할 감원 방침을 세웠다(『경향신문』 1964.4.27).

157 「재건국민운동 발족」, 『경향신문』 1964.7.21.

4장

'밑으로부터의 냉전,' 연쇄와 참전의 길

주변부 저개발지역의 주목과 안보전략의 변화

6·25전쟁 정전 이후 유격전, 반란전에 대한 미군의 관심은 급격히 줄어들었다. 미 군부는 공산주의자들의 유격전이 전쟁의 전세에 미친 영향은 미미하다고 판단했기 때문이다. 게다가 아이젠하워 정부의 냉전전략이 대량보복전략에 맞추어지면서 비정규전, 반란전 등은 주목을 받기 어려웠다.[1] 하지만 동아시아에서 공산당 세력, 특히 중국 공산당의 영향력 확대를 의식하던 미 육군은 유격전/대유격전에 관한 관심을 완전히 거두지 않았다.

1954년 미 육군은 미 존스홉킨스대학 부설 작전연구실(ORO)에 일제가 동아시아 점령지역에서 벌였던 대유격전을 검토하는 작업을 의뢰했다. 미 육군은 동남아시아, 한국, 대만 등이 유격전을 중시하는 중국 공산당의 위

---

[1] Andrew J. Birtle, *U.S. Army Counterinsurgency and Contingency Operations Doctrine 1942-1976*, Center of Military History U.S. Army 2006, 149~58면.

협을 받고 있다고 판단하고 일제의 대유격전 방침을 타산지석으로 삼아 적절한 대처방안을 찾고 있었다.[2] 의뢰를 받은 작전연구실은 1941년 일제가 중국에서 항일유격대 토벌을 위해 시행한 '농촌청향운동(農村淸鄕運動)'을 주목했다. 이는 크게 '군사적 소탕' '괴뢰정부의 주관하에 자치적·자위적 보범지역 확대' '선무공작과 생활개선' 등 크게 3단계로 구성되었는데, 작전연구실은 집단부락의 '촌 방위'(village security) 방침을 상세히 다루었다. 보고서 작성자는 방벽으로 둘러싸인 '마을'을 '외부 적으로부터 방위'하는 것보다 '내부 적으로부터 방위'하는 것이 훨씬 더 어렵다는 점을 지적하고, 일제가 촌 방위의 주요 방안으로 활용한 '보갑제'도 상세히 언급했다. '보갑책'을 활용한 유동 인구와 불순분자의 신속한 파악, 정보망 구축을 통한 마을 감시, 자위대의 운영 그리고 연좌제를 통한 주민 상호감시체제 등을 골자로 삼는 보갑제가 유격대를 무력화하는 데 매우 효과적인 방안이라고 높이 평가했다.[3]

앞서 살펴보았듯이 미 육군은 일제가 필리핀에서 벌였던 대유격전 방침과 만주 젠다오 지역에서 벌였던 치안숙정공작의 방침을 검토했고, 여기에 중국 관내에서 일제가 벌였던 대유격전과 농촌 지배정책까지 검토하며 동아시아 냉전에서 그 활용방안을 모색했던 것이다.

1950년대 후반 동남아시아의 냉전은 유격전/대유격전의 중요성이 두드러지는 양상으로 흘렀다. 반제민족운동을 이끌었던 공산세력이 제2차 세계

---

2 Gene Z. Hanrahan, *Japanese Operations Against Guerrilla Forces (ORO-T-268)*, Operations Research Office, The Johns Hopkins University 1954, 1~2면.

3 같은 책 23~24면. 보고서에서 설명된 연대책임제는 '구성원 공동책임'을 지는 '횡적 연좌'가 아니라 패장 또는 갑장이 책임을 지는 '종적 연좌' 방식이었다(같은 책 24면). 그렇다고 일제가 북중국에서 실행한 보갑연좌제가 만주국에서 실시된 보갑연좌제와 근본적인 차이가 있었다고 보기는 어렵다. 보갑연좌제의 본질은 마을 구성원 간의 상호감시체제가 작동하게 만드는 데 있었고, 이 점에서 볼 때 양자는 근본적인 차이가 없다고 하겠다.

대전 이후에도 과거의 영향력을 확보하려는 구식민제국과 전투를 벌이면서, 필리핀, 말레이반도, 인도차이나반도 등 양 진영의 경계지대이자 저개발지역으로 분류된 지역에서는 냉전이 국지전, 유격전, 비정규전의 양상을 띠었다.

냉전의 경계지대에서 벌어지고 있는 작은 전쟁의 중대함은 1950년대 후반으로 갈수록 더욱 주목을 받았다. 미 군부 내에서 작은 전쟁의 위험을 주목한 이들은 군사작전에 한정하지 않고 정치·경제·사회를 포괄하는 총체적인 구도에서 대처방안을 세울 필요성을 제기했다. 1957년 '미 육군 지휘·참모대학'(U. S. Army Command and General Staff College, CGSC)은 저개발국에 경제적·재정적·기술적인 지원을 하여 수원국(受援國)이 안정과 경제발전을 달성하도록 하고, 미군이 군사적·정치적 능력을 갖춘 부대를 창설하여 대유격전, 시민소요 대처, 소규모 작전 등을 수행할 수 있게 만들어야 한다는 견해를 제출했다.[4]

1958년 7월 레바논 위기, 8월 제2차 대만해협 위기를 겪으며 미국은 핵무기를 사용하는 대량보복전략으로 봉쇄할 수 없는 '또 다른 위협'이 있음을 자각했다. 대량보복전략이 소규모전이나 지역 분쟁의 발발에 대처 불능이라는 자각은 군비에 융통성을 발휘하고, 소규모 분쟁에 신속히 개입할 수 있는 군대를 확보할 필요가 있다는 판단으로 이어졌다.[5]

아이젠하워 정부 말기부터 케네디 정부에 걸쳐 미 육군 지휘부의 핵심적인 지위에 있던 조지 데커(George H. Decker)도 선거에 승리한 케네디에게 미군을 공산세력의 모든 공세를 물리칠 수 있는 유연한 군대이자, 저개발국

---

4 Andrew J. Birtle, *U.S. Army Counterinsurgency and Contingency Operations Doctrine 1942-1976*, 158~59면.

5 Charles H. Donnelly 「미국전략사상의 발전」, 『국방연구』 제7호, 1960, 187~88면(원문: *Military Review*, 1959.11). 도널리는 극동사령부 및 주한 미군정에 2년 동안 근무한 뒤 1950년대에는 유럽에서 근무했다. 퇴역 후 미국 의회도서관에서 국방 관련 입법을 지원하는 업무를 담당했다.

들에서 공산세력과의 대결에서 주도권을 쥘 수 있는 군대로 만들어야 한다
는 청사진을 제시했다.[6] 데커는 주한미군사령관으로 근무하다 1959년 7월
미 육군 부참모총장으로 영전하고 이후 1960년부터 1962년까지 미 육군참
모총장을 역임했다.

새로운 안보전략 수립의 필요성은 미 국무부 내에서, 특히 마셜 그린
(Marshall Green)과 같은 동아시아 지역 전문가들에 의해서도 제기되었
다. 그린은 1950년대 후반 미 국무부 극동국 차관보 대리로서 장기간 근무
하며 1958년 대만해협 위기, 1959년 라오스 위기 등을 겪었고, 1960년 1월
주한미부대사로 부임했다. 그는 한국 부임 직후 동아시아 지역에서 '제
한적인 적대행위'(limited hostilities)의 발발이 고조되는 상황에 대처할 방
안을 강구해야 한다는 의견을 상부에 올렸다. 당시 주한미대사이자 이전
미 국무부 극동국 중국 담당 책임자를 역임했던 월터 매카너기(Walter P.
McConaughy)도 그린의 보고서에 적극적으로 찬동했다.[7]

그린은 대량보복전략을 폐기하고 다양한 분쟁에 대처할 수 있는 새로운
전략을 마련할 것을 제기한 제한전 주창자들과 견해를 같이했다. 다만 그
는 공산진영의 군사적 위협이 전쟁으로 정의하기 힘든 '모호한 형식'을 취
하며, 따라서 제한전이라는 용어보다 '제한적인 적대행위'라는 포괄적인
용어가 동아시아 냉전의 현실을 규정하는 데 적절하다고 주장했다.[8] 그는
6·25전쟁에서부터 인도차이나전쟁(1952~1954), 그리고 1958년 진먼도(金門
島) 위기와 1959년 라오스 위기까지 동아시아 지역에서 일어난 충돌의 양상

---

6 Andrew J. Birtle, *U.S. Army Counterinsurgency and Contingency Operations Doctrine 1942-1976*,
165면.

7 From: Amembassy Seoul, To: The Department of State, Washington, 'Subject: Submission of
memorandum on Limited Hostilities in East Asia,' 1960.1.27, 한국정신문화연구원 현대사연
구소 편 『5·16과 박정희 정부의 수립』, 현대사연구소 자료총서 제1집, 1999, 55면.

8 같은 글, 같은 책 58면.

은 '거대 전쟁'(major war)에서 '모호한 침략'으로 이동했음을 보여주는 사례들로 여겼다.[9]

그린은 미국이 핵무기에 의한 대량보복전략에 의존하여 공산세력의 또 다른 침략에 대처하지 못하고 특정 지역에 군사적 무능이나 정치적 재난을 초래한다면, 이는 미국이 동아시아 지역에서 군사적 지위와 동맹국을 잃는 시발점이 될 것이라 경고했다. 그가 볼 때 동아시아는 미국의 군사적 영향력이 미치지 못하는 지역, 진영의 경계를 넘어 공산세력의 침투가 쉬운 지역, 여기에 분단국가(한국, 대만, 베트남)들이 존재하나 나토(NATO)와 같은 단일한 안보동맹이 부재한 지역 등으로 구성되었고, 이는 동아시아가 공산세력에게 '제한적인 적대행위'를 벌일 수 있는 호조건을 제공하는 곳임을 의미했다.[10]

그린은 동아시아에서 공산세력의 도전은 군사적으로 취약한 곳이 아니라 정치적으로 허약하고 단호한 투지가 부족한 곳으로 집중된다고 보았다. 따라서 동아시아에서 국지전을 억제하기 위한 가장 중요한 전제는 당사자

---

9 같은 글, 같은 책 59면. 1954년 제네바 휴전협정 체결로 라오스에서는 1957년 '라오스 왕국'과 '자유 라오스'의 통일연합정부가 수립되었는데, 1959년 내전 상태로 빠져들자 미국은 '월맹'과 '중공'이 깊게 관여하여 라오스 공산주의자들을 군사적으로 지지하고 있다고 비난했다(「라오스의 위기」, 『동아일보』 1959.8.26). 1959년 9월 미국이 지원하는 라오스 정부가 유엔군 파견을 요청하는 상황까지 치달았는데, 당시 국내 언론은 라오스 위기가 '내란'의 모양새를 취하고 있지만, 북베트남이 직접·간접침략을 벌이고 있는 것이 분명하다고 보았다. 따라서 라오스 위기를 방관하면 태국, 남베트남, 버마, 인도네시아까지 공산세력의 지배하에 들어갈 것이기에, 이에 대한 저지 여부는 동남아 일대 공산주의 세력의 팽창 저지 여부와 직결된 중차대한 일이라고 평가했다(「라오스의 派軍 요청」, 『동아일보』 1959.9.6). 라오스에 필리핀, 대만, 한국 등이 파병의사를 밝혔으나, 유엔안보리는 진상조사단을 파견하는 방침을 내렸다. 1959년 연말 미 국무부 장관 크리스천 허터는 '라오스 위기'에 대해 중국의 '간접침략' 의도를 민족주의자 및 반공주의자들이 퇴치한 사례로 언급했다(「극동지역에서 자유세력 강화」, 『동아일보』 1959.12.17).

10 'Subject: Submission of Memorandum on Limited Hostilities in East Asia,' 1960.1.27, 한국정신문화연구원 현대사연구소 편 『5·16과 박정희 정부의 수립』 58~59면.

들의 '단합과 투지'였다. 더불어 그린은 자유진영도 수동적인 방어 방침에서 벗어나 국지적 침략에 '강력한 공세 조치'를 취할 수 있는 의지와 능력을 갖출 필요가 있다고 주장했다.[11]

그린은 중국, 북베트남, 북한과 접한 진영의 경계지역에서 '제한적 적대행위'가 일어날 가능성이 가장 크며, 이들 지역에 대한 대책으로 미군이 폭넓은 지역을 방어할 수 있는 무기와 신속한 병력 배치를 위한 능력을 보유하고, 군사원조를 증대하여 동맹국 군대의 능력을 간접침략이나 반란을 진압할 수 있을 정도로 향상해야 한다는 견해를 밝혔다.[12] 이와 같은 동아시아 냉전의 구도 속에서 한반도의 상황을 바라본 그린은 장면 정부에 대한 미국의 한국 정책이 경제성장보다 안보에 주안점을 맞춰야 한다고 보았다.[13]

한편, 아이젠하워 대통령의 지시를 받아 1958년 말부터 1959년 상반기에 걸쳐 대외군사원조를 재검토한 '미 군사원조계획 검토위원회'(The President's Committee To Study the United States Military Assistance Program), 일명 '드레이퍼 위원회'(Draper Committee)가 1959년 8월 기존 안보전략에 변화를 요청하는 최종 보고서를 아이젠하워에게 제출했다.[14]

드레이퍼 위원회가 심사숙고한 사안 중의 하나는 자유진영의 '주변부 저개발지역'(peripheral underdeveloped areas), 즉 핵무기 대량보복전략으로 대처할 수 없는 안보위협이 부상하고 있는 지역에 관한 대책을 마련하는 것이었다. 이에 대한 대책은 터키, 스리랑카 대사 등을 역임한 펜실베이

---

11 같은 글, 같은 책 61~62면.
12 같은 글, 같은 책 68면.
13 홍석률 「5·16쿠데타의 원인과 한미관계」, 『역사학보』 제168호, 2000, 67면.
14 위원장 윌리엄 드레이퍼(William H. Draper, Jr.)는 육군 소장으로 전역했다. 제1, 2차 세계대전에 참전했고, 유럽 나토(NATO) 대사(1953), 미 육군성 차관을 역임했다. 1950년대 후반 유엔사령부 경제조정관실(OEC) 책임자로서 한국 문제에 정통했던 타일러 우드(C. Tyler Wood)가 드레이퍼 위원회의 '연구조정관'(study coordinator)을 맡았다는 점도 주목된다.

니아대학 교수 로버트 스트라우스후페(Robert Strausz-Hupé)가 이끄는 비영리 싱크탱크 '대외정책연구소'(The Foreign Policy Research Institute of the University of Pennsylvania)가 작성했다.[15] 이 연구소는 1956년에 이미 한국을 포함한 동아시아 저개발지역이자 진영의 경계지대를 현지 조사하고 이들 지역에 대한 냉전전략을 모색했다.[16] 이러한 현지 조사는 이후 보고서 작성의 기반이 되었을 것이다. 대외정책연구소에서 보고서 작성을 주도한 이들의 견해는 이후 한국 군부에 소개되었다.[17]

대외정책연구소는 크게 세 가지 점에서 인식의 전환을 요구했다. 첫째, 저개발국가에서 사회·경제적 전환과 같은 비군사적 영역을 안보와 통합적으로 파악하라는 것이다. '경제와 안보'는 상호 배제적인 관계가 아니라 상보적이며 공통의 영역을 공유하는 관계로 정의되었다. 스트라우스후페가 이끄는 보고서 팀은 군사원조 수혜국이 '조직적·경제적·사회적 그리고 때때로 정치적 영역에서 중대한 전환'을 이루지 못한다면, 군사작전을 위한

---

15 'Annex C, 1959.3: A STUDY OF UNITED STATES MILITARY ASSISTANCE PROGRAM IN UNDERDEVELOPED AREAS,' *Supplement to the Composite Report of The President's Committee To Study the United States Military Assistance Program*, Vol. II, 1959.8, 46면(이하 '별첨 C,' Vol. II). 연구소 창설자 스트라우스후페는 1950년대에는 공산주의 전략 및 국제정치 전문가로, 1970~80년대에는 외교관으로 활약했다. 스트라우스후페는 1946년 5월 미해군부 소속으로 일본을 거쳐 국공내전과 국공합작이 전개되던 만주 일대와 중국의 상황을 상세히 살펴본 경험도 가진 인물이다(Robert Strausz-Hupé, *In My Time*, W.W.Norton & Company, Inc. 1965, 제12~17장).

16 이 연구소는 1955년부터 공산진영의 침략방식을 재검토하는 세미나를 진행하며 새로운 냉전전략 프레임을 만들고자 했고, 이를 위해 1956년 가을 연구원들이 한국, 대만, 홍콩, 캄보디아, 베트남, 태국, 필리핀 등 동아시아 국가들과 인도, 파키스탄, 이라크, 이스라엘 등의 국가들을 방문 조사했다(Robert Strausz-Hupé, William R. Kintner, James E. Dougherty, Alvin J. Cottrell, *Protracted Conflicted*, Haper Colophon Books 1963, xii~xiii면).

17 1961년 10월 『대전략』에는 '별첨 C'의 작성을 주도한 펜실베이니아대학 대외정책연구소원 앨빈 코트렐(Alvin J. Cottrell)이 쓴 '뉴룩 정책'의 종언을 알리는 글이 실렸다(Alvin J. Cottrell, 김제순 옮김 「군사적 안전보장과 '뉴룩' 정책」, 『대전략』 1961.10).

원조는 의미가 없다고 보았다. 그러므로 군사원조는 군사적인 측면과 아울러 사회적 진보와 경제발전을 실현할 수 있는 '체계'(framework)를 제공하는 계획으로 규정되었다.[18]

드레이퍼 위원회에서 저개발지역 분석을 맡은 이들이 사회·경제적 개혁을 중시한 이유는 소련과 중국의 공세가 저개발국가에서 사회·경제적 발전에 대한 대중의 열망을 흡수하며 영향력을 강화할 가능성이 크다고 판단했기 때문이다.[19] 1959년 1월 미 국방부가 드레이퍼 위원회를 위한 회의를 개최했는데, 이 자리에 연사로 나선 미 국무부 관료는 열악한 사회·경제적 환경에 처해 있는 저개발국가의 민중은 단기간에 정치, 경제, 사회 각 분야에서 개선을 이룰 수 있다면 체제를 가리지 않고 받아들일 것이라고 우려를 표했다.[20]

둘째, 대외정책연구소는 보고서에서 저개발국의 군을 '사회적 전환'의 주체로 중시했다. 미군으로부터 군사원조를 받는 저개발국의 군은 '질서 정연한' 사회·경제적 개혁을 달성하기 위한 '전달 벨트'가 되어야 했다.[21]

---

18 '별첨 C,' Vol. II, 67면.

19 드레이퍼 위원회는 보고서 작성에 필요한 과제 팀들을 운영했고, 이 중 저개발지역을 담당한 그룹도 있었다. 'Task Group II'라고 불린 그룹도 존재했는데 이는 스트라우스후페가 이끈 대외정책연구소원들로 짐작되나 자료상으로 확인되지 않는다. 이 그룹도 단기간 놀라운 정도의 경제성장을 이룬 공산진영이 경제적 공세를 시작한 점을 주목하며, 이에 대처하기 위해서는 위기를 모면하려는 임시방편이 아닌 진정한 경제성장을 추진할 필요가 있다고 주장했다Appendix J to Minutes of the Sixth Meeting of the President's Committee, Subject: A Political Approach to the Committee's Assignment in the Underdeveloped Areas, 1~3면, U.S. President's Committee to Study the U.S. Military Assistance Program (Draper Committee) Records, 1958-1959, Box 2, Committee Meeting—Sixth—(2/24, 25, 26/59) (1), Dwight D. Eisenhower Library, 국사편찬위원회 전자사료관.

20 Office of The Assistant Secretary of Defense (International Security Affairs), Report of Military Assistance Programming Conference Held in The Pentagon Washington 25, D.C. 19-23 January 1959, 205면, U.S. President's Committee to Study the U.S. Military Assistance Program (Draper Committee) Records, 1958-1959, Box 17, Category V—Central Files—(Military Assistance) Jan. 1959 (1), Dwight D. Eisenhower Library, 국사편찬위원회 전자사료관.

저개발국의 군이 근대화의 전달 벨트가 되기 위해서는 미국으로부터 경제적·군사적 지원을 받아, 사병들에는 문맹 타파와 직업교육을 하는 기관으로, 장교단에는 행정적·공학적 능력과 경제계획에 대한 이해를 갖추도록 교육을 하는 기관으로 거듭나야 했다. 그러할 때 사병과 장교단 모두 국가 경제 발전의 자원으로 활용될 수 있다는 것이다.[22]

셋째, 저개발국가에서 '대외 방위'와 '대내 방위'의 통합적인 대응이 중요하다는 점이 강조되었다. 특히 공산주의자들의 침투, 반란, 쿠데타, 전복 등에 대비하기 위한 대내 안보의 확립이 강조되었다. 대외정책연구소 보고서 작성자들은 미국이 6·25전쟁을 겪고 원조 수혜국에 재래식의 전면전 대비를 위한 군사원조에 치중했지만, 공산진영 국가들은 미국의 대량보복전략에 대응하기 위해 유격전, 내부 전복(internal coup)과 같은 전통적 방식으로 '재빨리 회귀'했으며, 그 결과 미국의 군사원조 수혜국들이 간접침략, 유격전, 반란 등에 대한 대처 능력이 취약해진 상태라고 평가했다.[23]

스트라우스후페가 이끄는 대외정책연구소는 대내 안보 능력을 강화하기 위한 구체적인 방안으로 '대게릴라전 훈련 및 전술의 강화' '대내 치안과 대외 방어를 동시에 수행할 수 있는 기동부대의 창설' '대내 안보를 위한 방첩기구 창설' '공산게릴라 활동지역에서 선무활동 및 비정규전 능력 구비,' 그리고 대중의 지지를 공고하게 만들기 위한 '대민활동(Civic Action) 및 민군관계의 개선' 등을 제시했다.[24]

---

21 '별첨 C,' Vol. II, 51~55면; Andrew J. Birtle, *U.S. Army Counterinsurgency and Contingency Operations Doctrine 1942-1976*, 159~60면. 위원회는 수원국이 군사원조를 도로, 철도, 항공, 항만, 통신, 전력, 위생 등과 같은 경제적 발전과 안보 강화, 양자 모두에 기여하는 분야에서 쓰는 것이 이상적이라 여겼다.

22 '별첨 C,' Vol. II, 80면.

23 '별첨 C,' Vol. II, 75면.

24 '별첨 C,' Vol. II, 57~58면. 'Civic Action'은 논자에 따라 '대민지원활동' '대민활동'으로 번역

'밑으로부터의 냉전' 주목과 '대민활동'(Civic Action)의 부각

군사(軍史) 연구자 앤드루 버틀이 지적한 바와 같이 '대민활동'(Civic Action)이라는 용어의 부각은 아이젠하워-케네디 정부 교체기에 미 군부의 동아시아 저개발지역 국가들에 대한 안보전략의 변화를 상징적으로 보여주는 사례였다. 드레이퍼 위원회에는 스트라우스후페의 대외정책연구소와 판단을 같이하는 로버트 슬러버(Robert. H. Slover), 에드워드 랜스데일 (Edward G. Lansdale)과 같은 군인이 참여하고 있었다. 이들은 한국과 동남아시아에서 미군의 민사활동을 주도한 경력의 소유자들이었고, 드레이퍼 위원회에 원조 수혜국의 군을 사회·경제개발에 적극적으로 활용해야 한다는 보고서를 제출했다.[25]

로버트 슬러버는 미8군 사령관 맥스웰 테일러(Maxwell D. Taylor)의 참모로서 주한미군의 대민지원계획을 추진했던 인물이다.[26] 슬러버는 케네디 정부하에서 대반란전의 방안으로 현지 군이 시행하는 대민활동의 중요성과 사회·경제적 발전에 이바지할 수 있는 다양한 기술과 전문가를 보유한 잘 규율된 조직으로서 군대를 강조했다.[27]

랜스데일은 라몬 막사이사이(Ramon Magsaysay)의 군사고문관으로서 필리핀에서 공산세력 반란 진압작전을 이끌었던 미국의 냉전전사로서 잘 알

되었다(임동원 『혁명전쟁과 대공전략: 게릴라전을 중심으로』, 탐구당 1967, 257면; 찰스 W. 테이어 『게릴라』, 황병무 옮김, 삼우문화사 1968, 60~61면). 베트남전에서 한국군은 'Civic Action'을 '대민지원'으로 번역해 사용했다. 하지만 'Civic Action'을 '대민지원활동'으로 번역하면 'civil assistance program'과 혼동될 수 있어 이 글에서는 '대민활동'으로 번역한다.

25 이들이 드레이퍼 위원회에 제출한 보고서의 제목은 '사회·경제적 진보를 위한 군 자원의 기여'(Contributions of Military Resources to Economic and Social Progress)이다.

26 Andrew J. Birtle, *U.S. Army Counterinsurgency and Contingency Operations Doctrine 1942-1976*, 160면.

27 Robert H. Slover, "This is Military Civic Action," *Army*, 13:12, 1963.7, 48면.

사진 18 랜스데일 대민활동 선전   사진 19 슬러버 대민활동 선전

려진 인물이다.[28] 그는 필리핀의 경험을 통해 사회적·경제적·정치적 개혁
에 대한 군의 개입이 반란 진압의 성공 여부에 커다란 영향을 미친다는 점
을 주목하고 '대민활동'이라는 개념을 만들었다.[29] 대민활동은 공산세력의
영향력을 차단하기 위한 대유격전·대반란전의 수단으로서의 성격을 강하
게 지녔다. 필리핀에서 랜스데일과 막사이사이가 실시한 대민활동은 과거
일제가 만주국에서 벌였던 숙정공작의 재현이라 해도 과언이 아닐 정도였
다.[30] 이에 비해 '민사'(civil affairs) 개념은 전시상황이 낳은 사회불안 요소

---

28 미국의 냉전전사로서 랜스데일의 활동에 관해서는 다음 책을 참조. Jonathan Nashel, *Edward
Lansdale's Cold War*, University of Massachusetts Press 2005; Daniel Immerwahr, *Thinking Small:
The United States and the Lure of Community Development*, Harvard University Press 2015, 제4장;
Max Boot, *The Road Not Taken*, W.W.Norton & Company, Inc. 2018.

29 Andrew J. Birtle, *U.S. Army Counterinsurgency and Contingency Operations Doctrine 1942-1976*,
160면; Harry F. Walterhouse, *A Time to Build*, University of South Carolina Press 1964, 9면.

30 필리핀에서 추진된 대민활동의 주요 내용은 게릴라를 지지하는 주민의 재정착과 군의 신
촌 건설지원 등이었다. 'Annex D, 1959.6: Contributions of Military Resources to Economic
and Social Progress,' *Supplement to Composite Report Of The President's Committee To Study the*

의 제거를 여러 업무 중의 하나로 포함하는 데 불과했다.[31]

이후 대민활동 개념과 방침은 1950년대 대반란전이 벌어지고 있던 동남아시아의 각국으로 전파되었다. 남베트남 민·군 지도자들은 필리핀에서 실시되던 군의 대민활동을 견학한 뒤 '정치적 군사작전'으로서 대민활동 개념을 발전시켰으며, 베트남 이외에도 라오스, 버마, 인도네시아의 전장으로 대민활동 개념이 확산, 응용되었다.[32]

United States Military Assistance Program, Vol. II, 1959.8, 134~35면(이하 '별첨 D,' Vol. II); Alfred H. Hausrath, Civil Affairs in the Cold War, Operations Research Office, The Johns Hopkins University 1961, 50~51면.

31 '민사'(civil affairs)와 '대민활동'의 개념의 차이에 대해, 전자는 적대적 행위나 위급사태가6 발생한 시기에 한정되고, 후자는 평시, 전시, 점령 기간을 모두 포괄한다는 점에서 찾는 견해도 있다(Edward Bernard Glick, Peaceful Conflict: The Non-Military Use of the Military, Stackpole Books 1967, 68면).

32 Office of The Assistant Secretary of Defense (International Security Affairs), Report of Military Assistance Programming Conference Held in The Pentagon Washington 25, D.C. 19-23 January 1959, 218면, 'Draper Committee' Records, 1958-59, Box 17, Category V-Central Files-(Military Assistance) Jan. 1959 (1), 국사편찬위원회 전자사료관. 1950년대 후반 남베트남에서 실시된 대민활동(Civic Action)에 관해서는 제프리 스튜어트(Geoffrey C. Stewart)가 상세하게 다루었다(Geoffrey C. Stewart, Vietnam's Lost Revolution: Ngô Đình Diệm's failure to Build An Independent Nation, 1955-1963, Cambridge University Press 2017) 이외에도 남베트남에서 활동했던 미시간주립대의 자문단 보고서 등이 참조된다(Michigan State University Vietnam Advisory Group, Report on the Organization of the Special Commissariat for Civic Action, 1967, 7~10면). 1950년대 후반 남베트남 응오딘지엠 정부의 대민활동 도입과 시행에 랜스데일이 깊게 관여했는데(Geoffrey C. Stewart, Vietnam's Lost Revolution: Ngô Đình Diệm's failure to Build An Independent Nation, 1955-1963, 24면), 응오딘지엠은 농촌문제에 관한 독자적인 판단을 했기에 랜스데일의 영향력은 제한적이었다(Daniel Immerwahr, Thinking Small: The United States and the Lure of Community Development, 125~26면). 1960년대 중반 저개발국가들에 대한 공산세력의 팽창을 저지하기 위한 방안으로 근대화론의 응용을 고민하던 미군은 동아시아 저개발국가로 분류된 필리핀, 한국, 라오스, 베트남에서 시행된 대민활동을 주목했다. 1964년 미 육군 지휘참모대학에 학위논문으로 제출된 다음 글은 근대화론에 입각한 미 군부의 대민활동 접근방식을 전형적으로 보여준다. Neil B. Mills (Lt Colonel, USMC), An Analysis of Civic Action in Selected Underdeveloped Countries, A Thesis Presented to

랜스데일은 드레이퍼 위원회에 '전문 기술·연구 자문단'(professional, technical and research staff)의 일원으로 참가하여, 동남아시아에 관한 새로운 전략 마련에 주도적인 역할을 했을 뿐만 아니라,[33] 기회가 생길 때마다 미 정계와 미군 지휘부에 동남아시아 지역에 대한 새로운 전략을 강구해야 함을 역설했다.[34]

랜스데일은 아이젠하워 정부의 대량보복전략을 노골적으로 비판했다. 그는 1959년 1월 21일 미합동사령부(Unified Command)의 대표들이 참석한 콘퍼런스에서,[35] 미 군부가 발생할 가능성이 불확실한 미래 전쟁에 관심을 쏟느라 정작 공산세력이 압박을 가하는 전쟁, 즉 '냉전'을 외면한다는 우려가 미군 최고 지휘부 내에서조차 제기되었음에도 근본적인 변화가 없다고 비판했다.[36]

the Faculty of the U.S. Army Command and General Staff College in Partial Fulfillment of the Requirement of the Degree Master of Military Art and Science, Fort Leavenworth, Kansas 1964.

33 랜스데일은 드레이퍼 위원회 최종 보고서에 '전문 기술·연구 자문단' 소속으로 명기되어 있는데, 그는 드레이퍼 위원회 산하 '앤더슨 소위원회'(Anderson Subcommittee)에 참여했다(Alfred H. Hausrath, *Civil Affairs in the Cold War (ORO-SP-191)*, Operations Research Office, The Johns Hopkins University 1961.2, 185면). 딜런 앤더슨(Dillon Anderson)은 아이젠하워 대통령 안보 특별보좌관(1955~1956)을 역임했던 인물로 드레이퍼 위원회의 핵심 인사 중 한 명이었다. 앤더슨 소위원회는 동남아시아 지역을 담당했다.

34 Alfred H. Hausrath, *Civil Affairs in the Cold War*, 51면.

35 1959년 현재 미군의 미 합동사령부는 모두 6개의 지역사령부(대서양사령부, 유럽사령부, 카리브해사령부, 태평양사령부, 알래스카사령부, 미 본토 대공방어사령부), 합참 예하에 2개의 특수임무사령부 등으로 구성되었다.(Orville V. Bergren(미 해군 대령), 국방연구원 교수부 옮김, 「국방기구 개편의 신국면」, 『국방연구』 제4호, 1959, 273~74면). 드레이퍼 위원회에서 합동사령부 지휘관들을 대상으로 콘퍼런스를 개최한 이유는 미군 지휘체계 재편을 통한 합동사령부 권한 강화조치가 추진되었던 시기였다는 점과 관련이 있어 보인다.

36 Office of The Assistant Secretary of Defense (International Security Affairs), Report of Military Assistance Programming Conference Held in The Pentagon Washington 25, D.C. 19-23 January 1959, 213면. 랜스데일은 1959년 1~2월 사이에 동남아시아 각국에서 대공산반란전을 전개한 군부 인사들과 인터뷰를 하고 민사활동 현황을 정리한 보고서를 드레이퍼 위원회 산하

랜스데일의 동아시아 정세 인식과 냉전전략은 주의 깊게 살펴볼 필요가 있다. 그는 군과 정치를 연계시키는 차원을 넘어 '밑으로부터의 냉전'에서 승리하기 위해서라면 군부의 쿠데타도 용인하는 태도를 보였기 때문이다. 그는 동남아시아 냉전에서 성패를 좌우하는 가장 중요한 요소가 '민중'(people)이라고 강소하며, '공산낭군'(Communist Politico-Military Forces)이 민군관계를 물과 물고기의 관계로 만들라는 마오쩌둥의 유격전 교리를 철저히 따르며, 민중을 미군도 감당하기 어려운 군사력으로 만들고 있다고 주장했다.[37]

랜스데일은 대공전에서 승리를 거둔 동남아시아 지역 군인들을 워싱턴이나 태평양사령부의 참모로 중용하여 이들로부터 대응책을 배우고, 자유진영 국가의 군대를 공산세력이 한 것처럼 '역동적인 군대'(dynamic force)로 만들어야 한다고 역설했다. 여기서 '역동적인 군대'란 군이 공공근로, 복지, 보건, 교육 등을 담당하는 주체가 되는 것을 의미했다. 이는 공산주의자들이 '냉전'을 전개하고 있는 최전선인 마을에서 민중을 장악하기 위해서 요청되는 필수 조건이었다. 랜스데일은 자유진영 국가들이 대공전의 경험을 통해 수립한 '성공적인 냉전의 전투 교리'는 군이 '총력을 기울여 적과 대결'하며, 또한 '총력을 기울여 민중과 우애를 돈독히(all-out friendship)해야 함'을 가르치고 있다고 강조했다.[38]

그런데 랜스데일은 민중을 대상으로 벌어지는 전투, 즉 '밑으로부터의 냉전'에서 승리하기 위한 군부의 쿠데타는 정당하다는 주장을 폈다. 다음

'앤더슨 소위원회'에 제출했다(Alfred H. Hausrath, *Civil Affairs in the Cold War*, 185면).

37 Office of The Assistant Secretary of Defense (International Security Affairs), Report of Military Assistance Programming Conference Held in The Pentagon Washington 25, D.C. 19-23 January 1959, 215면.

38 같은 자료 215~16면.

인용문은 이를 잘 보여준다.

    군이 쿠데타를 하게 되는 가장 근본적인 이유는 민중 사이에서 작전을
벌이는 군 지도자가 민중의 요구에 상당한 책임을 지게 되었기 때문이다.
만약 민간 정부가 부패하고 민중의 요구에 제대로 부응하지 못하면 '군
의 임무'(army mission)는 위기에 처한다. 민초 수위의 진짜 전투가 벌어
지는 공간에서, 독립국가는 공산주의자들과의 전투에서 패배하기 시작
할 것이다. 그렇게 되면 군이 반역적인 것을 일소하는 태도를 보이는 것
은 자연스럽다.[39]

    랜스데일이 군의 쿠데타 이유를 군의 책임 확대라는 상황 논리로 정리하
고 '냉전 승리'를 명분으로 '반역적 요소'의 제거를 당연하게 여기는 견해
를 피력한 것은 사실상 반공을 명분으로 내건 군부의 쿠데타를 용인하는 것
에 불과하다. 다만 랜스데일은 군사쿠데타가 히틀러나 무솔리니와 같은 독
재자를 등장시켜 미국의 통제를 벗어나 폭주하는 상황이 벌어질 수 있음을
우려했다. 그는 이러한 사태가 일어나는 것을 사전에 통제하기 위해 미국의
개입이 필요함을 역설했다. 즉, '미국의 지도와 지원'이 있다면, 군부의 '정
치적 군사행동'(politico-military actions)은 민간 정부와 함께 '강력하고 자
유로운 국가'를 수립하는 데 결정적인 역할을 할 수 있다고 주장했다. 랜스
데일은 미 군부 최고위 지휘관들 앞에서 '군의 정치적 중립'을 견지하는 자
세는 미국 국내에서나 올바른 방침이며, 공산군과 전투를 벌이는 동남아시
아 국가에서는 단지 방관적인 태도일 뿐이라고 소신을 밝혔다.[40]

---

39 같은 자료 217면.
40 같은 자료 217~18면.

미국의 동아시아 안보전략과 한국의 위치

한국은 민초를 대상으로 한 '밑으로부터의 냉전'을 위한 역사적 자산을
제공하는 곳이자, 동아시아 전체의 진영 질서를 유지하는 핵심 고리로 여겨
졌다. 앞서 언급했듯이 드레이퍼 위원회에는 로버트 슬러버와 같이 민사분
야 전문가로서 활약한 군인들이 참여했으며, 이들은 주한미군의 대민지원
활동을 대민활동 개념을 정립하는 데 빼놓을 수 없는 주요한 선례로 여겼다.

슬러버와 랜스데일 등이 작성하여 드레이퍼 위원회에 제출한 보고서에
서 '주한미군 대한원조'(AFAK, 이하 '에이팩')와 '주한민사처'(KCAC)의 대
민지원활동을 제2차 세계대전 이후 미군이 해외에서 전개한 대민지원활동
의 원형이자, 대표적인 성공사례로서 높이 평가했다. '에이팩' 계획은 군사
적 임무에 부정적인 영향을 미치지 않으면서 지역사회 재건에 군이 적극적
으로 참여하여 긍정적인 결과를 얻은 모범 사례로 들었고, 주한민사처의 활
동도 군의 인적·물적 자원을 경제활동 지원에 성공적으로 활용한 사례로서
거론되었다.[41] 드레이퍼 위원회가 보고서를 작성할 시점에 미 육군참모부
도 에이팩에서 저개발국가에 적용할 교훈을 찾는 연구를 진행하고 미 국방
부로부터 미군의 대민활동의 확대를 승인받는 근거로 삼았다.[42]

한국에서 미군의 대민지원활동이 처음부터 체계적으로 실시되었던 것
은 아니다. 6·25전쟁 초기 미 국무부, 경제원조기관, 미군, 민간원조기구 등
이 지휘·조정체계가 부재한 상태에서 벌인 민사지원활동은 제대로 이루어
질 리 없었다. 전쟁 초반 미군의 민사지원을 검토한 헨리 키신저(Henry A.
Kissinger) 등은 미군이 제2차 세계대전 때 행한 오류를 반복하고 있다는 혹

---

41 '별첨 D,' Vol. II, 120, 133~34면.

42 Edward Bernard Glick, *Peaceful Conflict: The Non-Military Use of the Military*, 70면.

평을 했지만,[43] 유엔민사처(UNCAC)와 주한민사처가 시행한 사업은 미국과 미군이 한국의 지역사회 대중에게 헤게모니를 확립하는 데 효과적인 기능을 했다.[44]

정전 직후인 1953년 11월 주한미8군(EUSAK)이 한국인의 재건을 원조하기 위해 에이팩을 실시하기 시작했다. 미8군 사령관 맥스웰 테일러의 지원 요청을 받은 미 의회는 1,500만 달러를 할당했고, 이 재원은 학교, 교회, 고아원, 다리, 진료소, 주요 도로 등을 건설, 보수하는 데 투여되었다.[45] 에이팩은 미군이 사업에 필요한 기술과 장비, 그리고 재건에 필요한 핵심적인 요소를 제공하고, 인력 및 현지 조달 가능한 물자를 한국(군) 측에서 제공하는 방식으로 진행되었다. 에이팩의 건설지원사업은 회계연도 기준으로 1954년부터 1962년까지 대략 4,600건 이상이 완료되었다.[46] 에이팩은 '자조' 노력을 보이는 한국인을 지원하는 방식을 취했으며,[47] 이러한 사업 추진 방침은 시종일관 이어졌다.[48]

1955년 주한 미공보원은 에이팩을 해외에 파병된 미군이 대민지원사업

43 C. Darwin Stolzenbach & Henry A. Kissinger, *Civil Affairs in Korea 1950-51*, Operations Research Office, The Johns Hopkins University 1952, 4면; William E. Daugherty & Marshall Andrews, *A Review of US Historical Experience with Civil Affairs, 1776-1954 (ORO-TP-29)*, Operations Research Office, The Johns Hopkins University 1961, 417~18면.

44 이에 대해서는 허은 「1950년대 전반 미국의 '생체정치'와 한국사회 헤게모니 구축」, 『한국사연구』 제133호, 2006.

45 Alfred H. Hausrath, *Civil Affairs in the Cold War*, 59면.

46 Hq EUSA AFAK Office of the Program Director, Subject: Consolidated Quarterly Report of Armed Forces Assistance to Korea Program-1st Quarter FY 1963, Incl #8 to AFAK Status Report, RG84 Korea General Records 1956-1963 Box 17, NARA.

47 William E. Daugherty & Marshall Andrews, *A Review of U.S. Historical Experience with Civil Affairs, 1776-1954 (ORO-TP-29)*, 427면.

48 Hq, USFK, Civil Relations, Government Affairs Armed Forces Assistance to Korea (AFAK) Program, 1962.10.25, 4면. RG286 Korea Subject Files, FY 61-63(국립중앙도서관 해외 한국 관련 기록물 표제 Program-AFAK, Jan 1962).

을 통해 현지인들과 긴밀한 관계를 형성하고 이들을 단결시키는 결과를 처음으로 거둔 성과라고 높게 평가했으나,[49] 이 평가가 곧 한국인의 미군에 대한 인식을 제대로 반영하고 있다고 볼 수 없다. 이는 사업의 혜택을 직접 받으며 미군과 대면 관계를 형성한 이들의 반응에 치중된 평가일 것이다. 한국사회의 미군에 대한 인식은 1950년대 후반부터 1960년대 초 미군이 자행한 야만적인 폭행 사건들과 이에 대한 비판 여론 고조, 미국의 주권 침해에 대한 불만과 한미행정협정 개정 요구 등이 분출한 사실을 충분히 고려하며 평가되어야 한다. 대민지원활동을 전개하는 미국과 그 대상인 한국인들 사이의 쉽게 메울 수 없는 인식의 골이 존재하고 있었다. 정전 이후 주한미군의 지속적인 대민활동에도 불구하고, 한국사회에서는 미국을 분단을 초래한 주체로 바라보는 비판적 인식이 불식되지 않았다.

한국인의 인식과 별개로 슬러버, 랜스데일은 케네디 정부에서도 에이팩을 '밑으로부터의 냉전'에서 민심을 장악하기 위한 모범적인 선례로 강조하는 기조를 이어갔다. 랜스데일은 1962년 중반 라오스와 남베트남의 벽촌에서 미 특수전 부대가 의료원조사업을 벌이는 것을 놓고, 마치 한국에서 "빛나는 에이팩 계획을 시행한 (미군들의) 정신"과도 같다고 비유했다. 랜스데일은 에이팩이 휴머니즘에 근거하여 대민활동을 실시해야 한다는 점을 잘 보여주는 선례라고 높이 평가했다.[50] 슬러버는 에이팩을 대게릴라전

---

49 「재건하는 한국」, 『자유세계』(특집호), 1955, 23면.

50 Edward G. Lansdale, "Civic Action Helps Counter the Guerrilla Threat," *Army Information Digest*, 17:6, 1962.6, 53면. 1961년까지만 해도 라오스는 현지 군을 활용한 '대민활동'의 실패를 보여주는 대표적인 곳으로 언급되었다는 점도 주목된다. 미 국무부 정보·조사국은 미국의 지원을 받아 라오스 군인으로 구성된 보건·위생 대민활동 팀들이 봉사자의 자세가 아닌 약탈자의 태도를 보여 사업 실패를 초래했다고 비판했다(Bureau of Intelligence and Research Department of State, *Internal Warfare and The Security of The Underdeveloped States (PRS-1)*, 1961.11.20, 45면).

방침인 대민활동이 등장하기 이전에 관련 내용을 선도적으로 시행한 모범 사례로 설명했다.[51] 미 육군부의 국제업무 담당 부차관도 에이팩이 대민활동으로 흡수된 여러 선례 중에서 가장 뛰어난 성과를 이룬 사업이자, 미군의 원조를 받으며 대상국의 부대가 긍정적인 민군관계를 형성하는 계기가 되었다는 측면에서 대민활동의 원형이 되는 사업이라고 평가했다.[52]

한편, 미국이 볼 때 한국은 동아시아 전체에 걸친 미국의 대중국 봉쇄전략에서 핵심적인 위치를 점하고 있었다. 미 국무부와 국제협조처(ICA)는 미국의 군사·경제원조 삭감과 이에 따른 감군의 가능성에 관한 한국사회 내 우려가 팽배하던 때인 1959년 10월 말, 주한미대사관에 미국의 한국방위 정책에 관한 견해를 정리한 문건을 보냈다. 이 문건에 따르면 미국 정부가 한국에게 기대하는 일차적인 역할은 자력으로 대내 안보를 확보하고, 북한 단독 또는 중국과 북한의 연합 침공을 받았을 때 미군과 함께 방어할 수 있는 능력을 갖추는 것이었다.[53]

더불어 미 국무부와 국제협조처는 한국이 동아시아 지역에서 공산 침략에 반대하는 확고한 '투지'를 입증하기 위해 힘을 행사해야 한다고 보았다.[54] 다만 이러한 언급은 한국군의 해외파병까지 고려한 언급은 아니었다.

51 Robert H. Slover, "Action Through Civic Action," *Army Information Digest*, 17:11, 1962.10, 8면.

52 Edward G. Lansdale, "Civic Action Helps Counter the Guerrilla Threat," *Army Information Digest*, 17:6, 1962.6, 52면.

53 Department of State to AmEmbassy, Seoul, 'Implications of Korean MAP and DS Reductions for US Policy on Korean Defense,' 1959.10.16, 1면, RG59, Central Files, 795B.5-MSP/12-2559, 국사편찬위원회 전자사료관. 1959년 미국 정부의 한국 정책 담당자들이 공유했던 한국군의 임무는 "대내 안보 유지, 미군과 합동으로 외침 격퇴, 유엔군의 일원으로서 역할수행, 공중 및 해양의 병참선 보호 지원"이었다('Model Military Plan 1959-64: Korea,' 1면, U.S. President's Committee to Study the U.S. Military Assistance Program (Draper Committee) Records, 1958-59, Box 17, Category V-Central Files-(Military Assistance) Jan. 1959 (2), (3), Dwight D. Eisenhower Library, 국편 전자사료관.

54 Department of State to AmEmbassy, Seoul, 'Implications of Korean MAP and DS Reductions

사진 20(위), 사진 21(아래) 대한상무회(大韓尙武會) 충북지회 주최 인도네시아 의용군파견요구 궐기대회 (1959.5)

이승만이 미국 정부에 1958년 인도네시아 내전, 1959년 라오스 내전에 파병 의사를 밝히며,[55] 관제 시위까지 열어 미국의 관심을 끌고자 했지만, 미 군부는 1959년 9월 이승만 정부의 한국군 2개 사단의 라오스 파병 타진을 단호히 거절했다. 아이젠하워 정부는 한국이 독자적인 방어 능력을 갖추지 못했으며, 따라서 군사력의 급격한 약화를 초래할 수 있는 한국군의 파병은 한반도뿐만 아니라 동아시아 자유진영의 집단안보 및 미국의 안보 이해에 심각한 영향을 초래할 수 있다고 판단했다.[56]

아이젠하워 정부가 한국군의 해외파병을 반대하면서도 다른 한편으로 한국에게 동아시아에서 공산세력의 확장에 반대하는 반공 국가로서 강력한 능력을 보여주기를 원한 까닭은 동아시아 냉전에서 한국이 점하고 있는 지정학적 위치 때문이었다. 한국의 존재는 일본이 친서구적 입장을 견지하게 만들며, 또한 공산세력 침공 시 북한과 만주에 대한 보복 능력을 한국이 보유한 것은 태평양 전체에 걸쳐 효율적인 억제 전력으로서 일익을 담당하고 있다는 것이다. 특히 한국이 오키나와와 더불어 중국의 정치·경제적 중심지의 지척에 있다는 점은 중국이 대만 및 동남아시아 '침공'을 억제하는 역할을 한다고 평가되었다.[57]

마셜 그린 역시 한국이 동아시아 전 지역에 걸쳐 중국의 팽창주의를 억제하는 전략적 위치에 있다고 보았다. 그는 60만에 달하는 한국군 규모는 단지 적의 침략을 격퇴하는 데 그치지 않고 상황에 따라 북한 지역을 점령할 수 있음을 보여주며, 군사적·정치적인 측면에서 상대적으로 취약한 동남아

---

55 홍석률 「이승만 정권의 북진통일론과 냉전외교정책」, 『한국사연구』 제85호, 1994, 175~77면.

56 Department of State to AmEmbassy, Seoul, 'Implications of Korean MAP and DS Reductions for US Policy on Korean Defense,' 1959.10.16, 3면.

57 Department of State to AmEmbassy, Seoul, 'Implications of Korean MAP and DS Reductions for US Policy on Korean Defense'의 '4. Regional Political Considerations,' 1959.10.16, 3면.

시아에서 공산진영의 침략을 억제하는 역할을 한다고 보았다.[58]

하지만 이러한 한국군의 중국 팽창 억제 역할에 대한 판단이 케네디 정부까지 그대로 이어지지는 않았다. 1961년 12월 케네디 정부에서 한국군의 대규모 감축을 지지한 이들은 중국의 군사력이 이미 한국군에 대한 방어를 의식하지 않고 동남아 지역을 침략할 수 있는 수준에 도달했다고 주장했다.[59]

한국군의 중국 봉쇄 능력에 대한 회의적인 평가는 한국군의 역할 확대 논리로 이어졌다. 즉, 미 국무부는 미국은 지속적인 원조를 통해 한국군을 동아시아에서 미국의 '전략적 유연성'(strategic flexibility)을 유지하는 데 도움이 될 수 있도록 만들어야 한다는 견해를 밝혔다. 미국 정부의 동아시아 지역 전문가들이 볼 때 한국은 가장 순조롭게 군사력을 '제공'하는 군사적 자산이었다.[60] 1961년 12월에 이러한 미 국무부의 의견 개진은 11월에 워싱턴을 방문한 박정희가 케네디에게 베트남전 파병 의사를 적극적으로 개진한 사실과 무관하지 않을 것이다.[61]

요컨대, '밑으로부터의 냉전'의 측면에서는 성공적인 모범사례가 만들어진 곳이자, 군사전략적으로 중국 봉쇄의 핵심적인 위치를 점하고 있는 국가인 한국은 미국에 이른바 간접침략으로 대내 안보가 흔들려서도 안 되는 곳

---

58 'Subject: Submission of Memorandum on Limited Hostilities in East Asia,' 1960.1.27, 한국정신문화연구원 현대사연구소 편『5·16과 박정희 정부의 수립』62~63면.

59 From: Jeffrey C. Kitchen (Deputy Assistant Secretary Politico-Military Affairs, Department of State) To: The Secretary of State, The Secretary of Defense, 'Subject: Country Annexes to Report of the Military Assistance Steering Group, KOREA,' 1961.12.27, 한국정신문화연구원 현대사연구소 편『5·16과 박정희 정부의 수립』662면.

60 같은 책 655면.

61 한국 측의 적극적인 개입 타진과 미국의 소극적인 대응이 맞물리며 파병이 결정되는 과정에 대해서는 다음 두 연구를 참조. 박태균「1950·60년 미국의 한국군 감축론과 한국 정부의 대응」,『지역연구』제9권 3호, 2000; 마상윤「한국군 베트남 파병결정과 국회의 역할」,『지역연구』제22권 2호, 2013.

이자, '군사적 방어'(military defensibility)에 대한 의구심을 일으킬 수 있는 어떠한 상황도 용납될 수 없는 곳이었다.

4월혁명 직전인 1959년 미 국무부는 한국의 안보에 관한 의구심이 확산하게 된다면, 이는 일본에서 중립주의 세력의 영향력 확대를 초래하고, 한국과 마찬가지로 분단 상태인 대만과 남베트남을 낙담시키며, 더불어 여타 동남아시아 국가에서 친미세력의 약화와 중립주의 및 좌익세력의 강화를 초래할 수 있다고 우려했다.[62] 1950년대 말 미국의 안보정책 관계자에게 한국은 동아시아 전체에 걸친 미국의 안보 이해를 좌우하는 요충지이자 동시에 자유진영의 붕괴를 초래하는 도미노의 시발점이 될 수도 있는 곳으로 여겨지고 있었다.

군부의 제한전론 비판과 대민관의 갈래

1959년 1월 20일 국방연구원에서 주한미군사령관 조지 데커가 강연을 했다. 이날 데커 사령관은 안보위협에 대한 새로운 규정과 현대 지상군의 역할을 강연 주제로 삼았다. 데커의 국방연구원 강연은 주한미군사령관을 예우하는 의례적인 행사 이상의 의미를 지녔는데, 그 이유는 이날 데커의 강연을 들었을 국방연구원 원생들의 면면이 예사롭지 않았기 때문이다. 강연장의 원생 중에는 이후 제3공화국의 안보를 책임질 군 지휘관들이 다수 있었다. 원생 김성은이 대표적인 인물이라 하겠다. 그는 해병대 사단장 보직을 마치고 1958년 6월 국방대학원에 입교하여 1959년 6월 과정을 수료하

---

62 Department of State to AmEmbassy, Seoul, 'Implications of Korean MAP and DS Reductions for US Policy on Korean Defense'의 '4. Regional Political Considerations,' 1959.10.16, 4면.

고, 이후 1963년부터 1968년까지 제3공화국 국방부 장관직을 장기간 맡았다. 이외에도 김성은의 뒤를 이어 박정희 정부의 국방부 장관을 역임한 임충식 소장, 베트남 파병과 남북회담에서 주요한 역할을 하는 장우주(張禹疇) 준장, 5·16군정하에서 공군참모총장과 1970년대 교통부 장관을 맡는 김신(金信) 준상 등이 교육과정을 이수 중에 있었다. 또한 영관급 장교로는 5·16군사쿠데타의 핵심 인물인 유원식(柳原植) 중령도 빼놓을 수 없다.[63]

데커의 국방연구원 강연은 의도치 않게 1960년대 박정희 정부에서 안보정책을 이끄는 군부의 핵심 인사들에게 1950년대 아이젠하워 정권의 냉전전략이 근본적으로 변화하고 있음을 알리는 자리가 되었다. 데커는 강연에서 국방연구원생들에게 '전면적인 (수소)핵전쟁'은 미·소 양측의 상호 전멸 우려 때문에 이제는 가능성이 큰 공격 형태가 아니며, 상대적으로 "공산블록 주변에서 정치적·심리적 침투 및 태업 그리고 적색지원을 받는 현지병력에 의한 국부적 군사작전이 발생할 가능성"에 많은 주의를 기울일 필요가 있다고 역설했다.[64] 그는 세계적 차원의 전면전쟁에 대비하면 소규모 국지전도 자동으로 대비할 수 있다는 판단은 오류이며, 그 대표적인 예로 핵무기를 보유한 미국이 한반도에서 전쟁 발발을 방지하지 못한 사실을 들었다. 데커는 공산세력의 위협이 한국, 남베트남, 레바논 그리고 대만과 같이 핵무기 대량보복전략이 통용되지 않은 진영의 주변부 지역으로 향하고 있다고 지적하며, 해당 지역의 군에게 이러한 변화에 능동적으로 대처할 수 있도록 준비할 것을 주문했다.

1950년대 후반 미국의 군부와 정계에서 대두되고 있던 냉전전략의 변화 기류는 데커와 같은 인적인 통로 이외에도[65] 국방연구원이 발간한 잡지를

---

63 김성은 『나의 잔이 넘치나이다』, 아이템플 코리아 2008, 527~28면; 국방대학원30년사편찬위원회 『국방대학원30년사』, 국방대학원 1987, 497~99면.

64 G. H. Decker 「현대지상군」, 『국방연구』 제4호, 1959.3, 6면.

통해서 한국 군부에 폭넓게 전달되었다. 국방연구원이 발간한 『국방연구』 『번역월보』 그리고 『번역월보』의 후속으로 발간된 『대전략』에는 아이젠하 워 정권의 안보전략을 비판적으로 재고한 미국 안보 관계자들의 글들이 실 렸다.[66]

1959년 2월에 드레이퍼 위원회의 위원장이 '동북아 조사단'을 직접 인솔 하고 방한했다. 동북아 조사단은 6일부터 11일까지의 짧은 방한 기간에 주 한미군 및 미 군사고문단의 지휘부, 한국 정부의 주요 부처 장관과 군 수뇌 부, 정당 지도부, 재계, 교육계 인사들과 폭넓은 만남을 가졌다. 조사단은 한 국 측으로부터 군사원조 유지의 필요성에 대해 설명을 듣는 데 대부분의 시 간을 할애했다.[67] 한국군의 수뇌부는 드레이퍼 위원회 동북아 조사단원들 과 두 차례의 연회를 통해 공식 교류를 했는데, 만찬에 참석한 이들의 대부 분은 미군 참모대학에서 연수한 이력이 있었다.[68]

---

65 국방연구원의 경우 초창기 강의는 대부분 외부 강사로 채워졌으며, 초빙 강사 중 다수는 유엔군사령관 겸 미 극동군사령관, 미 극동해군사령관 등이 포함된 미군 현역 장교들이었 다(국방대학원30년사편찬위원회 『국방대학원30년사』 45면).

66 국방연구원이 1959년 4월에 창간한 『번역월보』는 같은 해 8월에 『대전략』으로 잡지명이 바뀌었다. 『번역월보』라는 최초 잡지명이 보여주듯이 『대전략』은 국방연구원이 한국군에 미국의 안보전략을 번역 소개하기 위해 만든 잡지였다.

67 From: Amembassy Seoul, To: The Department of State, Washington, Subject: Draper Committee Visit, February 6-11, 1959, RG84, 84.2 Records of Diplomatic Posts, 1788-1962, Korea, Seoul Embassy, Entry 2846A, Classified General Records, 1959, Box 11, 국사편찬위원회 전자사료관.

68 한국군 수뇌부는 1959년 2월 7일 국방부 장관 김정렬(金貞烈)이 주최한 연회와 2월 10일 미8군 부사령관이 주최한 연회에 참석하여 드레이퍼 위원회 조사단원들과 대면할 기회를 얻었다. 2월 7일에는 합동참모의장 유재흥(일본육사, 미 육군참모대학), 육군참모총장 백 선엽(만주국 봉천군관학교, 간도특설대, 미 육군참모대학), 해군 통제사령관 정긍모(鄭兢 謨, 일본 오사카 고등해원학교), 공군참모총장 김창규(金昌圭, 일본육사, 미 공군참모대학) 해 병대사령관 김대식(간도특설대), 헌병사령관 원용덕(만군 군의관), 국방부 장관 특별보좌 관 김석범(金錫範, 봉천군관학교), 국방차관보 백선진(白善鎭, 평양사범, 미 육군참모대학)이

드레이퍼 조사단 방한 이후 한국 군부는 당연히 드레이퍼 위원회의 보고서에 관심을 가졌으나, 드레이퍼 위원회 산하 동아시아 전문가들의 민군관계 논의까지 상세하게 파악하지는 못했던 것 같다. 드레이퍼 위원회가 아이젠하워에게 제출한 1차 보고서가 1959년 5월 곧바로 번역되어 소개되었으나 이는 별첨 보고서들의 내용까지 반영한 위원회 보고서는 아니었다.[69] 무엇보다 이 시기 미국 측과 한국 측의 주 관심은 환율 현실화, 수출 증대, 군사원조 규모와 이에 따른 감군 시행에 있었다.[70] 한국군이 드레이퍼 위원회 최종 보고서를 이미 접했을 시점으로 보이는 1960년 6월에도 군부의 주된

참석했고, 2월 10일에는 앞의 인물들 이외에 육군 부참모장 장도영(일본군 소위, 미 육군참모대학), 해군 부통제사령관 김일병(金一秉), 1군사령관 송요찬(일본군 지원병, 미군참모대학), 2군 사령관 최영희(학병), 육군교육사 사령관 김종오(金鍾五, 일본 주오대학 중퇴, 학병), 육군대학 교장 이종찬(일본육사, 미 육군참모대학), 육사 교장 이한림(李翰林, 만주국 신경군관학교, 일본육사, 미 육군보병학교) 1군단 사령관 양국진(楊國鎭, 봉천군관학교, 대한식품 사장), 2군단 사령관 장창국(일본육사, 미 육군참모대학, 합참의장) 3군단 사령관 오덕준(吳德俊, 미 육군참모대학), 5군단 사령관 이성가(李成佳, 중국 남경군관학교, 미 육군참모대학), 6군단 사령관 백인엽(白仁燁, 메이지대, 일본 육군항공학교, 미 육군참모대학), 국방연구원 원장 박임항(신경군관학교, 일본육사)이었다. 양일 모두 정부 주요 부처 장관들이 참석했고, 특히 10일에는 이승만 대통령도 참석한 대규모 연회였다. 드레이퍼 위원회의 방문일정과 참가자 명단은 다음 문건을 참조. Visit of The Honorable William H. Draper Jr. Draper Committee Study Group to Korea, 6–11 February 1959 RG84 Korea, Seoul Embassy, General Records, 1953–55(국립중앙도서관 해외 한국관련 기록물 표제 400 MAP Draper Committee, 1959). 괄호 안의 이력은 필자 기입.

69 William H. Draper 「'드레이퍼' 위원회 제1차 보고」, 『번역월보』 제2호, 1959.5. 이 글은 목차만 확인되어 상세 내용을 알 수 없지만, 시점상 1959년 3월 17일에 아이젠하워의 요청으로 제출한 개요 수준의 잠정 보고서를 번역, 게재했을 것이다. 이 짧은 분량의 잠정 보고서에도 동아시아 저개발국 지원의 필요성을 강조하고 있으나 구체적인 내용은 없다. 3월과 6월에 제출된 '별첨 C, D' 보고서를 반영할 수도 없었다.

70 "Telegram From the Embassy in Korea to the Department of State," 1959.2.11, *Foreign Relations of United States (FRUS)*, Vol. XVIII, 543면; "Memorandum of Conversation," 1959.2.28, FRUS, Vol. XVIII, 545면; 이상철 「1959년 드레이퍼 위원장 방한과 합경위 수출진흥분과위원회」, 『역사비평』 제112호, 2015, 91~92면.

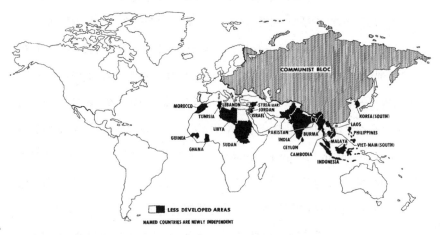

사진 22 제2차 세계대전 전후 신생국의 등장과 저개발지역(드레이퍼 위원회)

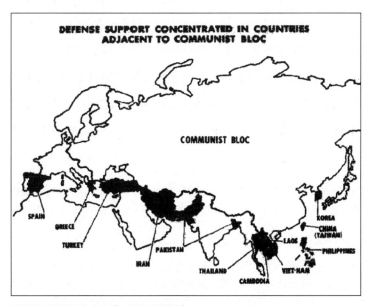

사진 23 진영의 경계지대(드레이퍼 위원회)

관심은 드레이퍼 위원회 보고서에서 군사원조와 관련된 부분이었다.[71]

　비록 드레이퍼 위원회의 논의 전반을 검토하지는 않았지만, 군부는 그 나름대로 1950년대 말부터 대두되는 미국 내 안보전략의 변화 기류에 촉각을 곤두세우고 있었다. 특히 군부는 '제한전론'에 민감한 반응을 보였다. 미국의 '제한선' 논의는 1958년에 본격적으로 한국군에 소개되었다. 1958년에 국방연구원과 국방부 정훈국은 대표적인 제한전론자인 헨리 키신저와 로버트 오스굿(Robert E. Osgood)의 저서를 번역 출판했다.[72] '미국외교협회'(The Council on Foreign Relations)는 1954년부터 3년에 걸쳐 대량보복전략에 기초한 안보정책을 재검토했는데, 키신저의 저서는 미국외교협회의 의뢰를 받아 이 3년에 걸친 논의를 정리한 결과물이었다.

　군부는 1958년 제한전을 다룬 주요 저작들이 번역 소개되기 이전부터 제한전 개념이나 미국 내 논의를 어느 정도는 인지하고 있었다. 정전협정 체결 직전인 1953년에 국방부 정훈 잡지인 『국방』에는 전쟁의 특질을 '제한전'으로 설명하는 글이 실렸는데, 필자는 전선이 '엄중히 한정'되고, 미·소가 주도하는 양 진영이 정치적 이해를 추구하며 한반도에서 전개되고 있는 새로운 전쟁 형태를 놓고 '제한전쟁'이라 언급했다.[73] 1955년 연합참모본부 본부장을 맡았던 강영훈도 6·25전쟁을 두고 상상할 수 없었던 양상을 보인 전쟁이라 규정했다. 그에게 이 전쟁은 그 목적이 적을 폭력으로 굴복시켜

---

71 이창순은 드레이퍼 위원회가 기존과 달리 군원(軍援) 이용의 자율성을 확대하는 견해를 담고 있다고 긍정적으로 평가했다(이창순 「軍力 증강을 위한 軍援의 효율적인 관리책」, 『국방연구』 제8호, 1960.6, 56~59면).

72 헨리 A. 킷신저 『핵무기와 외교정책』(원제: *Nuclear Weapons and Foreign Policy*), 최영두·강병규·우병규 공역, 국방연구원 1958; 로버트 오스굿 『제한전쟁』(원제: *Limited War: The Challenge to American Strategy*), 국방부 정훈국 譯編, 국방부 정훈국 1958. 1958년 국방부 장관 김정렴은 『제한전쟁』을 연대 단위까지 배포하여 정훈 교재로 활용하라고 지시했다.

73 「한국전쟁의 특질」, 『국방』 제25호, 1953.7, 70~71면.

자기 의지를 관철하는 데 있고 이를 달성할 때까지 모든 총력을 기울여야 한다는 클라우제비츠나 루덴도르프의 사상이 시대성을 상실하는 '신 현상'을 보인 전쟁이었다. 그는 "당황도 하고 의아한 마음도 금하지 못했다"라고 답답한 심정을 토로했다. 정전으로 귀결된 전쟁은 군 최고위 지휘관의 총력전 전쟁관을 뒤흔들어놓았다.

강영훈은 양 진영이 전 지구를 전장으로 만들 전쟁수단을 보유했음에도 한반도로 전역(戰域)을 한정한 상황을 설명하기 위해 '제한전쟁'이라는 용어가 쓰이고 있음을 주목했다.[74] 강영훈은 3년 전쟁이 미국의 정치적 이해에 따라 공산진영과 '타협'하는 방식으로 정리된 상황을 놓고 '대단히 유감스럽게' 생각했으나, 이와 별개로 냉전하 제한전의 발발 가능성에 대해서는 진지하게 고려했다. 그는 소련이 이끄는 공산진영이 핵전쟁 대신 선택한 국지적 '잠식전략(蠶食戰略)'에 미국의 대량보복전략이 한계를 드러내고 있기에, 약소 후진국은 원자전과 국지전을 동시에 대비할 필요가 있다고 보았다. 그리고 이러한 필요성은 경제발전보다 재래식 군사력 확충에 더 치중하게 만들어, 경제발전을 빠르게 성취해야 하는 후진국에 부담을 갖게 했다. 강영훈의 표현을 빌리면 '원자전력 시대의 국지적 고민상'이었다.[75] 강영훈에게 6·25전쟁은 "불순한 분자가 남한 지역에 같이 있었던 것도 경험"하게 만든 전쟁이었다. 즉, 그에게 3년간의 전쟁은 안팎의 적과 벌인 싸움이었다.

이처럼 강영훈과 같이 예외적으로 제한전에 관해 일찍 언급한 이도 있었으나, 군부가 제한전을 본격적으로 논의한 시점은 키신저와 오스굿의 저서

---

74 강영훈 「현대국방문제」, 김종문 외 『국방의 당면과제』, 국방부 정훈국 1955, 39면. 강영훈은 누구보다 일찍 제한전쟁에 대해 언급했다. 강영훈은 전시에 도미하여 미국 내 안보전략 재검토 동향을 빨리 인지할 수 있었을 것이다. 강영훈은 1950년 미 『뉴욕 헤럴드트리뷴』지가 주최하는 회의에 참석차 도미하여 6개월간 체류했고, 1952년 주미 대사관 무관으로 근무했다(강영훈 『나라를 사랑한 벽창우』, 동아일보사 2008, 582면).
75 강영훈 「현대국방문제」 49면.

들이 번역된 이후부터였다. 1959년부터 제한전 관련 글이 번역 소개되고, 아이젠하워 정부의 군사전략 전반을 정리하는 글들이 발표됐다.[76] 제한전의 개념은 논자에 따라 각양각색이라 할 정도로 미국 내에서도 쓰는 의미가 달랐다. 제한전 개념을 미·소 간의 전면전을 제외한 모든 전쟁 양상을 포괄하는 의미로 쓰는 이들이 있었다.[77] 키신저, 오스굿과 같은 국제정치 학자들은 제한전을 정치적 목적을 위해 수행되고, 적의 파괴보다 적의 의지에 영향을 끼치는 데 주안점이 있는 전쟁을 설명하는 개념으로 사용했다.[78]

그런데 한국 군부는 6·25전쟁을 제한전의 역사적인 사례로 보는 키신저의 해석이 자의적·일방적인 주장이라고 보았다. 1960년 6월 육군대령 김창파(金蒼派)는 제한전론에 따라 6·25전쟁의 귀결이 마치 '합리적 결정'의 결과물로 설명되는 것을 인정할 수 없었다. 더구나 그는 분단과 전쟁 발발의 책임이 있는 미국에서 이러한 논의가 나오는 데 대해 불쾌한 심정을 숨기지 않았다. 김창파는 제한전론이 동족상잔과 강대국의 이해 추구에 따라 언제든지 주권이 무시당할 수 있는 약소국의 위치를 외면하고 있다고 비판하고,[79] 국토분단과 전쟁의 이면에는 당사자의 의지와 이해를 무시하는 강대국의 이해 추구가 깔려 있다고 지적했다.[80] 김창파가 민족주의적 성향을 강하게 드러내며 미국의 제한전론을 비판하는 견해를 가지게 된 것은 미군정 시기 민족청년단 중앙훈련소의 교관이었다는 그의 이력과도 무관하지 않

---

76 민달현 옮김 「제한전쟁의 전망과 가능성」, 『군사평론』 제6호, 1959.8; 함성렬 「현대육상전략이론」, 『국방연구』 제4호, 1959.3. 민달현은 1958년 *ARMY DIGEST*지 'PEACE OR PIECEMEAL'이라는 특집호 내용을 발췌 번역하여 소개했다.

77 Harvey B. Seim 「제한전쟁에 대한 우리의 준비태세는 되어 있는가?」, 『대전략』 1961.4, 10 ~11면.

78 같은 글 11면.

79 김창파 「한국전략개념」, 『국방연구』 제8호, 1960.6, 36~37면.

80 같은 글 39면

을 것이다.[81]

제한전론에 대한 강한 불만과 별개로 김창파는 아이젠하워 정부의 대량보복전략을 신뢰하지 않았다. 김창파는 미국의 핵안보전략으로 한반도에서 힘의 교착상태가 유지되고 객관적·주관적 정세가 불리하게 조성되면 한반도에서 '국한된 침략의 가능성'이 높아진다고 보았다. 그는 한국의 안보불안을 낳을 수 있는 '객관적 정세' 변화는 미국의 '한국 방기'라고 지적했다. 김창파의 인식은 데탕트 국면에서 박정희를 위시한 안보정책 책임자들이 보인 미국의 한국 방기 우려와 힘의 교착이 한반도의 안보위기를 초래한다는 안보관이 군인들의 사고 속에 일찍부터 자리 잡고 있었음을 보여준다.

한편 김창파는 안보불안을 초래하는 내적 요인으로 제일 먼저 '국내정치 불안정'을 거론했고, 이어 '비정상적 정권교체' '공산주의 내부 침투' '국민의 반정부 정서와 군인의 동조' '군의 정치 가담 또는 간섭' 등을 나열했다. 1960년 6월 허정 과도내각하에서 새로운 정권 창출을 앞둔 시점에 김창파는 안정적인 정권교체를 강조했다. 하지만 김창파가 안보불안을 초래하는 요인으로 정치적 불안정과 군의 정치개입 가능성을 함께 거론한 데서 알 수 있듯이, 그는 군의 정치개입과 정치중립 사이에서 모호한 태도를 보였다.[82]

1961년 군사쿠데타 직전 국방연구원 교수 권정식 대령도 키신저의 제한전론이 한반도에서 벌어졌던 전쟁의 실상을 보지 못하고 열강의 입장에서

---

81 김창파는 해방정국 시기 박임항과 함께 민족청년단 중앙훈련소 교관을 역임했고(「청년운동반세기(43): 조선민족청년단」, 『경향신문』 1987.9.2), 군사쿠데타 직후 공보부 서울중앙방송국 감독을 맡았다(「김창파 대령이 중앙방송국장 被命」, 『마산일보』 1961.5.19; 「파견장교 43명 원대복귀」, 『경향신문』 1962.3.31). 그는 전역 이후 박정희 정권의 행정개혁위원회 전문위원으로 잠시 활동했다. 그후 한국군의 베트남전 개입 이후 한국군 사령부와 협약을 맺고 사이공에서 군 복지시설을 운영하다 물의를 일으키기도 했다(「개인영리로 끝난 주월화랑센터」, 『동아일보』 1967.9.12).

82 김창파 「한국전략개념」 50~51면.

만 설명했다고 비판했다. 그는 한국인들이 겪은 3년간의 전쟁은 한반도가 전장화되고 이념과 체제의 승리를 위해 총력을 기울여 상대방을 파멸시키고자 한 전쟁, 곧 '전면적인 총력전'이었다고 지적하며, 향후 한반도에서 전쟁이 발발하면 이 또한 '전면적인 총력전'일 수밖에 없다고 잘라 말했다.[83] 제한전도 총력전으로 전개될 수 있기에 권성식의 비판이 석확하다고 볼 수 없지만, 잔혹한 전쟁을 직접 치른 군인으로서 전쟁이 정치로 해결될 수 있다는 제한론자들의 논의를 쉽게 받아들일 수 없음을 보여준다.

권정식은 냉철한 현실주의자였다. 그는 한국이 패권국가 미국과 안보전략에서 최대공약수를 찾으면서,[84] 동시에 허용된 범위 안에서 안보의 자립성을 확대하는 것이 중요하다고 판단했다.[85] 권정식은 국제정치의 '윤리'가 '이해 추구'에 의해 만들어진다고 보았기에, 미국은 국가이익을 추구하는 강대국이자 국가안보 확보를 위한 전략적 동반자, 그 이상도 이하도 아니라고 보았다.

권정식은 장면 정부가 국가안보를 위해 취해야 할 전략으로 크게 두 가지를 제기했다. 첫째, 1960년 '4·26 민주혁명'이래 착수된 정치, 경제, 사회, 군사 전 분야에서 과거의 폐습을 일소하고 민주주의 기반을 공고히 하여 국가안전보장의 목표를 달성하는 데 국민을 동참시키는 것이다. 권정식은 장면 정부가 개혁에 진전을 보지 못하고 정치·경제적 불안과 사회적 혼란에서 벗어나지 못하고 있는 상황을 안타깝게 바라보았다.

둘째, 정치, 외교, 경제, 국방 분야에서 자주적인 노력을 기해 국가안보를 스스로 책임질 수 있는 능력을 갖추어가는 것이다. 권정식은 한국이 정치, 경제, 외교 그리고 국방 어느 측면에서도 '전략의 방향'을 '자립의 국력 확

---

83 권정식 「제한전쟁과 한국의 경우」, 『국방연구』 제10호, 1961.3, 140면.
84 같은 글 144면.
85 같은 글 147면.

보'에 맞추는 모습을 전혀 찾아볼 수 없다고 개탄했다. 그는 국가안보란 군사력만이 아니라 모든 분야가 충족될 때 보장될 수 있는데 정치·경제적 불안, 사회적 혼란에서 벗어나지 못하고 있다고 지적하며,[86] 장면 정권의 통치력에 대해 불만을 드러냈다.

국가안보의 자주화를 궁극적인 과제로 여긴 권정식은 미군에 의존적인 태도를 벗어버리지 못하고 있는 군부의 실태를 비판적으로 바라보았다. 그는 한국의 안보전략이란 미군 교리의 답습을 통해서가 아니라 '한국의 특수성'에 대한 숙고를 거듭하며 만들어져야 한다고 보았기에 제한전론자들의 논의에 구속되어 한국에 필요한 전략의 성격이 제대로 파악되지 못하거나 왜곡되는 경우가 발생할까 우려했다.[87]

한편, 거의 같은 시기 비정규전 대비를 역설한 국방론이 박창암에 의해 제기되었다. 1959년 육군사관학교 생도 대장(대리)을 맡았던 박창암은 자신의 유격전과 대유격전의 경험을 토대로 독자적인 '국방계획론'을 육사 생도에게 설파했다. 그는 국방계획론에서 전쟁이 다시 벌어진다면 남한은 주전선을 유지할 능력이 충분하지 못하고 미국의 초기 지원도 늦을 수밖에 없으므로, 적의 군사적 압력, 학정이나 회유에도 굴복되지 않는 '제2전선 지역'을 편성해야 한다고 보았다.[88] 더불어 박창암은 동남아시아 냉전 양상까지 거론하며 '반항운동' 준비의 필요성을 육사 생도들에게 주지시키고자 했다. 그는 과거 라몬 막사이사이가 중국이 동남아시아 지역을 점진적으로 침략하리라는 선구안을 갖고 10만 명의 '반공 게릴라군'의 양성을 역설했음을 언급하며, 막사이사이를 '반공적 반항운동'을 창도한 인물로 추켜세웠다.[89]

---

86 같은 글 146면.
87 같은 글 148, 151면.
88 박창암 「國防餘題에 대한 冥想」, 『추성』 제6호, 1959.5, 230~31면.
89 같은 글 235면.

박창암은 비정규전을 '현대전'의 주요한 구성 요소로 여겼다. 박창암은 북한의 군수공장이 소병기만을 제작하는 것은 북한이 원자무기의 중요성을 몰라서가 아니라 오히려 원자무기 등 대량살상무기를 총동원한 전쟁일수록 비정규전 중심의 총력전이 전개될 것을 잘 알고 있는 증거라고 보았다.[90]

그는 이른바 '반항운동'에서 최종 승리하기 위해서는 제반 악조건을 견디어내는 애국심, 열정, 체력이 절대적으로 필요하고, 반면 '소아마비성 민주주의 반동타성 —— 이기, 안일, 방종'과 같은 장애 요소는 철저히 배제해야 한다고 역설했다.[91] 비정규전을 현대전의 주요 특성으로 보았던 박창암은 민중을 통제의 대상으로 삼고, 민주주의를 '반동타성'과 직결시켰다. 이러한 박창암의 국방론은 5·16군사쿠데타에 가담한 군인들의 가치판단 기준을 보여준다.

박창암도 미국에 국가안보를 의존하려는 태도를 부정적으로 보았다. 그는 대미의존적 태도에 집착하는 이들은 미·소 간 대량 군사보복전이 발발하면 미국이 한국까지 신경 쓸 여력이 없는 현실을 직시하지 못하고 진정 국가안보를 위협하는 이들이라 질타했다.[92]

요컨대, 군부에서는 1950년대 말 이래 미국의 냉전전략의 변화를 분단과 전쟁을 겪으며 체득한 인식을 바탕으로 대미의존적 안보전략에서 벗어나 자주적 안보를 추구해야 한다는 견해가 제기되었다. 김창파나 권정식이 제한전론을 강하게 비판한 배경에는 미국이 한반도의 분단과 전쟁 발발에 상당한 책임이 있다는 인식이 깔려 있었다. 이들과 맥락이 달랐지만, 박창암도 한국의 안보를 전적으로 책임질 수 없는 미국에 의존적인 태도를 보이는 이들에게 강한 반감을 드러냈다.

---

90 같은 글 240면.
91 같은 글 232면.
92 같은 글 239면.

그러나 자주적 안보전략의 확보를 지향한 이들이 민주주의와 대민관계에 관해 같은 인식을 가졌던 것은 아니다. 이승만 정부의 몰락을 '4·26 민주혁명'이라고 표현했던 권정식은 민주주의 강화를 통한 국민의 동참을 국가안보 확립의 핵심적인 전략으로 여겼다. 반면 박창암은 현대전의 특성을 비정규전에서 찾고, 대중을 동원과 통제의 대상으로 여기며 민주주의를 배제하는 안보관을 보였다. 5·16군사쿠데타 직전 군부에는 대립적인 민군관계 인식이 공존하고 있었다.

5·16군사쿠데타 후 미국의 '대민활동' 도입

케네디 정부는 대량보복전략에 치중된 아이젠하워 정부의 안보전략을 비판하며, 핵 보복 능력의 유지와 더불어 전 세계의 다양한 전쟁 양상에 대처할 수 있도록 재래식 군사력을 확충하고, 동남아시아, 중남미, 아프리카 지역의 공산세력 확대를 저지하기 위한 군사원조를 증액하는 방침을 취했다. 또한 저개발국가의 안보를 위해 군사원조도 사회·경제적 발전과 연계시켜 조정하겠다는 방침을 밝혔다. 이와 같은 케네디 정부의 안보정책은 한국사회와 군부에 바로 전파되었다.[93]

한국 군부는 케네디 정부의 안보전략을 높게 평가했다. 권정식도 케네디 정부가 아이젠하워 정부와 달리 과감하게 국방 재정을 대거 증액하고, 기

---

[93] 케네디 정부의 안보전략 기조는 1961년 5월 케네디가 미 의회에 보낸 '긴급특별교서'에 잘 정리되어 있다. 이외에도 3월에 미 의회에 보낸 '대외원조 특별교서'도 케네디 정부의 경제원조와 군사원조의 기조를 보여준다(「케네디 미대통령, 긴급특별교서」, 『최고회의보』 창간호, 1961.8; 「케네디 대외원조 특별교서」, 『국방공론』 창간호, 1961.6; Kiitzi Sahek, 한희두 옮김 「'케네디' 신대통령의 국가전략」, 『대전략』 1961.1).

존의 대량보복전략이 무기력한 모습을 보인 게릴라전을 포함한 국지 분쟁에 적극적으로 대처하는 전략을 긍정적으로 평가했다.[94] 그는 "소규모의 열전과 정치적 냉전"의 대응책도 중시하는 케네디 정권의 새로운 안보전략이 한국에서 '열전의 가능성'을 감소시킨다고 보았다.[95]

그렇다면 케네디 정부는 한국의 상황을 어떻게 인식했을까. 이승만의 하야 직후인 1960년 4월 28일에 개최된 미 국가안전보장회의(NSC)에서 케네디를 포함한 미 정부의 최고위 정책 결정자들은 한국의 시위 군중이 정책 결정에 직접 영향을 미치는 상황을 보며 크게 우려했다. 이들은 한국의 시위 군중을 변심하기 쉬운 '폭도'(mob)로 간주했다.[96] 5·16군사쿠데타 직전 미 국가안전보장회의 위원 로버트 코머(Robert W. Komer)가 한국에서 전개되고 있는 통일 논의를 "자유세계의 이익을 옹호하는 범위"로 명확히 제한해야 한다는 견해를 밝혔다.[97] 이후 코머는 존슨 정부 시기 남베트남 '민사·혁명개발지원처'(CORDS)를 이끌며 '밑으로부터의 냉전'에 깊게 관여했다.

미 국가안전보장회의에서 나온 발언들은 통제되지 않는 민중의 열망 분출과 진영체제를 흔들 소지가 있는 지향이 제기되는 상황을 케네디 정부가 부정적으로 여겼다는 사실을 보여준다. 1963년 2월 미 국무부가 장면 정부를 사회·경제적 개혁을 지도할 능력이나 공산세력의 침투를 방어할 능력이 없었던 정권이라고 평가했다.[98] 이러한 미 국무부의 평가는 케네디 정부가

---

94 권정식「현대전략이론」,『국방연구』제12호, 1961.12, 35~36면.

95 권정식「한국의 군사전략」,『국방연구』제13호, 1962.11, 237면.

96 "313. Editorial Note," 1960.4.28, *FRUS*, 1958-1960, Japan; Korea, Vol. XVIII, 651면.

97 Memorandum From Robert W. Komer of the NSC Staff to the President's Deputy Special Assistant for NSC Affairs. (Rostow) Washington, 1961.3.15, Subject: Action in Korea, *FRUS*, Vol. XXII (1961-1963), 426~27면.

98 허은『미국의 헤게모니와 한국 민족주의』, 고려대 민족문화연구원 2008, 345~46면.

군사쿠데타를 용인한 것을 사후 합리화하는 측면이 있으나,[99] 케네디 정부가 한국 정부의 역할을 냉전 승리를 위한 안보와 개발의 달성이라는 차원에서 접근했음을 보여준다.

5·16군사쿠데타 직후부터 미국 정부는 쿠데타 세력이 사회·경제적 개혁을 통해 대중의 열망을 흡수해야 한다고 보았다. 1961년 12월 케네디 정부 안보정책 관련 부처들의 대표들로 구성된 '군사원조 실무단'(military assistance steering group)[100]이 한국의 안보 문제와 군사원조의 방향을 검토했다. 군사원조 실무단은 한국이 강력하고 안정적인 정부와 사회를 갖추고 경제적으로 대중생활을 점진적으로 개선하며 도약을 이룰 수 있도록 지원하는 데 초점을 맞추어야 한다는 견해를 냈다. 실무단은 집권세력이 대중에게 삶의 개선에 관한 희망을 제시하지 못해 중립주의자나 공산주의자의 통일론이 지지를 받는 상황이 벌어지는 것을 우려했다.

군사원조 실무단은 휴전선에서 대규모 군사력이 대치하는 상황에서 북한은 과거와 같은 전격적인 전면전이 불가능해지자 대남전략을 남한의 정치·경제적 전복(subversion)으로 전환했다고 판단했다. 북한은 군사적 침략이 아니라 통일 사안과 같이 남한의 취약한 부분을 활용할 것이며, 한반도

---

99 물론 5·16군사쿠데타의 성공은 미국 정부의 용인으로만 이루어진 것이 아니다. 이는 다양한 구조적·주체적 그리고 내외적 요인들이 맞물려 복합적인 국면을 형성하며 낳은 결과였다. 이에 관해서는 다음 연구를 참조. 홍석률 「이승만 정권의 북진통일론과 냉전외교정책」; 박태균 「5·16쿠데타와 미국」, 『역사비평』 제55호, 2001; 노영기 「5·16쿠데타 주체세력 분석」, 『역사비평』 제57호, 2001; 마상윤 「근대화 이데올로기와 미국의 대한정책: 케네디 행정부와 5·16쿠데타」, 『국제정치논총』 제42호, 2002; 이완범 「장면과 정권교체: 미국의 대안 고려와 그 포기 과정을 중심으로, 1952~1961」, 『한국민족운동사연구』 제34호, 2003 등.

100 군사원조 실무단은 미 국무부 지역국, 국제개발처(AID) 지역 담당자, 미 합참과 국방부 국제안보실(ISA), 예산국의 대표자들이 모여 향후 미국과 각국과의 경제·군사원조를 포함한 관계에 영향을 미칠 수 있는 상황 및 중요한 요소를 검토하여 안보전략의 장단기 대안을 제언하는 역할을 했다.

에 '친미적인 통일국가'를 세운다는 궁극적인 과제를 달성하기 위해서는 군사적 강화보다 정치적·경제적 안정을 달성하는 데 지원을 집중할 필요가 있다고 강조했다.[101]

케네디 정부가 5·16 군사정부에 대민활동(Civic Action)의 도입을 독려한 것도 군사원조 실무단의 상황인식과 같은 맥락이다. 케네디는 랜스데일의 동아시아 냉전전략을 깊이 공유하고 있었다. 케네디는 1961년 1월 취임 이후 여러 차례 공산세력의 팽창을 저지하기 위한 대응책을 마련할 것을 역설했다. 1961년 연말에 케네디는 한 해 동안 저개발국가에서 군을 사회·경제 개발에 활용하는 방안을 마련하지 못했다고 우려를 표명하며, 대민활동을 체제 전복의 위기에 처한 지역들에서 최대한 활용해야 한다고 역설했다.[102]

미 대통령 특별안보보좌관 맥조지 번디(McGeorge Bundy)도 케네디의 우려를 미 국무부와 국방부에 전달하며, 전복위협과 싸움을 벌이고 있는 국가에서 군대가 대민활동을 실시하도록 독려하라고 강조했다. 번디는 위기가 발생한 지역에 '교육반'(U.S. training team)을 파견하여 대민활동사업 추진을 위한 신속하고도 근본적인 방향 전환을 촉진하는 구상을 제안했다.[103]

1962년 2월 미 육군부 장관 엘비스 스타르(Elvis J. Stahr, Jr.)는 미군이 1961년

---

101 Subject: Country Annexes to Report of the Military Assistance Steering Group, KOREA, 1961. 12.27, 한국정신문화연구원 현대사연구소 편 『5·16과 박정희 정부의 수립』 658~59면.

102 From: McGeorge Bundy To: The Secretary of State, Subject: Civic Action, 1961.12.18, 1~2면, Folder Title: National Security Action Memoranda (NSAM) 119, 케네디 대통령 도서관.

103 From: McGeorge Bundy To: The Secretary of State, Subject: Civic Action, 1961.12.18, 1면. 번디가 말한 '교육반'(U.S. training team)은 '대민활동 이동교육반'(Civic Action mobile training team)과 '미 육군 이동교육반'(U.S. Army mobile training team)을 둘 다 지칭한 것으로 판단된다. 1961년 남베트남에서는 두 이동교육반이 별도로 파견되었지만, 대부분의 동아시아 국가들에서는 후자만 파견되었다. 또한 캄보디아에서는 '미 육군 이동교육반' 이 '대민활동 이동교육반'의 임무까지 함께 맡기도 했다('Cold War Activities of The United States Army, 1 January 1961 to 26 January 1962,' III-11면, 케네디 대통령 도서관).

해외에서 케네디 정부의 정책에 부응하는 냉전을 충실히 전개해왔음을 보여주는 보고서를 발 빠르게 올리며 케네디와 번디의 요구에 화답했다. 미 육군부는 1961년 한 해 동안 저개발국가의 군대가 사회·경제 개발에 기여할 수 있도록 지원하고, 이를 통해 저개발국가의 대중이 정부와 군대를 존경하고 '자유진영의 목적'을 지지하도록 힘을 쏟았다고 보고했다.[104]

미 육군은 케네디의 재촉이 있기 이전인 1961년 중반부터 케네디의 냉전 전략과 부합하는 방향으로 정책을 바꾸기 시작했다. 이러한 변화를 이끈 이가 미 육군참모총장 조지 데커였다. 그는 1961년 6월 미 육군대학 안보전략 세미나에서 저개발지역 국가의 군대를 미국과 상대국의 정부 및 대중에 직결시키는 매개체로 규정하며, 수혜국 군대의 활용이 공산세력의 '점침(漸侵)'을 막을 수 있는 주요한 방안임을 역설했다. 더불어 그는 냉전에 특화된 전담 부대(cold war task forces)를 신설하여 '저강도 냉전'이 벌어지는 저개발국가에는 해당국 군대의 국가건설 참여와 방첩·대반란 능력을 갖추도록 지원하고, '고강도 냉전'이 벌어지는 국가에는 대반란 군대를 창설하여 교육에 집중해야 함을 강조했다.[105] 같은 해 9월 미 육군부는 대민활동의 시행을 책임졌고, '준제한전'(sub-limited war) 작전의 하나로 대민활동을 해외에서 실험하기 시작했다.[106]

1961년 말 케네디가 대민활동의 시행을 역설한 지 얼마 되지 않아 한국에서도 추진되기 시작했다. 1962년 3월부터 주한미대사 새뮤얼 버거(Samuel D. Berger)가 이끄는 '미 외교업무 지원팀'(country team)이 한국군의 대민활동 시행에 대한 지원을 본격적으로 검토하기 시작했다.[107] 미 외교업무

---

104 같은 글 I-3면.
105 같은 글 I-3면.
106 같은 글 I-6면.
107 From: AmEmbassy Seoul, Subject: Civic Action Assessment, 1963.11.8, 1면, RG84, Korea,

지원팀은 대민활동이 우호적인 민군관계를 형성하여 사회·경제적 발전과 대내 안보 확보에 이바지할 수 있다고 판단하고,[108] 6월 군사정부에 대민활동 시행을 제안했다.

박정희 국가재건최고회의 의장은 이 제안을 기꺼이 받아들였다.[109] 군정은 앞서 살펴보았듯이 1961년 말부터 군의 권력 장악에 따른 사회갈등을 봉합하기 위해 자매결연 농촌지원, 농번기 봉사, 수해지구 복구사업 같은 군·관·민 유대강화 사업을 전개하고 있었다. 쿠데타 세력에게 군의 이미지를 개선하며 대내 안보를 강화할 수 있다는 미국 측의 제안은 환영할 일이었다.

또한 이는 박정희와 케네디가 당면한 가장 어려운 과제가 유격전을 치르는 것이라는 데 전적으로 의견일치를 보았기 때문일 것이다. 1961년 11월 방미하여 백악관 회담에서 케네디를 처음 대면한 박정희는 베트남전장에서 대유격전을 훌륭히 치를 수 있는 군사력을 지닌 반공국가임을 자부심을 갖고 밝혔고, 케네디는 핵전쟁보다 흐루쇼프가 해방전쟁(war of liberation)으로 부른 유격전(guerrilla war)에 대비하는 것이 가장 화급한 과제임을 밝혔다.[110] 박정희와 케네디는 유격전/대유격전에서 군사적 측면을 중시하는가, 아니면 사회·경제적 개혁을 중시하는가에서 견해 차이가 있었을지 몰라도 유격전/대유격전을 통해 냉전을 파악하는 데는 전혀 이견이 없었다.

미 외교업무 지원팀은 5·16군정의 국방부 장관 박병권(朴炳權)에게 대민

Seoul Embassy, Classified General Records, 1952-63(국립중앙도서관 해외 한국 관련 기록물 표제 400 Civic Action, 1963).

108 Telegram 'State-Defense Civic Action Team Preliminary Report,' 1962.3.3, 1면, RG84, Korea, Seoul Embassy, Classified General Records, 1952-63(국립중앙도서관 해외 한국 관련 기록물 400 Civic Action).

109 Letter from Park Chung Hee to Samuel D. Berger RG84, Seoul Embassy, Classified General Records 1952-1963(국립중앙도서관 해외 한국 관련 기록물 표제 400, Civic Action, 1962).

110 "247. Memorandum of Conversation," Washington, 1961.11.14, *FRUS*, Vol. XXII, 536~37면.

활동의 목적에서부터 세부 방침까지 상세히 정리해 전달했다.[111] 미국 측은 대민활동 개념이 "정부 및 민간기관과 협력하여 경제적 증진을 목적으로 군이 보유한 인력과 기술을 사용하는 행위"들을 의미한다고 설명하며, 한국에서는 교육, 공공근로, 농업, 교통, 통신, 보건·위생 기타 등의 영역에서 대중에게 유용한 활동들에 군사력을 활용하는 것을 의미한다고 부언했다.[112]

미 외교업무 지원팀은 한국에서 대민활동을 실시하는 목적을 첫째, 한국의 경제·사회 전반의 발전에 대한 기여, 둘째, 지역사회의 경제적·사회적 발전 지원, 셋째, 자연재해 구호활동 지원, 넷째, 한국 정부의 대내 안보에 대한 지원, 다섯째, 한국 경제에 유용한 기술·직업을 가진 군 인력 자원의 개발, 다섯 가지로 정했다. 대내 안보에 관해서는 대민활동이 사회적 불만을 이용한 전복위협의 축소와 공산 침략에 대한 방어를 강화하여 민주적 발전을 위한 강고한 기초를 세울 수 있다고 추가 설명을 달았다.[113]

미국의 한국군 대민활동 지원은 주로 교육(교실 신축 지원), 보건위생, 도로 건설 및 보수유지, 관개시설 건설을 위한 재원으로 쓰였으며, 지원액의 절반이 교실 건설 지원에 할당되었다. 한국군은 개별 사업들의 진행 전반을 책임졌다.[114] 그런데 미 외교업무 지원팀은 한국군의 대민활동 계획이 무한정 확대되는 것을 원치 않았고, 되도록 한정된 예산안에서 한국인이 자원을 활용하는 방안을 원했다. 미 외교업무 지원팀은 대민활동 계획 추진이 한국

---

111 'Civic Action Briefing for Ministry of National Defense,' 1962.8.15, RG286, Korea Subject Files, FY 61-63(국립중앙도서관 해외 한국 관련 기록물 표제 MAP 3 Civic Action).

112 같은 글 2면.

113 같은 글 3면.

114 From: AmEmbassy, Seoul, Subject: AFAK and U.S. Support for ROK Forces Civic Action Program for FY64, 1963.12.20, Enclosed 1, Proposed U.S. Support of ROKF Civic Action Program for FY64, 1~2면, RG84, Korea, Seoul Embassy, Classified General Records, 1952-63(국립중앙도서관 해외 한국 관련 기록물 표제 400 Civic Action, 1963).

군의 전투력 약화를 초래하지 않고 지역사회 주민들이 참여하는 자조 방식으로 추진될 것과 유솜(USOM/Korea)이 중점을 두고 있는 주요 경제발전계획을 침해하지 말아야 한다는 방침을 분명히 밝혔다. 미국 측은 대민활동의 추진으로 한국 정부가 예산을 추가하는 결과를 가져와도 안 된다고 못박았다.[115]

미국이 대민활동 계획에서 '자조' 방식의 민간인 참여를 강조한 것은 저개발지역 국가에서 추진된 대민활동 계획의 대원칙이었다. 아무리 뛰어난 기획력과 집행력을 가진 군대라 하더라도 지역사회 주민의 동조가 없다면 대민활동 계획이 실질적인 성과를 거두기는 불가능하기에, 미군은 지역사회 주민의 자발적인 참여를 끌어내기 위해서 '자조'를 대민활동의 대원칙으로 강조했다.[116] 라오스의 마을에서 대반란전을 위한 대민사업을 추진하던 미군 지휘관에서부터 미 본국의 국무부 장관까지 대민활동 성공 여부를 결정하는 대원칙으로 '자조'를 역설했다.[117]

1963년 말 대민활동 지원사업을 검토한 주한미대사 버거는 소극적인 입장으로 돌아섰다. 버거는 1962년 중반부터 1963년 하반기까지 대민활동 지원이 성공적으로 수행되었다고 평가하면서도 대규모 대민활동 사업이 한국 정부의 추가적인 예산과 노동력의 투입을 초래한 점을 우려스럽게 바라보았다. 버거는 한정된 자금과 자원을 가진 한국이 경제발전에 집중하기를

---

115 Telegram 'State-Defense Civic Action Team Preliminary Report,' 1962.3.3, 2면; 'Civic Action Briefing for Ministry of National Defense,' 1962.8.15, 6면; From: AmEmbassy Seoul, To: Department of State, Subject: 'Civic Action Assessment,' 2~4면, RG84, Korea, Seoul Embassy, Classified General Records, 1952-63(국립중앙도서관 해외 한국관련 기록물 표제 400 Civic Action, 1963).

116 Harry F. Walterhouse, *A Time to Build*, 17면.

117 Edward Bernard Glick, *Peaceful Conflict: The Non-Military Use of the Military*, 97면; Harry F. Wallterhouse, 같은 책 17면.

원했다.[118] 당시 미 의회는 대민활동 지원이 해당국의 경제개발 추진의 일부분이 되기를 요구했다.[119] 이는 버거의 판단에 힘을 실어주는 논지였다. 결국, 미국 측은 군정 기간(1962~63 회계연도) 동안 200만 달러에 달하는 규모로 대민활동을 지원하던 방침을 바꾸어, 1964 회계연도부터는 40만 달러로 대폭 축소하여 지원하기로 했다.[120]

1963년 10월 박정희가 민정 이양을 위한 대통령 선거에 승리하며 '반공'을 가장 중시하는 쿠데타 세력이 재집권에 성공한 마당에, 대반란전의 일환인 대민활동은 경제발전에 전력을 기울여야 한다고 본 버거와 같은 이들에게 더는 화급을 다투는 사안이 아니었다.

한편, 한국 정부가 1960년대 후반 급속한 경제성장을 이루며 건설계획을 독자적으로 실행할 수 있는 능력을 갖춘 것과 별개로 주한미군은 에이팩(AFAK)을 장기간 지속했다. 주한미군은 에이팩이 '지역사회 관계'를 수립하는 데 매우 유용하다고 판단했다.[121] 더불어 주한미군사령부는 에이팩이 '경제적 지원을 통한 안보 확보'와 '우호적인 민군관계 확보'에 기여하고, 이는 공산주의자들의 침투와 전복 기도를 차단하는 중요한 수단인 대민활동과 일맥상통한다고 여겼다.[122]

---

118 From: AmEmbassy Seoul, Subject: Civic Action Assessment, 1963.11.8, 2면. 버거는 한국군이 수행한 대민활동의 가장 성공적인 사례들조차도 '경제발전' 기여에 대해 회의적인 견해를 보였다(같은 글 4면).

119 John W. De Pauw, George A. Luz eds., *Winning The Peace: The Strategic Implications of Military Civic Action*, Strategic Studies Institute, U.S. Army War College 1990, 11면.

120 From: AmEmbassy Seoul, Joint Embassy/USFK/USOM Message, 1963.12.20, 2면, RG59, POL 23 S KOR, 국회도서관.

121 Hq, USFK, Civil Relations, Government Affairs Armed Forces Assistance to Korea (AFAK) Program, 1962.10.25, 2면. 주한미군은 기지와 지역사회 주민과의 관계 형성을 위한 다양한 프로그램을 시행했다. 이에 관해서는 다음 연구를 참조. 금보운 「주한미군과 주둔지 주변 지역사회의 관계(1964~1973년)」, 『사학연구』 제133호, 2019.

122 Hq, USFK, Civil Relations, Government Affairs Armed Forces Assistance to Korea (AFAK)

냉전전략 공유와 베트남전 참전 준비

경제개발을 중시한 미 의회, 미 경제원조기관 및 주한미대사관과 다르게 주한미군과 한국군은 대민활동에 대한 관심을 이어갔다. 특히 한국군은 미군으로부터 지속적인 교육을 받으며, 대민활동을 대반란전 교리의 하나로 받아들였다. 이는 랜스데일과 케네디가 역설한 '밑으로부터의 냉전'을 위한 대민활동이 군의 관심사에서 벗어난 적이 없었음을 의미한다.

1961년 미군은 남베트남, 캄보디아, 대만 등지에 '이동교육반'(mobile training team)을 파견하여 해당국 군에 대반란전 교육을 실시했다. 한국도 여기에 포함되었고, 1961년에 방한한 미군 6개 이동교육반 중 5개 반이 심리전·특수전 교육을 실시했다.[123] 1961년 말 미 대통령 특별보좌관 번디가 미군 교육반이 대민활동의 확산을 위한 촉매제 역할을 담당할 수 있다고 언급한 것을 고려하면, 이동교육반 교육은 한국군이 대민활동에 대한 관심을 지속하는 주요한 계기였을 것이다.

1962년부터 한국 군부는 베트남 전장에서 벌어진 유격전/대유격전에 관심을 보이기 시작했는데, 아마도 이는 미군 이동교육반 교육과 무관하지 않았을 것이다. 한국 군부도 미 정부가 특수부대를 남베트남에 파견하여 유격전/대유격전에 직접·간접으로 관여하고 있음을 주목하고 있었다.[124] 1962년은 군사정부가 군사 사절단을 남베트남에 파견한 해였다. 남베트남

Program, 1962.10.25, 2면, RG 286, Korea Subject Files, FY 61-63(국립중앙도서관 해외 한국 관련 기록물 표제 Program-AFAK, Jan 1962).

123 1961년 한국을 방문한 6개 이동교육팀은 많게는 4명 적게는 1명으로 구성되었고, 체류 기간은 1개월에서 3개월까지 다양했다. 교육 시기는 1~2월, 5~6월, 7~8월, 10~12월 등에 걸쳐 진행되었다. 1962년에도 심리전과 특수전 이동교육팀 방한이 예정되어 있었다('Cold War Activities of The United States Army, 1 January 1961 to 26 January 1962,' IV-3~IV-4면).

124 백문오 「현대전과 특수부대의 사명」, 『군사평론』 제22호, 1962.2, 3~4면.

메콩델타 지역에서 밤낮으로 주인이 뒤바뀌는 상황은 한국군 영관장교들이 지리산 지역에서 직접 겪은 것이었다.

1962년 육군대학 교수진은 『군사평론』에서 대유격전을 본격적으로 다루었다. 이는 1950년대 말 유격전 또는 특수전과 관련한 번역 원고들이 드문드문 실리던 상황과 대비된다. 1962년 2월 육군대학 연구단장 백문오(白文梧)는 한국과 남베트남이 지리적 조건의 차이를 갖고 있으나 공산군과 대치하고 있다는 점이 같으므로 한국도 '간접침략'에 대한 대처를 넘어 언젠가는 북한이 벌일 '적극침략'에 대비하기 위해서 대유격전 교육을 곧바로 시행해야 한다고 강조했다.[125] 한편 육군대학 교관 신석연은 현대전에서 비정규전의 비중 증대와 이에 따른 대민관계의 중요성을 강조했다. 그는 대민관계가 중요한 비정규전의 비중이 증대되는 만큼 군·관·민이 '총력전태세'를 갖추고, 혹 정규전에 패하더라도 민·군 모두가 비정규전을 벌일 수 있는 자세를 갖추는 것이 필요하다 강조했다.[126]

신석연의 주장은 군부가 핵무기가 지배하는 냉전시대의 유격전/대유격전을 구시대의 유산으로 여기지 않고, 오히려 총력전의 성격과 양상을 좌우하는 전쟁방식으로 여겼음을 보여준다. 그의 논지는 1959년 비정규전으로서 '반항운동' 준비를 역설한 박창암의 주장과 차이가 없으며, 더 거슬러 올라가면 1940년 만주국 통화성 린장현 협화회 간부의 인식과도 겹쳐진다.

미군이 언제부터 한국군의 베트남전 파병을 염두에 두고 심리전·특수전 교육을 했는지는 확실치 않다. 분명한 점은 베트남전 개입이 기정사실화된

---

125 같은 글 4~5면. 백문오는 1948년 육사를 졸업하고, 1954년 2사단 연대장, 5사단 참모장, 1955년 미 보병학교 고등군사반(OAC) 등을 거친 뒤 1958년 제1공수특전단 단장으로 한국군 특수부대 창설을 이끌었고, 미군 특수전학교를 최초로 수료했다. 1961년 육군대학 정규과정반을 졸업하고 육군대학 학술연구단장을 맡았다.

126 신석연 「비정규전」, 『군사평론』 제23호, 1962.5, 155~56면.

1964년 이후부터 미군의 특수전 교육이 갖는 함의는 달라질 수밖에 없었다는 것이다. 1964년 4월 미 제1공수특전단의 '이동교육반'이 1주일 동안 머물며 한국군 장교단에 비정규전을 소개한 사실을 주목할 필요가 있다.[127] 한국군의 대민활동 개념 확립은 미군 지휘부의 그것과 궤를 같이했기 때문이다.

한국군의 내반란전·내유격전에 관한 인식은 1964년을 지나며 근본석으로 바뀌었다. 1962년까지 한국군은 대반란전·대유격전에 관해 군사적 측면에서 외부원조를 차단하고, 민간인과 적을 고립, 격멸시키는 절차를 고려하는 정도에서 벗어나지 않았으나,[128] 1964년 말에 이르러서는 이를 '국가발전' '지역사회발전'과 결부시켜 고려하기 시작했다.

1964년 말 특수전 전문가 유준형[129]은 '폭동의 근원'인 주민의 불만을 장기적인 국가발전을 통해 근본적으로 해결하지 않는다면, 군이 아무리 적을 군사적으로 고립, 파괴, 재교육하고 지역사회의 개발을 원조하더라도 근본적인 해결을 할 수 없다고 지적했다.[130] 유준형은 주민의 욕구를 실현하는 데 장애가 되는 '개발자금의 결여' '불안정한 정치정세' '낮은 교육수준' '전통과 관습' '사리사욕에 치중된 주민의 단결' 등을 제거해야 하며, 이를 위해서는 공공사업, 공공행정, 공업, 교통 및 체신 분야 전반에 걸친 '국가발전 계획'이 추진되어야 한다고 강조했다.[131]

한편, 국가 전체가 아닌 지역을 대상으로 한 '국부 실시계획'은 크게 '군사활동'과 '대민활동'으로 구분되었다. 군사활동은 '폭도 고립을 위한 활동'과 '폭도 파괴를 위한 활동'으로 분류되었고, 전자에 속한 방안으로 전략촌

---

127 유준형 「대비정규전의 본질」, 『군사평론』 제52호, 1964.11, 41면.
128 윤동찬(육대 교관) 「대유격 작전에 관한 고찰」, 『군사평론』 제30호, 1962.12, 92면.
129 유준형은 제1공수특전단 창설에 참여하고, 국방부 특수전 기획담당관으로 근무했다. 1963년 서울대 법과대학 교육과정을 이수하고 1965년 사관학교 교관으로 재직했다.
130 유준형 「대비정규전의 문젯점과 그 해결책」, 『군사평론』 제58호, 1965.5, 66면.
131 유준형 「대비정규전의 본질」 42면.

건설을 통한 비민분리와 통행금지, 시민증 교부, 여행 제한, 식량배급, 자위대 편성 등을 열거했다.[132] 군사활동은 반란 분자들의 '고립'과 '파괴'에 이어 귀순자들의 정착을 지원하는 '재건'의 절차를 밟는 것으로 설명되었다.

대민활동은 주민의 주도권을 우선시하고 되도록 단기간에 완료되어야 하며, 장기간이 소요되면 적절한 단계가 설정되어야 했다. 대민활동의 시행을 위해서는 "지역의 지리와 기후, 사회 조건(주민구성, 전통과 관습, 청년집단의 유무와 열망, 교육제도의 특성과 시설상황, 보건·공중위생 상태, 복지행정 정도, 언어, 종교), 역사(정부와 국민의 태도에 영향을 주는 역사적 요인), 경제적 조건(경제체제의 성격, 기관 편성과 시행상황, 농·공·상 그리고 재정, 노동조건 등 각 분야 상황), 정부와 정치적 동태, 국방 및 공공안전" 등이 주요하게 고려되어야 했다.[133]

이처럼 1964년 11월 유준형은 군과 민간이 협력하여 지역의 사회·경제적 향상을 도모하는 대민활동을 강조하고 그 개념을 분명히 했다. 이는 앞서 신석연이 1962년 5월 비정규전에서 '대민관계'가 지닌 중요성을 언급했지만 대민활동이라는 용어를 사용하지 않았던 점과 대비된다. 이는 미국 측이 대민활동을 군정에 소개한 1962년 6월 이후에야 한국군에 대민활동 개념이 확산되었음을 보여준다.

1963년 '미 육군 특수전학교'(The U.S. Special Warfare School)가 발간한 대유격전 교재와 1964년 11월 유준형이 제시한 대유격전 방침이 거의 차이가 없다는 점은 한국군의 '밑으로부터의 냉전'을 위한 군사교리가 미군의 것을 따르고 있다는 사실을 보여준다. 유준형은 '반란'의 주요인을 대중의 불만에서 찾고 이를 해결하는 방안으로 국가적 차원에서 사회·경제적 개발과

---

132 같은 글 43면.
133 같은 글 50~51면.

군의 대민활동을 강조했는데, 이는 미 육군의 교재를 그대로 옮긴 것이다.

1963년 미군 특수전학교 교재에서 확인되는 주요 방침은 다음과 같다. 첫째, 미군은 대반란전이나 대유격전 문제를 군사작전으로만 여기지 않고 근대화를 추진하는 개발도상국이 안은 문제로 여기며 이에 대한 대책을 마련했다.[134] 따라서 미 육군 교재는 반란의 '근원'을 없애기 위한 정치, 경제, 사회 분야의 '환경개선'을 강조했다.[135] 미군은 대반란전을 위한 환경개선의 실현은 경제개발 및 사회개발을 포괄하는 '국가 차원의 종합개발계획'과 지역의 경제·사회·문화적 조건을 개선하여 지역사회를 국민생활 단위로 통합하기 위한 '지역사회개발계획,' 두 계획을 통해 달성될 수 있다고 보았다.[136]

둘째, 미군은 국가개발계획을 실현할 수 있는 행정력의 확보를 강조했다. 미군은 개발도상국에서 발생하는 여러 행정적 문제들을 해결하기 위해서는 지도력, 행정서비스 시스템, 인적 충원, 이외에 제반 행정체계의 보완 등과 관련한 개편이 중요하다고 보았다. 이들은 국가개발계획의 성공은 보건, 교육, 농업, 공업, 주택 등 각 분야의 발전을 맡은 행정체계가 효과적으로 운영되는가에 달려 있다고 강조했다.

셋째, 미군은 대유격전을 위한 군·관·민의 합동과 유관기관의 협력을 중시하고, 이를 위한 실행기관을 중앙정부에서부터 지역에까지 설치할 것을 강조했다. 중앙 차원에서는 '국가 대내 안보위원회'(national internal security committee)를 설치하여 전국적 차원에서 반란진압 계획을 입안하고 지침을 하달하여 공동대응을 할 수 있도록 만들어야 한다고 보았다. 지역 차원에서는 도 단위 이하까지 '지역안전보장 협조기구'(area security coordination center)를 설치하고,[137] 더불어 '민·군 자문위원회'(civil-military advisory committee)를

---

134 The United States Army Special Warfare, *Counterinsurgency Planning Guide*, 1963, 20면.
135 같은 책 28면.
136 같은 책 77~99면.

설치할 필요성을 강조했다.

1965년 베트남전에 전투병 파병이 본격적으로 추진되며 남베트남민족해방전선 세력의 전략·전술에 대한 분석이 현안으로 떠오른 시점에,[138] 군부에서 대비정규전(對非正規戰) 기구를 창설해야 한다는 견해도 제기되었다. 1965년 5월 유준형은 미국에서는 군인 외에도 교수, 외교관, 평론가까지 '비정규전'에 관해 활발하게 논의하는데 "개발도상국으로 폭동 발생의 가능성이 농후한 한국"에서는 오히려 건설적인 논의가 없다고 개탄했다. 그는 육군에 비정규전을 관장할 부서 설치와 비정규전 교육과정 신설이 필요하고, 국가의 대비정규전 능력을 크게 향상하기 위해 전문가로 구성된 정부 차원의 '대비정규전 위원회'를 설치해야 한다고 주장했다.[139]

요컨대 미군으로부터 특수전 교육을 받은 한국군은 대민활동에 대한 관심을 이어가며 베트남전에 전투병을 파병하기 전까지 대민활동을 군사교리로서 확립시켰다. 또한 한국군은 미군의 대반란전 교리를 학습하며 대반란전과 대유격전을 '근대화론'에 입각한 국가발전계획 및 지역사회개발계획과 유기적으로 연계지어 인식하게 되었다. 이처럼 베트남 전장으로 들어가는 길은 곧 미국의 지원을 받으며 '밑으로부터의 냉전'에 개입하기 위한 군사교리와 근대화 전략을 학습하는 과정이었다. 동아시아 냉전의 최전선 베트남 전장으로 뛰어들 채비를 마친 한국군은 1965년 전투병을 파병하며 본격적으로 개입했다.

---

137 미군은 '지역안전보장 협조기구' 설치 목적을 "대반란 진압작전 시 통합계획 작성, 업무 조정, 전반적인 지침 등을 제시"하고, 작전 때 요청되는 사안에 대해 합동으로 즉각 대응하는 데 있다고 정리했다(같은 책 25면).

138 한 육군 영관장교는 '파병의 의의를 더욱 빛내기' 위해서 '월남의 전략적 배경'을 이해하고, 날로 변화하는 '베트콩'의 전략과 전술과 '대유격 전술'을 연구하자고 역설했다(이성수 「월남과 '쟝글' 작전」, 『군사평론』 제58호, 1965.5, 48면).

139 유준형 「대비정규전의 문젯점과 그 해결책」 70면.

5장

농촌 평정 실습과 근대화 원리의 체득

군사사절단 시찰과 역사적 경험의 투영

반제민족해방투쟁에 참여한 공산주의자들이 농촌근대화와 혁명을 직결시킨 것처럼, 대반란전·대유격전을 전개한 세력들도 농촌을 '반혁명'을 위해 '근대화'를 추진해야 할 공간으로 여기기 시작했다. 이는 잔혹한 학살을 수반한 군사적 소탕작전으로 저항을 진압하는 데 실패를 거듭하면서 얻은 교훈이자, 군사적 진압을 통한 적대세력의 분리 및 제거와 함께 사회개혁 및 경제적 개발을 병행하는 농촌 평정을 추진해야 한다는 깨달음이었다. 이렇게 마련된 동아시아 냉전의 농촌 평정계획(平定計劃, pacification plan) 원리는 장기간 동아시아 지역의 농촌사회를 옥조였다.

동아시아 농촌을 중심에 놓고 본다면 냉전체제는 역사적·문화적 전통과 지리적 차이, 토지소유와 분익(分益) 방식의 변화를 둘러싼 갈등, 그리고 식민지배 방식과 저항 등 다양한 요인들이 얽히며 만들어진 복잡한 농촌사회의 문제를 '용공과 반공'이라는 획일적인 이념대립의 구도로 재단하고, 여기에 체제의 확립과 지속을 위해 '안보와 개발'을 통합시킨 평정계획을 추진한 결과물이라 할 수 있다. 이러한 냉전체제의 확립 과정은 동아시아 여러 지역 간에 시간적·공간적인 커다란 간극에도 불구하고 현상적으로 유사한 양상을 보였으며, 유사하게 반복되는 양상을 접한 '냉전전사'들은 대민활동의 사례에서 확인했듯이 각자의 경험을 쉽사리 공유하고 확산할 수 있다고 판단했다.

베트남전은 동아시아 각 지역에서 냉전·분단체제를 만든 경험이 시공간을 뛰어넘어 합류하고 교류하는 계기였다. 남베트남은 동아시아 각지에서 대반란전을 이끈 로버트 톰프슨, 에드워드 랜스데일과 같은 인물들이 모여 각자의 경험과 지식을 교류하며 새로운 체험을 하는 공간이었다. 이러한 냉전의 연쇄와 교류의 장인 베트남전에 파병된 한국군은 그 주요한 구성원이자 능동적인 주체로 참여했다.

남베트남에서 '군사적' 소탕작전에서부터 농촌개발과 같은 '비군사적' 영역까지 포괄한 농촌 평정계획에 적극적으로 참여한 한국군의 활동을 조명하기 위해서는 한국군이 벌인 '잔혹한 군사작전'과 '박애적인 민사작전'을 분리하여 일면만을 조명하는 방식에서 벗어나, 극단적으로 상반된 임무를 동일한 주체가 수행한 점을 주목해야 한다.[1]

---

1 베트남전에서 한국군 군사작전의 잔혹성과 관련하여 만주국군 출신자들의 역사적 경험을 주목할 필요가 있다는 지적은 한홍구 등에 의해 일찍부터 제기되어왔다(한홍구「한국군의 베트남전 파병과 민간인 학살문제」,『베트남전쟁과 한국군 파병에 관한 심포지움 자료집』 2000, 55면). 이러한 지적은 한국의 베트남전 개입을 거시 역사적으로 파악할 필요성을 제기한 점에서 주목할 필요가 있다. 하지만 '냉전의 새마을' 건설이라는 구도에서 볼 때 역사적 경험의 연쇄를 '폭력성과 학살'에만 초점을 맞추는 방식은 수정이 필요하다. 남베트남 농촌 평정은 군사적 소탕만을 의미하지 않는다. 존슨 정권이 비군사적 농촌 평정을 한창 추진하던 1967년 초에, 베트남전에 깊게 관여한 미국 랜드연구소(RAND Corporation)의 정책 자문가들이 관심을 보인 '만주에서의 대반란전'은 '군사적 토벌' '비민분리정책' '농촌개발'이 종합적으로 전개된 숙정공작이었다(Chong-Sik Lee, *Counterinsurgency In Manchuria:*

한국군의 대반란전·대유격전 경험의 공유는 두 가지 경로로 진행되었다. 하나는 미국의 주도하에 한국군의 대반란전·대유격전 경험의 교류가 이루어지는 방식이었다. 이는 앞장에서 살펴보았듯이 케네디 정부와 미군이 대민활동을 동아시아 지역 '밑으로부터의 냉전'의 교리로서 정착, 확산하는 일련의 과정에서 싹트기 시작한 한국군의 대반란전 경험의 교류가 베트남전 참전을 계기로 만개하는 과정을 말한다. 다른 하나의 경로는 5·16 군정이 박정희 주도하에 만주에서부터 쌓은 대반란전·대유격전 경험을 남베트남 정부와 공유하려는 시도였다.

1962년 4월 워싱턴에서 제2차 세계대전 이래 영국, 프랑스 그리고 미국의 군인으로서 대유격전과 대반란전에서 혁혁한 전과를 거둔 대가들이 모여 베트남전에 대한 대응책을 모색했다.[2] 아직 베트남전에 관여하지 않았던 한국군은 이 자리에 참석하지 못했지만, 다음 달 5월 직접 남베트남에 군사시찰단을 파견하며 자신의 경험을 공유하는 기회를 만들어갔다. 1962년 5월 육군본부 심흥선(沈興善) 소장이 이끄는 사절단은 남베트남에 두 달이 넘는(5.14~7.22) 장기간 체류하며 현지 상황을 상세히 살폈고, 뒤이어 11월에도 민사군정감 조재미(趙在美) 준장이 이끄는 군사시찰단이 2주 동안

The Japanese Experience, 1931-1940, RAND 1967. 랜드연구소의 베트남전 개입에 대해서는 Mai Elliott, RAND in Southeast Asia, RAND 2010). 이정식의 회고에 따르면, 랜드연구소 담당자는 만주국의 일본인 관료들이 무자비한 진압정책에 비판적인 입장이었다는 점에 관심을 보였다고 한다(「이정식·한홍구 대담: 이정식이 걸어온 학문의 길」, 로버트 스칼라피노·이정식 『한국공산주의운동사』, 한홍구 옮김, 돌베개 2014, 1075~76면). 남베트남에서 한국군의 대민지원활동을 다룬 선행 연구로 이은호·임양순의 글이 있다(Eun Ho Lee and Young Soon Yim, "Military Civic Actions of South Korean and South Vietnamese Forces in the Vietnamese Conflict, 1955-1970," Korea Observer, 13:1, 1982).

2 Stephen T. Hosmer & Sibylle O. Crane, Counterinsurgency: A Symposium, April 16-20, 1962, RAND 2006.

(11.8~11.23) 남베트남 상황을 조사했다. 1950년대 후반부터 국방연구원에서 베트남전 정세에 대해 교육했기 때문에,[3] 1962년까지 한국군 지휘부는 베트남전을 나름대로 파악하고 있었다. 1962년 사절단과 시찰단 파견은 정확히 말하면 베트남전 파병을 모색하고 있던 군사정부와 군 지휘부가 기존 지식과 실제 사이의 괴리를 확인하는 계기였다고 할 수 있다.

1962년 두 차례의 군사시찰단 파견은 베트남전 개입을 적극적으로 모색하던 5·16군정과 군사 지원이 필요한 남베트남 응오딘지엠 정부의 이해가 맞아떨어진 결과였다. 1961년 11월 응오딘지엠 정부는 주월남[4] 대사 최덕신(崔德新)을 통해 사절단의 방문을 요청했고, 이듬해 2월 방문한 중앙정보부장 김종필에게도 사절단의 방문을 요청했다.[5]

응오딘지엠 정부는 케네디 정부가 동맹국의 군사사절단 파견을 유도하려는 구상을 구체화하기 이전부터[6] 적극적으로 한국의 군사사절단 파견을 요청했고, 양 정부의 독자적인 행동은 미국으로부터 경고를 살 정도였다.[7] 그렇다면 응오딘지엠 정부는 왜 한국에 군사사절단의 파견을 적극적으로 요청했을까. 여기에는 정치적 이해와 군사적 이해가 맞물려 있었다고 본다.

1950,60년대 동남아시아와 월남 상황에 가장 정통했던 인물로 최덕신을 들 수 있다.[8] 그의 회고에 따르면 이승만 정부 시기 주월남 대사로 재직하며

---

3 국방대학원30년사편찬위원회 『국방대학원30년사』, 국방대학원 1987, 50면. 1957년 국방연구원 '제4교과 외교정책'의 교육 내용에는 '월남의 정세'가 포함되어 있다.

4 남·북 베트남을 구분해서 사용하는 것이 아니라 국명을 써야 할 때는 편의상 '월남'이라는 용어를 쓰도록 하겠다.

5 대한민국군사사절단 「M-21 派遣團 對越南政府建議書」 1962.8.15, 서론 1면.

6 케네디 정부의 군사적 개입 구상에 대해서는 Do Thanh Thao Mien 「베트남전쟁기 한반도와 베트남 관계연구」, 이화여대 박사학위논문 2018, 155~56면.

7 최동주 「한국의 베트남 참전 동기에 관한 재고찰」 『한국정치학회보』 제30권 2호, 279면.

8 최덕신은 1953년 이래 세 차례에 걸쳐 동남아친선사절단의 일원으로 참여했다. 1956년 예편 후 주월남 공사 및 대사를 역임했고, 5·16군사쿠데타 직후 친선사절단 단장으로 아시아

응오딘지엠과 긴밀한 관계를 유지했는데, 5·16군정이 9월 신임 외무장관으로 내정하여 귀국하게 되자 응오딘지엠이 경제건설과 국방력 강화와 관련한 한국의 협력을 요청했다. 최덕신은 외무부 장관 취임 후 협력방안을 적극 추진했고 중요 인사를 파견하여 현지 조사까지 진행했다고 한다.[9] 심흥선 소장이 이끄는 사설난은 건의서에서 응오딘지엠이 군사사절단 파견을 1961년 11월에 최덕신을 통해 요청했다고 언급했는데, 이를 최덕신의 회고와 함께 고려해보면 응오딘지엠이 9월 최덕신에게 말한 군사협력 요청이 11월에 군사사절단 파견 요청으로 구체화되었다고 볼 수 있다. 그런데 11월에는 박정희의 방미(1961.11.11~11.25)가 있었다.

이 무렵 응오딘지엠 정부는 '라오스 사태'로 미국에 대한 불신과 불만을 노골적으로 드러내고 있었다. 10월 말 케네디가 베트남 정책을 결정하기 위해 파견한 '테일러 시찰단'(Taylor Mission)을 응오딘뉴(Ngô Đình Nhu)가 만났다. 응오딘지엠의 동생이자 전략촌 계획을 주도한 그는 케네디 정부가 라오스 사태를 회담을 통해 중립화로 매듭지은 것은 동아시아 자유진영 동맹국들에게 미국에 대한 불신을 고조시켰다고 비판하고, 공산세력의 유격전이 본격화되고 있는 월남에 대한 미국의 대처가 미흡하다고 불만을 터뜨렸다.[10]

국가들을 순방했다(최덕신 『제2의 판문점은 어디로』, 청운문화사 1968, 196~97면).

9 같은 책 160면.

10 1961년 10월 말 응오딘뉴는 랜스데일을 불러 '라오스 사태'가 동아시아 자유진영 국가들, 즉 태국, 베트남, 한국, 필리핀에서 강한 불만을 초래하고 있고 남베트남에서는 공산주의자들이 민중을 장악하는 호재로 활용하고 있는데 전복, 테러, 선전에 대한 미 국의 대처는 미흡하다고 강하게 불만을 피력했다.("182. Memorandum From Secretary of Defense's Deputy Assistant for Special Operations (Landsdale) to the President' Military Representative (Taylor)," Saigon 1961.10.21, *FRUS*, 1961-1963, Vol. Ⅰ, VIETNAM, 1962, 미 국무부 아카이브 history. state.gov). 이는 케네디의 지시를 받고 남베트남 문제를 파악하러 온 '테일러 시찰단'에게 영향을 미치려는 의도적인 행위였는데, 응오딘뉴의 불만이 효과가 있었는지는 몰라도 테일러

미국 정부에 관한 안보적 신뢰가 흔들린 응오딘지엠 정부가 반공연대를 내걸고 그 나름의 돈독한 관계를 쌓아온 한국에 시선을 돌렸을 여지는 충분히 있다. 박정희의 방미 직전에 응오딘지엠이 최덕신을 통해 군사사절단의 파견을 요청했다면 응오딘지엠은 박정희가 케네디에게 월남에 대한 군사적 지원 의사를 밝히는 것이 무언의 압력으로 작용할 수도 있다고 판단했을 것이고, 박정희의 귀국 후에 군사사절단 파견을 요청했다면 박정희가 케네디에게 유격전/대유격전이 벌어지는 베트남전에 군사적으로 개입할 의사를 적극적으로 밝혔다는 소식을 접하고 한·월 간 군사협조를 진전시킬 수 있으리라는 확신이 생겼기 때문일 것이다.

응오딘지엠 정부가 한국군의 유격전/대유격전의 경험을 주목하며 대공전에서 한국으로부터 실질적인 도움을 받으려는 군사적인 이해도 크게 작용했을 것으로 판단된다. 응오딘지엠 정부를 연구한 에드워드 밀러(Edward G. Miller)에 따르면 농촌 평정을 주도하던 응오딘지엠의 동생 응오딘뉴는 영국 고문단을 이끌고 응오딘지엠을 자문하던 톰프슨보다 '전략촌'이라 용어를 만든 로제 트랭키에(Roger Trinquier)에게 큰 영향을 받았다. 트랭키에는 프랑스 군인이자 현대전 이론가로 1950년대 인도차이나와 알제리에서 벌어진 민족해방전쟁을 진압하기 위해 참여했고, 알제리에서는 '전략촌'이라는 개념을 만들었던 인물이다.[11] 특히 우리의 이목을 끄는 점은 트랭키에가 1951년 제1차 인도차이나 전쟁에서 '베트남독립동맹회'(Việt Minh)를

장군은 11월 3일 케네디에게 라오스 사태에 대한 대응방식으로 인해 동아시아 지역에서 미국에 대한 불신이 고조되고 있다는 점과 유격전과 전복 행위가 벌어지고 있는 남베트남에 조언 차원을 넘어 적극적으로 군사적 개입을 해야 한다고 보고서를 올렸다("210. Letter From the President's Military Representative (Taylor) to the President," Washington, 1961.11.3, *FRUS*, 1961-1963, Vol. Ⅰ, VIETNAM, 1962, 미 국무부 아카이브 history.state.gov).

11 Edward Garvey Miller, *Misalliance: Ngo Dinh Diem, the United States, and the Fate of South Vietnam*, Harvard University Press 2013, 232~33면.

대상으로 벌인 유격전으로 명성을 얻어, 미군의 초청으로 미군이 한국과 일본에서 운영했던 대유격전 훈련소를 방문한 이력의 소유자였다는 사실이다.[12] 트랭키에는 1961년에 발간한 책에서 6·25전쟁 시기 미군의 지원을 받으며 한국군이 벌인 '대유격전'을 높이 평가하고 여러 차례 성공적인 사례로 언급했다.[13]

여기에 응오딘지엠도 전시에 남부지역 공비토벌을 이끈 경험이 있는 최덕신과 교류하며 한국군의 대유격전에 대해 긍정적인 판단을 했을 가능성이 크다.[14] 1961년 11월 박정희와 함께 케네디와 회담 시 최덕신은 케네디의 요청을 받고 '월남사태' 대응책을 제시한 건의서를 제출했다. 그는 건의서에서 남베트남이 처한 문제의 근본적인 해결방안은 정치·경제·사회적 향상을 이루어 북베트남과 체제경쟁에서 우월한 위치를 점하는 데 있으며 이를 달성하기 위한 대전제가 '게릴라'의 완전한 소탕이라고 역설했다. 그리고 최덕신은 '자유월남'이 대유격전에서 승리하는 방안은 한편으로 '대민공작'을 통해 민중의 지지를 얻고, 다른 한편으로 대유격전에 풍부한 경험을 가진 타국 군대의 지원을 받는 것이라고 강조했다.[15] 물론 최덕신이 말한 타국의 군대란 한국군을 지칭함에 틀림이 없을 것이다. 이러한 점들을

12 Roger Trinquier, *Modern Warfare: A French View of Counterinsurgency*, Pall Mall Press 1964, introduction xii면. 미군은 인도차이나로 복귀한 뒤에도 트렌키에르에게 별도 인원을 배치하여 그의 작전을 배웠다고 한다. 이 책은 1961년 출판된 프랑스어판을 영역한 것이다.

13 같은 책 65~66, 87, 91면. '쥐잡기 작전'(Operation Ratkiller) 등을 구체적으로 언급하며, 일회적이 아닌 지속적인 작전 전개로 유격전이 뿌리내릴 수 없게 한 점을 높게 평가했다. 트렌키에르는 남부지역 공비토벌작전에 깊게 관여한 주한 미군사고문단원(John E. Beebe, Jr.)이 쓴 글을 주로 참조했다(John E. Beebe, Jr., "Beating the Guerrilla," *Military Review*, 35:9, 1955.12).

14 최덕신은 1950년 9월 11사단 창설 뒤 사단장으로 취임하고 호남지구 공비토벌을 벌였다(최덕신 『제2의 판문점은 어디로』 196면).

15 최덕신 『제2의 판문점은 어디로』 172면. 최덕신은 백악관에서 케네디와 회담 후 10여 일 뒤에 건의서를 작성하여 딘 러스크 국무장관에게 전달했다고 회고했다(같은 책 164면).

고려할 때 응오딘지엠 정부는 대유격전이 당면과제인 현실에서 한국군으로부터 실질적인 조언을 받고자 했을 것이다.

5·16군정은 심흥선 단장과 17명의 주요 분야 전문가로 구성된 '대한민국 군사사절단'(이하 '심흥선 사절단')을 파견했다.[16] 'M-21 파견단'이라 약칭된 '심흥선 사절단'에 참여한 이범준(李範俊)[17]에 따르면 박정희 국가재건최고회의 의장은 사절단에게 '월남의 부국강병책, 월남의 공산게릴라 평정 방안, 한국군 파월' 등과 관련한 정보를 수집하는 데 주력하라고 지시했다.[18]

이를 수행하기 위해 심흥선 사절단은 '정보조직, 민중운동, 유격, 군수관리, 야전축성, 야전위생' 분야에 대해 조사와 평가를 할 수 있는 군인들로 구성되었고,[19] 유격 분야는 박창암이 맡았다. 만주에서 제주도로 그리고 전시 유격전 전개로 이어지는 박창암의 행적을 볼 때 그가 대유격전 전문가로서 선발되어 심흥선 사절단에 참여한 것은 자연스러운 일이라 하겠다.

---

16 'M-21 파견단'은 단장 심흥선(沈興善, 육군본부, 소장), 차석 석정선(石正善, 육군소장, 중앙정부보 차장), 정규섭(鄭圭燮, 육군소장) 외무부 정보국장, 김의민(金義民, 국방연구원, 대령), 박창암(혁명감찰부, 대령), 이범준(李範俊, 육군본부, 대령), 이종렬(李鍾烈, 공병학교, 대령), 이형규(李亨珪, 군 의무부) 등이 주요 구성원이었고 이외에 보좌관, 통역관, 통신사를 맡은 군인들이 중앙정보부와 원자력연구소, 경희대 등에서 차출되었다. 사절단은 라오스 지역 게릴라 활동상황을 파악하기 위해 라오스, 태국을 방문하기도 했다(한국군사혁명사편찬위원회 『한국군혁명사』 제1집(상), 1963, 740~41면; 「대게릴라전 지원계획」, 『동아일보』 1962.6.6).

17 이범준은 6·25전쟁 때부터 주로 군수 계통에서 경력을 쌓아 미군 군수학교도 졸업했다. 그는 주월한국군 초대 군수지원사령부의 사령관을 맡았다(채명신 『베트남전쟁과 나』, 팔복원 2006, 104~105면).

18 「파월 극비문서 'M21보고서' 24년 만에 단독입수: 월남정부 SOS-한국군을 보내달라」, 『뉴스피플』 제242호, 1996, 15면.

19 사절단원이 맡은 역할은 다음과 같다. 외무부 정보국장 정규섭-정보조직, 국방연구원 김의민-민중운동, 혁명감찰부 박창암-유격, 육군본부 이범준-군수관리, 공병학교 이종렬-야전축성, 군의무부 이형규-야전위생(한국군사혁명사편찬위원회 『한국군혁명사』 제1집(상), 740~41면).

양 군사시찰단 모두 '전략촌'을 주요 시찰 대상으로 삼았다. 심흥선 사절단이 방문한 시점은 응오딘지엠 정부가 미국으로부터 재정 지원을 받아[20] '전략촌 계획'(Strategic Hamlet Program)을 막 시작한 직후였다. 1962년 3월부터 4월까지 사이공 인근 지역에서 169가구가 강제 이주되어 첫 번째 전략촌이 공식적으로 건설되었다.[21] 심흥선 사절단에 뒤이어 11월에 도착한 '조재미 시찰단'도 2주라는 빠듯한 일정에서 사흘에 걸쳐 전략촌을 방문할 정도로 전략촌 건설계획에 큰 관심을 보였다. 심흥선 사절단에 이어 조재미 시찰단이 전략촌을 집중적으로 시찰한 이유는 응오딘지엠 정부가 심흥선 사절단의 전략촌에 관한 조언을 긍정적으로 평가했으며,[22] 한국군도 베

---

20 재정이 부족한 지방에서는 주월 미 원조사절단(USOM/Vietnam)의 지원을 받아 전략촌 건설을 이어갈 수 있었다(George K. Tanham, *War Without Guns*, Frederick A Praeger 1966, 100면).

21 Maynard Weston Dow, *Nation Building in Southeast Asia*, Pruett Press 1966, 154~56면. 응오딘지엠 정부의 전략촌 건설 추진에 관해서는 다음 연구를 참조. Milton E. Osborne, *Strategic Hamlets in South Viet-Nam*, Cornell University Southeast Asia Program Publications 1965, 제III장; 윤충로 『베트남과 한국의 반공 독재국가 형성사』, 선인 2005, 463~70면; 정일준 「지엠정권과 미국의 동맹」, 『사회와 역사』 제108호, 2015, 329~34면. 1962년 3월 전략촌 건설은 응오딘지엠 정부의 전략촌 건설계획에 따른 첫 공식적인 결과물이다. 공식적인 전략촌 건설계획이 추진되기 이전에 일부 지역에 전략촌이 건설되어 있었다.

22 이와 관련하여 응오딘지엠이 한국 군사사절단의 보고를 들은 뒤 부정적인 평가를 했으며, 이는 한·월 간 군사 교류가 지속되지 못한 주요인이 되었다는 주장이 있다(Do Thanh Thao Mien 「베트남전쟁기 한반도와 베트남 관계연구」 161~62면). 이러한 해석이 설득력을 얻기 위해서는 1962년 전반기 심흥선 군사사절단에 이어 후반기에 조재미 군사시찰단이 파견되었던 사실에 관한 설명이 필요해 보인다. 이 시찰단은 주요 목적이 '한·월 간 군사적 우의 증진'에 있음을 보고서에 적시하고 있기 때문이다. 한국 군사사절단에 관한 응오딘지엠의 평가도 군사 교류의 단절을 초래할 정도의 내용이었는지 의문이다. 남베트남·태국 지역의 미 군사원조 단장 하킨스(Paul D. Harkins)와의 면담 내용을 보면 응오딘지엠은 한국 군사사절단이 남베트남의 지형 관찰에 오류가 많다고 언급하면서도 사절단이 역점을 두었던 전략촌 방어와 관련해서는 '가치 있는' 조언을 했다고 평가했다. 하킨스도 대규모 군사작전이 필요하다는 군사사절단의 조언을 옹호하는 발언을 했다("244. Memorandum for the Record," Saigon, 1962.7.31, *FRUS*, 1961–1963, Vol. II, VIETNAM, 1962, 미 국무부 아카이브

트남 전장에 어떠한 형태로든 개입할 경우 밑으로부터의 냉전이 벌어지고 있던 농촌의 실상을 명확하게 파악해야 한다는 인식을 했기 때문일 것이다. 심홍선 사절단이 광범한 군사적 지원을 염두에 두고 인적 구성을 했다면, 조재미 시찰단은 비정규전과 대민활동에 주안점을 둔 인적 구성이었다.[23]

'냉전의 새마을'을 건설하기 위한 '재정착'(resettlement)은 '재편성'(regrouping)과 '이전'(relocation)을 두 축으로 삼아 추진되었으나, 양자의 비중과 맞물리는 방식은 마을이 처한 여건에 따라 달랐다.[24] 응오딘지엠 정부의 '전략촌 계획'에서 마을 주민 전체를 완전히 새로운 장소로 강제 이주하는 경우는 전체 규모의 5%로 책정되었다. 대부분은 기존 생활공간에서 멀지 않은 곳으로 주민의 일부 또는 다수를 재편성하는 방식으로 건설되었다.[25] 남베트남 정부의 전략촌 건설을 지원한 미국 케네디 정부도 전략촌 건

history.state.gov).

23 시찰단 구성은 다음과 같다. 조재미 준장−(임무)시찰단 단장, (소속)민사군정감; 장호강 준장−시찰단 차장, 특전감; 조정련−작전교육, 군작전 처장; 조문환 대령−특전활동, 공수 특전단장; 어명기 대령−전략기획, 작전참모부 전략기획국장(조재미 「월남시찰 결과보고 (1962.11.8-11.23)」 2면, 『파월 역사자료(시찰보고서)』, 국가기록원 자료철 CA0247761).

24 Maynard Weston Dow, *Nation Building in Southeast Asia*, 13~14면. 정착민도 '마을을 건설하는 유형'(resettler)과 '상대적으로 독자적인 생활을 취하는 유형'(homesteader)으로 나눌 수 있다(같은 책 14면). 말라야에서는 '재정착'(resettlement)은 공산당과 관련이 있는 '무허가 중국인 정주자'(定住者, squatter)를 집단 이주시키는 방식을 의미하는 용어로 쓰였고, '재편성'(regrouping)은 흩어져 있는 가구들을 요새화된 한곳으로 모아 집단거주를 시키는 방식을 의미했다(Milton E. Osborne, *Strategic Hamlets in South Viet-Nam*, 13면; Richard Stubbs, *Hearts and Minds in Guerrilla Warfare: The Malayan Emergency 1948-1960*, Oxford University Press 1989, 113면). 이 책에서는 대공전에서 역사적 사례와 별개로 '재정착'(resettlement)을 '재편성'과 '이전'을 포괄하는 용어로 쓴다.

25 동남아시아 지역에서 추진된 재정착촌 건설은 추진대상, 지역적 조건, 외부세력의 개입 여부, 그리고 추진 주체 등에 따라 많은 차이를 보였다. 재정착촌 건설을 비교한 메이너드 다우(Maynard Weston Dow)의 연구에 의하면 말라야에서 신촌 계획 대상자는 전체 인구의 8%에 불과했지만, 남베트남의 전략촌 계획은 전체 인구의 80%에 영향을 미쳤다. 말라야와 남베트남에서는 각각 영국과 미국의 군사적 지원이 있었지만, 필리핀에

설의 일차 목표를 마을 전체의 '이전'으로 삼지는 않았다. 미 국무부 정보·조사국(Bureau of Intelligence and Research, INR) 국장 로저 힐스먼(Roger Hilsman)은 '이전'은 공산세력의 침투가 강한 지역에서 행해지는 예외적인 사례라고 지적하며 전략촌 계획의 본질은 기존 마을의 방어에 있음을 강조했다.[26]

전략촌 건설의 목적은 단지 주민을 철책과 해자로 둘러싸인 전략촌 안으로 모으는 데 있는 것이 아니라, '내부 적'을 색출하고 주민 스스로 자위할 수 있는 능력을 갖추도록 만드는 데 있었다. 응오딘지엠 정부의 전략촌 건설을 자문한 톰프슨은 전략촌 건설의 또 다른 주요 목적이 마을 단위의 이해관계에서 벗어나지 못한 이들을 국가정책에 참여시켜 이른바 '진보와 발전'을 향한 동시대의 열망에 동참시키는 데 있다고 강조했다. 톰프슨에 따르면 이 목적을 달성하기 위해서는 농민에게 '협동정신'과 '국가적 연대의식'(national solidarity)을 고취하고 안보 및 개발의 수혜를 느끼도록 만들어야 한다.[27] 힐스먼 역시 전략촌 건설이 공산세력을 분리하는 데서 멈추지 않고, 주민을 국가에 통합하는 데까지 진전되어야 함을 강조했다.[28]

응오딘지엠 정부의 전략촌 건설 방식은 '친정부 장악지역' '남베트남민족해방전선 영향력 지역' '남베트남민족해방전선 장악지역'에 따라 차이가 있었다. 남베트남민족해방전선의 영향력이 미치는 마을의 경우는 '군 작전

서는 없었다(Maynard Weston Dow, *Nation Building in Southeast Asia*, 194~95면; Robert Thompson, *Defeating Communist Insurgency: Experiences from Malaya and Vietnam*, Chatto and Windus Ltd. 1966, 122면).

26 The Directorate General of Information Saigon, *Vietnam's Strategic Hamlets*, 1963, 28면.

27 Robert Thompson, *Defeating Communist Insurgency: Experiences from Malaya and Vietnam*, 124~25면.

28 정일준 「전쟁과 근대화: 한국과 남베트남 비교, 1961~1965」, 한국산업사회학회 엮음 『노동과 발전의 사회학』, 한울 2003, 290면.

사진 24 전략촌 방책 설치(1962.6)

사진 25 전략촌 입구와 천진난만한 아이들

사진 26 경계선 자위대원

사진 27 자위대 훈련과 미 유솜 단원 시찰(1962.6)

에 의한 게릴라 소탕—주민 이동—재정착촌의 방위 조치와 경제 안정을 위한 대책 강구'의 단계를 밟았다. 방어망 구축 정도를 기준으로 하면 '마을 전체를 해자, 죽창, 철조망 등으로 이중·삼중으로 요새화한 곳' '완화된 방어망을 구성한 곳' '군 주둔지에 한정하여 방어망을 구축한 곳' 등 세 유형으로 나뉘었다.[29] 강제이주를 통해 새로 건설된 전략촌에는 흙벽과 대나무 창으로 만들어진 벽 및 철조망이 가설되고 외곽엔 도랑을 팠다. 이러한 방어막이 구축될 때까지 전략촌은 정규군과 민병대로부터 보호를 받았다.[30]

전략촌 건설은 안전이 확보되지 않은 지역에서는 재정착의 방식을 취했지만, 어느 정도 안전이 확보된 지역에서는 강제이주 방식보다 집단화 방식을 주로 썼다. 응오딘지엠 정부는 1962년까지 촌마다 적어도 하나 이상의 전략촌을 두는 것을 목표로 계획을 추진했다. 톰프슨에 따르면 응오딘지엠 정부가 전략촌 계획을 착수하며 1만 1,000여 개의 전략촌 및 방위촌(defended hamlet) 건설 구상을 했는데,[31] 이는 1960년 남베트남 자연촌 1만 6,398개의 67%에 해당하는 대규모 농촌 재편사업이었다.

---

29 John C. Donnell, Gerald C. Hickey, *The Vietnamese Strategic Hamlets: A Preliminary Report*, RAND 1962, 4~6면.

30 「월남, 전선 없는 전투」, 『동아일보』 1962.7.17.

31 당시 전략촌 계획에 관여했던 로저 힐스먼이나 로버트 톰프슨과 같은 냉전전사들은 '전략촌'(strategic village)과 '방위촌'(defended village) 개념을 구분해서 사용했다. 힐스먼에 따르면 전략촌과 방위촌은 건설방식과 운영에서 큰 차이가 없었으나, 방위촌은 적대세력이 모여 있는 곳에 인적 벨트를 만들어 적의 세력 팽창을 막을 목적으로 배치되었고 자위단, 민병대뿐만 아니라 군대가 촌 방위에 직접 관여한다는 점이 달랐다. 따라서 방위촌은 주로 국경선(또는 후방 메콩델타와 같은 남베트남민족해방전선 세력의 밀집지역)에 건설되며 반면 전략촌은 후방에서 적대세력의 소탕과 정비를 달성하는 데 일익을 담당한다는 것이다("42. Paper Prepared by the Director of The Bureau of Intelligence and Research (Hilsman)", Washington, 1962.2.2, *FRUS*, 1961-1963, Vol. Ⅱ, VIETNAM, 1962, 미 국무부 아카이브 history.state.gov). 톰프슨은 동아시아에서 방위촌은 새로운 것이 아니며, 일찍이 국경, 산악 지대에 침략자들을 방어하기 위해서 세워져왔다고 설명했다(Robert Thompson, *Defeating Communist Insurgency: Experiences from Malaya and Vietnam*, 123면).

남베트남 정부는 전략촌이 건설되면 전략촌민 5~12명으로 구성된 '자위단'을 두며, 자위와 감시조직이 자리를 잡으면 광범한 농촌진흥 프로그램을 추진했다.[32] 이를 위해 응오딘지엠 정부는 '대민활동' '공보' '농업신용' '보건' '청년' '공안' 분야의 전문가들로 구성된 '농촌부흥팀'(rural reconstruction team)을 파견해 행정 및 사회 조직들을 만들고자 했다. 농촌부흥팀의 일차적인 임무는 마을에 도착하면 재빨리 주민 현황을 파악하여 용공주의자를 색출하고, 가족 단위 인보조직(隣保組織)인 '연가상조(連家相助)'를 구성하는 것이었다.

남베트남의 말단 행정촌(village)의 범위는 지역에 따라 편차가 컸지만, 한국의 '행정리'보다는 규모가 커서 범위가 작은 행정촌이라 하더라도 적어도 대여섯 개의 자연촌(hamlet)을 포괄했다. 베트남의 자연촌에는 5가구를 한 조로 묶는 전통적인 가족 단위 인보조직이 편성되어 있었는데,[33] 1955년 수립된 응오딘지엠 정부가 '5가구조(五家口組)'를 농촌 최말단 통제기구로 배치하고, 5가구조를 '촌장'(hamlet chief) 및 '자위단'과 함께 자연촌을 움직이는 세 축으로 삼았다.

5가구조에 소속된 가구는 번지수(code number)를 부여받고 이를 문 앞에 달았는데, 이는 언제든 가구의 구성원 모두를 조사하기 위한 '호구신고 체계'의 일부분을 이루었다.[34] 5가구조의 책임자는 마을의 경제적·사회적 사안과 수세, 방역, 청년 활동 등 다양한 분야의 책임을 맡았지만 가장 중요한 사무는 행정지시의 전달에서부터 불순분자의 마을 출입과 행동 감시의 의

---

32 John C. Donnell, Gerald C. Hickey, *The Vietnamese Strategic Hamlets: A Preliminary Report*, 2~3면.

33 같은 책 8면; 윤충로 『베트남과 한국의 반공 독재국가 형성사』 426면.

34 Lloyd W. Woodruff, *The Study of A Vietnamese Rural Community Administrative Activity*, Michigan State University Viet-Nam Advisory Group, January 1, 1960, 69~70면. '미시간주립대 베트남 그룹 아카이브' MSU Vietnam Group Archive, http://vietnamproject.archives.msu. edu. 이하 미시간주립대 자료는 동일 아카이브 자료를 활용함.

무였다.[35]

응오딘지엠 정부는 1957년 대민통제를 강화하기 위해 5가구조의 개편을 단행했다. 응오딘지엠 정부는 시행 사유로 "마을 주민의 상호부조와 단결심 증진, 재건과 사회사업의 수월한 시행, 정부정책의 신속한 전달, 대민감시와 통제를 위한 정부 활동 지원(내민통제, 파괴적 행위 차단, 안전과 질서유지, 인구조사 세금징수)" 등의 달성을 들었으나, 더 중요한 이유는 공산주의자들이 주도하는 베트남독립동맹회의 영향력을 배제하는 데 있었다. 응오딘지엠 정부는 5가구조를 여건에 따라 5가구에서 6, 7가구 또는 10가구까지 다양하게 구성할 수 있으나, 기존 명칭인 5가구조를 반드시 연가상조로 변경하라고 지시했다. 이는 베트남독립동맹회가 마을마다 5가구조라는 이름으로 민중을 조직, 동원했기 때문이다.[36] 응오딘지엠 정부는 베트남 공산세력의 말단 지역사회에 대한 지배체제를 명칭만 바꾸는 방식을 취했는데, 이러한 상황이 연출된 것은 '밑으로부터의 냉전'을 벌이던 두 세력이 농촌 장악을 '혁명' 또는 '개혁' 달성의 관건으로 여기며 사활을 걸었기 때문이다.[37]

응오딘지엠 정부는 베트남독립동맹회에 의해 5가구조가 마을 주민의 상호감시와 계급적 적대심 고조, 테러에 이용되고 있지만, 연가상조는 마을 공동의 이익을 위한 지역사회개발사업 추진, 공산세력의 위협으로부터 주

---

35 John C. Donnell, "Pacification Reassessed," *Asian Survey*, 7:8, 1967, 568면; Lloyd W. Woodruff, *The Study of A Vietnamese Rural Community Administrative Activity*, 70면.

36 John D. Donoghue, *My Thuan: A Mekong Delta Village in South Vietnam*, Michigan State University Vietnam Advisory Group 1961, 61면. 이 출판물은 1961년에 사이공 주재 '미시간 주립대 자문단'(Michigan State University Advisory Group)이 작성한 것을 서문 일부를 수정하여 재출판한 것이다. 출판물에는 연도가 명기되어 있지 않아 필자가 1961년으로 적었다.

37 농촌과 농민 장악을 위해 응오딘지엠 정부가 '전략촌'을 건설했다면 남베트남민족해방전선은 '전투촌'(combat village)을 만들며 대항했다(Philip E. Catton, *Diem's Final Failure: Prelude to America's War in Vietnam*, University Press of Kansas 2003, 90면).

민 보호 등을 목적으로 삼는다고 주장하며 차이를 분명히 하고자 했다.[38] 하지만 어느 쪽이나 대민통제와 감시를 위한 최말단 조직이라는 점에 차이는 없었다. 마을 연가상조의 책임자가 수행하는 가장 중요한 일도 공동체 내부 구성원과 외부인의 움직임을 감시, 보고하는 업무였다.[39]

더불어 응오딘지엠 정부는 1962년 한 해 동안 전국적으로 신분증 발급을 실시하며 내부의 적과 병역복무 이탈자를 색출했다. 응오딘지엠 정부는 1961년 11월 안보위기를 해결하기 위한 특별조치의 하나로 1962년 말까지 18세 이상 모든 주민에게 신분증을 발급할 것을 결정했다.[40] 이는 1959년 4월경부터 일부 지역에서 실험적으로 추진하며 지지부진함을 면치 못했던[41] '국민신분증계획'(National Identity Card Program)을 전국적으로 확대하는 조치였다. 남베트남 정부가 만든 신분증은 사진과 지문을 포함했기에 한국에서 '비민분리'의 수단이 되었던 도민증·시민증과 같았으나,[42] 단일 양식으로 통일된 점에서 달랐다. 흥미롭게도 5·16군사쿠데타 세력도 1962년 인구관리제도를 개편하며 주민등록제도를 시행했으나, 단일한 '주민등록증'은 만들지 못했다. 1968년 1·21사태를 계기로 주민등록번호와 지문날인이 들어간 주민등록증이 만들어지면서 신분증의 통일이 이루어졌다.[43]

---

38 John D. Donoghue, *My thuan: A Mekong Delta Village in South Vietnam*, 62면.

39 같은 책 11면.

40 The Michigan State University Vietnam Advisory Group, *Final Report : Covering Activities of the Michigan State University Vietnam Advisory Group For the Period May 20, 1955- June 30, 1962*, Saigon, Vietnam 1962.6, 49면.

41 The Michigan State University Vietnam Advisory Group, *Eleventh Report of the Michigan State University Vietnam Advisory Group*, in the Public Administration to the Government of Vietnam, Saigon, June 30, 1960, 12면.

42 김영미 「해방 이후 주민등록제도의 변천과 그 성격: 한국 주민등록증의 역사적 연원」, 『한국사연구』 제136호, 2007, 제3장 참조.

43 1962년 4월 5·16군정도 주민등록법을 통과시켜 주민의 거주관계와 상시인구의 동태를 명확히 파악하기 위해 기존 기류제를 대체하고 '부책제(簿冊制)'도 '카드제'로 변경했다. 또

남베트남 정부는 패망 때까지 연가상조에 기초한 말단 농촌사회 지배를 지속했던 것으로 보인다. 남베트남 정부는 미국 측의 지원을 받으며 경찰 주도하에 주민구성에 관한 면밀한 조사를 통해 개인 인적 기록을 확보(신분증, 세대명부, 선거명부, 징집명부)하여 성향을 분류하고, 이를 바탕으로 한 적대세력과의 소통을 차단(검문과 탐색)하는 방침을 시행했다.[44] 남베트남 정부는 '종합적인 주민 통제'를 마을에 침투한 남베트남민족해방전선 세력의 '하부조직'을 제거하고 안보를 확보하기 위한 핵심 방안으로 여겼다.

그러면 심흥선 사절단은 응오딘지엠 정부가 주도한 전략촌 계획을 어떻게 바라보았을까.

1962년 심흥선 사절단은 귀국하여 응오딘지엠에게 전달하기 위한 「M-21 파견단 대월남정부 건의서」를 작성했다. 사절단은 남베트남을 '중공'의 배후 조종을 받는 '월맹'이 정치공세와 유격전을 확대하고 있는 곳이며, 그러므로 동남아뿐만 아니라 동북아까지 포괄하는 '동아시아의 공산진영 대 자유진영의 대결장'이라 규정했다.

심흥선 사절단은 우선 남베트남의 상황을 전술과 전기(戰技)라는 군사적

한 1962년 치안국이 간첩침투 방지, 신속한 범죄 수사를 목적으로 '국민주민등록법'을 구상했으나 실현하지는 못했다(「지문등록제 구상」, 『동아일보』 1962.2.28). 군정의 주민등록법 추진이 응오딘지엠 정부의 사례를 참조하며 추진한 것인지는 분명하지 않다. 김종필의 월남 체류가 주민등록법 실시보다 시기적으로 선행되는 점은 검토의 여지를 남긴다. 박정희 정부는 1968년 1·21사태를 계기로 삼아 사회적 반대여론을 억누르고 도·시민증을 폐지하고 지문이 포함된 주민등록증을 항시 휴대하게 만드는 주민등록법 개정을 이룰 수 있었다. 1968년 주민등록증의 등장은 추론컨대 일제의 만주국 집단부락의 비민분리 기제로서 신분증의 활용이라는 역사적 경험과 전후 동아시아 냉전에서 대유격전 비민분리의 수단으로 신분증의 활용을 배경으로 했다고 볼 수 있다(만주국 집단부락의 신분증과 박정희 정부의 주민등록증을 제국의 유산으로 연결시켜 보는 논의는 다음 글을 참조. 이타가키 류타 「제국의 신민 관리 시스템: 과거와 현재」, 『당대비평』 제20호, 2002).

44 Rural Development Division, Community Development Directorate, CORDS, *The Vietnamese Village 1970: Handbook For Advisors*, 1970, 77~79면.

차원으로 한정하여 파악하는 태도를 크게 경계했다. 사절단은 남베트남에서 전개되는 '대유격전'은 그 자체가 군사적 측면과 아울러 정치·경제·사회심리를 포괄하는 사안으로 보았고, 전략촌 건설, 국민조직 건설, 마을 자위력 확보 등을 농촌 평정의 방안으로 주목했다.[45] 그렇다고 심흥선 사절단이 군사작전의 중요성을 가벼이 여긴 것은 아니다. 군사작전은 평정 달성의 출발점이자 대전제였다. 사절단은 응오딘지엠 정부가 '궁극적인 승리'를 성취하기 위해서는 소규모 소탕전에서 벗어나 '대규모 군사작전'을 실시하여 '사태를 호전'시키는 전략이 필요한데, 이 대규모 군사작전을 실현하기 위해서는 소탕작전과 전략촌 건설을 통해 주민과 공산세력을 분리하는 예비단계가 필요하다고 보았다.[46]

심흥선 사절단이 응오딘지엠 정부의 전략촌 개념을 "공산 침략을 받은 경험으로 비추어볼 때" 가장 현실적이며 적절한 방책이라 높게 평가했고,[47] 조재미 군사시찰단도 남베트남의 상황을 "과거 제주도 및 지리산 지역에서 공비토벌의 상황"과 흡사하다고 여기고 전략촌 건설이 "적의 발판을 봉쇄시키는 커다란 계기"를 제공할 것이라며 그 의의를 높이 평가했다.[48] 유사한 경험을 가진 한국군 시찰단원들이 응오딘지엠 정부가 대공전 승리 여부의 관건으로 여기며 추진한 전략촌에 깊은 관심을 보였음을 알 수 있다. 제주도, 여수·순천, 그리고 지리산에서 토벌대로 참여한 경험을 가진 사절단원들은 남베트남을 대한민국이 이미 겪었던 역사를 반복하는 곳처럼 여겼을 것이다.[49]

---

45 대한민국군사사절단 「M-21 派遣團 對越南政府建議書」 1962.8.15, 19면.

46 같은 글 28~31면.

47 같은 글 33면.

48 「월남시찰 결과보고(1962.11.8~11.23)」 9면, 『파월 역사자료(시찰보고서)』, 국가기록원 자료철 CA0247761.

49 심흥선은 1948년 김익렬(金益烈) 연대장이 지휘하는 제주도 9연대의 간부(대위)였다. 그

이처럼 한국군 사절단들은 남베트남의 상황을 자신들의 경험을 투영하며 바라보았다. 일설에 따르면 유격전 전문가로 참여한 박창암이 "일본이 만주에서 활용한 방안"을 응오딘지엠에 직접 건의했다고 하나, 만주와 남베트남의 입지 조건이 완전히 다르다고 본 박창암이 만주에서의 경험을 과연 적극적으로 제안했을지는 의문이다.[50] 다만, 전략촌의 취약점을 지적한 심흥선 사절단이 귀국 후 응오딘지엠 정부에 대한 지원책으로 전략촌을 만들어 제공할 것을 건의한 점으로 미루어볼 때,[51] 만주에서 제주도까지 이어지는 집단부락 건설의 경험을 전수하려는 의사는 있었던 것으로 보인다.

심흥선 사절단은 그 나름의 기준을 갖고 전략촌을 냉정하게 판단했다. 사절단이 볼 때 응오딘지엠 정부는 단기간에 대량의 전략촌을 건설한다는 계획을 무리하게 세워 졸속으로 사업을 추진했고, 그 결과 시행 초기부터 여러 측면에서 심각한 문제점을 드러냈다. 심흥선 사절단은 특히 전략촌의 축성 강도가 매우 빈약하다는 점을 우려스럽게 보았다. 이들은 전략촌이 분리와 방어 역할을 하지 못한다면, 전략촌 건설을 통해 주민의 지지를 얻을 수

가 제주에서 근무한 기간은 명확하지 않으나, 9연대가 2연대로 교체되었던 1945년 12월까지 제주도에 있었다면 제주4·3사건 초기 9연대가 벌인 민간인 학살 상황을 누구보다 잘 아는 위치에 있었다고 볼 수 있다(9연대의 민간인 학살에 관해서는 다음 보고서를 참조, 제주4·3평화재단 『제주4·3사건 추가진상조사보고서』 I, 2019, 제III부). 조재미도 1948년 '여순군변' 진압과 1949년 지리산 지역 '인민유격대' 토벌에 참여했다(「소탕전야의 지리산 답사」, 『동아일보』 1949.10.22).

50 「파월 극비문서 'M21보고서' 24년 만에 단독입수: 월남정부 SOS – 한국군을 보내달라」 15면. 박창암은 1982년 동아일보 편집국장과의 인터뷰에서 박정희가 응오딘지엠의 군사 고문을 하라고 지시하자, 한국과 입지 조건이 완전히 다른 데서 제대로 역할을 할 수 없다고 판단하여 망설였다고 한다(최일남 『그 말 정말입니까: 최일남의 인간기행』, 동아일보사 1983, 133면).

51 심흥선 사절단은 귀국 후 국방부에 대월남 지원책으로서 '정보위원, U.D.T 요원과 고사포 요원 등에 대한 교육지원, 한국인 의사 및 태권도 교관단 지원, 전략촌 1개 구축 기증' 등을 건의했다(『국가재건최고회의 상임위원회 회의록』 68, 1면).

없다고 지적했다.[52] 조재미 시찰단은 응오딘지엠 정부가 전략촌 계획에 턱없이 부족한 예산을 책정하여 주민에게 과중한 부담을 안기고, 이에 따라 여타 대민사업도 제대로 추진하지 못하고 있음을 주목했다.[53]

한편, 심흥선 사절단이 볼 때 응오딘지엠 정부는 지역방위를 위한 정보력 강화에 경주할 필요가 있었다. '공산게릴라와 가장 접촉이 많은 촌락민'을 분리, 보호하기 위해서는 성(省) 단위의 자체 방위력의 강화가 절실한데, 지역 민병대, 자위대, 전투경찰 등은 서로 정보를 신뢰하지도 않았고 정보를 공유하기 위한 체계도 없었다. 사절단은 대공전에서 승리하고 평정을 달성하기 위해서는 성 단위 방위기구들이 운용한 모든 정보망이 통합, 운영될 필요가 있다고 지적하며, 성장(省長) 밑에 정보를 종합적으로 판단할 수 있는 합동상황실의 설치를 건의했다.[54]

심흥선 사절단은 마을을 장악하고 지지기반을 확보하기 위해서는 국민조직의 수립과 운용이 필수라고 보았다. 당시 남베트남에서는 현역 군인이 성장과 군수를 맡아 치안, 행정 그리고 국민조직의 책임자까지 겸임했으며, 모든 마을에 공화청년당이 조직되어 마을 방어를 위한 무장대를 편성했다. 공화청년당은 응오딘뉴가 1956년에 시작된 '국가혁명운동'(National Revolutionary Movement)의 대안으로 1958년에 결성한 조직인데 지방 통제기구의 성격이 강했다.[55] 사절단은 응오딘지엠 정부가 공화청년당이라는 조직을 근간으로 삼아 기존 직장, 학생, 일반 국민의 모든 조직을 일원화한 국

52 「M-21 派遣團 對越南政府建議書」33~35면.
53 「월남시찰 결과보고(1962.11.8~11.23)」12면.
54 「M-21 派遣團 對越南政府建議書」9~10, 12면.
55 William A. Nighswonger, *Rural Pacification in Vietnam*, Frederick A. Praeger Publishers 1966, 40면. 윤충로에 따르면 '국가혁명운동'은 응오딘뉴의 동생 응오딘껀이 이끌었던 전국적 대중조직으로 지방행정처장을 조직원으로 삼아 정치적 이해를 관철하는 전달벨트로 활용되었다(윤충로 『베트남과 한국의 반공 독재국가 형성사』 343면).

민조직의 건설을 추진한다는 점을 높이 평가했다.[56] 하지만 국가혁명운동이건 공화청년당이건 대중적인 지지를 받지 못하는 조직들로 전락해 있었다.[57]

심흥선 사절단이 이러한 실태를 간파하고 국민운동을 강조했는지는 알 수 없지만, 사절단은 5·16군정이 장려하고 있는 '자매결연운동'을 국민통합의 성공적인 사례로 응오딘지엠 정부에게 제안했다. 한국과 남베트남 모두 농민의 비중이 매우 크다는 현상적인 유사함은 농촌을 주 대상으로 한 자매결연운동이 도움이 되리라는 판단을 낳았다. 사절단은 '행정단위 차원에서 도시와 농촌의 연결' '직장 단위 차원에서 군대·관공서와 농촌의 연결' '학교 차원에서 도시와 농촌의 연결'을 추진하고 있는 자매결연운동이 국민 유대를 강화하고 국민을 '반공 및 정부 시책 수행에 적극 참여'하도록 유도하는 간접 효과도 크다고 역설하며 응오딘지엠 정부에 도입을 건의했다.[58] 자매결연운동 제안은 심흥선 사절단도 톰프슨이나 힐스먼과 마찬가지로 '비민분리'의 차원을 넘어 민중을 국가구조 안으로 통합한다는 목표를 중시했음을 보여준다.

미국·남베트남 정부의 평정 방침과 한국군의 학습

응오딘지엠 정부가 방대한 전략촌 계획을 단기간 졸속으로 추진하며 여러 문제점을 드러냈고,[59] 응오딘지엠 정부가 1963년 11월 쿠데타로 몰락하

---

56 「M-21 派遣團 對越南政府建議書」 66면.

57 John C. Donnell, Gerald C. Hickey, *The Vietnamese Strategic Hamlets: A Preliminary Report*, 27~28면.

58 「M-21 派遣團 對越南政府建議書」 67~68면.

59 말라야에서 재정착촌 건설은 점진적으로 추진됐지만, 남베트남에서는 단기간에 완결하는 것을 목표로 추진되었다. 말라야에서 신촌은 3년에 걸쳐 500개가 건설됐지만, 남베트남 전략촌은 2년 동안 무려 8,000여 개가 만들어졌다. 남베트남 정부의 재정착 대

자마자 전략촌 계획은 재검토의 대상이 되었다. 응오딘지엠 정부의 전략촌 계획이 실패한 요인은 다양하여 어느 하나를 근원으로 단정하기는 쉽지 않아 보이지만, 식민통치를 장기간 받았던 베트남 민중의 역사적 경험과 사회·경제적 이해를 전혀 고려하지 않고 일방적이고도 억압적으로 계획을 추진한 점이 실패의 주요한 요인이라는 점은 부정할 수 없다.[60]

전략촌의 토루(土壘) 건설을 위한 공동노동, 대나무와 같은 물적 자원 기여, 토지 기여 등은 농민들의 생계에 직접 영향을 미쳤다. 또한 농민들은 멀리 떨어진 이웃 마을에 전략촌을 건설하기 위해 수차례에 걸쳐 노력동원(勞力動員)을 무보수로 감내해야 했다.[61] 이러한 방식의 노력동원은 과거 프랑스 식민당국의 강제노역을 떠올리게 하며 베트남 농민의 분노를 샀다. 정부가 가족당 지원하는 재정착 지원은 14달러로 사실상 있으나 마나 할 정도로 적은 액수였다. 농민의 관점에서 문제점을 바라보지 못한 응오딘지엠 정부는 전략촌 계획에 앞서 1959년에 추진하다 실패한 '밀집촌'(agroville

상자들의 이해를 무시한 급속도의 건설 방식은 계획 실패의 주요인으로 지적되었다 (Robert Thompson, *Defeating Communist Insurgency: Experiences from Malaya and Vietnam*, 137~40면; Robert W. Komer, *The Malayan Emergency in Retrospect: Organization of A Successful Counterinsurgency Effort*, RAND 1972, 84면).

60 국가의 농촌사회에 대한 행정적 통제 능력, 농촌사회의 통합성 정도, 사회개혁에 관한 정부의 대민 신뢰획득 여부, 외세간섭에 대한 대중의 인식, 정권의 농촌사회 인식 등 다양한 측면들이 전략촌 계획의 성패를 가른 요인으로 검토되었다(Milton E. Osborne, *Strategic Hamlets in South Viet-Nam*, 52~57면).

61 전략촌 건설이 본격적으로 추진되던 1962년 4월 남베트남의 전략촌 건설 상황을 둘러본 미 국무부 관리에 따르면 물적·인적 자원을 정부로부터 대폭적인 지원을 받은 모범 전략촌도 있었으나, 전략촌 주민은 죽창으로 만든 전략촌 울타리의 설치를 각자 할당받고, 철조망 구입과 신분증 제작비용까지 감당해야 했다. 전략촌 주민에게 가장 심각한 문제는 안전하게 식량생산을 할 수 있는 영농지가 주변에 확보되지 않은 점이었다("173. Memorandum from the Officer in Charge of Vietnam Affairs (Heavner) to the Ambassador in Vietnam (Nolting)", Saigon, 1962.4.27, *FRUS*, 1961-1963, Vol. II, VIETNAM, 1962, 미 국무부 아카이브 history.state.gov).

program) 건설계획의 문제점을 반복하는 행태에서 벗어나지 못했다.[62] 강제 이주를 당한 이들은 전략촌 계획으로 조상 대대로 경작해온 땅과 전통이 살아 있는 고향이 초토화되는 것을 보며 분노를 잠재울 수 없었다.[63]

1962년 전략촌 건설의 실태를 살핀 미국 학자들은 공산주의자들과 농민의 분리만으로 농촌에서 시시 확보가 가능하다고 여긴 응오딘지엠 정부와 미 정부 관료들의 태도는 안이하다고 비판했다. 이 학자들은 큰 희생을 강요당하고 있는 농민에게 단지 '물리적 안전'(physical security)을 보여주는 것은 의미가 없으며, 정치·경제·사회적 복지의 개선에 대한 확신을 불어넣는 것이 필요하다고 지적했다.[64] 1930년대 후반 '숙정공작'을 통한 농촌 장악에 부심 하던 만주국 군사고문부가 치안 확보에 치중한 집단부락 건설의 한계를 지적하며 농촌개발의 필요성을 제기하는 상황이 시공간을 뛰어넘어 남베트남에서 재연되었다고 하겠다.

연이은 군사쿠데타로 인한 정국의 혼란 속에서 남베트남 정부의 농촌 장악력은 급격히 약해졌다. 이에 1964년 1월 집권한 응우옌칸(Nguyễn Khánh) 정권은 강제이주를 통한 전략촌과 방위촌을 건설하는 데 치중하기보다 사회경제적 사업을 통해 이미 만들어진 전략촌을 강화하는 데 초점을 맞춘 '신생활촌'(new life hamlet) 건설계획을 추진했다.[65] 신생활촌이라는 명칭

---

62 John C. Donnell, Gerald C. Hickey, *The Vietnamese Strategic Hamlets: A Preliminary Report*, 10~14면; Milton E. Osborne, *Strategic Hamlets in South Viet-Nam*, 23면, 37면.

63 한국군도 고향에 관한 애착심을 무시한 이주정책이 전략촌 계획 실패의 주요 요인이라고 보았다(육군본부 『월남과 우리육군』 제1집, 1965, 31면).

64 John C. Donnell, Gerald C. Hickey, *The Vietnamese Strategic Hamlets: A Preliminary Report*, 17면.

65 William A. Nighswonger, *Rural Pacification in Vietnam*, 109면; Milton E. Osborne, *Strategic Hamlets in South Viet-Nam*, 40면. 국내 언론은 신생활촌 건설계획이 "많은 전략촌 가운데서 몇 개의 촌만을 선정하여 이상적인 촌으로 만들어보고" 이어 다른 촌락을 순차적으로 모범촌으로 만드는 방안을 취해 한국의 모범촌 운동과 유사하다고 보았다(「월남의 오늘(4): 전략촌의 행방」, 『경향신문』 1964.8.29).

252 2부 연쇄와 실습

은 농민들의 새로운 삶에 대한 기대와 관심을 끌어내기에 적합하지 못했다
는 전략촌이라는 용어를 대체하고, 농촌 재건과 개발의 내용이 더 강화되었
음을 보여주기 위해 쓰였다.[66] 신생활촌 건설은 연이은 쿠데타에 따른 정권
교체에 별다른 영향을 받지 않고 지속되었다.

1965년 베트남전에 본격적으로 참전한 미군은 북베트남군과 남베트남
민족해방전선 부대를 탐색, 공격하는 데 그 나름 성과를 거두었지만, 마
을을 장악하는 데는 별다른 진전을 이루지 못했다. 미군의 전면적인 개입
으로 베트남전은 정규군의 전쟁으로 바뀌고, 평정계획은 부수적인 '또 하
나의 전쟁'이 되어버렸다. 미군사령관 윌리엄 웨스트모얼랜드(Willian C.
Westmoreland)는 북베트남군과 남베트남민족해방전선 주력부대의 섬멸을
중시하며 미군의 증파에 매달렸지만, 존슨 정부는 군사전략만으로 남베트
남 정부가 자위력을 확보하기는 불가능하다고 판단하며 정규전과 평정의
적절한 융합을 원했다.[67]

1966년에 들어서자 남베트남 응우옌까오끼(Nguyễn Cao Kỳ) 정부와 미 존
슨 정부는 평정 방침에 새로운 변화를 꾀했다. 응우옌까오끼 정부는 1966년
1월 평정과 관계된 여러 기구를 통합하여 '혁명개발단'(Revolutionary
Development Cadre)[68]을 발족시켰고, 같은 해 2월 호놀룰루에서 응우옌까오
끼와 전략회의를 개최한 존슨도 '비군사적인 평정계획'에 역점을 두고 관
련 원조를 시행하겠다는 구상을 밝혔다.[69] 곧이어 3월에 존슨은 '대남베트

---

66 Maynard Weston Dow, *Nation Building in Southeast Asia*, 157면.
67 Richard A. Hunt, *Pacification: The American Struggle for Vietnam's Hearts and Minds*, Westview
   1996, 34~35면.
68 당시 'Revolutionary Development'는 '혁명적 개발' '혁명개발' 등으로 번역되었는데, 어느
   용어를 사용해도 오독의 여지가 있다. 이 글에서는 편의상 당시 언론에서 많이 쓰인 '혁명
   개발'이란 용어를 사용하겠다.
69 「월남지도자 달래고 평정계획도 토의」, 『동아일보』 1966.2.5.

남 비군사계획담당 대통령 특별보좌관'에 로버트 코머(Robert W. Komer)를 임명하고 강력한 권한을 부여했다.

로버트 코머는 '주월 미군사원조사령부'(MACV)에 '민사·혁명개발지원처'(CORDS)를 설치하고, 이듬해 5월 남베트남에 부임하여 군·민 통합 평정기구를 지휘하는 책임자가 되었다. 이에 따라 미 국제개발처(AID), 미 중앙정보국(CIA), 미 군사고문단, 미 통합공보실(JUSPAO) 등 남베트남 주재 미국기관들이 각자 추진해온 사업들을 민사·혁명개발지원처로 이관했다.[70]

존슨 정부의 민사·혁명개발지원처의 설치를 상세히 검토한 연구에 따르면 남베트남 정부가 추진해온 평정계획을 미군 관할에 둔 조치는 남베트남 지역사회의 행정조직과 군사조직이 통합된 실태를 미국이 공인한 것이자, 지역사회의 자율성과 농민의 자발성을 경시한 평정정책의 '전통'을 따르는 조치에 불과했다.[71]

주남베트남 한국군은 존슨 정부와 남베트남 정부가 공동으로 추진하는 평정정책을 여러 경로로 학습하고 숙지했다. 1965년 4월 남베트남 정부는 '평정'이라는 용어를 '촌락재건'이라는 용어로 대체하라는 지시와 상세 방침을 하달했고, 이는 한국어로 번역되어 한국군 각 부대에 전파되었다. 또한 한국군의 민사관련 책임자들은 미 군사원조사령부가 실시한 평정교육 프로그램에 참여하여 평정정책과 추진 방식에 관해 배웠다. 1967년 민사·혁명개발지원처가 남베트남 정부의 혁명개발 계획을 효과적으로 지원하기 위해 미 군사고문관을 대상으로 한 실무 교육을 했는데, 이 교육과정에 한국군의 대대급 부대의 민사심리 및 평정 업무를 담당한 장교들도 파견되었다.[72] 이

---

70 Richard A. Hunt, *Pacification: The American Struggle for Vietnam's Hearts and Minds*, 91~93면.

71 Christopher T. Fisher, "The Illusion of Progress: CORDS and the Crisis of Modernization in South Vietnam, 1965–1968," *Pacific Historical Review*, 75:1, 2006, 4면.

72 주월한국군사령부 「제목: 미 혁명개발 실무자 교육, 위탁교육」(1968.1), 주월사 『심리전

들은 '혁명개발 개념과 기구, 혁명개발에 대한 군사지원, 미원조기관 기구, 남베트남 농촌지역의 정치, 군사, 경제, 문화' 등에 관한 교육을 받았다.[73]

위탁교육과 별개로 한국군은 책임 지역에서 작전을 효과적으로 수행하려면 평정정책을 숙지할 수밖에 없었다. 1966년 각 부대에 지역 성장(省長) 및 군수, 유솜(USOM/Vietnam) 및 미 군사고문관과 긴밀한 협조관계를 구축하며 민사심리전을 전개하라는 지침이 하달되고,[74] 1968년 5월에 효과적인 민사심리전 전개를 위한 한·미·남베트남 삼국 군대는 민사심리전 협조기구의 설치를 합의했다.[75] 이러한 점들을 고려할 때 1966년 이래 한국군 야전부대 지휘관과 민사심리 담당 장교들은 남베트남 정부와 미국 측의 농촌 평정정책을 잘 알고 있었다고 할 수 있다.

1965년 남베트남 정부는 '촌락재건'에 대해 "베트콩의 군사활동 및 베트콩의 정치적 조직을 탐지, 제거하는 것이자, 촌락의 정치·경제·사회적 발전에 기여하는 것"이라고 정의했다. 촌락재건 사업은 군·경·민 합동으로 추진되었으며, 남베트남민족해방전선 지배하의 모든 지역을 남베트남 정부에 충성하는 지역으로 바꾸는 것을 궁극적인 목적으로 삼았다.[76] 남베트남

일반』 1968, 9~10면, 국방부 군사편찬연구소 사료 No 90-1774. 위탁교육생 자격은 '대대급까지의 민사심리전 담당자' '파월 기간이 2개월 이상 된 장교' '영어 강의를 이해하고 의사 표현이 가능한 자' '2급 비밀 취급 인가자' 등에 해당한 이들이었다.

73 같은 글, 같은 책 9~10면.

74 1966년 5월 각 부대에 하달된 한국군사령부의 민사 및 심리전 예규에는 사전협조(제9조) 항목을 포함시켜 "지방의 사업 계획 및 목표와 차질을 가져오지 않게 하기 위해 월남 지방 관리(성, 군, 면, 촌)와 SECTOR 및 SUBSECTOR 미고문관과 사전협조를 해야 한다"라고 강조했다(주월한국군사령부 「주월한국군 민사 및 심리전 예규」(1966.5), 국방부 전사편찬위원회 『주월한국군 전사 자료집』 1-2, 1967, 159면).

75 주월한국군 야전사령부 민사심리전처 「한·미·월 민사심리전 협조기구 설치」(1968.6.1), 주월사 『심리전 일반』 1968, 133면.

76 주월한국군사령부 「촌락재건 개념과 정의 및 절차」(1965.4.23), 국방부 전사편찬위원회 『주월한국군 전사 자료집』 1-2, 1967, 11면.

정부가 볼 때 촌락재건이라 불린 평정계획을 한마디로 말한다면 국가건설의 기초를 다지는 사업이었다. 남베트남 정부에 따르면 촌락재건은 소탕작전('베트콩' 군대와 정치조직 제거)−방호작전(신생활촌 재건과 행정기반 구축)−발전이라는 3단계의 과정을 밟게 되는데, '발전' 단계는 주요 시설에 대한 경계가 더이상 필요 없고 성부 관리가 사유롭게 활동할 수 있을 때 시행되며, 국가건설을 위한 정치, 경제, 사회 분야의 발전을 추진하는 것을 내용으로 삼았다.[77]

한국군은 남베트남 정부의 촌락재건 방침을 따라 베트남전의 목표가 "전국의 촌락을 재건하여 정부의 통치하에 두는 것"에 있다고 정리하며, 이를 위해 국민의 대다수인 농민의 지지를 확보하기 위한 '정치전'과 '심리전'이 병행되고 있다고 이해했다. 또한 한국군은 영구적인 평정을 위해서는 군사적인 행동으로 베트콩을 분쇄해야 하고 대민지원 및 심리전으로써 "주민의 마음을 점령"해야 한다고 보았다.[78] 이처럼 한국군은 '밑으로부터의 냉전'의 요체를 정확하게 숙지하고 있었다.

민사심리전이 한국군의 작전에서 차지하는 비중은 빠르게 증대했다. 1966년 초에 민사와 심리전을 통합 운용하고 민사심리전 활동을 강화하기 위해 대대 차원까지 요원을 확대 배치하는 방안이 추진되었으며,[79] 같은 해 5월에는 민사심리전 중대가 창설되었다.[80] 파병 초기 군사작전의 비중이 압도적으로 컸으나, 참전 기간의 길어지며 민사심리전의 비중이 상대적으로 크게 증대했다.[81] 한국군의 민사심리전 비중은 1967년과 1968년에 정점을

---

77 같은 글, 같은 책 12~14면.
78 주월한국군사령부 「월남에 있어서의 심리전 현황」, 같은 책 60면.
79 원조기획참모처 「토의 사항」(1966.3), 같은 책 98면.
80 같은 책 204면.
81 주월한국군사령부 『월남전 종합 연구』 1974, 868면.

찍었다가 이후 약화되었다. 이는 1969년 닉슨 정부의 탈베트남전 정책의 본격화와 철군, 이에 따른 한국군의 예산 감소, '베트콩'의 역선전 등으로 인하여 1970년대로 접어들며 민사심리전 활동이 위축되었기 때문이다.[82]

'군사적 평정' 방침과 '비민분리'의 추진

채명신(蔡命新)이 이끄는 한국군은 '주민과 적의 분리'를 위한 군사작전을 중시하고,[83] 고립된 적을 포착하여 선제적으로 섬멸하는 일련의 군사작전이 지닌 중요성을 시종일관 강조했다. 이는 한국군이 비군사적 작전이라 할 수 있는 민사심리전의 최우선 목표를 "강한 군사력을 과시"하여 남베트남 정부와 국민에게 '승리의 신념'을 불어넣는 것으로 삼은 데서도 드러난다.[84]

1966년 9월부터 1년 동안 작전지역을 확장하는 데 주력한 한국군은 1967년 9월 이후부터 지역 평정에 역점을 두기 시작했다.[85] 1967년 한국군 전술책

---

82 위와 같음. 최용호에 따르면 1968년 미국 정부의 평화협상 제안은 한국군이 실시한 민사심리전의 효과에도 영향을 미쳤다(최용호 「베트남전쟁에서 한국군의 작전 및 민사심리전 수행 방법과 결과」, 경기대 박사학위 논문 2005, 139면).

83 채명신에 따르면 주월한국군은 남베트남 진주 초기 한국군의 작전지휘권 관할과 평정을 위한 군사작전 전술 개념에서 미군과 견해를 달리했다. 채명신은 1969년 구술에서 미군 및 남베트남군이 대대급 작전을 요구했지만, 미군의 대규모 부대를 동원한 '탐색 및 격멸' 작전은 '주민과 게릴라'를 분리하는 데 효율적이지 못하다고 보아, 중대급 전술작전을 추진했다고 언급했다(국방부 전사편찬위원회 『증언을 통해 본 베트남전쟁과 한국군』 1, 2001, 83~84면; 최용호 「베트남전쟁에서 한국군의 작전 및 민사심리전 수행 방법과 결과」 63~64면).

84 주월한국군사령부 『월남전 종합 연구』 868면. 1967년 주월한국군사령부 민사참모부 보좌관도 민사심리전의 주요 지침으로 같은 내용을 언급했다(국방부 전사편찬위원회 『증언을 통해 본 베트남전쟁과 한국군』 1, 150면).

85 박정운(중령, 합참본부) 「주월한국군의 작전」, 『군사평론』 제100호, 1968.10, 77면.

임지역의 대부분이 속해 있던 남베트남군 제2군단 지역(II Corps Tactical Zone)의 민사·혁명개발지원처 책임자들은 이른바 남베트남민족해방전선의 무장투쟁 조직인 '하부조직'(substructure)을 제거하는 것이 '영구적 평정 달성'을 위한 관건이라 여겼다.[86] 1968년 남베트남군 제2군단 지역 하부조직의 인원은 1만 8,700여 명으로 추정되었고, 남베트남 정부는 군단 지역 내에 51개의 정보작전센터를 운영하며 대대적인 소탕작전을 벌였다. 1968년 1월부터 8월까지 7,000여 명이 넘는 민간인이 검거되었는데, 이중 절반에 달하는 인원이 석방되었다.[87] 마구잡이 색출 작전이었다.

마을의 하부조직을 제거하기 위해서는 '탐지 및 식별'이 선행되어야 했다. 탐지 및 식별은 블랙리스트를 활용한 전문적인 '차장(遮障) 작전'(screening operation)이 전개될 때 제대로 실행될 수 있었다.[88] 블랙리스트가 완성되면, 평정 작전이 우선 필요한 마을이 확정되고 조사와 차단 작전을 수행할 경찰과 군부대가 마을에 투입되어 하부조직을 제거하는 작업이 전개되었다. 남베트남 제2군단 지역의 민사·혁명개발지원처 책임자들은 일련의 작전이 성공하기 위해서는 철저한 탐지 및 식별 작전의 수행과 함께 공산세력의 예견을 뛰어넘는 군대 투입 및 차단 작전이 필요하다고 보았다.[89]

여하튼 '차단과 탐색 작전'(cordon & search operation) – '선별대상자에 대한 작전'(selected target operation) – '교란과 균열 작전'(harassment and disruption

---

86 An Evaluation of the Situation in II Corps and a 15 Step, Total Concept of Operations, 1967.12, 1면, RG472, MACV CORDS, MR2, Office of the Executive Secretary, Box 1, NARA.

87 「제2군단 농촌 건설회의 토의 자료」(1968.10), 12~13면, 국방부 군사편찬연구소 사료 No. 01-57.

88 'Concept of Operations,' An Evaluation of the Situation in II Corps and a 15 Step, Total Concept of Operations, 1967.12, 3면.

89 'ANNEX E Military Security Forces Operational Techniques,' An Evaluation of the Situation in II Corps and a 15 Step, Total Concept of Operations, 1967.12, 3면.

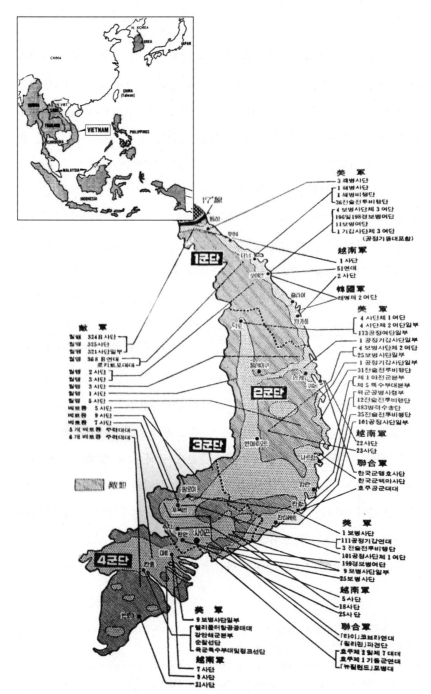

사진 28 주월한국군과 주월미군 배치 현황(1969.5)

operation)으로 구성된 '공세적인 작전'은 하부조직이 완전히 제거될 때까지 반복되어야 했다.[90] 마을 공산주의자들의 영향력이 통제 가능한 수준으로 약화되면, 혁명개발단이 투입되어 청년개발계획, 문맹퇴치를 위한 학교 운영, 농업개발계획, 정부의 지원·비지원 계획을 모두 포괄하는 '자조 계획' 등을 추진하는 절차를 밟는 것이 예정된 순서였다.

하지만 민사·혁명개발지원처 책임자들은 군대 철수 결정을 매우 신중히 해야 한다고 보았다. 이들은 군대 철수와 함께 지방군과 민병대에 지역방위 책임이 이관된 뒤 '방위력 확보'가 위축되는 상황이 발생하면 정부에 대한 주민의 신뢰에 상당한 충격을 가하는 역효과가 나타날 가능성이 컸기 때문이다. 따라서 마을에서 군대 철수는 마을 하부조직 제거, 지역 내 남베트남 민족해방전선 세력 및 북베트남 군대의 궤멸, 생존력 있는 정부기관 설치, 반란에 즉각 대응하는 정보체계 확립 등이 이루어진 후에라야 가능했다.[91]

그렇다면 한국군은 관할지역에서 평정을 어떻게, 어느 정도의 수위에서 시행했을까. 철군 직후인 1974년에 '주월한국군사령부'는 파병활동을 전체적으로 정리한 연구서를 발간했는데, 남베트남 정부의 평정계획에 관해서는 '지원'하는 데 그쳐, "경계 작전인 추수보호 작전, 육로 및 해안 봉쇄작전 등 전투 작전을 통한 소극적인 감시활동밖에 수행되지 않았다"라고 적었다.[92] 그러나 이러한 정리는 주월한국군사령부가 작전지역에서의 주민활동에 대한 '감시,' 베트콩 고립을 위한 '제한조치', 하부조직 색출을 위한 '주민 분리,' 유격대 근거지에 산재한 화전민이나 농민들의 '강제 집단이주' 등

---

90 'ANNEX I, Initiation of Operations,' An Evaluation of the Situation in II Corps and a 15 Step, Total Concept of Operations, 1967.12, 1면.

91 'ANNEX K, Revolutionary Development Teams Start Training,' An Evaluation of the Situation in II Corps and a 15 Step, Total Concept of Operations, 1967.12, 1면.

92 주월한국군사령부 『월남전 종합 연구』 799면.

의 실시에 대해 같은 책에 상세히 언급했던 점과도 어긋난다.

한국군이 남베트남 정부의 평정사업에 깊게 관여하고 특히 전술작전 지역에서 이를 주관했음은 사령부가 작전 개념에서 명확하게 밝히고 있다. 1967년 주월한국군사령부는 작전개념의 요체가 "월남 정부의 통제지역을 확장하고 혁명개발사업 및 평정사업의 지원"에 있음을 분명히 하며, 세부 방침으로 '지속적인 부대 주둔을 통한 지역 내 적의 완전 소탕' '전술책임 지역에 대한 적극적인 군사작전 실시와 수복지역의 재건사업 지원' '지역 내 적성분자 색출과 군사 및 정치적 조직 제거' '효과적인 심리작전과 대민 활동 전개와 월남 정부 지지세력 육성' 등을 제시했다.[93]

1968년 9사단은 7월에 수행한 사단의 주요 민사심리전 작전에 관해, 마을에 대한 "구호 및 진료, 베트콩 하부조직 파괴 및 친한파 포섭, 부락 개발 지원" 등의 활동을 전개했다고 사령부에 보고했다.[94] 이러한 보고 내용은 한국군이 마을 하부조직 제거에서부터 개발까지 포괄하는 평정계획을 추진했음을 말하고 있다. 또한 이는 파병 초 한국군이 베트남 마을에 대한 인식, 즉 '부락은 모든 적 활동의 근거지'이며 '베트콩 하부조직 기반은 부락과 주민'이라는 판단을 유지하면서,[95] 동시에 한국군이 베트남 마을에 대해 하부조직 제거와 개발을 통해 변화시켜야 할 대상으로 여겼음을 보여준다.

마을 평정을 위한 정보 수집은 다양한 방식으로 이루어졌다. 사단에 배속된 '군사정보대'(MID)[96]는 군(郡)마다 1개의 심문반을 파견하여 정보를 수집했다. 1966년 수도사단 군사정보대는 경찰과 민병대, 군 정보계통, 면·촌

---

93 국방부 전사편찬위원회 『주월한국군 전사 자료집』 1-7, 1969, 352면.

94 보병 제9사단 사령부 「월간 민사심리정기보고 제7호(68.7.1~7.31)」(1968.8.1), 주월사 『각 부대 민사심리전』 1968, 248면, 국방부 군사편찬연구소 사료 No. 909-1882.

95 육군본부 『越南戰의 戰訓』 1966, 39면.

96 베트남전에서 활동한 한국군 군사정보대는 1966년 6월 용산에서 창설되었으며, 사단에 예하 군정대를 배치했다(국방부 전사편찬위원회 『주월한국군 전사 자료집』 1-2, 1969, 219면).

행정기관의 민사계통과 협조하여 정보를 얻거나 면·촌에 첩보원을 침투시켜 정보를 수집했다. 포로 심문을 통한 정보 수집도 지역사회의 현황을 파악하는 주요한 방안이었다. 한국군은 심문 정보를 바탕으로 면 단위 게릴라 현황을 정리했다.[97] 한국군 각 연대는 작전구역 내에 광범한 정보망을 수립했으며, 수도사단 30연대의 경우 관할지역 자연촌(hamlet)마다 13명 정도의 정보원을 두었다.[98] 정보원들은 정보의 분량, 신속성, 신뢰성에 따라 돈, 쌀 또는 시레이션(C-ration)을 보상받았다.

대민활동을 전담하는 대민활동팀이 중대까지 배치되어 연대 차원에서 운용하는 정보체계 일부분을 이루었다. 중대 대민활동팀은 책임 장교 밑에 정보 전문가, 심리전 전문가, 위생병으로 구성되었으며, 팀원 중에는 한국군이 운영하는 베트남어 코스를 이수한 군인이 참여했다. 필요에 따라 이발병이나 통신병이 참여하기도 했다.[99] 이는 한국군이 대민활동을 마을 정보 수집을 위한 방안으로 삼았음을 보여준다. 일례로 1968년 9사단 민사심리전 담당자는 작전지역 내 마을들에 대한 추념비 보수공사, 대민센터 신축, 극빈자 가옥 신축 등 민사활동을 보고하며, 사업의 의미를 '한·월 우호증진 및 유대강화'와 '대민 첩보활동'에 있다고 평가했다.[100]

---

[97] 국방부 전사편찬위원회 『증언을 통해 본 베트남전쟁과 한국군』 1, 223~24면.

[98] Office of the Assistant Chief of Staff, CORDS Evaluations Branch, 1968.10.13, *Evaluation Report ROK Army Influence upon CORDS-Supported Pacification Programs*, 28면, RG472, Records of the US Forces in Southeast Asia, 1950-1975, Office Files of Henry Lee Braddock 1968-1975 (Entry A1 455), Box 11, NARA.

[99] *Evaluation Report ROK Army Influence upon CORDS-Supported Pacification Programs*, 30면. 한국군은 연대와 대대에 정보주임을 배치하고 중대에는 민사장교를 편성하지 않았으나(신상구 「한국군 민사심리전의 형성과 발전: 1950~60년대를 중심으로」, 『군사연구』 제151집, 2021, 91면), 미국측 자료에 따르면 이와 별개로 중대급 대민지원활동을 중시했던 것으로 보인다.

[100] 보병 제9사단 사령부 「월간 민사심리정기보고 제7호(68.7.1~7.31)」(1968.8.1), 주월사 『각 부대 민사심리전』 1968, 249면; 보병 제9사단 사령부 「월간 민사심리정기보고 제8호

한국군이 민사활동의 대표적인 성공사례로 선전한 '태권도 교육'도 예외는 아니었다. 1967년 5월 수도사단은 1연대에 태권도 교육대를 설치한 뒤, 1964년 태권도 교관단이 파견된 이래 실시한 기존 태권도 보급과는 성격이 다른 새로운 교육을 하기 시작했다. 한국 언론의 보도에 따르면 수도사단의 태권도 교육대 설치는 혁명개발사업을 지원할 엘리트 양성을 주요한 목표로 삼았으며, 취지에 동의한 남베트남 지방 관청이 청년들을 엄선하여 교육대로 보냈다.[101] 하지만 이러한 언론 보도는 일면만을 보여줄 뿐이다.

수도사단은 지방 관청이 추천한 이들을 그대로 받아들이지 않고, 군·면 단위에서 "사상이 건전하고 지도적인 청년"들을 '엄격한 자격심사'를 거쳐 선발했다. 이처럼 엄격한 자격심사 과정을 둔 이유는 태권도 프로그램의 목적이 단지 혁명개발을 지원할 인재 양성에만 국한되지 않았기 때문이다. 수도사단이 교육생들에게 "대민첩보 요원으로서의 건전한 사상을 고취"했다고 보고한 사실에서 알 수 있듯이,[102] 한국군의 태권도 교육은 대민 첩보요원 양성 계획과 분리되지 않았다. 태권도 교육의 고급과정에 선발된 청소년들은 17주간의 훈련을 받았는데, 이 기간 동안 태권도 교육뿐만 아니라 반공이념을 주입받고, 마을 '하부조직' 활동에 대한 감시 기술, 공개 및 비공개 보고 방식 등에 대한 훈련을 함께 받았다.[103] 1968년 수도사단의 민사참모부(G5)는 태권도 교육사업의 목적이 '정보의 원천 양성' '베트남인들과 일상적인 접촉' '베트남 청소년들에게 자신감 부여' 등에 있다고 규정하고, 작전구역 행정촌(village)마다 태권도장을 설립한다는 계획을 세웠다.[104]

(68.8.1-8.31)」(1968.8.1), 주월사, 같은 책 232, 234면.

101 「월남 심리전(2): 신뢰감의 측정」, 『경향신문』 1967.7.17.

102 주월한국군사령부 「정기민사심리전 보고 제10호(67.10.1~67.10.30)」, 『월남전쟁: 주월사 민사심리전(1967.9~1967.12)』 94~95면, 국방부 군사편찬연구소 사료 No. 90-2140.

103 *Evaluation Report ROK Army Influence upon CORDS-Supported Pacification Programs*, 9면.

104 같은 자료 11면.

한국군은 군사작전과 관련한 정보 수집에는 더 심혈을 기울였다. 한국군은 정보 수집에 몇 주, 심지어 몇 달을 보내거나 미흡하다 싶으면 작전을 연기하기도 했으나, 일단 작전이 개시되면 보유한 모든 군사력을 동원하여 가장 공격적으로 소탕작전을 벌였다.[105] 이러한 준비 때문인지 한국군은 '베트콩' 소탕작전에서 빼어난 실력을 발휘한다는 평가를 받았다. 1967~68년 두 해 동안 한국군의 활동을 지켜본 윌리엄 피어스(William R. Peers) 미 육군 중장은 한국군만큼 차단과 탐색 작전(cordon & search operation)에 특화된 군대를 본 적이 없으며, 이 작전을 '뛰어난 예술의 경지'로까지 끌어올렸다고 극찬했다.[106] 피어스는 한국군이 전문성을 발휘할 수 있었던 요인으로 세심한 준비를 들었다.[107]

민간인 학살까지 초래한 소탕작전을 예술로 표현한 피어스는 제2차 세계대전 시기 미 전략첩보국(OSS) 요원으로 중국과 버마에서 대일 유격전을 전개하고, 6·25전쟁 시기 미 중앙정보부(CIA) 요원으로 대중국 비밀작전을 이끌었던 인물이다. 그는 1968년 3월부터 1년 동안 미 제1야전군 사령관을 맡아 남베트남군 제2군단 지역 내 한국군 사단들과 협력하여 대유격전을 벌였다. 이런 이력의 소유자인 피어스가 아낌없이 칭찬할 정도로 한국군의 소탕작전은 치밀하고도 공세적이었다.

---

105 Senior Officer Debriefing Report: LTG W. R. Peers, 1969.6.23, 8면, HRC 314.82 Debriefing; Senior Officer Debriefing Report: Lieutenant General A. S. Collins, Jr., 1971.1.7, 19면, HRC 314.82 Debriefing.

106 *Evaluation Report ROK Army Influence upon CORDS-Supported Pacification Programs*, 38면.

107 Senior Officer Debriefing Report: LTG W. R. Peers, 1969.6.23, 8면. 이외에도 피어스는 한국군이 상대적으로 범위가 작은 지역에서 차단 작전을 벌이고, 작전 시 최대한의 군사력을 동원하며 철저한 예행 연습을 실시한 것을 소탕작전의 성공 원인으로 들었다.

한국군의 신생활촌 건설과 충돌하는 이해

1966년 11월 정일권 국무총리가 박정희 대통령에게 올린 남베트남 정부의 평정계획에 대한 지원방안 중에는 신생활촌 건설지원사업을 비롯한 남베트남의 농촌개발을 여러모로 지원하는 내용이 포함되었다.[108] 이러한 지원계획의 구상은 5만이 넘는 대규모 병력의 한국군이 베트남전에 개입하고 있는 현실과 미국 정부의 지원 요청에 따른 것이었다.[109] 그러나 한국 정부는 남베트남 정부의 평정계획에 직접 지원을 거의 하지 않았던 것으로 보인다.[110] 그 대신 남베트남에 주둔하고 있는 한국군이 대민활동 차원에서 농촌개발을 지원했다.[111]

한편, 한국군 부대들은 '재건부락'이라 칭해지는 재정착촌을 건설했는데, 이 마을들은 주로 군사작전 후 발생하는 '피난민' 또는 '귀순자'로 분류된 이들을 수용할 목적으로 건설되었다. 수도사단(맹호부대) 작전지역의 '재

---

108 언론에 보도된 지원계획 내용은 다음과 같다. ① 피난민 정착사업 ② 자립근로사업(농기구·농약·종자·농수산물·수산자재·재봉틀 등의 제공) ③ 민생안정을 위한 협력방안(민간의료단 파견, 농업기술단 파견, 공장기술자 및 농수산기술자 초청 훈련, 직업훈련소 설치, 불구자 재활방안) ④ 문화교류방안(교원 및 학생초청, 한국교원파견, 한국인재단으로 학교 설립, 태권도교관파견, 교과서 교재공급) ⑤ 신생활촌 계획(자매결연 농촌지도원 파견 및 지방행정 간부 초청 훈련) ⑥ 민간용역단 참여(「월남 평정계획 지원 관계국과 협의 추진, 박대통령 지시」, 『동아일보』 1966.11.17).

109 존슨은 1966년 2월 호놀룰루에서 개최된 미·월 정상회담에서 한국의 남베트남 평정계획 지원에 관해 논의하고, 같은 해 10월 방한 때 이에 대해 박정희로부터 확약을 받았던 것으로 판단된다(「태극기 든 평화군단 파월 논의의 문제점」, 『동아일보』 1966.11.22).

110 평정계획 지원방안이 논의되던 때부터 국내 여론은 지원에 회의적이었다. 언론은 후방지원의 핵심인 '반공 피난민 정착사업'과 남베트남 행정의 기반이 되는 신생활촌 지원계획이 매우 지지부진하다고 평가하며, 한국의 지원에 회의적인 입장을 드러냈다(「태극기 든 평화군단 파월 논의의 문제점」, 『동아일보』 1966.11.22).

111 주월한국군사령부는 베트남전을 종합 정리하며 대민사업이 남베트남 정부의 평정 및 지역사회 개발계획에 크게 기여했다고 자평했다(주월한국군사령부 『월남전 종합 연구』 864면).

구촌' 112 '숭미촌,' 9사단 지역의 '락빈촌,' 군수지원단 작전지역의 '닥록촌' 등이 대표적인 사례이다. 한국군은 이들 마을을 대민활동 선전을 위한 소재로 적극적으로 활용하여 한국 언론에 상세히 소개하거나 한국인과 남베트남인들이 시찰하는 곳으로 만들었다.

한국군 야전 부대들은 직접 건설한 신생활촌을 중심으로 책임지역 마을들에 대해 민사심리전을 다양한 방식으로 펼쳤다. 1967년 1월 수도사단 기갑연대처럼 한 달 동안 9개의 촌락과 자매결연을 한 예도 있다. 한국군은 자매결연을 한 신생활촌에 위생방역 및 대민 진료, 구호활동, 군민친선대회·위로공연, 영화 상영, 건설 및 보수공사, 태권도 교육 등의 다양한 대민사업을 펼쳐 지지기반을 확보하고자 시도했다(표 5-1, 5-2 참조).

주월한국군사령부에 따르면 베트남전 참전 기간에 한국군이 관할지역 마을, 학교, 가족을 대상으로 자매결연을 추진한 건수는 총 3,364건에 달했다. 자매결연 실적은 한국군이 지역 평정에 힘을 쏟기 시작한 1967년부터 급증하기 시작하여 1968년과 1969년에 정점을 찍었다. 1971년까지도 마을을 대상으로 한 자매결연의 건수가 크게 줄지 않았던 것으로 볼 때, 본격적인 철군이 시작되기 전까지 한국군이 자매결연 사업에 관심을 이어간 것으로 보인다.

한국군이 지역사회의 현황을 파악하고 동시에 친한파를 포섭하기 위한 이른바 '대면 작전'의 주 대상자는 행정촌(village)이나 자연촌(hamlet)의 여론 주도층(opinion makers)이었다. 여론 주도층은 마을 운영 관계자들(촌 위원회의 구성원, 조직의 책임자), 관리 및 지식인들(관리, 대중매체 관계자, 교육가, 지식인, 예술가, 종교·인종·지역·사회·정치·경제 분야 그룹의 지도자들), 군 관계자(민병대, 지방군을 포함한 정규/비정규군 장교들), 재계(사

---

112 주월한국군사령부는 '재구촌'을 한국군이 양민을 끝까지 '베트콩'의 위협으로부터 보호한다는 상징으로 삼고자 했다(육군본부 『파월전사』 제2집, 1967, 110면).

표 5-1 1967년 1월 수도사단 대민활동 관련 행사

일시	장소	행사종목	참관인원	실시부대	비고
1.4	순안, 탕킨, 지아락, 안쾅, 호아락	자매결연	부대대장, 민사주임, 중대장, 관계 장병 다수, 촌장 외 200여 명	1연대 1대대 1,2,3,4중대	5회
1.8	안쾅국민학교	보수공사 준공 및 개교식	사단장, 대사, 연대장, 성장, 군수, 연대 각 참모, 기타 관계 장병 다수, 주민 1,500명, 학생 380명	1연대 1대대	1회
1.8	탕촌	자매결연	부대장, 포대장, 민사장교, 관계 장병 다수, 군수, 촌장, 면장, 주민150명	61포대	1회
1.9	재구촌	한국학생대표 친선방문	1대대장, 연대 민사주임, 민사장교, 관계 장병 다수, 주민 500명, 학생대표 일동, 군수, 면장	1연대 3대대	1회
1.9	투텐촌	상동	연대장, 연대민사 및 일반참모, 군수, 면장, 촌장 외 주민 800명	기갑연대	1회
1.9	재구촌 국민학교	놀이터 이양식	대대장, 민사장교, 군수, 면장, 교직원일동, 학생 250명, 주민 100명, 기타 관계 장병 다수	1연대 3대대	1회
1.9	재구촌	모내기 시범	대대장, 민사장교, 군수, 면장, 촌장, 학생대표 일동, 촌장 외 주민 1,500명	상동	1회
1.10	타빈촌	자매결연	부대장, 민사참모, 에이포대장, 관계 장병 다수, 빈케군수, 면장, 촌장, 주민 200여 명	61포대	1회
1.17 1.18	푸안촌 퉁기양촌	상동	대대장, 근무중대장, 본부중대장, 민사장교, 관계 장병 다수, 면장, 촌장 외 주민 1,300명	기갑연대	2회
1.20	퀴논사범학교	태권도 시범	지원단 민사참모, 각 참모 다수, 기타 관계 장병 다수, 학교장 외 직원 일동, 학생 750명	지원단	1회
1.22	호아락촌	자매결연	대대장, 중대장, 민사주임, 민사장교, 관계 장병 다수, 군수, 서장, 면장, 촌장 외 주민 250여 명	기갑연대 3대대	1회
1.23	퉁안촌	상동	대대장, 중대장, 민사주임, 관계 장병 다수, 면장, 촌장, 주민 250여 명	기갑연대 1대대	1회
1.25	선촌	자매결연	대대장, 중대장, 민사주임, 군목, 기타 관계 장병 다수, 면장, 촌장 외 주민 250명	기갑연대 1대대	1회
1.25	빈탄촌	태권도시범 군악 연주회, 강연회	대대장, 화학참모, 군악대장, 보충중대장, 민사참모, 기타 관계 장병 다수, 촌장, 면장, 주민 4,430명	26연대	3회
1.26	호아선촌	자매결연	대대장, 민사주임, 민사장교, 중대장, 관계 장병 다수, 군수, 면장, 경찰서장, 주민 300명	기갑연대 1대대	1회

1.26	통탄촌	태권도시범 군악연주회 강연회	대대장, 화학참모, 민사참모, 군악대장, 보충중대장, 관계 장병 다수, 면장, 촌장 외 주민 1,600명	26연대	3회
1.27	토록촌	자매결연	대대장, 연대부관, 군수주임, 민사주임, 관계 장병 다수, 면장, 촌장 외 300명	기갑연대 3대대	1회
1.27	송카우	태권도시범 군악 연주회, 강연회	대대장, 민사참모, 군악대장, 보충중대장, 관계 장병 다수, 면장, 촌장 외 1,250명	26연대	3회
1.28	토록촌	군악연주회 강연회	민사참모 외 관계 장병 다수, 변상, 촌장 외 주민 1,602명	26연대	2회
1.28	캠미촌	자매결연	대대장, 본부중대장, 민사주임, 민사장교, 촌장 외 주민 200명	기갑연대 본부중대	1회
1.29	빈쿠로이	강연회	민사장교 외 관계 장병 다수, 촌장 외 주민 1,500명	26연대	1회
1.30	투이퐁	상동	상동	상동	상동
1.30	빈탄촌	민간인 공로자 위로행사	연대 각 참모 다수, 대대장, 관계 장병, 주민 1,0000여 명	상동	상동
1.30	○시앙●	자매결연	대대장, 중대장 외 10명, 군수, 면장, 촌장 외 주민 400명	기갑연대 4중대	1회

＊● 원문 판독 불가.
＊출처: 수도사단 『민사 및 심리작전 보고』 1967.1, 3~4면.

표 5-2 주월한국군 군수지원단 부대의 남베트남 정부 혁명개발사업 지원

순위	사업명	부대	위치	사업기간	지원내용
1	경노당 건립	제1군수 지원단	추라이지역 딘디엔면	1967.12.21~68.1.3	
2	교량 신축	〃	추이퍽군 북탄면 빈안 1구	1968.1.17~1.21	
3	도로 확장공사	〃	〃	1968.1.21~1.26	
4	배수로공사	〃	〃	1968.1.16~1.22	
5	빈안국민학교 울타리	〃	〃	1968.1.26~1.30	병력, 차량
6	푸힙국민학교 울타리	제2군수 지원단	푸엔성 휘송군 호아헙면 푸힙마을	1967.12.23~68.1.6	시멘트, 함석, 골함석, 못, 병력, 목재, 철근
7	푸힙국민학교 운동장 보수	〃	〃	1968.1.7~1.8	병력 109명
8	닥락(닥록)촌 울타리 보수	〃	빈쑤엉군 빈풍면 닥락촌	1968.1.14	병력 12명, 철조망 3, 토루 철주 30개

＊출처: 주월사 『심리전 일반』 1968, 39면.

업가, 상인), 학생, 자발적 남베트남 정부 지지자 등으로 구성되었다.[113]

하지만 한국군은 주민과의 유대관계에 의존하여 마을 평정을 달성할 수 있으리라고 단순하게 생각하지 않았다. 1968년 초 주월한국군사령부는 민사작전의 성공을 위해 부대 지휘관에게 지역사회를 최대한 정확하게 파악해줄 것을 요구했다. 즉, 성공적인 민사작전을 수행하기 위해서 대중의 태도(남베트남 정부 및 군사작전에 대한 불만, 대중의 열망), '하부조직'의 힘과 영향력 정도, 사회적 요인(가족과 종교의 권력구조), 영농 관련 정보(경작 가능한 토지 규모, 농업 생산성, 식습관), 주민 건강(위생실천, 보건·의료 서비스 정도), 교육 분야(성인교육·직업교육을 포함한 교육 수준, 시설, 기회), 경제 분야(교역, 상업 패턴, 임대, 토지소유, 이자율, 경공업 상황 등을 포함한 경제발전 정도), 임노동(기술, 실습, 조직 등을 포함한 노동 잠재력), 통신·교통·공익자원 이용, 군사적 자원(인력, 기술, 보급지원 등 민간인의 군사조직 및 준군사조직으로 활용 가능성) 등에 관한 최신 정보가 상세히 파악되어야 했다.[114]

여기에 한국군사령부는 정확한 정보를 수집하기 위해 정보처 및 민사처가 수집한 정보 이외에도 미 국방부 방위고등연구계획국(ARPA), 랜드연구소(RAND), 미국의 공보·원조·군 원조사령부 기관들, 그리고 민간회사들이 작성한 연구보고서까지 최대한 참조하고자 했다.[115]

---

113 'Campaign Plan 68-1 CHOONG MOO, Annex F, Appendix I (Guidelines for Psychological Operations),' Annex F, G & H ROK FV-FC Combined Campaign Plan (1968.1.11), RG472, MAVC CORDS, MR2, Office of Management Support, Box 25, NARA. 물론 베트콩 가족과 동조자들도 '대면 작전'의 주요 대상이었다.

114 'Campaign Plan 68-1 CHOONG MOO, Annex G, Appendix I (Guidelines for Psychological Operations),' G-1-2~G-1-3면.

115 'Campaign Plan 68-1 CHOONG MOO, Annex G, Appendix I (Guidelines for Psychological Operations),' G-1-2면.

사진 29 한국군 부대가 남베트남 작전지역에 건설한 '재구촌' 모습

사진 30 청룡부대와 한국군 관할지역 마을과의 자매결연식

한국군사령부는 이러한 폭넓고도 상세한 마을 정보의 파악을 평정의 출발점으로 삼을 것을 중대 단위까지 주지시켰다. 각 중대까지 하달된 사령부의 민사분야 평가지표(표 5-4[116])는 한국군이 민사활동에 선무, 친선, 구호, 의료, 농경 지원과 같은 전형적인 민사 관련 사업과 함께 공산세력의 하부 조직 파괴에 심혈을 기울였음을 보여준다.

하지만 모든 예하 부대가 사령부의 지침을 충실히 따른 것은 아니다. 주월한국군사령부가 1968년 4월에 실시한 예하 부대 전투능력 평가에서 '중대 단위 대민활동 계획'이 각 중대에 하달되지 않거나, 다수의 중대가 촌락 주민의 여론을 수집하려는 대민활동에 적극성을 보이지 않고 있다는 지적이 나왔다.[117] 여기에 평가대상 중대들 전부가 '지방주민 성분 분류'를 이행하지 않았다는 지적을 받았다는 점을 볼 때, 적어도 1968년 4월까지 사령부의 평정 지침이 중대 단위까지 충분히 전파되지 않았음을 알 수 있다. 이러한 지적 사항이 이후 개선되었는지는 확실하지 않다. 1970년 말 칸호아성 (Khanh Hoa Province) 깜람(Cam Lam District)에서는 한국군이 베트남 주민들의 반응을 전혀 고려하지 않고, 평정계획도 전혀 이행하지 않는다는 비판이 미군 측에 의해 제기되기도 했다.[118]

한국군은 '개발 영역'에서부터 '안보(지역방위) 영역'에 걸치는 상세한 정보를 수집하고자 힘을 쏟았음이 분명하다. 한국군의 이러한 자세는 남베트남 정부의 혁명개발계획에 대한 이해와 밀접한 관련이 있다. 한국군

---

116 주월한국군사령부 전투능력평가반 『전투능력평가보고서(1/4분기)』 1968.4, 37~38면 표 참조.
117 같은 자료 71~72면.
118 Cam Lam DSA, 1970.11.10, 'District Input to Province Input,' 2면, RG472, MAVC CORDS, MR2, Office of Plans, Reports, and Evaluations, Box 9, NARA. 1970년 11월 이 지역을 담당한 미군은 칸호아성 깜람에 주둔한 한국군이 여러 물의를 일으켜 평정에 전혀 도움이 되지 않는다고 강하게 비판했다(같은 자료 1면).

표 5-3 주남베트남 한국군 자매결연 실적

구분 \ 연도	1965	1966	1967	1968	1969	1970	1971	1972	계
자매부락	8	23	177	205	200	192	160	97	1,062
자매학교	5	9	42	45	54	47	35	25	262
자매가족			301	358	393	286	352	350	2,040
	13	32	520	608	647	525	547	472	3,364

* 출처: 주월한국군사령부 『월남전종합연구』 1974, 919면의 표 '자매결연 실적'을 재인용.

표 5-4 (중대단위) 민사분야 평가지표(1968.4)

평가 내용	세부 점검 사항
선무활동	대민접촉 계획의 수립 상태
	지방 행정기관과 지방군(RF), 민병대(PF), 혁명개발단(RD)팀과 협조사항 기록유지와 평가 상태
	V.C. 연고자 및 가족 현황 파악 상태
	V.C. 가족과의 접촉 설득 기록·유지 상태
	주민의 여론과 요구사항 파악 상태
친선활동	1인 1가족 결연 권장 상태
	경축 행사 및 위로잔치 실시 상태
	민간 종교 활동 참여 상태
구호활동	행정기관을 통한 구호 전달 상태
	필요한 시기와 장소에 구호품 전달 상태
대민 의료 지원	주기적인 의료지원 및 현지 투약 상태
	의료 활동 시 위생복 착용 상태
	대민 촌락방역 실시 상태
	진료부 기록 유지 상태
농경지원	농번기 노력 지원 상태
	한국산 농기구 이용 농경법 지도 상태
적 하부 조직 파괴	적 하부 조직 명단 기록 유지 상태
	지방 주민 성분 분류 상태
	행정기관과의 협조사항 기록 유지
	정보 책임자 암암리 배치 상태
	전술기지 교대 시 민사요원 잔류 상태
	'파괴 시기는 대대장 이상의 지휘관이 결정하고, 체포는 월남 경찰이 담당한다'는 방침에 관한 교육상태

사령부는 남베트남 정부 혁명개발계획의 핵심이 '군과 민의 통합적인 진보'(integrated military and civic progress)에 있다고 파악했다.[119] 한국군사령부는 자신이 참여하고 있는 농촌 평정계획인 혁명개발계획이 마을 방위의 확보에서부터 정치·경제·사회적 발전 그리고 이를 통한 대중의 자발적 지지를 끌어내는 과정으로 추진되며, 혁명개발의 구현으로서 신생활촌 건설은 기존 마을을 "생활수준이 개선되고, 안보가 보장된 (새로운) 공간으로 바꾸는 것"을 의미한다는 점을 잘 알고 있었다.[120]

그렇다면 한국군의 대민활동 전개는 지역사회 베트남인의 자발적 지지를 끌어냈을까. 이와 관련하여 '미 군사원조사령부'(MACV) 예하 '민사·혁명개발지원처' 일반 참모실(Office of the Assistant Chief of Staff)의 '평가국'(Evaluation Branch)이 1968년 7월 5일부터 8월 23일까지 두 달여에 걸쳐 남베트남군 제2군단 지역에 배치된 한국군의 군사작전 및 대민활동에 관해 검토한 뒤 작성한 보고서를 참조할 수 있다.

평가국 직원들은 한국군이 담당한 34개 마을의 촌장(hamlet chief), 행정촌촌장(village chief), 상인, 농부 등 총 182명과 직접 면담하고 한국군의 활동을 평가했다. 평가국은 '방위(security) 확보 여부' '대민활동 전개 정도' '한국군 주둔의 영향'이라는 세 측면을 주목했다.[121] 1968년 10월 당시 한국군 9사단이 관할지역 내에 70개, 수도사단이 74개의 '자매부락'을 두었는데,[122] 이는 한국군이 집중적으로 관리한 마을의 규모를 말한다.

평가국이 볼 때 한국군이 신생활촌 개발 계획을 지원하기 위해 벌인 대민

---

119 'Campaign Plan 68-1 CHOONG MOO, Annex G, Appendix II (Guidelines for Psychological Operations),' G-II-1면.

120 위와 같음.

121 *Evaluation Report ROK Army Influence upon CORDS-Supported Pacification Programs*, 2면.

122 같은 자료 38면.

활동은 여러 문제점을 드러내고 있었다. 우선, 한국군은 대민활동을 군사정보 취득을 위한 수단으로 삼거나 이미지를 개선하는 방안으로 활용하는 경향이 강했다. 평가국은 한국군은 대민활동에서 신생활촌 주민의 열망보다 한국군의 이해를 반영하는 데 더 관심을 기울인다고 지적했다.[123]

한국군은 농장과 시장을 연결하는 도로 보수나 관개용 댐의 재건과 같이 실제 경제적인 도움을 줄 수 있는 사업보다 한국군 부대가 반드시 사용하게 되는 다리, 도로, 시골길 등에 대민활동 사업이 집중되고 있다는 비판을 받았다. 조사가 진행된 1968년 중반까지 한국군의 댐 건설지원은 단 1건에 불과했다.

평가국이 볼 때 한국군의 대민활동에서 드러난 가장 큰 문제는 일부 한국군 장교와 부사관이 베트남인의 자존심(pride)에 대해 무감각하거나 완고함을 보여 건전한 관계 형성을 막는 데 있었다. 한국군은 대민활동을 벌이며 한국인의 사고·개념·기술은 베트남인들에게 적용할 수 없다고 판단하고, 심지어 이를 깨닫게 된 것을 가장 중요한 교훈으로 여기기까지 했다. 그 결과 한국군 연대들은 대민활동 사업에서 베트남인들의 참여나 지원 없이 단독으로 수행하려는 경향이 강했고, 베트남인과의 협업에 관해 노골적으로 경멸적인 태도를 드러내는 경우가 적지 않았다.[124] 이와 관련하여 뚜이안 행정책임자(district chief of Tuy An)는 평가국 직원에게 다음과 같이 불만을 터트렸다.

"그들(한국군)의 대민활동은 좋다. 그러나 모든 것이 한국인, 한국인, 한국인이다! 미국인들은 이러한 방식으로 하지 않는다. (⋯) 미국인들은

---

123 같은 자료 35~36면.
124 같은 자료 37~38면.

내 말을 들으려 한다. (…) 그들은 그 누구로부터도 제안을 받으려 하지 않는다. 그들이 원하는 것은 단지 행사(ceremony)뿐이다. 어제 미 고문과 함께 한국군의 행사에 참석했으나, 3시간 30분 동안 5명의 연사가 발언했지만, 나에게는 요청하지 않았다. 나의 주민 앞에서 단 한마디도 못 하게 했다. 다시는 한국군의 행사에 참석하지 않을 것이다."[125]

인용문에서 보이는 뚜이안 현장의 태도는, 대부분의 한국군 연대장이나 대대장들이 지역의 베트남인 책임자들과 우호적인 관계를 잘 유지하고 있다는 평가국 담당자들의 언급을 고려할 때, 예외적인 사례라고 볼 수도 있다. 하지만 한국군 지휘관들이 군사작전 측면에서 지역 관리들을 신뢰하지 않는 태도를 보이고, 대민활동에서도 마찬가지 모습을 보였던 것은 분명했다. 한국군의 연대나 대대급 민사심리 장교(S5)들은 지역의 책임자에게 장기적이며 전체적인 계획을 제시하는 경우는 없고, 대신 개별사업 착수 시 승인이 필요할 경우 사업 내용을 제시하는 경우가 대부분이었다.[126]

한국군이 특히 관심을 쏟은 대민활동인 '재건촌 계획'(hamlet rebuild program)은 성공적인 사례로서 홍보되었다. 하지만 평가국 담당자들은 한국군의 재건촌 계획이 전시행정(展示行政)적인 측면에서 결정되고 있다고 비판했다. 남베트남 정부의 고위 관료나 장성이 반드시 방문하고, 연대 사령부 주둔지와 가까운 마을은 즉각 재건이 이루어졌던 반면에, 접근도가 떨어지는 마을은 한국군이 군사작전을 위해 파괴한 곳이라도 전시효과가 떨어진다는 이유로 재건촌 건설 자체가 고려되지 않았다.[127]

전시효과를 중시한 한국군의 재건촌 계획은 재건촌의 당사자인 베트남

---

125 같은 자료 8면.
126 같은 자료 41~42면.
127 같은 자료 44면.

주민들의 가치관과 충돌하는 결과를 낳았다. 베트남인은 전통적으로 자신의 집을 자력으로 지어야 한다는 관습을 가지고 있었다. 이러한 전통을 지키려 한 촌장을 한국군 민사심리 장교가 비난하고, 게다가 한미 합동으로 추진된 재건촌 건설을 한국군 단독 사업인 것처럼 행사를 벌인 경우까지 있었다.

한국군 및 남베트남군과 북베트남군 사이의 전투로 파괴된 마을을 재건하는 과정에서 적군의 집단 묘지 조성을 맡은 한국군이 적군 묘지에 한국군과 남베트남 병사들의 용감한 모습만을 적은 묘비를 세우려 하자 주민들의 반발을 사기도 했다. 베트남 주민은 사자(死者)가 된 적의 명예를 존중하지 않는 태도는 올바르지 않다고 여겼다.[128]

이와 같은 사례를 통해서 볼 때 한국군은 본격적인 파병을 할 무렵 베트남의 인문지리와 역사, 사회문화를 비교적 상세히 조사하며 베트남전 개입을 준비했지만,[129] 진영논리를 명분 삼아 개입하고 개발과 안보에 주안점을 둔 평정을 시행하면서, 그들의 민주주의와 평화를 찾는 베트남 공동체의 지향을 이해하기에는 근본적인 한계를 가질 수밖에 없었다. 어찌 보면 식민지배와 분단, 동족상잔을 겪은 한국군은 프랑스 식민지배의 부역자가 응오딘지엠 정부 수립 후 고위직을 차지하고 냉전전략을 위해 이들을 활용하는 미국을 비판한 남베트남 반공 지식인의 목소리를 누구보다 현실감 있게 받아들일 수 있는 위치였으나,[130] 만주에서 제주4·3사건 그리고 6·25전쟁으로 이어지는 역사를 안고 '밑으로부터의 냉전'이 벌어지는 베트남 전장에 개입한 한국군은 식민제국의 베트남 지배와 저항의 역사를 알면서도 이념이라는 한쪽 눈만으로 남베트남 사회를 바라보았다고 하겠다.

---

128 같은 자료 46면.
129 육군본부 『월남과 우리육군』 제1집, 22~43면.
130 황반지 「월남에 평화를 가져오는 길: 미국정책을 비판하는 월남 지성인의 소리」, 『사상계』 제145호, 1965.4, 156~57면.

평정의 내용분리와 '자체개발'의 강조

'자조'와 '협동정신'은 '자위'(방위)와 함께 응오딘지엠 정부 수립 이후 패망 때까지 남베트남에서 추진된 일련의 농촌 재편계획을 상징하는 용어였다. 남베트남 정부, 미 군사원조사령부의 민사·혁명개발지원처, 그리고 한국군까지 평정에 개입한 주체들은 모두 이구동성으로 자조·자립을 강조했다. 미군 민사·혁명개발지원처는 자조 계획이 모든 층위의 지역사회에서 주민과 정부 관료 사이에 소통을 증대시키며 정부의 통치력 개선에 기여한 바가 크다고 평가했다.[131]

남베트남 정부는 실용적인 가치가 있는 사업을 단기간 시행하는 계획인 '자조마을 개발계획'(Self-Help Hamlet Development Program)을 1950년대 후반부터 실시했다. 이 계획의 세부 사업들은 '관개시설 구비' '마을 도로 및 환경 개선' '홍수방지용 수로 정비' '가축우리 정비' '시장 정비' 등이었고, 여기에는 선진기술이나 정부 부처 간의 협조가 불필요했다.[132]

농촌 재편의 노선과 방향을 두고 응오딘지엠 정부와 미국 정부는 공히 사회적·경제적·정치적 개혁과 공산유격대에 저항할 수 있는 마을의 안보 확립을 역설했으나, 양측은 전략촌을 건설하기 위한 방안을 놓고 견해를 달리

---

131 'District Report: Phu My District, For the period ending 31 Oct 68,' 2면, RG472, MACV CORDS, MR2, Monthly Province Report Box 1, NARA.

132 Tran Dihn Tho, *Pacification*, US Army Center of Military History 1977, 109~10면. '자조마을 개발계획'은 '지역사회개발계획'(Community Development Plan)의 일환으로 마을 단위에서 추진된 사업으로 판단된다. 남베트남에서 지역사회개발계획의 도입은 1956년부터 논의되다가 대민활동(Civic Action)과의 조직적·사업적 중첩 등의 문제로 1957년부터 본격적으로 추진되기 시작하여, 1958년에 여러 현에서 모범촌(model village)들이 세워졌고, 다음 해 각 성에서 도로, 다리, 댐 등 기반시설을 자조정신에 기반한 공동체가 건설하는 사업이 시행되었다(Geoffrey C. Stewart, *Vietnam's Lost Revolution: Ngô Đình Diệm's Failure to Build an Independent Nation, 1955-1963*, Cambridge University Press 2017, 150~61면).

했다. 프랑스 가톨릭의 '인격주의'(personalism)에 강하게 영향을 받은 응오딘지엠과 응오딘뉴는 '자조'를 자급·자족(self-sufficiency)과 동일시하고 이를 실현하기 위한 공동체 정신의 계발을 중시했다. 이들은 전략촌 농민을 교도와 동원의 대상으로 여기는 데서 벗어나지 못했다.[133] 반면, 미 정부의 힐스먼과 현지 유솜은 전략촌의 사회·경제적 여건을 개선하는 것이 민중의 지지를 획득하며 정부의 행정과 통제 범위 안으로 끌어들여 안정화와 안보 확립의 기반이 된다고 보았다.[134] 이러한 관점에서 볼 때 자조는 정신적 계발보다 물질적 개발에 중점을 두어야 했다.

1964년 케네디 정부가 방조한 쿠데타로 응오딘지엠 정부가 붕괴하여 케네디 정부와 응오딘지엠 정부 간에 노정되던 '농촌 재편 노선'에 관한 이견이 폭력적인 방식으로 해소된 것이며, 그 결과 1960년대 후반 사회·경제적 개발이 좀더 부각되는 방향으로 진행되었다. 그렇다고 공동체 정신과 실천의 강조까지 배제된 것은 아니다. 농촌개발을 강조하는 지역사회개발계획의 경우도 자조정신과 협동정신을 강조했기 때문이다. 문제는 응오딘지엠 정부 이후에도 농촌 마을의 실질적인 자치 실현은 난망한 상태에서 벗어나지 못했다는 점이다.

1960년대 후반 '자조 계획'은 농촌 평정계획의 일부분으로서 분명하게 강조되었다. 1967년 1월 주남베트남 미대사 윌리엄 포터(William J. Porter)는 '농촌 재건, 즉 평정이란 무엇인가'라는 한국 기자의 질문에 "농촌재건 계획이란 인구 대다수를 차지하는 농민들에게 자조정신을 배양시키고, 경

---

133 응오딘지엠과 응오딘뉴의 인격주의와 대중관, 민주주의관에 대해서는 Philip E. Catton, *Diem's Final Failure: Prelude to America's War in Vietnam*, University Press of Kansas 2003, 제2장 참조.

134 이에 관해서는 다음 글들을 참조. Geoffrey C. Stewart, *Vietnam's Lost Revolution: Ngô Đình Diệm's Failure to Build an Independent Nation, 1955-1963*, 222~24면.

제를 재건하며 갖가지 사회개혁을 추진함으로써 베트콩의 지배를 물리치자는 월남 정부의 국가적 사업"이라고 답변했다.[135]

한국군도 농촌 평정에 참여하며 일찍부터 베트남인들에게 '자조정신의 함양'을 강조했다. 일례로 1967년 건설지원단은 '빈호이성 듸인군 동탑' 지역의 1만 2,000여 평 황무지를 개간할 때 지역 피난민들을 농토개간사업의 노동력으로 투입하고, 그 명분을 '자조근로 정신의 부여'에서 찾았다.[136] 이는 1966년부터 민사·혁명개발지원처를 설치하며 남베트남 농촌 평정계획을 이끌었던 미국 측 담당자들이 농촌 재건에서 자조정신의 배양을 강조한 상황과 무관하지 않을 것이다.[137]

한국군의 자조정신에 대한 강조는 미군만큼 물질적인 지원이 실제 불가능한 현실과 전시효과를 중시하는 태도가 맞물린 결과로 볼 수 있다. 앞서 언급한 평가국에 따르면 한국군의 대민활동에서 자조사업들(self-help projects)에 대한 지원 규모는 무시해도 될 정도로 적었다.[138] 이는 대민활동에서 한국군이 발휘할 수 있는 능력치를 보여준다. 1969년 1월 초 국내 언론은 베트남 전장에서 한국군이 대민사업에서 물질적인 것보다 정신적인 면에 힘을 쏟아 '반공 및 자립자조 정신'을 함양하는 데 주안점을 두고 있음을 보도했는데,[139] 이 역시 한국군이 안고 있는 물질적 자원의 한계와 무관하지 않았을 것이다. 여하튼 물질적 개발만큼 자조정신의 확립도 평정의 핵심적

---

135 「월남전과 평정계획」, 『경향신문』 1967.1.4.
136 주월한국군사령부 「정기민사심리전 보고 제10호(67.10.1~67.10.30)」, 『월남전쟁: 주월사 민사심리전(1967.9~1967.12)』, 국방부 군사편찬연구소 사료 No. 90-2140, 93~94면.
137 1968년 '민사·혁명개발지원처'(CORDS)의 각 성(province) 담당자들이 올린 정례적인 월간 현황 보고서에는 '혁명개발단'(RD Cadre)이 주도하는 자조사업들의 추진상황이 포함되어 있고, 이는 한국군 주둔지역도 마찬가지였다('Monthly Province Reports,' RG427, COARDS, MR2, Office of Plan, Reports, and Evaluation, 1968, Box 1, NARA).
138 *Evaluation Report ROK Army Influence upon CORDS-Supported Pacification Programs*, 49면.
139 「오늘과 내일: 월남 속의 한국, 대민사업」, 『동아일보』 1969.1.14.

인 과제였으며 이를 한국군이 적극적으로 반영하며 강조했음은 분명하다.

그런데 1969년부터 남베트남 정부가 농촌 평정과 재편 정책의 방향을 바꾸었다. 남베트남 정부와 미국 측은 1968년 '구정 공세' 이후 1969년 1월까지 1년여에 걸쳐 대대적으로 군사적 수색·섬멸 작전과 공산주의자를 색출하는 이른바 '급속 평정작전'(Accelerated Pacification Campaign, APC)을 벌였다. 남베트남 정부와 민사·혁명개발지원처는 급속 평정작전의 성과를 매우 높게 평가하고, 새롭게 장악한 지역 및 공산세력과 경합을 벌이는 지역에 대한 지배력을 강화하기 위해 '평정계획'에 포괄되어 있던 '개발' 영역을 분리하여 부각하는 방침으로 전환했다.[140]

남베트남 정부는 1968년 11월에 '중앙 평정·개발위원회'(central pacification and development council)를 신설하고, 다음 달에는 도 차원 개발위원회를 설립하여 평정 및 개발 사업을 관장하도록 했다. 1969년부터는 평정과 개발을 명확히 분리했으나, 이러한 분리가 양자를 별개로 추진함을 의미했던 것은 결코 아니다. 도시와 농촌 어느 지역을 대상으로 하든 '평정 없는 개발' '개발 없는 평정'은 그 어느 것도 성공할 수 없다는 판단이 대전제였고, 따라서 양자의 병행은 대원칙이었다.[141] 남베트남 정부의 '중앙 평정·개발위원회'

---

140 '구정 공세' 이후 농촌 평정의 성과에 대한 긍정적인 평가는 논란의 여지가 크다. 1970년경에 이르면 남베트남 정부는 대대적인 군사작전을 통해 전국의 90% 주민들에게 안전을 보장할 정도로 통제력을 확대했다고 평가했는데, 당시 농촌 평정을 이끈 미국 측 책임자들도 동일한 판단을 했다. 미국 측 책임자 로버트 코머와 그 후임자 윌리엄 콜비(William Colby)의 경우는 구정 공세 이후 실시된 평정계획 이른바 '급속 평정'(Accelerated Pacification Campaign)이 성공적으로 진전되었다고 평가하며, 남베트남 패망의 원인을 미군의 철군에서 찾았다. 미국의 베트남 평정정책을 분석한 리처드 헌트의 지적처럼 이러한 평가는 일면적이라 하겠다(Richard A. Hunt, *Pacification: The American Struggle for Vietnam's Hearts and Minds*, 252~258면). 1968년 이후 남베트남의 평정 결과에 대한 긍정적인 평가와 개발의 강조는 베트남전의 베트남화를 강조하며 철군을 추진하던 닉슨 정권의 정책과 분리하여 볼 수 없다.

141 Republic of Vietnam Central Pacification and Development Council, *Plan for Pacification and*

가 입안한 1969년 계획도 전반적인 내용은 '급속 평정'의 사업을 이어받아 안보적·행정적 측면에서 촌·마을에 대한 지배력을 강화하는 것이었다.[142]

그런데 1969년부터 추진된 '평정·개발 계획'(Pacification and Development Plan)은 '자조' 대신에 '자체개발'(self-development)을 강조했다. 남베트남 정부는 '촌 자체개발 계획'(The Village Self-Development Program, VSD)의 목표를 '농민의 열망과 이해를 대변하는 개발 계획의 추진' '주민의 개발 계획 입안과 추진에 적극적인 참여' '원활한 자원 동원 및 효과적인 분배를 위한 마을의 지도력 자극' 그리고 '군·관·민의 우호적인 협력 분위기 조성' 등으로 삼았다.[143]

미 군사원조단에 따르면 '촌 자체개발 계획' 추진은 기존 '자조 계획'(self-help program)의 추진 과정에서 드러난 폐단을 극복하려는 시도였다. 자조 계획 추진은 '제도적인 과잉 통제'로 인해 대중의 열망보다 관료의 이해가 더 많이 반영되어 성과주의에 빠지는 문제점을 크게 드러내고 있었다. 원조하는 미국으로서는 이를 어떻게든 극복할 필요가 있었고, 해결방안을 마을 주민의 자발성 고취에서 찾았다.

자체개발 계획의 세부 사업 선정은 촌의 주민위원회에서 주민의 참여하에 결정되고, 상급 행정기관은 지원과 지도 차원으로 역할을 한정하고 사업 추진의 주도권을 쥐거나 명령을 내리는 방식은 피해야 했다. 촌 자체개발

Development 1970, 2면, RG472 Entry A1539, Box 25, NARA.

142 1969년 계획의 주요 목표는 '지역 방위력인 지방군과 민병대 확충을 통한 안보와 주권 보장 영역의 확대' '지하조직의 파괴' '모든 촌에 지방행정 기구 수립' 등이었다(Republic of Vietnam Central Pacification and Development Council, *Guidelines Pacification Campaign 1969*, Annex 1: Military Support 1969 Pacification and Development Plan, 1~4면, RG472 Entry A1539, Box 25, NARA).

143 Republic of Vietnam Central Pacification and Development Council, *Guidelines Pacification Campaign 1969*, 10면; Rural Development Division, Community Development Directorate, CORDS, 1970, *The Vietnamese Village 1970: Handbook For Advisors*, 49~50면.

계획의 성공 여부를 판단하는 기준은 사업의 숫자가 아니라 대중의 참여와 '공동체 정신'의 함양이었다.[144] 즉, '자조'에서 '자체개발'로의 전환이 지닌 핵심은 사업 내용의 변화가 아니라 정치·경제·사회 변화에 주민의 자발적인 참여를 크게 강조하는 데 있었다.

따라서 촌 자체개발 계획의 추진에서 '공동체 정신'을 불어넣는 것은 매우 중요한 사안이 되었다. 공동체 정신은 정부 부처와 기구들에 의해 실행되는 여러 요소를 통합, 조정하여 전체 계획이 최대의 성과를 이루어내기 위한 핵심적인 요소로 여겨졌으며, 또한 공동체 정신은 모든 계획을 주민의 이해에 따라 자발적인 참여를 극대화하기 위한 대원칙으로서 강조되었다.[145]

공동체 정신은 곧 '협동정신'을 의미했다. 남베트남 정부의 중앙 평정·개발위원회는 1969년 계획안에서 공동체 정신이 '주민 간의 협동' '주민과 국가의 협동' '국가기관 사이의 협동'이라는 세 가지 측면에서 실행되어야 한다고 보았다.[146] 1970년도에는 도시와 농촌, 군인과 민간인, 관료와 시민 간의 유대 강화가 강조되었다.[147]

그러나 남베트남 정부가 벌인 촌 자체개발 계획의 실상은 미국 측의 기대에 크게 못 미쳤다. 계획의 추진으로 다리, 댐, 보건소, 시장 등에 대한 환경 개선이 이루어지기도 했으나, 지역주민의 눈에는 주민을 위한 사업이 아니라 부패한 관료들의 배를 채워주는 사업으로 비쳤기 때문이다.[148]

---

144 Republic of Vietnam Central Pacification and Development Council, *Guidelines Pacification Campaign 1969*, Annex 1: Village Self-Help Development Program, 1~2면; Rural Development Division, Community Development Directorate, CORDS, 1970, 51면.

145 Republic of Vietnam Central Pacification and Development Council, *Guidelines Pacification Campaign 1969*, 3면.

146 위와 같음.

147 Central Pacification and Development Council, *Plan for Pacification and Development 1970*, 5면, RG472, MACV CORDS, MR2, Office of the Executive Secretary Box15, NARA.

148 James W. Trullinger, *Village at War: An Account of Conflict in Vietnam*, Stanford University

1969년부터 남베트남 정부가 추진한 '평정·개발 계획'은 박정희 정부가 1970년 4월과 6월 지방장관회의에서 농민의 생활개선과 근대화 욕구의 발전을 논의한 뒤 추진한 새마을운동을 연상시킨다. 1972년 새마을운동을 전국적으로 확대하며 본격화한 박정희 정부가 농촌개발 달성의 가치관이자 총력안보태세의 확립을 위한 정신 자세로 '자조·자립·협동'을 강조했는데,[149] 이는 남베트남의 '평정·개발 계획'과 차이가 없다고 해도 과언이 아니다.

1971년 재집권에 성공한 응우옌반티에우(Nguyễn Văn Thiệu)는 군사력을 동원한 평정이 1970년까지 완료되었다고 판단하고, '평정'이라는 용어를 없앤 '지역사회방어 및 지역개발'(community defense and local development)을 새로운 이름으로 사용했다.[150] 1972년이 되자 티에우 정부는 장기계획 수립이 가능하다고 판단하고,[151] '자위' '자치' '자체개발' 달성을 목표로 한 '지역사회방어 및 지역개발 4개년 계획(1972~1975)'을 수립했다.

'지역사회방어 및 지역개발 4개년 계획'에서 '자위'란 "안전 지역들을 공고화하고 안보와 번영을 확장하는 것"을 의미했고, '자치'란 "헌법적·민주적 구조들, 특히 말단 지방통치기구를 강화하고 지방행정을 증진하는 것"이었다. 자치와 민주주의가 언급되나 강조점은 지방 말단까지 행정력을 침투시키는 데 있었다.

Press 1994, 154면.

149 「농촌마다 자조의 물결, 새마을운동」, 『경향신문』 1972.2.2; 「총력안보 지도요강 의결」, 『경향신문』 1972.2.19; 「총력안보 요강」, 『조선일보』 1972.2.19. 1972년 2월 18일 정부가 발표한 총력안보 지도요강은 '자조하는 정신' '자립하는 의지' '자주하는 자세' '협동하는 행동' '노력하는 지혜' '자위하는 용기' '자유에 대한 신념'으로 구성되었다.

150 주월한국군사령부 『월남전 종합연구』 853~54면.

151 COMUSMACV, Subject: Four Year Community Defense and Local Development Plan (1972-1975), 1면, 『월남평정계획, 1972~1975』, 국방부 군사편찬연구소 사료 No 90-2251. 이 장기계획의 전체 내용은 주월 미 군사원조사령부가 영문으로 번역하여 배포했으며, 주월한국군사령부도 1972년 6월에 '민사·혁명개발지원처'로부터 전달받았다.

남베트남 정부는 패망할 때까지 지방자치를 정상적으로 실시하지 않았다. 자연촌(hamlet) 위원회와 행정촌(village)의 책임자를 선출하는 선거는 1956년 응오딘지엠 정부의 지방행정 통제의 강화 조치와 함께 중단되었다가,[152] 1963년 부활하여 1975년 패망 때까지 지속되었으나 끝내 형식적인 수준을 벗어나지 못했다. 입후보자들은 사전 검열을 받았고, 용공적·반정부적 인사로 분류된 이들은 선거에 참여조차 할 수 없었다.[153]

1972년 '지역사회방어 및 지역개발 4개년 계획'에서부터 '촌 자체개발 계획'은 세부사업을 '촌 공동이용사업'(village public-use projects), '촌간 공동이용사업'(inter-village public-use projects), '소득창출사업'(income-producing projects)으로 구분하고,[154] 사업대상도 확장하여 기존 농촌에 한정했던 자체개발 계획을 도시까지 확장했다.[155]

1972년부터 박정희 정부도 새마을운동의 도시로의 확장과 선택적 지원의 필요성을 제기하다가,[156] 1973년부터 새마을운동을 본격적으로 농촌에서 도시로 확장하고,[157] 농촌 새마을사업의 대상을 '마을 안 사업'에 치중하는 '기초마을', '마을 간 사업'에 치중하는 '자조마을', '소득증대 사업'에 역점을 두는 '자립마을'로 구분했다.[158] 이처럼 박정희 정부의 새마을운동

152 윤충로 『베트남과 한국의 반공 독재국가 형성사』 425~26면.

153 James W. Trullinger, *Village at War: An Account of Conflict in Vietnam*, 156면.

154 Four Year Community Defense and Local Development Plan (1972-1975), III-M-3면. 이러한 구분은 기존 사업 규모에 따라 구분하는 방식이 바뀐 것이다. 1969년 '평정·개발 계획'에서는 각 촌의 사업은 추진 규모에 따라 5만 불(남베트남 화폐 기준 VN $, 1970년도 대략 달러환율 1:100) 이하, 5~15만 불, 15만 불 이상 세 범주로 구분되었고, 15만 불 이상에서 학교, 도로, 제방, 상하수도 시설 등이 추진되었다.

155 Four Year Community Defense and Local Development Plan (1972-1975), III-M-1면.

156 「박대통령 지방장관 회의서 유시, 새마을운동 범국민적으로」, 『경향신문』 1972.3.7; 「자조부락 우선지원」, 『조선일보』 1972.3.8.

157 내무부 『새마을운동10년사』, 1980, 57면.

158 새마을운동 마을 분류에 관해서는 이만갑 『한국농촌사회연구』, 다락원 1981, 262~63면;

추진 방식이 남베트남 정부의 그것과 차이가 없다는 점도 주목된다.

남베트남 정부는 농촌근대화 계획의 대원칙을 다음과 같이 열거했다. 첫째, "확실한 안보(good security)가 정치, 경제, 사회 영역 개발계획의 완수를 위한 필수 조건"이라는 것이다. 1970년대 들어서 남베트남 정부의 농촌사회 재편정책이 군사적 평정에서 '개발'에 무게를 두는 방향으로 크게 변화되어갔음에도 불구하고, '개발'은 '안보(지역방위) 확보'가 전제될 때 달성될 수 있다는 원칙은 변함없이 유지되었다. 둘째, 지역사회 발전과 국가발전이 유기적으로 결합되고, 전자는 후자에 기여해야 함이 강조되었다. 셋째, '공동체의 집단적 협동정신'이 중시되었다. 집단적 협동정신은 '일치된 지도력' '효과적인 작업' '공조 활동'에 기반하고 있다고 설명되었다. 넷째, 정부 지원은 기술적인 지원으로 한정되어야 하고, 반면 지역주민이 시종일관 사업을 주도하는 방식으로 사업이 추진되어야 한다는 점이 강조되었다.[159]

이처럼 남베트남 정부는 마을의 자위, 자치, 자체개발 그리고 협동정신을 강조했으나, 이는 실질적인 권력의 이양이 아닌 마을 단위의 자체 감시와 통제의 강화를 의미했다. 남베트남 정부는 행정촌마다 지역사회의 방위를 확립하기 위한 '촌 검열위원회'(village screening committee)를 설치했다. 이 위원회는 촌장, 마을위원회 회장, 마을 방위 책임자, 개발단장, 군 책임자, 경찰서장 등으로 구성되었으며, 위원회는 주로 '하부조직' 파괴를 위한 인적 정보 제공과 체포 지원, 군사작전 지원 등의 임무를 수행했다.[160]

남베트남 정부는 이미 조직되어 있던 '도 방위위원회'(province security committee)도 계속 활용했다. '지역 방위위원회'(local security committee)는 1957년에 신설되었으며, 이 기구는 1969년 남베트남민족해방전선의 하부

내무부 『새마을운동10년사』 214~15면 참조.

159 Four Year Community Defense and Local Development Plan (1972–1975), 3면.

160 같은 자료 I–D–6–6~I–D–6–7면.

조직을 궤멸시키기 위한 '피닉스 계획'(Phoenix Program)의 추진 이후 지역의 군·경·관이 참석하여 구속 여부를 결정하는 일을 했다. 1971년부터는 지역의 성장, 검사, 도위원회 회장 등 지방권력체의 핵심 인사들이 참여하는 방식으로 바뀌었다.[161] 이후 살펴보겠지만 박정희 정부도 1971년 읍·면 차원까지 지역 방위협의회를 만들었다.

한편, 주월한국군사령부도 1968년 초에 '영구적 안보'가 보장되지 않는다면 개발은 불가능하다는 원칙을 분명히 했다.[162] 주월한국군사령부는 1969년 중후반부터 '전후 경제부흥' 논의가 나오자 남베트남의 평정계획뿐만 아니라 개발계획에도 관심을 보였으나,[163] 안보 우선의 원칙에는 변함이 없었다. 철군 직후인 1974년 주월한국군사령부는 남베트남에서 실시되고 있는 '지역사회방어 및 지역개발 4개년 계획'에 대해 "지역 안전을 확고하게 유지"하고 지역개발을 촉진할 때 가능하다는 견해를 달며, 공산주의자들의 침탈 방지와 하부조직 제거 그리고 이를 담당할 군사력의 배양이 선결과제라고 지적했다.[164]

한국군은 남베트남 정부의 평정계획을 긍정적으로 평가했으며,[165] 외무

---

161 Richard A. Hunt, *Pacification: The American Struggle for Vietnam's Hearts and Minds*, 235면; Four Year Community Defense and Local Development Plan (1972-1975), I-D-6-14면.

162 'Campaign Plan 68-1, CHOONG MOO Annex G, Appendix II (Guidelines for Psychological Operations),' G-II-2면.

163 1969년 10월 한국군은 남베트남 정부와 '군사실무 약정서' 개정에 조인했다. 이 개정의 주요 내용은 기존 한국군의 임무로 규정된 '월남군과 평정계획 지원'을 '평정계획 및 재건계획 지원'으로 변경한 것이다. 국내 언론은 이 개정으로 주월한국군이 남베트남의 전후 복구사업에도 참여할 수 있는 길이 열렸다고 평가했다(「월남재건 지원, 한·월 군사실무 약정서 개정 조인」, 『동아일보』 1969.10.20).

164 주월한국군사령부 『월남전 종합 연구』 858~59면.

165 한국군사령부도 1969년 이후 남베트남 정부의 평정계획을 성공적으로 평가하고, '지역사회방어 및 지역개발 4개년 계획'도 성공할 것으로 전망했다(같은 책 864면). 이 평가는 한국군이 자체적으로 내린 것인지 아니면 미국 정부의 대민활동 책임자인 로버트 코머나

부 역시 남베트남 평정 및 개발 정책에 대해 긍정적인 평가 기조를 유지했다. 1971년 외무부는 4월 남베트남 정부의 평정계획이 순조롭게 진행되고 있다는 보고를 국무총리에게 올렸다.[166]

남베트남 철수를 완료할 때까지 한국군은 베트남전 정세에 대한 낙관적인 전망을 이어갔다. 1973년 5월 21일 (전)주월한국군사령관 이세호(李世鎬)는 국회에서 행한 귀국 보고에서 남베트남이 비록 치안과 경제 측면에서 여러 문제를 안고 있으나, "촌락통제의 80%, 인구통제의 90%의 평정도를 발판 삼아 110만에 달하는 동남아 최대의 군대와 강력한 행정력으로써 평정사업을 계속 진전시켜나갈 수 있을 것"이라고 낙관했다.[167]

베트남전과 남베트남에 대한 박정희 정부의 평가 기조는 1973년 6월 미의회가 닉슨 정부의 '북폭(北爆) 재개' 요구안을 철회시키며 남베트남 정부 지원을 완전히 끊은 이후 바뀐 것으로 보인다. 김종필의 회고에 따르면 박정희는 1973년 11월 헨리 키신저 미 국무부 장관과의 면담에서 베트남전 휴전 이후 남베트남은 패망할 것이라는 견해를 밝혔다고 한다.[168]

이처럼 1973년 적어도 이해 전반기까지 이어진 박정희 정부와 군부의 남베트남 정부의 지역사회 재편계획에 관한 긍정적인 평가 기조를 전제하고,

---

윌리엄 콜비와 같은 이들의 평가를 따른 것인지는 분명하지 않다.

166 「(외무부 보고사항) 제5차 월남참전국 외상회의 공동성명서의 분석 및 의의」, 양승함·박명림·박용수 편 『한국대통령 통치사료집 Ⅵ — 박정희(3): 베트남 파병』, 연세대학교 국가관리연구원 2010, 471면.

167 「주월군 귀국보고」, 『경향신문』 1973.5.21; 이세호 「파월국군 귀국보고」, 『군사평론』 제158호, 1974.3, 9면.

168 김종필 『김종필 증언록』 1, 와이즈베리 2016, 453~54면. 1973년 말 시점에 박정희 정부가 남베트남이 몰락의 길로 들어섰다는 판단을 확고하게 가졌는지는 더 논구가 필요해 보인다. 1974년 3월 '주월남공화국 대사' 유양수(柳陽洙)는 퇴임 때 작성한 정세보고서에서 남베트남이 경제적인 문제가 있기는 하지만 군사, 정치, 사회 전반에서 안정된 상태를 유지하고 있다고 평가했다(유양수 「월남보고」 10면, 『월남정세, 1974』 1974, 외교사료관 7709 772VT).

1960년대 말에서부터 1972년 분단국가체제 수립 때까지 박정희 정부의 농촌 재편정책이 남베트남 정부의 그것과 흡사했던 사실을 눈여겨볼 필요가 있다. 박정희 정부의 최고위 안보정책 책임자들이 베트남전 농촌 평정에서 사용된 용어와 동일한 용어나 유사한 용어를 사용하고, 박정희 정부가 지역사회 재편정책으로 지역 방위협의회를 만들고, 또한 개발 영역에서 추진한 새마을운동이 내건 기치와 추진 방식도 남베트남 정부의 그것과 똑같다고 해도 과언이 아닐 정도의 유사함을 보였던 것은 우연이 아닐 것이다. 이는 한국이 베트남전쟁에 개입하며 '밑으로부터의 냉전' 전략을 공유하고, 남베트남 정부와 한국 정부 모두 '냉전의 새마을'을 건설해간 결과 필연적으로 나타난 현상이라 할 수 있다.

요컨대 한국군의 베트남전 참전은 군사적 소탕작전에서부터 농촌개발까지를 포괄하는 농촌 평정계획을 실습하며 냉전에 규정된 근대화의 원리를 체득하는 과정이었다. 즉, '안보의 확립을 전제한 개발의 달성'이라는 원리를 체득하는 계기였다. 또한 베트남전은 한국 정부와 군부에게 분단국가의 안보와 개발 그리고 국민통합의 기반을 확립하는 방안으로 농촌 평정을 주목하고 실습한 전장이었다. 베트남전에서 한국군을 지휘한 이세호는 1973년 5월 국회 귀국 보고에서 베트남전 참전이 갖는 의미를 다음과 같이 설명했다.

"월남에 다녀온 약 40만의 군인과 민간 기술자들이 전국 방방곡곡에 흩어져 진취적인 기개, 진정한 의미에서의 근대화된 생각을 갖고 각계각층에서 일하고 있으므로, 그들이 벌어온 부와 조국근대화의 의욕은 전국에 골고루 분포되어, 오늘날 요원의 불길과 같이 퍼져나가고 있는 새마을 정신과 그 운동에도 한 보탬이 되고 있을 것이라고 생각되는 바입니다."[169]

---

169 이세호 「파월국군 귀국보고」 13면.

베트남전에서 냉전의 승리를 위한 농촌 평정의 의미를 고려할 때 이세호가 언급한 '조국근대화'와 이를 체현하는 새마을 정신과 운동이 지닌 함의를 재성찰하지 않을 수 없다.

3부

균열과 충돌

6장

냉전체제의 균열과 안보관의 재정립

국제질서 '다극화' 경향과 미국의 대중국 정책 변화 기류

1964년은 소련 흐루쇼프(Nikita S. Khrushchyov) 내각의 붕괴와 중국의 핵 실험이 세계를 놀라게 한 해였다. 하지만 케네디와 존슨 양 정부에 걸쳐 국방부 장관을 연임하며 지구적 차원의 냉전을 이끈 로버트 맥나마라(Robert S. McNamara)는 이 두 사건보다 '다변화하는 세계정세'와 공산주의자들의 '민족해방전쟁 추진'을 더 큰 위협으로 보았다.[1] 맥나마라는 진영 내 국가들이 각기 국가이익을 추구하고, 여기에 신생 국가들이 대거 등장하여 국제정세를 기존보다 훨씬 복잡하게 만들고 있는 상황에서 미국과 소련은 더이상 진영 내 절대강자일 수 없다고 판단했다.

국내에서도 이러한 변화를 주목하기 시작했다. 1964년 1월 프랑스의 중국 승인은 1950년대 말에 대두된 중소분쟁과 함께 제2차 세계대전 이래 미

---

1 R. S. McNamara 「안정정권 확립을 기대」, 『대전략』 제7권 4호, 1965.4, 81~85면.

소 양국을 정점으로 한 지배체제에 종지부를 찍고 다극화 시대의 개막을 알리는 사건으로 받아들여졌다.[2] 또한 중국이 대만해협에서의 무력행사 포기와 핵실험 금지 등을 수용한다면 미국도 중국과 관계 개선을 도모하여 중국의 유엔가입을 허용하는 현실적인 정책을 취할 가능성도 제기되었다.[3]

양극적 냉전체제의 다극화는 진영의 이해보다 국가의 이해를 우선시하여 상대 진영의 국가를 인정하고 교류 확대를 모색한다는 점에서 진영체제의 대립 구도를 해체하는 지향성을 강하게 띠고 있었고, 국내 언론은 이러한 다극화의 대두와 이에 따른 미국의 동아시아 냉전전략의 변화 가능성을 우려스러운 눈길로 주목했다.

맥나마라는 진영에 속한 각국의 '다극화 경향'을 우려했지만, 1960년대 후반 냉전체제 다극화의 또 다른 진원지는 역설적이게도 공산진영의 팽창을 봉쇄한다는 명분을 내걸고 베트남전에 본격적으로 개입한 미국이었다. 1966년에 접어들며 동아시아 지역에 관한 정책 전환이 필요하다는 주장이 미국의 정계와 학계에서 제기되기 시작했다. 이러한 주장이 터져나오게 된 직접적인 계기는 1966년 1월 31일 존슨 정부의 북베트남에 대한 폭격 재개였다. 이는 '확전을 거듭하는 베트남전 정책' '미 상원에서 제기된 북폭 재개 반대의견을 무시한 존슨 정부의 일방적인 태도' 그리고 '중국과의 개전 가능성' 등에 대한 미 정계의 불만과 우려를 고조시키며 논쟁을 불러일으켰다.[4]

1966년 1월과 3월 미 의회는 연이어 청문회를 개최하여 중국의 베트남전 참전 여부와 대중국 정책을 검토했는데, 이는 중국 공산화 이래 존슨 정부

---

2 서동구 「드골의 중공승인과 대동남아정책」, 『세대』 제2권 10호, 1964.3, 303면.

3 홍용기 「중공의 유엔가입을 둘러싼 美·佛 대립」, 『세대』 제2권 11호, 1964.4, 333면.

4 「북폭 재개로 발단한 미 상원의 베트남 논쟁」, 『경향신문』 1966.2.12; 「미 상원의 월남논쟁 채점」, 『동아일보』 1966.2.22.

시기까지 지속된 미국의 중국 봉쇄정책에 변화가 일어나고 있음을 확인시켜준 자리였다. 베트남 참전을 이끈 미 군부에서부터 정부의 대중국 정책을 비판한 학계의 동아시아 전문가들까지 모두가 미국과 중국이 전쟁을 벌일 가능성은 사실상 없다는 데 견해를 같이했다.[5]

그러나 대중국 정책에 관해서는 견해가 크게 갈렸다. 컬럼비아대학 교수 도크 바넷(A. Doak Barnett)은 중국 공산주의자의 민족해방전쟁이 부당하다는 점을 입증하기 위해 봉쇄는 지속하되 고립화는 점진적으로 수정해야 한다는 절충안을 내놓았다. 그는 중국과 긴장을 완화하며 중국을 국제관계의 틀 속에 집어넣어 관리하는 방안이 장기적으로 긍정적인 효과를 낳는 정책이라고 주장하며,[6] 베이징 정권을 '사실상의 중국 정권'으로 인정하고 대만과 중국 모두를 정식 정부로 인정하여 유엔 동시가입을 추진하는 방안을 제시했다.[7] '두 개의 중국'과 관련한 미국 내 논의는 1961년에 케네디 정부의 인도대사로 임명된 존 갤브레이스(John K. Galbraith)가 미 상원위원회에서 두 개의 중국을 인정하고 공산 중국의 유엔가입을 허용해야 한다는 발언을 하며 제기되었으나, 이는 개인의 견해를 돌출적으로 표명한 데 그쳤으며 별다른 반향도 없었다.[8] 하지만 1966년의 상황은 달랐다. 미국 정부나 학계 모두 유엔에서 비동맹국가들의 영향력이 확대되며 대중국 봉쇄정책의 한계가 드러나는 현실을 체감하고 있었다.

1966년 3월 미 상원 외교위원회 청문회에 참석한 도크 바넷, 존 페어뱅크(John K. Fairbank), 한스 모겐소(Hans J. Morgenthau), 로버트 스칼라피노

5 「轉機에 선 미국의 대중공정책」, 『세대』 제4권 34호, 1966.5, 225면.
6 도크 바네트 「봉쇄정책을 채택할 시기」, 『신동아』 제21호, 1966.5, 140면.
7 「轉機에선 미국의 대중공정책」 226~27면; 정연권 「미국의 대중공정책 논쟁」, 『신동아』 제21호, 1966.5, 138~39면.
8 「두 개의 중국 찬성, 미 駐印大使 상원서 증언」, 『동아일보』 1961.3.25.

(Robert A. Scalapino) 등 중국 전문가들은 베이징 정권을 실체로 인정하고 실패한 고립화 정책을 중단해야 한다는 데 견해를 같이했다.[9] 모겐소의 경우는 베트남전 개입의 주요한 명분으로 삼았던 도미노 이론을 두고 실제 한 번도 일어난 적이 없는 '미신'에 불과하다고 강도 높게 비판할 정도였다.[10]

한편, 미 공화당 의원 버크 히켄루퍼(Bourke B. Hickenlooper)와 같은 대중국 강경론자는 의회 공청회가 기존 정책의 변화를 강조하는 이들로 채워졌다는 불만을 품고 정계, 학계, 정부의 강경파 인물들의 견해가 반영되도록 초청자의 변화를 요구했다. 히켄루퍼의 초청으로 공청회에 참석한 워싱턴대학의 조지 테일러(George E. Taylor) 교수, 미 국무부 극동차관보 윌리엄 번디(William P. Bundy) 등은 대중국 완화정책이 중국에 '용기'를 주는

---

9 이들의 견해는 다음 글들을 참조. 존 K. 페어뱅크 「전략물자 제외한 통상교류」, 『신동아』 제21호, 1966.5; 한스 J. 모겐소 「핵능력 과시에 의한 봉쇄」, 같은 책; 로버트 A. 스칼라피노 「접근을 통한 견제」, 같은 책. 이 글들은 1966년 미 상원 외교위원회가 3월 8일부터 30일까지 진행한 청문회에서 4인이 증언한 것을 전문 번역한 것이다. 원문은 '미 정부 인쇄국'(US GPO)이 발간한 청문회 자료집을 통해 확인할 수 있다(*Hearings Before the Committee on Foreign Relations United States Senate 89th Congress on U.S. Policy with Respect to Mainland China*, U.S. Government Printing Office 1966). '미 정부 인쇄국'이 청문회 자료집에서 4인의 증언록에 단 부제와 『신동아』에서 단 부제가 다른 것으로 보아, 번역을 맡은 동아일보 외신부장 정연권(鄭然權)이 자료집 출판 전에 증언록을 번역 소개한 것으로 보인다. 공청회에 참석한 학계의 중국 전문가들 사이에서도 미묘한 견해차는 있었다. 모겐소는 바넷의 '고립 없는 봉쇄' 주장이 논점을 흐리고 있으며 문제는 '군사적 봉쇄'에서 '정치적 봉쇄'로의 전환이라 보았다. 그는 중국의 유엔 가입도 현실성이 없다고 보았다(한스 J. 모겐소 「핵능력 과시에 의한 봉쇄」, 154~55면). 모겐소와 스칼라피노는 기존 정책을 비판하면서도 미국의 강력한 핵 보복 능력과 동맹국 수호에 관한 강력한 의지를 중국에 보여주어야 한다는 점을 중시했다(한스 J. 모겐소, 같은 글 157면; 로버트 A. 스칼라피노 「접근을 통한 견제」 166면).

10 한스 J. 모겐소, 같은 글 153면. 미국의 정계, 언론계, 학계에서 도미노 이론을 비판하며 대중국 정책의 변화를 요구하는 견해는 1966년 이전부터 제기되었으며, 이에 대해서도 1965년에 국내에 전달되고 있었다. 일례로 경향신문 외신부장 서동구(徐東九)의 글이 참조된다(서동구 「전후 후기의 최대 '이슈' 미·중공 관계: A. 토인비의 협상론을 중심으로」, 『세대』 제3권 26호, 1965.9).

결과를 초래할 뿐이라고 비판했다.[11]

1965년 9월 중국 정부의 국방상 린뱌오(林彪)가 '항일전쟁 승리 20주년'을 기념하여 세계혁명의 의지와 방안을 담은 「인민전쟁 승리 만세」라는 그 유명한 선언문을 발표했는데, 페어뱅크나 모겐소는 린뱌오의 선언을 구체적인 실행계획이나 실질적인 위협으로 받아들이는 것은 과잉반응이라고 보았다. 하지만 윌리엄 번디는 린뱌오의 선언문을 '극도로 침략적'인 중국 공산당 지도부가 중국의 인접 지역에서 '혁명과 폭력에 의한 변혁'을 꾀하려는 뜻을 천명한 것이라고 해석했다.[12]

윌리엄 번디는 중국의 유엔가입을 허용하더라도 중국에 대외정책의 변화를 끌어내지 못할 것이라며 가입 반대 의사를 분명히 밝혔다. 1965년 9월 중국 외상 천이(陳毅)가 중화민국을 유엔에서 추방할 것, 유엔을 완전하게 개조할 것, 중국을 한국 침략자로서 비난한 총회 결의를 철회할 것, 미국을 6·25전쟁의 침략자로서 낙인 찍을 것 등을 요구했는데, 이는 번디와 같은 강경파에게 중국의 유엔가입 허용 조처가 미국에 큰 손실을 초래하리라는 확신을 갖게 했다.[13]

따라서 윌리엄 번디가 볼 때 "호전적이며 영토적 야욕에 불타오르는" 중국을 막는 최선의 대응책은 인접 지역에 '자유국가'를 육성하고, 군사적인 침략을 벌이면 단호한 대처를 한다는 의지를 보이며 중국과의 접촉 증대의 가능성을 열어놓는 것이었다.[14] 번디는 확전 정책을 취하며 베트남전에 개입한 존슨 정부의 견해를 대변하고 있었다.

윌리엄 번디는 미국의 동아시아 정책을 규정하는 주요 요인 중의 하나

---

11 정연권 「미국의 대중공정책 논쟁」 139면.
12 윌리엄 번디 「미국과 중공」, 『대전략』 제8권 5호, 1966.5, 45면.
13 같은 글 64면.
14 같은 글 59~60, 70면.

로 1930년대와 한국에서 얻은 교훈 등을 들었다.[15] 번디가 언급한 교훈은 1960년대 미국의 대외정책 담당자들이 동아시아 지역의 안보 문제를 바라볼 때 공유한 역사인식이자, 한국 군부에도 영향을 미친 인식이라는 점에서 짚고 넘어갈 필요가 있다.[16]

윌리엄 번디를 포함하여 미국 정부의 대외안보정책 책임자들이 1930년대와 한국으로부터 얻은 교훈을 언급할 때는 다음과 같은 안보관을 부각하려는 의도가 있었다. 첫째, 미국의 안보 이해에 위해를 가하는 모든 침략에 대해 '조기에 정면으로 대처'할 필요가 있다는 것이다. 일제의 만주 점령(1931), 이탈리아의 에티오피아 침략(1935~1936), 독일군의 라인란트(Rheinland) 비무장지대 점령(1936) 및 체코슬로바키아 점령(1939) 등 1930년대에 일어난 일련의 사건들은 '조기 정면 대응'을 하지 않으면 이후 더 큰 손실을 준다는 교훈을 준 사례들로 되새겨졌다.[17] 트루먼 대통령이 1950년 한반도에서 전쟁 발발 소식을 접하자마자 1930년대의 교훈을 떠올렸다는 일화가 상징적으로 보여주듯이[18] 1930년대는 1960년대까지 미국의 대외안보 책임자들의 정책 판단에 영향을 끼친 사건들이 일어난 시대였다.

둘째, 동아시아 지역에서 미국의 방관으로 힘의 공백지대가 되는 것을 용인해서는 결코 안 된다는 것이다. 윌리엄 번디는 제2차 세계대전 직후 미국

---

15 윌리엄 번디 「미국의 월남 및 동남아정책」, 『대전략』 제7권 3호, 1965.3, 94면.

16 번디의 글이 1965년 3월 잡지 『대전략』을 통해 군부에 소개된 뒤 육군 정보참모부 차장 이동화(李東和)와 같이 한국 내에서 베트남전 개입정책을 지지한 안보 관계자들이 번디의 글을 재인용하며 활용했다(이동화 「미국의 극동전략과 한국 군사전략의 방향」, 『국방연구』 제18호, 1965.11, 331면).

17 윌리엄 번디 「미국의 월남 및 동남아정책」 94면.

18 트루먼 대통령은 1950년 6·25전쟁의 발발 소식을 접하자 1930년대의 교훈을 선명하게 떠올렸다고 언급했다. Harry S. Truman, *Memoirs, Vol. II: Years of Trial and Hope 1946-1953*, Doubleday Company, Inc. 1955, 351면; 마이클 하워드 『전쟁과 자유주의 양심』, 안두환 옮김, 글항아리 2018, 173~74면.

의 동아시아 방위선은 이 지역에 관한 미국의 중대한 이해를 명확하게 반영하지 못했고, 이는 미국의 중대한 이권이 중국의 행동에 크게 영향을 받는 결과를 낳았다고 보았다. 번디는 특정 지역의 '힘의 공백'은 침략을 유도할 뿐이며, 만약 침략을 받은 국가로부터 도움을 요청받으면 '유력국가'(미국)가 원조를 한다는 점을 분명히 해야 침략이 결코 이득이 되지 않는다는 점을 각인시킬 수 있다고 강조했다.[19]

월리엄 번디가 비판한 제2차 세계대전 직후 미국의 동아시아 정책을 이끈 당사자라 볼 수 있는 딘 애치슨(Dean G. Acheson)도 번디와 상반되는 역사해석을 하면서도 동아시아에 대한 미국의 적극적인 개입의 필요성을 제기했다. 애치슨은 미국이 그리스와 한국의 내전에 적극적으로 개입한 결과 1930년대의 오류가 반복되지 않았다고 주장했다. 애치슨은 한발 더 나아가 미국이 그리스 내전에 개입할 때 비록 반나치 운동을 전개한 공산주의자를 탄압했다는 비난을 받았지만 '동의에 기반한 민주주의의 기초'를 놓았다고 자평했다. 이러한 역사관을 가진 애치슨은 '공산주의 예속에 저항'하는 베트남인들을 지원하는 데 주저하지 말아야 한다고 주장했다.[20]

셋째, 간접침략, 민족해방전쟁 등의 양상으로 전개되는 동아시아 냉전의 위험성을 부각하는 것이다. 이 맥락에서 6·25전쟁은 동아시아 냉전의 새로운 전환을 이룬 전쟁으로 평가되었다. 윌리엄 번디는 한반도에서 전면전으로 전개된 전쟁이 공산주의자들에게 '공공연한 침략'이 효과 없는 낡은 전쟁임을 입증해준 전쟁이자, 공산주의자들이 '더 효과적인 정복 형태'를 찾도록 만든 전쟁이라고 평가했다.[21]

---

19 윌리엄 번디 「월남: 신화와 현실」, 『대전략』 제7권 12호, 1965.12, 130면.
20 이에 대해서는 다음 글을 참조. 딘 애치슨 「미국의 대월남정책: 아세아의 희랍」, 『대전략』 제9권 1호, 1967.1. 이 글은 *American Journal*, 5:4, 1966년 3월호에 게재된 글을 번역한 것이다.
21 윌리엄 번디 「월남: 신화와 현실」 130~31면.

이 시기 한국 군부에는 미국의 대중국 강경론자들의 입장이 주로 소개되었다. 『대전략』 1966년 5월호에 대중국 강경노선을 지지하는 윌리엄 번디의 글과 함께 리처드 워커(Richard L. Walker)의 강연문이 실렸다.[22] 리처드 워커는 일찍부터 한국 군부 및 학계와 폭넓은 관계를 만들어갔다. 1986년 주한미대사로 취임하여 국내정치에 깊게 관여하며 대중에게도 잘 알려졌지만, 그는 본래 중국 공산당 전문가였다.[23]

1966년 3월 워커는 미 사우스캐롤라이나대학 교수로서 방한하여 국방대학원에서 원생들을 대상으로 강연을 했다. 이 자리에서 워커는 미 의회 공청회에서 대중국 정책 전환론을 제기한 이들을 노골적으로 비판했다.[24] 워커는 국방대학원 원생들에게 가장 큰 위협이자 시급히 해결해야 할 사안이 '중국의 위협'이라 강조하고, 린뱌오의 인민전쟁론 공표를 중국의 국가주의적 야망의 표출이라 설명했다. 그는 중국을 극단적인 국가지상주의를 특성으로 삼고 있는 '전체주의 국가'로 규정하고,[25] 그 위험성을 정확하게 파악해야 한다고 역설했다.[26]

---

22 리처드 워커 「중공의 위협」, 『대전략』 제8권 5호, 1966.5. 워커의 글은 그가 3월 22일 국방대학원에서 행한 강연을 정리한 것이다.

23 리처드 워커는 1966년 6월에도 방한하여 고려대 아세아문제연구소 공산권 연구소가 주최한 학술대회에 참석하여 중·소분쟁과 관련한 연구를 발표했다(R. L. 워커 「중소분쟁의 저류」, 김준엽 편 『중공권의 장래: 아세아에서의 공산주의』, 범문사 1967). 이후 그는 고려대 아세아문제연구소를 중심으로 한국 학계와 지속적인 관계를 유지했다(리처드 워커 『한국의 추억』, 이종수·황유석 옮김, 한국문원 1998, 160~66면).

24 국방대학원이 특강 연사로 워커를 초청한 이유는 미국 내 동향을 파악하는 데 있었던 것으로 판단된다. 1966년 국방대학원의 『대전략』 편집자들이 3월호 편집후기에 존슨 정부의 '북폭 재개'에 따른 미국 사회의 반향과 미 상원 의회 청문회에서 찬반 논쟁 소식에 관심이 높아져 이에 부응하기 위해 관련 글을 번역 게재했다고 언급했다. 이러한 언급은 1966년 미국 여론과 정계의 동향을 주시했던 당시 국방대학원의 분위기를 보여준다(「편집후기」, 『대전략』 제8권 3호, 1966.3, 152면).

25 리처드 워커 「중공의 위협」 26~27면.

26 같은 글 30~34면.

이와 같은 입장에서 워커는 미 의회 공청회에서 대중국 정책의 전환을 주장하는 논의에 대해 냉소적인 태도를 노골적으로 드러냈다. 그는 국방대학원 강연에서 미 정부의 외교정책에 수정을 요구하는 인사들에 대해 과격한 언사로 언론의 관심을 끌려는 이들에 불과하다고 혹평하며, 이들은 미국 내 대부분 학자, 지성인, 학생이 존슨 정부의 정책을 지지한다는 사실을 외면하고 있다고 비판했다.[27] 또한 워커는 '고립 없는 봉쇄'(containment without isolation)라는 바넷의 정책 제안에 대해 현실을 제대로 파악하지 못한 주장이라고 일축하고, 중국의 고립은 미국이 만들었다기보다 '전체주의 국가'인 중국이 자초한 것이라고 말했다.

워커는 중국의 군사적 팽창을 철저히 봉쇄하고 외부압력을 통해 내적인 변화를 불러일으키는 봉쇄가 가장 적절한 대책이라고 국방대학원 원생들에게 역설했다.[28] 워커의 강연은 시점으로 보나 그 내용으로 보나 미국 군부와 한국군 지휘부가 미국 내 중국 봉쇄와 베트남전 개입을 주도하는 강경파의 입장을 국내에 전파하기 위해 기획된 자리였다.

군부의 미국 동아시아 정책과 진영 안보체제 재고

한국군 지휘부도 냉전체제의 다극화와 균열의 확대를 예의주시했다. 1965년 말 육군 정보참모부 차장 이동화(李東和)[29] 소장은 전 세계가 "다원

---

27 같은 글 24~25면.
28 같은 글 37면.
29 이동화는 박정희와 남조선경비사관학교 동기생이었다. 그는 3군단장, 국방대학원장을 역임하고 1973년 중장으로 예편하여 철도청장을 맡았다(「철도청장에 이동화씨」,『매일경제』1973.8.17).

적 현상, 진영의 분열, 유동성으로 특징지어지는 격동기"에 직면해 기존의 태도 등을 재검토하며 '보다 유리한 평화'를 모색하는 경향을 보인다고 판단했다. 그는 공산세력의 침략방식이 위장된 무력침략(간접침략), 폭동, 파괴 활동과 같은 민족해방전쟁을 구사하여, 기존 침략과는 전혀 다른 방식을 취하고 있으므로 안전보장 문제에 관한 총체적인 재검토가 필요하다고 보았다.[30]

이동화는 한국군이 자유진영 방위의 일익을 담당하기 때문에, 한국의 이익과 자유진영의 이익을 최대한 합치시키는 차원에서 한미동맹을 강화하고, 이 범위 안에서 주체적인 군사전략을 지속해서 추구하는 것이 최선의 안보전략이라고 여겼다.[31] 그는 한일협정 체결도 긍정적으로 평가했다. 미국의 동아시아 방위전략에서 일본의 안전은 한국의 안전을 전제로 삼고 있기에 한일관계의 변화는 불가피한 사안이라는 것이다.[32] 이동화의 견해는 한국 군부가 다극화의 대두에 별다른 영향을 받지 않은 채 '진영의 이해'와 '한국의 안보 이해'를 동일시하는 안보관을 견지하고 미국 정부의 동아시아 전략에 편승하여 한국의 안보 이해를 확보해야 한다는 전략을 유지했음을 보여준다.

하지만 자유진영의 이해와 한국의 안보 이해를 동일시하는 것은 더이상 안보 문제를 해결해주는 만병통치약이 될 수 없었다. 당장 1966년으로 접어들자 각계에서 국제질서의 변화를 주목하며 한국사회의 나아갈 방향을 모색하는 움직임이 구체적으로 나타났다.[33] 특히 군부를 포함한 안보 관계자

---

30 이동화 「미국의 극동전략과 한국 군사전략의 방향」 323~24면.

31 같은 글 364면.

32 같은 글 324~25면.

33 김철 「60년대 후기의 민족적 과제: 냉전 속에서 국가이익을 찾는 세계와 한국」, 『사상계』 제155호, 1966.1; 함병춘·한배호 「60년대, 후반기의 국제사회: 한국이 설 자리를 찾는 입장에서」, 『사상계』 제156호, 1966.2. 다극화의 대두와 냉전질서의 변화에 대한 이해는 논자에 따라 차이를 보였다. 김철은 냉전질서의 변동 속에서 탈식민화와 민족주체성 확립의 가능성

들 사이에서 세계적인 다극화 경향과 미국의 대중국 정책의 변화가 대두되는 양상을 접하며 새로운 안보전략을 모색할 필요가 있다는 인식이 확산하기 시작했다. 존슨 정부도 확신에 차 중국과의 관계를 완전히 단절하고 고립화 정책을 지속시키려는 입장은 아니었다. 번디를 포함하여 국무부 장관 데이비드 딘 러스크(David Dean Rusk), 국방부 장관 맥나마라와 같은 미 대외안보정책의 핵심 인사들조차도 중국에 대한 적대적 관계나 고립화 정책이 영구히 지속될 수 없다는 생각이 있었고, 한편에서 중국과 공식·비공식 접촉을 추진할 필요가 있다고 보았다.[34] 이러한 미국 내 변화 기류를 접한 한국의 안보 관계자들은 미국의 대중국 정책의 변화를 거스를 수 없는 추세로 여겼을 것이다.

국방대학원 조교수 이기원(李基遠)[35]은 국제정세의 변화와 관련한 구체적인 분석과 견해를 내놓았다. 그는 '다극화 대두'라는 국제정세의 변동이 '양극화' 시기 냉전 외교를 '다극화 외교'로 재편하도록 요구하고 있으며,[36] 크게 두 가지 점이 기존 한국의 냉전 외교에 직접적인 영향을 끼친다고 보았다.

첫째, 미국의 공산국가에 대한 접근 태도가 근본적으로 변화하여 한국 정

확대를 크게 주목했지만, 함병춘은 반공주의의 입장에서 안보위협의 확대에 더 관심을 보였다. 이러한 차이에도 중국의 유엔가입에 따른 외교적 부상 및 핵무기 개발 등 군사력 강화의 가능성에 대해 모두 우려하고 있었던 것은 분명했다. 김철은 1960년대 후반 중국이 핵무기와 재래식 무기를 확충한다면 인접 지역에 대한 국지전을 전개할 가능성이 크다고 보았다(김철 「60년대 후기의 민족적 과제: 냉전 속에서 국가이익을 찾는 세계와 한국」 82면).

34 윌리엄 번디 「미국과 중공」, 『대전략』 제8권 5호, 1966.5, 61~62면. 번디의 글은 『世界週報』 1966년 3월호에 실린 글을 번역한 것이다.

35 이기원은 1950년대 서울대 대학원 정치학과 석사과정을 수료한 뒤 국방대학원에서 1964~1978년까지 장기간 교편을 잡았다. 국가안전보장회의 사무국 연구위원(1977~1978), 국방부 정책자문위원(1970~1980)을 역임하기도 했다(東泉 이기원박사 화갑기념논문집 간행위원회 편 『분단상황과 이념문제』 1990, 1~2면).

36 이기원 「다원화와 한국외교의 방향」, 『국방연구』 제19호, 1966.7, 123면.

부가 기존까지 견지해온 반공외교정책을 유지할 수 없게 되었다는 것이다. 이기원은 미국이 공산국가를 기준으로 적과 아를 구분하던 기존의 태도가 '공산주의 국가가 악이 아닐 수도 있다'라는 자세로 바뀌고 있다고 보았다. 따라서 기존 한국 정부가 취한 '적극 반공외교'정책, 즉 공산국 일반에 대한 무차별 적대주의와 이에 따른 외교 통로 및 기타 교류의 단절, 좌경중립국에 대한 비우호국 규정, 할슈타인 원칙(Hallstein Doctrine)의 견지, 북한 접촉 및 교역에 대한 비우호시(非友好視), 두 개의 한국론에 대한 철저한 배격 등은 재조정 대상이 될 수밖에 없었다.[37]

둘째, 미국의 동아시아 정책의 변질로 진영의 안보 이해와 한국의 안보 이해를 직결시키는 구도는 더이상 유지가 불가능해졌다고 보았다. 기존 미국의 외교 방침에서 한국의 방위는 곧 자유진영의 방위를 의미했으며, 한국의 방위와 '자유 동아시아'의 방위를 동일시하는 미국의 입장은 한국 정부가 베트남전 참전의 명분을 제시할 수 있는 배경이 되었다. 이기원은 미국의 외교정책 변화 속에서 더는 이러한 구도가 유지될 수 없다고 판단하며, 이는 '주한미군 철수' '미군의 군사원조 이관 계획 추진' 그리고 '일본의 극동 방위 역할 증대'라는 사안들로 나타날 것이라고 내다보았다.

이기원은 중립주의 국가들의 유엔에 대한 영향력 확대, 중국의 핵무기 보유와 국제적 영향력 확대, 영국과 프랑스의 독자적인 아시아 정책 등으로 인해 '한국의 방위가 곧 자유진영의 방위'라는 논리는 통용되기 어렵다고 판단했다. 그는 이러한 현실에서 국가안보정책은 미국을 비롯한 진영 우방과 전통적인 우의를 다지고 다른 한편으로 중립국과 협력관계를 형성하기 위한 외교의 다변화를 적극적으로 모색하는 데서 찾아야 한다고 보았다.[38]

---

37 같은 글 156면.
38 같은 글 159~63면.

이기원의 견해는 국방대학원이라는 울타리를 넘어 공유되었다. 1966년 내무부 지방국(地方局) 지도과장 김태경(金泰卿)은 국방대학원 연수를 마친 후 잡지 『지방행정』에 연수기를 실었는데, 여기에는 이기원의 논지를 상당 부분 그대로 옮긴 '동서 냉전체제'라는 개념의 적실성 상실, '한국방위＝자유진영 방위'라는 도식의 해체 등에 관한 내용이 있었다.[39]

냉전진영 논리로 일치된 미국과 한국의 안보 이해가 어긋날 수 있다는 판단이 서게 되면 미국 주도하에 만들어진 동북아 '한·미·일 삼각안보체제'도 재고의 대상이 될 수밖에 없었다. 1966년 7월 한 국방대학원 교수는 향후 한국의 기본적인 국익을 보장하고자 할 때 일본이 '진정한 의미의 협력적 존재'인가 아니면 '위협의 대상'인가라는 도발적인 질문을 던지기도 했다.[40]

일본은 '정경분리의 원칙'을 내걸고 진영대립과 별개로 중국 및 북한과의 무역량을 크게 증대해왔다.[41] 이러한 태도는 진영 논리를 중시하는 한국의 안보 관계자들에게 일본은 궁극적으로 신뢰할 수 없는 존재로 만들었다. 1960년대 중반 한국사회에서는 베트남전에 참전하지 않은 일본이 인명을

---

39 김태경 「국방대학원을 마치고(2)」, 『지방행정』 제155호, 1966.9; 김태경 「국방대학원을 마치고(3)」, 『지방행정』 제156호, 1966.10. 김태경이 국방대학원 연수를 끝낼 무렵, 이기원이 국제정세 다극화와 한국 외교 방향을 다룬 글(이기원 「다원화와 한국외교의 방향」)의 내용과 김태경이 지방행정에 발표한 글의 주요 내용이 상당 부분 일치한다.

40 김홍철 「한국의 국방정책을 중심하여 본 자유아세아의 안전보장책 소고」, 『국방연구』 제19호, 1966.7, 371면. 김홍철(金洪喆)은 국방연구원 조교수를 거쳐 한국외대 외교학과 주임교수, 서울신문사 논설위원으로 활동했다.

41 북한과의 교역은 1955년 10월 '일·조무역 촉진에 관한 의사록' 발표 이후 시작되어 1956년부터 본격화되었다. 선행 연구에 따르면 교역량의 진폭이 있으나 1964·1965년 두 해는 1,600만 달러가 넘었고, 1968년에는 2,000만 달러가 넘었다(김정명 「일본의 대북한정책」, 고려대 아세아문제연구소 공산권연구실 편 『한국통일과 국제정세』, 고려대학교 출판부 1972, 269~71면. 1950년대 중반 이후 1970년대 초 일본의 대중국 경제교역 확대와 중국 관계 정상화에 대해서는 서승원 『북풍과 태양: 일본의 경제외교와 중국, 1945~2005』 고려대학교 출판부 2012, 제3, 4장 참조).

희생하고 있는 한국보다 더 많은 권익을 누리고, 일본의 '엄호전선'이자 전초기지 역할을 하는 한국은 그 역할에 상응하는 대가를 받지 못하고 있다는 불만이 제기되었다.[42]

그러나 전쟁특수의 수혜와 관련한 불만은 부차적이었다. 한국의 안보 관계자들이 일본에 대한 불신을 넘어 일본을 안보위협으로까지 여겼기 때문이다. 일본을 안보위협으로 여기는 인식은 미국의 한·미·일 삼각안보체제 운영방식에 대한 우려에서 기인했다. 1966년 중앙대 교수 강병규(姜秉奎)는 미국이 한국군의 지상군 우월과 일본의 압도적인 해·공군 우세라는 '불균형 전력'을 만들었고, 여기에 일본의 군수공업 능력의 증대는 '불균형성'을 고착화하고 있다고 지적했다. 그는 이러한 상황에서는 한국군이 군사적인 주도권을 일본에 빼앗길 가능성이 적지 않기에 '한국군의 현대화'가 북한군의 전력을 대상으로 삼는 데 그쳐서는 안 되고 일본과 전략적인 수준에서 군사력의 균형을 이뤄야 한다고 주장했다.[43]

1966년 말 국방대학원 교수 김종휘(金宗輝)도 한·미·일 안보 관계를 미국의 정책 변화 속에서 재평가해야 한다고 주장했다. 그는 한일관계의 정상화는 중국의 '호전적 강경노선'이 대두되는 상황에서 양국 지도부가 장기적으로 상호혜택을 받을 수 있다는 인식을 공유했으며 여기에 미국의 '거중조정'이 있었기 때문이라고 설명했다. 따라서 미국이 동아시아 안보전략을 전환해서 한·미·일 삼국의 이해가 어긋난다면, 한일협정 체결의 취지도 무의미해질 수밖에 없었다.[44] 더불어 김종휘는 미국이 동북아 안보전략을 일본 위주로 추진하는 데에 강한 불만과 우려를 밝혔다. 그는 맥나마라의 경제효율주의 채택으로 미군이 기동력 있는 군사력을 확보하게 되자 동북아

---

42 「(권두언) 민족주체성의 행방」, 『사상계』 제164호, 1966.12, 28면.
43 강병규 「미영세력권의 대중공 방위전략」, 『국회보』 제58호, 1966.8, 146면.
44 김종휘 「한미외교의 전개와 대미외교의 과제」, 『국방연구』 제21호, 1966.12, 31~32면.

에서 제2선으로 후퇴하고 일본에 한국을 포함한 지역방위를 맡기려 한다고 보았다. 그가 우려한 점은 일본이 중국에 대한 무역의 확대를 추진하며 관계를 강화할 때, 미국이 이를 제지할 여력이 없다는 데 있었다.[45]

이러한 우려와 불신을 가진 김종휘는 대미 의존적인 외교 자세를 비판하면서도,[46] 한미관계를 단절하기보다 더욱 강화하여 안보를 확보해야 한다는 현실주의적인 태도를 보였다. 그는 한국이 안보를 확보하고 일본의 영향력 확대를 막기 위해서는 미국으로부터 원조나 차관을 적극적으로 도입하여 한국과 미국을 경제적으로 묶고 이를 통해 미국의 한국 방기를 막는 것이 현실적인 방안이라 보았다.[47]

한국의 안보 전문가들 사이에서 미국과 일본에 대한 불신은 1966년을 거치면서 확산했던 것으로 보인다. 1967년 2월 군사정책 전문가 김성집(金成楫)은 일본이 두 차례에 걸쳐 추진해온 군사력 증강과 1966년 4월 발표된 제3차 군비확장 계획을 상세히 검토한 뒤, 일본의 군비증강이 미군을 보조하는 단계를 넘어 중국 공격에 주력을 맡는 것을 목표로 삼고 있다고 해석했다. 더불어 김성집은 '유엔군 협력'이라는 방식으로 논의되고 있는 자위대의 해외파병 문제는 유사시 한국 파병이라는 결과를 낳을 수 있다고 우려했다.[48]

한편, 냉전체제의 다극화와 미·중관계의 변화 기류는 남북관계와 통일전략을 재고하게 했다. 『사상계』 1966년 12월호의 권두언 필자는 중국이 핵탄두 유도탄 개발에 성공하고, 미국에서 베트남전 참전에 대한 비판과 대중국 봉쇄정책 변화를 요구하는 기류 등이 대두되는 상황을 주목하며 '복잡

---

45 같은 글 37~38면.
46 같은 글 42면.
47 같은 글 40면.
48 김성집 「일본의 재무장과 그 전망」, 『사상계』 제166호, 1967.2, 43~48면.

괴기'한 국제정세라 표현했다. 권두언 필자는 반공 강경책이 "어디서나 통용된다는 단벌 신념" 아래 미국 정부조차 신뢰하지 않는 남베트남 정부를 끝까지 지원하는 것이 '자유수호의 길'이라고 여기는 '소박한 생각'은 더는 통용될 수 없음을 빨리 깨달아야 한다고 탄식 어린 지적을 했다. 권두언 필자는 복잡한 정세를 돌파하기 위해서는 '민족주체성'을 찾는 데 힘을 쏟을 것을 주문했다.[49]

앞서 살펴보았듯이 1966년 상반기 미국 내에서 '두 개의 중국'을 인정하자는 견해가 본격적으로 제기되었다. 여기에 미국 내 주요 언론들이 중국에 대해 우호적인 태도를 보이고, '미 전국교회협의회'와 같은 영향력 있는 단체가 중국의 유엔가입 지지를 결의하기까지 했다. 이러한 미국 내 동향은 국내 안보 관계자들을 당혹스럽게 만들기에 충분했다. 1966년 국내 지식인들과 안보 관계자들은 미국 내에서 두 개의 중국을 인정하는 경향의 대두가 한국에 부정적인 영향을 미치지 않을까 우려했다.[50]

1966년 말 김종휘는 미국의 대소련 우호정책은 미·소 간에 평화공존에는 유용할지 모르나 한반도에 '두 개의 한국'을 기정사실화할 가능성이 있으며, 미국 학계 및 언론계 일각에서 북한 방문을 요구하는 상황을 볼 때 한국이 한반도의 유일 합법정부라는 사실마저 부정될 가능성이 있다고 전망했다.[51]

한국의 안보 관계자들이 '두 개의 한국론'을 더욱 우려하게 된 요인은 미국에서 제기되는 '두 개의 중국론'이었다. 1967년 9월 국방대학 교수 김수

---

49 「(권두언) 민족주체성의 행방」 20~23면.

50 부완혁 「월남에 일개군단을 꼭 보내야 하나?」, 『사상계』 제158호, 1966.4, 62면.

51 김종휘 「한미외교의 전개와 대미외교의 과제」 37면. 1965년 12월 미 국무부는 의료관계 전문가들의 방북을 허용했고, 1966년 2월에는 'AP통신' 기자의 방북을 허가했다(도지인 「1960년대 한국의 중립국 및 공산권 정책 수정에 대한 논의」, 『한국과 국제정치』 제99호, 2017, 76면).

만(金守萬)은 미국 정부가 중국의 유엔가입을 단기간 내에 승인할 가능성은 크지 않지만, 만약 두 개의 중국론이 미국의 대외정책에 반영되면 두 개의 한국론이 용인될 가능성이 적지 않고, 한반도의 통일문제가 미국과 중국 두 열강의 이해에 따라 좌우될 가능성이 크다고 우려했다.[52]

그런데 1966년 이래 국내 안보 관계자들은 미국의 대중국 정책과 함께 미국의 대서독 정책을 예의주시했다. 『사상계』 1966년 12월호의 권두언 필자는 독자들에게 국제정세 현실을 직시할 수 있게 보여준 사건으로 서독 루트비히 에르하르트(Ludwig W. Erhard) 내각의 붕괴를 들었다.[53] 권두언 필자는 미국이 소련과 화해를 촉진하는 방안으로 서독에 '핵무기 공여'를 '보류'하여 '친미 내각의 붕괴'를 초래했다고 설명하며,[54] 미국 진영의 최전선 국가의 안보를 방기하는 태도를 보인다고 우려했다.

하지만 『사상계』 1967년 1월호에서 사상계 편집위원 부완혁(夫玩爀)은 미국의 핵무기 공여 보류가 서독 내에서 "자력에 의한 통일을 다짐"하는 '민족주의적 자주정신'을 불러일으켰고, 이는 '에르하르트 친미 내각'을 붕괴시키고 기민당과 사민당이 대연정을 통해 새로운 내각을 등장하게 했다고 설명했다.[55] 1967년 새해 부완혁이 서독의 정권교체를 읽어내는 방식은 이전 호의 『사상계』 권두언이 진영의 구도에서 친미 정권의 붕괴를 방치한 미국을 비판하는 논조와 전혀 다르다.

그러나 한국 군부는 서독에서의 정권교체를 부완혁과 같이 긍정적인 방

---

52 김수만 「미국의 대중공정책」, 『국방연구』 제22호, 1967.9, 26~27면.
53 권두언 필자는 장준하(張俊河)일 가능성이 높다. 1966년부터 1967년까지 『사상계』 발행을 힘들게 유지하던 장준하는 1967년 12월 판권을 조선일보 주필 부완혁에게 넘겼다(유경환 「사상계 15년 서시, 1953~1968년: 기둥 잘린 나무」, 장준하선생추모문집간행위원회 편 『민족혼·민주혼·자유혼』, 나남출판 1995, 289~91면).
54 「(권두언) 민족주체성의 행방」 24면.
55 부완혁 「금후 2년간의 존슨 노선과 새 미소관계」, 『사상계』 제165호, 1967.1, 36면.

향으로 재정리하지 않았다. 이후 다시 상술하겠으나 한미 양 정부 사이에 안보관 이견이 표출된 1968년 상반기를 지난 뒤, 군부는 에르하르트 내각이 붕괴한 것을 미국의 방기 우려를 확증해주는 사례로 들었다.

인민전쟁 노선의 대두와 유격전/대유격전의 수위

1960년 중반부터 군부를 비롯한 안보 관련 전문가들이 보인 미국의 동아시아 정책 변화 기류에 대한 우려와 불신은 중국의 안보위협이 크게 증대하고 있다는 판단과 맞물려 있었다. 1964년과 1965년 핵실험, 1966년 핵미사일 발사 실험 등 중국의 적극적인 전략핵무기 개발 추진은 외국, 특히 주변 국가들에 안보위협 의식을 불러일으키기에 충분했다. 하지만 한국의 안보 관계자들이 실제 주목한 중국의 안보위협은 인민전쟁 노선의 추진이었다.

1965년 9월 린뱌오가 인민전쟁론을 천명했을 때 정작 국내에서는 별다른 반향이 없었다. 국내 언론은 다음 해인 1966년 초 미 상원 외교위원회의 베트남전 청문회와 상원 군사위원회의 중국 정책 청문에서 린뱌오의 글이 중요하게 언급되자 관심을 보이기 시작했다.[56]

혁명전쟁, 인민혁명전쟁, 인민해방전쟁 등 다양한 용어로 지칭된 '인민전쟁'의 특징은 크게 네 가지 정도로 정리되었다. 첫째, 인민전쟁은 '핵교착 시대'에 핵무기를 동원한 전면전쟁을 회피하며 혁명을 추진하는 전략으로

---

56 워싱턴대학 극동 및 소련 관계 주임 조지 테일러는 중국이 향후 '후진 지역'을 공산화하는 데 집중할 것이며, 린뱌오의 인민전쟁에 대한 대비책을 세워야 한다고 주장했다 (강병규 「미영세력권의 대중공 방위전략」 143면; *Hearings Before the Committee on Foreign Relations United States Senate 89th Congress on U.S. Policy with Respect to Mainland China*, 1966, 456~57면). 그의 논의는 국내에 소개되었다(G. E 테일러 「전투적 혁명관과 혁명수출」, 『세대』 제37호, 1966.8).

규정되었다. 1966년 언론인 신상초(申相楚)는 린뱌오를 전쟁에서 인적요소를 중시하고 군의 유지발전에 있어 정치 우선의 사상 제일주의를 견지하는 인물이라 평가하며, 핵교착 정세에서 중국은 방대한 인적자원에 의거한 인민전쟁론을 견지해나갈 것이라 보았다.[57] 1967년 전 국방대학원 교수 이영희(李永熙) 대령도 중국이 인민전쟁에 관한 경험이 풍부하고, 이 전쟁이 '피아가 뒤섞여 싸우는 일종의 정치전쟁'이라 대량파괴무기를 유효하게 사용할 수 없다는 점을 계산에 넣고 핵무기 개발 완성 이후에도 인민전쟁을 포기하는 일은 없으리라 판단했다.[58]

둘째, 인민전쟁은 '간접침략'을 주요한 특성으로 삼는 전쟁으로 규정되었다. 안보 관계자들은 공산주의자들이 추진하는 '반정부 혁명전쟁'은 "대부분 외부로부터 훈련받고 침투한 현지 출신 공산주의자들에 의해 외부의 지령과 지원으로 전개"되었다는 점이 강조되며, 정규전을 통한 침공보다 비정규전을 통한 정치·군사적 활동을 통해 소기의 정치적 목적을 실현하려는 성격을 지니고 있다고 지적했다.[59]

셋째, '혁명근거지' 수립이 인민전쟁의 주요한 특징으로 지적되었다. 중국 공산주의자들이 국내 혁명을 위해 농촌에 혁명근거지를 확보하고 이 거점을 지역화하고 도시를 포위 공격하는 방식을 취했는데, 린뱌오는 이를 세계혁명 차원으로 확장하여 세계의 농촌지대인 후진국을 공산화하여 이들 세력을 종횡으로 묶어 세계의 도시지대인 북미와 서구를 공격한다는 전략을 제시했다.[60]

넷째, 인민전쟁은 '정치성'을 강하게 띤 전쟁으로 이해되었다. 이영희는

---

57 신상초 「중공의 호전적 정책과 그에 대한 대책을 말한다」, 『국회보』 제58호, 1966.8, 39면.
58 이영희 「중공의 기본전략」, 『국방연구』 제22호, 1967.9, 82면.
59 임동원 「핵무기시대의 게릴라전략」, 『신동아』 제57호, 1969.6, 64면
60 강병규 「미영세력권의 대중공 방위전략」 142면.

인민대중에 의존하여 벌이는 인민전쟁은 "정치가 절대적으로 중시되며 혁명전략과 군사전략은 정치성이라는 점에서 일체화"된다고 설명했다.[61] 국내 안보 관계자들은 이러한 인민전쟁의 특성을 주목하며 강조했다. 1969년 임동원(林東源)은 인민전쟁에서 농촌 유격근거지는 지역 장악을 위해 수립되는 것이 아니라 대중의 지지를 얻기 위해 세워지기에, "이데올로기의 힘이 대단히 크며 군사활동과 정치활동이 통합된 형태로" 전개된다고 설명했다. 인민전쟁의 일환인 '유격전'은 정규군의 보조작전 형태의 전술적 개념을 가진 '전통적 게릴라전'과 구별되며, 정권을 장악하려는 정치적 활동이 군사적 활동으로 보완된 싸움을 의미하는 전략적 개념이었다.[62]

1960년대 후반 군부와 학계 그리고 언론은 중국의 인민전쟁 노선이 안보 위협임을 지속적으로 강조했는데, 이는 크게 두 가지 상황 인식과 맞물려 있었다. 하나는 한국군이 거시적인 측면에서 볼 때 미국이 중국을 봉쇄하기 위해 벌이는 베트남전에 참전했다는 인식이다.[63] 린뱌오의 인민전쟁론을 주목한 이들은 베트남전을 남·북 베트남의 전쟁이자, 중국의 동아시아 전반에 걸친 팽창정책과 이를 봉쇄하려는 미국의 아시아·태평양 전략이 부딪히는 '전초 접전'이라 여겼다.[64]

다른 하나는 중국 인민전쟁 노선과 북한의 민족해방전쟁 노선을 인민전쟁 노선이라는 범주에 묶고 양자를 연계해서 파악하는 인식이 지속되었다는 점이다. 언론과 군부는 1967,68년 북한의 대남 유격전 공세가 급격히 고

---

61 이영희 「중공의 기본전략」 78면.
62 임동원 「공산게릴라전에 관한 연구」, 『국방학보』 제1집, 1969.4, 60면.
63 경향신문 외신부장 서동구는 존슨 미 대통령이 1966년 7월에 '아시아 중심 외교'를 천명했는데, 이는 '중공 변방 전위지역'의 광범위한 단결을 도모하기 위해 제기된 것이라 평했다(서동구 「중공의 봉쇄와 태평양시대의 是非」, 『사상계』 제165호, 1967.1, 38면).
64 강병규 「미영세력권의 대중공 방위전략」 143~44면; 강인덕(한국전략연구회 회원) 「중공의 전쟁준비」, 『신동아』 제21호, 1966.5, 110면.

조될 때, 중국의 인민해방전쟁과 북한의 민족해방전쟁 양자를 묶는 논조를 반복했다. 1968년 10월 육군본부 정보참모부장 윤태호(尹泰皓)는 중국이 세계 각지에서 인민전쟁을 추동하고 있으며, 북한의 '4대 군사노선'에 기반을 둔 전쟁 준비도 린뱌오의 전쟁론에 영향을 받았다고 정리했다.[65]

1960년대 후반 군부는 당시 북한과 중국의 관계가 크게 악화하고 북한이 소련에 기울어 있다는 사실을 잘 알고 있었다.[66] 주한미군이나 미국 정부도 북한이 중국식이 아닌 베트남식 유격전에 강하게 영향을 받으며 독자적인 방식으로 대남공세를 벌이고 있다고 판단하고 있었다.[67] 여러 선행 연구에서 지적되었듯이 북한은 중국의 인민전쟁 노선을 추종하지 않았다. 김일성은 1966년 초 남조선에 대한 유격전 전개를 개시하라는 마오쩌둥의 권고를 남한의 지리적인 여건과 미군 주둔 등을 이유로 들며 받아들이지 않았다.[68]

그런데도 1968년까지 북한과 중국의 노선을 연결하는 주장이 반복된 까닭은 베트남전에 개입한 군부가 중국의 인민전쟁 위협론을 주시하고 있는 상황에서, 역시 베트남전에 개입한 북한이 무장간첩 침투를 유격전 공세로

---

65 윤태호 「북괴의 전쟁준비실태」, 『군사평론』 제100호, 1968.10, 13~15면.

66 『국방연구』 1967년 9월호에 강인덕은 홍위병의 김일성 비판, 북한 지도부의 친중 노선에서 친소 노선으로의 전환 등을 상세히 다룬 글을 실었다(강인덕 「중공·북괴관계의 현 단계」, 『국방연구』 제22호, 1967.9). 강인덕은 1971년 중앙정보부 국제정보 분석국장, 제9국장을 맡으며 남북조절위원회를 중심으로 한 남북대화 추진에 깊이 관여했다(김지형 『데탕트와 남북관계』, 선인 2008, 제2, 3부).

67 1967년 미 국가안전보장회의나 정보기관들도 북한의 대남 무장침투가 급증한 것을 놓고 중국의 노선을 추종한 결과라고 판단하지 않았다("123. Memorandum From Alfred Jenkins of the National Security Council Staff to the President's Special Assistant (Rostow)" Washington, 1967.7.26, FRUS, Vol. XXIX, Part 1. KOREA, 262면; "130. Special National Intelligence Estimate/SNIE 14.2-67, North Korean Intentions and Capabilities with Respect to South Korea," Washington, 1967.9.21, FRUS, Vol. XXIX, Part 1. KOREA, 283면).

68 김일평 「중공의 대북한 관계」, 고려대 아세아문제연구소 공산권연구실 편 『한국통일과 국제정세』, 고려대학교 출판부 1972, 105~106면; 이종석 『북한-중국관계』, 중심 2000, 240면; 션즈화 『최후의 천조(天朝)』, 김동길 외 옮김, 선인 2017, 787면.

전환하는 상황이 겹쳐졌기 때문일 것이다.

북한의 대남침투가 1965년부터 증가하고, 같은 해 7월 경찰 2명이 순직한 '송추무장간첩 사건'이 일어나자,[69] 박정희 정부 내 최고위 안보정책 책임자들도 이를 주목했다.[70] 하지만 1965년 정부는 북한의 무장간첩 침투와 이들의 대내 정치·경제·사회적 불안 요소의 활용 여부를 주시했지, 무장간첩 침투를 인민전쟁의 일환인 유격전의 전개로 단정하지 않았다.[71] 박정희 정부가 간첩침투와 대내적 불안이라는 측면을 주목한 데는 한일협정 체결 반대시위가 벌어지고 이를 강압적으로 억눌러야 했던 현실과 무관하지 않을 것이다.[72]

1965년은 북한의 대남전략에 대한 안보 관계자들의 판단이 아직 정리되지 않은 양상을 보였다. 송추사건 이외에도 동·서해안 침투사건이 일어나자 중앙정보부장 김형욱은 8월 초 기자회견을 열어 북한이 게릴라전을 계획하고 있다는 정보를 입수했다고 주장했다.[73] 그런데 양찬우(楊燦宇) 내무부 장관이 10월 2일 북한의 대남공작이 베트콩의 초기 전법을 채택하여 '게

---

69 1965년 8월 7일 경향신문 보도에 따르면 1964년 한 해 동안 검거된 간첩이 81명이었는데 1965년에는 7월 말에 이미 73명이 검거되었다(「북괴의 새로운 침투전술을 경계한다」, 『경향신문』 1965.8.7). '송추무장간첩 사건'은 송추유원지에서 무장간첩과 교전 중 경찰 2명이 순직한 사건으로, 이후 체포된 간첩이 기자회견에서 대통령 및 정계요인 암살을 기도했다고 발언했다(「요인 암살 기도했다」, 『동아일보』 1965.8.18).

70 「정례안보회의」, 『동아일보』 1965.7.22; 「방첩강화책을 검토」, 『경향신문』 1965.7.22.

71 Subject: South Korea, Threats to Internal Security: A Plan of Action, 1965.8.10, RG286, Office of Public Safety Operations Division East Asia Branch series(국립중앙도서관 해외 한국관련 기록물 표제 IPS #8/General Policy-Program, 1965).

72 이미 1964년 7월 31일 대학교수단, 전역 장성, 청년단체, 독립운동가, 기독교계, 법조계 등 다양한 단체와 인사들이 모여 '조국수호국민협의회'를 결성하고 한일협정의 국회 비준 저지를 위해 모든 노력을 한다는 선언을 발표했다(「조국수호협 발족」, 『경향신문』 1965.7.31).

73 「북괴간첩 새 전술로 침투」, 『경향신문』 1965.8.5; 「북괴의 새로운 침투전술을 경계한다」, 『경향신문』 1965.8.7.

릴라화'했다고 주장하자,[74] 김형욱은 바로 기자회견을 열어 북한의 간첩활동이 도발적으로 변했으나 '게릴라화'했다는 내무부 장관의 평가는 틀렸다고 반박했다.[75] 이처럼 김형욱이 기존 발언과도 어긋나는 주장을 하며 내무부 장관의 발언을 시급히 덮었던 이유는 아마도 베트남전에 전투병 파병을 코앞에 둔 시점에 북한의 안보위협이 정치적 이슈로 비화하는 상황을 원치 않았기 때문이라 보인다.

1966년 이후 남한 안보 관계자들은 북한의 대남전략에 관해 더는 혼선을 보이지 않았다. 1966년 9월에 군은 북한의 대남간첩활동의 흐름을 놓고 1965년도 전반기를 기준으로 이전 '음성적인 간첩활동'이 '본격적인 무장간첩활동'으로 바뀌었다고 분석하며, 무장간첩활동이 본격화된 이유 중의 하나로 '베트남 게릴라 전법'의 영향을 지적했다.[76]

중앙정보부나 군부가 북한의 대남노선 변화의 주요인으로 베트남 공산주의자들의 게릴라 전법의 영향을 강조한 데는 그 나름의 정보판단이 있었다. 실제 김일성은 1964년 북베트남을 방문하여 베트남전 상황을 견문하고 돌아온 이래 베트남전을 민족해방전쟁을 위한 학습대상으로 여겼으며 이러한 태도는 1960년대 후반기에 일관되었다.[77] 1965년 10월 5일 당 창건

---

74 「기동타격대 편성」, 『동아일보』 1965.10.2.

75 「간첩색출에 ── 機動的인 입체작전 펼 터」, 『경향신문』 1965.10.5.

76 박정운(중령) 「대간첩작전의 소고」, 『군사평론』 제75호, 1966.9, 27~28면. 박정운은 북한이 무장간첩활동을 본격화한 이유로 박정희 정부의 반공의식 및 방첩활동 강화조치로 말미암아 '음성적인 간첩활동'이 어려워져, '휴전선 방위 약화 인상을 주어 파월 반대여론 조성' '한일협정 반대투쟁 시기 사회불안 조성의 실패 보완' '베트남 게릴라 전법에 대한 광신 속에서 간접침략 획책' 등을 시도하기 위한 무장간첩 침투를 양성화했기 때문이라고 설명했다(같은 글 29면).

77 1964년 11월 김일성의 방문에 뒤이어 12월에도 민족보위상 김창봉(金昌奉)이 북베트남을 방문하여 양국의 관계를 긴밀하게 다졌다(조진구 「중소대립, 베트남전쟁과 북한의 남조선 혁명론, 1964~68」, 『아세아연구』 제114호, 2003, 234~36면).

20주년 경축대회에서 김일성은 "항일전쟁 경험과 조국해방전쟁의 경험"을 체계적으로 연구하고 더불어 "베트남 해방전쟁과 아프리카, 라틴아메리카의 혁명적 유격전쟁의 경험들을 잘 배워야" 한다고 역설했다.[78]

북한은 1966년부터 베트남전에 개입하며 남조선혁명을 위해 남베트남 및 북베트남 공산주의자들과의 유격전 경험 교류도 본격적으로 추진했다.[79] 이 시기 북한 지도부의 대남전략은 정규전과 비정규전인 유격전의 배합에 초점을 맞추고 1966년 10월 조선노동당 대표자 대회에서 김일성은 이러한 지향을 명시적으로 밝혔다.[80] 1967년 2월에도 김일성은 조선인민군 창건 19주년을 맞아 군대를 방문하고 '조국해방전쟁'과 '베트남 인민투쟁'이 보여주듯이 "정규전과 유격전을 옳게 배합하는 것이 강대한 적과 싸움에서 승리할 수 있는 중요한 담보"라고 강조했다.[81]

1967년을 지나며 박정희 정부는 북한의 대남 무력공세에 관한 대처 수위를 부대단위 대간첩작전이나 휴전선에서의 소규모 군사적 대응과는 완전히 다른 수위에서 모색했다. 1967년부터 휴전선에서 북한이 무력 도발을 일삼고 이에 대해 남한 역시 강경한 보복조치를 가하는 상황이 반복되면서 군사적 긴장이 급격히 고조되었다.[82] 북한의 무력 도발은 후방으로 확산했다. 주한미군사령관이자 유엔군사령관인 찰스 본스틸(Charles H. Bonesteel)은 1967년으로 접어들어 비무장지대뿐만 아니라 태백산, 지리산, 울산 지역

---

78 「조선노동당 창건 20주년에 제하여」(1965.10.10), 김준엽·김창순·이일선 공편 『북한연구자료집』 VI, 고려대 아세아문제연구소 1981, 770면.

79 이신재 『북한의 베트남전쟁 참전』, 국방부 군사편찬연구소 2017, 52~53, 218면.

80 「현정세와 우리 당의 과업」(1966.10.5), 김준엽·김창순·이일선 공편 『북한 연구자료집』 VII, 고려대 아세아문제연구소 1981, 142면; 임동원 「공산주의 혁명전쟁」, 『자유』 1968.7, 77면.

81 「인민군대는 수많은 혁명적 골간을 가진 무력으로 장성 강화되었다」(1967.2.8), 『김일성저작집』 제21권, 조선로동당출판사 1983, 130면.

82 홍석률 「1968년 푸에블로 사건과 남한·북한·미국의 삼각관계」, 『한국사연구』 제113호, 2001, 182~85면.

에서는 남파된 무장부대와 교전을 벌이는 날이 끊이지 않는다고 언급할 정도였다. 본스틸은 북한이 대규모 유격전 전개에 앞서 테스트 차원에서 '준유격전'(para-guerrilla)을 벌이고 있다고 판단했다. 그는 북한이 다음 해인 1968년에 공세를 강화할 수 없도록 군대를 동원하여 북한의 실험을 효과적으로 분쇄해야 한다고 판단하고, 전방 한국군 예비사단의 태백산, 지리산 투입을 허가하고 한미 특수부대가 실시해온 유격전/대유격전 훈련을 실제 대유격전으로 전환했다.[83]

1967년 북한 무장부대 침투가 후방에서 급증하자 사회적 파장은 클 수밖에 없었다.『동아일보』는 '6·25 열일곱 돌'을 맞아 북한의 대남침투 증대를 다룬 특집기사를 실었다. 이 기사에 따르면 6월로 접어들며 삼척, 봉화, 영월, 청도, 명주, 울진, 부천 등지에 3명 또는 8명으로 구성된 '무장조 또는 소부대'가 침투했다.『동아일보』는 1965년부터 무장 노선으로 전환한 북한이 "모택동식의 혁명전술로 도시 주변의 농촌에 지하조직을 확보, 농촌이 도시를 포위하면서 전국적인 체계를 갖추려고 시도"하고, '베트콩식' 게릴라전법을 쓴다고 보도했다.[84]

중앙정보부장 김형욱은 북한이 대남공작 강화를 위해 정규군 무장간첩을 대거 양성하고 있고 육로와 해상으로 침투시켜 게릴라전을 시도하고 있다는 담화문을 발표했다. 김형욱은 대선과 총선을 전후하여 무장간첩을 대량으로 남파하는 이유는 "강력한 국가시책을 추진할 수 없는 여건을 조성하여 국내 공산 내지 용공세력의 광범위한 호응하에 북괴가 주장하는 통일

---

83 "123. Memorandum Form Alfred Jenkins of the National Security Council Staff to the President's Special Assistant (Rostow), Attachment Telegram From the Commander in Chief, United Nations Command, Korean and the Commander of United States Forces, Korea (Bonesteel) to the Commander in Chief, Pacific (Sharp)," Washington, 1967.7.26, *FRUS*, Vol. XXIX, Part 1. KOREA, 264면.

84 「베트콩식 게릴라화한 최근의 간첩실태」,『동아일보』1967.6.24.

방안을 표명화하려는 데" 있다고 보았다.[85] 중앙정보부는 북한의 무장부대 침투 강화가 6·8선거에서 벌어진 대대적인 부정을 규탄하는 이들을 탄압하고 국면을 전환할 수 있는 호재로 보았을 것이다. 중앙정보부는 1967년 7월 8일 '동백림사건'으로 잘 알려진 대규모 공안사건을 조작, 발표했다.

북한의 무장부대 침투는 선거 국면이 지난 뒤에도 지속되었다. 북한이 9월 들어 경원선과 경의선에서 잇달아 열차 폭파사건을 일으키자, 이에 격분한 박정희는 대책 강구를 위해 1967년 들어 처음으로 9월 14일 국가안전보장회의를 개최했다. 일부 언론은 안전보장회의에서 군과 경찰의 기동력 증강 방안 등이 논의되었다고 보도했으나,[86] 회의는 단지 대간첩작전을 논의한 자리가 아니었다. 이날 회의의 분위기와 내용을 전달한 홍종철(洪鍾哲) 공보부 장관은 회의 직후 기자들에게 '휴전협정'이 북한에 의해 일방적으로 폐기되었다는 결론을 내리고 '모종의 중대 조치'를 취하기로 했다고 전했다.[87] 이날 회의는 격앙된 분위기 속에서 진행되었고, 전면전을 일으킬 수도 있는 강도 높은 보복방안 강구와 국민총동원체제의 수립이 구체적으로 논의된 자리였다.

9월 14일 오전 9시 30분부터 세 시간에 걸쳐 진행된 국가안전보장회의는 박정희가 주도했다. 이날 회의에는 박정희를 위시하여 정부 부처 국가안보 최고위 책임자들이 빠짐없이 참석했다. 국가안전보장회의 위원인 국무총리 정일권, 부총리 겸 경제기획원 장관 장기영(張基榮), 외무부 장관 최규하(崔圭夏), 내무부 장관 이호(李澔), 재무부 장관 서봉균(徐奉均), 국방부 장관 김성은, 중앙정보부장 김형욱, 안전보장회의 사무국장 배덕진(裵德鎭)이 참석했고, 이외에도 합동참모회의 의장 임충식, 대통령비서실장 이후락(李厚

85 「북괴, 게릴라시도 간접침략 분쇄에 국민은 협조를」, 『경향신문』 1967.6.24.
86 「강력대책 세우라」, 『동아일보』 1967.9.13.
87 「안보회의 긴급 소집」, 『경향신문』 1967.9.14.

洛) 등이 배석했다.[88]

참석자들은 북한이 무장침투를 급격히 늘리며 긴장을 고조시키는 의도에 관해 각자 의견을 내놓았다. 중앙정보부장 이후락은 '한국군의 월남 증파 제지' '외원(外援) 저지' '후방교란'을 들었고, 국방부 장관 김성은은 '제 2월남전선 기도' '사업위축을 위한 후방교란' 등을 들었다. 국무총리 정일권은 '월남파병을 견제하기 위한 후방교란' '월맹에 대한 맹방으로서 호의 표시' '미국의 전투력을 약화하기 위한 기도' 등을 들었다. 정일권은 북한의 능력으로 보아 후방교란의 수위는 이 정도에서 그치겠지만 후방침투는 지속되리라 전망했다. 이들의 견해를 모아 박정희는 북한의 의도가 "경제건설 방해, 월남파병 반대, 미군 병력 소모"에 있다고 정리했다.

국방부 장관 김성은은 김일성이 '월맹'과 같은 투쟁을 전개해 제2의 6·25와 같은 전면전을 치르지 않고 한국을 '적화'하는 방법을 모색하고 있으며, '월남'에 파병하여 게릴라 전법을 습득시키고 있다고 발언했다. 김형욱은 북한의 베트남전 파병에 관해 정보를 추가했다. 그에 따르면 북한은 '월맹'에 밀림 유격작전 요원, 간호원, 전투기 조종사, 심리전 요원 등을 파견하고 있고 그 숫자는 대략 2,000여 명에 달했다.[89]

국제관계를 고려한 정세 판단도 다양하게 제기되었다. 정일권은 미군의 핵무기가 있는 상황에서 북한은 대규모 공격을 회피하며 계속 내부교란을 시도할 것이라 보았다. 김성은은 미국이 소련을 통해 북한에 압력을 가해 대남공세를 저지하는 방안을 고려해볼 수 있지만 실현 가능성이 적다고 판단했다. 그는 소련과 북한 사이에 '모종이 밀약'이 있다고 보았다. 김형욱은 소련의 대북 군사지원이 지속되고 있고, 1966년에는 1억 8,000만 달러를 원

---

88 「1967년도 국가안전보장회의 제1차 회의, 발언요지」 1967.9.14, 28-2면, 대통령기록관 소장자료, 건번호: A000065410007967.

89 같은 글 28-6~28-7면.

조하여 미그21(MIG-21) 3개 대대와 대공유도탄 3개 대대를 창설한다는 약속을 했는데, 이는 북베트남을 원조한 대가라고 설명했다.[90]

김성은은 군에서 주요 산업시설·군사시설 방위 및 대간첩장비 도입 등의 조처를 내릴 것이니, 민간에서 해안초소에 배치할 '향보단'과 중요시설 자체 경비를 위한 '자위대'의 구성을 고려해달라고 건의했다. 하지만 박정희는 이 사안은 부처 간 협의를 통해 처리하라고 지시하고 논의를 다시 보복조치 방안을 강구하는 데로 돌렸다. 이날 박정희의 관심은 온통 강력한 대응조치 방안의 강구와 실행에 쏠려 있었다. 아래와 같은 박정희의 발언은 이를 잘 보여준다.

(적이) 피해를 각오하고 계속할 때 수동적으로 일방적인 방위만 할 것인가. 이에 대한 근본적인 대책은 무엇인가? 적이 계속하여 사회불안을 초래할 때 UN군 측은 판문점에서 항의나 하는 정도이고 그들이 부인하고 말 것이다. 우리가 대응하려고 해도 제약이 많고 우리는 많은 피해만 입게 되는데 우리는 언제까지 소극적인 태도만 취할 것인가. UN군 측이 계속 우리의 대응조치를 제지할 때 국민은 정부를 불신하지 않겠는가 하는 문제가 있으리라고 생각되니 어떠한 조치를 취해야 하겠느냐 하는 방책을 세워야 한다.[91]

---

90 같은 글 28-8면. 1961년 7월 체결된 '조·소우호협력 상호원조 조약'은 북한의 친중 노선으로 1960년대 전반기에 제 기능을 하지 못했다. 하지만 1965년 5월 북한·소련 간 방위력 강화를 위한 협조 조약이 체결되고, 1966년 6월에는 북한과 소련 양국 국방 수뇌 간의 군사회담이 개최되었다. 그리고 1967년 3월에 소련의 북한 방위력 강화에 대한 협정이 체결되어 소련의 대북 군사지원은 활력을 되찾게 되었다(강인덕 「북괴 전쟁준비 실태와 우리의 대비책」, 『국방학보』 제1집, 1969.4, 105면).

91 「1967년도 국가안전보장회의 제1차 회의, 발언요지」 1967.9.14, 28-15~28-16면.

박정희는 북한의 해안지대 공격까지 제안하며 유엔군사령부의 동의 없이도 보복조치를 단행해야 한다고 발언하며 강경한 태도를 보였다. 하지만 배석한 장관들은 신중한 태도를 보였다. 국방부 장관 김성은은 '국제적 관계'를 고려해야 한다는 견해를 비치며, 해안지대 공격 방안에 대해서도 북한이 주요시설을 산간지대에 설치하고 해안지대 경비도 삼엄해 보복이 쉽지 않다는 판단을 내놓았다.

주저하는 국방부 장관의 태도를 본 박정희는 특수부대를 조직하여 북한 주요시설 폭파훈련을 시켜서 북한이 도발할 때 즉시 보복할 수 있도록 준비해야 한다고 채근했다.[92] 박정희로부터 궁지에 몰린 국방부 장관 김성은은 중앙정보부와 협력해 1단계에 "양적으로 더 큰 것을 폭파"하고, 2단계로 공군을 동원하는 계획을 입안하겠다는 발언을 했다. 김성은의 발언에 놀란 정일권이 '전면전쟁'을 일으킬 수 있다고 바로 제지하자, 김성은은 지상군은 제외하고 공군만을 활용하겠다고 답했다. 공군이 수적 열세라는 발언이 나오자 박정희는 북한 공군의 3분의 2를 파괴할 수 있는 능력이 있는지를 따져 물었다.[93]

박정희는 자신의 의사가 제대로 관철되지 않는다고 판단했는지, "첫째, 월남에서 베트콩이 활동하는 것과 같이 내버려둘 수 없으니 대책을 세워야 한다. 둘째, 유엔군사령관이나 주한미대사에게 적절한 조치가 없으면 한국군만으로도 제재하겠다는 경고를 해두어야 한다. 셋째, 대응 보복이 없으면 북괴는 한없이 파괴를 계속할 것이다. 넷째, 국군지휘권도 임시로 위임한 것이며 주권국가로서 영원히 위임할 수 없다"라고 자신의 생각을 요약 정리해 말했다.

---

[92] 같은 글 28-17~28-18면.
[93] 같은 글 28-19면.

박정희가 구상한 보복의 수위가 비무장지대에서 벌어지는 낮은 수준의 군사적 충돌 차원을 훨씬 뛰어넘는 국지전 차원까지 구체적으로 고려한 사실은 주목할 필요가 있다. 박정희는 강대국이 긴장 완화와 화해 시대를 표방하며 국익 추구에 몰두하는 상황은 한반도에서 국지전의 위협을 고조시킨다는 주장을 이른바 '유신체제'라는 분단국가체제를 수립할 때와 체제에 대한 사회적 저항을 무마하고자 할 때 제기했다.[94] 그런데 이날 박정희의 발언은 '국지전'의 실행을, 달리 말하면 '(준)전시상황의 안보위기'를 낳는 조치를 구체적으로 그리고 공세적으로 고려한 이는 다름 아닌 그 자신이었음을 확인시켜준다.

작전지휘권의 환수 문제도 국지전 수준의 보복조치의 권한을 확보하는 차원에서 적극적으로 고려되었다. 박정희에게 올바른 방위는 '소극적 방위'가 아니라 '적극적 방위'였고, 이를 의미하는 단독 보복조치를 위해 전군 지휘관 회의에서 현 작전계획과 장비 상태 등을 재정비하고, 극비의 임무를 주어 특수부대를 훈련시키는 계획을 수립하라고 지시했다.[95]

주한미대사 윌리엄 포터(William J. Porter)는 9월 14일 회의 직후 언론과 자신의 소식통을 통해 국가안전보장회의에서 논의된 주요 의제를 서둘러 파악했다. 포터는 국가안전보장회의에서 북한의 대남 도발과 판문점에서 대화만을 진행하는 유엔군사령부에 관한 감정적인 토론이 오갔으며, 이는 보복조치를 할 수 없는 한국 정부의 불만이 반영된 것이라 보았다. 포터는 한국 정부가 정전협정을 심각하게 위반할 의도는 없어 보인다고 판단하면서도 언론에서 '중대한 조치'와 '보복방안' 등이 다루어졌다고 보도한 사실을 주목하며, 보복방안에 관해 상세한 논의가 된 것 같다는 우려 섞인 판단

---

94 「박대통령 공사 졸업식 유시: 속전속결에 대비 철통 국방태세를」, 『경향신문』 1975.3.29;
「사설: 거국적 안보태세의 확립을 촉구한다」, 『경향신문』 1975.4.10.
95 「1967년도 국가안전보장회의 제1차 회의, 발언요지」 1967.9.14, 28-20~28-21면.

을 담아 본국에 보고했다.[96]

아마도 포터는 박정희가 전면전을 초래할 수 있는 국지전 차원의 보복까지 진지하게 고려하고 있다는 사실은 파악하지 못한 것 같다. 다만 그는 박정희가 단독 보복을 심각하게 고려하고 있다는 사실은 분명히 파악했는데, 이 내용은 국가안전보장회의에서 박정희가 단독 보복 의지를 주한미대사관과 주한미군에 분명히 알려야 한다고 발언한 사실을 고려할 때, 박정희가 미국 측에 의도적으로 흘렸을 여지가 있다.

회의 직후인 9월 16일 박정희는 본스틸과 면담하고 유엔군의 정전협정 준수만을 요구하는 방어적인 태도가 북한에 전혀 위협을 주지 못하고 있다고 지적하며, 북한의 공세를 근본적으로 차단하기 위해서는 정전협정 위반 때마다 상응하는 보복조치를 단행하는 것이 최선의 방안이라고 말했다.[97] 이에 본스틸은 남한의 단독행동은 유엔에서 주한 유엔군의 지위만을 약화하는 결과를 초래할 것이며 이는 북한이 의도하는 바라고 응수하며 반대 의사를 분명히 밝혔다.[98]

단독 보복을 추진하려는 박정희 정부와 이를 억제하려는 미국 정부와의 갈등은 1968년 1·21사태 직후 더욱 악화했다.[99] 정부는 푸에블로(Pueblo)호 사건 직후 방한한 사이러스 밴스(Cyrus R. Vance) 특사에게 북한의 공세가 유격전으로 바뀌었으니, 북한이 도발할 때 한미 양국이 즉각 적절한 보복조치를 세운다는 약속을 문서형식으로 보장하고 대유격전에 관한 한 한국군

---

96 Telegram 1378, from Seoul, Subject: Press Reports on ROK NSC Meeting, 1967.9.15, 2면. RG59 1967-69 SNF Central Foreign Policy Files(국립중앙도서관 해외 한국관련 기록물 표제 POL 23-7 KOR S).

97 "129. Telegram From the Embassy in Korea to the Department of State, Subject: Internal Security: Views of President Park," Seoul, 1967.9.19, *FRUS*, Vol. XXIX, Part 1. KOREA, 279~78면.

98 위와 같음.

99 이에 관한 상세한 검토는 박태균 『우방과 제국: 한미관계의 두 신화』, 창비 2006, 312~23면.

이 독자적인 작전권을 행사할 수 있도록 허용해달라고 요구했다.[100]

박정희의 요구에 미 군부도 한국군과 합동으로 비정규전을 벌이는 군사적 보복을 검토하기는 했으나, 실행하더라도 긍정적인 결과를 얻기 어렵다는 판단을 내렸다. 미 군부는 기존 한국 정부가 벌인 보복조치들이 북한의 대남침투 의지를 꺾는 데 효과가 없었다는 사실을 잘 알고 있었고, 무엇보다 정전 이래 15년 동안 미군을 주둔시켜온 가장 중요한 목적인 '전쟁 재발 가능성의 축소'를 부정하는 상황,[101] 달리 말하면 자신의 의지와 무관한 전쟁에 끌려들어가는 상황이 초래되는 것을 원치 않았다.

준군사 민방위체제 추진과 방향 선회

한편, 1967년 9월 14일 열린 국가안전보장회의는 대부분 시간을 '단독 보복조치 방안과 수위'를 논의하는 데 썼으나, 내부안보 강화와 국민동원체제의 확립을 위한 방안도 이 자리에서 함께 논의했다. 이는 1975년까지 이어지는 총력안보체제 확립의 시발점이었다. 경제기획원장 장기영은 간첩을 완전히 소탕하는 것과 함께 '우리의 맹점'을 제거해야 함을 강조했다. 그리고 내부 맹점을 제거하는 방안으로 '동적부(洞籍簿)의 불완전함 정리' '고정간첩 일소운동 전개' '국민에게 간첩 보여주기' '공중수색 강화' 등을 제시했다. 내무부 장관 이호는 주민등록을 신고에 의존하는 방식에서 직권으로 하도록 하고 신고 불이행자에 대한 처벌도 강화하겠다는 방안을 냈다.[102]

---

100 「대게릴라전 독자 작전권 요구」, 『동아일보』 1968.2.13.

101 "165. Telegram From the Commander in Chief, Pacific (Sharp) to the Chairman of the Joint Chief of the Joint Chiefs of Staff (Wheeler)," Honolulu, 1968.2.9, *FRUS*, Vol. XXIX, Part 1. KOREA, 351~52면.

국가안전보장회의 사무국장 배덕진은 북한이 100만 명에 달하는 적위대 조직을 편성하고 있으나 남한에는 아무런 국민조직이 없다고 개탄하며 시급히 '민방위 조직'을 결성해야 한다고 강조했다.[103] 배덕진의 발언은 맥락 없이 나온 것이 아니다. 1965년에 국가안전보장회의가 제기한 '민방위 법안'은 반대 여론에 직면하여 한동안 수면 아래로 가라앉아 있었는데,[104] 1967년 북한의 무장침투 강화를 계기로 7월부터 다시 부상한 뒤[105] 8월에는 국가안전보장회의 사무국장 배덕진이 민간방위체제를 갖추기 위한 입법을 연내에 추진한다고 공표까지 했다.[106]

9월 14일 회의 직후 배덕진은 언론에 민방위법을 연내 제정하여 '범국민적 동원체제'를 갖출 것이라고 공표했다. 박정희 정부는 민방위법 제정을 밀어붙였다. 9월 26일 발표된 민방위법은 대통령 직속의 '통합조정기구' 설치, 내무부에서 특별시 및 도에 민방위통제관 배치, 이하 면 단위 행정구역까지 전담 공무원 배치와 시·도·읍·면에 지역민방위대 설치가 주요 내용이었다.[107] 정부가 구상한 지역민방위대는 평상시에 마을과 직장을 자체 경비하고, 동원과 함께 무기를 공급받아 경찰의 지휘 아래 대간첩작전 및 민방위 임무에 나서는 '준(準)군사조직'이었다.[108]

---

102 「1967년도 국가안전보장회의 제1차 회의, 발언요지」 1967.9.14, 28-24~28-25면.

103 같은 글 28-27면.

104 1965년 이른바 돌격내각이라 불린 장기영 내각은 주민등록법 개정과 민방위법, 신문통신등록법, 비밀보장법 등 입법을 추진하다 강력한 반대 여론에 직면했었다(「돌격내각의 자취」, 『경향신문』 1965.12.11).

105 「민방위군 설치계획」, 『경향신문』 1967.7.19.

106 「民防法, 연내입법」, 『동아일보』 1967.8.24.

107 정부의 민방위대 초안은 지원제로, 제대 장병, 전직 경찰관, 청장년으로 구성되며, 대장과 부대장 아래 행정반, 방호반(防護班), 구호반, 복구반, 훈련반 등 5개 부서를 두고 읍 단위에는 50명, 구(區)와 시에는 200명 내외로 구성하는 내용으로 작성되었다(「폭넓힌 방공체제」, 『경향신문』 1967.9.27).

108 「민방위법 成案 차관회의 오늘 상정」, 『경향신문』 1967.11.23.

그러나 공안사건 조작, 선거운동 개입과 같은 박정희 정부의 권력남용이 일어났고, 여기에 비대한 정보기구와 검찰, 경찰, 군대 등 방대한 방위기구들이 있는 현실에서 새로운 '준군대 설치'를 제기하는 정부의 주장은 대중의 지지를 받기가 어려웠다.[109] 여기에 민간소유 토지의 수용과 주민의 소개 등 '자유권'을 제한한다는 구상도 논란을 불러일으켰다.

여당도 기본권 침해 소지를 들어 반대하고,[110] 언론도 '준전시나 준비상사태'도 아닌 상황에서 국민의 기본권을 제약하는 포괄적인 의무제 규정을 두는 것을 반대하자, 박정희 정부는 1968년 북한의 대남침투가 "올해에 비해 10배에 달하는 침투가 예상"되고 그렇게 되면 사실상 준비상사태가 되기에 사전대비책이 필요하다는 논리를 제기하며 입법의 필요성을 주장했다.[111]

반대 여론에 직면한 정부와 여당은 기존 민방위법에서 '토지수용, 물자수용권' 등 기본권 침해 소지가 있는 재산권에 관한 규정을 삭제하고, 준군사조직으로서 민방위조직 수립을 관철시키고자 민방위법 명칭을 '향토방위법'으로 바꾼 수정안을 국회에 제출했다. 향토방위대 비용은 전액 국고로 부담하고 대원의 등록은 주민등록법에 의해 자동 등록되는 방식으로 변경되었다.[112]

하지만 여론의 반응은 달라지지 않았다. 특히 야당은 '향토방위협의회' 구성안을 언급하며, '내무부 장관─도지사─경찰서장'으로 이어지는 공안체계가 시·군·구·읍·면의 유지들로 구성된 향토방위협의회를 지휘하게 되면 '효과적인 선거조직'으로 악용될 수 있다고 우려했다.[113]

---

109 「민방위법안에 빗발치는 각계의 비판」, 『동아일보』 1967.11.28.

110 「민방위법안의 구상에 붙여」, 『동아일보』 1967.9.29; 「정부·여당 간 이견」, 『경향신문』 1967.10.12.

111 「여 전면 재검토키로, 언론계 기본권 제약 지적」, 『동아일보』 1967.11.24.

112 「향토방위법안 자동적으로 등록」, 『경향신문』 1967.12.2.

113 「향토방위법안 필요악 논쟁」, 『동아일보』 1967.12.12.

자위조직의 정치적 악용을 우려하는 여론은 내무부가 7월에 '향보대(鄕
保隊)' 설치를 추진할 때부터 이미 제기되었다. 1967년 북한의 대남 무장침
투가 급증하자 7월 내무부가 전국의 이·동을 기본단위로 하는 향보대 수립
을 추진했으나 지지받지 못했다. 한국사회는 기존 향보단, 민보단, 청년(향
토)방위대, 의용경찰대 등이 보였던 폐단을 기억하고 있었고, 내무부와 경
찰이 통솔하는 향보대는 자발적인 기구로 운영되기보다 각급선거에 이용
되거나 집권당의 외곽단체로 전락할 수 있다고 보았다. 언론은 북한이 단순
무장침투를 넘어 유격전을 벌이는 현실에서 내무부의 구상은 충분한 근거
가 있으나, 커다란 문제를 낳을 수 있는 방위기구 수립은 내무부의 행정 조
처가 아니라 국회의 입법 조처에 따라야 한다고 지적했다.[114]

이처럼 과거 이승만 정부가 지역사회 자위를 담당해야 할 기구를 지배
수단으로 악용하고, 박정희 정부가 6·8선거와 같이 장기집권을 위해 대대
적인 부정선거를 벌였던 모습은 사회적인 불신을 팽배하게 했고, 이는 정
부가 정작 향토방위 기구를 만들고자 할 때 부메랑이 되어 돌아왔다. 결국
1·21사태 이후 정부는 여러 비판에 직면한 향토방위대 안을 폐기하고 대신
향토예비군의 창설로 선회했다.[115]

민방위법 추진이 사회적인 반발에 직면하여 좌초한 것과 달리 군의 유격
전/대유격전 능력 강화 방안은 거침없이 추진되었다. 1967년 9월 14일 국가
안전보장회의가 열리던 시간에 육군본부 기밀실에서 60여 명의 사단장급
이상이 참여한 주요 지휘관 회의가 개최되어 대간첩작전을 논의했고, 오후
에는 육·해·공군의 주요 지휘관, 국방부와 합동참모본부(합참) 간부 등 모
두 99명의 고위급 지휘관과 참모가 모인 대규모 회의가 개최되었다.

---

114 「향보대 조직의 문제점」, 『조선일보』 1967.7.21.
115 강민철 「1968년 안보위기론 조성과 향토예비군 창설」, 가톨릭대 석사학위 논문 2009, 16
~20면.

오후 회의는 오전 국가안전보장회의에 참석한 국방부 장관 김성은이 주재했다.[116] 이 자리에서 전군 지휘관들은 '베트남을 위해 계획된 것과 유사한 방안'으로 비무장지대에 '철책'을 세울 것과 철도, 전력시설 등과 같은 주요 산업 보호를 위해 군 병력을 배치하고, 대침투 및 전복 행위에 대처하는 방위력을 강화하기 위해 예비군을 활용하는 방안 등을 논의했다.[117]

박정희와 군부는 1968년 예상되는 북한의 무장침투 공세에 대응하기 위한 안보 능력 강화에서 경찰보다 군대를 강화하는 쪽으로 정했다. 박정희는 예비사단 산하에 대침투작전을 전담하는 8개 대대를 창설하겠다고 주한미군사령관에 통지하며, 북한의 대남침투 위협은 경찰로서 대처할 수 없는 규모와 수준이 될 것이라는 점을 사유로 들었다.[118]

국방부는 1962년 군사사절단을 이끌고 남베트남을 방문했던 심흥선에게 '대간첩작전대책위원회'의 구성을 맡겼다. 국방부는 1967년 12월 초에 육군에 대간첩작전을 전담할 기동타격대를 설치하고, 각 시도에 군·경 합의체를 두어 대간첩작전을 지휘하게 한다는 대책을 밝혔다. 이 안에 따르면 군은 원칙적으로 전방지역 대간첩작전만을 지휘하고 후방은 경찰·행정계통이 주관하나, 상황에 따라 후방에서도 '주둔군 부대 지휘관'이 주관할 수 있었다.[119] 국방부의 대책은 경찰보다 군의 역할을 강화하는 데 무게를 두었음을 보여준다. 1·21사태 이후 군은 1968년 1월 말까지 2군 예하 예비사단에 기동타격대 대대의 창설을 서둘러 추진했다.[120]

---

116 「군지휘관회의 최대병력 동원」, 『동아일보』 1967.9.14.

117 Telegram 1371, from Seoul, Subject: Internal Security: Reaction to Train Derailment, 1967.9.15, 2면. RG59 1967-69 SNF Central Foreign Policy Files(국립중앙도서관 해외 한국 관련 기록물 표제 POL 23-7 KOR S).

118 "135. Telegram From the Embassy in Korea to the Department of State, Subj: ROK Internal Security," Seoul, 1967.11.29, FRUS, Vol. XXIX, Part 1. KOREA, 294면.

119 「군·경 대간첩작전: 지휘권을 통합」, 『경향신문』 1967.12.7.

안보관의 재구성(1): 비상대권 확보 추진과 안보관의 분화

1·21사태가 일어나기 직전인 1968년 1월 6일 원주 제1군사령부 회의실에서 박정희 대통령이 참석한 '비상치안회의'가 열렸다. 이 회의에 정일권 국무총리를 비롯한 전 국무위원, 김형욱 중앙정보부장, 임충식 합참의장 및 각 군 참모총장, 해병대 사령관, 사단장급 일선 지휘관, 각도 지사, 지방검찰청 검사, 경찰국장까지 총 160여 명이 참석했다. 국가안보에 관계된 행정부, 사법부, 군, 경의 모든 책임자가 다 모인 자리였다. 이 자리에서는 북한의 무장간첩 침투에 대처하기 위한 세부 방안으로 각도 협의체 구성, 적극적인 대간첩작전 수행과 지휘체계 일원화, 군·관·민 협조의 향상 방안 등이 논의되었다.

원주 회의에서 박정희는 북한이 대규모 무장간첩을 밀파하여 '전면적인 유격전'을 시도할 가능성이 크니 경각심을 갖고, 대간첩작전을 위해 지역방위태세를 확립하기 위한 '향토방위법의 제정'을 서둘라고 훈시했다.[121] 주한미대사관은 회의를 개최한 의도가 국민에게 북한 침투위협에 대한 경각심을 고취하고, '민방위법 제정'을 둘러싼 반대 여론을 무마하며 향토방위법 제정에 유리한 분위기를 조성하려는 데 있다고 보았다.[122]

1월 21일 북한 무장부대의 청와대 공격은 한국사회에 충격과 공분을 일으켰지만, 통치체제에 준 충격은 미미했다. 약간의 과장을 덧붙이면 정부의 혼란은 북한이 남파한 부대를 어떻게 명명할 것인가 정도였다. 처음에는 '무장간첩,' 다음으로 '무장유격대' '무장특공대' '무장게릴라'라는 용어가 혼용되다가, 23일 신민당 의원 박병배(朴炳培)가 '유격대' 규정은 교전 당

---

120 「기동타격대 창설」, 『동아일보』 1968.1.27.
121 「간첩작전을 일원화」, 『동아일보』 1968.1.6.
122 "143. Editorial Note," *FRUS*, Vol. XXIX, Part 1. KOREA, 309면.

사국으로 포로 대우를 해주어야 하므로 '무장공비'라는 용어를 사용하자고 제안했고, 청와대가 이를 명칭으로 확정했다.[123] 2월 7일 박정희는 하동(河東) 경전선 개통식에 참석해 250만 재향군인의 무장과 이를 위한 무기공장 설립을 다짐하고 더불어 국민에게 정신 무장을 촉구하고,[124] 다음 날 김성은 국방부 장관, 임충식 합참의장, 삼군 참모총장과 해병대 사령관을 청와대로 불러 '새로운 국방개념'을 수립할 것을 지시했다.[125] 2월 20일 정부는 지지부진한 '향토방위대' 수립을 폐기하고, 대신 재향예비군을 무장시킨 '향토예비군'에게 대간첩·대게릴라전을 담당하게 한다는 방침으로 선회한 뒤 향토예비군의 결성에 박차를 가했다.[126]

1·21사태 직후 열린 국회 본회의에서 야당 신민당 의원들은 1·21사태가 "치안, 국방 책임자들의 정신상태가 타락한 데 기인한 것"이기에, '향토방위법 제정'보다 '정부 내 부정부패의 발본색원'이 우선되어야 한다고 비판의 소리를 높였다. 그런데 국회에 출석해 1·21사태가 정부의 대처 능력 부재를 드러낸 것이라는 질타를 받은 정일권의 답변이 자못 흥미롭다. 그는 동문서답식으로 "비상시에 대통령에게 대권을 주도록 하는 관계법안"을 국회에 제출하겠다고 답변했다.[127] 1969년 개헌논의에서부터 1971년 국가보위에 관한 특별조치법을 거쳐 1972년 '유신헌법' 제정을 통해 최종 완결되는 '비상대권' 확보라는 의제가 공론화된 것이다.

박정희 정부와 공화당은 비상대권 확보를 1967년 9월 국가안전보장회의 이후 민방위제도 수립을 본격적으로 추진할 때부터 고려한 것으로 보인다.

---

123 「60년대 新語」, 『동아일보』 1969.12.20.
124 「재향군인 2백50만 무장」, 『경향신문』 1968.2.7.
125 「자율국방태세의 확립」, 『매일경제』 1968.2.10.
126 「향방법 폐기방침」, 『동아일보』 1968.2.22; 강민철 「1968년 안보위기론 조성과 향토예비군 창설」 16면.
127 「국방·치안 당국자 문책, 非常大權 법안을 준비」, 『경향신문』 1968.2.3.

1967년 11월 민방위법이 강한 반대에 직면하자 공화당 대변인 김재순(金在淳)이 군·경만으로 북한의 '빈번한' 휴전선 및 후방지역 무력 침범을 막기에는 역부족이기에 "군·민의 유기적인 국민방위체제의 확립"이 필요하다는 견해를 밝히며, "헌법에 보장된 대통령 비상권과 반공법, 계엄법 등으로 정부가 추진하고 있는 민방위법안의 취지를 달성할 수 있는지"를 면밀하게 검토하겠다는 성명을 발표했다.[128]

앞서 살펴보았듯이 1967년 9월 박정희를 위시한 최고위 안보정책 책임자들은 북한이 도발하면 국지전 수준의 보복조치를 즉각 단행할 것을 진지하게 고려했고, 1968년에 준비상사태 국면이 도래하리라 단정하며 국민의 기본권까지 제약하는 국민방위체제의 수립을 추진했다. 추론컨대, 박정희를 위시한 안보 책임자들은 전면전쟁이 발발하면 사후적 대처 방안으로 헌법에 보장된 대통령 긴급권으로는 남북의 유격전/대유격전이 초래하는 비상사태에 대처할 수 없으며 이를 사전에 능동적·효과적으로 대처하기 위해서는 삼권분립을 초월한 '비상대권'이 필요하다고 판단했을 것이다.

여당 공화당과 야당 신민당은 소위원회를 구성하여 사흘에 걸쳐 1·21사태 대책을 놓고 논쟁을 이어갔다. 공화당은 결의안에 미국이 한국 방위를 보장하지 않으면 주월한국군 철수를 고려하고, 북한 도발에 즉각 대응할 수 있도록 대통령에게 비상대권을 부여한다는 내용을 담자고 제안했다.[129] 이에 대해 야당은 국민에게 초비상사태라는 공포 분위기를 조성하여 독재체제를 더욱 굳히려는 저의가 있다고 반대했다.[130] 논란 끝에 여야 소위원회는 헌법에서 이미 대통령에게 선전포고권 등 긴급권이 부여되어 있으므로 비상대권 부여안을 결의안에 포함하지 않기로 정리하고,[131] 결의안에는 "정부의 단

128 「민방위법 재검토」, 『경향신문』 1967.11.24.
129 「인책은 신상필벌로 美에 단호 조치 촉구」, 『동아일보』 1968.2.6.
130 「굴욕외교의 호도책, 신민 반대성명」, 『동아일보』 1968.2.6.

호한 조치와 단독 응징 지지, 미국의 푸에블로호 사건의 중시 태도와 북미비밀 교섭에 대한 비판, 경찰력 개선, 국민정신 진작" 등의 내용을 담았다.[132]

대통령의 '비상대권'안이 과도한 권력남용을 초래하리라는 우려와 반대에 직면한 데는 민방위법 제정 건과 마찬가지로 박정희 정부가 자초한 측면이 컸다. 1967년 6월 8일 국회의원 총선거에서 박정희 정부는 대대적인 부정을 저질렀고, 6·8선거의 후유증은 1968년 2월에도 부정선거 관련 소송이 이어질 정도로 컸다. 민주주의 체제의 근간을 뒤흔든 부정선거를 이승만 정부 때부터 체험하며 한국사회의 여론 주도층과 대중은 국가안보 확보를 위해 최우선시해야 할 사안은 정권의 부정부패를 바로잡는 것이라고 인식하게 되었다. 박정희 정부가 발의한 비상대권 논의를 보며 동아일보는 다음과 같은 논평을 달았다.

우리는 공산주의에 반대하고 무엇을 지키려는 것일까. 길게 말할 것도 없다. 헌법이 명시한 민주공화국의 사상 및 체제를 지키자는 것이다. 자랑스럽지 못한 6·8총선거 따위를 지키려고 우리가 반공을 하고 있는 것이 아니다. (…) 무장공비 사건을 계기로 6·8총선거 문제는 재론하지 않는 것이 좋겠다는 의견이 있다. 무장공비의 재남파에 대비하기 위해서 대통령의 비상대권이 필요하다는 의견도 있었고, 국민의 헌법상 권리를 약간 제약하는 것도 부득이하지 않으냐 하는 의견도 있었고, (…) 우리가 반공을 1년이나 2년만 하면 되는 것이 아니다. 우리는 장기투쟁을 하고 있다. 완급을 가려야 하며 급한 때가 지났다면 여유와 이성을 버리지 말아야 한다.[133]

---

131 「촉구, 지지 싸고 격론」, 『동아일보』 1968.2.7.

132 「대통령 단안 촉구」, 『경향신문』 1968.2.7.

133 「횡설수설」, 『동아일보』 1968.2.16.

남베트남 정부에서도 남한과 거의 동시에 비상대권 승인을 국회에 요청했던 사실이 주목된다. 1968년 1월 30일부터 시작된 '구정 공세'에 직면한 대통령 응우옌반티에우는 공산군의 대공세에 대처하기 위한 병력동원 강화 등을 담은 비상조치를 2월 9일 발표하고, 의회에 향후 1년간 경제 및 재정 분야에서 포고령을 선포할 수 있는 비상대권을 승인해달라고 요구했다.[134] 하지만 남베트남 하원뿐만 아니라 가톨릭 세력이 집결해 있는 상원도 티에우의 비상대권 요구를 압도적인 표차로 거부해버렸다. 언론에 따르면 남베트남 의원들은 정치적 적대세력을 탄압해온 티에우에게 비상대권을 부여하면 독재를 강화하는 결과만 낳으리라 판단했다.[135]

1968년 1·21사태 직후 박정희 정부의 비상대권 확보는 좌절되었으나, 이는 박정희와 중앙정보부 같은 친위세력들에게 일시적인 후퇴를 의미했을 뿐이다. 박정희 정부가 1·21사태와 푸에블로호 사건을 겪은 직후인 3월에 '일면 건설, 일면 국방'이라는 기치를 내건 데서 알 수 있듯이 시정정책의 주안점을 '경제건설제일주의'에서 안보 비중을 크게 강화하는 방향으로 바꾸었고,[136] 더구나 박정희가 국지전 수준의 단독 보복조치 의지를 갖고 구체적인 방안을 강구하는 상황에서 비상대권 확보는 결코 쉽게 포기할 사안이 아니었다.

1968년 11월경 공화당 내 일각에서 국방력 강화와 1970년대 전반기에 도래할 안보위기에 대처하기 위해 박정희의 3선 출마가 필요하다는 견해가

---

134 「티우, 비상대권 요구」, 『경향신문』 1968.2.10; 「티우, 의회에 비상대권 요청」, 『동아일보』 1968.2.10.

135 「월남 하원서 부결」, 『경향신문』 1968.3.2; 「연타당한 티우」, 『경향신문』 1968.3.9.

136 「기간·군수산업 병행」, 『경향신문』 1968.3.4; 「건설·국방으로 이원화」, 『매일경제』 1968.3.27.

공공연히 흘러나왔다.[137] 박정희가 '3선개헌'을 구상하기 시작한 시점은 대대적인 부정선거를 자행한 1967년 6·8총선까지 거슬러가야 할지도 모른다. 중요한 점은 1968년 국면을 경과하며 개헌의 명분과 목표가 변화했다는 사실이다. 1969년 들어서며 개헌추진세력은 "조국근대화 작업과 병행하여 국가안보체제의 요새화"를 이끌 '강력한 리더십'의 유지가 필요하며, "북한이 게릴라 활동으로 한국의 안전을 위협할 때 국민을 이끌 영도자는 군부의 전폭적인 지지를 받는 군인 출신이 가장 적합하다"고 주장했다.[138]

1968년 12월 중앙정보부는 교재 『대유격전』을 배포했는데, 유격전을 벌이는 공산당이 "중앙집권적 지도체제를 자랑하는 전투적 당"이기에 이에 대항하려면 그에 못지않은 '지도자의 영도력'과 '효율적인 정부'가 필요하다고 주장했다.[139] 개헌추진세력은 유격전이 초래하는 안보위기의 극복을 위해서는 '강력한 영도자'가 필요하다는 논리를 1969년 9월 3선개헌 국민투표 시점까지 개헌 명분으로 계속 주장했다.[140]

박정희와 3선개헌 추진세력은 개헌의 목표를 영구집권을 위한 연임금지 조항 폐지에만 초점을 맞추지 않았다. 공화당 사무총장이자 3선개헌 추진의 핵심 인물이었던 길재호(吉在號)는 1969년 6월 초 추진하고 있는 개헌의 주 내용으로 연임금지 조항의 폐지, 대통령에게 비상대권 부여, 국회의원의 정원 확대, 세 가지를 들었다.[141] 이어 7월 초에도 그는 '비상사태'라는 엄연

---

137 이웅희(동아일보사 정치부장) 「박대통령은 3선에 출마할 것인가」, 『신동아』 제524호, 1968.11, 89면.

138 「굳어진 개헌 스케줄」, 『경향신문』 1969.1.18; 「반대의 기치 든 당위론」, 『동아일보』 1969. 1.21.

139 중앙정보부 『대유격전』 1968, 61~62면.

140 안동준 「자주국방태세 완비와 헌법개정」, 『정책계보』 제4권 3호, 1969.9, 45~46면. 이 글을 쓴 안동준(安東濬)은 공화당 정책위원회 부의장을 맡았다. 그는 1948년 육사 7기(특)로 졸업했고, 자유당 국회의원, 공화당 국회의원을 역임했다.

141 「연임금지 삭제, 비상대권 신설」, 『경향신문』 1969.6.3.

한 현실을 자각하며 "전쟁 및 이에 준하는 비상사태하에서는 선거를 거치지 않고 대통령의 임기를 일정 기간 연장"하는 비상대권의 신설을 신중히 검토하고 있다고 밝혔다.[142]

이러한 구상에 야당은 강력히 반대했다. 신민당은 비상대권 부여와 전시 임기연장 논의는 '영구집권을 가능하게 만들기 위한 기도'라고 비판하며 결사 저지의 의사를 밝혔다.[143] 야당의 반대는 개헌추진세력에게 상당한 부담이 되었을 것이다. 결국 개헌추진세력은 7월 말 '비상대권 부여와 임기연장 조정' 내용을 개헌안에서 제외하고,[144] 연임금지 조항 폐지에 전력을 집중했다.

지도자의 영도를 강조하는 안보관에 대립한 민주주의를 강조하는 안보관도 1968년 2월 초 정일권이 국회에서 비상대권을 요구한 때와 비슷한 시기에 제기된 점을 주목할 필요가 있다. 육사 교원 임동원은 『사상계』 3월호에 투고한 글에서 인민전쟁에 대처하는 최선의 방안은 '민주주의 발전과 전 국민의 생활수준 향상'을 통해 국민의 지지를 굳히는 데 있다고 제시하고, '탁월한 영도자와 유능하고 정직한 정부의 존립'이 국민의 지지를 유지할 수 있는 '일차적인 전제'라고 설명했다.[145] 즉, 임동원은 안보의 근본을 '민주주의'에서 찾고, 민주주의를 지키는 탁월한 영도자가 필요하다고 본 것이다. 이후 임동원은 회고록에서 4월혁명을 겪으면서 자유와 민주주의에 대한 확고한 신념을 갖게 되었다고 밝혔는데,[146] 『사상계』에 발표한 글의 기조는 이와 무관해 보이지 않는다.

142 「비상시엔 선거 않고 임기연장」, 『경향신문』 1969.7.18.
143 「우중 유세강행 신민당」, 『경향신문』 1969.7.19.
144 「與 전당대회 앞당겨 개헌발의」, 『동아일보』 1969.7.26.
145 임동원 「제삼의 도전 '인민해방전쟁'」, 『사상계』 제179호, 1968.3, 215면.
146 임동원 『피스메이커』, 창비 2015, 116면.

중앙정보부가 12월에 배포한 교재『대유격전』에는 탁월한 지도자의 필요성을 제기하면서도 임동원과 달리 민주주의에 관해서는 일언반구도 없다. 12월 말은 개헌추진세력이 안보위기를 명분으로 한 개헌 구상을 흘릴 때이니, 개헌추진세력의 핵심인 중앙정보부가 민주주의라는 용어를 소거한 채 대유격전의 승패를 좌우하는 관건으로 '지도자의 영도력'을 강조한 것은 우연이 아닐 것이다. '대유격전―지도자의 영도력―비상대권 부여―종신집권'을 묶어 파악하며 개헌을 추진한 세력들에게 '민주주의'라는 용어는 금기어와도 같았기 때문이다.

공화당 내에서도 개헌반대세력에 의해 민주주의를 강조하는 안보관이 제기되었다. 공화당 의원 김성희(金成熺)[147]의 안보관은 박정희를 포함하여 인민전쟁의 위협을 중시한 논자들과 상당부분 일치했다. 그는 간접침략과 게릴라 위협을 중시하고, 빈곤 및 후진적 요소의 추방을 통해 공산세력이 침투할 수 있는 온상을 제거하는 것이 중요하다고 여겼다. 그런데도 김성희는 1968년 말 개헌추진세력과 근본적인 견해차를 보였다. 개헌추진세력은 안보위기 대처를 위한 방안으로 '지도자의 영도력'을 강조했다면, 김성희는 '민주적 리더십'을 강조했다. 공산주의와 대결에서 승리하기 위해서는 민주주의의 힘을 최대한 발휘할 수 있어야 한다는 것이 그의 소신이었다.[148]

김성희는 공산주의의 도전에 대처하기 위해서는 모든 국민의 방심 없는 경계가 요청되나, 이를 빌미 삼아 "공산주의에 대한 국민의 공포심을 자아내게 한다든지, 대공태세의 확립이라는 이름으로 민주주의의 본질을 깨뜨

---

147 김성희는 1969년 3선개헌을 지지했지만, 적어도 1968년 말까지는 공화당 내 개헌반대파들의 견해를 주도하는 이들 중의 한 명이었다. 김성희는 1944년 경성제대 법문학부를 졸업했으며, 1950년대와 60년대 부산대 교수, 동국대 교수, 서울대 교수 등을 역임했고 5·16군정 시기에는 국가재건최고회의 의장 고문을 맡았다. 이후 제7대 국회의원 등을 역임했다(『한국안전보장논총』 제1집, 1968.12, 564면; '김성희,' 부산역사문화대전 http://busan.grandculture.net).

148 김성희 「국가안전보장과 정치상의 문제점」, 『한국안전보장논총』 제1집, 576면.

리는 일이 추호라도 있어서는 안 된다"라는 점을 분명히 했다. 더불어 그는 국가안보를 위한 가장 중요한 정치적 과제가 모든 국민이 "민주주의가 생명을 바쳐서라도 수호해야 할 이념이며 정치제도라는 굳은 신념을 가질 수 있게 만드는 것"이라고 강조했다.[149]

김성희의 견해는 공화당 내 3선개헌 지지파와 반대파의 정치적 대립과 무관하다 볼 수 없으나,[150] 그렇다 하더라도 그의 견해를 정략적인 발언으로 쉽게 치부할 수 없다. 이 시기 여론 주도층에서 북한과 체제 경쟁에서 승리하기 위해서는 민주주의 사회체제와 정당정치 체제의 확립이 중요하다는 인식이 공유되고 있었기 때문이다.[151]

안보관의 재구성(2): '냉전질서 변화-통일문제-지역사회' 관계의 설정

1968년 5월 중순 미국의 중앙정보부를 위시한 국무부와 국방부 그리고 국가안보국(NSA) 등 미 정부의 정보 부처들은 북한의 향후 공세를 전망하는 보고서를 '미 정보위원회'(USIB)에 제출했다. 미 정보기관들은 북한이 다시 전면전을 벌일 가능성은 거의 없으며, 대신 북한판 인민전쟁을 추진하리라 예측했다. 즉, 북한은 반전 여론에 시달리는 미국 정부가 박정희 정부의 보

---

149 같은 글 577면.
150 1968년 3선개헌과 관련한 공화당 내 갈등에 관해서는 다음 책을 참조. 심지연 『한국정당 정치사』, 백산서당 2004, 201~203면.
151 안병욱 「국가안전보장과 사회적 제문제」, 『한국안전보장논총』 제1집, 1968.12, 583면; 신상초 「한국의 안전보장과 정당」, 같은 책 663면. 반공 자유주의를 견지한 신상초는 이후 장준하, 함석헌과 통일문제에 관해 견해를 달리하다가 박정희 지배체제에 영합하는 길을 걸었다. 이에 대해서는 다음 논문을 참조. 장규식 「1950~1970년대 사상계 지식인의 분단인식과 민족주의론의 궤적」, 『한국사연구』 제167호, 2014.

복조치를 쉽게 용인하지 않을 것이라는 점을 간파하고, 인민전쟁을 침략 방식으로 고려할 가능성이 크다는 것이다. 미 정보 부처들은 북한판 인민전쟁은 아마도 비무장지대에서 사건을 일으키거나 남한 전역에 테러 공격을 가해 한국 정부의 국가 통제력을 흔들려는 시도가 될 가능성이 있는데, 다만 북한이 상당 규모의 부대를 남파하여 남한지역을 점령하는 행위가 초래할 수 있는 위험성을 잘 알기에 쉽게 시도하지 못할 것이라고 판단했다.[152]

하지만 미국 정보 분석가들의 판단은 11월 초 북한이 울진·삼척에 대규모 무장부대를 남파하면서 빗나갔다. 미 국무부 정보 분석가들은 북한이 대규모 무장부대를 남파하여 남한에 '최대한 심리적 충격'을 가하고 베트남식 유격전을 모방한 동계 유격전의 가능성을 탐색했지만, 대중의 지지를 전혀 받지 못함으로써 본격적인 유격전을 조장하려는 시도에 커다란 타격을 입었다고 평가했다.[153]

한편, 국내 안보 관계자들도 1968년 국면을 겪은 뒤 냉전체제의 유동과 동북아 국제질서의 변화, 이에 따른 한반도의 문제와 한국사회의 농촌문제까지 총체적으로 파악하고자 시도했다. 이에 대해서는 육군대학 교육계획부 교관 주경헌과 군의 주요 보직을 역임하고 1967년에 퇴역한 박중윤의 논의를 통해 부족하나마 가늠해볼 수 있다.

1·21사태와 푸에블로호 사건에 대한 대처를 놓고 한미 정부 사이에 이견이 표출된 1968년 상반기를 겪은 뒤,[154] 군부는 미국이 한국의 안보와 통일 문제를 방기할 수 있다는 우려와 불신을 더욱 키웠다. 1968년 9월 육군대학

---

152 "200. Special National Intelligence Estimate," Washington, 1968.5.16, *FRUS*, Vol. XXIX, Part 1. KOREA, 429면.

153 "207. Intelligence Note Form the Diretor of the Bureau of Intelligence and Research (Hughes) to Secretary of State Rusk," Washington, 1968.11.8, *FRUS*, Vol. XXIX, Part 1. KOREA, 446~47면.

154 이에 관해서는 홍석률 「푸에블로 사건과 남한·북한·미국의 삼각관계」 참조.

교관 주경헌(朱炅憲)은 미국의 대중국 정책이 '고립화 없는 봉쇄' 정책으로 전환되고 있으며, 이는 미국이 중국의 태도 여하에 따라 중국의 유엔가입을 허용할 가능성을 보여주는 것으로 이해했다. 주경헌은 당장은 아니더라도 장기적으로 미국이 중국의 유엔가입 반대를 철회할 것이며 이는 한반도의 통일문제와 한국의 안전보장에 상당한 혼란을 초래하리라 전망했다.[155] 주경헌의 논의는 앞서 1967년에 국방대학 교수 김수만이 제기한 중국의 유엔가입에 따른 '두 개의 중국' 승인과 이에 따른 '두 개의 한국'이 용인되는 현실로 나타날 수 있다는 우려가 군내에서 확산, 공유되었음을 보여준다.

주경헌은 서독 에르하르트 내각의 붕괴를 다시 불러내어 미국의 방기 우려를 확증해주는 사례로 되새겼다. 주경헌은 콘라드 아데나워(Konrad Adenauer)와 에르하르트 두 내각이 적극적인 대미협조 노선을 바탕으로 '할슈타인 원칙'을 내세운 반공정책, 흡수통일정책 그리고 '오데르-나이세' 경계선을 무시하며 실지 회복을 위한 '힘의 외교'를 추진했는데도, 미국이 소련과 공존 무드를 조성하고 동남아시아에 전력을 집중하여 에르하르트 정권이 미국과 기존 대외정책의 보조를 맞추기 힘들게 되었고 결국 실각으로 이어졌다고 보았다.

주경헌은 "미국이 유럽에서 서독을 소외하듯이 동아시아에서 일본을 중심으로 국가전략을 수립하고 한반도의 전략적 가치평가가 변화된다면 우리의 안전보장 문제는 새로운 시련을 당하게" 될 것이라며 미국에 대한 불신을 노골적으로 드러냈다.[156] 주경헌이 사실을 정확하게 인지하며 에르하르트 정권의 성격을 올바르게 설명한 것은 아니다. 에르하르트 정권은 아데나워 정권의 정책을 계승해 동독을 불승인하는 태도를 견지했지만 그렇다

---

155 주경헌 「미국의 극동정책과 한국의 안전보장」, 『군사평론』 제97호, 1968.9, 17면.
156 같은 글 21~22면.

고 철저히 진영 논리에 갇혀 있던 정권도 아니었다. 에르하르트 내각은 대소관계의 정상화와 동구권 문호개방정책을 모색하며 '동독 고립화'를 시도하는 정책을 취했기 때문이다.[157]

여하튼 주경헌은 안전보장을 위한 당면과제로 한반도 통일문제에 관해 강대국에 의존하는 대도를 버리고, 일본에 대항하기 위한 저개발국기 간 쌍무관계의 강화를 제기했다. 또한 주경헌은 가장 신뢰할 수 있는 우방으로서 미국을 부정하지 않으면서도, '북괴의 파괴공작과 장차 야기될지도 모를 전면전'에 대비하기 위해서는 작전지휘권을 회수해야 한다고 강조했다.[158] 1967년 9월 회의에서 박정희가 한 발언과 겹쳐진다.

한편, 1968년 12월 박중윤(朴重潤)도 같은 기조에서 국제질서와 한반도를 둘러싼 주변 정세의 변화를 분석했다. 그는 1968년에 퇴역하여 안보 일선에서 물러났지만, 육군보병학교장, 육군사관학교장, 육군대학 총장, 국방대학원장, 합동참모대학 총장 등 군의 교육 분야 주요 보직을 역임하고 전역 후에도 1969년 4월에 국가안전보장회의 산하 비상기획위원회 부위원장을 맡았다.[159] 1971년에는 국가안전보장회의 상임위원으로 발령받아 1974년 3월 산업대학 학장으로 옮기기까지 비상기획 체계를 확립하는 임무를 맡았던 인물이다.[160] 또한 박중윤은 앞서 언급했듯이 강영훈과 함께 만주 건국대학

---

157 「라인 기적을 이룬 총수」, 『경향신문』 1966.4.16. 이와 같은 평가는 1974년 중앙정보부가 동서독 관계 자료집을 발간하며 내린 평가이다(중앙정보부 『동서독자료집: 접촉관계 上』 1, 1974, 93~94면).

158 주경헌 「미국의 극동정책과 한국의 안전보장」 23~25면.

159 국가안전보장회의 산하 비상기획위원회는 1966년 국가안전보장회의 산하에 설치된 국가동원체제연구위원회가 1969년 비상기획위원회로 개편되며 만들어진 것이다. 비상기획위원회는 '평시 동원체제의 전시 동원체제로의 전환' '방공(防共) 등 민방위' '전시에 적용될 법령 정비' '전시 국가자원 동원' '전시대비 각종연습' 등을 조사 연구하는 임무를 맡았다(신응균 「동원체제 문제」, 『국가안전보장논총』 제3집, 1971.12, 492면).

160 「정부인사」, 『매일경제』 1970.1.29; 「산업대학장 박중윤씨를 임명」, 『매일경제』 1974.3.16.

졸업 동기였다. 1967~68년 국가안보정책 결정의 핵심 라인에 만주국의 세례를 받은 인물들인 정일권(만주군/헌병대), 박정희(만주군), 임충식(만주군/간도특설대), 김성은(만주국 하얼빈 공대) 등이 다수 포진되어 있었다는 점을 고려할 때, 박중윤의 견해는 주목할 필요가 있다. 그는 1960년대 말부터 1972년 분단국가체제가 수립될 때까지 전환기에 안보정책 최고위 책임자들의 인식을 살펴볼 수 있는 인물이라 할 수 있다.

박중윤은 국제질서를 규정하는 사안이 진영 대립의 '동서문제'에서 개발국과 저개발국가 간의 '남북문제'로 이동하고 있으며, 이러한 변화는 '핵교착 상태'에서 각국이 독립 및 경제개발이라는 국가이익 추구에 치중하며 나타난 결과로 보았다. 그의 판단에 따르면 향후 국제질서 변화의 주요 요인은 정치적·이데올로기적인 정책이 아니라 경제력 확대를 위한 국가 간의 경합이었다.[161]

미국의 동아시아 정책은 중국을 봉쇄하는 정책에서 지역공동체의 성립을 촉진하며 점진적으로 군사력을 축소하는 방향으로 옮겨가리라 전망되었다. 박중윤은 영국과 프랑스가 중국을 승인하고 캐나다, 서독, 일본 등이 중국과의 무역을 확대하는 상황에서, 미국도 1970년대로 접어들면 유엔에서의 지위와 영향력의 유지를 위해서라도 중국을 승인하는 방향으로 선회할 것이라 내다보았다.[162]

미국이 중국과 공식적이든 비공식적이든 '현실적인 외교관계'를 수립하고, 동북아 지역 안보 이해를 미·소·중·일의 '세력균형'을 통해 추구하는 구도가 성립되면 한반도의 통일문제는 순전히 '국내문제'로 다루어질 가능성이 크다고 여겨졌다. 즉, 미국은 한국의 공산화를 분명히 반대하더라도

---

161 박중윤 「1970년대 한국안전보장의 전략적 전망」, 『한국안전보장논총』 제1집, 1968.12, 766~67면.
162 같은 글 787면.

세력균형을 추구하면서 한반도를 동서의 '완충지대 또는 중립지대'로 만드는 것을 수용할 가능성이 있으며, 이러한 구도가 확립되면 한반도 통일문제 사안은 더는 진영대결(논리)의 구도에서 처리될 수 없다고 박중윤은 날카롭게 분석했다.[163]

그렇다면 미국과 함께 동북아 질서를 좌우할 중국에 관한 판단이 중요해진다. 박중윤은 중국이 호전적 태도로 '세계혁명의 기수'를 자처하며 '인민전쟁론'을 주창하고 있지만, 실제 실행 의지는 없다고 보았다. 즉, 마오쩌둥과 린뱌오를 위시한 중국 지도부가 보이는 '호전적인 고자세'는 도발 의도의 표현이 아니라 오히려 "봉쇄되기를 바라는 정치적·군사적 제스처"라는 것이다.[164] 그는 1970년대로 접어들면 마오쩌둥이 정치일선에서 사라지고 합리주의자가 집권하여 경제개발에 치중할 가능성이 크고, 설령 '세계 적화'를 추진하더라도 주변에 완충지대를 형성하고 아시아 지역에서 지도적인 지위를 확보하는 데 치중할 가능성이 크다고 내다보았다.[165]

하지만 박중윤은 공산세력의 인민전쟁 위협 그 자체를 배제하지는 않았다. 그는 인민전쟁의 수단으로서 '유격전'은 '외국의 적극 개입을 배제하는 것'이기에 미국의 동아시아 정책 전환이 중국 승인과 다자간 세력균형으로 진행된다면 여전히 위험 요인으로 남을 것으로 전망했다. 그는 중국이 북한의 전면적인 남침 시도를 적극적으로 지지하지 않겠지만, 만약 북한의 '간접침략'으로 '중립화 통일운동'이 활성화되고 이로 인해 한국의 내정이 동

---

163 같은 글 772면.

164 같은 글 787면.

165 실제 한국의 안보 관계자들은 닉슨 정부가 중국 봉쇄를 완화하는 조치를 보며 중국을 군사적 위협으로 여기지 않았다. 1970년 말 김종휘는 미국의 대중국 정책 변화는 미국이 과거와 달리 중국의 군사력을 더는 실제적인 위협으로 간주하지 않게 된 것과 관련이 깊다고 설명했다(김종휘 「미국의 대중공정책: 역사적인 변천 과정을 중심으로」, 『국방연구』 제29호, 1970.12, 23면).

요를 보인다면 중국도 북한에 남침을 촉구할 가능성이 있다고 판단했다.[166]

이처럼 인민전쟁의 위협을 배제하지 않은 박중윤이 볼 때 농촌은 근대화 기획이 시급히 추진되어야 할 곳이었다. 그는 한국이 세계적으로 높은 평가를 받을 정도로 급격한 경제발전을 이루었음에도 불구하고 농촌이 여전히 심각한 빈곤 상태에서 벗어나지 못하고 있는 사실을 안보 차원에서 주시했다. 박중윤은 농촌의 빈곤이 더욱 심화되어 농민의 대규모 농촌 이탈을 부르고, 도시로 이주하는 농민들을 공업 분야에서 흡수하지 못해 유동하는 실업자를 만들고, 이러한 상황이 사회불안을 조장하는 악순환은 피해야 한다고 보았다. 더구나 농촌인구가 많은 상황에서 농촌은 군사력의 근간이 되는 인적자원을 배출하는 곳이었다.[167]

주경헌과 박중윤의 견해는 1960년대 후반 안보 관계자들의 논의가 집적된 결과물이라 해도 과언이 아니다. 달리 말하면 주경헌과 박중윤이 제시한 현실인식과 정책은 박정희에서부터 국방대학원의 교원들 그리고 영관급 장교들까지 냉전체제의 다극화와 동아시아 냉전질서의 변화, 인민전쟁 노선과 남북한 유격전/대유격전 전개 등에 관한 판단을 공유하며 새로운 안보관을 만들어갔음을 보여준다.

요컨대 1960년대 중반 이래 군부와 안보 관계자들은 냉전체제의 다극화, 인민전쟁 노선의 대두와 유격전/대유격전의 고조에 영향을 받으며 안보관을 재정립하고자 했고, 1967,68년 국면을 겪으며 새로운 안보관을 완성했다. 새 안보관의 골자는 '냉전체제의 다극화(열강의 국익 추구와 국제적 화해 무드)—한반도 유격전의 발발 가능성 확대—자주국방과 대내안보체제 강화—지도자의 강력한 영도력 발휘와 이를 위한 통치체제 구축'이라 할 수

---

166 박중윤 「1970년대 한국안전보장의 전략적 전망」 788면.
167 같은 글 793면.

있다.

중앙정보부가 대유격전의 핵심 방안으로 여긴 '지도자 영도론'은 민주주의가 소거된 '비상대권을 지닌 지도자의 영구집권'을 의미했으며, 이는 민주주의 체제의 강화를 안보의 핵심 방안으로 삼는 이들과 대립을 초래했다. 박정희와 친위세력은 1971년 '국가보위에 관한 특별조치법'을 통해 비상대권 확보를 관철하고, 1972년 유신헌법에 비상대권 부여를 명문화하며 비상대권 확보 계획을 완결지었다. 1960년대 후반 이들이 만든 새로운 안보관은 유신정권 말기까지 유지되며 분단국가체제에 정당성을 불어넣는 역할을 했다.[168]

또한 유격전/대유격전 양상이 전면화된 1967,68년 국면을 경과하며 박정희 정부는 새로운 내부안보체제 수립으로 달려 나갔다. 1967년 9월 14일 국가안전보장회의에서 제기된 준군사조직으로서 민방위대의 수립은 정계와 여론의 강력한 반대에 직면하여 결국 '향토예비군'의 수립으로 귀결되었으나, 군은 대유격전 능력의 확대와 지역사회의 방위에 개입할 수 있는 계기를 사회적 저항 없이 밀어붙일 수 있었다. 이날 회의에서 제기된 방안들은 1975년 남베트남 패망에 따른 안보위기 정국 조성과 민방위제도 입법화, 1976년 반상회의 정례화와 반적부(班籍簿) 부활 등과 같이 시차를 갖고 실현되었다. 그리고 이를 구현하는 이상적인 공간으로서 '냉전의 새마을' 건설이 1970년대 중반까지 치밀하게 추진되었다.

---

168 냉전체제의 다극화와 데탕트는 한반도에서 북한의 유격전과 같은 간접침략의 위기를 초래하고, 이에 대처하기 위해서는 '위기정부'와 '강력한 지도자'가 필요하다는 논지는 유신정권 말기까지 유신정우회에 속한 이데올로그들에 의해 반복되었다(정희채 「국가안보와 위기정부」, 『외교안보논총』 제1권, 1978).

7장

'병영화 노선'과 '민주화 노선'의 충돌

인민전쟁 위협론의 지속과 남베트남 평정 주목

1960년대 중반부터 부상하기 시작한 양극적 냉전체제의 다극화와 동북아 질서의 변화 조짐은 1969년부터 1972년까지 전면화되었다. 한국사회의 여러 지식인이 동시대를 '전환기'로 불렀던 사실에서 알 수 있듯이,[1] 한국사회는 국제질서의 변화를 예의주시하며 새로운 변화를 모색했다. 서양사학자 노명식(盧明植)은 "현대사가 일대 전환하는" 중대한 시기가 냉전체제라는 낡은 껍질을 벗는 대외적 자세의 근본적인 전환과 대내적 정치질서의 변

---

1 남재희 「(특집: 전환기의 학생운동) 새시대의 새 선도자」, 『다리』 제2권 10호, 1971.11, 38면. 1971년과 1972년에 걸쳐 여러 잡지에는 '전환기'라는 제목을 달고 국내외 정세와 국제관계에서부터 국민의 정신자세에 대한 재검토까지 폭넓은 주제들을 다룬 글들이 게재되었다. 예를 들면, 蓬萊 「민족주체세력의 형성과제: 전환기의 결단과 정치의식」, 『사상계』 제202호, 1970.2; 민족공론사 편 「전환기의 미국: 70년대 닉슨·아메리카를 분석한다」, 『민족』 제1권 1호, 1972.1; 김용기 「전환기에 있어서 국민의 새 정신자세」, 『중앙행정』 제4권 2호, 1972.2 등.

화를 요청하고 있다고 시대적 과제를 날카롭게 짚었다.[2]

1968년 미국 정부는 향후 한국사회가 맞이하게 될 변화와 이에 따른 불확실성을 주목했다. 1968년 2월 방한을 마치고 귀국한 사이러스 밴스 특사의 제안으로 대한정책과 관계된 미 정부의 국무부, 국방부, 중앙정보부, 국제개발처(AID) 등 대한정책 관련 주요 부처 중진들이 차출되어 '선임간부 부처 간 그룹'(SIG)이라 불리는 팀을 만들고 대한정책에 관한 전반적인 재평가를 진행했다.

6월 중순의 보고서에서 '선임간부 부처 간 그룹'은 미국이 한반도 전쟁에 다시 연루되는 상황을 피하는 최선의 방안은 한국이 미국의 병참지원을 받으며 북한의 전면전을 방어할 수 있는 능력을 갖추는 것이라고 보았다.[3] 이들은 향후 미국의 대한 경제원조 및 군사원조의 종식과 한국군 현대화 계획의 구체화는 베트남전쟁의 추이와 한국군의 귀환, 한국경제와 한국정치의 불확실성 등과 깊이 연동되어 있다고 보았다. 특히 무엇보다 한국이 대선과 총선이 겹친 1971년 정치 국면, 이들의 표현을 빌리면 '1971년 허들'을 무사히 넘는 것이 일차 관문이었다.[4]

하반기에도 미 국무부 차관 니컬러스 캐천백(Nicholas deB. Katzenbach)이 '선임간부 부처 간 그룹'과 함께 대한정책에 관해 검토했다. 캐천백은 한국사회가 안고 있는 안보의 불확실성을 주목했다. 그가 거론한 한국 안보의

---

2 노명식 「(특집: 전환기의 학생운동) 비판적 참여의 可能域」, 『다리』 제2권 10호, 1971.11, 51~52면. 전환기를 언급했던 이들의 정치적 성향이 동일했던 것은 물론 아니다. 예를 들면 가나안농군학교 교장 김용기(金容基)는 미국의 데탕트 정책에 따른 중국의 부상과 북의 남침 위협 고조를 지적하며 위기의식을 강조하고 이를 전환기 내용의 핵심으로 언급했다(김용기 「전환기에 있어서 국민의 새 정신자세」 15면).

3 "201. Paper Prepared by the Policy Planning Council of the Department of State," Washington, 1968.6.15, *FRUS*, Vol. XXIX, Part 1. KOREA, 433~34면.

4 같은 글 435면.

불확실성 요인은 1971년 한국의 선거 국면을 제외하면 나머지는 모두 군사적 요인이었다. 취약한 대북 정보 능력에 따른 북한의 대남 위협에 관한 대처 부족, 베트남전이 한국을 포함한 동아시아에 미치는 영향, 일본·오키나와 미군의 역할 변화 등이 군사적 요인으로 거론되었다. 여기에 1971년 선거 국면이 불안요인으로 포함된 것은 그만큼 미국의 대한정책 관계자들이 1971년 대통령 선거와 국회의원 선거가 겹치는 선거 국면을 정치적 불안요인으로 주목했음을 보여준다.[5]

1969년 닉슨이 괌독트린을 선언한 후 미국 정부는 향후 유동하는 동아시아 질서의 변화 속에서 헤게모니를 유지할 방안을 고민했다. 1969년 11월 19일 오키나와 반환을 위한 협의를 바로 앞둔 시점에 마셜 그린(Marshall Green)이 이끈 실무그룹, '미 국무부 동아시아태평양국 및 부처 간 그룹'(IRG/EA)이 1970년대 미국의 동아시아·태평양 지역 안보정책을 검토했다.

그린이 이끈 부처 간 그룹은 다극화의 대두를 주목하며 1970년대 미국이 동아시아·태평양 지역에서 일차적으로 관철해야 하는 안보 과제가 소련, 중국, 일본과 '힘의 균형'을 유지하면서 이들 중 어느 나라도 동아시아·태평양 지역에 대해 헤게모니를 갖지 못하도록 하는 데 있다고 보았다.[6] 다만 이 그룹은 한국과 같은 동아시아 분단국가에서는 분단(지속)의 명분으로 이념적 차이를 강조하기 때문에 양극화에서 다극화로의 국제질서 변동

---

5 "211. Memorandum Form the Under Secretary of State (Katzenbach to President Johnson Subject: Review of United States Policy Toward Korea: Status Report," Washington, 1968.12.23., *FRUS*, Vol. XXIX, Part 1. KOREA, 457면.

6 From: Chairman, EA/IG-Marshall Green, To: Chairman, NSC Review Group, 1969.11.22, Subject: NSSM-38: U.S. Policy in East Asia in the Seventies, Enclosure 'Overview paper, November 17, 1969,' 1면, Office of International Policy Planning Subject files, 1969~71, RG59, NA(국립중앙도서관 해외 한국관련 기록물 표제: POL 1-4-NSSM 38-Post-Vietnam Asian Policy).

을 쉽게 수용하지 못하리라 전망했다.[7]

박정희를 위시한 정부의 안보 책임자들도 다극화 경향의 대두와 미국의 동북아 정책 변화를 주시하며 안보정책을 제시했다. 1971년 초 박정희 정부의 국가안전보장회의 정책기획실은 『지방행정』에 2회에 걸쳐 「70년대 세계 속의 우리의 좌표」라는 글을 연재했다.[8] 1969년 7월 닉슨이 괌에서 독트린을 발표한 이래 급변하는 미국의 동아시아 정책과 동북아 정세에 대한 박정희 정부의 대응 전략을 정리한 글로, 일선 공무원들에게 주지시키기 위한 것이다.

국가안전보장회의 정책기획실은 닉슨 정부가 "내부교란이나 비정규전이 일어날 수 있는 가능성을 더욱 중요시"하지만, 베트남전에서 배운 교훈에 따라 이에 직접 개입하기보다 "토착적인 대공세력을 육성하여 자주국방 태세를 촉진"하는 동아시아 정책을 취한다고 정리했다. 닉슨은 1970년 2월 18일 미 의회에 제출한 연두 외교특별교서에서 대내 방어는 해당국이 스스로 책임질 사안임을 분명히 하고, 전면전이 발생하면 '잔여적 책임'만을 지겠다는 의사를 분명히 밝혔다.[9]

국내 안보 관계자들은 닉슨 정부의 대아시아 정책 전환을 군사력으로 관철할 수 없다는 베트남전의 교훈[10]과 중국 위협에 관한 인식의 전환이 맞물린 결과물로 이해했다.[11] 1970년 무렵 안보 관계자들은 양극화 시대의 '군

---

7 'Overview paper, November 17, 1969,' III-1-3면.

8 국가안보위 정책기획실 「70년대 세계 속의 우리의 좌표」, 『지방행정』 제20권 208호, 1971.2; 국가안보위 정책기획실 「70년대 세계 속의 우리의 좌표」, 『지방행정』 제20권 210호, 1971.4. 이 글은 언급되는 시점을 볼 때 1970년 말에 쓰인 글이다. '국가안보위'는 '국가안전보장회의'의 오기로 보인다.

9 리차드 닉슨 『(대의회보고서) 1970년대의 미국대외정책, 평화를 위한 새 전략』, 미국공보원 1970.2.18, 128면.

10 김영준(국방대학원 교수) 「중·소관계의 변화와 극동의 국제관계」, 『국방연구』 제29호, 1970.12, 49면.

사적 안보와 질서'가 다극화 시대의 '정치적 안보와 질서'로 전환하고 있으며, 향후 1970년대는 미·소·중·일의 다원적인 4극화시대가 전면화될 것이 분명하다는 인식을 공유했다. 이러한 인식에서는 4대국의 균형이 만든 질서가 한반도와 북한에 어떻게 투사될 것인가, 특히 '북한의 호전성'에 어떻게 작용할 것인가를 파악하는 것이 중요했다.[12]

그런데 국가안전보장회의 정책기획실은 '인민전쟁론'을 견지했다. 국가안전보장회의는 미국과 소련은 협조체제의 유지를 위해 한반도의 긴장 고조를 원치 않으며, 중국도 미국으로부터 핵위협을 받아가며 북한의 전면전 도발을 지원할 리 없다고 판단했다. 1968년 이래 북한의 무장간첩이나 무장소조 침투가 현저하게 줄어들었음에도,[13] 안보정책 책임자들은 핵교착 시대에는 인민전쟁 위협이 증대하리라는 안보 판단을 굳건히 유지했다. 이는 한국의 안보 관계자들만 유별나게 취한 태도는 아니었다. 동아시아 지역에서 닉슨독트린이 불신을 낳으면서 중국의 인민전쟁은 상존하는 위협으로 여겨졌으며, 특히 중국 화교들이 다수 거주하는 국가들은 '마오주의' 공산세력의 잠재력을 두려워했다.[14]

11 김종휘 「미국의 대중공정책: 역사적인 변천과정을 중심으로」, 『국방연구』 제29호, 1970.12, 19~24면.

12 김영준 「중·소관계의 변화와 극동의 국제관계」 53면.

13 육군본부가 집계한 간첩 침투 통계를 보면 기존 100여 건이 넘었던 무장간첩 침투가 1963, 64년 잠시 소강상태를 보이다가 1965년부터 60건으로 다시 증가하기 시작하여 1966년 91건으로 급증하고 1967년 181건, 1968년 141건, 1969년 144건으로 최고치에 달했다. 이후 1970년 86건, 1971년 52건, 1972년 20건으로 줄어들었으며, 이후 약간의 기복은 있었으나 1970년대 중반 이후 매년 무장간첩 침투 건수는 10건 이내로 줄어들었다(국방군사연구소 『대비정규전사(1961~1980)』 II, 1998, 359~60면의 표 '북괴무장간첩 침투 및 작전 결과 통계' 참조).

14 Office of International Security Policy and Planning, 'NSSM-106 OUTLINE,' 1971.2.16, 8면, POL 1-4-NSSM 106-China Policy, RG59, Subject Files, 1969-1971, 국사편찬위원회 전자사료관.

국가안전보장회의 정책기획실은 북한 지도부가 말하는 '결정적 시기'란 미군의 완전철수 이후 중국이 미국의 핵무기 위협을 크게 경감해주고 북한의 전면전 개전을 보장해줄 때인데, 이는 현실화할 가능성이 작으므로 북한은 미국이나 한국이 전면전 차원의 보복을 추진하기 어려운 '비정규전'을 벌이면서 '결정적 시기'로 접근해가는 전략을 취할 수밖에 없다고 판단했다.[15]

이러한 정세 판단에 따라 국가안정보장회의 정책기획실은 1971년 6월 예정된 2만여 명의 미군 철수에 대비하기 위한 '군 현대화'라는 '군사적 안보대책' 추진과 더불어 '군사 외적인 안보대책'을 추진해야 한다고 강조했다. 주목할 점은 국가안전보장회의가 베트남 전장을 대유격전의 승패가 군사적 요인이 아닌 군사 외적인 요인에 좌우됨을 실증하는 곳으로 언급하며, 남베트남에서 시행되고 있는 정치·경제·사회적 안정을 위한 '평정사업'이 대유격전을 승리로 이끌고 있다고 높게 평가했다는 사실이다.[16] 국가안전보장회의가 남베트남 정부의 평정사업을 높게 평가한 시점이 박정희 정부가 후방의 안보취약지구에 베트남전 용어를 쓴 '대공전략촌'을 건설하던 때와 맞물려 있다는 점은 우연이 아닐 것이다.

한편, 1970년에 '예비군 폐지론'이 1970년 말부터 1971년 대통령 선거를 치른 상반기까지 정치권의 쟁점이 되었다. 예비군 폐지론이 정치적 쟁점이 된 배경에는 정부와 여당이 대통령 선거 국면에서 민감한 안보의제를 들고 나온 야당 대선주자 김대중(金大中)에게 이념 프레임을 씌우려는 의도가 깔려 있었다.[17]

---

15 국가안보위 정책기획실 「70년대 세계 속의 우리의 좌표」, 『지방행정』 제20권 210호, 1971. 4. 53면.

16 같은 글 52면.

17 1970년 11월 4일 국방부 장관 정래혁(丁來赫)은 신민당 대선 후보 김대중이 예비군 폐지

대선을 앞둔 정치권의 정략적인 쟁점화를 논외로 하더라도 '비정규전'의 대비를 중시한 박창암, 송석하와 같은 안보 관계자들은 야당의 예비군 폐지론에 대해 강하게 반발했다. 1971년 1월 박창암은 핵전쟁이 불가한 상황에서 남북 전쟁은 '비군사적 분야에서의 공방전'인 '자위전쟁'으로 벌어질 것이며, 이에 대처하기 위한 '민·병 국방체제' 수립이 반드시 필요하다고 주장했다.[18] 박창암과 송석하는 준군사조직으로 민방위 건설을 일찍부터 일관되게 주장했다. 박창암은 1968년 1·21사태 직후에도 향토예비군만이 무장하는 것이 아니라 모든 이들이 무장을 하는 '민·병 국방체제'를 수립해야 한다고 역설했다.[19] 송석하는 핵전쟁에서부터 자연재해, 그리고 간접침략까지 포괄적으로 대비하기 위한 민방위체제 확립을 1960년대 반복적으로 주장했다.[20]

론을 제기하자 장문의 반박 성명을 발표하고, 예비군 철폐 주장은 "김일성 도당에 남침의 길을 열어주려고 하는 이적행위"라고 비판했다. 정래혁은 북한이 70만에 달하는 정규군과 140여 만에 달하는 노농적위대를 주축으로 전쟁 준비를 마쳤고, 1969년 11월 제5차 당대회에서도 전쟁 준비의 완료를 선언했다고 주장하며 현역군과 예비군의 강화만이 북한의 전쟁 도발을 막는 유일한 길이라고 강조했다(「예비군 강화만이 도발 막는 길」, 『경향신문』 1970.11.4). 신민당은 정래혁의 성명 발표에 대해 일개 국무위원이 대선 후보 김대중을 '이적행위를 한 것처럼 몰아붙이고 있다'고 반발하며, 현행 향토예비군 제도가 법에서 정한 병역의무의 한계를 넘어 국민에게 과중한 부담을 준다는 점, 예비군에 동원된 많은 사람들이 생계위협을 받고 있다는 점, 예비군을 정치적으로 이용하고 있다는 점 등의 문제를 안고 있음을 환기시켰다(「丁 성명 싸고 논란」, 『경향신문』 1970.11.5).

18 박창암 「예비군 논쟁에 대한 심판」, 『자유』 제18집, 1971.1, 44~45면. 광복군 이력을 지닌 예비역 준장 장호강(張虎崗)도 같은 관점에서 예비군 폐지가 불가함을 주장했다(장호강 「예비군방위의 절대치」, 같은 책 39면).

19 박창암 「민간방위체제 개념의 기초에 대한 고찰」, 『국회보』 제76호, 1968.2, 47면.

20 송석하 「방위전략」, 『세대』 제30호, 1966.1, 134면; 송석하 「군사적 방위와 비군사적 방위」, 『광장』 제26호, 1975.7, 21면.

'정권안보'와 '민족안보'의 대립

박정희 정부의 최고위 안보정책 책임자들에서부터 박창암, 송석하와 같은 이들이 공유한 안보관은 전환기 냉전체제의 변화를 바라보는 한국사회의 인식 중의 하나였을 뿐이다. 1960년대 말 1970년대 초 한국사회에서 '전환기'를 이해하는 방식은 일률적이지 않았고, 안보 노선도 논자에 따라 커다란 편차를 보였다. 이를 무시한 박정희 정부의 강압적인 노선 관철은 사회적인 대립과 충돌의 전면화를 초래할 수밖에 없었다.

1968년 11월 북한의 모험주의에 반대하는 정부, 군, 학계에 걸친 안보 관계자들의 결집체가 만들어지며,[21] 남북 간 군사적 긴장관계의 고조 속에서 박정희 지배체제의 외연이 확장될 수 있는 여지를 보여주기도 했다. 하지만 이후 박정희 정부가 3선개헌, 비상사태 선포 그리고 '1972년 분단국가체제' 수립을 일방적으로 추진하며 민주화와 남북 통일문제 해결 방안을 놓고 커다란 사회적 갈등을 초래했다.

3선개헌 반대투쟁은 개헌안이 국회에서 통과된 9월 14일까지 대학생뿐만 아니라 고등학생까지 참여하며 격렬하게 전개되었다.[22] 이 시기 대학생

---

21 1968년 11월 군 장성 출신이 주도해 만든 '국방학회'에 학계의 안보 연구자들이 광범하게 참여한 사실은 이를 잘 보여준다. 임원진은 다음과 같다. 회장 이한림(李翰林, 건설부 장관), 부회장 김두헌(金斗憲, 건국대 대학원장), 김점곤(金點坤, 경희대 교수), 학술위원장 이선근(李瑄根, 경희대 교수), 이사 민병태(閔丙台, 서울대 대학원장), 최호진(崔虎鎭, 연세대 교수, 한국경제학회 회장), 김준엽(金俊燁, 고려대 아세아문제연구소 소장), 선우휘(鮮于輝, 조선일보사 편집국장), 김석범(金錫範, 행정개혁위원회 부위원장), 신응균(申應均, 한국과학기술연구소 부소장), 이성호(李成浩, 한국냉장주식회사 사장), 김재현(金在鉉, 대한준설공사 사장), 김봉기(金鳳基, 삼성물산주식회사 부사장), 김용기(金龍紀, 대한건설협회 이사장), 상임이사 김희준(金熙濬, 건설공제조합 감사), 감사 이해동(李海東, 대한세무협회 사장)(『국방학보』 제3집, 1970, '회원명단' 참조). 이외에도 정부 관료, 군출신, 학계, 재계, 언론계에서 220여 명에 달하는 인물들이 국방학회 회원명단에 이름을 올렸다.

22 3선개헌 반대투쟁의 구체적인 양상에 대해서는 민주화운동기념사업회 엮음 『한국민주화

들은 중앙정보부, 경찰 등 사찰기구가 "대중의 모든 조직과 생활영역에 침투하여" 지배하며, '일체의 정치적 자유'가 마비된 '공포의 병영국가'가 탄생하고 있다고 판단했다.[23] 하지만 대학생들의 3선개헌 반대투쟁은 언론과 학계의 침묵 속에서 대중적으로 확산되지 못했다. 특히 언론은 정권의 지속적인 탄압과 경제적 유인책에 영향을 받아 한일협정 반대투쟁 때와 같이 반대투쟁을 확산하는 역할을 하지 못했다.[24]

10월 17일 국민투표에 부쳐진 개헌안은 약 77%의 투표율과 65%의 찬성표를 받고 통과되었다. 학생들은 국민투표 결과는 여당 및 공권력이 농촌을 장악하고 국민투표법 규정에 의해 여론 형성을 위한 집회 및 시위를 완벽하게 금지한 상황이 낳은 것이라고 비판했다. 국민투표 결과를 보며 대학생들은 민주주의가 "국민 대중 스스로가 민주주의에 대한 올바른 인식과 그것을 향한 집요한 의지를 갖고 있지 않는 한 성취되지 않으며," 일부 대학생만의 반정부투쟁으로 달성될 수 없음을 절감했다.[25]

박정희와 그 친위세력은 영구집권을 위한 3선개헌과 함께 학원의 병영화를 본격적으로 추진했다. 정부는 1968년 1·21사태 이후 고등학생 및 대학생 군사훈련강화 방침을 발표하고 1970년도까지 고등학교와 대학교의 군사교육 제도화에 집중했다. 1969년부터 정규 학과목으로서 '교련'을 신설했고, 남녀고등학교 학생과 대학생에게 군사교육을 실시했으며, 1970년 8월 ROTC제도의 폐지와 군사교육의 강화를 골자로 하는 '교련강화 일원화 방침'을 발표하고, 11월에는 현역군인이 직접 교련을 관장하는 방침을 입안했

운동사』1, 2008, 제3장 '6·8부정선거규탄투쟁과 3선개헌반대투쟁' 참조.

23 「우리의 투쟁을 멈출 수 없다」1969.9.1, 서울법대 학생운동사 편찬위원회『서울법대 학생운동사: 정의의 함성 1964~1979』, 블루프린트 2008, 84면.

24 오제연 「1960~1971년 대학 학생운동 연구」, 서울대 박사학위 논문 2014, 268~71면.

25 「서울법대 학생 민권기구(가칭) 발기취지문」1969.12, 서울법대 학생운동사 편찬위원회 『서울법대 학생운동사: 정의의 함성 1964~1979』98~99면.

다. 이어 12월에는 문교부가 '대학 교련교육 시행요강'을 발표했는데, 골자는 대학생의 전체 수업시간 중 20%를 교련교육에 할당하고 현역군인이 군사교육을 담당한다는 것이다.[26]

박정희 정부는 안보위기론을 근거로 제기했으나, 학생들은 정부의 학원 병영화 조치가 타당성이 없으며 정권안보를 위한 조치에 불과하다고 강하게 반발했다. 1971년 신학기가 시작되자마자 대학생들은 정부가 '국가안보'라는 명분 아래 위기의식을 조장하고 '병영국가적 통치질서'를 수립해 나가고 있다고 비판했다.

학원 병영화에 반대한 대학생들은 박정희 정부의 학생 군사훈련 강화조치의 불합리함을 다음과 같이 지적했다. 첫째, 정부의 조치가 실리외교를 추구하는 세계사의 발전조류와 정면으로 충돌한다는 것이다. 대학생들은 교련교육 강화조치가 '시대착오적인 냉전체제'로 복귀하는 조치이자 학원의 병영화와 경직된 군국체제를 확립하는 조치에 불과하다고 비판했다. 더구나 학생들이 볼 때 남북한이 정치적이고 평화적인 통일 방안을 모색하는 대신 군비확장에 몰두하는 정책은 민족 자멸을 초래하는 노선일 뿐이었다.

둘째, 정부가 학생 군사훈련을 강화하는 저의는 반독재 민주화투쟁을 탄압하려는 데 있다고 보았다. 즉, 학생 군사훈련 강화는 국가안보의 위기를 빙자하여 대선과 총선을 앞둔 시기에 민주화운동에 앞장서고 있는 대학생들을 탄압하려는 의도가 강하게 깔려 있으며,[27] 나아가 "사회경제적 모순

---

26 민주화운동기념사업회 엮음 『한국민주화운동사』 1, 544~50면. 1969년부터 1971년까지 변화된 정부의 교련교육 방침의 세부 내용에 관해서는 같은 책, 제4장 '학원병영화반대투쟁과 민주수호투쟁,' 552면 '표 2' 참조.

27 『자유의 종』 제8호, 1971.3.5, 2면. 1970년대 초 대학 학생서클은 소책자 형태의 신문들을 제작 배포했다. 『覺의 종』(강원대), 『한맥』(고려대 한맥), 『산 知性』(고려대 한국민족사상연구회), 『자유의 종』(서울대 법대), 『前夜』(서울대 문리대 언론협의회), 『의단』(서울대 문리대 대의원회), 『새벽』(서울대 교양과정부 사회법학회), 『향토개척』(서울대 향토개척단),

의 확대를 제어할 수 있는 민주주의적 비판 역량 파괴와 이에 따른 경직된 군국체제"의 등장을 가져올 것이라고 판단했다.[28] 대학생들은 1971년 4월 26일 대통령 선거가 실시될 때 평화적인 정권교체가 민주주의 수호의 길이자 실질적인 국방의 길이라 여기며 공명선거운동에 참여했다.[29]

셋째, 정부의 교련강화 방침이 학생과 국민을 분리하고, 또한 학생들을 분열시키는 방침이라는 것이다.[30] 정부는 대학 교련교육 강화조치를 추진하며 교육과정을 이수한 학생들에게는 군복무기간 단축 등의 혜택을 제시했는데,[31] 대학생들은 이러한 차별적인 수혜 조치를 담고 있는 정부의 교련강화 방침은 학생을 민주화의 주체가 되어야 할 국민으로부터 분리하고, 학원을 분할 지배하려는 의도가 깔려 있다고 보았다.

이 시기 대학생들은 정부가 수립된 이래 '민족안보'가 '정권안보'에 희생되어온 그릇된 역사를 극복해야 함을 강조했는데,[32] '민족안보'라는 용어는 남북 민족문제에 국한되지 않고 민권·민생의 의미도 포괄했다. 학생들은 집권세력이 진정 민족안보를 위한다면 정보폭압정치를 종식하고 과감

『햇불』(서울대 교양과정부 사회과학연구회), 『내나라』(연세대 한국문제연구회), 『활로』(연세대 목하회), 『새얼』(이화여대 새얼모임), 『筆脈』(전국대학언론인협회) 등이 있었다. 이들 신문은 1971년 10월 위수령 선포 직후 문교부에 의해 불법 '지하신문'으로 규정되기 전까지 공개적으로 배포되었기 때문에 실상 '지하신문'이 아니었다. 당시 학생들도 서클이 발간한 주간지는 발행인을 명백히 밝히고, 공식적으로 배포하기에 '지하신문'으로 단정, 탄압하는 것은 부당하다고 주장했다(전국대학언론인협회 『筆脈』 제6호, 1971.6.15, 2면).

28 「교련철폐투쟁선언: 교련 문제에 관한 서울대 총학생회의 견해와 결의」 1971.3.9, 서울법대 학생운동사 편찬위원회 『서울법대 학생운동사: 정의의 함성 1964~1979』 222~23면.

29 『자유의 종』 제8호, 1971.3.5, 4면.

30 같은 책 2면.

31 1971년 상반기 학생들이 교련 철폐를 격렬하게 외치자 정부는 6월에 다시 개선안을 제시하여 1학년 수료자 1개월 군복무기간 단축, 2학년 수료자 2개월 단축, 졸업 후 입대자 3개월 단축 방안을 제시했다(고려대학교 총학생회 『교련백서』 1971.9.6).

32 『산 知性』 제3호, 1971.8.15, 3면; 「4개 대학 공동선언문」 1971.9.15, 고려대학교 총학생회, 서강대학교 총학생회, 서울대학교 총학생회, 성균관대학교 총학생회.

하게 민중의 의사를 존중하는 데서부터 출발해야 한다고 견해를 밝혔다.[33]
1971년 대학생들이 민족안보라는 용어를 정교하게 개념화하여 쓰지는 않았지만, 민족안보라는 용어는 안보에 대해 '분단국가주의'에 매몰되지 않고 한반도와 민족 차원, 민주적 차원으로 접근하고자 의식적인 노력을 기울였음을 보여준다.

1971년 대통령 선거에서 야당 후보 김대중은 그 이전부터 한국이 당면한 안보위협이 유격전을 전개하는 공산세력의 침략에 허약함을 드러내고 있는 국내정치에 있다고 비판해왔다. 김대중은 1970년 3월 닉슨 대통령에게 보낸 서한에서 북한이 유격전을 지속적으로 전개하며 남한을 베트남화하려는 시도를 계속하겠지만, 미국이 충분한 장비를 지원한다면 한국은 군사력 측면에서 '자위'를 이룰 것이라는 견해를 밝혔다.

김대중은 대내 안보위기의 근원을 박정희 정부에서 찾았다. 그는 '정권의 독재, 지배층의 부패, 그리고 고도성장이 낳은 양극화'로 인해 정부에 대한 국민의 분노와 불신이 고조되었고, 이는 공산주의에 대한 경각심을 약화시키는 결과를 낳고 있다고 우려했다. 김대중이 볼 때 중국과 베트남의 대유격전에서 실패를 초래한 문제점들이 한국에서도 반복되고 있었다.[34]

대일 불신의 증폭과 엇갈리는 이해

1969년 7월 닉슨 독트린을 공식화한 이후 미국 정부는 동북아 질서의 새

---

33 「4개 대학 공동선언문」.
34 'My Views On Issues of Common Concern For The Republic of Korea and The United States,' 양승함·박명림·박용수 편 『한국대통령 통치사료집 Ⅸ — 김대중(1): 민주화운동』, 연세대학교 국가관리연구원 2010, 38~39면.

로운 판을 짜기 시작했다. 11월 닉슨과 사토 에이사쿠(佐藤榮作)는 오키나와 반환과 관련한 공동성명을 발표하고 여기에 '한국조항'을 포함했다. 사토는 미·일 양국 간 안보조약의 자동 갱신을 합의한 협정 직후에 가진 기자회견에서 미국이 전쟁을 목적으로 오키나와를 사용하면 이를 적극적으로 지원하겠다는 의사와 함께 '한국과 대만'이 일본의 안보에 긴요하다는 견해를 밝혔다. 중국 정부는 일본이 "해외 침략의 복고주의적 야심"을 드러내고 있다고 우려를 표명했다.[35]

닉슨과 사토의 정상회담이 진행되기 전에 이미 한국에서는 경제적 이익만을 추구하는 일본이 미국을 대신하는 군사 강대국으로 부상하는 것에 우려를 나타냈다.[36] 신민당은 이미 1968년 중반에 외교정책 중의 하나로 '일본을 주축으로 하는 미국의 극동정책'에 반대하는 의견을 언론에 공표하고 있었고,[37] 군에서도 일본에 관한 안보 불신을 노골적으로 드러내고 있었다. 1969년 3월에는 일본 군국주의의 점진적인 대두에 대한 경각심을 가져야 한다는 주장이 사병을 대상으로 한 잡지 『육군』에 실리기도 했다.[38]

닉슨-사토 성명 발표 후 서울신문사 논설위원 김홍철(金洪喆)이 미국의 대일본 편중정책을 비판했다. 김홍철은 1966년에 국방대학원 조교수 재직 시절 일본의 태도를 비판한 인물이었다. 그는 제2차 세계대전 후 미국이 일본을 전략기지로 삼고, 한국을 군사작전 기지로 삼았기 때문에 일본이 미국

---

35 정용석 「황하를 향한 미소작전」, 『다리』 제2권 11호, 1971.12, 44면.

36 박영대(정치평론가) 「일본 자위대 백만 구상의 저변: 일본의 재군비는 아시아에 새 혼란을 가져온다」, 『사상계』 제197호, 1969.9, 114면.

37 「신민당 강령·정강·정책 요지」, 『동아일보』 1968.5.20.

38 글쓴이는 『전우신문』 기획심사부장 이창록(李昌錄)이다. 그는 일본의 군국주의가 조심성 있게 점진적으로 대두하고 있다고 주장하며 일본 방위전문가들이 육상자위대의 활동 범위에 한국을 포함하는 것과 해외파병을 검토하고 있고, 해상자위대의 활동 범위를 동남아 및 인도양까지 확대하려는 등의 의도를 드러내고 있음을 예로 들었다(이창록 「미·일 안보체제의 전망」, 『육군』 제129호, 1969.3, 32~33면).

을 대신하게 된다면 한국의 경제적·군사적 대일의존도가 더욱 고조되리라 내다보았다. 그리고 이는 한국이 외견상 대공 방위기지이나 실제 일본 국익을 위해 복무해야 하는 상황을 낳을 것이라고 우려했다.[39]

닉슨 독트린 이후 미국 정부 내 동북아 안보정책 관계자들도 일본에 경도된 미국의 동아시아 안보전략에 대해 한국에서 불신이 누적되고 반발심도 커지고 있다는 사실을 잘 알고 있었다. 1969년 11월 '미 국무부 동아시아태평양국 및 부처 간 그룹'은 미국의 한국에 대한 군사적 부담과 연루의 위험을 줄이는 대신 일본이 한국군의 해·공군력을 지원하는 것이 현실적인 방안이라 여겼으나, 미국이 압력을 넣어 이를 관철하면 한국과 일본에서 정치적 곤란에 빠질 것으로 판단했다. 특히 한국에서는 일본이 미국의 역할을 대신하면 이에 분노한 이들이 '증오'를 분출하는 상황을 불러올 것이라고 보았다.[40] 그들의 판단은 크게 빗나가지 않았다.

대학생들은 한반도 위기를 조장하는 존재로 중국만큼이나 일본을 주목했다. 사토는 1970년 3월에도 한국 내 일본인의 생명과 재산을 보호할 의무가 있다는 발언을 하여 물의를 일으켰다.[41] 이러한 일본 총리의 태도를 보며 한국 지식인들은 일본이 미국의 역할을 대행하는 수준을 넘어 초강대국(superstate)화할 것에 대비해야 한다고 경각심을 높였다.[42] 일본의 군사 강국화에 관한 우려는 한국인만의 우려가 아니었다. 1970년 4월 2인으로 구성된 미 하원 외교위원회 특별보고단은 동남아시아를 둘러보고 일본의 신군국주의가 이 지역 국가들로부터 강한 우려를 자아내고 있다고 지적했으

---

39 김홍철 「일본 군대와 한국의 安全保障攷: 한·일관계의 군사적 측면」, 『국방학보』 제2집, 1969.12, 120~121면.

40 'Overview paper, November 17, 1969,' Ⅳ-A-4~5면.

41 「사설: 온당치 못한 日首相 발언」, 『조선일보』 1970.3.6.

42 「좌담회(1970.9.23): 한국과 극동정세」, 『대학신문』 1970.9.28, 5면.

며,[43] 1971년 11월 미 국무부 차관 조지 볼(George W. Ball)도 닉슨 정부가 일본의 군국주의를 재발하는 실수를 범해서는 안 된다고 발언하며 경계심을 드러냈다.[44]

1970년 9월 29일 고려대 학생들은 '아시아의 새 질서와 한국'이라는 제목의 '시국 대강연회'를 마친 후 "국제평화주의의 역류를 타고 밀려오는 군국 파쇼세력을 가만히 앉아서 맞을 수 없다"라는 입장을 천명했다. 이들은 닉슨 독트린이 발표된 이후 동아시아 국제질서의 유동을 주목하며, 중국을 핵무기 개발로 한반도의 위기를 가중하는 국가로, 일본을 중화학 군수공업의 생산품을 소비하기 위해 한반도의 위기를 고조시키는 국가로 그리고 미국을 한국에 대한 책임을 방기하는 국가로 보았다.[45] 서울의 주요대학 총학생회는 "국제정세의 심각한 변화가 국내 모순과 결합"할 때 '엄청난 비극'을 초래해왔다는 역사적 교훈을 상기하며 긴 안목을 갖고 정책을 입안할 것을 정부에 촉구했다.[46]

대학생들이 중국보다 일본에 대해 민감한 경계심을 드러낸 이유는 한일협정 체결 이후 한국이 경제적으로 대일 종속화되고 있다고 판단했기 때문이다. '6:1의 대일무역 역조,' 1969년 12월 제정된 '외국인 투자기업체 노동조합 및 노동쟁의 조정에 관한 임시특례법,'[47] 포항종합제철 건설에 대한 일

---

43 「日 '군국주의' 우려, 의회조사단 보고」, 『조선일보』 1970.4.23; 전국학생연맹 「(한일문제 백서) 일본의 한반도 진출의 신국면을 맞는 우리의 자세」 1971.6.24, 4면.

44 「日 군국주의 재발, 美 압력 삼가해야」, 『조선일보』 1971.11.4.

45 고려대학교 총학생회 「시국선언문」 1970.9.29.

46 서울 5개 대학 총학생회 학생의 날 공동선언문 「우리의 외침」 1970.11.3, 김삼웅 편 『민족·민주·민중선언』, 일월서각 1984, 127면.

47 12월 22일 국회 법사위 심의 중의 일부 의원들은 이 법에 대해 만인 평등의 헌법정신에 위배된다는 점과 "경제개발계획이 성공리에 수행된 것도 근로자가 허리띠를 졸라매고 희생을 감수하여 이루어졌다"라는 점을 들며 법안 통과를 반대했다(「쟁의권에 심야 후닥닥」, 『경향신문』 1969.12.23).

본의 외자지원 합의, 1970년 4월 포항이남 지역과 일본 '간사이 경제권'의 통합을 제기한 야쓰기 가즈오(矢次一夫)의 시안 등은 일본경제권에 편입된 한국경제의 현실과 한국에 대한 이권을 유지하려는 일본의 의도를 잘 보여주는 사례들로 읽혔다.[48]

그런데 일본이 경제적·군사적 강대국으로 부상하여 동북아 질서의 조정자가 된다는 것은 곧 분단문제와 국가안보에 심대한 영향을 미치는 행위자가 된다는 것을 의미한다. 이 점은 대학생들도 잘 알고 있었다.[49] 고려대 총학생회는 "일본 침략야욕의 한반도 상륙은 두 개의 조국을 인정하게 되어 민족통일의 지대한 이적행위"가 될 수 있다고 우려했다.[50]

1970년 10월 20일 일본 정부는 처음으로 '방위백서'를 발표했다.[51] 일본 방위청은 이 백서에서 극동의 군사 정세가 국제 긴장의 중심이기에 일본의 방위력이 필요하다고 언급하며 '자주방위'를 기본으로 하되 핵무기와 공격용 병기는 미국의 군사력에 도움을 받는다는 방위 기조를 밝혔다. 더불어 방위청은 '전수방위(專守防衛)'를 강조하면서도 주변 공해(公海)와 공공(公空)의 침략배제의 필요성을 주장했다. 이를 놓고 대학생들은 '신군국주의화'하는 일본의 면모를 보여준다고 비판했다.[52]

---

48 고려대학교 총학생회 「시국선언문」 1970.9.29; 『자유의 종』 제1호, 1970.10.3, 서울법대 학생운동사 편찬위원회 『서울법대 학생운동사: 정의의 함성 1964~1979』 2008, 137면; 전국 학생연맹 「(한일문제 백서) 일본의 한반도 진출의 신국면을 맞는 우리의 자세」 1971.6.24, 1면.

49 한반도 주변 정세를 논하는 서울대 교수 좌담회에 참여한 박봉식(朴奉植)은 일본의 부상을 통일문제와 관련하여 어떻게 대처해나갈 것인가가 주요한 사안임을 강조했다(「좌담회 (1970.9.23): 한국과 극동정세」, 『대학신문』 1970.9.28, 5면).

50 고려대학교 총학생회 「시국선언문」 1970.9.29.

51 防衛廳 編 『日本の防衛: 防衛白書』, 大藏省印刷局發行 1970.

52 『자유의 종』 제3호, 1970.10.23, 서울법대 학생운동사 편찬위원회 『서울법대 학생운동사: 정의의 함성 1964~1979』 144면.

대학생과 재야 민주화운동 세력은 1971년 7월 1일 박정희의 7대 대통령 취임식 참석차 방한하기로 한 사토 에이사쿠의 의도를 놓고 의구심을 가졌다.[53] 사토의 방한을 앞두고 각 대학에서는 재야인사를 초청해 '한일문제'에 관한 강연회를 열었다. 1971년 6월 15일 연세대에서 '성장과 침략의 일본과 반민족적 사대주의 열풍의 한국'이라는 제목으로 강연회가 개최되었고, 이화여대, 서울대에서도 연이어 한일문제 강연회가 열렸다.[54]

각 대학 학생운동의 대표체를 자임한 '전국학생연맹'[55]이 1971년 6월 14일 한일문제 백서 「일본의 한반도 진출의 신국면을 맞는 우리의 자세」를 발표했다. 전국학생연맹은 경제적·정치적·군사적 지배음모를 추진하고 있는 일본을 제어하기 위해서는 반일 경계의식을 확대할 필요가 있다고 강조했다.[56] 이들 대학생은 '반공'을 위해서라면 "일본의 정치·군사적 지배 아래 놓이는 것조차 용납해야 하는가"라는 도발적인 질문을 던지며 진영논리에 갇혀 국제질서를 바라보는 태도를 용납할 수 없다는 생각을 밝혔다.[57] 1971년 대학생들은 대일 예속의 심화를 낳는 원인이라고 판단되는 냉전진영체제를 거부하고, 대신 국제정세가 만든 자율적인 영역을 최대한 확대하여 진영체제가 가하는 모순을 돌파하려는 지향을 보였다고 할 수 있다.

반면, 인민전쟁 위협론의 안보 프레임을 견지한 박정희와 안보 관계자들

---

53 민주화운동기념사업회 엮음『한국민주화운동사』1, 570~71면.

54『자유의 종』제20호, 1971.6.21, 2~3면;「한일문제 시국강연회 개최」,『대학신문』1971.7.5, 3면.

55 전국학생연맹은 '민주수호전국청년학생연맹'의 후신이다. 전국학생연맹은 당시 각 대학 운동역량을 모두 포괄하며 명실상부한 대표체로서 위상을 지녔던 것은 아니다. 당시 운동의 중심은 각 대학의 서클과 이들 서클이 참여한 학생회였다(민주화운동기념사업회 엮음『한국민주화운동사』1, 571~72면).

56 전국학생연맹「(한일문제 백서)일본의 한반도 진출의 신국면을 맞는 우리의 자세」1971. 6.24, 7면.

57 같은 글 5~6면.

은 동맹에 대한 불신과 안보 의존이라는 딜레마에 빠졌다. 박정희 정부는 미국과 일본에 대해 불신과 불만을 드러내며 '자주'를 천명했지만, 다른 한편에서 군 현대화와 국방경제의 기반 확보를 위한 군사적·경제적 원조를 미·일에 기댈 수밖에 없는 입장이었다. 유신체제 수립 직후인 1972년 12월 주한미대사가 이끄는 '외교업무 지원팀'(country team)은 '박정희의 자주관'이 미국의 불신을 자주 표명하면서도 "여전히 미국의 존재와 지원을 요구"하는 역설적인 모습을 보이고 있다고 조소 어린 평가를 했다.[58]

박정희 정부가 일본을 바라보는 심정은 의존과 불신으로 뒤엉켰다. 박정희 정부는 1969년 미·일 정상의 회담에 앞서 오키나와 기지반환이 한·미·일 삼각안보체제에 부정적인 영향을 끼칠 수 있다는 우려를 반복적으로 밝혔다. 따라서 1969년 닉슨-사토 성명에 포함된 '한국조항'은 박정희 정부의 의사를 반영한 것으로 반색할 내용이었다. 하지만 일본 정부가 이후 한국조항을 재해석하려는 태도를 보이자 박정희 정부는 일본에 대한 불신을 다시 드러냈다.[59] 데탕트 국면에서 일본 정부는 한국조항이 공산진영 국가들과 우호관계를 확대하는 데 운신의 폭을 제한하고, 불필요한 안보문제에 연루될 수 있다고 보았다.

국내 안보 관계자들은 1971년 10월 중국의 유엔가입 후 일본이 급격히 중국과 북한으로 기울고 있다고 판단했다. 중국의 유엔가입 직후 사토가 의회에서 중국과 북한을 침략자로 규정한 조항이 '사실상 사문화'되었다고 발언하고 10월 14일 '일·조(日朝)우호촉진연맹'이 발기된 뒤 도쿄지사 미노베 다쓰키치(美濃部達吉)가 중국과 북한을 방문하자, 국내에서는 일본이 중국

---

58 'U.S. Policy in Korea — Country Team Message,' 1972.10, 양승함·박명림·박용수 편『한국대통령 통치사료집 Ⅶ — 박정희(4): 유신체제 형성』, 연세대학교 국가관리연구원 2010, 395면.
59 신정화『일본의 대북정책』, 오름 2004, 110~11면; 빅터 D. 차『적대적 제휴: 한국, 미국, 일본의 삼각안보체제』, 김일영·문순보 옮김, 문학과지성사 2004, 186~87면.

과 북한에 '굴복자세'를 보인다고 격앙된 비판을 쏟아냈다.[60]

1972년 1월 자민당 의원 구노 주지(久野忠治)가 이끄는 '일·조우호촉진의 원연맹' 북한방문단이 북한과 무역확대를 정식 조인했다.[61] 국내 언론은 이 협정 조인이 표면적으로 일본 정계와 일본무역협회가 나서 북한과 맺은 것이지만 '일·중각서 무역협정'과 같은 '준(準)정부협정'으로 발전할 가능성이 있다고 보았다. 야당 의원 김영삼(金泳三)은 자민당이 '두 개의 한국'을 은밀하게 추진한다는 의혹까지 제기했다.[62]

박정희 정부도 주일대사관을 통해 일본 정부의 움직임은 한일조약 체결 정신에 위배되고 북한의 무장을 도와 한반도에 안보위기를 고조시킬 수 있다고 강하게 항의했다. 이에 일본 정부는 북한방문단은 자신들과 무관하며 북한과의 관계정상화를 당장은 고려하지 않는다는 성명을 발표했으나 한국의 불신을 불식시킬 수 없었다.[63] 박정희 정부는 일본의 북한에 대한 교류 확대 조치가 한국의 안보위협이 되고, 더불어 한국이 공산진영으로부터 국제적인 인정을 받지 못하고 북한이 자유진영으로부터 인정받는 상황이 발생할 것을 우려하며 일본 정부에 항의를 이어갔다.[64]

60 최경락 「일본의 대아시아 정책: 대중공정책의 전환점에서 본」, 『국방연구』 제31호, 1971.11, 41~48면.

61 '일·조우호촉진의원연맹'은 1971년 10월 14일 일본 중의원 의원회관에서 발기했다. 발기인으로 자민당을 비롯한 각 당 의원 27명이 참여했고, 초당파적으로 국회의원이 모여 일·북 간에 우호촉진운동을 벌이는 것을 목표로 삼았다(「日朝友好議聯 발기」, 『동아일보』 1971.10.15).

62 「두 개의 한국론 유도, 日 이중성에 집중타」, 『경향신문』 1972.1.27; 「한반도에의 양다리 상술」, 『동아일보』 1972.1.24. 일본 정부는 한국 정부의 반발을 초래할 방문단의 협정에 대해 냉담한 반응을 보였다고 한다.

63 「日 정부 대변인 對北傀 공식관계 현단계론 不考慮」, 『동아일보』 1972.1.28. 2월 초 언론은 북한에 플랜트 수출까지 고려하는 일본의 태도는 대한민국의 안보를 위협하는 이적행위이며 용납할 수 없다고 소리 높여 비판했다(「일본 商魂의 대북괴 접근과 한반도의 긴장조성」, 『경향신문』 1972.2.3).

64 崔慶原 『冷戰期 日韓安全保障關係の形成』, 慶應義塾大學出版會 2014, 159~60면.

1972년 2월 18일 박정희 대통령 주재의 국무회의에서 비상시국 아래서 국민생활의 지표로 삼을 '총력안보 지도요강'을 결의하자, 곧이어 문화공보부가 3월 3일 '총력안보체제' 수립의 필요성과 목적, 그리고 국민의 자세를 설명하는 소책자를 일선 행정기관과 새마을운동 지도자에게 배포했다. 이 책자에서 정부는 일본의 '중국 및 북한 접근'을 미·중 접근, 중·소 대립 격화, 냉전체제 다원화라는 요인들과 함께 '총력안보태세'의 수립을 불가피하게 만드는 '국제적인 도전 요인'이라고 했다. 더불어 정부는 미국과 일본이 중국과의 실리를 위해 한국을 포기할 수 있다는 인상을 북한에게 불어넣고 있다고 주장했다.[65] 박정희 정부는 데탕트 환경의 조성을 동맹의 '방기 우려'와 연결해 안보위기 의식을 고조시키며, '1972년 분단국가체제' 수립의 명분을 쌓아갔다.

'힘의 대결론'과 '평화적 통일론'의 대립

1970년 10월 신민당 대통령 후보로 지명된 김대중은 전쟁을 억제하고 평화적 통일을 위한 외교·안보 방안 중의 하나로 '4대국 보장론'을 제시했다. 김대중은 북한에 대해서는 전쟁을 포기하도록 유도하고, 미·소·중·일 동북아 4대 열강에 대해서는 한반도의 전쟁 억제를 공동으로 보장하도록 요구해야 한다고 주장했다.[66]

박정희는 김대중의 4대국 보장론이 '외세 의존적인 환상적 사고'에 불과하다고 강도 높게 비판했다. 다른 이들도 김대중의 4대국 보장론에 신랄한

---

65 문화공보부 『난국타개를 위한 우리의 생활지도, 총력안보의 지도요강』 1972.3, 4, 7면.

66 김대중 「희망에 찬 '大衆時代'를 구현하자」, 『김대중전집』, 한경연구 1989, 68~69면.

공격을 가했다. 이들은 동북아 지역과 한반도에 대한 이해를 추구하고 있는 4대 강국으로부터 안보를 보장받는다는 것은 곧 열강의 이익추구를 인정한 다는 것이며, 이는 현재의 분단 상태를 유지하며 강대국들이 이익을 추구하는 결과만을 초래할 것이라고 주장했다.[67]

박정희는 대선이 끝난 뒤에도 집요하게 김대중의 4대국 보장론을 비판했다. 그 이유는 4대국 보장론이 그가 견지한 남북관계 인식 틀인 '힘의 대결'이라는 구도와 상충했기 때문이다. 이념 및 진영 대립구도에 기반한 통일론이 설득력을 잃는 상황에서 '힘의 대결'을 부각시킨 것이다.[68] 1971년 4월 대통령 선거 유세에서 박정희는 공산당과 대결하는 데는 "무엇보다도 힘이 있어야 한다"라고 강조했다.[69] 박정희는 동북아 데탕트 및 다원주의 대두와 상관없이 남북은 적대적 관계에서 벗어나지 않고 있으며, 또한 벗어나서도 안 된다는 태도를 견지했다. 1971년 7월 15일 닉슨의 저우언라이(周恩來)의 방중초청 수락이 전 세계에 공표되고, 8월 북한이 남북적십자회담을 수락하면서 미·중 및 남북 관계개선에 대한 사회적인 기대가 높아지는 상황에서도, 박정희는 1971년 10월에 '국제 긴장 완화' '평화 무드'가 한국사회에 유행처럼 회자되고 있으나 북한이 전쟁 준비에 더욱 박차를 가하고 있기에 현실과 부합하지 않는 논의라고 일축했다.[70]

그런데 박정희가 데탕트에 따른 안보위기 고조를 역설할 때, 미국 정부는

---

67 이범준(이화여대 법정대 교수) 「8·15선언과 4개국보장책」, 『자유』 제18집, 1971.1, 70~71면; 윤고종 「어불성설 '자초신탁통치론'」, 같은 책 76~77면.

68 남북한의 관계 및 통일 방안을 '힘의 대결' 구도에서 파악하는 관점은 박정희가 1970년대 초에 처음 제기한 것이 아니다. 이러한 인식은 여러 논자에 의해 일찍부터 제기되었다. 다극화의 흐름이 전면화된 1966년경에도 이미 남북한은 '자유통일노선과 공산통일노선'을 놓고 대립하고 있으며 이는 결국 '힘의 대결'로 귀착된다는 주장이 제기되었다(「힘의 대결」, 『중앙일보』 1966.8.12).

69 심융택 편 『자립에의 의지: 박정희대통령 어록』, 한림출판사 1972. 386면.

70 같은 책 375면.

박정희 정부와 정반대되는 논의를 의도적으로 전파했다. 주한 미공보원은 1971년 9월 30일에 발행한 잡지 『논단』에 대중국 정책 전환론자인 도크 바넷이 1년 전인 1970년 7월에 발표한 글을 실었다.

이 글에서 바넷은 4대국의 상호견제와 관여를 통해 형성될 '4변적 힘의 균형'이 동아시아에서 가장 민감하고 긴장된 분단지역, 즉 한반도와 대만의 긴장 완화에 기여하리라고 보았다. 특히 그는 한반도를 둘러싼 4대국의 상호견제 구도에서 특정 국가의 군사적 통일방안 지지는 나머지 강대국 전체의 반대에 직면할 것이며, 이는 강대국의 반대 가능성을 고려하지 않을 수 없는 북한에게 '강력한 억제적 영향'을 가할 것이라고 설명했다.[71] 이러한 바넷의 논지는 데탕트가 한반도에서 국지전 발발의 위기를 고조시킨다는 박정희의 주장과 완전히 상반되는 논지였다.

바넷은 미국이 줄곧 '중국의 위협'을 '과장'하는 경향이 있었다고 지적하며, 미국이 과거의 경직성에서 벗어나서 금수(禁輸)조치 해제 등 선제 조처를 하여 중국이 융화적인 태도를 갖추도록 유도해야 한다고 주장했다. 그는 이를 위한 최선의 방안이 '중국의 유엔가입과 안보이사회 의석 할당'이며, 가능하다면 대만을 위한 의석을 남겨놓는 '2중 대표안'에 찬성하고 베트남전 종전 후 대만에서 미군 철수를 중국에 공약하라고 닉슨 정부에 제안했다.[72]

바넷은 1971년 2월에도 동아시아에서 '4변적 구도'에 관한 긍정적인 평가와 중국의 유엔가입 사안에 대해 미국 정부가 전향적인 자세를 취해야 한다는 제언을 담은 짧은 책자를 발간했지만,[73] 주한 미공보원은 대만문제만

---

71 도우크 바아네트 「동아시아의 다극화세력균형」, 『논단』 제7권 2호, 1971.9.30, 82~83면. 공보원에 따르면 이 글은 바넷이 1970년 7월 '미국 정치·사회과학 아카데미'(The American Academy of Political and Social Science)가 발간하는 잡지 *The Annals*에 발표한 원고를 전재한 것이다.

72 같은 글 91~93면.

73 1971년 2월에 발표한 소책자는 미국의 민간 자문기관인 '대외정책협회'(The Foreign Policy

을 상세히 다룬 이 소책자를 활용하지 않았다. 주한 미공보원이 굳이 최근 글이 아닌 먼저 쓰인 글을 활용한 사실은 '4변적 힘의 균형'과 미국의 대중국 정책 변화가 한반도에 긍정적인 영향을 미친다는 인식을 한국의 안보 관계자와 여론 주도층에 불어넣으려는 의도가 있었음을 보여준다.

그러나 주한 미공보원의 바람과 달리 한국의 안보 관계자들이 관심을 보인 것은 미국 학계에서 중도파로 분류된 바넷의 견해가 아니라 우파로 분류된 해럴드 힌턴(Harold C. Hinton)의 견해였다. 힌턴은 1966년 고려대 아세아문제연구소가 개최한 국제학술대회에 참가해 아시아 지역에 대한 중국의 위협을 강조한 미국 내 강경 우파 학자였다.[74] 힌턴은 이 학술대회에서 중국의 위협을 인민전쟁 원조를 포함한 '각종 형식의 정부 전복활동,' 공공연하거나 은밀한 '군사적 위압,' 중국의 안전과 세력 확장의 장애물을 제거하려는 '정치적 수단(외교),' 세 가지로 정리하고, 미국의 개입 속에 아시아의 비공산권 국가들이 정치·경제적으로 큰 발전을 이루고 있으나, 미국이 철수해서는 안 된다고 보았다. 그는 아시아의 비공산 국가들이 "중국의 지원을 얻은 각국 공산주의자들의 정부 전복활동을 두려워하지 않을 정도"로 만들기 위해서는 미국이 원조를 지속해야 한다고 강조했다.[75]

1971년 안보 관계자들은 1966년의 힌턴을 다시 불러냈다. 1971년 11월 국방대학원 조교수 황병무(黃炳茂)는 힌턴의 견해를 따라 당분간 중국의 위협이 계속되리라고 전망했다. 황병무는 중국이 핵무기 개발을 지속하면서 향후 미군의 철수에 따른 일본의 역할 증대도 최대한 막을 것이며, 태국 및

<hr>

Association)에 제출된 것이다(A. Doak Barnett, *Our China Policy: The Need for Changes*, The Foreign Policy Association 1971.2).

74 「미국의 중공연구」, 『동아일보』 1971.4.17. 국내 언론은 해럴드 힌턴과 리처드 워커를 미 국무부와 친화성이 강한 우파적 연구자로 분류했다.

75 해럴드 C. 힌튼 「아시아에 있어서의 중공의 위협」, 김준엽 편 『중공권의 장래: 아세아에서의 공산주의』, 1967 범문사, 369~73면.

인도 등 중국을 견제하는 국가들에서도 미국 및 소련의 영향력을 제거하고자 계속 노력할 것이라 보았다.[76]

박정희가 대선 이후에도 김대중의 '4대국 보장론'을 집요하게 비판한 또 다른 이유는 4개국 보장론이 1968년 말부터 박정희와 친위세력이 추진한 영구집권 계획에 장애가 될 가능성을 가지고 있었기 때문이다. 박정희는 4대국 보장론을 따른다면 전쟁 방지를 위해 남한과 북한이 각기 맺은 군사동맹을 폐기하는 수순을 밟도록 요구받고, 이는 한반도의 '힘의 공백' 상태를 낳아 남침을 노리는 북한이 원하는 상황을 만들 뿐이라고 주장했다.[77] 하지만 김대중이 이 점을 경시하며 안보정책을 제기했던 것은 아니다. 김대중은 대통령 선거 경선에서 안보정책과 관련한 선거공약으로 '한미방위조약과 주한미군의 계속 주둔에 의한 동맹 안보태세의 유지' '북한의 전면 남침 경계와 내전 도발 획책에 대한 엄중한 대책 강구' 등을 '4대국 보장론'과 함께 제기했다.[78]

박정희가 4대국 보장론 비판을 이어간 이유는 군사 안보적 이유보다 정치적 측면에서 찾을 필요가 있다. 4대국 보장론의 방치가 1971년 상반기 대선과 총선 국면이 만든 '정치적 유동성'을 증폭하는 방향으로 이어질 가능성이 있었기 때문이다. 1971년 7월 미 국무부 '정보·조사국'(INR)은 선거 직후 한국의 권력구조를 분석하며 상반기의 대선과 총선이 '정치적 유동성'을 크게 키웠다고 분석했다. 야당 후보 김대중이 비록 선거에는 패했지만, 인지도를 크게 높이며 강력한 차기 대선 후보로 떠올랐고, 1969년 3선개헌 후 권력의 중심에서 밀려난 김종필도 선거유세를 통해 정치적으로 부활할 수 있는 기반을 마련했다. 더불어 3선개헌을 추진한 박정희가 유세 과정에

---

76 황병무 「중공의 대아시아 정책」, 『국방연구』 제31호, 1971.11, 68~72면.
77 심융택 편 『자립에의 의지: 박정희 대통령 어록』 387~88면.
78 『김대중전집』, 한경연구 1989, 89면.

서 마지막 선거라고 스스로 족쇄를 채울 수밖에 없을 정도로 민심은 변화를 요구하고 있었고, 여기에 야당이 총선에서 개헌저지 의원 수를 확보했다.[79]

이러한 상황에서 1968년 이래 안보위기라는 비상사태를 타파하기 위해 강력한 영도자가 필요하다는 명분으로 영구집권 계획에 정당성을 부여해 온 박정희와 친위세력들에게 4대국 보장론의 확산은 집권에 반대하는 세력의 확대와 동일하게 읽힐 수밖에 없었다. 미 국무부 정보·조사국은 박정희가 새롭게 형성된 정치적 유동성을 그대로 용인하지 않으리라 판단했다.

한편, 대학생들은 남북관계와 통일문제에 대한 접근방식에서 박정희 정부와 근본적인 차이를 보였다. 1971년 초 대학생들은 '평화적 통일'을 지향하며 "한민족이 파멸이 아닌 번영"을 달성하기 위해서는 '평화적 통일'을 성취해야 하는데 '힘의 대결' 논리는 이를 포기함에 불과하며, 집권세력이 '정치적 무능함'을 드러낸 것이라 보았다.[80]

이 시기 '평화적 통일'에 대한 염원은 특정 대학생들만 표출한 것이 아니라 당시 대부분의 국민적인 인식이었다. 이는 당시 국제질서의 변화와 남북대화가 이루어지는 상황에 대해 평택군 청북면(靑北面)의 농민 신권식(申權植)은 1971년 8월 15일 일기에 미국과 중국 사이의 화해와 남북적십자회담 개시가 남북통일과 '전쟁 없는 평화' 달성의 계기가 되어 '마음 편히 사는 세상'이 되기를 소망한다고 썼다.[81] 농민 신권식은 지역사회의 유지이자 공화당 지지자였다.

1972년 4월 말에서 5월 말에 걸쳐 조선대학교 통일문제연구소가 지역 지

---

79 'Republic of Korea: New Elements in The Post-Election Power Structure' 1971.7.21, Bureau of Intelligence and Research, 양승함·박명림·박용수 편 『한국대통령 통치사료집 IX — 김대중 (1): 민주화운동』, 연세대학교 국가관리연구원 2010, 127~28면.

80 『자유의 종』 제8호, 1971.3.5, 3면.

81 지역문화연구소 『평택 일기로 본 농촌생활사(평택 대곡일기 1959~1973)』 I, 경기문화재단 2007, 75면.

도층, 대학생, 고등학생을 포괄한 총인원 2,000명을 대상으로 한 여론조사 결과는 1971년 중반 이래 데탕트의 대두 속에서 통일에 대한 기대감을 높여가던 대중의 인식을 보여준다. 통일방안을 묻는 설문에 평화적 방법이 전체적으로 64%의 지지를 받았으나 무력적 방법은 6%에 불과했다. 평화적 방법과 무력적 방법을 병행해야 한다는 선택은 30% 정도였는데, 이 수치는 박정희 정부의 선전 영향을 보여준다.

이 여론조사에서 특히 주목되는 조사 결과는 평화적 통일방안을 가장 높은 비율로 지지한 이들이 전라남도의 도청 계장급 이상, 시·군청 과장급 이상 공무원, 중고등학교 교장·교감, 국민학교장, 여성단체 지도자로 구성된 '지도층'이었다는 사실이다.[82] 지도층으로 범주화된 인사들은 북이 남침할 가능성이 거의 없지만 '남침야욕'을 버리지 못하고 있는 북한에 대처하기 위해서 국가를 강하게 만들어야 한다는 생각을 지닌 이들이었다.[83] 이처럼 이념적으로 승공의 입장을 견지한 지도층 인사들이 대학생보다 평화통일 방안에 더 높은 지지 의사를 밝혔다. 이념과 별개로 전쟁을 체험한 세대가 평화적 통일방안의 필요성을 더 절감하고 있었음을 보여주는 수치라 볼 수 있다.

남북적십자회담이 성사되면서 한반도의 평화와 통일의 기반을 확대하기 위해서는 남북 간의 적대적 관계를 떠받쳐준 관련법을 개정해야 한다는 논의가 자연스럽게 대두되었다. 1971년 최두선(崔斗善) 적십자 총재가 8월 12일 남북적십자회담을 제의한 직후인 8월 15일 고려대 학생들은 정부가 '폐쇄적 반공'을 버리고 검열제를 폐지하며 학문·사상의 자유를 인정하고, '국제정세에 대처하는 현명한 행보'를 밟기를 원한다는 견해를 밝혔다.[84] 지식인들도 급변하는 국내외 정세에 부합하지 않는 반공법과 국가보안법

---

82 국토통일원 『통일 및 안보 가치관에 대한 여론조사』 1972.5, 27~28면.
83 같은 자료 38~39면.
84 『산 知性』 제3호, 1971.8.15, 4면.

370 3부 균열과 충돌

을 개정해야 한다고 주장했다.[85] 홍익대 학장이었던 이항녕(李恒寧)은 자주적 노력으로 분단을 극복하기 위해서는 통일문제를 정부나 적십자만이 전담하는 사안이 아니라 '전 민족의 과제'로 승화해야 하고, 이를 위해 반공법과 국가보안법을 현실성 있게 개정할 필요가 있다고 지적했다.[86]

국제질서의 다극화가 대두되면서 '자유계, 공산계, 중립계'와 같이 이념에 따라 국제질서를 구분하는 것이 불가능해지고, 정부도 '경제실리외교'를 추구하며 공산권 국가들과 통상을 모색하고 더불어 남북의 적십자사가 이산가족 찾기를 위한 예비회담을 9월부터 추진하는 상황 등은 부정할 수 없는 현실이었다. 국가보안법과 반공법의 개정 및 폐기의 필요성을 지적한 지식인들은 각국이 이념보다 국가이익을 우선하는 현실에서 불변의 적대적 관계를 전제하는 진영 이데올로기는 '현실 적합성'을 잃었고, 남북대립에 근거한 반공이데올로기도 남북대화가 모색되는 새로운 현실에서 '사상적 탄력성'을 상실했다고 판단했다.[87] 1971년 9월 신민당은 반공법과 국가보안법의 내용을 대거 개정, 폐기하는 시안을 제출했지만,[88] 정부는 법 개정을 고려하지 않았다.[89]

---

85 이병용 「보안·반공법 수정 당위론」, 『다리』 제2권 9호, 1971.10, 28면; 민주수호국민협의회 '성명서,' 1971.8.21, 『자료집』, 민주수호국민협의회 1971.12.27, 44~45면.

86 이항녕 「권두언: 국민총화의 광장을 위하여」, 『다리』 제2권 9호, 1971.10, 19면.

87 지명관 「'가족찾기운동'과 민족적 발상」, 『다리』 제2권 9호, 1971.10, 86~87면; 김도현 「반공법 정치질서의 한계」, 같은 책 43면.

88 신민당은 반공법·국가보안법 개정 5인 소위원회를 두고 개정안을 마련했다. 이들이 제기한 주요 골자는 ① 종래 결과범까지 처벌대상으로 한 것을 목적범에 한정하여 처벌 ② 국외 공산계열에서 적대적 공산계열에 대한 범죄만을 처벌 ③ 언론·집회·결사의 자유를 제한할 요소를 제거 등이었다(「반공법·국가보안법, 신민 개정시안 마련」, 『조선일보』 1971.9.22).

89 1971년 9월 4일 국무총리에 취임한 김종필은 첫 기자회견에서 정부가 반공법·국가보안법을 개정할 의사가 전혀 없다고 밝혔다(「반공법·국가보안법 안 고쳐」, 『조선일보』 1971.9.5).

'혁명적 전환기'론과 '국가비상사태'론의 충돌

1971년 9월 7일 전국학생연맹은 「민주·민족·통일의 깃발을 높이 들자!」라는 시국백서를 발표했다. 이 시국백서에서 학생들은 당면 정세를 '민족사의 혁명적 전환기'로 파악했다.[90] 전국학생연맹이 이와 같은 정세 판단을 내린 근거는 대외적 조건의 변화와 이에 따른 국제정치 관계의 변화였다. 전국학생연맹 학생들은 한반도를 둘러싼 동북아 열강들의 관계가 냉전체제 진영의 공동이익을 추구하는 국제정치의 지도원리 대신에 개별 민족국가의 이익 관철이 우선시되고 있다고 보았다.

따라서 동북아 열강들이 각국의 이해를 관철하는 상황에서 더는 진영체제에 얽매인 국제정치 노선, 즉 "특정 국가에 무조건적으로 의존하며 절대적 반공으로 일관"하는 논리는 폐기해야 하고,[91] 냉전논리에 갇힌 경직된 정치적 노선을 대신하여 평화적 노선이 선택되어야 하는 것이다. 전국학생연맹 학생들은 미국과 중국의 데탕트 정책이 추진된 이후 '남북한의 긴장완화'가 "민족의 활로를 열기 위한 당면 최대의 과제"라고 여겼다. 그리고 '냉전체제의 최대 희생물'인 민족의 분단과 소모적인 남북대결을 궁극적으로 해결하는 방안은 자주적·평화적 통일이며, 현 단계는 이를 위한 초석을 놓을 때라고 보았다.[92]

대학생들은 박정희 정부가 '힘의 대결'을 강조하며, 남북대화를 추진하

---

90 이 문건에는 1971년 각 대학의 서클들이 연초부터 발간한 '신문'에서 제기한 주장들이 반영되어 있다. 9월 15일 4개 대학 총학생회가 공동명의로 작성한 문건에도 '혁명적 전환기'라는 표현을 사용한 것으로 볼 때, 이러한 정세 규정은 일정하게 공유되었던 것으로 판단된다(「4개 대학 공동선언문」 1971.9.15, 고려대학교 총학생회, 서강대학교 총학생회, 서울대학교 총학생회, 성균관대학교 총학생회).

91 전국학생연맹 「민주·민족·통일의 깃발을 높이 들자!」 1971.9.7, 1면.

92 같은 글 7면.

자 그 진정성에 대해 의구심을 가졌다. 학생들에게 박정희 정부의 방침은 대내적 불만을 호도하는 방안으로 읽혔다. 대학생들은 남북대화가 추진된 시점이 빈부격차가 심화되고 부정부패가 드러난 때와 맞물려 있다는 점을 주목하며, 집권세력이 통일정책을 '경제적·정치적 파탄'에 직면하여 대중의 관심을 호도하기 위한 수단으로 활용하려는 의도가 있다고 보았다.[93]

또한 정부의 남북적십자회담 추진은 통일과제를 해결하려는 능동적인 조치가 아니라 정권 안보 차원에서 벌이는 수동적인 대응에 불과하다고 보았다. 대학생이 볼 때 남북적십자회담은 박정희 정부가 "닉슨 독트린에 입각한 미국의 방침과 우리 민중의 열화와 같은 염원에 따라 정권 유지의 견지에서 마지못해 취하고 있는" 대응책에 불과하다고 비판했다.[94]

전국학생연맹이 생각한 '자주적·평화적 통일'의 기반을 만들기 위한 구체적인 방안은 세 가지였다.[95] 첫째, 남북한의 긴장 완화를 확고히 해야 한다고 보았다. 학생들이 남북적십자회담이 추진되는 상황을 보면서도 이를 재차 강조한 것은 앞서 살펴보았듯이 이들은 박정희 정부가 진정 평화적 통일에 대한 의지를 갖고 남북 간의 해빙을 조성하고 있는가에 대해 신뢰하지 못했기 때문이다. 학생들은 박정희 정부가 "민족의 운명이 걸려 있는 일대 과제"를 '정권 안보'를 위해 파탄시켜나갈 가능성이 크며, 이러한 상황이 발생하지 않도록 전력을 다해야 한다고 판단했다.

둘째, 대외적으로 자주성을 확보할 필요가 있다고 보았다. 학생들은 대일종속의 청산을 크게 강조했다. 학생들이 볼 때 일본은 신군국주의화하고 있고 이는 평화적 통일의 최대의 위협세력이 됨을 의미했다. 더불어 학생들은 대일 예속화 심화는 일본의 군사적 개입으로 이어질 것이며, 이는 결국 일

---

93 『한맥』 제6호, 1971.9.13, 1면.
94 전국학생연맹 「민주·민족·통일의 깃발을 높이 들자!」 1971.9.7, 8면.
95 같은 글 7~10면.

본에 대해 "전통적 의구심을 지닌 북경과 평양을 자극"하여 군사적 대결을 고조시키는 결과를 낳을 가능성이 매우 크다고 판단했다. 학생들은 한반도 긴장 완화를 위해서는 베트남전에 개입하고 있는 한국군의 조속한 철수와 핵시설의 국내 반입을 저지하는 것이 필요하다고 주장했다.

셋째, 대중의 의사를 결집할 주체와 조직이 필요하다고 보았다. 학생들은 민족문제의 해결을 위해서는 이 사안이 '구색'만 갖춘 각계 전문가의 집합이나 혹은 여야당 정치인으로 구성된 형식상 기구에 의해서 처리되어서는 안 된다고 지적했다. 대신 "부패와 특권을 독점적으로 누려온 일부 반민족세력을 제외한 전 국민의 자발적 참여"가 있어야 한다고 강조했다. 대학생들은 통일문제를 올바르게 해결하기 위해서는 "전 민중의 의사와 열망이 집약"될 필요가 있다고 지적했다.

1971년 학생운동을 이끈 대학생들이 동시기를 '혁명적 전환기'라 칭했을 때, 이는 사회주의 혁명을 염두에 둔 용어가 아니다. 이는 한국사회가 민주화와 민권에서 획기적인 진전을 요구하고 있다는 인식에서 제기되었다. 학생들이 '혁명적 전환기'에 설정한 가장 큰 목표는 '민주적 기본질서'의 회복이었다.

언론계, 학계, 법조계 그리고 종교계까지 박정희 정부의 반민주적 통치 방식에 저항하고, 상반기에 대대적인 학원 병영화 반대투쟁을 벌였던 학생들이 다시 하반기 민주화운동을 전개하자 박정희 정부는 1971년 10월 15일 학원 병영화 반대투쟁을 '난동행위'로 규정하고 '위수령'을 발동해 서울 시내 주요 대학에 군대를 배치했다.

이날 야당은 전체주의 국가에서나 있을 법한 일이 벌어졌다고 비판했으나, 청와대 대변인은 북한이 치밀하게 학원에 침투해왔고 학생들의 '반정부적 행동'으로 이득을 보는 세력은 오직 북한뿐이라고 논평하며 위수령 조치를 정당화했다.[96] 정부는 남북한 긴장 완화와 민주질서 회복을 외치는 학생들의 탄압 명분으로 전형적인 '간접침략' 논리를 활용했다. 10월 23일까지 이어진 위수령 기간에 학생서클이 해산되고 174명에 달하는 학생들이 전국의 23개 대학에서 대거 제적되었다. 또한 1만 3,500여 명에 달하는 학생들이 학적 변동자로 분류되어 반강제적으로 입대를 해야만 했다.

박정희 정부는 위수령을 발동하여 학원 병영화의 커다란 걸림돌이 된 대학생들을 학원에서 제거한 뒤, 같은 달 중국의 유엔가입을 안보위기론의 명분으로 삼아 12월 '국가보위에 관한 특별조치법' 제정까지 힘으로 밀어붙였다.

박정희 정부는 7월 닉슨 정부의 방중 계획 발표보다 10월 중국의 유엔가입 확정에 충격을 받았다. 중국의 유엔가입은 유엔에서 한반도 사안 처리가 지대한 영향을 받게 된다는 것을 의미했기 때문에 박정희를 비롯한 정부의 안보 책임자가 받은 충격파는 클 수밖에 없었다. 더구나 10월 25일 중국의 유엔가입과 함께 자유중국(대만)이 유엔에서 축출되었다.

국회 본회의에서 이에 대한 야당 의원들의 대정부 질의가 이어졌다. 야당 의원이 미·중 접근의 구도 속에서 벌어진 중국의 유엔가입과 대만 축출은 "한국의 존립을 위협하는 중대한 위기"라고 규정하자 총리 김종필은 "내외정세에 많은 어려움이 있지만 위기라고 표현할 수 없다"라고 답변했다.[97] 하지만 답변과 달리 김종필을 포함한 정부의 핵심 안보 관계자들은 비상사태 선포를 준비하고 있었다. 언론은 10월 하순에 이미 김종필 국무총리, 김용식(金溶植) 외무부 장관, 유재흥 국방부 장관, 이후락 중앙정보부장과 청와대 관계자 등 최고위층에서 '모종의 조치'가 필요하다는 결정을 내렸으며, 기존 헌법('대통령 긴급명령 및 행정처분' '계엄선포권')의 규정에 따르

96 「학원의 난동행위 斷不容」, 『동아일보』 1971.10.15.
97 「중공가입 대응책 따져」, 『조선일보』 1971.10.28.

지 않고 '국민의 총화체제'를 이룩하는 방안을 모색하느라 선포가 늦었다고 보도했다.[98]

국가비상사태 선포 직전 박정희 정부는 북한의 남침 위협이 고조되고 있다는 소문을 유포했다. 국무총리 김종필이 관훈클럽과 국회에서 북한의 남침 준비 완료와 관련한 발언을 했고, 국방부 장관 유재홍도 북한이 '20일 전쟁'을 준비한다고 발언했다.[99] 하지만 미 국무부 장관 윌리엄 로저스(William P. Rogers)는 주한미대사에게 한국 정부의 주장은 근거가 없으니 '음험한 의도'를 파악하는 데 예의주시하라고 지시했다.[100] 미국 정부뿐만 아니라 국내 여론도 박정희 정부가 북한의 전쟁위협을 과도하게 강조하며 안보위기론을 크게 증폭시키는 데 대해 비판을 제기했다.[101]

12월 6일 박정희는 국가비상사태를 선포하며, 중국의 유엔가입을 비롯한 국제정세 급변과 한반도에 미치는 영향 그리고 북한의 남침 준비 등의 제 현상을 종합적으로 검토한 결과 안전보장이 '중대한 시점'에 처했기 때문이라고 이유를 설명했다.[102] 박정희는 국제사회의 일반적인 조류는 확실히 대결에서 협상으로 이른바 평화 지향적인 경향으로 흐르고 있으나, 한반도의 국지적 상황은 강대국의 핵교착 상태로 인해 북한의 침략 위협이 고조되고 있다는 주장을 반복했다. 더불어 박정희는 안보위기를 고조시키는 요인으로 중국의 유엔가입으로 한국이 한반도의 유일 합법정부로서 지위를 유지하기 어렵게 된 점, 미 의회에서 대외원조법안 통과 지연 및 주한미군 추

---

98 「'12·6선언' 있기까지」, 『조선일보』 1971.12.7.

99 「비상사태선언 나오기까지」, 『경향신문』 1971.12.6.

100 "117. Telegram From the Department of State to the Embassy in Korea," Seoul, 1971.12.2, *FRUS*, Vol. XIX, Part 1, 296면.

101 홍석률 「유신체제의 형성」, 안병욱 외 『유신과 반유신』, 민주화운동기념사업회 2005, 82~83면.

102 「'12·6선언' 있기까지」, 『조선일보』 1971.12.7.

가 감군 논의에서 드러난 신뢰 약화, 중국 및 북한과 접촉을 시도하는 일본의 태도, 남북적십자회담을 진행하면서도 전쟁 준비를 철저히 하는 북한의 태도 등을 열거했다.[103]

박정희는 북한과 벌이는 전쟁을 '인민전쟁'이라고 규정했다. 7월 1일 대통령 취임식에서 박정희는 북한이 인민전쟁을 세계 곳곳에 수출하며 파괴적 역할을 자임하는 '시대착오의 교조주의적 작풍'을 버리지 않고 있다고 비판했다.[104] 대통령 취임식에서 박정희가 북한을 대상으로 한 인민전쟁 프레임을 부각한 이유는 추론컨대 린뱌오가 아직 몰락하기 이전인 시점에,[105] 1969년 이래 우호관계를 회복한 북한과 중국이 관계를 더욱 돈독히 하는 모습을 보였기 때문일 것이다.[106]

한편, 박정희는 국가비상사태 선포의 내적인 요인을 '국민의 정신상태'에서 찾았다. 국가비상사태 선포 직전 중앙정보부장 이후락은 주한미대사 필립 하비브에게 국민이 안보 과업의 수행을 자각하도록 만드는 데 비상사태 선포의 주된 의도가 있다고 설명했다.[107] 이후락의 설명은 박정희의 생각을 그대로 옮긴 것이다. 1972년 1월 연두 기자회견에서 박정희는 1971년 12월 6일에 국가비상사태를 선포한 이유를 북한의 전쟁 도발 위험이 고조되고

---

103 「국가비상사태 선언」, 『조선일보』 1971.12.7; 「대통령 특별담화문」, 『조선일보』 1971.12.7.
104 「박대통령 취임사 전문」, 『매일경제』 1971.7.1.
105 당시 언론도 미·중관계 개선의 조짐이 보이나 '마오쩌둥-린뱌오체제'가 유지되는 한 중국의 외교 노선에서 반제·혁명 지원은 지속되리라고 보았다(「중공의 외교노선」, 『조선일보』 1971.7.18; 「중공 외교전략의 앞날, 종래 기조엔 불변」, 『동아일보』 1971.7.20.
106 언론은 북한과 중국은 7월 11일 '조·중 우호협력 상호원조조약' 10주년을 기념해 기념주간에 다채로운 행사를 벌였으며, 마오쩌둥·린뱌오·저우언라이 연명으로 미·일이 침략전쟁을 벌이는 경우 중국이 연대할 것이라는 내용을 적어 김일성에게 보냈다고 보도했다(「좁혀지는 추파: 북괴-중공」, 『경향신문』 1971.7.13).
107 "117. Telegram From the Department of State to the Embassy in Korea," Seoul, 1971.12.2, *FRUS*, Vol. XIX, Part 1, 297면.

있음에도 불구하고 "국민들이 환상적인 평화 무드"에 잠겨 있어, 국민들의 방심을 방치하면 매우 위험하다는 판단이 들었기 때문이라고 발언했다.[108]

안보위기의 책임을 국민에게 전가하는 조치는 단지 기자회견에서 수사적인 발언에 그치지 않았다. 비상사태 선언 직후 문화공보부는 대중에게 국가비상사태 선포는 "국민 스스로가 안보상의 '자기허섬'(뇌폐, 무사안일주의, 방위의무에 대한 인식 부족)의 극복을 촉구하는 정치적 지도력의 발휘"였으며, 그 결과 모든 국민이 항상 전쟁 속에서 살고 있는 자세와 각오를 빠짐없이 가지게 되었다고 선전했다.[109]

박정희는 공산체제에 대응하는 최선의 체제가 '민주체제'이지만 비상사태에서는 "자유의 일부마저 스스로 유보할 필요가 있다"라고 주장했다.[110] 그러나 국가비상사태에서 민주체제가 유보될 수 있다는 논지는 정당성을 가질 수 없다. 11월 연세대 정법대 교수 이종익(李鍾益)은 비상시 민주체제의 유보론에 대해 다음과 같이 비판했다.

민주, 자유, 평등을 생각하는 우리들이 잠시 그 목적을 위하여 강력한 국가통제가 있고 국민의 복지가 희생되어도 참아야 한다는 이론은 성립될 수 없다. 인간의 존엄성이 희생되면서 사회정의가 구현될 수 없고 인간의 가치가 유린되면서 민주의 구호를 계속 부르짖을 수 없는 것은 너무나 명확한 일이다. 한국에 사회정의가 실현되기 위해서는 보다 자주성 있는 조직운동이 있고 정치참여의 보다 폭넓고 적극적인 기회가 충실화되

108 「남북한 동시가입 있을 수 없다: 박대통령 연두회견」, 『경향신문』 1972.1.11.
109 문화공보부 『비상사태 극복을 위한 긴급불가결의 법: 국가보위에 관한 특별조치법(안)의 의의와 해설』 1971.12, 5~6면. 이 자료는 지역에도 배포되어 선전자료로 활용되었다(「비상사태 초극 위한 긴급불가결의 법」, 화순군, 국사편찬위원회 사료철 DGJO40_01_00C0004).
110 「국가비상사태 선언」, 『조선일보』 1971.12.7; 「대통령 특별담화문」, 『조선일보』 1971.12.7.

어야 한다.[111]

그는 한국사회가 고도 경제성장에도 불구하고 불평등한 부의 분배와 이에 따른 빈곤의 악순환으로 대다수가 '상대적 불안'에 휩싸여 있는 상태라고 진단하며, 정부가 근원적인 대책을 강구하기보다 도시빈민층을 '게토'(ghetto)화하고 사회적 불만을 관제운동으로 무마하려는 태도를 취한다고 비판했다. 이종익의 비판은 문화공보부가 국가비상사태 선포의 명분으로 "북한의 남침흉계가 학원·노동계를 잠식하고 영세민 준동 등을 총동원해 내부의 안보 취약점을 노리고" 있음을 강조한 점과 대비된다.[112]

특별조치법의 제정을 지지한 이들은 '국방국가체제'가 당면한 현실에서 최선의 방안이라 주장하며 이를 확립하는 조치를 빨리 취해야 한다고 강조했다. 국방대학원 교수 이기원은 국방국가체제가 국방을 최고의 원리로 삼아 평시와 전시의 차이를 극소화하는 정치체제이기에 전체국가체제와 동일시하며 자유주의 국가에서는 적용할 수 없는 체제라 여기는 경향이 있으나, "비상사태에 처해 있거나 적으로부터 부단한 침략을 받고 있는 국가"에서는 자유주의 국가라 하더라도 '국방국가체제'를 갖추어야 한다고 주장했다.[113]

1940년 일본 육사를 졸업하고 이후 국방과학연구원장 등 안보 분야 요직을 거친 신응균(申應均)도 특별법 제정을 지지하는 견해를 내놓았다. 그는

---

111 이종익 「한국사회의 불안과 사회정의의 실현: 기독교인에게 호소한다」, 『기독교사상』 1971.11, 38면. 이러한 판단은 당대 비판적 지식인들이 공유했던 인식이다. 노명식은 1971년 초에 민주주의 가치를 포기하며 문제를 해결할 수 있다는 주장은 "민주적 가치를 포기하고 또 다른 가치를 발견할 수 없기 때문에" 설득력이 없다고 비판했다(노명식 「가치관 혼란의 극복」, 『자유』 제18집, 1971.1, 151면).

112 문화공보부 『비상사태 극복을 위한 긴급불가결의 법: 국가보위에 관한 특별조치법(안)의 의의와 해설』 1971.12, 18면.

113 이기원 「자주국방의 이론과 현실」, 『국가안전보장논총』 제3집, 1971.12, 394면.

1937년 일제가 '유사시 신속하고 원활한 대응, 국민의 자발적인 참여, 헌법 상 보장된 긴급권의 한계' 등을 이유로 국가총동원법 제정을 추진했다고 설명하며, 한국도 국가총동원법과 같은 종합법 제정이 요구되는 상황에 처해 있다고 주장했다. 신응균은 '국가동원의 종합법'이 전시에 권한 대부분을 '국가최고기관'에게 위임하는 점 때문에 여러 반대에 직면하겠지만 반드시 제정되어야 한다는 지지 의사를 피력했다.[114]

박정희는 대통령에게 비상대권을 부여하는 법안인 '국가보위에 관한 특별조치법'(이하 '특별조치법')을 국회에 상정했다. 국가비상사태 선포 직후 언론은 그 특징을 '비상'이라는 말에 뒤따르게 되는 '시한부 조건'이 없다는 점에서 찾았다.[115] 이는 정부가 비상사태의 영속화를 추구하는 상황을 날카롭게 지적한 것이다. 특별조치법 강행 처리를 코앞에 둔 시점에 국무총리 김종필은 하비브와 면담하는 자리에서 "박정희는 '만일의 사태'(contingency)에 기반한 권력을 원하며, 그리고 그 누구도 '만일의 사태'를 부정할 수 없다"라고 말했다.[116]

공화당은 1971년 12월 27일 새벽 야당 의원의 반대를 피해 국회 별관에서 특별조치법을 전격 통과시켰다.[117] 특별조치법 제2조는 국가안전보장에 대한 중대한 위협에 효율적으로 대처하기 위해, 신속한 '사전대비조치'를 취할 필요가 있을 때 대통령이 국가안전보장회의의 자문과 국무회의의 심의를 거쳐 국가비상사태를 선포할 수 있다는 법적 근거를 제공했다.

특별조치법은 사실상 국회로부터 완전히 자유로운 비상대권을 대통령에

---

114 신응균 「동원체제 문제」, 같은 책 494~95면.

115 「'12·6선언' 있기까지」, 『조선일보』 1971.12.7.

116 "121. Telegram From the Department of State to the Embassy in Korea," Seoul, 1971.12.22, *FRUS*, Vol. XIX, Part 1, 308면.

117 「'보위법안' 전격통과」, 『조선일보』 1971.12.28.

게 부여했다. 기존 헌법에 보장된 경제, 언론 및 출판, 옥외집회 및 시위, 단체교섭권 규제와 관련된 특별조치, 국가총동원령 발동, 예산 변경권 등과 같은 긴급권이 국회 소집이 불가능할 때 발동하는 것이라면 특별조치법의 비상대권은 '사전대책'으로 국회 소집 여부에 구애받지 않고 대통령이 긴급조치를 발동할 수 있었다.

박정희는 국가비상사태를 선포하며 이 점을 강조했다. 언론에 발표한 담화문의 마지막에 "국가안보상 위험도의 측정은 전적으로 나에게 주어진 의무인 것"이며, "적절한 조처를 적시에 강구해야 할 책임도 바로 나의 안보상의 일차적 책임"인 것이라고 힘주어 말했다.[118]

특별조치법에서 보장하는 비상대권은 기존 헌법상의 어느 권한보다 광범위했고,[119] 당연히 그 위험성을 지적하는 의견들이 제기되었다. 특별조치법이 제정된 직후인 1972년 2월, 정치학자인 건국대 교수 이승헌(李承憲)은 대통령의 비상대권이 카를 슈미트(Carl Schmitt)가 '주권적 독재'라고 지적한 측면, 즉 헌법과 수권(授權)의 범위를 뛰어넘는 '비법적 독재조치'를 취할 가능성이 커져, "헌법질서의 생명을 앗아갈 수도" 있다고 우려했다.[120]

---

118 「대통령 특별담화문」, 『조선일보』 1971.12.7.
119 「포괄적인 긴급권」, 『경향신문』 1971.12.22. 1972년 2월 건국대 교수이자 정치학자 이승헌은 '국가보위에 관한 특별조치법'의 제정으로 한국의 대통령에 부여된 비상대권이 프랑스 제5공화국 헌법상 대통령의 비상대권과 근접했다고 평가하며 다음과 같은 내용들을 열거했다. 첫째, 비상대권의 발동 근거가 전시 교전 상황에 한정되었던 것이 정치·경제·사회적 위험 상태도 모두 포함하게 되었다는 점, 둘째, 교전상태로 국회가 정상적 기능을 발휘할 수 없으면 법률에 대신하여 명령을 발할 수 있다는 점으로 인해 국회 기능 여부와 관계없이 긴급명령을 발할 수 있게 되었다는 점, 셋째, 국회가 승인하지 않을 때 긴급명령은 즉시 효력을 상실한다는 부분이 국회 승인 여부에 구애받지 않게 되었다는 점, 넷째, 기존 대통령의 긴급재산처분권 내지 긴급명령권은 헌법상 공권력의 정상적인 운영을 저해하지 않았으나, 특별조치법으로 인해 헌법 규정의 기능 발휘를 일시 정지 또는 중단케 할 수 있게 되었다는 점 등을 들었다(이승헌 「국가위기의 극복과 비상대권」, 『세대』 제103호, 1972.2, 82~84면).
120 이승헌, 같은 글 86면. 이상록의 연구에 따르면 유신헌법의 기초에 깊이 관여한 헌법학

이승헌은 남베트남민족해방전선을 본격적으로 연구한 전문가이자,[121] 이후 1972년 박정희 정부의 새로운 체제 수립을 높게 평가한 학자였다.[122] 이러한 이승헌조차도 대통령에게 부여된 비상대권을 견제할 수 있는 의회의 권한을 명확히 하고 헌법기관에 의한 심사제도의 확립을 강조할 정도로 특별조치법이 대통령에게 부여한 비상대권은 막강했다.[123]

1968년 1·21사태 직후부터 박정희와 친위세력이 공식적으로 추진한 비상대권 확보는 결국 1971년 12월 27일 특별조치법 통과로 마무리되었다. 이제 박정희와 친위세력들에게 마지막으로 남은 과제는 '지도자의 영도력'을 '항구적으로 유지'하려는 조치로서 새로운 체제를 수립하는 것이었다. 이는 곧 '영도력'을 가진 지도자가 집권을 지속하고, '비상대권' 발휘를 정당화할 수 있는 체제, 즉 '비상 상태'가 항구화·일상화된 체제를 확립하는 것을 의미한다.[124]

자 한태연(韓泰淵)과 갈봉근(葛奉根)은 프랑스 드골 정부의 헌법과 카를 슈미트의 '주권독재론'을 크게 참조했다(이상록 「'예외상태 상례화'로서의 유신헌법과 한국적 민주주의 담론」, 『역사문제연구』 제35호, 2016, 530면).

121 그는 고려대 아세아문제연구소가 1966년부터 추진한 연구기획에 참여하여 남베트남민족해방전선을 연구한 저서를 1968년 발간했다(이승헌 『남베트남민족해방전선연구』, 고려대 아세아문제연구소 1968, 서문 II면).

122 이승헌 「국제기류의 변화와 남북접근」, 『세대』 제109호, 1972.8; 이승헌 「남북대화·유엔전략·헌정유신」, 『세대』 제113호, 1972.12. 이승헌은 박정희 정부가 급변하는 국제정세에서 안보문제에 대처하고 통일문제를 능동적으로 풀어가고 있다고 이해하며 국가비상사태 이래 대통령의 권한 강화를 긍정적으로 정리했다.

123 이승헌 「국가위기의 극복과 비상대권」 87면. 이는 1968년 학생들의 강한 반대에 직면했던 서독 정부가 비상대권을 통과시키며, 상하 양원의 동의를 받아야 비상사태 선포를 가능하게 만든 점과 대비된다(김기범 「한국에 있어서의 국가긴급권」, 『연세논총』 제9권, 1972.5, 236면). 서독에서 '비상대권법안'은 1958년에 원안이 작성되어 10년 만에 통과되었다. 이 안의 주요한 내용 중의 하나는 서독의 독자적인 병력동원권 확보였다(「칼자루 쥔 서독정부」, 『경향신문』 1968.6.1).

124 강성현은 긴급조치의 상례화 과정을 통해 '비상 상태'가 상례화되었음을 보여준다(강성

김종필의 회고에 따르면 1971년 말부터 박정희는 새로운 통치체제의 수립을 준비하기 시작했다. '국가보위에 관한 특별조치법'을 만들 때 신체제 구상도 구체화되었을 것이다. 이는 1972년 1월 연두 기자회견에서 박정희가 총력안보체제를 이룩하는 데 전력을 기울여야 한다고 천명하고, 곧이어 2월부터 국가행정의 최말단 조직인 이·동을 냉전의 새마을로 전환하는 작업을 전면적으로 추진한 사실에서 미루어 짐작할 수 있다. 그리고 1972년 4월 이전부터 개헌 작업을 시작한 박정희와 친위세력은 5월에는 헌법 개정 작업에 박차를 가하며 신체제 수립을 위한 마지막 수순을 밟았다.[125]

1968년 이래 박정희와 친위세력이 추진한 비상대권 확보는 '국가보위에 관한 특별조치법'의 제정을 통해 일차 달성되었고, 특별조치법 차원에서 보장된 비상대권은 유신헌법의 선포와 함께 '헌법' 차원에서 보장되었다. 여기에 친위쿠데타를 주도한 이들은 유신헌법에 대통령의 비상조치 발동이 '사법적 심사의 대상이 되지 아니함'이라는 문구를 넣어 독재권력의 전횡을 법적으로 보장했다.[126]

박정희가 정의한 '비상대권'의 의미는 1970년대 긴급조치가 발동될 때마다 지역사회 민중에게 반복적으로 주입되었다. 1974년 1월 박정희 정부가 유신헌법에 대한 일체의 반대를 불허하는 긴급조치 1호를 발표하자 충청북도 괴산경찰서장은 다음과 같은 담화를 괴산군 공보지에 실어 이장·동장에게 배포했다.

현「'예외상태 상례'의 법 구조에 대한 비교 연구: 한국전쟁기와 유신체제기 발동한 국가긴급권을 중심으로」,『사회와 역사』 제108호, 2015, 제3장).

125 김종필『김종필 증언록: 5·16에서 노무현까지』 1, 미래엔 2016, 403~405면. 홍석률「유신체제의 형성」 88~90면. 홍석률에 따르면 이후락의 5월 평양방문은 박정희를 위시한 극소수의 개헌추진세력에게 남북대화와 통일이라는 개헌추진의 명분을 쌓는 과정이었다.

126 갈봉근『유신헌법론』, 한국헌법학회 1976, 304, 450면.

현대적 긴급권은 사후대책적 성격보다는 예방적 성격이 강한 것입니다. 국가위기는 전쟁이나 천재지변에 한하지 않고 경제적 공황, 사회 내부의 분열 혼란, 재정위기 등에까지 광범한 것입니다. (…) (긴급조치는) 국가의 독립과 안전 및 헌법 수호를 책임지며 전 국민적 정당성을 대표하고 있는 **대통령 고유의 전속적 권한에** 속힙니다.[127] (강조는 인용자)

---

127 '승공 연락보 배부 사항보고' 첨부 '승공 연락보 원고,' 1974.1.21, 자료철: 충청북도 지방 경찰청 괴산경찰서 정보과, 국가기록원 관리번호: BA0630530.

8장
안보와 개발의 결합과 근대화의 향배

1·21사태와 근대화 노선의 변화

한국현대사에서 1960년대 말 1970년대 초 기간을 '역사적 전환기'로 부를 수 있는 것은 이 시기가 '국가안전보장, 사회·경제 개발, 주체 형성'의 방식과 상호관계에 관한 한국사회의 이견들이 비민주적인 방식으로 정리되며 민중의 의식과 생활양식을 강력히 규제하는 새로운 '국가체제'를 낳았기 때문이다.

1960년대 말 1970년대 초 기간을 '1972년 분단국가체제'의 등장을 예비한 역사적 전환기로 조명할 때 우리는 1960년대 말 박정희 정부의 근대화노선이 보인 변화를 주목할 필요가 있다. 이 시기 이른바 조국근대화 노선은 기존 '경제제일주의'의 관점에서 벗어나 경제·사회 개발계획과 국가안보 계획을 포괄하는 것으로 확장되었기 때문이다. 이러한 변화를 불러온 직접적인 계기는 1968년 1·21사태이다.

1968년 1·21사태가 터진 직후인 3월 27일 정부와 여당은 정책심의위원회를 개최하고 기존 시정방침인 '일원적 경제건설제일주의'를 '생산증대, 사회간접자본 확충, 국토방위' 삼자를 축으로 삼는 방향으로 바꾸었다.[1] 이러한 노선 전환은 1968년 이후 국가안보, 경제개발, 사회개발이 근대화의 내용과 성격을 규정해나갈 것임을 보여주는 조치였다.

'경제제일주의'에 입각하여 사회개발을 전혀 고려하지 않던 박정희 정부는 제1차 경제개발계획 추진 이후 대두된 사회문제들을 보며 사회개발에 관심을 보이기 시작했다.[2] 제1차 경제개발계획이 끝나는 해인 1966년 공화당 정책연구실은 지속적인 고도성장 달성을 강조하면서 향후 경제발전이 일정 수준에 오르면 '사회 안정'을 위한 사회개발을 추진해야 한다는 의견을 제기했다. 공화당 정책연구실은 제2차 경제개발 5개년계획까지는 성장 위주의 정책을 추진하고, 제3, 4차 계획에서 경제개발과 사회개발을 함께 추진하여 이후 제5차 계획부터는 사회개발 중심의 정책을 추진한다는 구상을 제시했다.[3]

1966년부터 보건사회부(이하 '보사부') 안에서는 사회개발이 논의되다가, 이듬해 여름부터는 사회개발의 추진이 본격적으로 논의되기 시작했다.[4] 이

---

1 「건설·국방으로 이원화」, 『매일경제』 1968.3.27.

2 이전에 사회개발에 대한 모색이나 실천이 없었던 것은 아니다. 한국에서 사회개발이 필요하다는 지적은 이미 1950년대 후반부터 제기되었다(강영우 「한국의 자립경제와 교육의 나아갈 길」, 『새교육』 제11권 2호, 1959, 16면). 또한 1950년대 후반부터 시작되어 이후 지속적으로 전개된 지역사회개발사업이 대표적인 사회개발사업이라 할 수 있다(허은 「1950년대 후반 지역사회개발사업과 미국의 한국 농촌사회 개편구상」, 『한국사학보』 제17호, 2004). 그러나 이는 농촌지역에 한정된 것이었다. 매우 광범한 영역을 포괄한 1960대 말 사회개발 구상과는 차이가 있다고 하겠다.

3 손정목 「한국의 사회개발 試論」, 『사회개발문헌집』, 국립사회사업지도자훈련원 1968, 107~108면.

4 최천송 「한국의 사회개발」, 『정책계보』 제4권 2호, 민주공화당정책연구실 1969.6, 162면. 사회보장심의위원회 전문위원이었던 최천송(崔千松)의 경우 1966년 10월에 의료보험 계간지에 제2차 경제개발계획에서 사회개발의 병합을 고려하는 글을 발표했다.

시기 보사부 산하 '사회보장심의위원회'[5]는 유엔이 주창한 사회개발 논의를 적극적으로 수용했고, 보사부 장관 정희섭(鄭熙燮)도 사회개발에 큰 관심을 보였다.[6] 1967년 후반부터 사회보장심의위원회 주관하에 다수의 학자가 사회개발 방안을 마련하기 위해 전국을 돌며 토론회 등을 개최했다.[7]

박정희도 대두되는 사회문제에 대처하며 경제성장제일주의 정책을 지속하기 위한 그 나름의 방안을 강구했다. 1967년 11월부터 박정희는 공화당과 경제기획원에 자신의 구상을 밝혔다. 한국일보 논설위원 박동운(朴東雲)에 따르면 박정희는 1967년 10월경부터 '경제성장 목표의 불명확한 점'과 '국민의 정신적 방황 상태'를 주목하고, 11월 경제기획원을 방문할 때 이미 '제2경제'를 '조국근대화와 민족중흥에 이바지하는 정신적 자세의 함양'을 지칭하는 용어로 썼다고 한다.[8] 여하튼 1968년 1월 연두교서에서 박정희는 증산 및 소득증대와 관련한 일이 '제1경제'이며, '제1경제' 개발을 저해하는 경제외적 요인을 제거하는 일을 '제2경제'라고 정리했다. 박정희는 '나만 잘 먹고 잘살면 된다는 생각, 국가체면을 무시하며 돈만 벌려는 생각, 사치

---

5 사회보장심의위원회의 설치 시점은 1962년 3월 '사회보장제도심의위원회 규정제정'까지 거슬러 올라간다. '사회보장제도심의위원회'는 1963년 12월 '사회보장에 관한 법률 제정'으로 그 명칭이 사회보장심의위원회로 개칭되고, 심의위원회는 상임 전문위원과 비상임위원으로 구성되었다. 상임위원은 주로 연구를 맡았고, 비상임위원은 학계 교수들로 구성되어 주로 연구 결과를 심의하는 역할을 맡았다(최천송 『한국사회보장론』, 한국노사문제연구협회 1977, 192~98면).

6 최천송 『한국사회보장연구사』, 한국사회보장연구소 1991, 150면. 정희섭은 평양의학전문학교를 졸업한 의사 출신이다. 그는 1960년대 박정희 정권하에서 오랜 기간 보건사회부 장관을 역임하며 보사행정을 이끌었다. 군정 기간 보건사회부 장관을 맡았고 1966년부터 1969년까지 다시 보건사회부 장관을 역임했다. 1972년에는 사회개발협회장을 맡기도 했다.

7 1967년부터 1968년까지 사회보장심의위원회 주도하에 진행된 사회개발 연구에 대해서는 다음 책을 참조. 보건사회부 사회보장심의위원회 『사회개발연구에 관한 활동일지(1967.3~1968.9)』 1968.

8 박동운 「자주국방과 제2경제의 과제」, 『지방행정』 제176호, 1968.6, 46면; 박태균 「1960년대 중반 안보위기와 제2경제론」, 『역사비평』 제72호, 2005, 268면.

와 낭비 풍조, 공무원의 부패' 등을 '제2경제운동'으로 제거해야 할 태도로 지적했다. 박정희는 '국민정신 개조'와 '사회규율 확립'에 방점을 두며 위로부터 이를 추진한다는 의지를 밝혔다.[9]

경제기획원 기획국과 공화당 정책연구실도 국민의 일상생활과 의식에서부터 정치인들의 의식개조까지 강조한 '제2경제운동' 구상안을 발표했다.[10] 정신개조에 대한 강조는 이후 지속되었다. 공화당 정책연구실은 기관지 『정책계보(政策季報)』 4월호 특집을 '제2경제'로 잡았는데 필진으로 참여한 정책연구실 관계자들은 '조국근대화'는 '총체적 근대화'이며,[11] 이를 달성하기 위한 당면 과제가 "국민 다수가 근대화 의식을 갖고 새로운 생활양식과 행동을 취할 수 있는 정신적인 변혁"을 이루는 것이라 강조했다.[12]

박정희의 제2경제운동을 접한 지식인들은 대체로 새로운 가치관의 형성이나 사회근대화가 필요하다는 데 공감하며 시의적절한 조치라고 보았다.[13] 하지만 이러한 평가를 한 지식인들조차도 사치풍조, 배금주의, 복지부동 등 사회적 폐습이 심화하는 모습을 보며 정신적 측면의 문제 제기가 필요하다는 점에 동의했을 뿐이지, '사회근대화'를 정신적 측면으로 국한하거나 최우선시하는 방침에 대해서는 동의하지 않았다.[14] 이들은 사회근대화를 위

---

9 「근대화는 균형성장으로」, 『조선일보』 1968.1.16.

10 「제2경제」, 『조선일보』 1968.1.16.

11 박희선(공화당 정책연구실 전문위원) 「제2의 경제와 그 운동방향」, 『정책계보』 제3권 1호, 1968.3, 141면.

12 이선희(공화당 정책연구실 발전부장) 「경제개발을 저해하는 정신적·제도적 요인」, 같은 책 138면.

13 『정경문화』 1968년 2월호 특집에 참여한 여러 논자는 박정희의 '제2경제'에 전적으로 동의하지 않았으나, 그 시의성에 대해서는 모두 적절하다고 보았다(고승제 「비경제적 요인의 개발과 연구과제」; 박희범 「경제개발의 돌파구는 어디냐」; 조지훈 「문화건설은 병행돼야 한다」; 조세형 「'제2경제' 제기의 방향」; 고영복 「산업근대화와 사회근대화」; 문병집 「제2경제론의 본질과 사회개발」; 구범모 「정신개발을 위한 정치적 과제」).

14 구범모, 고영복, 조세형은 각기 '정치적 근대화' '제도개혁' '사회정의의 실현'을 강조했

해서는 정신적 측면보다 정치적 개선, 제도개혁의 실현이 우선시되어야 한다고 판단했다.

공화당이 1968년 3월 '제2경제운동 추진위원회'를 구성하고,[15] 5월 8일 청와대·정부·여당 연석회의에서 제2경제 실천방안을 보고했다. 이 자리에서 박정희가 직접 나서서 대중의 일상생활에 대해 과도한 간섭을 자제하라는 지적을 할 정도로[16] 제2경제운동은 일찍부터 관제운동의 폐해를 드러냈다. 이후 9월에 '제2경제운동 실천궐기대회'까지 개최했으나, 결국 대중으로부터 호응을 얻지도 못한 채 흐지부지돼버렸다.

그런데 1968년 1·21사태를 계기로 박정희 정부와 공화당은 사회개발을 바라보는 관점을 크게 바꾸었다. 1968년 1·21사태 직전 박정희는 제2경제론을 제기할 때까지만 해도 사회개발을 경제개발계획 추진의 장애가 되는 문제점을 제거하는 차원에서 사고하며 안보와 연계지어 논의하지 않았는데, 1·21사태 직후부터는 국방 강화라는 목표 달성을 위한 사회개발의 역할을 언급하기 시작했다.[17]

1·21사태 이후 국가안보와 사회개발계획을 결부시키는 논의를 잘 보여주는 논자는 국회의원이자 사회보장심의위원회 위원이었던 조효원(趙孝源)이다. 조효원은 장면 정부 시기 개최된 '지역사회개발 세계대회'의 고문을 맡았을 정도로 한국에서 지역사회개발 사업의 도입과 확산을 주도한 인물이었다. 특히 그는 '독재정치'의 등장을 막는 방안으로 지역사회개발의 중요성을 역설했다.[18] 이러한 조효원은 1967년 6·8총선에서 공화당 소속 국회

다(고영복「산업근대화와 사회근대화」139면; 조세형「제2경제 제기의 방향」129면).

15 편집부「제2경제운동추진위원회」,『정책계보』제3권 1호, 1968.3, 160~61면.

16 「제2경제는 정치인부터」,『조선일보』1968.5.12.

17 「박대통령 귀국」,『경향신문』1968.4.20.

18 허은『미국의 헤게모니와 한국 민족주의』, 고려대 민족문화연구원 2008, 305면.

의원으로 당선된 뒤 박정희를 철저히 따르는 정치인이 되었다.

조효원은 1968년 6월 사회개발 논의의 초점을 과거 자신이 역설했던 민주주의의 확립에 맞추지 않고 안보 강화에 맞추었다. 그는 사회개발계획이 개발도상국이 직면하는 일반적인 사안들인 도시화, 인구증가와 이동, 생활환경과 국민생활 보장, 소득분배, 인력개발 등에 대한 대처 방안을 강구하는 데 그쳐서는 안 되고, "공산 침략을 방위하며 나아가 승공통일의 완수라는 지상의 과제"를 달성하는 데 부합하도록 맞추어야 한다고 역설했다.[19]

1968년 9월 보건사회부 사회보장심의위원회는 첫 번째 보고서 『사회개발 기본구상』(이하 『기본구상』) 시안을 발표했다.[20] 『기본구상』이 1969년 초 정식으로 배포된 후, 사회보장심의위원회 위원이자 사회복지협회 전문위원인 신남균(申南均)은 『기본구상』에 국방능력 증강 문제가 소항목으로도 배치되지 않은 데서 알 수 있듯이 이를 적극적으로 반영하지 않았다고 불만을 토로했다. 그는 '국민사회'의 발전과 번영은 '자위능력'이 부재하면 달성할 수 없으므로 사회개발 기본구상에 '국방능력의 효율적인 증강'이라는 과제가 들어가야 한다고 주장했다. 더불어 그는 '사회복지'의 개념을 '경제개발'과 '국방능력개발'을 위한 기본적 조건의 개발이라고 정의하고, 경제계획, 사회계획, 국방계획은 서로 중첩되며 세 계획이 모두 공유하는 영역이 '사회안정 시책'이라 주장했다.[21]

---

19 조효원 「사회개발의 기본구조」, 『정책계보』 제3권 2호, 1968.6, 120면.

20 보고서 『기본구상』은 정부의 사회개발 구상을 알린다는 차원에서 1969년 3월 뒤늦게 배포되었다. 보고서 작성에 49명의 교수, 4명의 외국인 전문가, 20여 명의 노동연구위원이 참여했고, 사회개발, 보건복지 또는 경제학 전공자들 이외에도 다양한 분야의 전문가들이 참여했다. '사회윤리분과'에는 철학, 법학, 여성문제 전문가들이 참여했으며, '관련사업분과'에는 사회학, 언론학 전공자들이 참여했다(보건사회부 사회보장심의위원회 『사회개발 (제1집: 기본구상)』 1969, 221~23면). 『기본구상』 작성을 주도한 사회보장심의위원회 수석연구원 최천송은 책자에 표기된 1968년 9월이 아닌 8월에 시안이 공개되었다고 언급했으나, 여기서는 책자에 표기된 서지사항을 따르도록 하겠다.

하지만 보사부 사회보장심의회는 그 나름『기본구상』에 안보내용을 담고자 신경을 썼다.『기본구상』의 서문에서 1·21사태 이후 격화된 공산세력의 도발에 대처하기 위해서 "국방과 경제개발을 직접 담당해야 하는" 유능한 '인간의 계발'을 새로운 중요 과제로 상정했기 때문이다.[22] 사회보장심의위원회는『기본구상』에서 국가안보 달성에 기여하기 위한 사회개발의 과제를 크게 세 가지로 제시했다. 첫째 의식구조의 개선이다. 사회보장심의위원회는 '실리·찰나주의 배금사고의 만연'과 '부정부패'는 국가의식 및 반공의식의 쇠퇴 그리고 패배의식의 만연을 초래한다고 비판하고, 이는 국가안보 측면에서 볼 때 가장 경계해야 할 사안이라고 지적했다. 그리고 이러한 부정적인 의식을 극복하기 위해서는 '국민주체의식 확립과 반공의식 함양'이 사회개발계획에 포함되어야 한다는 것이다.

둘째, 사회구조의 근대화이다. 사회보장심의위원회는 사회구조가 안고 있는 후진성을 시급히 벗어버려야 한다고 보고, 후진적인 농업 체제, 과도한 무기능·유휴노동력과 과소한 산업시설, 소득격차의 심화, 그리고 만성화된 각종 사회병리 현상 등을 당장 개선해야 할 과제들로 지적했다. 사회보장심의위원회는 사회개발이 '후진적인 사회구조'를 사회정의에 입각하여 근대화된 사회구조로 전환함으로써 "국가안보를 위한 자체 역량"을 강화하는 데 크게 공헌할 수 있다고 강조했다.

셋째, 인력개발의 담당이다. 사회보장심의위원회는 국가안보를 위한 국력을 추정할 수 있는 중요한 기준이 '계발된 인력자원'의 보유 정도라고 언급하며, 사회개발은 "고도로 기능화되고 계발된 인력"을 양성해 경제개발 및 국가안전보장을 위한 국력 배양에 크게 이바지해야 한다고 강조했다.[23]

---

21 신남균「사회복지기획논고」,『사회복지』제26호, 1969.9, 23~24면.
22 보건사회부 사회보장심의위원회『사회개발 (제1집: 기본구상)』1969, 22면.
23 같은 책 62~64면.

『기본구상』에 포함된 국가안보 관련 사회개발 논의는 1969년 12월에 사회보장심의위원회가 제출한 두 번째 보고서『사회개발 장기전망』(이하『장기전망』)에 그대로 반영되었다.[24]『장기전망』에서 사회개발은 국토의 안전과 경제사회의 고도성장을 지속시키는 방안으로 설명되었고, '이상적인 국민상'도 국가안보와 경제성장에 복무하는 존재로 설정되었다.『장기전망』에서 경제발전에 복무하는 '정신자세'의 확립은 중기목표에 포함되고,[25] '반공민주의식'을 지닌 국민 형성은 장기목표로 배치된 사실이 눈에 뛴다.[26] 이러한 구분을 한 이유는 알 수 없으나,『장기전망』작성에 경제제일주의를 옹호하는 정부 내 인사들의 입김이 반영되어 경제개발 관련 내용을 우선시했을 가능성이 크다.『장기전망』은 중기목표에서 사회개발이 담당해야 할 가장 중요한 과제가 경제개발에 대한 적극적인 지원임을 분명히 밝혔다.[27]

안보 관계자의 인민전쟁론과 농촌근대화 인식

제1차 경제개발계획이 마무리될 때 박정희 정부의 경제성장정책에 대한 농민들의 불만은 터지기 일보 직전이었다. 대선과 총선이 있던 1967년 8월 경기도 평택군 청북면 유지 신권식은 일기에 다음과 같이 적었다.

---

24 보건사회부 사회보장심의위원회『사회개발 장기전망』1969, 62~63면. 1969년 4월 정부는 국민복지 향상을 위한 시안으로『장기전망』을 발표했는데, 이는 여러 차례의 수정을 거쳐 1969년 12월에 최종안이 완성되었다.

25 같은 책 57~59면.

26 이외에도『장기전망』은 현실이 서구의 왜곡된 윤리관인 이기적 황금만능주의가 대두하고 국민은 정신적 자세의 기반을 잃는 상황이라고 규정하고, 국가·민족의 융성 발전을 위한 정신개발 목표로 신의와 예절, 사회봉사, 협동, 검소, 책임감, 의무감 등을 포함한 12가지를 제시했다(같은 책 53~56면).

27 같은 책 57~59면.

농촌 살림살이가 날로 어려워진다. 곡가는 없고 노임은 비싸고 정부에서 중농정책을 한다지만 파농정책이다. 땅금은 날로 떨어지니 농촌 경기가 없는 것이다. (…) 수확은 고정이고 곡식값은 떨어지니 못 쓰고 못 입고 제일 서민생활이 농민이다. 도회지 중심의 정치를 하고 있으니 말이다.[28]

농촌과 농민은 제1차 경제개발계획이 끝난 후 공업화 중심과 저임금 수출주도 경제성장정책이 낳은 지역 간, 계층 간 소득격차와 양극화의 폐해를 그대로 입었다. 지역 간, 계층 간 사회적 양극화의 심화와 이에 따른 사회문제 분출은 1960년대 말 1970년대 초 학계와 정부, 중앙과 지방 그리고 주한 미 원조기구 '유세이드'(USAID/Korea)까지 주목한 사안이었다.[29] 이 시기 유세이드는 사회개발을 소득재분배의 문제로 접근했다. 1969년 12월 유세이드는 한국의 사회개발 수요에 관한 전반적인 검토를 위한 잠정적인 가이드라인을 작성했는데, 여기서 사회개발의 개념을 "소득의 균등한 분배를 지향하는 정책, 기관, 태도의 발전"으로 정의했다.[30] 미 원조기관도 한국의

<hr />

28 지역문화연구소『평택 일기로 본 농촌생활사(평택 대곡일기 1959~1973)』I, 경기문화재단 2007, 671면.

29 한국사회학회『도시와 농촌의 격차: 세미나 보고서』1969; 전남일보사·전일문화연구원「도시와 농촌의 격차: 제1회 호남지역개발을 위한 세미나 보고」1970; USAID/Korea, 1970.1, A Survey of Social Development in Korea, 19~24면, RG286, Korea Subject Files, FY 71, Acc. #81-0096, 국립중앙도서관 해외 한국관련 기록물 표제, SOC Social & Institutional Development FY '71. 미 정부는 1968년 7월에 '유솜'(USOM)을 대폭 축소하여 대사관 산하의 기구로 배치한 뒤 명칭을 '유세이드'(USAID)로 바꾸었다.

30 'Contemporary Social Development Needs (An Outline),' 2면, RG286, Korea Subject Files, Korea Subject Files, FY 70-71, Acc. #74-0216(국립중앙도서관 해외 한국관련 기록물 표제, SOC Social & Institutional Development FY '70). 주한 미 원조당국이 소득불평등 심화문제에 대해 관심을 기울인 이유 중의 하나는 긴급구호자금 지원과 긴급구조 성격을 가진 미 잉여농산물 원조 제2관(PL480 II)의 종료가 줄 파장을 우려했기 때문이다. 1971년 유세이

사회적 양극화와 소득불균형의 확대에 큰 관심을 가졌음을 알 수 있다.

그런데 이 시기 농촌문제는 사회·경제적인 문제로서만 주목을 받았던 것이 아니다. 군부를 중심으로 안보 관계자들에게 농촌문제는 곧 안보를 좌우하는 문제로 여겨졌다. 6장에서 살펴보았듯이 1968년 말 박중윤은 동북아 국제질서의 변화, 한반도 남북문제 등을 날카롭게 분석하며 북한의 비정규전 특히 유격전 위협이 지속되리라 판단하고 근대화의 세례를 받지 못한 농촌을 안보불안 요인으로 주목했다.

1968년 12월 중앙정보부도 대반란전·대유격전의 차원에서 농촌문제를 주목하며 지역사회개발의 필요성을 지적했다. 중앙정보부는 교재 『대유격전』에서 내부의 취약성을 제거하기 위해서는 '장기 국가개발계획과 지역사회개발계획의 추진' '정치·경제·사회 전반의 균형발전을 위한 근대화계획 추진,' 그리고 '구습의 개혁을 위한 사회개혁과 빈곤 극복을 위한 경제개혁을 국가개발계획의 양 축으로 삼는 것' 등이 필요하다고 지적했다. 여기에 중앙정보부는 주민이 가장 필요로 하는 지역사회개발 사업을 추진하여 주민의 단결심과 참여의식을 고취하고, "농민들을 위한 적절한 토지개혁과 고리채 정리, 농민 수익의 증대책, 노동자들을 위한 적절한 노동조건과 임금제도"를 실시하는 것이 후진국의 중요한 과제라고 언급했다.[31] 이러한 중앙정보부의 언급은 1970년대 민주화운동 탄압에 앞장섰던 모습과 커다란 괴리가 있다. 중앙정보부의 교재 『대유격전』은 기존 관련 자료에서 원론적인 내용을 모아 정리한 것이라는 점을 전제하고 볼 필요가 있다.

드(USAID/Korea) 공공개발국장 배스컴 스토리(Bascom H. Story)는 한국 정부가 긴급구조자금과 잉여농산물 원조 2관이 중단될 때, 이를 완충할 사회보장체계 마련을 고려할 필요가 있다고 보았다(Letter from Bascom H. Story to Kim Tai Dong, 1971.4.29, RG286, Korea Subject Files, FY 71, Acc. #81-0096(국립중앙도서관 해외 한국관련 기록물 표제, SOC Social & Institutional Development FY '71).

31 중앙정보부 『대유격전』 1968, 62면.

홍미롭게도 1968년 대규모 무장부대를 남파하며 유격전을 도모했던 북한도 안보 차원에서 농촌을 우려의 시선으로 바라보며, 낙후성 극복을 위한 개혁의 대상 특히 '사상적 개혁'이 필요한 대상으로 간주했다. 김일성 정부는 박정희 정부보다 일찍 경제와 국방의 병진정책을 추진하며 인적·물적 자원을 국방 분야에 집중 투여했는데, 이는 농촌 투자가 상대적으로 위축되는 결과를 낳았다. 여기에 푸에블로호 사건을 계기로 북한의 농촌 인력이 대거 군대로 투입되는 상황까지 벌어져 농촌의 낙후된 상황을 더욱 악화시켰다.[32] 다음 인용문은 1968년 9월 김일성이 사회주의 농촌건설을 재촉하는 발언의 일부인데, 이는 같은 해 12월 박중윤이 농촌을 안보 차원에서 우려스럽게 바라보는 시선과 겹쳐진다.

"농촌이 기술적으로나 문화적으로 뒤떨어져 있는 상태를 그대로 두고서는 뒤떨어진 농민들의 사상의식수준을 빨리 높일 수 없습니다. 농민들이 사상적으로 각성되지 못하면 농촌에서 봉건유교사상이 되살아날 수 있고 농촌에 자본주의 사상이 쉽게 들어갈 수 있습니다. 다시 말하여 농촌의 낙후성은 온갖 나쁜 사상 독소가 침투할 수 있고 자라날 수 있는 온상으로 됩니다. 이것은 사회주의 건설에서 커다란 장애로 됩니다."[33] (강조는 인용자)

남북 모두가 농촌의 '낙후성 극복'에 큰 관심을 보인 데는 국지전, 비정규전의 위협이 두 분단국가를 크게 지배했기 때문일 것이다. 남한은 1968년 북한의 무력공세의 충격에서 쉽게 벗어날 수 없었고, 북한 또한 남한의 보

---

32 「농촌에서 사상혁명, 기술혁명, 문화혁명을 힘있게 벌릴 데 대하여」(1973.2.21), 『김일성 저작집』 제28권, 조선로동당출판부 1984, 171~73면.
33 「사회주의 농촌건설을 다그치며 군을 잘 꾸릴 데 대하여」(1968.9.24), 『김일성 저작집』 제22권, 조선로동당출판부 1983, 485면.

복 공격을 크게 의식하지 않을 수 없었다. 1968년 이후에도 남한은 남북 간 군사적 대립이 완화되는 흐름과 무관하게 북한의 국지전 도발 위협을 계속 부각했고, 북한도 정규전과 비정규전의 배합을 중시하는 전쟁노선을 계속해서 강조했다. 군·경·중앙정보부와 같은 안보 담당 기관이 농촌과 농민을 안보불안 요인으로 여기는 인식은 '1972년 분단국가체제'가 수립될 때까지 이어졌다.

1968년 이후 북한의 대남 무력공세가 급격히 줄어들었음에도 농촌과 농민에 대한 불신이 없어지지 않았던 이유는 남북대화를 안보불안을 고조시키는 요인으로 여기는 판단이 지속되었기 때문이다. 1972년 11월 조선대학교 통일문제연구소의 최성준(崔聖俊) 교수와 조기수(趙基洙) 연구원은 국토통일원에 제출한 연구보고서에서 남북조절위원회의 개최를 놓고 보면 남북관계가 통일을 위한 구체적인 협의 단계로 들어갔지만, 북한이 1970년 11월 5차 당대회 이래 대남 '인민혁명전략'을 추진하고 있다고 판단했다.

따라서 두 필자는 남한은 사회의 '비합리적이고 비능률적인 국민의 의식구조와 사회체제'를 개혁하여 '국민의 복지생활'을 시급히 향상시켜야 하며, 특히 사회의 가장 취약한 부분으로 북한 '인민혁명전략'의 대상이 된 농민층에 대한 보호대책이 시급하다고 역설했다.[34] 이들의 논의는 농촌을 안보불안 요인으로 바라보는 인식이 특정 안보 부처에 한정되지 않았음을 확인시켜준다.

최성준과 조기수는 북한의 대남전략이 '반외세'를 중시하는 '민족해방민주주의' 단계에서 체제 간 정치적 주도권 쟁탈을 주 내용으로 하는 '인민민주주의혁명' 단계로 변화했으나, 군사적 측면에서는 남한의 동조 세력과 함

---

34 최성준(연구책임자)·조기수(연구위원) 「북한의 인민전략과 그에 따른 농민대책」, 조선대학교 통일문제연구소 1972, 5면.

께 비정규전을 추진하는 방식이 지속될 것이라 보았다.[35] 이러한 관점에서 볼 때 당연히 인구의 거의 절반을 차지하는 농민이 인민혁명의 대열에 참가하게 만들어서는 안 되었다. 두 필자는 남한의 농민이 북한의 인민혁명에 동원되는 것을 차단하기 위해서는 빈부격차와 농민생활 개선을 시급히 해결해야 한다고 반복해서 강조했다.[36]

최성준과 이기수는 농촌에 북한체제와 경쟁할 수 있는 농촌사회체제를 수립하는 방안이 새마을운동이며, 사명감을 갖고 새마을운동을 이끌어갈 지도자를 양성하는 것이 중요하다고 지적했다. 농촌사회체제와 관련하여 최성준과 조기수는 북한의 농촌처럼 "5호담당제라든가 거미줄과 같은 정보망과 행정조직에 의거해서 농민의 노동력 착취를 강요하는 체제를 구성해서는 안 된다"고 강조했다.[37] 두 필자는 농촌개발을 통해 농촌의 안정화를 달성하는 것을 최선이라 보았기에 억압적인 동원체제의 작동을 적절한 대응책으로 여기지 않았다.

그러나 군·경·중앙정보부의 주안점은 달랐다. 이들 기관은 감시와 통제를 위한 치밀한 시스템을 마련해야 하고, 이렇게 안보를 확보할 때 개발이 안정적으로 달성될 수 있다고 판단했다. 이와 관련하여 육군대학 특수전 교관 홍승목 중령의 글이 주목된다. 1972년 12월 홍승목은 안보에 초점을 맞추어 농촌정책을 논의했다.[38]

홍승목은 1960년대 후반에 미군이 만든 대반란전·대유격전 교리를 참조하며,[39] 비정규전 대처방안을 크게 '내부개발'과 '내부방어'로 구분했다. 여

---

35 같은 글 34~38면.
36 같은 글 42면.
37 같은 글 51면.
38 이하 홍승목의 논의는 다음 글을 참조. 홍승목 「대비정규전」, 『군사평론』 제146·147호, 1972.12, 67~68면.
39 홍승목은 임동원이 저술한 『공산혁명전략과 전술』과 함께 미육군 지휘 및 참모대학에

기서 '내부개발'은 공산세력이 노리는 "사회불안 요인과 국민의 욕구불만 그리고 제반 취약성을 제거하여" 사회 안정을 달성하기 위한 정부의 대책과 활동을 의미했고, '환경개선' '제도개선' '가치관 정립' 등이 세부 방안으로 제시되었다.[40] 홍승목은 새마을운동을 환경개선 활동이자, 총력안보를 국민의 시상 가치로 정립하기 위한 운동으로 설명했다. 내부방어는 "내부개발을 방해하는 외부로부터의 위협 요소와 내부의 불안 요인을 제거"하여 국민의 안정된 활동을 보장하는 조치를 의미했다. 내부방어는 주민 및 물자통제와 경계 대책을 다루는 '경찰형 작전,' 봉쇄와 대유격전을 담당하는 '군사작전,' 정보·심리·민사·대민활동 등을 다루는 '기타작전' 등으로 나뉘었다. 그의 논의는 1970년대 초 군부가 '안보'(내부안보)를 '개발'(내부개발)의 대전제로 여기고, 새마을운동을 내부개발이라는 대공전·대반란전의 범주 안에서 이해했다는 점을 분명히 보여준다.

여기에 홍승목은 내부개발을 효율적으로 성취하기 위해서는 '탁월한 지도자의 올바른 영도력'이 필수 불가결의 요건이라고 강조했다. 탁월한 지도자가 이끄는 강력하고도 효율적인 정부가 있어야 정국을 안정시켜 인민전쟁에 대처하며 내부개발도 가능하다는 게 홍승목의 논지였다. 이러한 주장

서 발간한 '대반란전' 교재와 미육군부가 발간한 '대유격작전' 교범을 참조했다. 후자의 책은 미육군이 1967년 베트남전에서 전개되는 대유격전을 위해 발간한 교재였다(Hq, Department of the Army, FM31-16 *Counterguerrilla Operations*, 1967.3).

40 '내부개발'에서 '가치관 정립'의 강조는 베트남전을 경과하며 미군의 대반란전 교리가 보인 변화와도 관련이 있어 보인다. 닉슨 독트린이 발표되기 이전까지 1960년대 후반 미군은 베트남전에서 벌어지는 비정규전, 대유격전, 대반란전 그리고 국가건설(nation-building)에서 승리하기 위해 교리들을 계속 강구해갔다. 베트남전에서 미군이 군사적 공세에 비중을 두면서 제기된 '안정화 작전'(stability operations)에는 로스토의 근대화론을 비판하는 견해가 반영되었다고 한다. 앤드루 버틀에 따르면 이는 로스토의 '기대상승이론'(thesis of rising expectations)을 비판하며, 근대화에서 물질적 개발보다 '사회적 가치'의 변화를 더 중시하는 경향이었다(Andrew J. Birtle, *U.S. Army Counterinsurgency and Contingency Operations Doctrine 1942-1976*, Center of Military History U.S. Army 2006, 428~29면).

은 1968년 말 이래 '비상대권을 가진 지도자의 영도'가 안보 달성의 핵심이라는 박정희와 친위세력의 영구집권 논리가 군내에 깊이 침투해 있음을 확인시켜준다.

홍승목이 보여준 군부의 인식, 즉 농촌개발을 추진하는 새마을운동을 안보적 측면에서 파악하며, 개발과 안보의 달성을 위해서는 영도자 중심의 총력안보체제가 확립되어야 한다는 입장은 1970년대에 변함없이 이어졌다.[41]

불신에 가득 찬 분단국가체제의 파국

1972년 10월 17일 박정희와 영구독재체제 수립을 지지한 일군의 세력이 벌인 '친위쿠데타'는 삼권분립의 공화제와 민주체제를 와해시켰다. 이는 정치적으로 집권세력 내에서도 반발과 이탈을 초래했고,[42] 지역사회 지지기반에도 균열을 초래했다. 평택군 청북면의 신권식은 10월 국회를 해산시키고 정당활동을 중지시킨 비상계엄령의 발포를 보며, '평화시' 계엄선포는 '참으로 어려운 일'이나 남북 평화통일을 위해 부득이한 일이라고 보았다. 신권식이 박정희의 유신 선포를 받아들인 이유는 종신 독재를 지지해서가 아니라 평화통일의 기대를 버리지 않았기 때문이다. 그는 공화당원이었으나 유신헌법 선포를 위한 국민투표가 부정한 방식으로 진행되자 이를 비판적으로 본 속내를 일기에 적었다.

---

41 김종수『현대전과 정신전력』, 열화당 1975, 53~54면.
42 5·16군사쿠데타 이래 박정희와 공화당의 권력 확립에 핵심적인 역할을 한 강성원(康誠元)도 유신선포를 계기로 정치를 그만두었다고 한다(한국정신문화연구원 편『내가 겪은 민주와 독재』, 선인 2001, 382~85면).

투표라야 하나 마나 결정적이다. 선거관리위원회 종사원 및 참관인 모두 절대 지지자이다. 기권 없이 하라는 바람에 한 사람이 몇 명씩 하는가 하면 무더기 투표가 있으며 반대가 있을 수 없다. 나 역시 찬표를 했으나 공명투표가 아닌 데서야 불쾌했다. 민주의 싹은 공명투표에서 이루어지는 것인데 하는 마음 간절. 개헌안에 찬성을 하나 대통령의 권한이 외국에 비해 특권적이며 대통령은 종신을 하게 되지 않나 생각. 비상계엄하 개헌도 좋은 결과는 아닌 것.[43]

이처럼 '1972년 분단국가체제'는 지역 공화당원으로부터도 진정한 지지를 받지 못한 채 출범한 체제였다. 박정희 정부는 체제의 지지기반을 다지기 위해 민중의 지지를 끌어낼 사회정책을 추진했다. 유신체제 수립 직후인 1973년 연두 기자회견에서 박정희는 1974년부터 국민복지연금제도를 실시하고 1970년대 후반까지 의료보험제도를 도입한다는 복지제도 확대 구상을 제시했다.[44] 총력안보태세 확립을 강조한 박정희 정부의 사회정책 제시는 전시 일본 정부가 총력전체제의 확립을 위해 '국방국가'와 '사회국가' 건설을 동시에 추진한 것을 떠올리게 한다.[45]

그러나 박정희 정부의 복지제도 확대 구상은 1973년 말부터 시작된 세계 공황에 따른 국내 경기침체, 물가상승,[46] 고용불안정 등으로 구체화되지 못

---

43 지역문화연구소 『평택 일기로 본 농촌생활사(평택 대곡일기 1959~1973)』 I, 677면.

44 「연두기자회견」(1973.1.12), 『박정희대통령 연설문집』 5, 1976, 41면. 박정희의 발표가 즉흥적으로 나왔던 것은 아니다. 연금제도의 시행은 이미 관련 부처들이 구체적으로 준비하고 있었다(양재진 「박정희시대 복지연금제도의 형성과 유보에 관한 연구」, 『한국거버넌스학회 하계공동학술대회 발표논문집』 2006, 306면).

45 일제의 총력전체제 구축과 사회국가 정책 추진에 관해서는 다음 책을 참조. 高岡裕之 『總力戰體制と'福祉國家'』, 岩波書店 2011.

46 중동전쟁과 석유파동의 영향을 받으며 국내 물가는 1973년 말부터 '물가파동'이라는 말이 무색해질 정도로 치솟았다. 1973년 전체 도매물가가 15.1%나 폭등했는데 12월 한 달에

했다. 국민여론과 재계의 반대를 무릅쓰면서까지 연금제도를 시행할 필요가 없다고 판단한 정부가 유보조치를 내렸다.[47] 대신 정부는 억압적인 조치를 남발했다. 1974년 1월부터 7월에 걸쳐 박정희 정부는 '개헌청원 백만인 서명운동'을 이끈 장준하(張俊河)와 백기완(白基玩)을 국론분열세력으로 비판하며 군사재판에 회부했고, '민청학련사건' '제2차 인혁당사건'에서는 '간접침략'의 논리를 동원하여 사건을 조작하며,[48] 정치적 민주화를 요구하는 이들을 강력하게 탄압했다.

한편, 사회·경제적 민주화 요구에 대해서는 '국민총화' 담론으로 대응했다. 보사부는 경제불황의 장기화에 적절하게 대비하기 위한 차원에서 사회개발을 실시하여 "국가안보의 기본이 되는 국민총화를 이룩해야" 한다고 주장했다.[49] 보사부는 국민총화 달성을 위한 사회개발의 내용을 크게 사회·경제적 불평등 완화와 정신기반 확립으로 나누고, 정신기반 확립은 사회 부조리를 제거하는 범국민운동으로 달성될 수 있다고 판단했다. 보사부가 말한 범국민운동이란 새마을운동이었다.[50]

박정희 정부가 1970년대 후반 사회·경제적 불평등 완화에 관한 실질적인 진전을 이루어내지 못하면서 사회개발에서 '정신개조'적인 측면은 더욱 부각될 수밖에 없었다. 보사부 사회보장심의위원회는 1974년 2월에 '사회기풍 순화대책'을 박정희에게 제출한 뒤,[51] 이론과 실천 방안을 다듬어갔다. 1976년 10월에 사회보장심의위원회가 『사회순화: 필요성과 그 요령』이라는 보고서를 작성했다.

만 무려 5.4%나 급등했다(김태선·성영소 「물가파동」, 『신동아』 제114호, 1974.2, 289면).
47 같은 글 312면.
48 「박대통령 담화, 불순요인 발본색원 위해」, 『경향신문』 1974.4.4.
49 보건사회부 『사회개발: 부문별 사업전망』 1974, 4면.
50 같은 책 60면.
51 보건사회부 『사회기풍순화대책참고자료(제Ⅱ집)』 1974.11, 序, 69면.

보고서에서 사회보장심의위원회는 국토분단과 민족분열에 처한 상황을 '안보차원'에서 대처하기 위해서는 '새로운 가치체계'의 마련이 절실히 요구된다고 강조하는 한편,[52] 경제개발계획이 지역 간, 계층 간 구조적 소득 불균형을 야기하는 상황, 노동자·농민·실업자들에 대한 사회복지정책이 진전을 이루지 못하는 상황, 재물이나 권력을 최우선시하여 '인간의 자기상실' '인간의 비인간화'가 초래하는 상황을 극복해야 한다고 의견을 개진했다.[53]

사회보장심의위원회는 사회문제를 적절하게 지적했으나 해결 방안 제시는 관제운동이라는 구태에서 벗어나지 못했다. 사회보장심의위원회는 중앙과 지역사회 및 단체의 중심인물들이 지도층이 되어 '도덕적 혁신'을 목적으로 한 '사회순화운동'을 전개하는 방안을 제시했다. 사회보장심의위원회가 말한 '지역사회와 단체의 중심인물'은 교사, 지방공무원, 기업체의 간부, 농어촌의 중심인물들이었다.[54] 이러한 구성은 사실상 도시와 농촌에서 새마을운동을 이끄는 이들과 겹쳤다. 그래서인지 사회보장심의위원회도 사회순화운동의 1단계는 새마을운동의 외곽단체나 민간단체가 참여하는 형식이 되리라 보았다.[55]

---

52 보건사회부 사회보장심의위원회 『사회순화: 필요성과 그 요령』 1976.10, 머리말.
53 같은 책 86~87면. 사회보장심의위원회가 참고한 문헌을 보면 '크리스챤아카데미'가 발간한 주요 서적을 빠짐없이 참조하고, 라인홀드 니버, 에리히 프롬, 허버트 마르쿠제와 같은 비판 사회학자들의 논의도 적극적으로 수용했음이 확인된다(같은 책 427~30면) 보사부 사회보장심의위원회는 1974년 '사회기풍순화대책참고자료'를 작성할 때도 크리스챤아카데미가 주관한 1970년 10월의 '비인간화 현상과 원인' 세미나의 내용도 요약 정리했다(보건사회부 『사회기풍순화대책참고자료(제l집)』 1971.11, 196~214, 311~16면). 아마도 이는 크리스챤아카데미의 중간집단 양성 프로그램에 참여한 지식인들이 자문단에 이름을 올린 영향일 것이다. 자문단 명단에 한완상의 이름이 확인된다(보건사회부 『사회기풍순화대책참고자료(제ll집)』 309면).
54 보건사회부 사회보장심의위원회 『사회순화: 필요성과 그 요령』 303~305면.
55 같은 책 316면.

사회보장심의위원회의 사회순화운동 구상은 당시 '민중'을 '중간집단'과 함께 사회개혁을 실현하는 주체로 상정하고 사회적인 양극화와 갈등을 해소하려 시도한 '크리스찬아카데미'[56]와 근본적인 차이를 보인다. 정신적 측면을 강조한 사회개발 방안은 불평등한 부의 분배에 따른 사회적 양극화와 악화되는 서민경제를 개선할 수 있는 대책이 될 수 없었다.[57]

박정희는 1977년 연두기자회견에서 제4차 경제개발 5개년계획에서 사회개발 비중을 확대한다는 구상을 밝혔으나 중화학공업화의 급속한 추진을 주축으로 삼아 연평균 GNP 9%의 성장률을 달성한다는 목표를 제시했다. 사회개발에 역점을 두겠다는 정부의 언급은 여론으로부터 현실성이 없다는 비판을 받았다.[58] 박정희 정부가 국민의료보장의 제도화와 같은 사회정책을 추진한 것은 분명하지만,[59] 정부의 3대 목표가 '총력안보태세 공고화'

---

56 박명림·장훈각『강원용 인간화의 길 평화의 길』, 한길사 2017, 234~35면.

57 경제학자 김윤환(金潤煥)에 따르면 제2차 경제개발계획 기간(1967~1971)에 노동생산성은 연평균 16% 증가했으나 실질임금은 9%만이 증가하여 생산성 증가분 중 7%가 기업의 초과이윤으로 흡수되었고, 1972년부터 1974년까지도 노동생산성 증가분의 2.3%가 기업의 초과이윤으로 귀속되었다(김윤환「사회개발로서의 노동정책」,『신동아』제138호, 1976.2, 100면). 또한 1963~1973년간의 평균 노동생산액은 1인당 연평균 11.1% 향상되었는데 1인당 평균임금은 연평균 약 3%밖에 오르지 않았다. 소득분배도 1960년대 후반에 약간 호전되는 양상을 보이다가 1970년대 중반으로 가서 다시 악화되었다(주학중「계층별 소득분포의 추계와 변동요인」,『한국개발연구』제1권 1호, 1979, 32~34면). 각종 공과금과 잡부금을 뺀 상태에서 조세부담률은 1973년 13.4%에서 1974년 15.1%, 1975년 17.1%, 1976년 18.2%로 증가했다. 1972년부터 1977년까지 국민총생산이 3.9배 증가한 데 비해 같은 기간 조세액은 5.23배 증가했다(진의종「세금 부담 너무 무겁다」,『월간중앙』제112호, 1977.7, 137면).

58 김성두(조선일보사 논설위원)「제4차 5개년계획에서 본 사회개발」,『신동아』제138호, 1976.2, 83면.

59 1977년 1월부터 영세민의 의료문제 해결을 위해 의료보호제도를 실시하고, 7월부터는 500인 이상 사업장에 의료보험제도를 도입했다. 1976년 12월 의료보험법을 개정하여 일정 규모 이상의 사업체에 의료보험을 강제 적용하는 방침은 의료복지 부분에서 진전으로 평가되나(최천송『한국사회보장연구사』123~24면), 의료보험의 혜택이 실제 필요한 농어민, 중소기업체 다수의 노동자, 자영 빈민들을 포괄하지 못한 한계도 함께 지적된다(정무권

'지속적인 고도성장 추구' '국민총화 공고화'로 잡혀 있는 이상,[60] 사회개발은 '총력안보태세 강화'라는 목표 달성을 위한 보조적 수단에서 벗어나기 어려웠다.

박정희 정부는 자주국방을 당면과제로 삼아 국방비의 비중을 지속적으로 확대하며, 숭화학공업에 무리한 과잉·중복투자를 낳은 정책 기조를 이어갔다.[61] 더구나 근로자의 권익 추구를 차단한 박정희 정부는[62] '개량적'인 개혁을 통해 사회갈등의 극복을 모색한 크리스챤아카데미의 시도조차 허용하지 않았다. 1977년 정부는 크리스챤아카데미가 민초의 목소리를 담았던 잡지 『대화』를 폐간시키고, 이후 1979년에는 '크리스챤아카데미 사건'을 만들어 탄압했다.[63]

1978년 새해 언론 여론조사에 참여한 지식인들 모두가 정부에게 '부정부패와 재부의 편중 및 기업의 독점'을 시급히 시정할 것을 요구했으나,[64] 현실은 정반대로 흘러갔다. 여성 공장노동자들은 정부의 억압적인 노동정책

「국가자율성, 국가능력, 사회보장정책: 유신체제의 사회보장정책」, 『한국행정학회 월례발표회논문집』 1993, 511~12면).

60 「박대통령 연두기자회견 요지」, 『동아일보』 1977.1.12.

61 이는 유신시대 정부 운영의 핵심적인 위치에 있던 김정렴(金正濂)도 인정하는 부분이다(김정렴 『김정렴 회고록: 최빈국에서 선진국 문턱까지』, 랜덤하우스 2006, 382~404, 453~72면). 박정희 정부의 방위산업 투자에 대해서는 다음 글을 참조. 김진기 「박정희와 한국의 무기, 방위산업」, 『박정희 시대를 회고한다』, 선인 2010.

62 노사간담회(1975), 근로자 복지정책 심의위원회(1978) 등 근로자의 이해를 반영하기 위해 제도적 통로가 만들어졌으나, 유신정권은 이 기구들에 노동정책 집행기구 또는 위기 대처를 위한 도구 이상의 의미를 부여하지 않았다(최장집 『한국의 노동운동과 국가』, 열음사 1988, 240~45면).

63 박명림·장훈각 『강원용 인간화의 길 평화의 길』 257~64면. 크리스챤아카데미 중간집단 양성 활동과 정부의 용공조작 탄압에 대해서는 다음 글들을 참조. 이우재 「1979년 크리스챤아카데미 사건」, 『역사비평』 제12호, 1991; 이상록 「1979년 크리스챤아카데미 사건을 통해 본 한국의 인권 문제」, 『역사비평』 제128호, 2019.

64 「본사 500명 대상 의식조사: 한국지식층은 보수적이다」, 『동아일보』 1978.1.1.

아래 사측으로부터 반인륜적인 탄압을 받아가며 생존권 투쟁을 벌여야 했고, 서민은 높은 물가로 인한 생활고에 허덕이며 강남 신축아파트의 특혜분양과 같은 부정부패 사건을 목도해야 했다. 1978년 12월 10대 총선에서 민심이 야당으로 쏠리는 것은 당연했다.

정부, 공화당, 유정회는 총선 결과에 충격을 받았음에도, 총선 패인에 관해 서로 다른 해석을 내리며 개혁의 계기를 만들지 못했다.[65] 1979년 8월 박정희 정부가 신민당사에서 점거농성을 벌이던 YH노동조합 여성노동자들을 폭압적으로 진압하여 노동자 김경숙(金京淑)을 죽음으로 내몰았다.[66] 경찰은 농성을 선동한 배후 불순세력을 가려내겠다고 발언하며 여론의 질타를 무마하고자 했다.

'사회적 시민권'[67]을 요구하는 민중을 폭력적으로 탄압하는 정부 방침은 농촌이라고 예외는 아니었다. 1979년 5월 안동가톨릭농민회 청기분회장 오원춘(吳元春)을 납치, 감금한 안동농민회 사건은 농민의 권익추구를 반체제 활동으로 규정하며 탄압한 사례였다. 정부의 의도와 달리 오원춘 납치사건은 지역 농민운동을 질적으로 성장하게 만든 계기가 되었다.[68]

민중을 불신하며 '10·26사건'이라는 파국으로 내달린 집권세력을 이해

---

65 심지연 『한국정당정치사』, 백산서당 2004, 263면.

66 김원 「1979년, 그들의 선택: YH노동조합 신민당사 농성」, 『역사비평』 제128호, 2019.

67 토머스 마셜(Thomas H. Marshall)에 따르면 '시민권'에 대한 이해는 역사적으로 18세기 자유권, 19세기 정치권 그리고 20세기 사회적 시민권으로 확장되어갔다. '사회적 시민권'은 부의 분배에 참여할 경제적 권리를 표현하고, 경제적 참여권의 영역은 최소한의 복지뿐만 아니라 문명사회의 인간으로서 삶을 누릴 수 있는 권리까지 포괄한다(김원섭 「복지국가란 무엇인가?: 시민권 이론의 관점에서」, 『사회보장연구』 제23권 4호, 2007, 144~45면; 이병천·박형준 편 『마르크스주의의 위기와 포스트 마르크스주의』 II, 의암출판 1992, 제4장 '시민권과 사회계급' 참조).

68 이호철·김종헌 「안동가톨릭농민회 농민운동사 연구, 1976~1994」, 『농촌사회』 제7집, 1997, 126~27면. 상세한 내용은 가톨릭농민회50년사 편찬위원회 『가톨릭농민회 50년사』 II, 가톨릭농민회 2017, 제6장 참조.

하기 위해서는 1970년대 후반 특히, 1977년 이후 이들의 안보관을 짚고 넘어갈 필요가 있다. 1977년은 미국의 '무상 군사원조' 종식이 예정된 해이자,[69] 신생 카터 정부가 주한미군을 완전히 철수하겠다는 방침을 공표한 해였다. 1977년 박정희 정부는 1975년 안보위기 분위기를 다시 조성하며 총력안보태세를 확고히 할 것을 요구했고, '총력안보중앙협의회'와 같은 범국민운동기구를 표방한 관제기구는 총력안보의 생활화를 외쳤다.[70]

1977년 국군의 날 국방부는 방위태세 보강을 위한 방안으로 영공·영해의 방어력 보강, 자주적 무기체계의 연구발전과 더불어 비정규전 체계의 보완을 지적했다.[71] 정부는 1976년에 이미 남한이 군사력에서 북한에 우위를 점하게 되었다고 밝혔으면서,[72] 북한의 국지전 또는 비정규전 도발을 당면한 안보위협으로 부각하는 데는 변함없었다.

1977년 한국군은 독자적인 대비정규전 교범(야교 31-16)을 만들었다.[73] 군은 독자적인 대비정규전 교범에서 '비정규전' 개념을 특수전 전문의 군인이 전담할 영역이 아니라 모든 국민이 대비정규전의 요원이 되어 수행해야 하는 과제로 정의했다.[74] 이러한 개념 정의에 따르자면 모든 국민이 예외 없이 간접침략론과 인민전쟁론 그리고 영도자론이 결합되어 만들어진 안

---

69 미국은 1977년에 무상 군사원조를 종식한다는 계획이었으나 무상 군사원조는 1977회계연도부터 대폭 감소된 채 1978회계연도에도 이어졌다(「미국이 큰소리 칠 이유는」, 『조선일보』 1978.3.9).

70 1975년 5월 전국적으로 개최된 관제 '국가총력안보 국민총궐기대회'를 기반으로 삼아 만들어진 총력안보중앙협의회는 1977년 상반기 정관을 개정하고 각종 협의회를 새롭게 조직했다(김종갑 「총력안보의 생활화」, 『길』 제1호, 1977; 「총력안보 중앙협의회 및 시도협의회의 활동상」, 같은 책 140~49면).

71 「건군 29돌 드높은 자주국방의 결의」, 『경향신문』 1977.10.1.

72 「방위산업 78년에 마무리」, 『조선일보』 1976.8.5; 「박대통령 8·15경축사의 의의: 체제우월 내외에 과시」, 『경향신문』 1976.8.16.

73 이도상 「특수전 이론체계 정립을 위한 제언」, 『군사평론』 제227호, 1982.8, 26~27면.

74 같은 글 32면.

보관을 지키는 주체가 되어야 했다.

모든 국민이 대비정규전의 요원이 될 것을 요구받는 상황에서 독재체제를 비판하는 행위는 곧 국가안보를 위협하는 '내부 적'의 행위로 간주될 뿐이었다. 1979년 '부마항쟁'이 터지자 박정희와 차지철이 항쟁에 참여한 이들을 불순세력으로 단정하고 대학살을 해도 무방하다고까지 발언한 것은 우연이 아닐 것이다. 김재규가 10·26의 파국을 만들며 대학살은 일어나지 않았으나,[75] 동아시아 냉전체제와 '1972년 분단국가체제'가 낳은 하나회를 중심으로 한 신군부가 권력을 장악함으로써 1980년 5월 광주에서 민주화 요구를 학살, 진압하는 참극은 비껴가지 않았다.

비인간화와 민주주의 부재의 사회정책 비판

1969년 중앙대 사회학과 교수 김영모(金泳謨)는 박정희 정부는 사회개발 구상안의 철학적 기반을 개인성에서 찾으며 '인간개발' '의욕개발'을 강조하고 있는데, 이러한 접근은 사회개발의 책임을 국가적·사회적 차원에서 찾지 않고 개인에게 전가할 가능성이 크다고 비판했다. 김영모가 볼 때 '사회문제'는 사회구조와 체제에 기인하는 측면이 크기 때문에 이에 대처하는 '사회개발'은 국가 또는 사회가 당연히 책임져야 하는 것이다. 개인의 정신 개조를 강조하는 사회개발론은 사회개발에서 '사회적 의미'가 외면될 가능성이 크다. 사회개발에서 강조되어야 할 내용은 정신·윤리가 아니라 사회 제도와 체제의 변화이다.[76]

---

75 한홍구 『유신: 오직 한 사람을 위한 시대』, 한겨레출판 2014, 398~99면.
76 김영모 「사회개발과 국가책임」, 『사상계』 제197호, 1969.9, 198~99면.

보사부 사회보장심의위원회 연구실장 최천송(崔千松)도 정신적 측면의 강조를 부정적으로 보았다. 그는 1969년 6월 공화당 정책연구실 기관지에 실은 글에서 국가안보와 관련한 사회개발 세부계획은 언급조차 하지 않았으며 '사회정화'와 같은 '국민정신의 내재적 측면'과 관련한 사업은 '계량화'가 어려우므로 사회개발 계획에 포함될 수 없다고 지적했다.[77]

1969년 비판적인 지식인들은 박정희 정부가 3선개헌을 통해 민주주의를 무력화시키면서 복지국가 달성을 천명하는 모습을 용인하기 어려웠다. 3선개헌 반대투쟁이 한창 고조되던 1969년 7월 동국대 교수 한상범(韓相範)이 민주주의에 따른 복지국가 실현의 중요성을 역설하며 박정희 정부를 우회적으로 비판했다. 한상범은 "국민의 권리의식 빈곤이 만성화된 사회"에서 복지국가론은 자칫 국가권력의 비대화만을 낳을 수 있다고 지적했다. 그는 복지국가 실현은 국민이 사회적 권리를 스스로 실현할 수 있는 정치적 수준에 도달하고 이를 저해하는 정치권력을 규제할 수 있는 제도적 장치가 마련될 때 가능하다고 주장했다.[78]

한상범은 정부가 국민의 정신개조 강조를 정당화하기 위해 한국사회가 마치 통제와 규율이 절실하게 필요한 방종에 물든 사회인 것처럼 그리며 '자유의 과잉'이라는 담론을 만들고 있다고 비판했다. 그가 볼 때 '자유의 과잉' 담론은 "국민의 남용 위험성만을 파악하는 태도"이자, 역사적으로 자유를 누려보지 못한 한국인에게 "규율 있는 생활과 명령에 따른 복종에 대한 향수"를 다시 갖도록 만드는 결과를 낳을 뿐이었다.[79]

민주주의를 고려하지 않는 복지국가론이 안고 있는 위험성에 대한 지적은 이미 5·16군정 시기부터 제기되었다. 1963년 연세대 강사 윤형섭(尹亨燮)

---

77 최천송 「한국의 사회개발」 163~65면.
78 한상범 「시민사회의 논리와 복지국가에의 환상」, 『사상계』 제195호, 1969.7, 150면.
79 같은 글 148면.

은 복지의 실현 방식을 크게 '민주주의적 지향'과 '전체주의적 지향'으로 구분하고,[80] 복지의 실현은 반드시 민주주의를 수단으로 삼아야 한다고 강조했다. 윤형섭은 원론적으로 볼 때 '빵'보다 '인간 존엄성'이 더 중요하며, 경험적으로도 집권자에게 선의의 차원에서 복지정책 시행을 기대하는 것은 어리석은 행동이라고 보았다. 독재자는 복지를 권력 유지의 명분으로 언제든지 활용할 가능성이 있기 때문이다.[81]

1970년대로 접어들면서 한국사회는 박정희 정부의 근대화 추진에 따른 제반 문제점을 검토하고 새로운 방향성을 모색하려는 움직임이 대두되었다. 이를 대표적으로 보여주는 사례가 1970년 10월 9일부터 11일까지 크리스찬아카데미의 주관하에 열린 '인간화 세미나'였다. 이 세미나에는 60여 명이 넘는 전문가가 참여해 '비인간화 현상'과 그 원인을 짚고 '인간화'를 위한 방안을 논의했다. 발표자들은 '매스미디어의 발달과 체제 동화' '과학의 발달과 국가권력의 지배' '법치주의 제도 확립의 문제점' '산업화와 소외현상' '경제성장의 도구가 된 인간' 등과 같이 한국사회에서 대두하고 있는 비인간화 문제를 집중적으로 다루었다.[82]

'인간화 세미나'에 참여한 연세대 교수 이극찬(李克燦)[83]은 대중의 원자화·획일화·수동화·탈정치화와 상징조작을 통한 인위적인 욕망충족 등을 대중사회의 특징으로 지적하고, 원자화된 대중의 투표권에 의존하여 실질

---

80 윤형섭 「복지국가와 병영국가」, 『사상계』 제124호, 1963.8, 53~54면.

81 같은 글 55면.

82 「인간화 위한 대책 모색: 크리스찬아카데미 세미나에서」, 『동아일보』 1970.10.10; 박명림·장훈각 『강원용 인간화의 길 평화의 길』 214면.

83 정치학자 이극찬은 유네스코가 발간한 『인권의 권리』를 1957년 번역하고 이후 민주주의를 다룬 책들을 저술했다. 그는 『사상계』의 핵심 멤버로 활동했으며, 한일협정 반대 교수단 시위를 주도하다 박정희 정부로부터 이른바 '정치교수'로 낙인을 찍히며 탄압을 받았다. 당시 문교부의 강압으로 연세대에서는 서석순과 이극찬이 자진 사퇴했다(「연세대 서석순, 이극찬 두 교수 자진사퇴」, 『경향신문』 1965.9.17).

적인 독재정치를 펼칠 수 있는 '비민주화의 길'이 열렸다고 지적했다.[84] 그
는 대중의 일상생활 수준까지 '정치의 일상화'가 진행되는 현실에서 '인간
을 비인간화하는 정치화'가 진행될 가능성이 커지고 있다고 우려했다.[85]

이극찬은 복지국가의 함의가 본래 의미를 상실하고 통치과정을 정당화
하는 봉합의 상징으로 활용되는 위험성을 환기시키며, 복지국가가 통치의
정당화 수단으로 전락하는 대표적인 예로 '은혜정치(恩惠政治)'를 들었다.
'은혜정치'는 대중에게 수혜 의식을 조장하여 '순종의 타성화'를 초래하고
이는 다시 노예와 같은 복종으로 이어지기 쉽다는 것이다.[86] 그는 복지국가
건설을 외치는 이들이 인류가 '인간의 인격적 존엄성과 만인의 도덕적 평
등'에 대한 인식을 확장해온 점을 망각하고 '주체'를 단지 '동질 균등한 대
중'으로 간주한다면 그 결과는 "소름 끼칠 만한 인간멸시의 사회심리적 환
경"을 조장할 수 있다고 경고했다.[87] 이극찬, 한상범의 비판은 당대 지식인
들이 총력안보체제 수립과 결부된 복지국가가 초래할 결과에 대해 크게 우
려했음을 보여준다.

이듬해 1971년 7월 서강대 교수이자 흥사단아카데미 이사인 임진창(任珍
昌)이 '인간화 세미나'의 내용을 다시 정리하며 정부의 근대화 노선을 비판
했는데,[88] 이전 해의 논자들과 달리 총선 결과를 보며 변화의 가능성을 찾
았다. 임진창은 1971년 총선에서 야당이 개헌견제 의석수를 확보한 결과가
국민에게 사회정의 실현의 희망을 주었다고 평가했다. 앞장에서 살펴보았
듯이 1971년 7월 미 국무부 정보·조사국(INR)이 대선과 총선 결과를 보며

---

84 「크리스찬아카데미 세미나에서 인간화 위한 대책 모색」, 『동아일보』 1970.10.10.
85 이극찬 「정치분야상에서 본 인간화」, 『대화』 제16호, 1970.10, 106면.
86 이극찬 「권력의 집중화와 민주주의 背理」, 『사상계』 제186호, 1968.10, 84~85면.
87 이극찬 「정치분야상에서 본 인간화」 115면.
88 이하 임진창의 논의는 다음 글을 참조. 임진창 「사회정의와 인간개발」, 『기러기』 제7권
   7호, 1971, 8~11면.

'정치적 유동성'이 확대되었다고 판단했는데, 임진창 역시 선거 결과를 놓고 정치적·사회적 변화의 가능성을 찾았다. 정보·조사국이 상층 정치와 안보에 초점을 맞추었다면 임진창은 민중을 둘러싼 정치·경제적 여건의 변화 가능성에 초점을 맞추었다.

임진창은 정직하고 근면한 사람이 자유롭고 평화스러운 생활을 누릴 수 있는 사회정의가 실현되지 못하고, 인간의 존엄·평등·자유가 보장되지 못할 때 비인간화가 촉발된다고 보며, 국회가 허약해지고 반면 행정부는 비대해져 행정이 '정치화'되고 있는 점이 가장 큰 문제라고 보았다. 여기에 그는 '지방자치제의 부재' 속에 강력한 '위로부터의 행정'이 국민생활을 제대로 반영하지 못한 채 실시되는 상황, 경제성장과 함께 '상대적 빈곤문제'가 더욱 심각해지고 권력 남용으로 인한 경제적 부정부패를 척결하지 못하는 상황 등을 크게 우려했다.

임진창은 빈부격차 감소를 위한 과감한 분배정책, 도시와 농촌 간의 격차를 줄이기 위한 이중곡가제 등의 농산물가격 보장제도, 노동자들의 최저생활비 보장 등을 시행하라고 정부에 충고했다. 그는 여러 '중간적 사회집단'이 적극적으로 참여하여 점진적인 개혁을 이루어내는 것이 사회정의를 확보하는 방안이라고 보았다. 임진창과 함께 흥사단 기관지 『기러기』의 '사회정의론' 특집에 필자로 참여한 이열모(李烈模)도 사회적 불평등과 양극화의 심화를 크게 우려하며 경제적인 사회정의의 실현을 강조했다.[89]

---

89 이열모 「사회정의와 경제개발」, 『기러기』 제7권 7호, 1971.7, 12면. 이열모는 잡지 『대화』가 1970년 10월에 기획한 '비인간화' 특집에 필자로 참여했다(이열모 「경제분야 있어서의 비인간화 문제」, 『대화』 제16호, 1970.10). 이열모는 재무부 이재국장을 역임한 뒤 1960년대 이후 조선일보, 한국일보 등에서 논설위원으로 활동했다. 쿠데타 세력의 군정 연장 성명을 비판하며 철회를 요구한 사설을 쓰기도 했다(「원로 언론인 이열모씨 별세」, 『조선일보』 2006.9.13). 그는 제1차 경제개발계획이 끝나는 해인 1966년 1월에 '반독점과 빈곤극복'이 한국사회가 당면한 과제임을 강조한 바 있다(이열모 「독점과 빈곤의 배제: 부익부, 빈익빈

미 원조기구 유세이드(USAID/Korea)도 소득 불평등 및 양극화 극복, 저임금 장시간 노동조건에 처한 노동자들의 생존권 확보, 도시빈민의 열악한 교육·주거·보건 위생 여건의 개선 등을 한국사회가 당면한 과제로 지적했다. 유세이드는 사회 조화를 이루는 데 '중산층'(middle class)의 확대가 중요하나고 보았다.[90]

그렇다면 왜 박정희 정부는 유세이드도 당면과제로 본 사회적 과제를 근본적으로 해결하는 데까지 나아가지 못하고, 크리스챤아카데미 사건이 보여주듯이 '비인간화'의 극복을 통해 안보의 기반을 다지고자 한 이들까지 '용공세력'으로 몰아 탄압하는 태도를 보였을까. 결론부터 말하면 '비인간화' 극복을 역설한 이들이 추구한 근대화 노선과 안보관이 분단국가 지배체제를 근본적으로 뒤흔들 수 있었기 때문이다.

당시 크리스챤아카데미를 이끌던 강원용(姜元龍)은 한국사회에서 비인간화를 낳은 가장 큰 요인은 양극화에 있으며, 양극화를 조장하는 가장 큰 요인이 '정치'에 있다고 지적했다. 더불어 그는 반공주의자로서 입장을 견지했으나 남북이 적대관계를 확대하며 파국으로 치닫는 것을 원치 않았다.[91]

사회적 불평등을 낳는 구조를 제도적으로 개혁하려면 기존 권력관계의 변화를 동반하지 않을 수 없다. 노동자의 근로조건을 개선하기 위해서는 노동자의 권익이 신장하도록 기존 사회의 권력관계가 개편되어야 하며, 지역사회개발이 지역사회의 문제를 정확히 파악하고 공동체 구성원인 민초의 이해를 확대하는 방향으로 전개되려면 지방자치가 실시되어야 한다.

1970년 1월 한국의 사회개발 현황을 검토한 유세이드는 '사회 전환'(social transition)의 속도를 높여 '경제 전환'에 맞추면서 '탈구'(dislocation)의 문제

현상의 시정을 촉구한다」, 『사상계』 제155호, 1966.1).

90 USAID/Korea, *A Survey of Social Development in Korea*, 1970.1, 18면.
91 크리스챤아카데미 편 『양극화시대와 중간집단』, 삼성출판사 1975, 224면.

에 제대로 대응하려면 국가와 민중의 '지배-종속 관계'의 변화를 빨리 이루는 것이 필요하다고 판단했다.[92] 하지만 유세이드는 비관적인 전망을 했다. 유세이드가 볼 때 말단 행정을 강화하며 지배-종속 관계를 수립하는 데 힘을 쏟아온 박정희 정부가 지역사회개발의 올바른 추진을 위해 풀뿌리 민주주의를 용인하는 방향으로 태도를 바꿀 가능성은 극히 낮았기 때문이다. 유세이드는 박정희 정부가 방향을 전환하지 못하는 근본적인 이유가 민중에 대한 '불신'에 있다고 날카롭게 지적했다.

정부가 권한(authority)을 이양하는 데 주저하는 이유는 민중이 새로운 권한을 자신들의 목적 달성을 위해 사용하는 동시에 정부의 위치를 위험하게 만드는 방식을 삼갈지에 대해 신뢰하지 못하기 때문이다.[93]

유세이드는 민중을 불신하는 정부가 '지방자치를 유예'시키고, 그 대신 민중이 지역사회개발을 주도한다는 인식을 하게 만드는 대책을 마련할 수 있다고 전망했다.[94] 흥미롭게도 같은 해 1970년 4월 정부는 '마을위원회의 주도성과 자조계획'을 중심으로 삼는 새마을운동을 착수했다.[95] 그리고 관변 이데올로그들은 마을지도자의 주도하에 새마을운동 사업의 결정, 추진 등이 이루어지는 것을 놓고 자치능력 함양을 보여주는 사례이자, '한국적 민주주의'가 토착화에 성공한 것을 보여주는 사례라고 선전했다.[96]

---

92 USAID/Korea, *A Survey of Social Development in Korea*, 1970.1, 10면.

93 같은 자료 12면.

94 같은 자료 12~13면.

95 물론 새마을사업과 마을위원회 운영을 정부가 방관한 것은 아니었다. 지방행정 관리들은 마을회의에 개입하여 주민들의 자발적 참여를 끌어내고자 노력했다(빈센트 브란트·이만갑『한국의 지역사회개발: 4개 새마을 부락의 사례연구』, 유네스코한국위원회 1979, 65면).

96 김민하「박정희 대통령의 정치철학에 관한 연구(상)」,『길』제2호, 1977.9, 39면.

지역사회에서 '안보와 개발'의 내용과 방향을 결정하는 가장 중요한 요건인 '자치'의 시행은 박정희 정부에 의해 철저히 억눌렸다. 민중을 불신한 박정희 정부는 권력을 이양하는 지역사회의 실질적인 자치를 미루고, 대신 지역사회개발 추진을 통해 '통제된 자율'의 허용 또는 '자치 없는 자치의 식'을 불어넣는 분단국가체제를 작동시켰다. 박정희 정부가 민중에게 허용한 개발 측면의 '자율'은 실상 지방 관리들의 적극적인 개입과 '냉전의 새마을'이라는 공간에서 허용된 자율이었다.[97] 1979년까지 한 치도 변화하지 않은 체제는 민중항쟁의 분출을 불러들이고 있었다.

민주주의에 기반한 안보 추구

1970년 11월 전태일(全泰壹)의 분신, 1971년 8월 광주대단지 사건이 상징하듯이 1970년대 초입의 한국사회는 조국근대화에 관한 기대와 확신에 찬 사회가 아니었다. 외채에 의존해 성장한 제조업은 재정구조의 악화를 그대로 드러냈고, 수탈적인 저임금 장시간 노동과 열악한 노동조건 및 생활여건은 공장노동자와 도시빈민의 생존권을 위협했다.

---

97 1970년 유세이드가 언급한 박정희 정부에 의한 국가와 민중과의 '기만적인 교환관계' 수립은 미국이 1970년대 한국의 민주주의의 실상을 파악하는 관점으로 보인다. 같은 기조가 1979년 5월 2일에 미 국무부 차관 워런 크리스토퍼(Warren Christopher)가 한국의 인권상황을 미 하원 '인권정책 이행을 위한 소위원회'에 보고하기 위해 작성한 자료에서도 확인된다('Testimony by Deputy Secretary of State Warren Christopher before the International Organizations Subcommittee of the House Foreign Affairs Committee "Implementing the Human Rights Policy," May 2, 1979, 무제 문건 9면, RG286 Korea Subject Files, FY 79; Acc. #81-0096, 국립중앙도서관 해외관련 기록물(표제: SOC 3 Social and Institutional Development-Human Rights FY 78 and 79). 이 자료는 표지가 제거되어 문건 제목을 확인할 수 없다.

1970년 11월 13일 전태일 추도집회를 개최한 연세대 학생들은 박정희 정부의 근대화 노선은 민중의 일방적인 희생만을 요구하며 '빈익빈 부익부의 극단적 봉건사회'를 만들어내고 있다고 강도 높게 비판하며, 전태일의 분신은 '민주주의 부재의 근대화'와 '인간의 소외를 초래하는 근대화'의 추진이 낳은 구조적인 모순을 단적으로 보여주는 사건이라고 정리했다. 연세대 학생들은 경제적 민주질서 확립과 인간 생존권 보장이라는 두 과제 달성의 실패가 국가존립에 '진정한 위협'이 되고 있다고 보았다.[98]

사회·경제적 민주주의의 확립과 안보를 직결시켜 바라보는 태도는 이 시기 대학생의 인식에서 주목되는 부분이다. 대학생들은 위계적인 권력구조와 이에 맞물린 부정부패, 특권의식, 물신풍조가 지배하는 사회는 '국민의 통일성'을 이룰 수 없고, 사회를 개혁하지 못하는 정부는 대중으로부터 '투철한 국방의식'을 끌어낼 수 없기 때문에 제대로 된 '국가안보'를 확립할 수 없다고 지적했다.[99]

1971년 8월 성남에서 광주대단지 사건이 터지자 대학생들은 정권의 부정부패로 인해 수탈당하는 민중의 현실을 드러낸 사건으로 보았다.[100] 대학생들은 빈부격차가 심화되는 근대화의 모순이 해결되지 않으면, 광주대단지 사건은 언제든지 다시 일어날 수 있다고 지적하며 집권세력의 자성과 변화를 촉구했다.[101]

빈민문제를 다룬 김낙중(金洛中)은 사회적 불만과 저항의 표출을 분석하는 차원에서 한발 더 나아가 사회적 생존권 보장을 위한 체계적인 사회운동

---

98 민권수호투쟁위원회 연세대학교 총회 「300만 근로자의 스승 고 전태일 님의 분신자살에 즈음한 우리의 외침」 1970.11.20; 서울상대 학생회 「결의문」 1970.11.18.

99 『자유의 종』 제8호, 1971.3.5, 4면.

100 『한맥』 제6호, 1971.9.13, 3면.

101 『자유의 종』 제26호, 1971.8.17, 2~3면; 『산 知性』 제4호, 1971.8.24, 2~3면.

을 적극적으로 벌여야 한다고 강조했다. 그는 노동운동, 농민운동, 생존권 옹호운동은 "헌법적 질서 내에서 사회적 환부를 치료하는 진지한 노력"이기에 국가의 질서를 유지하며 공산주의의 침투를 효과적으로 막는 방안이라고 설명했다.[102]

1971년은 민주수호국민협의회의 발족, 언론인의 언론사유수호선언, 법관들의 사법권독립투쟁, 교수들의 학원자주선언 등 일련의 민주화 요구와 광주대단지 도시빈민의 생존권 투쟁, 중소 상인들의 조세저항 등 민중의 생존권 확보를 위한 저항이 연이어 터져나온 한해였다. 1971년 10월 5일 밤 천주교 원주교구에서 신도 600여 명이 부정부패 규탄대회를 열고, 다음 날 거리 행진을 벌인 사례가 보여주듯이,[103] 민중의 생존권 확보와 사회 부정부패 척결에 대한 사회적 요구는 1971년 하반기에도 지속되었다.

천주교 원주교구는 근대화가 초래한 불균형이 '파국'에 직면할 정도에 이르고 국가공동체가 존망의 갈림길에 처했다고 개탄하며 사회정의를 세우는 데 동참하자고 호소했다.[104] 지학순(池學淳) 주교는 부정부패 세력의 과감한 처단, 중앙정보부 해체와 반공법 폐지, 저곡가·저임금·중소기업 도산에 따른 실업자 대책 강구, 저속 퇴폐문화 시정 등 5개 항을 요구했다.[105] 원주지역에서는 천주교와 사회운동가들이 새마을운동에 포획되지 않고 농촌의 민주화를 지향하는 지역사회개발 사업을 독자적으로 추진했다.[106]

1974년 11월 27일 재야 민주화운동 인사들이 모여 결성한 '민주회복국민

---

102 김낙중 「貧民極限抗爭의 當爲論」, 『다리』 제2권 11호, 1971.12, 101면.

103 원주교구 부정부패 규탄시위의 전개 양상에 관해서는 다음 책을 참조. 한국기독교교회협의회 인권위원회 편 『1970년대 민주화운동』 1, 1987, 148~49면.

104 천주교 원주교구 부정부패 규탄대회 「부정부패 규탄문」 1971.10.5.

105 「부패규탄 철야기도회」, 『동아일보』 1971.10.6.

106 이에 대해서는 다음 논문을 참조. 김소남 「1960~80년대 원주지역의 민간주도 협동조합 운동 연구: 부락개발, 신협, 생명운동」, 연세대 박사학위 논문 2013.

회의'는 정부에 "가난한 사람들의 생활과 복지를 보장함으로써 부패한 특권층만을 위한 정부가 아니라 전 국민의 정부임을 입증"할 것을 촉구했다.[107] 이 시기 민주화운동세력이 집권세력에게 요구한 내용은 한마디로 박정희 정부가 '경제적 난국'에 대한 책임을 인정하고 '국민생존권 보장'과 '국민복지'를 위해 총력을 기울이라는 것이었다.[108] 박정희 정부는 1974년 긴급조치 3호에서 경제불황을 극복하기 위한 노사협조주의를 강조했으나, 열악한 노동조건과 대량 감원사태는 개선되지 않았다.[109]

1975년 초 남베트남 패망을 계기로 박정희 정부가 안보위기를 부각하고 국민총화의 필요성을 역설하자, '기독교정의구현 전국성직자단'은 정부가 "국제적 긴장과 불안 상태를 지나치게 과장하고 공포 분위기를 조성"하고 있으며, 사실을 왜곡하여 정권 안보에 활용한다고 비판했다. 기독교정의구현 전국성직자단이 볼 때 안보의 취약점은 "빈부의 격차가 노출된 곳, 인권과 생존권이 위협당하는 곳"에 있었다. 따라서 '진정한' 국민총화의 달성을 위해서는 불평등 심화를 극복하기 위한 '균형 분배'가 무엇보다 긴요하며, 이를 달성하기 위한 핵심은 "부정과 부패의 척결"을 달성하는 데 있었다.[110] 가톨릭 교단은 불평등의 확대를 조장하는 근대화 노선을 극복하고 근로자

---

107 한국기독교교회협의회 인권위원회 편 『1970년대 민주화운동』 1, 439면.

108 민주회복국민회의 「성명서: 대통령의 연두 기자회견을 듣고」 1975.1.15, 『암흑 속의 햇불: 7·80년대 민주화운동의 증언』 제1권, 기쁨과희망사목연구원 1998, 418면.

109 1974년 한 해 동안 발생한 노사분규는 137건인데 이는 1973년 76건에 거의 두 배에 달하는 수치였다. 노동쟁의의 원인은 ① 임금인상 요구(41건) ② 체불임금지불 요구(38건) ③ 근로조건 개선 요구(17건) ④ 노조결성(12건), ⑤ 상여금지급 요구(8건) ⑥ 법정수당 요구(6건) 등으로 분류되었다(「작년 노사분규 모두 137건」, 『조선일보』 1975.2.19). 대부분의 일본 업체가 입주한 마산수출자유지역에서는 노동조합 결성이 사실상 불가능했고, 과실 송금 등이 이루어져왔다. 입주업체들은 노동자들을 열악한 근로조건에서 고용하다가 불황이 오자 대량 감원, 권고휴직을 단행했다(「마산수출자유지역에 감원·권고휴직 선풍」, 『조선일보』 1974.6.16).

110 한국기독교교회협의회 인권위원회 편 『1970년대 민주화운동』 1, 417면.

가 인간다운 생활을 영위할 수 있도록 사회를 개편해야 함을 강조했다.[111]

개신교 측도 '안보' 개념을 재정의하고, 민주화운동의 당위성과 정당성을 확보해나갔다. 이를 주도한 기구는 1976년 3월 30일 한국기독교교회협의회(NCCK) 산하에 신설된 '교회와 사회위원회'였다. '교회와 사회위원회'는 5월 13~14일 양일에 걸쳐 '연구협의회'를 개최하여 '교회와 정치' '인권과 안보'를 주제로 삼아 심도 깊은 토론을 벌였다.[112] 토론에 참여한 이들은 안보는 국민의 생존권과 행복추구권의 보장을 대전제로 삼는 것이기에, 현 정권과 같이 안보를 명분으로 인권을 유린하는 행위는 용납될 수 없다고 지적하며 박정희 정부가 안보를 정권유지의 수단으로 전락시켰다고 강도 높게 비판했다.[113] 참석자들은 안보의 목적이 "공산주의 아래에서 누릴 수 없는 평등과 자유와 권리를 누림으로써 민주주의를 실현하는 것이기에," 진정한 안보는 힘에 의한 억압이 아니라 인권보장에 따른 민중의식의 개발에 있다고 의견을 모았다.[114]

그해 11월 25~27일간에 한국기독교교회협의회는 '국가안보-인권-평화'를 주제로 삼은 대규모의 '국제교회협의회'를 개최했다. 이 자리에 참석한 국내외 기독교 인사들은 "정부는 국민의 합법적 요구에 응해주어야 하며, 국민의 신뢰를 받는 민주정부만이 가장 국민의 복지와 국가안보를 보장하는 정부가 될 수 있다"는 내용을 담은 결의문을 발표했다.[115] 더불어 참석자들은 국가안보 확보를 위해 인권이 유보되어야 한다는 입장에 반대하며 국가안보는 "인권의 확립이라는 근본적인 명제와 결코 분리되어 다루어질

---

111 가톨릭출판사 편 『사회정의: 가톨릭의 입장』, 가톨릭출판사 1976, 298~309면.
112 한국기독교교회협의회 『한국기독교사회운동사: 자료집』 제7권, 2020, 387~88면. 이하 한 국기독교교회협의회 관련 내용은 자료집에 실린 「1976년도 사업보고서」를 참조한 것이다.
113 같은 책 397~98면.
114 같은 책 399면.
115 같은 책 417~18면.

수 없다"고 역설했다.[116]

정부도 부정, 부패, 부조리 등 사회악은 국민총화를 저해하는 요소로 여기며 부정부패를 일소하겠다는 의지를 반복적으로 밝혔으나,[117] 정부의 조치는 대중의 기대에 크게 못 미쳤다. 언론과 야당은 정부가 집권세력이 연관된 부정부패를 척결하는 데 소극적인 자제를 보이며 권력형 부패에 대해서는 건드리지도 못한다고 비판했다.[118]

박정희 정부와 군이 국민을 간접침략론과 인민전쟁론 그리고 영도자론이 결합되어 만들어진 안보관을 지키는 주체가 되기를 재차 확인한 1977년, 그해 12월 23일 재야 민주화운동 인사들이 한국노동헌장을 발표하며 노동자의 복지와 인권을 달성하기 위해서는 억압적인 정치체제를 개편해야 한다는 의견을 분명히 밝혔다.[119]

---

116 같은 책 422면.
117 한국유신학술원 편 『우리의 신조: 박정희 대통령 각하 어록선집』 1977, 211~12면.
118 「숙정, 공정여부 추궁」, 『조선일보』 1974.4.3.
119 한국기독교교회협의회 인권위원회 편 『1970년대 민주화운동』 1, 1163면.

4부

냉전의 근대

9장

개발에서 안보로, 지역사회 질서의 재편

짧은 간주, 지방자치제 부활 논의

1967년은 5월 대통령 선거와 6월 국회의원 총선거가 시행된 해였다. 대선과 총선이 겹치며 민주주의의 진전에 대한 사회적 기대가 커졌다. 공명선거, 올바른 정당정치, 부패 공무원 척결, 사법부 운영 개선, 그리고 여기에 지방자치제의 시행도 빠지지 않고 유세장에서 거론되었다. 언론은 민주주의의 근간이라 할 수 있는 지방자치제가 시행되지 않는 한 민주주의가 파행을 면할 수 없기에 모든 여건이 갖추어질 때까지 기다리지 말고 빨리 시행해야 한다고 지적했다.[1]

1967년 연두교서에서 박정희는 논쟁거리가 되어온 '지방자치제'나 '정치정화법 해금 문제'에 대해서 일절 언급하지 않았다.[2] 하지만 박정희 정부

---

1 「새해의 정치자세」, 『경향신문』 1967.1.6.
2 「70년대의 청사진」, 『동아일보』 1967.1.17.

는 1967년 대통령 선거와 국회 총선을 앞두고, 지방자치제의 조속한 재시행을 요구하는 여론을 외면할 수 없었다. 정부와 공화당은 선거 국면에서 시·군 중심의 지방자치제를 1970년대로 들어서기 이전에 앞당겨 시행한다는 구상을 흘렸으나,[3] 구체적인 내용과 일정을 밝히지 않았다. 이해 12월 연말이 되어서야 정부가 '지방자치백서'를 작성했다. 언론은 백서에 재정적 자립도가 강한 대도시와 자치능력을 갖춘 시·군을 선정해서 단계적으로 지방의회를 부활한다는 내용이 담겼다고 보도했으나,[4] 정작 박정희 정부는 백서를 배포하지 않았다.

정부는 야당으로부터 질책을 받다가 1968년 4월에 이르러서야 '지방자치백서'를 공개했다.[5] 공개된 백서의 내용은 1967년 언론의 보도와는 상반되게 지방자치 시행이 어렵다는 기조로 채워졌다. 이런 결과가 나올 조짐은 백서가 공개되기 이전부터 나타나고 있었다. 1968년 1·21사태 이후 박정희는 지방 순시를 하며 향토예비군 창설을 독려하고 반면 지방자치제 조기 시행이 어렵다는 의사를 밝혔고, 백서 공개 직전에도 내무부가 지방자치제 시행 여건이 조성되지 않아 장기적인 육성책을 마련한다는 결정을 내렸다고 공표했다.[6]

내무부는 백서에서 자치제의 시행 여건이 미비하다는 점과 함께 '전선국가(戰線國家)'라는 점을 부각하며, 휴전선을 사이로 대치한 "전시체제에 있으므로 당분간은 지방자치단체에 대한 중앙통제의 강화가 불가피하다"라

---

3 「對越 지원을 강화, 저축률 14%, 67년 행정백서 발표」, 『경향신문』 1967.3.7; 「읍·면 자치제 止揚」, 『동아일보』 1967.3.9; 「지방행정을 개편」, 『동아일보』 1967.7.15; 「지방자치 부분 실시 추진」, 『경향신문』 1967.7.26.

4 「69년에 자치제 부활, 정부백서 대도시부터 단계실시」, 『동아일보』 1967.12.14.

5 「경찰의 과잉단속 추궁」, 『동아일보』 1968.3.18; 「내무부 지방자치백서 마련, 우선 의회만 구성」, 『경향신문』 1968.4.5.

6 「지자제 실시 난망」, 『동아일보』 1968.4.4.

고 주장했다.[7]

신민당은 지방자치백서의 내용을 접한 뒤 "지방행정을 중앙 관치행정에 예속하여 일인독재체제를 갖추려는 것"이라고 비판하며, 지방자치제 시행 법안을 제출할 뜻을 밝혔다.[8] 언론도 내무부가 '계발되고 앙양될 성질'인 주민의 자치의식을 놓고 '자치의식 부재'라는 '공연한 트집 잡기'를 한다고 비판했다.[9] 야당과 언론은 지방자치를 실시할 여건이 부족하면 부족한 대로 단계별 실시를 추진할 필요가 있다고 보았다.[10]

박정희 정부는 지역사회 민중의 권한 확대를 가져오는 지방자치의 시행 대신 통치력의 강화와 지역방위체제 수립 그리고 이를 위한 지역사회 질서를 재편하는 데 집중했다. 박정희 정부는 군정 시기부터 기초자치단체로서 지위를 폐지시킨 '면'[11]을 국가 행정력이 마을까지 침투하기 위한 교두보이자,[12] 최말단 지역사회까지 지역 총력안보체제를 확립하기 위한 교두보로 삼았다.

---

7 내무부 『지방자치백서』 1968, 285~86면. 이와 관련하여 백서는 한국의 지방자치 실시를 제약하는 요인 중의 하나로 '외침을 반복적으로 받을 수밖에 없는 지리적 제약요건'을 들었다는 점도 주목된다(같은 책 267면).

8 「일인독재 획책, 야 자치백서 비난」, 『동아일보』 1968.4.9.

9 「지방자치에 관한 우리의 견해」, 『경향신문』 1968.4.11.

10 「지방자치와 서울·부산의 경우」, 『동아일보』 1968.4.23.

11 군사정부는 기존 읍·면 자치체제가 행정적·재정적 능력을 결여한 채 운영되어 많은 문제를 낳았다고 비판하고, '지방자치에 관한 임시조치법'을 제정하여 기초자치단체로서 읍·면의 지위를 폐지했다. 5·16군사정부의 지방행정제도 재편과정에 관해서는 다음 연구를 참조. 곽경상 「5·16군정기 군사정부의 지방정책과 정치·행정구조의 개편」, 『역사와 현실』 제92호, 2014.

12 임병옥(제천군수) 「내가 읍면장이라면: 주민의 진정한 이해와 협조를 얻도록 노력하겠다」, 『지방행정』 제125호, 1964.3, 16면; 손수익 「앞으로의 읍·면·동 일선행정」, 『지방행정』 제216호, 1971.10, 40면. 1970년대 지역사회 또는 농촌 마을에 대한 국가권력의 작동 방식을 다룬 선행 연구로는 김태일 「한국농촌부락의 지배구조: 국가 '끄나불' 조직의 지배」, 한국농어촌사회연구소 편 『한국농업·농민문제연구』 II, 연구사 1989; 한도현 「국가권력의 농민통제와 동원정책: 새마을운동을 중심으로」, 한국농어촌사회연구소 편, 같은 책.

면 행정 효율화 추진과 지역사회 동조체제 구축

5·16군사쿠데타 세력은 집권 직후 지방자치제를 폐지한 뒤 국가 통치력의 침투를 위해 말단 행정의 효율화를 추진했다. 읍·면 행정사무 간소화는 말단 행정의 효율화를 이루기 위한 출발점이라 할 수 있다. 1963년 1월 22일 군정 내무부 장관 박경원(朴璟遠)은 '읍·면 행정사무의 간소화 및 표준화'를 통해 말단 행정기관의 업무 추진 능력을 강화하고자 했지만,[13] 읍·면 행정사무의 효율화는 말처럼 쉽지 않았다. 1960년대 후반에 이르면 읍면 행정의 실태는 다시 상급 행정기관이 요구하는 '문서의 노예'가 되어 현지 지도를 전혀 할 수 없는 상황에 직면했다.[14] 특히 상급 기관으로부터 계속 하달되는 과중한 기획사무 관련 업무는 면 직원들에게 상당한 부담이 되었다.[15] 1960,70년대 면 행정문서가 확인되는 경기도 용인군 구성면(駒城面)도 면사무소의 기본업무 외에 상급 기관에서 하달하는 기획사무를 처리하는 데 상당한 압박을 받았다.[16]

---

13 박경원「읍면 행정사무의 간소화와 표준화」,『지방행정』제112호, 1963, 5면.

14 김성태(경상남도 지방과장)「읍면 행정의 진로: 읍면 행정을 개선하는 길(지방과장의 입장에서)」,『지방행정』제173호, 1968.3, 78면.

15 기획사무는 면 행정사무의 70%에 달해 면사무소와 같이 '시책의 집행과 실천'에 집중해야 하는 기관에는 과도하고 또한 소모적인 부담이었다. 기획사무 대부분이 상급 기관에서 서면상 실적을 올리기 위해 내린 지시여서, 읍면 직원 또한 무효한 계획을 작성하는 데 시간을 낭비하게 만들었다(한기장「읍면 행정의 개선방안(3)」,『지방행정』제198호, 1970.4, 124면).

16 1968년 구성면 면정 현황 문서를 보면 기획사무 관리가 제대로 되고 있지 않다는 지적과 이에 관한 철저한 기록 관리를 하라는 시정 지시가 군에서 내려졌음이 확인된다(구성면『현황(감사자료)』내(감사 지시) '기획사무관리 철저,' 1968.10.17). 구성면은 행정적으로 보면 1979년 당시 7개의 법정리, 12개의 행정리, 23개의 자연 마을, 40개의 반으로 구성되었고, 지리적으로 보면 경부고속도로와 영동고속도로가 관내를 지나가는 곳이었다. 구성면은 1960년대 말까지 농업인구가 압도적으로 다수를 차지하는 전형적인 농촌지역이었지만 1970년대 말에 이르러 비농업인구가 전체의 절반을 상회하는 지역으로 바뀌었다. 구성면

1970년대 초반까지 정부는 말단 행정체계를 개선하려는 시도를 반복했는데,[17] 이는 정부가 국가 통치력의 대민침투를 위해서 말단 행정기관의 역할을 중시하고 행정 개선을 집요하게 추진했었음을 보여준다.

그런데 면사무소가 지역주민에 밀착한 기관이 되기는 쉽지 않았다. 가장 큰 장애 요인은 면사무소 계원들이 기본적으로 처리해야 할 업무가 과중한 데 있었다. 면사무소 인원은 조금씩 늘어났지만,[18] 20명도 채 안 되는 면사무소 인원으로 총무·재무·산업·호적·병적과 관련된 기본업무를 처리하고, 여기에 각자 맡은 마을의 행정지도까지 책임져야 했다.[19]

박정희 정부는 한정된 말단 행정기관의 행정력을 보완하기 위해 지역사회의 유력 인사들을 공식적·비공식적인 방식으로 활용했다. '면 자문위원회' 설치의 제도화와 지역사회 '유지(有志)'의 활용이 대표적인 사례이다. 1963년 3월 군사정부는 '국민과 호흡 일치'를 위한 행정을 실시한다는 목표

은 민통선 부근의 접적(接敵)지역이나 후방의 안보 취약지구로 분류된 곳이 아니다. 이 점에서 1970년대 전국적으로 추진된 지역방위체제 구축 양상과 이에 따른 지역질서의 일반적인 변화를 살펴볼 수 있는 사례로 주목해볼 수 있다. 구성면의 사회경제적 또는 인문지리적 특성에 대해서는 면지를 참조(용인문화원 향토문화연구소 『구성면지』 1998).

17 내무부 장관 박경원은 1970년 3월 '행정사무 간소화 및 표준화 실시'의 시행을 재차 지시했고, 1972년 7월에는 김현옥(金玄玉) 내무부 장관이 상급부서에 보고하는 서류를 대폭 축소하라고 지시했다. 김현옥은 이·동에서 읍·면에 서면 보고하는 것을 전면 폐지하고, 읍·면·동 공무원이 현지에서 확인하고 주민 계도를 하라는 지시를 내렸다(이학구(충청남도 내무국장) 「보고문서 감축에 따른 읍면 행정의 능률화」, 『지방행정』 제236호, 1973.6, 62면).

18 1960년대 면 행정 인력은 꾸준히 보강되었다. 구성면의 경우도 1963년 면사무소 인력은 면장 이하 지방공무원직, 임시직, 고용직 인원을 모두 포함하여 총인원이 13명이었는데 1972년에 이르러 20명으로 증가했다. 1970년대 초반에 이르면 읍·면 행정직원 수는 평균적으로 읍이 31명, 면이 18명, 동이 7명 정도가 된다(남영우(내무부 행정담당과) 「일선행정의 강화방안: 읍면동의 조직보강을 중심으로」, 『지방행정』 제216호, 1971.10, 46면).

19 읍·면 공무원은 개인별로 2개에서 3개의 행정리를 책임제로 맡아 징세, 농촌지도, 그리고 행정 전반에 걸친 지도확인과 조사를 해야 했다(한기장 「읍면 행정의 개선방안(2)」, 『지방행정』 제197호, 1970.3, 157면)

를 내걸고, '읍·면 행정자문위원회' 설치를 추진했다. 읍·면 단위에 자문위원회를 설치하는 주된 목적은 읍·면 관내에 다년간 거주하며 영향력 있는 인사들이 주민과 행정기관 사이에 '의사소통'의 교량 역할을 하도록 만드는 데 있었다.

군사정부의 의도대로 읍·면 행정자문위원회가 면 행정을 보조하고 대민 의사소통의 통로 역할을 충실히 수행했는지는 분명하지 않다. 구성면의 경우 면정 문서에서 면 자문위원회 개최가 확인되는 연도는 1963년보다 상당히 뒤늦은 1967년이기 때문이다.[20] 1967년 이후부터 구성면사무소가 작성한 대부분의 면정 현황보고서들에서 '면 개발자문위원회'의 위원 명단이 확인된다.

읍·면·리 개발위원회의 설치는 1964년 7월 재건국민운동의 해체와 맞물려 있다. 민정 이양 성공 후 박정희 정부가 방대한 재건국민운동 조직을 해체하기로 한 뒤, 군정시기 운동에 참여한 유달영(柳達永), 유진오(兪鎭午), 이관구(李寬求) 등 민간 지도자들이 재건국민운동 기구를 순수 민간기구인 '사단법인 재건국민운동'으로 전환하는 것을 용인했다. 하지만 전국 마을에 조직된 재건청년회와 재건부녀회는 정부의 행정감독 아래 두는 방침을 취했다. 내무부 장관 양찬우는 1964년 7월 20일 군·읍·면에 개발자문위원회 설치조례를 하달하고 재건청년회와 재건부녀회를 자생조직으로 '지도, 육성'하라고 지시했다.[21] 이로써 민간운동으로 전환된 재건국민운동이 기존처럼 농촌에 영향력을 행사할 여지는 없어졌다. 기존 읍·면 자문위원회

---

20 구성면 『현황(감사자료)』 7면, 1967.10.17. 1967년과 1969년 작성된 구성면 면정 문서에서 면 행정자문위원회의 개최 사실이 확인되는데 이는 면 개발자문위원회 개최일 가능성이 크다. 1964년 면 행정자문위원회는 면 개발위원회로 명칭이 바뀌었기 때문이다.

21 「부락청년회·부녀회 자생조직으로 육성」, 『경향신문』 1964.7.20; 「재건국민운동 변모의 행방은?」, 『경향신문』 1964.7.22.

와 재건위원회가 통합되어 개발자문위원회가 되었고, 동·리 자문위원회는 그대로 이·동 개발위원회로 개편되었다.[22]

면 개발자문위원회 위원들은 군·면 행정실무에 풍부한 경험이 있거나, 이장과 같이 국가시책을 시행해야 하는 이들로 구성되었다. 면 개발자문위원회는 위로는 '군 행정자문위원회,' 아래로는 이·동개발위원회와 연계되었다. 1969년 경상남도 도청의 경우 읍·면 개발위원회가 주민의 개발 참여를 제대로 유도하지 못하자, 조직 강화의 방안으로 군 단위 이하 자문위원회를 위원의 겸직 형식으로 상호 연결하는 조처를 했다. 군 행정자문위원은 출신 면 개발자문위원회에 참가하고, 면 개발자문위원회는 출신 지역 이·동 개발위원회에 참가하도록 만들었다.[23]

1960,70년대 박정희 정부가 지역사회에서 '유지'로 분류한 이들은 누구였을까.[24] 구성면의 경우 1965년부터 지역사회 유지 명단을 지속해서 작성했는데 이는 같은 해 내무부가 '읍면 단위의 다목적 종합개발'을 표방하며 추진한 '시범면 육성'과 관련이 있어 보인다. 내무부는 '시범면 육성' 사업을 추진하며, 기존의 시범사업들이 '외형적 전시효과에 치중'하여 '주민 스스로 사업'으로 만들지 못해 실패했다고 지적했다. 내무부가 볼 때 사업의 성패를 가르는 관건은 '행정적인 지도력과 주민의 자발적 참여의식'의 성공적인 결합에 있었다.[25] 내무부가 면 종합개발사업을 추진하며 주민의 자발적

---

22 「재건청년회 육성, 내무부 각 시도에 시달」, 『동아일보』 1964.7.20.

23 조병규(경상남도 내무국장) 「읍면행정을 이렇게 강화했다」, 『지방행정』 제188호, 1969, 84면.

24 면 행정 담당자들이 지역사회 '유지'를 1960년대 후반에만 주목한 것은 물론 아니다. 1959년 구성면 면 행정 담당자들은 '면 직원 및 면 의회 의원, 각 기관장, 유지'들에 관한 명부를 작성했기 때문이다. 이후 구성면 유지 명단은 한동안 작성되지 않다가, 1965년 4월 작성된 『관내상황』에 '기관장 및 유지 명부'라는 항목으로 다시 등장했다. 1966년에도 작성되었을 것으로 보이나 확인되지 않는다. 1967년 이후부터는 『관내상황』이라는 문서에 '유지 명단'이라는 항목이 포함되었다.

25 강봉수(한국정경연구소 지역사회개발위원) 「지역사회개발사업의 현황과 전망」, 『지방행

참여를 끌어낼 것을 역설하자 면사무소 직원들은 주민의 참여를 끌어내는 데 역할을 할 수 있는 존재로 관내 '유지'를 자연스럽게 주목했을 것이다.

1965년 이후부터 1979년까지 구성면 유지의 규모는 연도에 따라 달랐으나 대략 20~30명 선을 유지했다. 구성면 유지 집단에는 면장 또는 부면장으로 면 행정을 이끌었던 인사와 군·면 자문위원과 이·동 농협장 등이 참여했다. 대부분 지방행정의 주요 직책을 역임하여 행정 추진에 실질적인 도움을 줄 수 있는 이들이었다. 유지의 활용이 지역개발에 주민의 자발적 참여를 유도하는 데 맞추어져 있어 유지 집단에 정당이나 경찰 관계자는 드물었다.[26]

지역사회에서 유지의 영향력은 지역의 여건과 지역사회 구성원의 입장에 따라서 크게 달랐을 것이다. 유지로 분류되는 이들이 자기 이해를 우선시하는 모습에 지역주민의 불만도 적지 않았다.[27] 구성면의 경우 유지 집단은 해당 지역 지방행정에 참여한 경력이 있는 이들로 구성되었기 때문에 국가의 통치력이 마을 단위까지 효과적으로 침투하는 데 기여했을 것이다.

'기반행정' 강화 추진과 '이(里) 개발위원회'의 역할

1960년대 박정희 정부는 마을까지 국가 통치력을 효과적으로 침투시키기 위해서 이른바 '기반행정' 체계를 재정비하는 데 힘을 쏟았다.[28] 1960년

정』 제153호, 1966.7, 33면.

26 1967년에는 '면 방첩대장'이, 1973년에는 용인경찰서에서 근무한 전직 경찰이 구성면 유지 명단에 포함되어 있다. 그러나 이러한 경력자는 예외적인 사례이다. 유지 집단은 주로 행정기관에 근무하여 행정기관과 밀접한 관계를 맺고 있으며, 마을 단위 개발사업에 영향력을 미칠 수 있는 인물들로 구성되었다.

27 강병근(연세대 법정대 교수)「여론조사를 통해서 본 지방자치의 전망(하): 기능면을 중심으로」, 『지방행정』 제128호, 1964, 21~28면 참조.

대 초반에는 농촌 마을까지 다양한 농촌지도 조직이 난립되어 '종합적 기반행정 강화를 저해하는 요소'로 지적을 받았다. 1964년 전라북도의 한 마을에만 이정위원회(里政委員會), 식량증산위원회, 식량대책위원회, 아동복지위원회, 방역대책위원회, 가족계획추진위원회, 수도병충해대책위원회, 수해대책위원회, 잘사는 마을 조성회, 4-H구락부, 국민운동청년회, 국민운동부녀회, 생활보호위원회, 지역사회개발계, 산림계, 이동농업협동조합, 생활개선구락부 등 다수의 조직이 난립해 있었고, 지도자도 이장, 이농협장, 국민운동 이위원장, 세 명이나 있었다.[29]

1964년 8월 이러한 문제를 돌파하기 위해 정부는 이·동 개발위원회를 설치하여 난립된 각종 조직을 정비했다. 정부는 법정 조직체별 활동을 군 단위로 끌어올리고 이·동 이하에서는 각종 조직 명칭 자체를 없애 이장의 역할로 통합하는 조처를 내렸다.[30] 이 개발위원회의 회장은 이장이 자동 선임되었고, 부회장은 개발위원 중에서 호선되었다. 산하 부서는 '향보(鄕保)' (구호·방역·위생, 염해방지, 반공·방범), '증산'(4-H구락부, 지역사회개발, 산업증산), '부녀'(생활개선, 가족계획, 부녀복지) 등 세 부분으로 구성되었다.

1965년 내무부는 개발사업의 단위를 '면'으로 삼아 각 도에서 '시범면 육성사업'을 전개하는 동시에 이 단위 기반행정을 강화하는 정책을 추진했다.

---

28 박정희는 1965년 1월 연두교서에서 '읍·면 이하 이·동 단위의 기반행정 육성 강화'를 정부 시책 중의 하나로 열거했다(「새해 목표는 증산·수출·건설」, 『동아일보』 1965.1.16).

29 내무부 지방국 행정과 「내무행정 쇄신지침: 제2회 지방장관회의 지시」, 『지방행정』 제126호, 1964.4, 121면.

30 이규선(경기도 지방과장) 「시범면에 있어서의 기반행정」, 『지방행정』 제143호, 1965.9, 39면. 정부는 중앙의 관련 부처 간 이해 충돌로 농촌지도 다극화 문제의 해결이 지체되자, 1965년 7월 대통령 특별지시로 농촌지도체계 개선을 위한 '행정개혁조사위원회'를 구성하기도 했다(행정개혁조사위원회 『농촌지도체계의 개선을 위한 조사보고서』 1965, 2면).

행정력 강화의 초점이 면에서 이로 내려갔음을 의미한다.[31] 기반행정을 강화하는 정책을 추진한 것은 두 가지 이유 때문으로 보인다. 첫째, 5·16군정이 주도한 재건국민운동이 중단되며 각 마을에 설치된 재건반이 유명무실해지자, 마을까지 통치력을 침투시킬 수 있도록 기반행정 체계를 재수립할 필요성이 생겼다는 점이다. 둘째, 면은 행정기구를 갖추어 종합개발 사업추진에는 쉬우나, 면 중심의 개발은 주민들의 소속감이나 일체감이 떨어질 수밖에 없었다.[32] 따라서 주민들의 참여를 끌어낼 수 있도록 기반행정이 강화될 필요가 있었을 것이다.

1965년 용인군청은 기반행정 육성화를 각 면에 여러 차례 하달하는 한편 현지 실사를 하여 미비점의 보완과 이 개발 관련 기반행정 정비를 촉구했다.[33] 구성면사무소 직원들은 기반행정 육성이라는 지시를 완수하기 위해 현장 지도에 나섰다.[34] 현장 지도는 1960년대 후반으로 갈수록 더욱 강화되어, 1967년에는 1월부터 9월까지 4차례 기반행정 육성을 위한 현지 지도를 하다가 1968년에는 거의 매달 실시했다.[35]

1967년에 이르면 구성면의 모든 '행정리'에 이 개발위원회가 설치되었다. 이 개발위원회 회원은 10명으로 구성되었으며, 이 개발위원회 산하 '향

---

31 최봉채(전북 지방과장) 「시범면에 있어서의 기반행정」, 『지방행정』 제143호, 1965.9, 43면.

32 위와 같음. 1964년 이만갑은 한국에서는 행정구역이 생활권과 합치하는 경우가 드물고 행정구역이 주민의 입장이 아닌 관의 필요성에 따라 정해졌기 때문에 면내 행정을 집행하는 데 주민 간의 갈등을 초래할 소지가 많다고 지적했다(이만갑 「지역사회의 사회적 분석」, 『지방행정』 제130호, 1964.8, 31면).

33 용인군청은 구성면에 '이 개발위원회 회원명부' '이 개발위원회 회의 출석부' '회의 기록부' '개발위원회 규약' 등을 갖추라고 지시했다(구성면 『현황(감사자료)』(1966.5.9) 내 '1965년 통합감사 결정 처리상황').

34 구성면은 이 개발위원회를 시범부락 형태로 도입하여 관내에 확산해나갔다. 1965년 4월 한곳에 이 개발시범위원회가, 다음 달에는 두 지역에 이 개발시범위원회가 설치되었다.

35 구성면 『현황(감사자료)』(1968.10.17) 내 '9. 리지도 확인사항' 참조.

보'·'증산'·'부녀' 세 분과 중 '증산'에 가장 많은 인원이 배치되었다. 이 시기 정부가 기반행정의 중심을 방위(향보)보다 개발(증산)에 주안점을 두었음을 보여준다.[36]

1967년 10월 구성면 현황보고서에 따르면 이 개발위원회 회의가 거의 매달 개최되었다.[37] 그러나 이 개발위원회가 제대로 역할을 했는지는 의문이다. 1969년 이후 구성면 면 행정 문서에서는 이 개발위원회 현황에 대한 보고가 전혀 보이지 않기 때문이다. 심지어 각 마을에서 새마을운동이 한창 전개되던 1970년대에도 면 행정문서에서 이 개발위원회에 관한 언급을 찾기 어렵다.

지역에 따라 편차가 크다는 점을 전제하고, 이 개발위원회의 비중이 축소되는 경향을 보인 이유에 대해서는 다음과 같은 세 가지 상황을 고려해볼 수 있다. 첫째, 이장의 잦은 인적 변동으로 인해 구성면의 면 단위 지역사회 질서에서 이 개발위원회가 차지하는 비중이 상대적으로 약했을 가능성이다. 새마을운동이 대대적으로 시행되기 시작하던 1970~1973년 기간에 구성면의 전체 이장 14명 중 10명이 교체될 정도로 이장의 인사 변동이 컸다.(표 9-1 참조)

이와 관련하여 용인군수의 지역 순시 때 구성면 '접견자 명단'에 이장이나 새마을지도자가 포함되는 경우는 드물었다는 사실이 주목된다. 1972년 이후부터 확인되는 구성면 접견자 명단의 주된 구성원들은 관내 기관장들과 유지들이었다. 구성면 이장들이 접견자 명단에서 확인되는 횟수는 한 번뿐이고, 새마을지도자는 1976년도에 단 한 번, 그것도 한 명만이 확인된다.[38](표 9-11 참조) 이는 새마을지도자가 지역사회에서 갖는 영향력이 생각

---

36 이양호(내무부차관) 「기반행정과 자력개발」, 『지방행정』 제172호, 1968.2, 7면.
37 구성면 『현황(감사자료)』(1967.10.17), 8면.
38 이장 명단은 1972년에 확인되고, 새마을지도자 이름은 1976년에 확인된다(구성면 『현황

표 9-1 1960년대 말 70년대 초 경기도 용인군 구성면 이장 변동 현황

연도	1967		1968	1970		1973	
리명	성명	연령	성명	성명	경력	성명	연령
언남리	李△壽	35	李△壽	李△壽	이장 4년	張△賢(1리)	39
						李△九(2리)	38
마북 제1리	尹△澲	44	劉△種	劉△種	이장 8년	劉△種●	47
마북 제2리	尹△潤	39	尹△潤	尹△潤	이장 3년	崔△植	35
청덕리	申△均	45	申△均	申△均	이장 3년	鄭△永	31
동백리	朴△明	30	朴△明	朴△植(45)	이장 3년	朴△植●	47
중리 제1리	李△鎭	35	李△鎭	兪△穆(50)	이장 4년	兪△穆●	52
중리 제2리	李△完	32	李△完	朴△洪(36)	이장 2년	黃△秀	42
상하리	睦△均	56	睦△均	睦△均	면 자문위원	孔△泳(1리)	44
						韓△錫(2리)	35
보정 제1리	南△燫	32	朴△龍	朴△龍	이장 6년	金△鶴	55
보정 제2리	金△得	52	金△得	金△得	이장 5년	趙△行	38
죽전 제1리	金△賢	29	金△賢	金△鎬(36)	이장 3년	金△鎬●	38
죽전 제2리	金△學	48	金△學	金△學	이장 10년	李△九	39

* ● 표시는 연임된 이장.
* 출처: 용인문화원 향토문화연구소 『구성면지』 1998, 245~73면.

보다 높지 않았음을 보여준다.

　이·동장과 달리 새마을지도자는 개인적인 희생과 헌신에도 불구하고 무보수였기 때문에 돌아가며 떠맡는 상황이 벌어졌다. 이러한 현실을 잘 알고 있는 지역 군수들은 이·동장과 새마을지도자를 분리하지 말고 새마을지도자가 이·동장을 겸직하게 만드는 방안을 대안으로 제시했다. 실제 상당수의 마을에서는 이장이 새마을지도자를 함께 맡았다. 1974년 평창군의 경우 171개 새마을 중 105개 마을에서 이장이 새마을지도자를 겸했다.[39]

설명』(1972) 내 '접견자 명단'; 구성면 『접견자 명부』(1976.8.14) 참조).
39 「지방행정 발전을 위한 일선군수 간담회」, 『지방행정』 제254호, 1974.12, 87~89면.

새마을지도자는 1970년대 내내 군수 접견자 명단에 포함되지 않았다가, 전두환 정부 시기에 들어서며 대거 포함되었다. 1981년 1월 군수 접견자 명단에 새마을지도자 29명, 새마을청소년회장 1명이 포함되었다. 이해 접견자 총수는 122명으로 구성원을 세분하면 기관장 6명, 이장 16명, 새마을지도자 29명, 면 정화위원 14명, 이 정화위원장 16명, 면 자문위원 5명, 새마을청소년회장 1명, 각 기업체 대표 20명, 기타(有志) 15명으로 구성되었다.[40]

둘째, 개발추진과 함께 이 개발위원회의 영향력이 약화되었던 점이다. 1970년대 기반행정에서 이 개발위원회의 비중이 약화되는 요인은 역설적이게도 개발의 측면에서 찾을 수 있다. 군청과 면사무소 직원들이 제반 개발사업의 진척을 직접 독려하는 상황에서[41] 주민 자율조직으로서 이 개발위원회가 힘을 받기는 어려웠다. 1970년대 면 행정에서 군·면 직원이나 지역 기관장들이 이장이나 이 개발위원회를 매개하지 않고 직접 대민접촉을 하는 시책이 큰 비중을 차지했다는 점을 주목할 필요가 있다. 식량증산 정책이 대표적인 예이다.[42] 또한 군수나 읍·면장이 이·동의 개발위원들을 일방적으로 위촉하는 경우가 많았기 때문에 이·동 개발위원회 구성에 주민들의 의사가 온전히 반영되는 구조라 할 수 없었다.[43] 더구나 이러한 지적이

---

40 구성면『면정보고』(1981.7.16) 내 '군수 연두순시계획' 참조.
41 충북 괴산군의 경우 군·읍·면 직원들은 농로개발, 병충해방제, 객토, 퇴비증산, 양곡수매, 새마을 가꾸기, 산림해충방제, 재해대책, 수방대책, 농가부업 등의 사업이 시행될 때 사업 착수에서부터 종료 시기까지 각자 맡은 마을에 상주하다시피 하면서 사업의 완수를 독려했다(김환묵(충북괴산군 내무관)「우리 고장의 자장 연구 실천하는 행정: 충청북도 괴산, 이동정 관리를 잘하고 있는 사례」,『지방행정』제208호, 1971.2, 107면).
42 예를 들면 1979년 구성면은 '식량증산' 목표를 달성하기 위해서 지서장·조합장과 같은 관내 기관장들까지 동원하여 각 이(里)를 할당, 지도하는 '지도담당체제'를 확립했다(구성면『면정보고(1979.1.23)』내 '지도담당체제 확립' 참조).
43 최창호(건국대 법경대 교수)「새마을운동과 주민조직의 활용」,『지방행정』제256호, 1975, 64면.

새마을운동이 정점에 오른 시점이라 할 수 있는 1975년에 제기되었다는 점에서 가볍게 넘길 수 없다.

셋째, 정부가 1970년대 지역방위체제 구축을 추진해나갈 때 이 개발위원회가 향토방위의 구심점 역할을 하지 못했다는 점도 고려할 필요가 있다. 1·21사태 직후 내무부가 이 개발위원회의 역할을 안보적 측면에서 강조했는데,[44] 그래서인지 1960년대 말까지도 이·동 개발위원회가 지역사회의 방첩교육 및 반공교육의 수단으로 활용된 사례가 확인된다.[45] 하지만 1970년대로 접어들면서 지역사회 군·관·민 방위협조체제의 최하단위는 '면'이었고, 주민 통제 및 동원을 위한 조직은 행정리보다 작은 자연촌을 단위로 삼는 '반'이 중심이 되었다. 더불어 전국의 마을마다 경찰이 관리한 대공 감시체제의 하부조직이 수립되었던 점까지 고려하면 1970년대 안보 영역에서 이 개발위원회가 차지한 비중은 미미했다고 해도 틀리지 않을 것이다.

'안보행정' 정비와 방위자원 관리의 강화

총력안보체제의 수립은 행정적 측면에서 보면 전국적인 '안보행정' 체계의 마련을 의미했다.[46] 국가의 최말단 기관인 면사무소가 국가로부터 위임

---

44 내무부는 북한의 도발과 간첩침투를 막는 방안 중의 하나로 이·동 개발위원회가 '소득향상'과 '향토방위'의 역할을 충실히 수행하도록 마을조직을 정비하는 것을 들었다(「통·반 조직 세분화」, 『동아일보』 1968.2.20).

45 「읍면 및 리동 개발자문위원회 활용실적 보고」(1969.7.2), 「읍면 및 리동 개발자문위원회 활용실적 보고」(1969.10.2), 괴산경찰서 정보과 『대공통계철(1969~1969)』, 국가기록원 관리번호: BA0630530.

46 '안보행정'은 1972년 1월 김종필 총리가 새해 시정목표로 제시한 '안보우선행정'에서 따온 용어이다(「일사불란 행정체제 확립토록」, 『매일경제』 1972.1.5).

표 9–2 1960년대 구성면 면 행정업무의 변화와 분장(1)

계별	직명	1963년 면 행정업무 분장
		분장사무
총무	지방행정주사보	인사, 서무, 선거, 운영계획, 문서통제, 통계, 동·리 지도
	지방행정서기보	회계 및 저축에 관한 사무
	지방행정서기보	병사, 학무
	지방행정서기보	구호, 보건, 노동
	부녀복지원	공보, 부녀사업, 문서수발
재무	지방재경주사보	국세, 도세, 군세 조정 부과 징수
	징세고용원	사무
호적	지방행정서기보	호적, 주민등록, 인감, 제 증명, 매·화장
산업	지방농업기사보	수도, 양정, 농정, 농지, 전작
	지방토목기원보	토목, 임업, 건설, 상공
	축산지도원	축산, 잠업, 비료

표 9–3 1960년대 구성면 면 행정업무의 변화와 분장(2)

계별	직명	1965년 면 행정업무 분장
		분장사무
총무	지방재경주사보	서무, 기밀, 인사, 공무원의 교양과 복리 문서, 동·리의 감독, 교육, 국채 선거통계, 공보, 선전, 관광, 소내의 단속과 타계에 속하지 않는 사무
	지방농업기원보	의무, 약무, 구호, 후생, 주택, 노동 사무
	징세고용원	회계, 저축에 관한 사무
	부녀지도원	부녀 지도 및 공보에 관한 사무
	가족계획지도원	가족계획 지도 사무
재무	지방행정주사보	군공채, 지방세, 세원수입, 국세위탁 징수
	축산지도원	징세 사무
호적	지방행정주사보	호적, 주민등록, 인감, 제 증명, 매·화장인가원, 범죄자·파산자 대장에 관한 사무
	지방행정서기보	징집, 소집에 관한 사무
산업	지방농업기사보	양정, 잠업에 관한 사무
	지방토목기원보	토목, 임업, 농정에 관한 사무
	지방행정서기보	수도, 비료에 관한 사무
	지방행정서기보	전작, 상공에 관한 사무
	증산지도원	축산, 증산지도에 관한 사무
	개간지도원	개간 및 토목 사무

표 9-4 1960년대 구성면 면 행정업무의 변화와 분장(3)

계별	직명	1966년 면 행정사무 업무분장
		분장사무
총무	지방행정 주사보	서무, 기밀, 인사, 공무원의 교양과 복리문서, 동·리의 감독, 교육, 선거, 통계소 내 단속과 타계에 속하지 않는 사무
	지방행정 서기보	회계, 저축, 재산관리 사무
	축산증식요원	의무, 약무, 구호, 후생, 주택, 노동원호, 기생충에 관한사무
	부녀지도원	부녀 지도, 공보, 선전에 관한 사무
	가족계획 지도원	가족계획 지도에 관한 사무
재무	지방행정 주사보	지방세, 세외수입, 국세위탁징수에 관한 사무
	지방사세 서기보	동상
산업	지방농업 기사보	잠업, 식량, 농지, 농지개량, 축산, 기타 농업에 관한 사무
	지방농업 기원보	수도, 상공, 비료에 관한 사무
	지방농업 기원보	전직에 관한 사무
	지방토목 기원보	산림, 토목에 관한 사무
	개간지도원	개간에 관한 사무
호병	지방행정 주사보	호적, 주민등록, 인감, 제 증명, 매·화장, 범죄자·파산자 대장에 관한 사무
	지방행정 서기보	징집, 소집, 기타 병무에 관한 사무

표 9-5 1960년대 구성면 면 행정업무의 변화와 분장(4)

계별	직명	1967년 면 행정사무 업무부장
		분장사무
총무	지방행정 주사보	관인관수, 서무, 인사, 기밀, 선거 문서수발, 행정감독, 교육, 공무원 교양과 복리 및 타계에 속하지 않은 사무
	지방농업 기원보	수입 및 지출, 용도 및 재산관리, 영선에 관한 사무, 구호, 군사원호, 주택, 노동, 의약 및 보건에 관한 사무
	부녀지도원	공보, 선전, 부녀사업에 관한 사무
	가족계획 지도원	가족계획 지도에 관한 사무
재무	지방사세 서기보	지방세 및 기타 제 수입에 조정부과 및 국세위탁징수, 세무에 관한 제 증명 및 저축에 관한 사무
	개간지도원	동상
산업	지방농업 기사보	양정, 농업통계, 농지, 농지개량, 기타 산업에 관한 사무
	지방행정 서기보	잠업, 상공
	축산지도원	수도, 비료, 고공품
	지방토목 기원보	임업, 토목

	지방농업 기원보	전작
	개간지도원	개간, 축산
호병	지방행정 서기보	호적, 주민등록, 인감, 제 증명, 매·화장 및 인구동태에 관한 사무
	지방행정 서기보	징집, 소집, 기타 병무에 관한 사무

표 9–6 1960년대 구성면 면 행정업무의 변화와 분장(5)

			1968년 면 행정사무 업무분장
계별	직위	직명	분장사무
총무	총무 계장	지방행정 주사보	관인관수, 서무, 인사, 기밀, 선거, 문서수발, 문서보전, 관리, 총계, 학무, 청중단속, 행정감독, 교육, 공무원 교양복리 및 타계에 속하지 않은 사무
	회계	지방농업 기원보	수입 및 지출, 용도 및 재산관리, 영선에 관한 사무
	사회	기한부 농업직	구호, 군사원호, 주택, 노동, 의약 및 보건에 관한 사무
	부녀	부녀지도원	공보, 선전, 부녀사업에 관한 사무
	가족계획	가족계획 지도원	가족계획에 관한 사무
	결핵관리	결핵관리 요원	결핵관리에 관한 사무
재무	재무계장	지방행정 주사보	지방세 및 기타 제 수입에 조정부과 및 국세위탁 징수, 세무에 관한 제 증명 및 저축 사무
		지방행정서기보	동상
호병	호병계장	지방행정 주사보	호적, 주민등록, 인감, 제 증명, 매·화장 및 인구동태에 관한 사무
	병사	지방행정 서기보	징집, 소집, 기타 병무 사무
산업	산업계장	지방농업 기사보	양정, 농업통계, 농지, 농지개량, 기타산업에 관한 사무
		지방행정 서기보	수도에 관한 사무
	토목	기한부 토목직	토목, 임업 사무
		조건부 지방 행정서기보	전작
		기한부 행정직	비료, 고공품, 상공
	개간	개간지도원	개간 사무, 잠업
	축산	축산증식요원	축산

표 9–7 1960년대 구성면 면 행정업무의 변화와 분장(6)

		1969년 면 행정사무 업무분장
계별	직명	분장사무
	지방행정 주사보	관인관수, 서무, 인사, 기밀, 선거, 문서수발, 문서보관, 관리, 총계, 학무, 청중단속, 행정감독, 교육, 공무원교양 복리 및 타계에 속하지 않은 사무

총무	지방행정 서기보	수입 및 지출, 용도 및 재산관리, 영선, 구호, 군사원호, 주택, 노동, 의약 및 보건 사무
	가족계획 지도원	가족계획 지도 및 공보선전에 관한 사무
	결핵관리 요원	결핵관리 및 부녀사무에 관한 사무
재무	지방행정 서기	지방세 및 기타 제 수입에 조정부과 및 국세위탁 징수, 세무에 관한 제 증명 및 저축, 대여곡에 관한 사무
	지방농업 기원보	상동
호병	지방행정 주사보	호적, 주민등록, 인감, 제 증명, 매·화장 및 인구동태에 관한 사무
	지방행정 서기보	징집, 소집, 기타 병무에 관한 사무
	예비군사무 촉탁	예비군 사무에 관한 사무
산업	지방농업기원	양정, 농업통계, 농지, 농지개량, 기타 산업에 관한 사무
	지방행정 서기보	토목, 임업 사무
	기한부 지방 농업기원보	수도, 비료, 상공
	지방행정 서기보	전작, 잠업, 축산에 관한 사무
	개간 지도원	개간 사무

* 출처(표 9-2~표 9-7): 구성면 각년도 『현황(보고)』『면정보고』 참조.

받아 수행하는 가장 주요한 안보행정은 병무행정이었다. 병무행정이 면사무소에서 확립된 시기는 1966년경이다. 1960년대 구성면 면사무소 행정업무 분장표는 병무행정의 변화를 잘 보여준다.(표 9-2~9-7 참조)

1960년대 면 행정업무 분장표에서 확인되는 특징적인 변화로 두 가지를 짚을 수 있다. 첫째, 병무행정은 1960년대 중반까지 체계가 잡혀가며 업무 분장이 분명해졌다는 점이다. 구성면 병무행정은 1963년에 '총무계'에 속했다가 1965년에 '호적계'로 통합되었고, 다음 해인 1966년에 '호적계'의 명칭 자체가 '호병계'로 바뀌었다. 이처럼 복잡한 변화를 보인 이유는 병무청이 지방행정기관의 병무행정 운영에 관해 명확한 지침을 세우지 않았기 때문이다. 병무청은 병무행정을 호적계에서 담당하면 된다는 태도를 보였는데, 이는 지방행정기관의 병무행정 실무자들로부터 반발을 샀다. 임실군의 군수는 읍면 행정기관에서 병무행정만 호적계 밑으로 배치하여 담당자의 사기를 떨어뜨리는 조치를 이해할 수 없다고 비판했다.[47] 또한 그는 면장들이 병무행정의 중요성과 과중함을 제대로 인식하지 못해 담당 직원을 여타 업무에 동원하고 있다고 지적했다.[48] 1965년 면 행정사무에서 '호적계'의 명칭이 다음 해 '호병계'로 변경된 배경에는 이러한 지방 병무행정 실무에 대한 불만이 있었을 것이다.

둘째, 면 행정의 업무분장에서 '호병계'가 설치된 이후 기존에 없던 '인구동태에 관한 사무'가 추가되었음이 확인된다. '인구동태에 관한 사무'가 구성면 행정업무 분장표에 포함된 시점은 1967년이지만, 면정 문서에는 이미 1965년부터 이에 대한 언급이 확인된다. 1965년 용인군은 구성면의 행정을 감사하며 전입자와 전출자에 대한 기록을 정확히 하라고 지시했다.[49] 이는 1965년부터 북한의 무장간첩 침투가 증대하여 이를 정부의 최고위 안보정책 책임자들도 예의주시하며 대책을 모색한 사실과 무관하지 않을 것이다. 특히 1960년대 초반 구성면은 인구 유동이 전국의 여타 지역보다 심한 편이었기 때문에,[50] 면사무소 직원들은 불순분자 색출을 위한 인구동태 파악에 더 민감했을 수 있다.

1965년 북한의 무장간첩 침투가 이어지자 정부는 기존 주민등록법에 벌

---

47 한대석 「일선실무자의 위치에서 본 병무행정의 결함과 금후 개선점(1)」, 『지방행정』 제136호, 1965.2, 155~56면.

48 한대석 「일선실무자의 위치에서 본 병무행정의 결함과 금후 개선점(完)」, 『지방행정』 제140호, 1965.6, 128~29면. 1968년 읍·면의 창구 사무 중 가장 큰 비중을 차지한 계가 호병계였다. 전체 사무의 80%를 차지했는데, 여기에는 호적과 병사(兵事) 이외에 잡다한 증명 사무까지 포함되어 있었다(내무부 지방행정연구위원회 『읍면행정실태조사종합보고서』 1968, 184~85면).

49 구성면 『현황(감사자료)』(1966.5.9) 내 '1965년 통합감사 결정 처리상황' 참조.

50 1960~66년까지 국세조사 결과에 따르면 구성면은 경기도 지역에서 인구 감소세를 보인 대표적인 지역 중의 하나였다(손정목 「농촌의 질적 변화와 시범행정의 전략적 기능」, 『지방행정』 제174호, 1968.4, 15~17면). 또한 구성면 자체 인구조사에 의하면 1963~65년까지는 증가하다가 이후 다시 감소하는 양상을 보였다.

칙 규정을 강화하여 '신고의무 불이행자'를 없애고, 주민등록과 호적을 연계시켜, 허위기재 및 이중등록을 잡아내어 간첩 또는 범법자의 은신을 불가능하게 만들기 위한 '주민등록법 개정'을 추진했다.[51] 여기에는 시·도민증의 법적 규정을 주민등록법에 포함하여 시·도민증을 항시 휴대시키는 방안도 포함되었다.[52] 10월 말 국무회의에서 방첩 대책 10개 항목을 발표했는데, 이중 첫째로 언급된 대책이 '시·도민증의 갱신'이었다.[53]

그러나 주민등록법 개정안은 언론과 야당으로부터 강한 반발을 샀다. 언론은 "전시에도 간첩침투 봉쇄에는 별 효과를 내지 못하고 대신 어마어마한 민폐만 끼쳐" 커다란 원성만을 샀던 방안을 다시 실시하여 국민의 기본권을 제약하려 한다고 비판했다.[54] 정부는 강력한 반대 여론에 부딪히자 개정안 심의를 보류했다.[55]

정부는 주민등록법 개정을 1967년 9월 14일 안보회의 개최 이후 다시 추진했다. 6장에서 확인했듯이 1967년 9월 14일 회의에 참석한 내무부 장관 이호가 "주민등록을 신고에 의존하는 방식에서 직권으로 바꾸고, 신고 불

---

51 「주민등록법 개정을 추진」, 『경향신문』 1965.8.20.

52 「주민등록법 개정추진」, 『경향신문』 1965.10.27; 「주민등록법 개정할 방침」, 『동아일보』 1965.10.27. 시·도민증 존폐에 대해서는 이미 1959년 대통령 선거를 1년 앞두고 논의가 되었으나 주민 통제에 매우 유용한 점 때문에 지속되었다(김영미 「해방 이후 주민등록제도의 변천과 그 성격: 한국 주민등록증의 역사적 연원」, 『한국사연구』 제136호, 2007, 313~15면).

53 「주민등록 개정법의 문제점: 궁금한 정부의 방첩대책」, 『경향신문』 1965.10.29. 이외에도 10개 항목에는 '군·관·민 협조기구를 이·동 단위까지 확대 조직' '해안선 침투의 봉쇄 강화' '육상 침투 루트의 봉쇄 강화' '군의 진중근무 강화' '경찰기동력 강화' '일본을 통한 침투방지책 강화' '해상 및 해안선 첩보망 강화' '야경대 강화' '외사보안활동 강화' 등이 포함되었다.

54 「주민등록법 개정에 따르는 문제점」, 『동아일보』 1965.10.28; 「주민등록 개정법의 문제점: 궁금한 정부의 방첩대책」, 『경향신문』 1965.10.29.

55 「주민등록법 심의를 보류」, 『동아일보』 1965.12.11.

이행자에 대해 처벌을 강화"한다는 방침을 제시했다. 이는 1965년 주민등록법 개정이 시도될 때부터 강조된 부분이었다.

1968년 1·21사태를 계기로 삼아 드디어 주민등록법 시행령이 개정되었다. 개정 사유는 기존 주민등록법이 호적제도와 연관성이 없고 주민등록 및 등록사항 수정이 주민 신고에만 의존하고 있어 허위신고, 이중신고를 막을 조치가 필요하다는 것이었다.[56] 개정 주민등록법에는 신고제를 보완하기 위해 직권조치와 '본적 확인제'가 부가되었다. 법 개정으로 주민등록과 호적이 하나로 묶이며 새로운 주민이 주민등록을 하면 시·읍·면장은 반드시 본적지에 통지하여 허위 여부를 확인해야 했다. 덕분에 본적지 행정기관은 다른 지역에 거주하는 본적 주민의 거주지를 지속적으로 파악할 수 있게 되었다.[57]

하지만 주민등록증 발급사무를 통해 호적과 병적 서류를 상호대조하여 이상 여부를 확인하는 작업은 손쉬운 일이 아니었다. 1968년 호적과 병적의 대조 실적은 70%를 약간 상회했을 뿐이었고, 32만 4,000여 명에 대해서는 호적이나 병적을 확인하는 것 자체가 불가능했다.[58] 이에 내무부 장관도 주민등록증의 원활한 발급을 위해 호적 및 병적 확인이 불가능한 이들에 대해 주민등록증을 발급하지 않겠다는 원칙을 철회해야만 했다.

정부는 1970년부터 거의 매년 주민등록 일제 정리를 시행하여 주민등록

---

56 내무부 한국지방행정연구원 『한국지방행정사(1948~1986)』 상, 1988, 1010~11면. 이러한 필요성은 1965년 주민등록법 개정이 추진될 때부터 지방 군수들도 언급했다. 임실군수 한대석(韓大錫)은 효과적인 병력자원 관리를 위해 "호적법, 병역법, 주민등록법 등의 전적 조항을 묶어" 호적 변동과 병적 변동을 연동시킬 것을 주장했다(한대석 「일선실무자의 위치에서 본 병무행정의 결함과 금후 개선점(完)」 132면).

57 강금수(내무부 지방국 행정과 진흥계장) 「주민등록제도의 개선」, 『지방행정』 제180호, 1968.10, 71면.

58 박경원 「국민과 호흡을 같이하자」, 『지방행정』 제183호, 1969.1, 11면.

증의 정보를 실제와 일치시키기 위한 수정 작업을 했다.[59] 주민등록의 정기적인 정리는 이른바 반체제 인물의 동향 파악과 관내 방위전력을 지속적으로 파악하려는 방안이었다. 1975년 4월 남베트남 패망을 계기로 삼아 박정희 정부는 안보위기 정국을 조성하고, "불순분자, 기소중지자, 행방불명자 등을 색출하고, 예비군과 민방위대원 등 국가인력자원을 정확히 파악"한다는 목적으로 17세 이상 주민의 주민등록증을 일제히 갱신했다. 물론 이때에도 주민등록 내용을 호적과 대조하여 정비했다.[60]

지역 방위전력 파악은 1967년부터 면 단위 행정기관의 주요한 업무가 되었다. 구성면사무소가 관내 병력자원을 전면 조사한 시점은 1967년 10월인데, 작성된 감사보고 자료에는 이전 면 행정문서에서 보이지 않았던 징집, 소집 자원에 대한 상세한 조사 결과가 첨부되었다.[61] 이러한 변화 역시 1967년 9월 14일 안보회의 개최 이후에 나타났다는 점에서 주목된다. 1967년 10월 구성면의 관내 병력자원의 전면적인 조사는 박정희 정부가 국민동원체제의 확립 방안으로 준군사조직 성격의 민방위대 설치를 추진한 점과 무관하지 않아 보인다.

한편, 정부는 1968년 5월에 공포된 향토예비군법을 1970년과 1971년 두 차례에 걸쳐 개정하여 창설 이래 문제가 된 '이원적인 지휘체계'를 해소하고 군이 향토예비군 운영에 대한 전권을 가지도록 조정했다.[62] 이에 따라 이전까지 경찰서장이 지역 향토사단의 사단장으로부터 예비군 운영을 '위임'

59 홍성태 「일상적 감시사회를 넘어서」, 공제욱 엮음 『국가와 일상』, 한울아카데미 2008.

60 손재식(내무부 지방국장) 「지방행정의 회고」, 『지방행정』 제267호, 1976.1, 50면.

61 조사정리 항목은 면 역종별·계급별 총계, 수검 장정(受檢壯丁) 현황, (동원불참) 고발결과 처리현황, 징집(예정)현황, 근무소집 집행현황 등이다(구성면 『현황(감사자료)』(1967.10.17) 내 '호병현황' 참조).

62 「농촌 지휘계통 일원화해야」, 『경향신문』 1971.2.8; 「戰力化 촉진되는 예비군」, 『경향신문』 1971.3.2.

받아 향토예비군을 관할하던 방식에서, 훈련·교육의 책임을 군이 직접 맡게 되었다. 원론적으로 예비군에 의한 '향토방위'는 '민방위' 영역에 속했으나 실제 성격은 '준군방위'였다.[63]

일찍이 케네디 정부는 저개발 국가의 경찰을 강화함으로써 반란 발생을 예방하여 반란이 유격전으로까지 비화하는 것을 차단하고, 질서정연한 근대화를 달성할 수 있게 하려고 했다. 하지만 미국 정부가 저개발 국가의 경찰력 강화에 힘을 쏟더라도 유격전이 만연한 곳에서는 경찰이 정보제공과 감시 등을 통해 군을 보조하는 역할을 넘어설 수 없었다.[64] 한국도 유사한 과정을 밟았다고 볼 수 있다. 1960년대 미국 정부는 국제개발처(AID)의 지원을 통해 한국의 경찰력을 강화하여 북의 무장침투에 대처하며 내부안보를 확보하는 방침을 추구했으나,[65] 1967,68년 북의 대남 무력공세와 유격전 시도는 경찰력보다 군사력의 활용에 무게가 실리는 상황을 낳았다.[66]

두 차례에 걸친 향토예비군법 개정은 군대의 지역사회 개입을 제도적으로 마련하기 위한 과정이었다. 이 시기 경찰과 군은 지역사회 대민관계에서 상반된 길을 걸었다. 경찰이 1967년 8월 경찰 조직 내 대간첩작전을 담당하는 관계 기구를 통합하여 '전투경찰대'를 신설하며 지역사회와 분리된 대응

---

63 양홍모 「민방위조직과 체제: 주민조직을 중심으로」, 『지방행정』 제261호, 1975, 61면.

64 William Rosenau, "The Kennedy Administration, US Foreign Internal Security Assistance and the Challenge of 'Subterranean War,' 1961-63," *Small Wars & Insurgencies*, 14:3. 2003, 79~80면.

65 이에 대해서는 다음 논문을 참조. 김소진 「미국의 對韓경찰원조 변화와 한국경찰의 치안 업무 재편(1953~1967)」, 고려대 석사학위 논문 2020, 제3장; 권혁은 「1960년대 미 대한경 찰원조의 전개: 경찰 '현대화'와 대반란전(counterin) 수행」, 『사림』 제74호, 2020, 제3장.

66 미국의 대반란전 관련 지원도 경찰보다 군에 대한 지원이 컸다. 미 국제개발처는 1·21사 태 직후 대침투작전 대응력 강화를 위해 군에 1억 달러, 경찰에 1천만 달러를 지원했다 (*Evaluation of the Public Safety Program USAID Korea*, 1971.6.28~1971.7.18, 29~30면, IPS#2-3/PS & KNP/Evaluation Korea, 1971, Agency for International Development, 1971, RG286 Office of Public Safety Operations Division East Asia Branch, 국립중앙도서관 해외관련 기록물).

책을 마련했다면, 군은 향토예비군 훈련을 담당하며 지역사회에 개입하는 방안을 택했다. 1971년 초 한국 경찰의 현황을 평가한 미 국제개발처 담당 자는 경찰의 업무가 상당 부분 '반침투작전'에 집중되면서 경찰 본연의 '공 안'(public safety) 업무가 소홀히 되고 있음을 주목하며, 이는 '대내안보' 유지 에 핵심적인 부분인 대민관계에 부정적인 영향을 낳을 것이라고 우려했다.[67]

향토예비군 조직은 방위뿐만 아니라 개발에서도 역할을 해야 했다. 향토 예비군 소대는 4-H, 농사개량위원회, 부녀회 등과 함께 이 개발위원회로 통합시키지 않고 존속시켜야 할 특수한 성격의 지역사회 조직으로 인식되 었으나,[68] 마을의 향토예비군 소대가 개발사업과 무관할 수 없었다. 1·21사 태 이후 박정희 정부가 '일면 건설, 일면 국방'의 달성을 내걸었을 때 지방 행정 책임자는 개발과 방위 업무의 겸행을 고민해야 했다. 한 지방 군수는 이·동 개발위원회가 '향토개발'과 '향토방위'의 성격을 동시에 지녀야 한 다고 강조했다.[69] 1969년 12월 김제군 백학면의 면장은 젊은이들로 구성 된 전체 예비군이 의무적으로 마을 개발사업에 일정 기간 참여하도록 해 야 한다는 견해를 냈다. 마을 향토예비군들은 연령대가 새마을사업을 주도 해야 하는 청년들이었기 때문에 이러한 의견이 제기되는 것은 당연했다.[70] 1970년대 마을 이장은 이 개발위원회 위원장, 새마을지도자 그리고 예비군 소대장을 한꺼번에 겸직하는 경우가 흔했다.[71]

---

67 *Evaluation of the Public Safety Program USAID Korea*, 1971.6.28.~1971.7.18, 55면.
68 박창규(경남 선산군 군수) 「이·동 개발위원회의 보강책: 조직과 운영을 중심으로」, 『지방 행정』 제189호, 1969, 49면.
69 같은 글 51면.
70 문민영(김제군 백학면장) 「면행정 쇄신과 里의 제도적 개선: 면장의 입장에서」, 『지방행 정』 제216호, 1971.10, 99~100면.
71 한병용(전남 장흥군수) 「행정운영 개선을 통한 읍면강화 방안: 군수의 입장에서」, 『지방행 정』 제238호, 1973.8, 48면.

1972년 4월 박정희는 향토예비군 창설 4주년 기념 담화문에서 향토예비군이 쌓은 업적 중의 하나로 '지역사회개발 지도'를 들었다.[72] 향토예비군 창설 6주년이 되는 1974년 4월 국방부는 전국에서 모범예비군 30명을 선발하여 이들에게 대통령 접견 등의 여러 특전을 주었는데, 이들이 선발된 이유 중의 하나가 새마을사업에 대한 공헌이었다.[73] 향토예비군은 안보와 개발의 임무를 동시에 수행해야 하는 위치에 있었다.

경찰이 지역사회와 분리된 물리력을 확대하고, 민간과 유리된 군은 반대로 지역사회 운영에 직접 관여하는 역설적인 상황은 '대유격대국가'의 성격을 강하게 발현한 분단국가의 총력안보체제가 지닌 특성을 보여준다.

지역방위협의체 설치와 지역사회 질서 재편

지역사회의 총력안보체제 확립이란 지역사회가 지닌 모든 자원을 동원할 수 있는 시스템을 구축하는 것을 의미하고, 따라서 지역방위체제를 수립, 유지하기 위한 관련 기관의 유기적인 협조체제의 성립이 필수이다.

1930년대 관동군과 만주국은 지역사회를 장악하고자 '치안유지회'와 같은 군·관·민 협조체계를 마련했고, 영국도 말라야에서 대공전을 벌일 때 민·관(경찰)·군 협조체계 수립의 중요성을 역설하며 이러한 협조체계를 중앙(연방정부)−주(state)−현(district) 단위로 수립해, 공산유격대 토벌에서 큰 효과를 보았다.[74] 베트남전에 개입한 미군도 중앙과 지방에 안보 협조기

---

72 「북괴도발엔 응분의 대가」, 『경향신문』 1972.4.1.

73 「오늘 예비군 창설 6주년」, 『동아일보』 1974.4.6.

74 Richard Stubbs, *Hearts and Minds in Guerrilla Warfare: The Malayan Emergency 1948-1960*, Oxford University Press 1989, 98~99면.

구와 민간인이 참여한 자문위원회의 설치를 강조했다.

중앙정보부도 1968년 12월 '여러 기구 간의 협조와 노력의 통합'을 강조했다. 대유격전에서는 지방 행정기구와 경찰 그리고 군대의 업무와 책임이 중첩되기 때문에 기관 간의 협조와 조정이 매우 중요하다는 것이다.[75] 이를 위해 중앙정보부는 도·군·면 단위에 각각 '지역 안전보장 협조기구'(area security coordination center)를 설치할 것을 제기했다. 중앙정보부에 따르면 이 기구는 지방행정 기관장이 위원장을 맡고 지역의 경찰 책임자, 부대 책임자, 공보 및 심리전 담당관, 정보기관 담당관, 민병대 책임자, 기타 인원이 참여하게 된다. 더불어 지역에 '지역 안전보장 협조기구'(area security coordination center)를 보조하는 '민·군 자문위원회'(civil-military advisory committee)의 필요성도 제기했다. 중앙정보부가 언급한 '지역 안전보장 협조기구'와 '민·군 자문위원회'는 4장에서 확인했듯이 베트남전에 개입한 미 육군의 특수전 교재 내용을 그대로 가져온 것이다.

1967,68년 국면을 겪으며 주한미대사관을 위시하여 한국에서 미국의 대외정책을 수행하기 위해 파견된 현지 사절단원들은 미국의 현지 민·관(경찰)·군 협조체제 수립이 가장 필요하다고 보았다. 1968년 7월 말 주한미대사가 이끄는 '미 외교업무 지원팀'은 북한의 대남 침략은 총체적으로 계획, 지시, 관리되기 때문에, 남한이 이에 효과적으로 대처하기 위해서는 정치적·경제적·사회적·기술적인 대처에서부터 군·경의 대응까지 포괄하는 '총체적인 시스템'(total system)을 갖추어야 하며, 이는 완벽한 민·군의 협조를 필요로 한다고 본국에 보고했다.[76]

---

75 중앙정보부 『대유격전』 1968, 89면.

76 From: Amembassy Seoul To: Department of State, Subject: ROK Internal Security: Country Team Concept, Enclosure: No.1- 'Concept for ROK Internal Security and Counter-Infiltration Operations', 3면, RG286, Office of Public Safety Operations Division East Asia Branch, 국립중

주한 '미 외교업무 지원팀'은 민간과 군의 완벽한 협조체제를 확립하기 위해 중앙과 도 단위에 관계부처 책임자들이 참여하는 '대침투협조위원회'(counter-Infiltration coordinating council)와 효과적인 작전수행을 위한 '대침투작전센터'(counter-Infiltration operation center)를 설치해야 한다고 지적했다.[77]

이러한 '미 외교업무 지원팀'의 구상은 다음에서 살펴보듯이 한국 정부가 1968년 1월에 만든 민·관·군 협조기구와 똑같다. 박정희 정부가 미국 측의 조언을 수용한 것인지 아니면 주한미대사관 측이 박정희 정부의 대응을 사후적으로 지지한 것인지는 명확히 가늠할 수 없지만, 주한 미대사관과 국제개발처(AID) 공안 원조를 현지에서 수행한 유솜 실무자들은 박정희 정부의 민·관·군 협조체제 수립을 찬동하며 적극 지원한 것은 분명하다.[78]

총력안보체제를 위한 민·관·군 협의체 설치는 1965년부터 제기되었으나,[79] 구체적인 추진은 1967년 9월 안보회의 이후 시작되었다. 1967년 말 정부가 추진한 '향토방위법'에 민·관·군 협의체로서 '향토방위협의회'를 수립하는 계획이 포함되어 있었으나, 향토방위법의 입법에 실패하자 정부는 신설된 향토예비군 중대마다 '예비군지원협의회'를 만들어 운영을 지원하

양도서관 해외한국관련 기록물 표제: IPS#12/Korea-Historical/OPS Program, FY70/Agency for International Development.

77 From: Amembassy Seoul To: Department of State, Subject: ROK Internal Security: Country Team Concept, Enclosure: No.1- 'Concept for ROK Internal Security and Counter-Infiltration Operations', 4~6면.

78 대유격전을 위한 경찰과 군의 협조관계 강화에 대해 박정희 정부나 미국 측의 견해는 일치했으나, 박정희 정부가 군을 중심으로 생각했다면 미국 원조당국은 경찰력 강화에 좀더 무게를 두었다. 전체적인 흐름은 군의 대민관계 영향력이 강화되는 방향으로 정리되어갔다.

79 1965년 10월 강원도 양구에서 영관급 장교가족 일가가 살해당하는 사건이 일어나자, 국무회의에서 '시·도민증 제도의 강화' '군·관·민 협조기구를 이·동 단위까지 전국적으로 확대'하는 등의 방안이 제기되었다(「빗나간 간첩봉쇄 대책」, 『조선일보』 1965.10.29).

는 조치를 했다. 하지만 신설된 예비군지원협의회는 유명무실한 상태에서 벗어나지 못했다.[80] 한편, 1·21사태 직전 원주에서 개최된 '비상치안회의'에서 박정희의 지시를 받은 군부는 합동참모본부 산하에 대간첩작전의 일원화를 위한 '대간첩작전 대책본부'를 신설했다. 그리고 대간첩작전 대책본부의 작전 수행을 감독히기 위해 중앙에 대통령 자문기구로서 '대간첩작전대책중앙협의회'를 설치하고, 각 도에는 '대간첩작전대책협의회'를 두었다.[81] 대간첩작전대책중앙협의회는 국무총리가 위원장을 맡고 국방부 장관, 내무부 장관, 중앙정보부장, 관계 국무위원 그리고 국가안전보장회의 상임위원 등이 참여했다. '서울시 대간첩작전대책협의회'의 경우 서울시장, 수도경비사령관, 중앙정보부 분실장, 서울지검 검사장, 주요 시설 대표 등 총 120여 명이 참여했다.

1968년 말이 되어도 각 도의 대간첩작전대책협의회가 제자리를 잡지 못하자, 박정희와 정일권은 도지사들에게 대간첩작전대책협의회를 정상화하고 '무장공비'의 침투가 없는 지역일지라도 정기적으로 회의를 열어 유사시에 대비할 수 있는 안보체제를 확립하라고 독려했다.[82] 그래도 시·도 대간첩작전대책협의회가 활성화되지 않자, 정부는 1971년 2월 대간첩작전대책협의회와 역시 있으나 마나 한 상태에 있던 '예비군지원협의회'를 합쳐 '방위협의회'를 신설했다. 방위협의회 신설 결정은 정부가 예비군을 경찰관리에서 군 관리로 바꾸며 전력화를 취한 시점과 맞물려 있다.[83]

---

80 「거의 운영비 작아 생계걱정」, 『경향신문』 1971.2.8.
81 「중앙협의회 설치, 대간첩작전 방안 구체화」, 『경향신문』 1968.1.12; 「대간첩중앙협의회, 각의서 규정 의결」, 『경향신문』 1968.1.20.
82 「박대통령 대간첩작전협의회 적극 활용토록 지시」, 『경향신문』 1968.12.6; 「자체감사 강화, 지방장회의 정총리 지시」, 『동아일보』 1968.12.6; 「새해 공무원교육 실무중심 재편성」, 『동아일보』 1968.12.6.
83 「방위협의회 신설」, 『경향신문』 1971.2.4; 「전력화 촉진되는 예비군」, 『경향신문』 1971.3.2.

사진 31 1970년 충북 도(道) 대간첩작전대책협의회 개최 모습

사진 32 1973년 서울시 방위협의회 개최 모습

표 9-8 경북지역 군(郡) 방위협의회의 임무

	1971년 경북 영천군 방위협의회 기능	1977년 경북 칠곡군 방위협의회 기능
구성원	1. 군·관·경·민의 비협조적인 요소 제거 2. 군·경 작전 지휘관계 조정 3. 향토예비군의 효율적인 운영 4. 민폐 대비책 강구 5. 대간첩 공조 심의 결정 6. 기타 방위협의회에 관한 사항	1. 대비정규전 작전 대비책 수립 및 시행조정 2. 향토예비군의 효율적인 운영과 예비군 육성을 위한 협조와 지원 대책 수립 및 시행조정 3. 군·경 작전 지휘관계 조정 4. 군·경·관·민의 비협조적 요소 제거 5. 대비정규전 작전공로 및 예비군 육성 유공자 포상 심의 결정 6. 필요시 간사회의 소집 7. 중요 치안업무 8. 그밖에 지역방위에 관한 사항

* 출처: 「영천군 방위협의회 규칙(영천군 규칙 제112호)」 1971.6.5; 「칠곡군 방위협의회 조례(칠곡군 조례 제448호)」 1977.6.30.

　지역 방위협의회는 비정규전 대책 수립과 향토예비군의 체계적인 지원을 목적으로 삼아 이를 위한 민·관·군의 협조체제를 안정적으로 운영하는 임무를 맡았다.(표 9-8 참조) 지역 방위협의회의 역할은 대간첩작전대책협의회와 대동소이했으나 두 가지 차이점이 있었다. 첫째, 지역 방위협의회는 향토예비군의 운영에 더 많은 관심을 기울였고,[84] 둘째, 시·도 차원에 초점을 맞춘 대간첩작전대책협의회와 달리 방위협의회는 군뿐만 아니라 읍·면

---

[84] 김천시가 1970년 2월에 공포한 '김천시 대간첩협의회 규칙'과 1971년 3월에 공포한 '김천지구 방위협의회 규칙,' 양자 사이의 차이는 향토예비군 관련 부분이 강조되었다는 데 있다. 대간첩협의회 제1조는 "대간첩작전을 적절히 조정하고 각 기관의 유기적인 협조로서 집중적이고 효율적인 대간첩작전을 수행하기 위하여 대통령 훈령 제28호 비정규전 봉쇄지침 및 강화능력 대책에 의거 김천시 대간첩협의회를 설치한다"이다. 반면 방위협의회 규칙 제1조에는 '예비군' 관련 내용이 부가되어 "대비정규전 작전활동 요소를 적절히 조정하고 합리적인 예비군의 운용과 각 기관의 역량을 유기적으로 협조 조정시켜 집중적이며 효율적인 대비정규전 작전을 실시하기 위하여 대통령 훈령 제28호에 의거 김천지구 방위협의회를 설치한다"라고 명시되었다(강조는 인용자). 또한 대간첩협의회는 1인 간사체제였지만, 방위협의회에서는 예비군 담당 간사가 새로 생겨 2인 간사체제가 되었다(「김천시 대간첩협의회 규칙」(1970.2.25); 「김천지구 방위협의회 규칙」(1971.3.31), 국가기록원 소장자료. 이하 방위협의회 자료는 모두 국가기록원 소장자료).

표 9-9 지역 방위협의회 위원 선정기준표

1971년 군 위원 선정기준(1)	1977년 군 위원 선정기준(2)	1971년 읍면 위원 선정기준(1)	1977년 읍면 위원 선정기준(2)
구 성 원	1. 지역 군부대참모 또는 보안대장 2. 대공분실 지역 조 정관 3. 법원 지원장 4. 검찰 지청장 5. 경찰서장 6. 기타 군관계 및 단체장	1. 지역내 군부대장 2. 군보안부대장 3. 중앙정보부 지부조정관 4. 지청장 5. 경찰서장 6. 전투경찰 대대장 7. 민방위과장 8. 재향군인회 연합분회장 9. 기타 필요시 의장이 지명 하는 군·경 관계관 및 단 체의장	1. 지역 군부대장 2. 보안대장 3. 지서 파출소장 4. 재향군인회 분회장 5. 예비군 중대장 6. 필요시 의장이 지명 하는 지방유지	1. 지역 군부대장 2. 군보안부대장 3. 전투경찰 대장 4. 지서 파출소장 5. 재향군인회 분회장 6. 예비군 중대장 7. 필요시 의장이 임명 하는 지방유지

* 선정기준(1): 1971년 2월 경상남도 방위협의회 위원 선정기준표(「경상남도 방위협의회 규칙 제
정」1971.2.18).

* 선정기준(2): 1977년 3월 경상북도 봉화군 방위협의회 위원 선정기준표(「봉화군 방위협의회 조
례(봉화군 조례 제423)」1977.3.17).

에도 설치되었다.

지역 방위협의회 의장은 지역 행정책임자가 맡았고, 지역의 군부대 지휘
관, 보안 관련 책임자, 주요 기관장, 그리고 면장이 선발한 유지들이 위원이
되었다.(표 9-9 참조)[85] 군·관·민 협조체제는 지역 방위체제의 최상위 조직인
도 방위협의회에서부터 읍·면 방위협의회까지 모두 같았다. 1971년 경상남
도 도 방위협의회에는 "군수사령관, 지역 보병사단장, 해군통제부사령관,
중앙정보부 경남대공분실장, 부산지방검찰청 검사장, 경상남도 지방병무청
장, 해양경찰대장, 경상남도 경찰국장"이 참여했다.[86] 1974년 3월 안동군 방
위협의회는 의장을 안동군수가 맡고, 위원은 지역 포병사령관, 대구지방법
원 안동지원장, 대구지방검찰청 안동지청장, 안동경찰서장, 반공연맹 안동

---

85 「경상남도 방위협의회 규칙 제정」(1971.2.18); 「봉화군방위협의회 조례」(1977.3.17), 14면.
86 「안동군 방위협의회 운영규칙」(1974.3.29); 「경상남도 방위협의회 규칙 제정」(1971.2.18),
2면.

지부장, 지역 보안대장, 안동시 교육장, KBS 중계소장, 안동우체국장, 안동군 농업협동조합장, 안동군 통일주체국민회의 대의원 1명, 기타 의장이 필요시 지정하는 기관장 등으로 구성되었다.

1975년 박정희는 신년사에서 총력안보태세의 확고한 수립을 최우선 과제로 재차 강조하며, 국가안보를 정쟁의 희생양으로 만들지 말라고 경고했다. 이는 1974년 하반기부터 다시 고조된 유신체제 반대운동과 휴전선에서 땅굴이 발견된 상황을 묶어 안보위기를 강조하며 민주화 요구를 억누르는 논리였다. 주지하다시피 박정희 정부는 4월 남베트남 패망을 계기로 삼아 안보정국을 조성하며, 긴급조치9호 선포와 민방위기본법, 사회안전법, 방위세법 등 이른바 '전시입법(戰時立法)'의 제정을 밀어붙였다.

1975년 7월에 제정된 민방위기본법에 따르면 중앙과 지방에 민방위협의회가 설치되어야 했으나, 지방에서는 기존 방위협의회가 역할을 확대하는 방식으로 정리되었다. 1977년 경상북도의 경우 민방위대 설치 이후 이에 대한 지원을 명문화하기 위해 기존 방위협의회의 '규칙'을 대체하는 '조례'를 새롭게 공포했다. 새로운 방위협의회 조례에는 민방위대 업무지원 체계 수립과 관련한 내용이 포함되어, '민방위 담당간사'가 새롭게 추가되고 방위협의회 위원으로 군청의 민방위 책임자가 포함되었다.[87]

지역 방위협의회가 가진 주요한 권한은 해당 지역 향토예비군 지휘관의 추천이었다. 1971년 향토예비군 지휘관 임명권이 경찰서장에서 지역 사단장으로 이관된 뒤에는 방위협의회가 복수 추천한 인물을 지역 사단장이 심사, 임명하는 방식을 취했다.[88] 이는 방위협의회가 지역에서 '군·관·민'을 연결하는 실질적인 역할을 했음을 보여준다.

---

87 「예천군 방위협의회 조례」(1977.3.31), 14면.
88 「예비군중대장 사단장이 임명」, 『동아일보』 1971.6.2.

지역 방위협의회 설치로 군·관·민 통합 방위체계가 읍·면 단위까지 수립된 사실은 총력안보체제가 지역사회 말단까지 체계적으로 조직되었음을 의미한다. 1975년 5월 21일 전남 화순군 도암면에서는 면사무소가 주관한 '총력향토방위체제 전략회의'가 개최되었는데, 이 자리에서 거론된 향토방위체제 강화 방안은 '멸공구호의 생활화' '방위협의회 운영강화' '민방위 활동 강화' 등이었다. 참석자들은 매월 1회씩 방위협의회를 개최하여 '향토방위의 긴밀한 협조와 연락' '향토예비군 운영에 필요한 재정적인 제반 사항' '향토예비군에 대한 효율적인 교육과 훈련 강화' 등을 검토하기로 했다.[89]

각 지역의 방위협의회는 향토예비군 협조기관이었기에, '무장공비'가 침투하여 향토예비군이 수색작전에 동원되면 바로 방위협의회도 소집되어 예비군 지원활동에 나섰다.[90] 또한 비상 상황이 발생하지 않더라도 정기적으로 방위협의회가 개최되어 지역사회 총력안보체제 작동의 한 축을 맡았다.

지역 방위협의회는 적어도 노태우 정부 시기까지 지역사회에서 안정적으로 유지되었다. 전라남도 함평군의 경우 1988년 당시 28명으로 구성된 군 방위협의회가 운영되었다. 이를 검토한 연구자는 함평군 방위협회가 지역의 행정기관, 경찰, 정보기구, 교육, 금융 분야 책임자들과 민간유지를 망라한 명실상부한 '지역 권력 연합체'라고 평가했다.[91] 군 단위 이하 읍·면 단위 방위협의회가 어느 정도 내실 있게 운영되었는지는 판단할 수 없지만 적어도 신군부가 집권했던 시기까지는 기존의 성격을 유지하며 지속되었다.[92]

89 「총력향토방위체제 전략회의」(회의서류) 1975.5.21, 국사편찬위원회 사료철 DGJ040_01_00C0076, 등록번호 IM0000157834.

90 지역문화연구소 『평택 일기로 본 농촌생활사(평택 대곡일기 1974~1990)』 II, 경기문화재단 2008, 369면.

91 기사연 지자제 연구위원회 『지방자치제와 한국사회 민주변혁』, 한국기독교사회문제연구원 1991, 96~97면.

92 신권식은 일기에서 1992년 방위협의회 참석을 언급했다. 이로 미루어볼 때 1980년대에 이

표 9-10 경기도 용인군 구성면 기관장 변화

연도	1959	1967/68	1970	1976
기관장	구성국교장 어정국교장 구성지서주임 어정역장 구성소방대장	구성지서장 구성국교장 어정국교장 대지국교장 구성우체국장 어정역장 어정보건소장●	구성지서장 구성국교장 어정국교장 대지국교장 우체국장	대의원 지서장 농협장 우체국장 구성국교장 이정국교장 예비군중대장 공화당관리장

* ● 활자가 누락되어 오독일 수도 있음.
* 출처: 구성면 각년도 『현황(보고)』『면정보고』참조.

1975년 이후 지역방위체제를 주도하는 이들은 지역사회 질서를 이끄는 존재로서 확실하게 부상했다. 구성면의 면내 '기관장 명단'과 군수 '접견자 명단'은 지역사회 질서의 변화와 안보적 측면의 강화가 맞물리는 양상을 잘 보여준다.

1970년대 면 단위 공공기관의 수는 한 손에 꼽을 수 있을 정도였다. 면의 기관장 구성에는 대개 면장, 지서장, 국민학교 교장, 예비군 중대장, 공화당 관리장, 소방대장 등이 포함되었고, 구성면과 같이 역장, 보건소장이 포함되는 예도 있다.(표 9-10 참조) 구성면의 사례는 면 단위에서 예비군 중대장이 기관장으로 포함되었던 때는 1975년 이후였음을 보여준다. 이 시기는 마을 단위까지 향토예비군 조직이 만들어지고, 지역 방위협의회가 자리 잡았던 시기로 볼 수 있다.

서너 명의 기관장이 공간적으로도 좁은 지역사회에서 함께 있다 보니 기관장들은 자연스럽게 긴밀한 관계를 형성할 수밖에 없는데,[93] 여기에 더해

지역 면 방위협의회는 안정적으로 유지되었을 것이다(지역문화연구소『평택 일기로 본 농촌생활사(평택 대곡일기 1991~2005)』III, 경기문화재단 2008, 211면).

93 일례로 구성면은 면정 보고에서 "공공기관은 면을 비롯하여 지서, 우체국과 국민학교 3개

지역 유지가 함께한 비공식적인 회합까지 빈번하게 가졌다. 기관장과 지역 유지의 모임은 면 단위 지역질서가 작동되는 방식으로 자리 잡았다. 충북 괴산군 문광면(文光面)과 경기 평택군 청북면의 지역 유지가 남긴 생활 일기에 따르면 지역사회 유지가 지서장, 학교장, 면장 등 기관장들과 긴밀한 관계를 맺었음이 확인된다.[94] 괴산군 문광면 유지의 경우는 거의 매달 기관장 회합을 갖고 면내 기관 운영에 필요한 운영비에서부터 지서장 사택의 수리비까지 처리해주며 기관장들과의 관계를 돈독히 했다.[95]

주목되는 점은 충북 괴산군 문광면과 경기 평택군 청북면의 두 유지 모두 1970년대 중반부터 1980년대까지 면 방위협의회 위원으로 참여했다는 사실이다.[96] 지역 유지의 면 방위협의회 참여는 면 방위협의회 구성원인 면장에서부터 지역 군부대장, 군 보안대장, 지서·파출소장, 재향군인회 분회장, 예비군 중대장과 긴밀한 관계를 형성하는 기제였음을 알 수 있다. 괴산군 문광면의 유지는 예비군 중대장과 밀접한 관계를 맺고, 예비군 훈련을 적극적으로 지원했다.[97] 괴산군 문광면과 평택군 청북면의 사례는 여타 면과 교류 빈도수나 참여 기관장의 구성에서 차이가 있을 수 있겠지만, 1970년대 지역방위 차원에서 지역사회 질서가 작동하는 방식이라 보아도 틀리지 않

소뿐으로서 항상 유대를 공고히 하여 모든 사업에 협조하고 있습니다"라고 적었다(구성면 『현황보고』1972, 8면).

94 신권식의 일기를 보면 경기도 평택군 청북면의 경우 기관장들이 공적·형식적 관계에 그치지 않고 사적인 회합을 자주 가지며 친밀한 유대를 형성했음을 쉽게 확인할 수 있다(『평택 일기로 본 농촌생활사(평택 대곡일기 1991~2005)』Ⅲ, 278, 297면). 이러한 양상은 충북 괴산군 문광면 일기자료에서도 쉽게 확인되는데, 거의 매달이라 해도 과언이 아닐 정도로 기관장들의 회식자리 빈도수가 높다(「문광면 개인08 생활일기」, 국사편찬위원회 충북 괴산군 문광면 지역사 수집자료 DDC002_06).

95 「문광면 개인08 생활일기」1978.4.25.

96 대곡일기의 필자 신권식은 1970년대 후반 청북면 면 방위협의회에 정기적으로 참석했다(지역문화연구소『평택 일기로 본 농촌생활사(평택 대곡일기 1991~2005)』Ⅲ, 375, 379면).

97 「문광면 개인08 생활일기」1980.7.15, 1980.7.22.

을 것이다.

1970년대 구성면 접견자 명부의 변화는 여러 주요한 정보를 보여준다.(표 9-11 참조) 우선 구성면 향토예비군 중대가 완전히 정리된 직후라 할 수 있는

표 9-11 1970년대 경기도 용인군 구성면 접견자 명단 변화

연도	1972	1972-1	1973	1976	1976-1	1977	1979
기관장명	구성지서장	구성지서장	구성지서장	대의원	대의원	대의원	대의원
	구성국교장	우체국장	구성국교장	구성지서장	지서장	지서장	지서장
	어정국교장	구성리농협장	어정국교장	구성우체국장	우체국장	우체국장	단위조합장
	대지국교장	구성국교장	대지국교장	구성국교장	농협장	농협장	우체국장
	구성우체국장	대지국교장	구성우체국장	어정국교장	구성국교장	구성국교장	구성국교장
	구성리농협장	어정국교장	유지(5명)	구성예비군 중대장	어정국교장	어정국교장	어정국교장
	유지(5명)[1]	예비군중대장	구성리동 농협장	의용소방대장	예비군중대장	예비군중대장	예비군중대장
	공화당 구성면 관리장	소방대장	유지(11명)	면자문위원장	공화당관리장	공화당관리장	공화당관리장
	유지(2명)[2]	유지(9명)		유지(6명)	새마을지도자	면자문위원장	유지(3명)
	의용소방대장			면자문위원	소방대장	방위협의회위원	노인회장
	유지(3명)[3]				면자문위원장		유지(3명)[4]
	면개발자문위원 회구성원(7명)				방위협의회위원		
	이장(14명)				교회목사		
					서울우유 공장장		
					심주무역 관리과장		
					부녀회장		

* 1, 2, 3 괄호 안의 유지 인원들은 명단에는 직업이 농업으로 표기되었으나, 대부분 군수, 면장, 부면장, 면 직원 등을 역임한 인물들이다. 여기서는 편의상 개개인을 표기하는 면 행정문서 방식을 따르지 않고 일괄 '유지'로 표기했다. 유지를 하나로 통합하지 않은 이유는 유지에 속하더라도 공화당 관리장이나 면 개발자문위원보다 앞에 기재되었으면 지역질서에서 차지하는 지위가 다름을 드러낸다고 보기 때문이다.

4 유지에 포함된 1명은 이전 접견자 명단에 있는 '방위협의회 위원'과 동일 인물이다.

* 1972년에는 두 건의 접견자 명단이 확인되는데 차이가 있어 함께 적었다.

* 1976년도 접견자 명단이 두 번 확인되는데 앞의 것은 상반기에 작성된 것으로 보이는 면 행정문서에서 뽑은 것이며, 1976-1은 1976년 8월에 작성된 면 행정문서에서 확인한 것이다.

* 출처: 구성면 각년도 『현황(보고)』 『접견자 명부』 『면정보고』 참조.

1972년에 예비군 중대장이 구성면 기관장 명부에 포함된 사실이 주목된다. 구성면 접견자 명단에서 방위협의회 위원이 확인되는 해는 1976년이다. 이는 1975년 대통령과 내무부 장관이 안보위기 국면을 조성하며 총력안보태세 및 지역방위체제 확립을 역설하고, 민방위대의 조직 편성이 지역방위체제 관계자들의 입지를 강화한 결과로 판단된다.

기관장 명단과 접견자 명단에서 통일주체국민회의 대의원이 1975년 이후 계속하여 첫 번째로 이름을 올렸던 사실도 짚고 넘어갈 필요가 있다. 통일주체국민회의 대의원은 1970년대 후반기에 접어들면서 정부의 지원을 등에 업고 지역사회에서 강력한 발언권을 갖는 존재가 되었는데,[98] 구성면에서도 마찬가지 상황이 전개되었다.

1975년 이래 면 단위 지역사회에서는 '지역방위 조직인 향토예비군/민방위대' – '군·관·민 협의체인 지역 방위협의회' – '총력안보체제 대의기구인 통일주체국민회의' 삼자가 주축이 된 지역방위체제가 확고하게 자리 잡았다. 그리고 이러한 지역방위체제에 기반을 둔 지역사회 질서를 이끌어가는 핵심 주체는 지역 공공기관장과 유지들이었다. 구성면의 기관장과 접견자 명부의 구성원 변화는 1975년 이후 향토예비군, 방위협의회 등 방위를

---

98 일례로 1975년 광주시는 통일주체국민회의 대의원에 대한 예우지침을 다음과 같이 하달했다. "① 대의원이 제안한 건의 요망 사항은 우선 처리하고, ② 지방 사업을 추진할 때는 대의원의 자문을 받을 것 ③ 대의원이 사회적으로 어려운 처지에 있을 때 행정력이 미치는 범위 안에서 도와주고 ④ 시가 주관하는 각종 기공식, 기념식, 경축 행사에 초청할 것"(「광주시 통일주체 대의원에 특별대우」, 『동아일보』 1975.7.10). 언론은 1978년 2대 대의원 선거를 앞두고, 대의원직 경쟁이 1972년보다 높아진 이유로 크게 다음과 같은 세 가지를 들었다. 첫째, 대의원에 대한 각종 예우, 둘째, 행정자문위원을 겸직하며 해당 지역사회에서 발언권 강화, 셋째, 국회의원을 제외하고 국민이 뽑는 유일한 공직이며 국회의원은 신진이 진출하기 어렵다는 점 등이다(「통대 선거 緖戰태세」, 『동아일보』 1978.3.9). 통일주체국민회의의 성립과 활동에 관해서는 다음 연구를 참조. 김행선 『유신체제기 통일주체국민회의의 권한과 활동』, 선인 2014.

담당하는 이들이 지역사회 질서를 주도하는 구성원의 일원이 되었음을 확인시켜준다.

요컨대 박정희 정부의 농촌사회 재편 방침은 크게 '개발'을 통한 농촌의 안정화에서 '지역방위체제' 구축을 통한 농촌의 안정화로 중심이 이동해나갔다. 박정희 정부는 시범면 육성운동, 소득증대 범국민운동, 그리고 1970년대 새마을운동 등으로 농촌개발 방안을 바꾸어갔지만, 말단 행정을 강화하여 국가 통치력을 강화한다는 목표는 일관되게 추진되었다. 구성면에서 전개된 기반행정 체계의 정비, 그리고 이·동 개발위원회의 운영 등은 정부가 통치력을 강화하기 위해 지속적인 시도를 했음을 보여준다.

1960년대 말 남북한 긴장관계의 고조는 농촌사회 재편 방향에서 안보 영역의 비중이 빠르게 확대되는 계기로 작용했다. 1960년대 초반 진척이 느리던 병무행정 개선은 1967년 무렵부터 빠르게 진척되는 양상을 보이기 시작했다. 구성면의 사례는 1967년 9월 국가안전보장회의 이후 국민방위체제 수립의 시도가 면에서는 소집 자원에 대한 대대적인 조사로 이어졌음을 확인시켜준다.

1970년대 들어서면서 지역사회 방위체제의 수립이 본격적으로 전개되었다. 1971년 대간첩협의회와 방위협의회로 개편되면서 읍·면 지역사회에서 본격적으로 민·관·군 방위협조체계가 수립되었다. 방위협의회는 매월 정기적으로 개최되며 지역사회 방위체제가 안정적으로 유지, 작동하게 하는 역할을 맡았다.

그러나 지방자치가 부정된 채 기관장들과 유지를 중심으로 한 지역방위체제는 지역주민의 자발적인 참여를 끌어내기에는 근본적인 한계를 가질 수밖에 없었다. 박정희 정부가 선택한 대책은 마을 단위까지 동원과 통제를 위한 체제를 확립하는 것이었다.

10장

'냉전의 새마을' 건설과 불신에 찬 근대

동아시아 지역 '밑으로부터의 냉전' 전략의 공유

냉전시대 진영의 경계지대에 속한 동아시아 국가들은 각국의 개발 및 안보와 관련된 경험을 교류하며 농촌근대화 정책을 추진했다. 1950,60년대 미국은 '자유진영'에 속한 동아시아 국가들이 농촌근대화 전략을 공유하도록 이끌었다. 미 국제협조처(ICA)는 각국의 지역사회개발을 지원하는 한편, 농촌개발 경험을 교류하도록 추동했다. 1950년대 후반 공산진영의 국가들을 제외한 거의 모든 동아시아의 국가들에는 국제협조처에서 파견된 농무관들이 주재하고 있었고, 이들은 각국의 상황과 경험을 공유하며 농촌근대화에 관한 미국의 정책을 조정해나갔다.[1] 미 국제협조처는 '제3국 훈련

---

[1] 동아시아 지역에서 미 경제원조기관의 주도하에 이루어진 농촌개발 경험의 교류는 1948년 미 경제협조처(ECA) 주관 아래 추진된 중국 농촌부흥 지원까지 거슬러 올라간다. 이에 관해서는 다음 연구를 참조. 한봉석 「2차 세계대전 후 동아시아지역 미 경제협조처 사업의 성격: 중국 본토 및 타이완의 농촌부흥연합회 사례를 중심으로」, 『인문사회21』 제9권 3호,

계획'(Third Nation Training Program)을 실시하여 '자유진영'에 속한 동아시아 국가들에 농촌개발의 경험을 공유하는 기회를 제공했다. 1955년부터 1958년 상반기까지 670여 명이 '제3국 훈련계획'에 참여했고, 이중 37%가 농업 분야 참가자였다.[2]

한국도 1950년대 말부터 국제협조처가 지역사회개발사업을 도입하며,[3] 외국의 농촌 재편 전략을 적극적으로 학습하기 시작했다. 1958년 한국은 국제협조처의 지원으로 필리핀과 지역사회개발계획의 경험을 공유하기 위한 교류를 하고, 지역사회개발 국제대회를 개최하며 아시아·아프리카 저개발 국가의 농촌개발 경험을 교류하는 데 일익을 담당했다. 1961년 5·16군사쿠데타 직전인 5월 6일부터 12일까지 7일간 서울에서 '지역사회개발 국제회의'가 개최되었다. 여기에는 에티오피아, 이란, 필리핀, 태국, 탕가니카, 미국의 대표들이 참석했고, 라오스, 소말리아, 아랍에미리트에서는 미국 고문단이 대신 참석했다. 한국에서 개최된 지역사회개발 국제회의는 1950년대 후반 태국, 리비아, 이란 등지에서 개최된 지역사회개발 국제회의의 연장선이었다.[4]

1950년대에 동아시아 각국의 '농촌개발' 경험의 교류를 국제협조처가 이끌었다면, 1960년대에는 미 국제협조처의 후신인 국제개발처(AID)가 주도했다. 1966년 초 남베트남에는 미 국제개발처 소속 농업기술 지도 고문관으로 미국인 150명, 중국인 72명, 필리핀인 42명 등이 활동했다.[5] 1962년 6월

2018.

2 한국은행조사부『극동지역 주재 ICA농무관 제55차 회의보고서』1959, 70~71면.

3 한국에서 미 국제협조처의 지역사회개발 계획의 추진에 대해서는 허은『미국의 헤게모니와 한국 민족주의』, 고려대 민족문화연구원 2008, 제8장 참조.

4 미공보원『자유세계』10-4, 1961, 13면.

5 박동묘「對越南農業技術團派遣支援」1967.2, 2면,『월남 농업기술단 파견』1967, 외교사료관 762.51VT.

서울에서 '제4차 극동지역 농촌지도사업회의'가 개최되었다. 한국 정부와 유솜(USOM/Korea)이 공동으로 주최한 이 회의에는 캄보디아, 중화민국, 일본, 대한민국, 필리핀, 오키나와, 태국, 남베트남에서 50여 명이 참석했다. 미 공보원(USIS)에 따르면 이 회의는 '자유의 적'인 빈곤 및 무지와 싸우기 위해 긴밀한 협조가 필요함을 서로 확인하는 자리였다.[6]

한편, 미국은 안보 차원에서 농촌 재편 전략의 공유에도 노력을 기울였다. 1950년대 미 해외공보처(USIA)는 현지 미 공보원이 배포하는 잡지 『자유세계』를 통해 '자유 동아시아'에 속한 각국의 대중에게 농촌개발 분야뿐만 아니라 대공전을 위한 주민의 재정착과 신촌 건설의 성공담을 알리는 데도 많은 관심을 쏟았다. 『자유세계』는 말라야, 필리핀, 베트남 등지에서 추진된 '냉전의 새마을' 건설을 각국에 소개했으며 물론 한국어판 『자유세계』도 예외는 아니었다.

1953년 한국어판 『자유세계』는 말라야에서 영국 군정이 50만 명에 달하는 '무허가 중국인 정주자'(squatter)를 재정착시키기 위해 벌인 신촌 건설을 대공투쟁의 대표적인 성공사례로 제시했다. 『자유세계』 기사에 따르면 말라야의 대공전에는 4만 명의 정규군, 7만 5,000명의 경찰, 25만 명의 '민간방위군'(Home Guard)이 동원되고,[7] 공산주의 세력과 주민을 차단하기 위해 건설된 재정착촌인 신촌에서는 '민주주의적 생활양식의 기초'에 관한

---

6 「극동 농촌지도사업회의 서울에서 개최」, 『자유세계』 11-5, 1962, 33면.

7 「진척되는 馬來의 對共戰」, 『자유세계』 2-7, 1953, 3~4면. 말라야에서 벌어진 대공전을 연구한 리처드 스터브스(Richard Stubbs)에 따르면 민간방위군의 규모는 10만 명 정도였고, 이 중 중국인 민간방위군은 1952년 말 5만 명 정도였다. 모든 신촌에 '마을 방위대'가 조직되었다. 영국은 말라야에서 1947년에 1만여 명에 불과했던 경찰 규모를 1953년 3월까지 7배 이상으로 대폭 확대했다. 7만여 명이 훨씬 넘는 경찰 중 4만 5,000여 명이 일반경찰이 아닌 전투를 위한 특별경비대로 구성되었다(Richard Stubbs, *Hearts and Minds in Guerrilla Warfare: The Malayan Emergency 1948-1960*, Oxford University Press 1989, 157~58면).

교육과 농촌건설계획이 시행되었다.

또한 『자유세계』는 '신촌' 유지의 핵심적인 기제가 마을 구성원의 연대책임에 기반한 감시체제라는 점을 알렸다. 즉, 신촌의 성공요인은 방위를 크게 강화하여 기존과 달리 철망을 두르고 '마을 방위대'를 조직한 점, 여기에 행정당국의 적극적인 정착지원과 부락민이 사조직인 경제개발과 사회개발 사업을 벌인 데 있다는 것이다.[8] 그런데 『자유세계』 한국어판은 6·25전쟁 발발로 말라야에서 주석과 천연고무에 대한 전쟁특수가 생겼고, 이 재원으로 영국 군정이 말라야 각지의 신촌에서 개발계획을 적극적으로 추진할 수 있었다는 사실을 다루지 않았다.[9] 의도적인지는 알 수 없으나, 『자유세계』 한국어판은 영국이 말라야에서 대반란정책을 강압적인 방침에서 개발계획으로 전환하며 민심을 획득할 수 있었던 가장 중요한 요인을 누락시켰다.

미국이 베트남전에 본격적으로 개입한 이후, 미 해외공보처는 미국의 개입 속에 남베트남 정부가 추진한 전략촌 건설과 농촌 평정계획의 성공사례를 소개했다.[10] 하지만 한국이 베트남전에 개입한 이후 '냉전의 새마을' 건설 경험을 공유하는 수준은 이전 『자유세계』의 지면을 통해 관련 정보를 접하는 수준을 훨씬 넘어섰다.

베트남전 개입 이후 한국은 동아시아 공산권 연구의 주요 거점이자 학술 교류의 장을 만드는 국가로 변모했는데, 그 중심에는 포드재단(Ford Foundation)의 지원을 받는 고려대 아세아문제연구소가 있었다. 1966년 고려대 아세아문제연구소가 동아시아 공산주의 문제를 다루는 국제학술대회

---

8 「새마을 '파마탕팅기' 촌」, 『자유세계』 3-3, 1954, 28~31면.

9 6·25전쟁으로 인한 전쟁특수와 말라야 대공전 성공과의 연관성에 대한 분석은 Richard Stubbs, *Hearts and Minds in Guerrilla Warfare: The Malayan Emergency 1948-1960*, 제4장 참조.

10 「전략촌」, 『자유세계』 12-9, 1964; 「평화를 되찾은 마을, 평화롭고 살기 좋은 베트남 촌락」, 『자유세계』 13-10, 1965.

를 개최했다. 이 회의에는 미국, 자유중국, 필리핀, 월남, 말레이시아, 홍콩, 일본에서 온 학자들이 참석했으며, 이중에는 말레이시아 내무부 심리전국 장 '토체체우'(Too Chee Chew, 杜志超)라는 인물이 있었다. 토체체우는 학술회의에서 신촌 건설을 대공전에서 승리를 가져다준 핵심 방안으로 상세히 소개하며, 대공전에서 승리하기 위해서는 일시적인 방책이 아니라 '장기간 조용한 사회혁명'을 달성하는 것이 중요하다고 강조했다.[11]

토체체우는 영국군이 말라야에서 추진한 대공심리전과 신촌 건설에서 핵심적인 역할을 한 인물이자, 말라야의 경험을 동아시아 지역에 확산하는 데 일익을 맡았던 냉전전사였다. 그는 1945년 일제 패망 직후에는 '미 전략첩보국'(OSS)과 교류를 맺었고, 영국군이 말라야에 재진주하여 추진한 재정착 프로그램인 '브리그스 계획'(Briggs Plan)에 깊게 관여하며 로버트 톰프슨으로부터 자문을 받았다. 1960년 4월 토체체우는 톰프슨이 이끄는 영국 자문단의 일원으로 남베트남을 방문하여 응오딘지엠에게 자문하고, 라오스, 태국도 방문해 대공유격전에 관련한 정보를 교환했다. 또한 1962년에 미 육군 지휘참모대학(U. S. Army Command and General Staff College)에서 민중을 대상으로 냉전의 중요성을 강조한 강연을 했다.[12] 토체체우는 남베트남에서 1971년 주월한국군사령부와 교류하기도 했다.[13]

---

11 C. C. 투우 「馬來 공산주의운동의 특징: 신부락 창설방법에 관하여」, 김준엽 편 『중공권의 장래: 아세아에서의 공산주의』, 범문사 1967, 521면.

12 Lim Cheng Leng, *The Story of A Psy-Warrior: C.C.Too*, Lim Cheng Leng KMN AMN 2000, 216~31면.

13 토체체우가 한국군에 '자문'을 했다고 언급한 글도 있으나(Herbert A. Friedman, *Psychological Warfare of the Malayan Emergency, 1948-1960*, 2006, https://www.psywar.org/malaya.php), 구체적인 자문 내용은 알 수 없다. 중요한 점은 그가 한국군과 교류를 했다는 사실이다. 이는 그가 1971년 4월 말레이시아 대통령 특별고문의 자격으로 주월한국군사령부를 방문하여 이세호 사령관과 교류를 가진 뒤 남긴 기념사진으로 확인된다(Lim Cheng Leng, *The Story of A Psy-Warrior: C. C.Too*, 238~40면).

고려대 아세아문제연구소는 1966년 동아시아 공산권을 다룬 국제학술회의 개최 이후 동남아시아 냉전에 관한 연구를 본격적으로 착수했다. 이화여대 법정대학 교수 이범준(李範俊)은 토체체우와 주한미대사관으로부터 자료 수집의 도움을 받고, 고려대 아세아문제연구소로부터의 연구기금을 지원받아 말라야 연방의 대공전을 집중적으로 분석한 연구서를 1968년에 출판할 수 있었다.[14]

1976년 로버트 톰프슨의 방한은 동아시아 지역 '냉전의 새마을' 건설 경험의 공유와 종착점을 보여준다. 1976년 2월 8일 톰프슨은 베트남전을 다룬 자신의 책 『평화의 허상』을 번역한 김성진 문화공보부 장관의 초청으로 방한했다.[15] 그는 20일 동안 영빈관에 묵는 환대를 받으며, 대통령 예방에서부터 국회 외무국방위 의원들과의 간담을 비롯해 국토통일원 강연, 국방대학원 세미나 참석 등의 일정을 소화했다.

톰프슨은 국방대학원 세미나에 참석하여 북한이 남한 주민의 지지를 받기 어렵고 밀림지대도 없기 때문에 대남 유격전을 펼칠 수 없으므로 한국은 북한과의 정규전 대비에 더 많은 관심을 기울일 필요가 있다고 조언했다. 그런데 톰프슨은 공산유격전의 위협을 완전히 배제하지 않았다. 그는 중국과 북한이 인민전쟁을 추진할 가능성이 거의 없지만 유격전을 벌이려는 공산세력의 전략은 장기간 지속될 것이기 때문에 국력신장에 전력을 기울여 '안정된 전쟁'을 벌일 수 있어야 한다고 강조했다.[16] 톰프슨의 기조는 유격

---

14 이범준 『'말라야' 공산게릴라전 연구』, 고려대 아세아문제연구소 1968, 서문 V면. 이 책은 그녀의 박사학위 논문을 확장한 것이다. 이범준은 1965년 미국 아메리칸대학교에서 "The British Experience of Counterinsurgency in Malaya: The Emergency, 1948-1960"으로 박사학위를 받았다.

15 로버트 톰슨 『평화의 허상: 베트남 이후 미국과 서방의 입장』, 김성진 옮김, 광명출판사 1976.

16 「게릴라 전문가 톰슨경 강연」, 『동아일보』 1976.2.24. 톰프슨이 국방대학원에서 행한 강연의 전문은 다음 책에 실려 있다. 송태균 편 『간접침략』, 병학사 1979, 제5장.

사진 33 '냉전의 새마을' 건설자 박정희와 로버트 톰프슨의 만남(1976.2.24)

전을 초래할 수 있는 내부 불안요인에 대한 철저한 대처를 주문하는 데 있었다.

그래서인지 톰프슨은 다른 강연에서 새마을운동을 언급했다. 국토통일원 강연에서 톰프슨은 "한국이 안보를 위해 가장 역점을 두어야 할 부분은 농촌과 농업의 발전이며, 새마을운동이야말로 가장 바람직한 선택"이라고 발언했다.[17] 톰프슨이 알았는지는 모르겠으나 1976년은 박정희 정부가 '반상회'의 활성화를 추진하여 '냉전의 새마을' 계획을 완결하려는 시도를 한 해였다.

1967,68년 국면은 동남아시아에서 추진된 '냉전의 새마을' 건설 경험을 한층 더 주목하게 만들었다.

---

17 「안보만이 최상의 데탕트」,『조선일보』1976.2.21.

1968년 1·21사태 직후인 2월 미 국제개발처는 1969회계연도 예산 신청을 위해 미 의회에 제출한 보고서에서, 한국, 라오스, 태국에서 공산세력의 무장침투가 증대하여 이들 국가가 경제적으로 붕괴하는 것을 막고 일상에서 대중을 보호할 수 있도록 내부안보 역량의 증진을 지원하고 있다고 언급했다.[18] 미 국제개발처는 보고서에서 "농촌은 혁명가들이 최종 승리로 나아갈 수 있는 혁명근거지를 제공한다"라는 린뱌오의 발언까지 직접 인용하며, 중국의 인민전쟁 전략이 한국, 라오스 그리고 태국에서 시도되고 있다고 주장했다.

미 국제개발처는 태국에서 도로 건설, 지역사회개발, 기업적 영농(agro-business), 그리고 행정 및 치안 능력 강화와 농민과의 관계 개선을 위한 계획 등을 추진했고, 라오스에서는 13개의 마을을 '전략적 집단화'(cluster)를 꾀하여 경제적·사회적 성장을 위한 기본적인 능력을 함양하는 계획을 추진했다고 의회에 보고했다. 특히 라오스의 프로그램은 외부자문단의 지원을 받으면서 농촌개발 목표를 마을 주민이 결정하고, 노동력 및 지역 물자를 동원하며, 마을 주민과 지도자 그리고 행정 관료가 공통의 목표를 향해 함께 일하는 방식을 취했다.[19] 이후 박정희 정부가 추진한 새마을운동을 떠올리게 한다.

미 국제개발처는 한국과 관련하여 북한의 대남침투 증대에 대처하도록 경찰의 훈련 및 장비 지원을 지속한다고 보고했다.[20] 보고서가 1·21사태 직후에 작성되었기 때문인지 한국에 관한 서술은 소략하다. 여하튼 보고서는 국제개발처가 동아시아 농촌개발 문제를 인민전쟁과 대공전략의 마련이라는

---

18 Agency for International Development, *U.S. FOREIGN AID IN EAST ASIA*, 1968 (Excerpted from Proposed Economic Assistance Programs, FY 1969), 1면.

19 같은 자료 33면.

20 같은 자료 28~29면.

차원에서 접근했으며, 한국의 상황도 같은 구도에서 파악했음을 보여준다.

1968년 군은 말라야의 신촌 건설을 대반란전의 성공사례로서 주목했다. 미 특수전학교를 이수한 장교이자 육군대학 특수학부 교관 김신배(金信培)[21] 소령은 말라야연방에서 '브리그스 계획'이 성공하게 된 요인들로 게릴라와 주민의 분리 성공, 정보·공작활동 강화, 군·관·민 협조기구 설치 등을 들었다. 더불어 '국가개발계획'과 '지역사회개발계획'에 군이 대민지원을 통해 적극적으로 개입하는 것이 인민전쟁을 근원적으로 제거하는 방안이라고 보았다.[22]

한편, 중앙정보부는 '반도들의 기도' 저지를 위한 가장 빠른 방안은 효율적인 행정력의 확립이고, 따라서 산간벽지의 주민들까지 완전히 장악할 수 있는 강력한 행정력을 확립하는 데 역점을 두어야 한다고 강조했다. 중앙정보부는 한국 경찰이 6·25전쟁에서 '강압적이나 비교적 효율적인 주민통제력'을 발휘하여 대유격전에서 큰 역할을 했고, 말라야에서도 헌신적인 지방행정관과 대규모 경찰관들의 지방통제력 확립이 주요한 역할을 한 점을 주목했다.[23] 중앙정보부는 동남아시아 지역에서 실시된 집단정착촌 건설계획들을 거론하며, 어느 유형의 재정착 방식이라도 성패는 정부가 지역사회 방위와 사회·경제적 문제를 해결하는 데 달려 있다고 강조했다.[24]

응오딘지엠 정부의 전략촌 건설 방식은 타산지석으로 되새겨졌다. 1969년 9월에 육군대학 특수학부 교관인 유안석은 산악지역 주민이 정부 행정의 통제력과 정부 시책의 혜택에서 소외되어 '공비'들의 협박에 위축되거나 정치

---

21 김신배 소령은 육사 12기로 임관하여 미 특수전학교에서 교육과정을 수료했다. 이후 그는 공수특전 제3특전대대 부대장을 역임하고, 비둘기부대 소속으로 베트남전에 참전했다. 1967년도 육군대학 정규과정 졸업 후 육대 특수학부 교관으로 재직했다.
22 김신배 「공산전략과 게릴라 전술」, 『군사평론』 제96호, 1968.7, 20~21면.
23 중앙정보부 『대유격전』 1968, 67~68면.
24 같은 책 83~84면.

공작에 쉽게 넘어가기에, 산악지역 주민을 모아 '집단부락'을 만들 필요가 있음을 지적하며 집단부락 건설의 요체가 생활근거지의 재정착이기 때문에 응오딘지엠 정부의 전략촌 실패를 반복하지 않기 위해서는 치밀한 준비가 필요하다고 강조했다.[25]

'표준방위촌'과 '대공전략촌'의 건설

북한의 대남 무장침투와 휴전선 일대에서 충돌이 확대되자 군은 1967년 초 민간인 통제선과 비무장지대 남방한계선 사이에 '전략촌'을 건설하는 계획을 본격적으로 추진했다.[26] 군은 남베트남 응오딘지엠 정부가 전략촌 건설을 추진할 때 이스라엘의 키부츠를 주목한 경우와 똑같이 키부츠를 모범사례로 주목했다.[27] 군부가 접적(接敵)지역에 전략촌을 건설하는 것이 '휴전

---

25 유안석 「산악지역에서의 대'게릴라'작전」, 『군사평론』 제109·110호, 1969.9, 89면.

26 「歸農線 북방에 전략촌」, 『동아일보』 1967.2.14. 민통선지역 전략촌 건설과 운영에 관해서는 다음 연구들을 참조. 강인화 「1960~70년대 접경지역 전략촌의 형성과 냉전경관: 강원도 철원지역 재건촌을 중심으로」, 『사회와 역사』 제125호, 2020; 정근식·이원규 「전략촌 대마리의 형성과 향군촌 정체성의 변화: 평화함축적 상징의 수용을 중심으로」, 『통일과 평화』 제12권 1호, 2020 등.

27 1960년대 초 남베트남 정부, 특히 응오딘뉴(Ngô Đình Nhu)가 전략촌 건설을 추진할 때 '이상적 공동체'의 사례로서 키부츠를 고려했다(Duy Lap Nguyen, *The Unimagined Community: Imperialism and Culture in South Vietnam*, Manchester University Press 2020, 101~102면). 정근식·이원규에 따르면 1966년부터 국회와 정부가 이스라엘의 집단촌 '키부츠'에 일찍부터 관심을 보였고, 군은 1967년 전략촌 건설을 추진하며 이스라엘의 민병제도를 검토했다고 한다(정근식·이원규 「전략촌 대마리의 형성과 향군촌 정체성의 변화: 평화함축적 상징의 수용을 중심으로」 131~32면). 키부츠에 관한 한국의 관심은 좀더 세밀한 검토가 필요해 보인다. 농촌 공동체의 새로운 이념형으로 주목한 것과 방위촌의 전범으로 주목한 것은 맥락이 다르기 때문이다. 1966년 국회와 정부는 농업발전 방안으로 협업농화를 논의하며 이스라엘의 영농방식을 주목했고, 박정희 정부는 집단농장 형태인 키부츠보다 소유권

선 경계보다 차원 높은 방어책'이라 강조한[28] 사실에서 알 수 있듯이, 이들 정착촌은 엄밀히 말하면 국경의 '방위촌'으로서의 성격이 강했다.[29] 하지만 실제 추진은 지지부진하여 1·21사태 직후 언론으로부터 질타를 받았다.[30]

1968년 1·21사태와 이후 울진·삼척지역 무장부대 침투사건까지 겪으며 박정희 정부의 시선은 전방 접적지역에서 후방으로 이동했다. 박정희 정부는 1·21사태 이후에도 민통선 지역에서 '농·병'을 겸비한 정착촌 건설계획을 계속 추진했으나, 정부의 시선은 전방에 고정되지 않았다. 박정희 정부의 주된 관심은 전선 후방의 모든 동·리를 방위촌으로 재편하는 데 있었다.

1·21사태 후 박정희 정부는 4월까지 향토예비군 창설을 대대적으로 추진하여 전국에 3만 7,000여 개의 향토예비군 소대를 편성했다. 곧이어 4월 말경 국방부는 향토예비군 중심의 마을 방위체계를 확립하기 위해 '표준방위촌'을 전국 각 도에 한 곳씩 10곳을 선정했다.[31] 표준방위촌은 향토예비군

을 인정하는 모샤브를 협업농의 사례로 주목했다(「관심 높은 모샤브형 협농」, 『조선일보』 1966.2.1). 반면 1967년 군은 농업정책 차원이 아닌 영농과 방위를 병행하는 국경 방위촌으로 주목한 점에서 차이가 있다.

28 「서종철 야전군 사령관과 본사 사회부장과의 대담: 전초지는 견고하다」, 『경향신문』 1967. 4.17.

29 이 책의 제5장 각주 31 참조. 주월한국군사령부 작전부사령관을 역임한 김종수(金鍾洙)는 이스라엘의 키부츠를 변경지대에 거점 요새를 만드는 것으로, 남베트남 정부의 전략촌 건설 계획을 '비민분리'를 위해 주민을 집단 재정착하고 개발을 통해 민중의 지지를 얻으려는 시도로 설명하며 양자의 차이를 간명하게 정리했다(김종수 『현대전과 정신전력』, 열화당 1975, 129~30면). 김종수는 1947년 국방경비사관학교(육사 3기)를 졸업하고, 1966년 사단장, 1969년 주월한국군 작전부사령관, 1973년 육군 제2군단장, 1977년 육군 제2군사령관, 1979년 수산청장 등을 역임했다(국립대전현충원 공훈록. https://dnc.go.kr/_prog/_board).

30 「반공 23년의 허실」, 『경향신문』 1968.2.7.

31 전국에서 선정된 10곳은 다음과 같다. 서울―서대문구 수색1동, 경기도―평택군 포승면 원정리, 강원도―원성군 판부면 금대리, 충북―괴산군 칠성면 사은리, 충남―보령군 남포면 달산리, 전북―임실군 강진면 갈담리, 전남―영광군 백수면 양성리, 경북―달성군 성서면 죽전리, 경남―고성군 고성읍 성내동, 제주도―북제주군 상대리. 경향신문 기사는 충북

소대의 연락신호 방법, 훈련, 경계방법, 신고요령 등에서 모범을 보이고 있는 마을로 선정되었다.[32]

국방부가 전국적으로 표준방위촌을 지정하기 이전부터 도 차원에서는 이미 표준방위촌이 선정되었으며, 표준방위촌 마을 주민은 생업활동에 지장을 받을 정도로 강도 높은 훈련을 받아야 했다.[33] 부천군 소래면에 위치한 한 표준방위촌의 경우 개인호를 구축하고 비상시 5분 이내에 마을의 모든 예비군을 동원하는 비상소집 훈련을 하루에 다섯 차례나 실시해야 했다.[34] 생업을 무시한 보여주기 훈련에 대해 표준방위촌 주민들은 불만을 터트렸다.

한편, 울진·삼척지역 대규모 무장부대 침투 이후 내무부 주관으로 대통령 훈령(제28호)에 의거하여 연차적으로 취약지역에 산재한 독가촌(獨家村) 주민을 통제가 쉬운 안전지역으로 집단 이주시키는 계획이 추진되었다. 국방부 장관 임충식(任忠植)은 1968년 11월에 산간벽지 화전민들을 모아 '집단부락'을 만드는 방안을 관계부처와 협의했다.[35] 정부는 울진·삼척지역에서 독립가호 및 화전민 약 1,565세대를 재정착시켰고, 보사부는 이들을 자활, 정착시키는 업무를 담당했다.[36]

1969년 1월 27일 정일권 국무총리가 내무부 장관 박경원, 국방부 장관 임충식, 보건사회부 장관 정희섭 등으로부터 산간 취약지구 방위 및 구호의 추진상황을 보고받고 '안보 취약지구'의 '전략촌 건설 문제'를 협의했다.[37]

지역의 표준방위촌을 '괴산군 칠성면 갈산리'로, 전남지역의 표준방위촌을 '영광군 백수면 월승리'라고 적었다(「전국 10개 표준방어촌 설치」, 『경향신문』 1968.4.27).

32 「10개 표준방위촌 선정」, 『동아일보』 1968.4.27.

33 「시범에 앗긴 생업」, 『동아일보』 1968.5.3.

34 「총 든 향군」, 『경향신문』 1968.4.17.

35 「任國防 화전민 집단부락 구상」, 『동아일보』 1968.11.9.

36 「양곡 만 8천 톤 투입」, 『매일경제』 1969.1.8.

37 「산간지 방위 협의」, 『동아일보』 1969.1.27.

사진 34 충청북도 청주시 미원면 표준방위촌　　**사진 35** 표준방위촌의 미원면 주민 훈련 모습

정일권, 박경원, 임충식은 모두 대반란전·대유격전을 지휘한 경력을 가진
인물들이었다.[38] 5월에는 내무부 치안국이 '대공전략촌 설치운영' 지침을
전국에 하달하여, 지방경찰이 안보 취약지구에 산재된 가구를 모아 '대공
전략촌'으로 전환했다. 강원도 평창군의 경우는 1970년 10월 도암면 횡계리
에 신설한 취약지구 전략촌 입주식에 청와대 정무수석, 유관 부처 장관에서
부터 지역 국회의원, 군·경·관 관계자 그리고 입주자 및 지역부락 주민까지
동원한 거창한 행사를 기획했다. 고위직 인사가 다 참여했는지는 확인되지
않으나, 평창군 취약지구 전략촌 건설은 '대한뉴스'를 통해 전국적으로 보
도되었다.[39]

---

38 박경원은 9·28서울수복 이후 삼남지구전투사령부를 설치하여 공산유격대 토벌을 주도했
　　던 11사단에서 참모장을 맡았다. 이후 그는 육군첩보부대(HID) 부대장을 맡기도 했다(박
　　경원 구술, 한국정신문화연구원 한민족문화연구소 편 『내가 겪은 해방과 분단』, 선인 2001,
　　245~47면).

39 「취약지구 전략촌 입주식 행사계획」, 자료철 강원도 평창군 건설과 '집단의 주택지 관계
　　문서,' 국가기록원 관리번호 BA0096419; 「이런일 저런일」, 『대한뉴스』 803호, 1970.11.21,
　　국립영상제작소, e영상역사관 소장자료(http://www.ehistory.go.kr).

사진 36(위), 사진 37(아래) 여주군 점동면 관한리 대공전략촌 자매결연 행사

'대공전략촌'이라는 용어는 베트남 전장을 바로 떠올리게 만드는 용어다. 하지만 이것은 1941년 간도특설대에 자원입대하여 준위까지 올랐던 이력을 가진 국방부 장관 임충식이 추진한 1968년 말 '집단부락' 건설에서 시작되었다는 점에서 알 수 있듯이, 대공전략촌 건설은 만주국에서의 집단부락 건설 경험과 분리될 수 없었다. 임충식은 1968년 전반기 대간첩작전을 효과적으로 이끈 공로로 국방부 장관이 되자,[40] 전 부대에 유격훈련의 강화를 지시하고 비정규전을 담당할 새로운 부대를 편성했다.[41]

문헌 자료를 통해 '대공전략촌' 건설을 상세히 파악할 수 있는 지역은 충청북도 괴산군이다. 괴산군 경찰서가 추진한 대공전략촌, 대공새마을 건설은 박정희 정부가 전국적으로 추진한 계획의 일부분이었기에 예외적인 사례는 아니다. 이와 별개로 괴산군 경찰서가 중앙정부의 대공전략촌과 이후 대공새마을로 이어지는 지역방위체계 확립 계획에 적극적으로 임했던 이유도 찾아볼 수 있다. 전쟁기간 괴산군이 속한 충청북도 지역은 초기 치열한 전투가 벌어진 지역이자 여타 지역과 마찬가지로 보도연맹원 학살로 시작된 상호 간의 학살과 보복학살이 벌어진 곳이었다.[42] 괴산 지역은 백두

---

40 친일인명사전편찬위원회 『친일인명사전』 3, 민족문제연구소 2009, 294면. 언론보도에 따르면 임충식은 1946년 국방경비사관학교(육사 1기)를 졸업한 뒤, 전쟁 기간에 18연대장으로서 뛰어난 전과를 쌓았다. 이후 야전군 지휘관으로서 승진을 거듭한 뒤 육군본부 인사관리 부장, 국방부 인력차관보 등을 역임하다 합동참모회의 의장을 역임했다(「17대 국방장관 임충식 씨 중후한 성품에 관운 틔어」, 『경향신문』 1968.8.5).

41 「비정규전에 대비 새 부대 편성토록 임국방 지시」, 『경향신문』 1969.2.18.

42 이에 관한 상세한 논의는 다음 글을 참조. 박명림 「지방에서의 한국전쟁(1): 충북, 1945-1953」, 『아세아연구』 제40호, 1997; 김양식 「한국전쟁 전후 충북지역 인구변동과 민간인 피해」, 『사학연구』 제83호, 2006; 진실·화해를 위한 과거사정리위원회 편 「충북 지역 적대세력 사건」, 『2009년 상반기 조사보고서』 제2권, 진실과 화해를 위한 과거사정리위원회 2009; 진실·화해를 위한 과거사정리위원회 편 「괴산·청원(북일·북이) 국민보도연맹사건」, 『2009년 상반기 조사보고서』 제3권, 진실과 화해를 위한 과거사정리위원회 2009. 충청북도 지역 지역정치 질서의 변화에 관해서는 다음 연구를 참조. 김양식 「1950년대 충북 지역 유

산맥을 따라 태백산지구에서 속리산지구로 이어지는 곳에 위치해 있어 전시 '인민유격대'의 이동이 활발했다. 1951년 상반기 괴산은 인민유격대의 이동이 가장 활발하게 포착되던 곳 중의 하나였다.(사진 38[43], 사진 39[44] 참조) 1969년 충청북도 괴산군에서 착수된 전략촌 건설 계획은 1971년까지 강도 높게 추진되어,[45] 1971년 괴산군의 전략촌 규모는 애당초 목표로 삼았던 41개를 훨씬 초과한 58개에 달했다.[46](표 10-1 참조)

1973년에 이르러 괴산군의 전략촌 규모는 15개로 대폭 축소되었는데, 이는 1972년부터 정부가 전국의 이·동을 '대공새마을'로 개편하는 정책을 추진하면서 취약지구 중심의 대공전략촌 계획이 영향을 받았기 때문으로 보인다. 이후 괴산경찰서 관할 대공전략촌의 수는 15개로 유지되었지만, 해를 거듭하면서 대공전략촌 주민의 규모는 감소했다. 1973년 12월 괴산군 내

지층의 변동과 그 성격」, 『정신문화연구』 제93호, 2003; 김성보 「1945~50년대 농촌사회의 권력 변화: 충청북도의 면장·면의원 분석을 중심으로」, 『호서사학』 제35집, 2003.

43 사진 38은 괴산군이 1951년경 태백산 지역 인민유격대와 덕유산·지리산 지역 인민유격대의 연계지점에 놓여 있음을 보여준다. 이 사진은 이현상 부대(남부군)가 1951년 6월 말 속리산 섹터에서 덕유산 지역으로 이동했음을 주목하고 있다(From: Choi, Chi Whan, Chief, Uniform Section, National Police Hq, To: Headquarters Korean National Police Force Republic of Korea, Subject: Daily Enemy Activity Report. #082, 1951.7.10, 첨부자료, 한림대학교 아시아문화연구소 『빨치산 자료집 4: 문건편(4) 한국경찰대 일일보고서(II)』 1996, 321면). 인민유격대의 유동이 심한 곳이었을 수밖에 없기 때문인지 1951년 5월 2일 기준 괴산군 지역 유격대 활동규모가 547명으로 전국에서 가장 높은 양상으로 보였다가 이틀 만에 유격대 활동인원이 5명으로 보고되기도 했다.

44 From: Choi, Chi Whan, Chief, Uniform Section, National Police Hq, To: Headquarters Korean National Police Force Republic of Korea, Subject: Guerilla Activity Report.#0137, 1951.9.3, 첨부자료, 한림대학교 아시아문화연구소 『빨치산 자료집 4: 문건편(4) 한국경찰대 일일보고서(II)』 1996, 527면).

45 「대공전략촌 설치 운영 실적보고서」 1970.12.7, 자료철: 괴산경찰서 정보과 대공통계철, 국가기록원 관리번호: BA0630535. 이하 소장 정보는 '괴산경찰서 정보과, 관리번호'로 약함.

46 「대공전략촌 운영실적보고」 1971.1.31, 괴산경찰서 정보과, BA0630536.

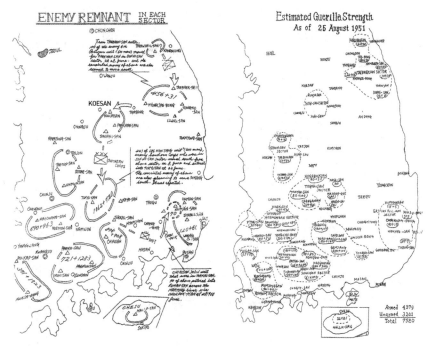

사진 38 전시 인민유격대의 거점과 이동로(1951.7)　　**사진 39** 전시 인민유격대의 규모(1951.8)

15개 대공전략촌의 전체 가옥 수는 1,196호였으나, 1975년 6월에는 982호로 축소되었다.[47] 1970년대 전반기 괴산군의 전체 가구는 대략 2만 5,000호 정도였고 인구는 14만여 명이었다.

　괴산경찰서는 대공전략촌의 방위 능력을 강화하기 위해 물적 지원, 반공계몽교육 실시, 감시망 구축 등의 방안을 활용했다. 괴산경찰서는 대공전략촌에 마을 공용으로 쓸 농기구를 지원했고,[48] 각 지서에 활동 보조금을 지

---

47 「대공전략촌 운영실적보고」 1974.1.3, 괴산경찰서 정보과, BA0630541; 「대공전략촌 운영실적보고」 1975.7.2, 괴산경찰서 정보과, BA0630546.

48 실제 농기구의 제공 규모는 낫, 삽, 호미 등을 소량 나누어주는 정도였는데, 이는 농기구를 농업개량보다 반공계몽교육의 참여를 유도하기 위한 수단으로 활용했기 때문이다. 괴산군

표 10-1 1969~1970년 괴산군 대공전략촌 설치운영 실적

사업 내용		현황		
	항목	1969	1970	1971(예정)
1. 취약지 자연부락 및 독가촌 파악 상황 (대상부락 책정 상황)	가. 69년 설치 부락수	9개 부락		
	나. 70년 설치 부락수		17개 부락	
	다. 71년 설치예정 부락수			41개 부락
2. 승공연수원 설치 운영	가. 반공연수원 설치수		17개소	41개소
	나. 기별 교육수료 횟수		92회	300회
	다. 기별 수료인원수		1,427명	4,300명
3. 승공사상 고취 및 신고체제 확립사항	가. 총 계몽 횟수(연가)	196회	213회	412회
	나. 계몽부락수	14개소	26개소	90개소
	다. 계몽인원수	1,942명	1,920명	4,600명
	라. 신고센터 설치수	1개소	4개소	9개소
4. 축견 기르기 운동	가. 종축견수	210마리	420마리	800마리
	나. 기확보수	170마리	320마리	600마리
	다. 장려축견수	40마리	100마리	200마리
5. 자매결연 사항	가. 자매결연 및 부락수 나. 자매결연기관 및 단체수	9개소 9개소	17개소 17개소	41개소 41개소
	지원실적(1) 가축	개 40마리	개 100마리	개 200마리
	지원실적(2) 농기구	삽 62자루 낫 72자루 분무기 1대	삽 190자루 낫 215자루 분무기 4대	삽 500자루 낫 500자루 분무기 8대
	지원실적(3) 기타 생활필수품	라디오 4대 노트 120권 연필 120자루	노트 1,470권 연필 1,470자루	노트 3,000권 연필 3,000자루

* 1971년 3월 기준, 괴산군은 13개의 면, 309개의 조례상 동·리, 730개의 자연촌으로 이루어졌다.

급하여 관할 전략촌의 '승공연수원' 교재 및 자재 구입, 신고체제 수립 등에 활용하게 했다.[49] 더불어 괴산경찰서는 대공전략촌을 면사무소, 국민학교, 중학교, 농협 등과 자매관계를 맺도록 하고, 관내 공공기관에 자매부락을

에서 실제 제공되지 않았지만 의류, 시멘트, 식량 등이 항목으로 포함되었다. 「대공전략촌 운영에 따른 농기구 구입 배부」 시행일자 1971.9.2, 괴산경찰서 정보과, BA0630533.
49 「대공전략촌 육성 보조금 수령지시」 1971.12.30, 괴산경찰서 정보과, BA0630533.

표 10-2 1971~1972년 괴산군 대공전략촌 월별 반공계몽교육 현황

	좌담회		강연회		영화		특수 선무공작		반공도서	포스터	표어	전단	기타
	횟수	인원	횟수	인원	횟수	인원	횟수	인원					
1971.7	16	198	1	1,500	6	4,300							
1971.8	24	216	7	623	2	730	5	10	72			162	
1971.9	46	1,420	4	736	3	1,600	13	277	315				
1971.11	53	812	3	1,369	3	2,400	23	48					
1971.12	196	1,330	10	1,368	2	800							자유의 벗 210부
1972.3	106	1,323	2	840									자유의 벗 250부

* 이 표는 월별보고에서 자료 누락이 적은 기간을 선별하여 작성한 것이기에(1971~72년 월별 「대공 전략촌 운영실적보고」 참조. 괴산경찰서 정보과, BA0630534, BA0630537), 인용된 기간에만 반공 계몽교육이 진행되었음을 의미하지 않는다. 또한 이 표는 각 면의 대공전략촌에서 시행된 결과를 집계한 것이기 때문에 모든 괴산군 지역에서 매월 동일한 교육이 반복되었음을 의미하지 않는다.
* 반공계몽교육 실시는 대공전략촌 주민에 한정되지 않았다. 1969년부터 괴산군 공무원, 학생, 일반 인을 대상으로 한 반공계몽이 대대적으로 전개되었다. 반공계몽과 유사한 선무공작은 1969년 이전에도 있었으나, 대공전략촌 설치와 함께 체계적으로 전개되었다고 판단된다. 반공계몽을 포함한 취약지구 대공전략촌에 대한 선무활동은 1975년까지 계속 진행되었음이 자료상으로 확인된다.

대상으로 반공계몽교육과 물품의 지원으로 구성된 선무공작을 하라고 독려했다.[50](표 10-2 참조) '자매결연'은 앞서 살펴보았듯이 5·16군사쿠데타 세력이 재건국민운동에서 도·농 간 국민통합과 민·군 간 연대의 증진 방안으로 크게 활용했으며, 이후 한국군이 남베트남 정부의 신생활촌 계획에 참여하여 작전지역에서 재건촌을 관리할 때도 적극적으로 활용한 방안이었다.

대공전략촌 주민은 냉전과 무관한 궁벽한 마을의 주민이 아니라 냉전질서 및 남북관계의 변화에 곧바로 영향받는 존재였다. 1971년 후반 중국의 유엔가입이 이루어지고 박정희 정부의 국가비상사태가 선포되던 시기에 경찰은 대공전략촌 거주민을 대상으로 한 선무공작을 확대했다. 1971년

---

50 「대공전략촌 선무공작 실시 의뢰 및 지시」 1971.9.6, 괴산경찰서 정보과, BA0630535.

11월 괴산경찰서는 중국의 유엔가입과 남북적십자 예비회담이 진행되자 주민의 대공태세 확립이 필요하다고 판단하고, 자매결연 기관에 선무공작의 시행을 요구했다.[51] 여기에 정부가 국가보위에 관한 특별조치법 제정을 추진하면서 12월에는 반공계몽교육이라는 이름으로 좌담회와 강연회 횟수가 대폭 증가했다.(표 10-2 참조)

이 시기 괴산군의 대공전략촌 주민을 대상으로 한 강연은 국내외 정세와 정부시책('급변하는 국제정세' '국내정세' '현 정부시책 계몽'), 북한의 동향('현재 북괴 동향에 대한 계몽' '북괴 만행에 대한 해설' '북괴의 야욕' '예측되는 북괴의 음모'), 남북대화('적십자회담의 불안정' '남북이산가족찾기운동에 따른 계몽강좌'), 간접침략과 반공교육('반공계몽 및 자체 방범단속' '승공교육' '간첩 식별 및 신고 요령' '6·25 행불자와 재일교포 가장 침투대비 교양'), 국가발전('우리나라의 발전'), 국민의 자세('우리 국민의 갈 길' '우리의 각오') 등을 주제로 다루었다. 이러한 주제 구성은 강연의 전반적인 의도가 대공전략촌 주민에게 냉전질서와 남북관계의 변화를 기존의 냉전·반공 이념적 자세에서 바라보도록 유도하고, 국가비상사태를 선포한 박정희 정부의 안보관을 따르도록 만드는 데 있었음을 보여준다.

전국 이·동의 '대공새마을'화 추진

1972년 1월 박정희 대통령이 전 국민에게 총력안보태세의 확립을 천명하자, 다음 달 내무부는 '전국 이·동장의 대공요원화 및 대공조의 운영'과 '모범 대공새마을 부락 선정계획'을 수립했다. 이 두 계획은 박정희 정부가 냉

51 「대공전략촌 선무공작 실시 의뢰 및 지시 추가(I)」 1971.11.13, 괴산경찰서 정보과, BA0630535.

전을 위해 추진한 농촌 재편 전략이 안보 취약지구에 한정된 대공전략촌 건설에서 전국을 대상으로 한 대공새마을 건설로 전환했음을 보여준다. 정부는 행정리 이장에게 '대공요원(對共要員)'의 지위를 부여하고, 마을(자연촌) 이장 즉 반장에게는 '대공조장(對共組長)'이 되어 대공조를 이끌도록 지시했다.

정부는 이·동의 대공요원과 대공조장을 '승공핵(勝共核)'으로 육성하여 "효과적인 승공역량의 확산작용과 국민총력안보체제를 보다 굳건히 확립"하는 주체로 삼고자 했다. 대공조를 '승공의 핵심'으로 육성하기 위해 치안당국은 대공요원과 대공조장에게 안보 차원의 '주민자치정신,' 정확히 말하면 총력안보를 최우선으로 삼는 정신을 함양시키는 것을 일차 목표로 삼았다.[52] 이를 위해 대공요원에게 두 달에 한 번, 대공조장에게 한 달에 한 번 정기 교육을 실시하고 이외에도 별도의 수시 교육을 했다.

이·동장의 대공요원화 시행조치 이후 군수는 독자적으로 이·동장의 임면을 처리할 수 없게 되었다. 대공요원화 계획에서 이장은 자동적으로 대공요원을 겸직했기 때문에 이장 교체는 반드시 경찰의 신원조회 절차와 동의를 거쳐야 했다. 이장 임명권자인 군수는 결원이 발생했을 때 신속하게 경찰서장에게 통지해야 했고, 이·동 개발위원회의 추천을 받은 인물을 임명할 때도 반드시 사전에 지서에서부터 군 경찰서까지 올라가는 신원조회 절차를 밟아야 가능했다.[53] 이장 후보는 '북한 및 해외이주 가족과 친족'

---

52 치안국 정보과 「이·동 대공요원 및 대공조장 활용지침」 1972.7.10, 1면, 사료철: 용산경찰서 정보과 『요시찰인전출(1972~1974)』, 국가기록원 관리번호: BA0184230(용산경찰서 정보과, BA0184230).

53 「이·동 대공요원(이·동장) 임명에 따른 결과 회신 요망」 1972.12.28, 괴산경찰서 정보과, BA0630535. 괴산경찰서는 예하 파출소장들에게 '전국 이·동장 대공요원화 및 대공조 조직 운영요강'을 무시하고 이·동장을 임명하는 사례가 다시는 발생하지 않도록 만전을 기하라고 지시를 내리기도 했다(「이·동장(이·동 대공요원) 임명에 대한 지시」 1972.12.5, 괴산경

'8·15 이후 거주지' '전과 및 사유' '본인·가족·친척의 좌익계 관련 및 부역 사실 여부' 등을 기재한 신원진술서를 제출해야 했고, 지서는 신원진술서 허위 여부와 주민의 신망 정도를 조사했다.

후보자는 신원조회를 통과하고 "동민의 신망을 받고 유신정신이 투철한 자"로 향후 관내 행정 추신에 신도적 역할을 맡을 수 있다는 인정을 받은 뒤에야,[54] 지역사회 방위와 개발의 핵심으로서 임무를 수행하는 대공요원이자 이장으로 임명되었다. 다음 인용문은 괴산경찰서가 기안한 대공요원의 경질 사유 내용 중 일부이다. 경찰이 바라본 대공요원의 역할이 잘 드러난다.

이·동 대공요원(이·동장)은 행정 말단조직체로서 주민들과 함께 유신 정신과 새마을정신을 깊이 인식하고 주민들을 대공조원화하고 무방비 상태에 있는 주민들을 교양하여 국가비상사태를 능동적으로 극복할 수 있는 대공태세를 강화하여 보안총력의 기반을 공고히 하여야 함에도 불구하고 (…)[55]

행정리 이장이 당연직으로 맡았던 '대공요원' 밑에 마을(자연촌)을 단위로 한 '대공조'가 조직되어 반장이 대공조장을 겸임하도록 했다. 부조장은 지서장 또는 파출소장과 대공요원으로부터 추천을 받은 대공조원 중에서 경찰서장이 임명했다. 각 세대에서 18세부터 50세 이하의 연령에 속한 주민 1명씩 대공조원으로 선발되었고, 이들은 대공조장의 추천으로 지서장·파출소장이 지명했다.[56]

찰서 정보과, BA0630535).

54 문광지서장 보고 「일일 업무지시」 1973.7.12, 괴산경찰서 정보과, BA0630539.

55 「이·동 대공요원(이·동장) 갱질대상자 발생통보」 1973.10.29, 괴산경찰서 정보과, BA0630539.

56 화순경찰서 『대공회보』 1972, 93면.

괴산경찰서는 이·동 대공요원과 대공조장의 임무 수행을 관리 감독하기 위해 '군수·경찰서장—읍·면 지서·파출소장—이·동장'으로 이어지는 '감독체계'와 군청이나 경찰서의 과장급을 활용한 '지역책임제'를 함께 운용했다. 경찰은 이장이 대공요원으로서 역할을 제대로 수행하지 못한다고 판단하면 2차례의 경고를 한 뒤 군수와 협의를 거쳐 해직시키는 조치를 했다.[57]

대공요원으로서 이장이 일상적으로 수행해야 할 임무는 크게 세 가지였다. 첫째, 비상소집체계도, 신고연락망체계도, 신고연락부, 반공연락보, 군공보지, 국민대공교범 등을 비치 관리하는 것,[58] 둘째, 반공연락보, 국민대공교범 등을 활용해 주민에 대한 반공계몽을 실시하는 것, 셋째, 매달 발생한 각종 신고사항 및 반공계몽 사항을 신고연락부에 기재하는 동시에 '반공통신문'을 작성하여 순회 경찰에게 전달하는 것이었다.[59]

그런데 대공요원과 대공조장이 지켜야 할 안보는 '대공안보'이자 '정권안보'라는 이중의 의미가 있었다. 유신체제 수립 직후 괴산경찰서는 대공요원 및 대공조장에게 '대공 용의자'뿐만 아니라 '긴급조치 포고령 위반자'에 관한 신고도 적극적으로 하라고 독려했다.[60] 국가안보(대공안보)와 정권안보의 경계가 없어지고, 유신체제 수호의 임무가 이장에게 부과되었음을 보여준다.

따라서 이장 후보가 투철한 '유신정신'의 소유자인가 여부는 대공요원으

---

57 괴산경찰서장 발송 「이·동 대공요원 및 대공조 조직운영에 대한 특별지시」 1972.10.10, 괴산경찰서 정보과, BA0630535; 충북도지사 발송 「이·동 대공요원 및 대공조 조직 운영에 대한 특별지시」 1972.10.2, 괴산경찰서 정보과, BA0630535.

58 중앙정보부와 내무부 치안국은 1972년부터 '국민대공교범'을 제작하여 '범국민 대공요원화'를 달성하기 위한 대중계몽 교재로 활용하도록 했다(중앙정보부·내무부 『국민대공교범』 2집, 1973, 발간사; 내무부 『국민대공교범』 제8집, 1979, 발간사). 연 1회 배포되었고 1981년 10집까지 발간되었다.

59 『반공연락보 제7호』 1973.8, 괴산경찰서 정보과, BA0630539.

60 괴산경찰서 『대공연락보 제3호』 1972.10.23, 괴산경찰서 정보과, BA0630535.

로서의 적합성을 판단하는 가장 중요한 기준이 되었다. 괴산군의 한 이장 후보에 관한 신원조회에서 "현 국가시책에 적극적으로 순응하고 있어 사상 온건한 자로 사료됨"이라는 평가가 잘 보여주듯이,[61] 대공요원이나 대공조장의 적합성 여부를 판단하는 기준은 정권에 대한 동조와 순응 여부였다. 경찰은 이장 후보자가 입영 기피로 징역을 살거나, 심지어 과거 노동당원 조직지도원으로서 이력을 가졌다 하더라도 박정희 정부 정책에 '적극 순응함'이 분명하다고 판단되면 적합 판정을 내렸다. 물론 노동당 조직지도원과 같은 이력을 가진 후보는 1950년대 복역 이후 마을의 개발위원 및 새마을 지도자로 활동한 뒤에야 경찰의 신뢰를 얻을 수 있었다.[62]

이처럼 면밀한 신원조회 절차를 밟아 대공요원과 대공조장을 임명하더라도 대공조직 실태는 경찰의 기대에 못 미쳤다. 1972년 10월 괴산경찰서장은 대공조의 운영이 '형식적인 조직과 명단 배치' '실질적인 활용방안 부재' '조장행정기관과의 협조 취약' 등과 같은 문제를 드러내고 있다고 지적하며 관내 지서장이나 파출소장에게 개선을 지시했다.[63] 1972년 초부터 추진된 이·동장의 대공요원화와 대공조 운영이 10월유신이 선포될 때까지 지역사회에서 자리 잡지 못하며 겉돌았음을 알 수 있다.

1972년 10월 친위쿠데타 형식의 유신 선포 이후 민심은 자발적 지지와는 더 거리가 멀어졌다. 이는 '유신'이라는 용어를 민초의 거부감으로 인해 사용하지 못했다는 사실로 충분히 짐작할 수 있다. 이른바 유신체제 수립 이후부터 대공요원과 대공조장의 명칭은 '유신요원'과 '유신조장'으로 바뀌

---

61 「황○○ 신원조사서」 1974.1.16, 괴산경찰서 정보과, BA0630539.

62 「이○○ 신원조사서」 1973.9.5; 「손○○ 신원조사서」 1974.1.25 괴산경찰서 정보과, BA0630539.

63 괴산경찰서장 발송 「이·동 대공요원 및 대공조 조직운영에 대한 특별지시」 1972.10.10., 괴산경찰서 정보과, BA0630535.

었다가, 1973년 7월에 원상복구되었다. 그 이유는 중앙정보부가 '범국민 대공요원화' 교육 실태를 점검한 뒤 명칭 개편이 '사업의 근본 취지와 대공 자세'를 오히려 약화하는 결과를 낳는다는 점을 확인했기 때문이다. 괴산경찰서도 '유신요원'이라는 용어를 폐기하고 대공요원으로 호칭을 통일할 것을 지시하고,[64] 대공요원 및 대공조장에게 매달 배포하는 회보의 명칭도 '유신연락보'에서 '반공연락보'로 다시 바꾸었다.[65] 이처럼 지역사회 민심은 '유신'이라는 용어를 쓰는 것조차도 거부감을 보였고, 이는 전국의 이·동을 대공새마을로 재편한다는 목표까지 뒤흔들 정도였다.

한편, 박정희 정부는 전국의 이·동을 대공새마을로 전환하는 계획을 추진할 때 각 지역에 '모범 대공새마을'을 선정해 대공새마을 건설계획의 확산을 촉진하고자 했다. 괴산경찰서는 1972년 9월 '대공새마을 부락 선정계획'에 따라 괴산군 칠성면 사평리(행정리)에 있는 자연촌인 사곡(寺谷)마을을 모범 대공새마을로 선정하고, 괴산군수와 칠성면 지서장에게 빈틈없이 모범 대공새마을 사업을 시행하라고 지시했다.[66]

1968년 4월 충청북도의 표준방위촌으로 선정된 괴산군 칠성면 '사은리'와 1972년 모범 대공새마을로 선정된 사곡마을의 '사평리'는 모두 문경새재로 넘어가는 길목과 속리산 지척에 터를 잡고 있었다.

정부와 경찰이 모범 대공새마을 사업을 벌이고자 한 이유는 대공태세 강

---

64 「범국민 대공요원화 사업에 따른 요원 호칭 개칭」1973.7.25, 괴산경찰서 정보과, BA0630539.
65 「유신연락보 군공보지 수록요청」1973.6.21, BA0630539; 「반공연락보 발간 배부 보고 및 하달」1973.8.17, 괴산경찰서 정보과, BA0630539. '유신요원'과 '유신조장'은 중앙정보부의 지적을 받은 뒤 곧바로 원래 명칭인 대공요원과 대공조장으로 돌아갔으나 유신계몽, 유신좌담회, 유신강연회, 유신행사 등은 1973년에도 쓰이다가 1974년에 이르러서야 반공계몽, 반공좌담회, 반공행사 등 원래 명칭으로 바뀌었다.
66 이하 '모범 대공새마을 부락'과 관련된 내용은 다음 문건에서 인용한 것이다. 「모범 대공새마을 부락 선정운영계획」1972.9.15, 괴산경찰서 정보과, BA0630535.

화라는 목표 달성이 손쉽지 않았기 때문이다. 괴산 지역에서 대공태세 확립에 앞장서야 할 대공요원 및 대공조장은 미온적인 태도를 보였고, 여기에 교통시설 및 지리적 여건은 반공계몽활동을 제약했다. 무엇보다 대다수 농민이 정부로부터 문화적인 혜택을 받지 못하는 상태였고, 나아가 '농촌경제의 낙후'로 인해 정부시책에 반감을 갖는 경우가 많았다.[67]

괴산경찰서는 선별된 마을을 모범 대공새마을로 전환하기 위해서는 '조장행정기관' 및 '문화·보건기관'과 긴밀히 협조하여 마을 숙원사업 해결을 지원하는 방침이 필요하다고 보았다. 괴산경찰서는 안보적 측면에서 개발의 중요성을 인지하고 있었음을 보여준다.

괴산경찰서가 가장 역점을 둔 부분은 모범 대공새마을에 '이·동 대공요원 → 대공조장 → 대공조원 → 주민'으로 연결되는 '핵부식(核扶植) 확산체계'를 수립하는 것이었다.(표 10-3, 10-4 참조)[68] 사곡마을은 자연촌이라서 대공요원을 둘 필요가 없었으나 모범 대공새마을이기에 배치한 것으로 보이며 대공요원과 대공조장을 동일 인물이 겸직했다.

대공새마을 신고센터는 대공요원 또는 대공조장의 집에 설치되었다.[69] 마을 주민들은 용의 사항을 신고할 책임을 지고 있었고, 신고를 받은 대공요원이나 대공조장은 신속히 경찰서와 지서에 연락해야 했다. 신고센터 운

---

67 위와 같음.

68 내무부 치안국은 '동'의 '핵부식 체계'를 '대공요원-대공조장-대공조원-주민'으로 연결되는 방식으로 제시하고, '이'는 '법정리장(대공요원)-반장-반원'으로 제시했지만(치안국 정보과 「이·동 대공요원 및 대공조장 활용지침」 1972.7.10, 2면), 실제 행정리장이 대공요원을 담당하고 '핵부식 체계'도 '동'의 체계를 따랐다.

69 1976년 전라남도 화순경찰서는 산하 대공요원들에게 신고센터를 이장 집 또는 마을회관에 두고, 센터 책임자는 대공요원이나 예비군 중·소대장이 맡아야 한다고 지시하여 신고센터 책임자를 이장으로 제한하지 않았다(화순경찰서 「신고센터의 효율적인 운영에 대한 협조 의뢰」 1976.12.21, 『신고센터운영일지』, 국사편찬위원회 사료철 DGJO40_01_00C0002, 등록번호 IM0000157760).

표 10-3 1972년 괴산경찰서 관내 모범 대공새마을(사곡마을) 대공조직 현황(1)

대공요원	대공조장	대공부조장	연락책	방어책	신고센터	조원수
1	1	1	1	1	1	145

* 1972년 괴산군 칠성면 사평리 사곡마을에는 70호, 448명의 인구가 거주하고 있었다.
* 출처:「모범 대공새마을 부락 선정운영계획」 1972.9.15, 괴산경찰서 정보과, BA0630535.

표 10-4 1972년 괴산경찰서 관내 모범대공새마을(사곡마을) 대공조직 현황(2)

직책	성명	연령	학력	경력	지도 능력
대공요원	이○○	48	국졸	이장 17년	우수함
대공조장	상동	48	국졸	이장 17년	우수함
부조장	이○○	33	중졸	농업	양호함
홍보원	이○○	39	대졸	도정10년	양호함
연락원	류○○	39	국졸	농업	양호함
방어책	김○○	51	국졸	지방공무원 9년	양호함

* 출처:「모범 대공새마을 부락 선정운영계획」 1972.9.15, 괴산경찰서 정보과, BA0630535.

영방식은 지역에 따라 약간의 차이가 있었다.

괴산경찰서가 분류한 '대공 용의자'에는 '간첩 용의자, 무장공비 용의자, 정보사범 용의자, 괴한, 거동 수상자, 유언비어 조작 유포자, 기타 용의자' 등이 포함되었다. 이중 '기타 용의자'에는 '장기 출타자 중 여행목적이 불분명한 자, 신규 전입자 중 전입신고를 하지 않는 자, 주민등록증을 발급받지 않는 자, 금전을 낭비하거나 언행이 수상한 자, 이유 없이 지나친 친절을 베풀며 접근하는 자' 등이 포함되었다. 이처럼 '기타 용의자' 범주는 매우 포괄적이고 또한 자의적으로 적용될 여지가 컸다. '기타 용의자'의 항목 중 '이유 없이 지나친 친절을 베풀며 접근하는 자'는 1972년 '유신 선포' 이후 삭제되었고, 그 대신 '폭력사범 및 퇴폐풍조자' '사회악을 조장하는 자'가 새롭게 추가되었다.[70] '사회악 조장'이라는 문구도 체제에 저항하는 이들에

---

70 괴산경찰서『대공연락보 제3호』 1972.10.23, 괴산경찰서 정보과, BA0630535.

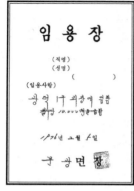

사진 40 이장 임명장　　　　**사진 41** 대공지도요원 임명장　　　　**사진 42** 새마을 활동 표창장

게 자의적으로 적용할 여지가 컸다.

　1972년 2월부터 추진된 대공새마을 건설은 새마을운동이라는 커다란 파고 속에 묻혀 흐지부지되어버렸을까. 실상은 그 반대였다. 박정희 정부는 대공새마을 건설의 비중을 확대하며 개발과 안보 영역의 양자를 긴밀하게 묶는 '냉전의 새마을'을 건설해갔다. '사진 40~42'에서 확인할 수 있듯이 1976년 괴산군 문광면 광덕리의 이장은 대공요원 명칭이 바뀐 '대공지도요원'과 새마을지도자 역할을 겸했다. 또한 '표 10-5'가 잘 보여주듯이 1975년 중반 괴산군의 행정리 이장과 새마을지도자 거의 전부가 대공지도요원을 겸했고, 마을 반장은 대공조장을 맡았다.

　1975년은 '냉전의 새마을' 건설이 남베트남 패망을 계기로 재차 힘을 받았던 해였다. 남베트남의 패망이 확실해진 1975년 2월에 박경원 내무부 장관은 '마을 단위 경계책임구역 설정' '지역 단위 방위체제 구축' '이·동·통·반 및 직장 단위 범국민 반공조직의 강화' 등을 추진한다는 구상을 밝혔다.[71]

　같은 해 군에서도 제2군단장 김종수와 같은 이가 말라야의 신촌 건설, 남

---

71 「지역방위체제 강력구축」, 『매일경제』 1975.2.19.

488　4부 냉전의 근대

표 10-5 1975년 8월 괴산군 범국민 대공조직 현황

	조직 상황								
	지역조직						직장조직		
	이·동 대공지도요원			통·반 대공조장	5가구 책임자	대공조원	직장대공 지도요원	직장 대공조장	대공조원
	이·동 장	새마을 지도자	농협이동 총대						
계	315	622	109	1,311	220	17,412	3	23	210

* 1970년대 후반 괴산군의 행정리 숫자는 1976년 317개로 증대되었다가 1977년 이후 316개로 유지되었다. 괴산군 마을(자연촌)의 수는 1973년 이후 685개로 변동이 없다. 따라서 표에서 언급된 이장은 행정리 이장을 지칭하고, 새마을 지도자는 마을의 지도자의 수를 지칭한다고 볼 수 있다. 1976년 괴산군 통계연보에 따르면 1975년 괴산군의 인구는 140,689명, 호수는 25,205호였다. 1973년 147,000여 명에 달했던 괴산군 인구는 1970년대 후반 지속적으로 감소하여 1980년 117,000여 명이 되었다.

* 지역조직 표 항목에서 '대공조원'은 자료상에서는 '대공조직'으로 표기되었으나 오기로 판단되어 수정함.

* 출처: 「(1975년 8월) 범국민 대공조직 운영 상황」 1975.9.3, 괴산경찰서 정보과, BA0630547.

베트남에서의 전략촌 건설 경험을 상기시키며, 공산세력이 게릴라전을 전개할 수 없도록 마을마다 자위조직과 신고체제를 확립하고 훈련을 거듭해야 한다고 강조했다. 또한 그는 '전 국민'을 '향토방위촌'으로 묶어내기 위해 마을 단위의 방위체제 확립에 힘을 쏟아야 하며, 이를 위해서는 새마을운동이 방위 의식을 고취하는 '자위화(自衛化) 운동'이 되어야 한다고 견해를 피력했다.[72]

표 10-5에서 확인되는 괴산군의 범국민 대공조직 현황은 내무부 장관의 계획 발표 후 6개월이 경과한 8월에 작성된 것이다. 전국적으로 괴산군 수준의 '범국민 대공조직'화가 달성되었을 것이다.

전국 이·동장의 대공요원화와 대공조 수립 계획은 그 명칭에서 알 수 있듯이 농촌에 국한된 계획이 아니었다. 이는 도시와 농촌을 가리지 않고 말

---

72 김종수 『현대전과 정신전력』, 열화당 1975, 130~35면.

단 행정책임자를 총력안보체제의 요원으로 재배치하는 작업이었다. 제2군단장 김종수는 방위태세의 강화가 요구되는 곳이 농촌이 아닌 도시라고 강조하기도 했다.[73] 즉, 농촌은 여러 차례 무장공비 침투에서 방위체계가 잘 작동하고 있으나, 도시는 여전히 개인의 사리사욕을 추구하는 군중이 무질서한 모습을 보여주는 곳에 불과하다는 것이다. 김종수는 농촌의 새마을운동이 '자위화 운동'과 직결되어야 하듯이, 도시의 새마을운동도 '도시방위태세' 확립과 연계되어야 한다고 역설했다.[74]

서울특별시의 경우 1972년 7월 3일에 작성된 '범국민 대공요원화 사업 추진' 계획에 따라 같은 달 12일에 경찰국장이 예하 경찰서 정보과장에게 '이·동 대공요원 및 대공조장 지침'을 하달했다.[75] 이는 2월에 지시를 받고 바로 사업을 추진한 괴산군과는 상당한 시차가 있다. 도시의 대공요원화와 대공조 수립 계획은 인적 파악이 수월한 농촌처럼 빠르게 진행되지 않았던 것으로 보인다.

1972년 8월 서울시 경찰국장은 산하 각 경찰서에 '신고센터 설치' '모의간첩훈련 실시' '국민대공교범 돌려 읽기' '모범 새마을 선정' '예비군 중·소대장의 동장 임명' 등에 관한 시행 상황을 보고하라고 지시했다.[76] 용산서 관내에서는 동마다 적게는 3개부터 많게는 6개까지 신고센터가 설치되

---

73 김종수의 이러한 주장은 미군의 대반란전 전략의 변화와 맞물려 있다고 판단된다. 미 육군부는 1972년 중반부터 농촌에 치중된 대반란 교리를 재검토하기 시작하여, 도시반란 대책을 다룬 결과물을 1974년에 제출했다. *The Problem of Urban Insurgency*, 1974.4, prepared by International and Civil Affairs Directorate Office of the Deputy Chief of Staff for Military Operations Hq, Department of the Army, CIA-RDP85-00671R000300290003-7, CIA CREST: 25-Year Program Archive.

74 같은 책 135~39면.

75 서울시 경찰국장 「이·동 대공요원 및 대공조장 (활용) 지침」 1972.7.12, 용산경찰서 정보과, BA0184230.

76 서울시 경찰국장 「업무지시」 1972.8.29, 용산경찰서 정보과, BA0184230.

었고, 9월 한 달 동안 관내 모든 지역에서 '국민대공교범 돌려 읽기'가 실시 되었다.[77] 용산경찰서는 9월까지 관내 모범 대공새마을을 선정하지 않았다. 내무부 치안국 정보과는 7월 초에 하달한 '이·동 대공요원 및 대공조장 활용지침'에서 '모범 대공새마을'을 행정기관과 협조하여 '점차 선정, 육성'한다고 언급했는데,[78] 용산경찰서가 모범 대공새마을 선정을 서두르지 않았던 이유도 이러한 지시가 있었기 때문일 것이다.

서울시에서는 농촌의 '대공조'와 같은 조직은 확인되지 않는 대신 '신고센터'의 설치가 도드라진다. 3월에 서울시는 '승공신고연락소'와 '승공연락망'을 만들었는데,[79] 승공신고연락소가 '신고센터'로 명칭이 변경된 후, 센터장이 대공조장의 역할을 맡고, 승공연락망의 구성원이 대공조원과 같은 역할을 맡았을 것으로 보인다.

'내부 적'의 규정과 중층적 감시체제의 작동

대공새마을의 감시체계는 '외부 적'의 침투보다 '내부 적'을 감시하는 데 더 많은 관심을 두었다. 경찰은 '범국민 대공조직'에 공식적으로 소속된 인원들을 통해 감시망을 수립하는 것과 함께 요시찰 및 관찰보호 대상들을 감시하기 위한 '망원'을 별도로 다수 배치했다. 정부가 1968년 12월 30일부로 '대공정보망 구성 및 운용 요강'(내무부 예규 제124호)을 하달한 이래 지역사회 감시망은 계속 확대되었다.

77 「(용경 2061) 대공조 조직운영 상황보고」 1972.10.5, 용산경찰서 정보과, BA0184230.

78 치안국 정보과 「이·동 대공요원 및 대공조장 활용지침」 1972.7.10, 5면, 용산경찰서 정보과, BA0184230.

79 용산경찰서 정보3계 「승공신고연락소 설치보고」 1972.3.4, 용산경찰서 정보과, BA0184230.

1969년부터 1975년 사이에 괴산경찰서 대공정보망의 전체 망원수가 332명에서 466명으로 대폭 증가했는데, 이 기간의 증원은 대부분 '지역망'에서 이루어졌다.[80] 이러한 사실은 박정희 정부가 지역사회의 대공정보망, 특히 대민감시를 강화하는 데 집중했음을 말해준다.

대공정보망은 크게 '일반정보망'과 '특수정보망'으로 구성되었다. 일반정보망은 지역망과 단체망으로 나뉘었고, 특수정보망은 침투망, 감시망, 유동망으로 구분되었다. 지역망에는 경찰서 구역 내 이·동에 1명씩 배치되고, 단체망에는 정부 공공기관, 정당·사회단체 및 정보활동에 필요한 제 단체를 대상으로 하여 50명 이하 규모의 단체에는 1~2명, 50명 이상 200인 이하 단체에는 2~3명의 망원이 배치되었다. 일반정보망은 지서와 파출소가 관리했지만, 특수목적을 위해 운영된 특수정보망은 정보경찰이 따로 맡았으며 모두 유급 대상자였다.[81]

지역사회 감시체계가 더 치밀해질수록 그만큼 내부 적으로 분류된 대상자도 확대되었다. 정부가 '확증된' 내부의 적으로 규정한 존재라 할 수 있는 '요시찰 대상자'의 대부분은 '좌익수'로 분류된 이들이었다.(표 10-6 참조) 요시찰 대상자는 형기를 마친 이후나 심지어 사망한 이후에도 사찰 보고 대상에서 제외되지 않았다. 이처럼 '망자'가 된 이후에도 냉전·분단의 굴레에서 벗어나지 못했던 이유는 인적 연계를 중시하는 '친족관계 연좌제'의 존속

---

80 「대공정보망 구성 및 운영상황 보고」 1969.7.1, 괴산경찰서 정보과, BA0630530; 「대공정보망 구성현황」 1975.7.3, 괴산경찰서 정보과, BA0630546.

81 「대공정보망 운영에 대한 교양철저 지시」 첨부 「대공정보망 운용 및 구성 교안」 1971.12.15, 괴산경찰서 정보과, BA0630533. 망원 중에서 갑종과 을종은 '유사시 중요한 임무'를 부가적으로 수행할 수 있는 이들을 지칭했고, 갑종은 보수를 지급해야 하나 을종은 반드시 보수를 지급해야 하는 대상은 아니었다. 병종은 임무를 직접 맡지 못하고 협조를 하는 망원을 의미했고 이들은 기본적으로 무보수였다. 전체 망원들을 관리하고 사찰기록 보존을 책임지는 '조정관'은 담당 경찰서 정보과장이 맡았다(「대공정보망 운영에 대한 교양 철저 지시」 첨부 「대공정보망 운용 및 구성 교안」 1971.12.14, 괴산경찰서 정보과, BA0630533).

표 10-6 괴산군 요시찰인 시찰 현황(1977.2.2)

총계	종별											
	간첩		좌익수					좌익계 및 용공분자	반국가 행위자	부역자	귀순자	납북 귀환자	기타
	검거 간첩	자수 간첩	수형자			미수 형자						
			전향	미전향	불상							
9			4			4						1	

* 1977년 충청북도 경찰국이 분석한 현황에 따르면 충북지역 출신 '좌익수'로 분류된 인물은 모두 61명이었다. 이 수치에는 사망자가 21명 포함되었고, 생존자의 거주지는 전국적으로 분포되었다. 생존 좌익수들 중 수형자 대부분은 '국가보안법'과 이승만 정부가 개전 직후 포고한 '비상사태하의 범죄처벌에 관한 특별조치령'(특조령) 위반자들로 대개 관찰보호 대상자로 분류되었고 일부가 요시찰 대상자였다. 이 표에서 좌익수는 괴산군 거주자 현황이기에 타 지역 출신자도 포함되었을 여지가 있다.
* 출처: 「요시찰인 월말 현황보고」 첨부문건, 1977.2.2., 괴산경찰서 정보과, BA0630546.

과 관련이 깊었을 것이다.

1970년대 괴산경찰서가 지속해서 작성한 '관찰보호 대상자' 현황보고서는 분단국가가 지역사회의 '잠재적'인 내부의 적으로 분류한 대상의 범위를 보여준다. 관찰보호 대상자에는 '반공포로'도 포함되었다. 공안당국은 반공포로를 이승만 정부의 반공포로 석방 때(1953.6.18) 풀려난 이들과 중립국의 감독을 받다가 정전협정 체결 이후 대한민국을 선택한(1954.1.20) 이들로 구분하여 거주지, 직업, 사망 여부를 파악했다. 이들은 대한민국을 조국으로 선택했으나 관찰과 보호의 경계에 놓여 있는 존재가 되었다.

대한민국은 반공포로를 '반공청년'으로 지칭하며 이념전쟁 승리와 체제의 우월성을 입증하는 존재로 활용했지만, 이들에 대해 사찰을 지속했다는 사실은 국가가 반공포로를 진정한 '국민'으로 인정하지 않았음을 보여준다. 1977년 12월을 기준으로 괴산군에 거주하는 반공포로의 수는 34명으로, 대다수가 평안북도 출신의 50대 장년들이었다. 이들 대부분은 농업과 노동에 종사했다.

더불어 민주화운동을 벌인 학생이나 야당 정치인뿐만 아니라 여당(공화

표 10-7 1970년대 관찰보호 대상자 분류기준

	'가'급 대상자	'나'급 대상자	'다'급 대상자

관
보
대
상
	- 6·25 행불자 가족
	- 납북 미귀환자 가족
	- 비요시* 납북 귀환자
	- 처형자 가족
	- 밀항승환자 및 자비귀환자
	- 조총련 접선용의자
	- 남파예상 월북 및 북송자 가족
	- 용공 혁신계 인물
	- 데모 주동자
	- 요시 삭제된 자
		- 6·25 부역 행불자 가족
		- 정보사범 등으로 재감 중인
		  자의 가족
		- 북송자의 친족
		- 재일조총계의 친족
		- 용공혁신계의 가족
		- 처형자의 친족
		- 기타
			- 재감 및 출소 좌익수의 친족
			- 6·25 납북된 자의 가족
			- 반공포로
			- 포로송환 및 납북 귀환자의
			  가족
			- 밀항 및 밀수범
			- 외항 선원
			- 월남 귀순자

* ● '비요시'는 비요시찰 대상자를 의미함.
* 출처: 「관찰보호대상자 현황보고(월보)」 1971.9.30, 괴산경찰서 정보과, BA0630546; 「관찰보호자 현황」 1977.12.30, 괴산경찰서 정보과, BA0630546.

당) 정치인까지 사찰대상으로 삼았다. 1971년 2월 정치활동 요시찰 명부를 작성하여 상부에 보고한 점으로 미루어볼 때 정치인 사찰은 특히 대선과 총선이 맞물려 정치적으로 매우 민감한 시기에 집중적으로 실시되었던 것으로 보인다.[82]

한편, 괴산경찰서 정보과는 관내 정신병자의 근황을 지속해서 사찰하고 이들의 동향을 파악했다.(표 10-8 참조) 정신병자에 대한 지속적인 사찰은 박정희 정부가 외부의 적을 막는 감시체계뿐만 아니라 국가의 통치체계 또는 사회적 규율에서 일탈할 여지가 있는 지역사회 구성원들까지 내부의 '잠재적'인 적으로 간주하고 감시체제를 작동시켰음을 의미한다. '정신병자'는 '마약중독자'와 같이 분류되어 사찰을 받았다.

남북적십자회담이 개최될 때 정신병자가 경호사찰 대상자로 분류된 사실이 보여주듯이, 이들이 사찰 대상이 된 일차적인 이유는 우발적인 행동으

---

82 「정치활동 요시찰인 보고지시」 1971.2.19, 괴산경찰서 정보과, BA0630546.

표 10-8 괴산군 정신병자 시찰결과(1975.8)

시찰관서	고유번호	종별	시찰 내용
괴산	201	정신병자	본명은 장기출타 등 특이 동향 무하고 가내에서 농업에 열중하며 계속 산약을 복용하고 있어 발작횟수가 줄어들고 건강상태 양호한 편임
괴산	202	〃	본명은 중풍병으로 계속 병중에 있으며 간혹 동리를 배회하면서 구걸을 할 뿐 타인에게 위해 사항 등 특이 동향 무하며 계속 내사 중임
괴산	203	〃	본명은 재가 농사에 열중하고 있으며 최근 발작 사실 무하며 계속 내사 중에 있음

* 1975년 괴산경찰서가 매월 작성하여 도경에 올린 '대공월보'에는 정신병자 사찰보고 이외에도, '범국민 대공조직 운영상황' '반공애국청년 및 월남귀순자 통계' '관찰보호 대상자 통계'가 첨부되었다. 이는 정신병자가 대공기관의 주요 사찰대상자에 포함되었음을 보여준다.
* 출처: 「대공월보 첨부자료 2. 정신병자 통계 및 시찰결과 보고」 1975.9.3, 괴산경찰서 정보과, BA0630547.

로 정부 주요 인사나 방한 인사의 신변에 위협을 가할 수 있는 사회의 위험요소로 간주되었기 때문이다. 하지만 남북적십자회담과 남북조절위원회 등 대화가 중단된 뒤에도 정신병자에 대한 사찰은 중단되지 않았다. 박정희 정부는 이념과 상관없이 국가통치시스템을 무너뜨릴 수 있는 존재는 모두 잠재적인 내부의 적으로 분류해놓고, 필요하면 언제든지 '안보'를 명분으로 사회로부터 격리하는 시스템을 작동시켰다고 하겠다.

국가가 '경찰의 지역 감시망'과 '공동체의 상호 감시망'이 작동하는 중층적인 지역 감시체제를 아무리 촘촘히 만들었다 하더라도 지역사회 감시체제가 안정적으로 유지되기 위해서는 공동체 구성원들의 자발적인 참여가 필수적이다. 하지만 체제의 정당성 부재와 긴밀한 대면 관계로 묶인 마을에서 내부의 적을 상정한 감시체제의 작동에 마을 주민의 자발적인 참여를 끌어내기는 쉽지 않았다. 이는 앞서 괴산경찰서가 지적했던 대공요원과 조장을 맡은 이장들조차 미온적이거나 소극적인 저항의 태도를 보였다는 점에서 충분히 짐작할 수 있다.

따라서 마을 대공조는 상부기관의 감독이 없으면 곧바로 유명무실해질 가능성이 컸다. 공안당국이 '반공계몽' '승공계몽' 그리고 '유신계몽'으로 명칭을 바꿔가며 선무활동을 계속 전개한 이유도 여기에 있다. 전남 화순경찰서는 관내에서 대공요원의 주관으로 매달 말일에 열리는 '정기계몽,' 출장·가정방문 등의 기회를 이용하는 '기회계몽,' 합동계몽반·순회계몽반·녹읍계몽반 등을 활용한 '특수계몽'을 추진했다.[83]

반공계몽은 지역 경찰서, 군청, 교육청 삼자가 나누어서 실시했는데, 괴산에서는 대공교관요원, 지서·파출소장, 읍·면장으로 합동계몽반을 구성해 이·동 대공요원 및 대공조장의 교육과 마을 반공계몽 좌담회 및 사랑방계몽을 실시했다. 괴산군청은 반공영화를 순회 상영하면서 막간을 이용해 지서·파출소장이나 읍·면장이 나와 반공계몽을 하는 방식을 활용했고, 군 교육청은 학생 반공교육과 학부형에 대한 '반공계몽 좌담회'를 실시했다.[84]

남북대화의 전개와 지역 감시체제의 강화

1971년 8월 남한의 적십자사가 '이산가족찾기운동'을 제의했고 북한이 이를 수용하면서 시작된 남북적십자회담은 10월까지 일련의 예비회담을 진행했다.[85] 10월 6일 개최된 3차 예비회담에서 1972년 서울과 평양에서 본회담을 개최하기로 합의되자, 내무부와 경찰은 곧바로 본회담 개최를 반공안보 차원에서 대비하기 위한 작업에 들어갔다.

경찰의 본회담 대비는 중앙 경찰청이나 서울시 경찰국에 한정되지 않고, 각 도 경찰국과 군 경찰서 및 지서·파출소의 인력까지 동원되는 양상으로

---

83 화순경찰서 『대공회보』 1972.9, 10~11면.
84 「유신계몽반 활동상황 보고」 1973.10.20, 괴산경찰서 정보과, BA0630541.
85 김지형 『데탕트와 남북관계』, 선인 2008, 제2부 참조.

추진되었다. 이는 내무부와 경찰이 서울에 오는 북측 위원회 인원의 신변안전에만 관심을 기울이지 않았음을 말한다.[86]

1971년 10월 6일 3차 예비회담 직후 충청북도 경찰국장은 도 경찰국의 대공 및 정보 담당자와 각 군 경찰서장을 배석시킨 대책회의를 열었다.[87] 이 자리에서 충북 도 경찰국은 북한이 남북적십자회담장을 화전(和戰)의 양면 전술을 병용하여 적화통일의 결정적 시기를 촉진하는 계기로 만들려고 시도할 것으로 판단했다. 특히 충청북도 경찰국이 북한이 남북적십자회담을 '민심 이간, 사회 혼란 야기 및 반정부세력 조성'으로 '민중봉기'를 유도하는 기회로 삼을 것이라고 예단했다.[88]

충청북도 경찰국은 본회담 개최가 사회 내 용공세력이 준동할 수 있는 여건을 제공한다고 보았다. 이는 충북 경찰국이 '성급한 통일 무드에 의한 통일론의 대두로 반공이념 둔화와 국론분열' '비판적인 학생 및 회색적인 지식층의 북한동조 세력으로의 전화(轉化)' '반국가적 또는 이적적(利敵的) 통일론의 대두' '용공 혁신정당 및 사회단체의 대두와 정치활동의 양성화' '국가보안법 및 반공법 개정 또는 폐지론의 구체화' '남북협상을 주창하는 불순 학생서클의 조직 및 활동' 등을 열거한 데서 잘 드러난다.[89]

충청북도 경찰국이 언급한 '북한의 민심 이간과 사회 혼란, 그리고 민중봉기 유도'는 간접침략과 내부전쟁이 맞물린 안보관이 경찰의 인식을 강하

---

86 공안당국은 서울에서 개최되는 본회담에 참가한 북한적십자 인사들에 대해 불순분자들의 테러 또는 극우단체나 인사의 우발적인 폭력사태가 일어날 것을 우려했다(충청북도경찰국 「회의지시사항」 1971, 18~19면. 괴산경찰서 정보과, BA0630535).

87 이 회의 날짜는 자료에서 확인할 수 없으나, 충청북도 경찰국이 향후 업무추진 일정으로 각 경찰서의 관계관(關係官) 회의 개최 날짜를 10월 19일로 잡은 것으로 보아, 남북적십자 4차 예비회담이 개최된 10월 13일 이후부터 10월 19일 사이에 열렸을 것으로 판단된다.

88 충청북도경찰국 「회의지시사항」 1971, 13~14면.

89 같은 자료 17~18면.

표 10-9 충청북도 경찰국의 남북적십자 본회담 대비책(1971.10)

	국론통일의 제고	대공정보활동 강화
남북 적십자 본회담 대책	- 범국민적 승공기풍 진작을 　위한 반공계몽 강화 - 지식인 및 언론인의 반공 　선전 역할 담당촉구 - 각종 출판물의 분석검토 　철저 - 용공적인 미등록단체 활동 　의 규제철저 - 용공적 언론에 대한 강력 　한 대책	- 대공정보 수집 및 수사 활동 강화 - 간첩색출 활동 강화 - 인적 위해요소에 대한 동향파악 - 이산가족 재회에 대비한 방첩공작원 대량 양성 및 주민신고체 　제의 재정비 및 관리유지 - 요시찰인의 철저한 감시 및 인적 위해요소에 대한 동향파악 - 대공 기본자료 조사 실시 - 용공혁신계 및 용공학생에 대한 철저한 감시 분쇄 및 공작실시 - 남북적십자 본회담의 서울, 평양 개최에 대비한 인원보완 및 　감시계획 수립실시

* 출처: 충청북도경찰국 「회의지시사항」 1971, 20~21면, 괴산경찰서 정보과, BA0630535.

게 지배하며 남북대화에 관한 자세를 규정했음을 보여준다. 또한 충북 도
경찰국이 남북대화가 진전될 때 발생할 수 있는 문제점을 상세히 제시한 것
은 정부와 안보 관계자들이 남북대화 진전이 냉전·반공 이념에 기댄 정권
의 안보에 미칠 파장이 클 수밖에 없다고 판단하며, 이를 주도한 사회세력
을 철저히 단속하고자 했음을 보여준다. 이러한 경찰의 시선에서 볼 때 분
단국가체제를 비판하거나 정부의 통일정책에 이의를 제기하면 그 누구라
도 바로 이적적이나 용공적인 존재가 될 수밖에 없었다.

　충북 도 경찰국은 남북대화 국면이 초래하는 안보 취약점을 극복하기 위
한 대처로 국가보안법 및 반공법 위반자에 대한 강력한 법적 조치를 가하는
것 이외에도, '국론통일의 제고'와 '대공 정보활동의 강화'를 위한 세부 방
침을 제시했다.(표 10-9 참조).

　1971년 10월 충청북도 경찰국이 마련한 남북적십자 본회담 대응 방침은
냉전체제의 전환기에 상호 대립적인 '남북대화 추진'과 '총력안보체제 확
립'을 병행한 박정희 정부의 안보관을 명확하게 보여준다.

　첫째, 반공태세의 약화를 초래하는 통일논의는 절대로 용인하지 않았다.
'반공이념의 둔화를 야기하는 통일론' '반국가적·이적적 통일론' '남북협

상을 주창하는 불순학생'과 같은 표현은 '승공통일'과 결을 달리하는 그 어떠한 논의도 허용될 수 없었음을 명확히 보여준다. 이러한 정부의 태도는 박정희가 1972년 1월 신년사에서 남북적십자회담의 성격을 '인도주의적 차원'으로 한정시키며, 북의 침략에 대비하여 '총동원 비상체제' 확립에 전력을 기울여야 한다고 강조한 점에서도 분명히 확인된다.[90]

둘째, 박정희 정부는 남북대화를 지역사회 안보불안 요소에 대한 감시체제 작동의 수위를 한층 강화하며 지역사회 총력안보체제를 더욱 공고하게 만드는 계기로 삼았다. 1973년 6월 제3차 남북조절위원회 개최 때에도 괴산경찰서는 조절위원회의 북측 인사들에게 접근을 시도하거나 위해를 가할 수 있는 이들을 일제히 사찰했다. 사찰대상에는 '요시찰 대상자와 극우 과격파'가 포함되었고, 인적인 위해를 가할 가능성이 있는 이들로 '요시찰인, 경호요시찰인, 관찰보호자, 극우 과격파, 정신병자 및 마약중독자, 기타 위해요소'가 포함되었다. 사찰 대상은 810여 명이 달했고 대부분은 요시찰과 관찰보호자에 속한 이들이었다.[91]

셋째, '용공적, 이적적, 반정부, 비판적'인 학생과 '회색적'인 지식인층이라는 언급들이 잘 보여주듯이 경찰이 설정한 사찰 범주는 모호하고 포괄적이어서, 헌법에 보장된 개인 및 학문·언론·사상의 자유를 침해할 소지가 컸다.

1972년 10월부터 남북조절위원회의 공동회의, 본회의 등을 개최하며 지속된 남북대화가 1973년 8월 북한의 통보로 중단되었다. 바로 직후인 9월 괴산경찰서는 반공계몽운동 추진의 필요성을 재차 강조했는데, 그 이유가 주목된다. 첫째, 남북대화의 영향이다. 괴산경찰서는 7·4남북공동성명 발표 이후, "승공정신이 현저하게 해이하게 된 것은 너나없이 부인할 수 없을

---

90 「박대통령 신년사, 흩어진 저력 모아 비상체제 확립」, 『동아일보』 1972.1.1.

91 「조절위 3차 회의 정보활용 지시」 1973.6.12; 「조절위 제3차 회의 정보활동상황 보고」 첨부 「활동상황 결과보고서」 1973.6.15, 괴산경찰서 정보과, BA0630539.

것"이라 설명하며 40대 이상의 장년층도 수상한 이들을 보고 신고하지 않는 상황이 벌어지고 있다고 크게 우려했다. 둘째, 반공계몽교육에 대한 주민의 반응이다. 수많은 계몽교육에도 불구하고 '거동 수상자'와 자주 접촉할 수 있는 산간벽촌의 농민들의 신고의식이 "여전히 왕성하지 못하다"고 괴산경찰서는 판단했다. 셋째, 대공요원이 맡은 바 임무를 제대로 수행하지 못하고 있다는 점을 들었다. 괴산경찰서는 산간마을 주민들의 신고의식 부족 이유가 대공요원이 "내 부락 내 이웃 사람들에게는 전달 교육을 확실히 해두지 않았기 때문"이라 보았다.[92]

이상 남북대화 국면이 끝난 직후 괴산경찰서가 짚은 '승공정신의 현저한 해이'는 남북대화 국면에서 한반도 평화 정착에 대한 기대의 표출로 읽을 수 있는 부분이고, 감시와 신고에 대한 대공조직의 핵심인 이장과 대중의 무관심은 공동체를 상호 감시와 불신으로 묶는 체제에 대한 일상적 저항의 표현이라 볼 수 있다. 박정희 정부가 민중의 자발적 지지가 없는 상황에서 '1972년 분단국가체제'를 밑바닥에서부터 와해시킬 수 있는 요인을 제거하기 위해 선택할 방안은 민중의 일상과 의식을 더욱 촘촘히 규율, 통제하는 것밖에 없었다.

민중 자치 기반의 제거와 '반상회' 활성화 추진

박정희 정부는 총력안보체제를 작동시키기 위해 공동체가 유지해온 자치, 자율 영역을 남김없이 제거하고, 대신 공동체를 최대한 잘게 동원 단위로 재편성하여 개개인이 총력안보를 자신의 지상과제로 삼도록 만들고자

---

92 「반공연락보」, 『괴산공보』 1973.9.25.

했다. 1970년대 중반 박정희 정부가 볼 때 총력안보체제의 성패를 좌우하는 관건은 국가가 민중이 만나는 최말단 조직인 '반(班)'을 '살아 있는 조직'으로 만들 수 있느냐 여부였다.

이승만 정부 시기 국민반은 자율적인 주민조직은 말할 것도 없고 총동원 조직으로서도 제 역할을 하지 못하고 선거 때나 주민의 표를 관리하는 기구로 전락했다. 5·16군정에서 재건국민운동의 추진과 함께 국민반은 '재건국민반'으로 명칭이 변경되었으나, 재건국민운동본부가 마을 단위 재건국민운동의 추진기구를 재건청년회와 재건부녀회로 삼으며 별다른 역할을 하지 못했고, 박정희 정부가 재건국민운동에 관심을 끊자 '재건국민반'은 사실상 있으나 마나 한 조직으로 전락했다.

그런데 1968년 1·21사태 이후 박정희 정부가 '반'을 다시 주목하기 시작했다. 1968년 1·21사태 직후 내무부는 "북괴의 무력도발 행위와 간첩들의 침투를 막기 위한 대책"의 하나로 통·반의 대폭적인 개편을 추진하고, 농촌의 경우 기존 '반'이 마을(자연촌) 2개를 포괄하던 것을 세분하여 마을 1개로 '반'을 만들기로 했다.[93] 1969년 3월 내무부는 서울 시민회관 대강당에서 전국 시장·군수 회의를 열고 지역방위태세의 확립을 위해 동·반 조직을 강화하고 반상회도 매월 2회 이상 열어 비상연락 방법, 긴급 동원체제, 간첩의 식별 및 신고연락 요령 등을 주민에게 알리라고 지시했다.[94]

하지만 '반'의 개편이나 운영의 변화는 실태조사를 한 뒤인 1972년에 이르러서야 이루어질 수 있었다. 1970년 10월 박정희 정부는 전국 '자연촌'의 현황을 정확히 파악하기 위해 실태조사를 벌였고,[95] 1971년 12월에는 '시·

---

93 「통·반조직 세분화」, 『동아일보』 1968.2.20.

94 「통·반조직 강화를」, 『동아일보』 1969.3.11.

95 「읍면의 자연부락 실태조사」 1970, 국가기록원 사료철 '동리(주민)조직관계 1971~1972,' 관리번호: BA0840177(이하 동리(주민)조직관계, BA0840177). 여기서 '자연부락'은 "전래

읍·면'의 동·리·통·반 실태와 함께 주민조직 현황과 지역사회에서 영향력을 가진 이들을 파악했다.

내무부는 주민과 밀착된 이·동·통·반과 같은 최말단 행정조직이 '시책 전달의 지연'과 '의사전달의 지연왜곡'이라는 '전근대성'을 벗어버리지 못하고 있고, 주민조직도 행정 보조 기능을 전혀 수행하지 못한다고 보았다. 내무부는 최말단 행정조직이 '시책의 신속한 침투' '주민 의사 반영' '주민 동태 파악' '자활·협동·향보 기능 확대' 등의 역할을 제대로 수행하기를 바랐고, 이를 위해서는 동장·이장·통장·반장 제도의 개선과 주민조직의 정비를 단행할 필요가 있다고 판단했다.[96]

일선 지방행정 책임자들도 내무부와 마찬가지로 '행정 효율화'와 '주민 통제'를 원했다. 1971년 10월 지방행정 연수에 참여한 부여군의 한 면장은 일선 행정 개선방안으로 마을 개발위원회가 지닌 이장 추천 권한을 없애고 행정기관에서 적응자로 판단되면 직접 임면할 수 있도록 바꾸어야 한다는 의견을 냈다. 나주군 군수도 읍·면장이 이·동장의 '임용권'을 가지고 있으나 마을 총회의 추천이 없으면 임용할 수 없어 이·동 행정이 공백 상태에 빠지는 경우가 벌어진다고 불만을 터트렸다. 특히 그는 읍·면장에게 행정지도의 실권을 부여한다는 견지에서 이·동 개발자문위원들과 협의를 통해 이장을 임용하는 것을 제도화해야 한다고 주장했다.[97] 지방행정 연수대회에서 지방행정 책임자들이 내놓은 행정 개선방안은 사실상 마을이 지닌 마지막 자치권한까지 없애기를 정부에 요청한 것이었다.

마을의 자치영역은 3년간의 잔혹한 전쟁을 겪으며 크게 위축되었는데,[98]

의 고유한 부락 명칭이 있고, 5가구 이상이 집단화되어 있는 취락"을 지칭했다.

96 「주민조직정비를 위한 실태조사」 1971.12.21, 동리 (주민)조직관계, BA0840177.

97 「일선행정력 강화를 위한 방안(일선 시장, 군수, 읍면장 의견)」, 동리 (주민)조직관계, BA0840177.

여기에 쿠데타 세력이 지역사회의 민간인학살 규명 요구를 철저히 억압한 뒤 지방자치제를 폐지하여 민중이 지역 정치에 참여할 수 있는 제도적 가능성은 봉쇄된 상태였다. 그런데도 1971년 지방행정 책임자들은 마을의 이해 추구와 정부의 통치력이 맞물리고 충돌하는 영역이 '정치적인 자율 영역'으로 될 수 있는 일말의 여지조차 두기를 원치 않았다.

박정희 정부는 지역사회에서 새롭게 조성되고 있던 '비정치적인 자율 영역'까지 국가의 통제 아래 두고자 했다. 전국의 각 도청은 내무부의 지시에 따라 '주민조직'을 이·동 개발위원회, 4-H구락부, 행정기관, 공공단체의 하부조직 등을 포괄하는 '공식 주민조직'과 지역 공동의 사회성을 띤 '자생조직'으로 구분하여 파악하고, 유사 기능을 가진 주민조직을 정리했다.[99] 또한 내무부는 1972년 1월 중순까지 공적 영역을 이끌어가는 리더, 즉 주민으로부터 '존경의 대상'이자, "자조정신이 투철한 신념의 소유자로서 행정기관 또는 공공단체에서 지도자"로 위촉된 이들[100]을 파악하고, 더불어 최말단 행정기구(법적[公簿上] 동·리, 행정상 동·리, 통·반)의 현황과 동장·통장·반장의 성별·학력별·연령별 정보를 파악했다.[101]

지역사회의 전반적인 현황을 파악한 정부는 1972년 2월 '재건반'의 개편

---

98 이용기 「마을에서의 한국전쟁 경험과 그 기억」, 『역사문제연구』 제6호, 2001; 정근식 「한국전쟁 경험과 공동체적 기억: 영암 구림권을 중심으로」, 『지방사와 지방문화』 제5권 2호, 2002; 지수걸 「한국전쟁과 군 단위 지방정치: 공주·영동·예산지역 사례를 중심으로」, 『지역과 역사』 제27권, 2010.

99 「주민조직실태분석」, 동리(주민)조직관계, BA0840177.

100 「주민조직실태조사」, 1971.12.21, 동리(주민)조직관계, BA0840177.

101 동일한 공식 주민조직이라 하더라도 지역에 따라 역할에 대한 강조점이 다른 경우도 있었다. '이·동 개발위원회'는 모든 도의 보고에서 '공식 주민조직'으로 거론되고, 대개 "이·동 행정 협조 및 자문, 이·동 개발계획 심의, 각종 행사협조" 등의 기능을 하는 조직으로 설명되었으나, 강원도에서는 '반공·방공, 재해대책' 기능이 추가되었다(강원도 「주민조직실태조사서」 1972.1.17, 동리(주민)조직관계, BA0840177). 이는 접적지역으로서 강원도의 특성이 반영된 것이라 보인다.

과 '반상회 운영강화'를 추진했다.[102] 2월 5일경 하달된 '반상회 운영강화 지시'에서 김현옥(金玄玉) 내무부 장관은 "국가비상사태하에서 국가시책을 신속히 전달하고 주민의 의사를 집약"하기 위해서 반상회 운영이 강화되어야 한다고 강조했다.[103] 내무부의 관심은 반 운영을 총력안보체제에 부합하도록 바꾸는 데 있었다.

내무부는 반상회 운영의 강화를 위해 농촌에서는 마을을 '반'으로 편성하고 실정에 따라 한 마을에 2개 이상의 반을 조직하고, 도시에서는 20호 내외로 반을 구성하면서 "반장이 주민을 장악하기 편리하도록" 만들라고 지시했다. 농촌에서는 "향토애에 열의가 있는 마을 지도자 또는 유지"가 반장의 선발 대상이 되었고, 도시에서는 "관내 주민과 접촉이 많은 사람," 즉 구멍가게, 복덕방, 지역예비군 간부 등이 우선 선발 후보였으나, 여성의 선발도 적극적으로 고려되었다.[104]

더불어 내무부는 매월 1회 반상회가 개최되는 날이 되면, 시·군·읍면의 마을 담당 공무원들을 총출동시켜 반상회에서 정부시책을 전달하고 주민의 민원을 청취하라고 지시했다. 1972년 말 반상회 개최일은 각 도청에서 변경할 수 있었는데, 전라남도의 경우 '새마을의 날'과 '간첩 찾아내기의 날'을 매달 1일로 정해놓고 전날 반상회를 개최해 주민에게 다음 날 행사의 이행을 독려하고자 했다.[105]

---

102 1972년 2월 각 시도에서는 과대한 반을 분할하고 과소한 반을 합치는 조치를 시행했으나 전체적으로 볼 때 대폭적인 변화는 없었다. 여수시 재건반 개편보고를 보면 기존 801개의 재건반이 개편 뒤 812개로 증가하여 11개의 반이 새로 생기는 정도였다. 광주시의 경우 기존 2,454개에서 2,487개로 33개 반이 증가했다(여수시 「반상회 운영강화 지시에 따른 재건반 개편보고」 1972.2.23; 광주시 「재건반 개편상황 보고」 1972.5.19, 국가기록원 소장자료).

103 「반상회 운영강화 지시」 1972.2.7; 전라남도 도지사 「반상회 운영강화 지시」 1972.2.11, 국가기록원 소장자료.

104 「반상회 운영지침」 1972.2.7, 국가기록원 소장자료.

105 전남 도지사 「반상회 운영강화 지시」 1972.2.6, 국가기록원 소장자료.

그러나 정부의 개입과 독려에도 불구하고 반상회 운영은 1975년까지 별다른 진전을 보지 못했다. 시·도 조례에 따라 매달 말일 개최되는 반상회는 참석이 강제되지 않아 주민의 참여도가 낮았다. 이에 내무부는 1976년 5월 1일 전국 25만 개에 달하는 반에 매월 말일 반상회를 정기적으로 개최하라고 지시했다.[106]

반적부와 5가구조, 낡은 총동원체제의 부활

1976년에 반상회의 정례화 조치는 '5가구조(五家口組) 감시망'과 '민방위대' 설치라는 향토방위 정책과 불가분의 관계를 맺고 추진되었다. 먼저 '5가구조'의 설치를 살펴보자. 표 10-5는 대개 통·반장이 담당한 대공조장 밑에 5가구 책임자가 배치되어 있음을 보여준다. 앞서 확인했듯이 1972년 대공조 조직은 '대공요원-대공조장-대공조원-주민'의 단계로 구성되었는데, 1973년부터 대공조 조직에 '5가구 책임자'가 추가되었다.

괴산경찰서의 경우 1973년 8월부터 '취약지구'에서 대공조장과 주민 사이에 신고체계를 연결하는 고리로 '5가구 책임자'를 언급하다가, 같은 해 10월에는 괴산군 '전 지역'에서 5가구 책임자의 역할을 강조했다.[107] 1975년 2월 내무부 장관 박경원이 지역방위체제의 강화를 달성하는 방안의 하나로 취약지구의 5가구 조직을 정비하여 '범국민 대공조직'에 포함한다

---

106 「매달 말일을 반상회 날로」, 『동아일보』 1976.5.1. 반상회 개최일은 1976년 10월 이후 매월 25일로 변경되었다.

107 「이·동장 대공요원화 및 대공조장 실천사항 하달」 1973.8.1, 괴산경찰서 정보과, BA0630535; 「이·동 대공요원 대공조장 및 5가구 책임자 실천사항 하달」 1973.10.17, 괴산경찰서 정보과, BA0630539.

는 방침을 밝혔는데,[108] 이와 같은 내무부 장관의 발언은 괴산군의 사례를 고려할 때 1973년 이래 이미 지역에서 만들어진 5가구 신고망을 '범국민 대공조직'으로 공식화한 조치였다. 대공지도요원인 이장은 '5가구 신고망 조직체계표'를 만들어 갖추고, 대공조장인 반장은 '5가구 신고망도'를 구비하고 있어야 했다.[109]

다음으로 '민방위대' 설치를 살펴보자. 1975년 정부가 남베트남 패망을 계기로 안보위기 정국을 조성하며 민방위법을 통과시킨 뒤, 향토예비군에 소속되지 않았던 17세부터 50세까지의 주민을 민방위대에 소속시켰다.[110] 민방위대는 크게 '이 단위' '직장 단위' '기술지원대'로 구분되어 편성되었다. 행정리 이장은 대공지도요원이자 민방위대장이며, 마을 반장은 대공조장이자 민방위 분대장(또는 예비군 소대장)이 되었다.[111]

민방위대가 대처해야 할 전쟁은 '외부 적'의 침략으로 국한되지 않았다. 1976년 김치열(金致烈) 내무부 장관이 "주변에 숨어 있는 간첩과 불순 무리를 색출하고 검거하는 데" 주요할 역할을 맡아야 한다고 훈시한 데서 알 수 있듯이[112] 민방위대가 상정한 적은 외부의 공산세력과 내부의 용공세력이었다.

---

108 「지역방위체제 강력구축」, 『매일경제』 1975.2.19.
109 도암면 「이장회의 지시사항」, 『이장회의 서류』(1976.3.16), 국사편찬위원회 사료철 DGJO40
 _01_00C0509, 등록번호: IM0000158267.
110 전국의 민방위대 발대식은 1975년 9월 22일부터 30일 사이에 일제히 거행되었다(이봉학
 「민방위대 창설 2주년 결산」, 『지방행정』 제288호, 1977.10, 89면).
111 1976년 11월에 개최된 지방행정연수대회에 참여해 논문을 발표한 경상북도 지방행정과
 장 곽춘식(郭春植)에 따르면 경상북도 청도군의 경우 반장이 이·동 개발위원회, 새마을지
 도자, 예비군 소대장, 마을금고 이사장직을 겸직하고 있는 경우가 79%에 달했지만, 대구시
 는 16%에 불과했다. 이는 농촌에서는 반의 중심인물이 반장으로 선임되는 경우가 많고 도
 시에서는 오히려 그 반대인 경향임을 말해준다(곽춘식 「반상회 운영 강화방안」, 지방행정
 연수대회 연구논문 1976, 15면).
112 김치열 「시도민방위국방회의 내무부장관 훈시」, 『지방행정』 제269호, 1976.3, 17면.

최초로 실시된 민방위대 교육도 5가구조로 구성된 신고망 관리와 통·리 단위 암호 사용 요령을 철저하게 숙지시켜 간첩 또는 거동 이상자가 나타났을 경우 즉각 활용할 수 있도록 만드는 데 있었다.[113] 국가는 국가보안법, 반공법에 적시된 '불고지죄'를 반복적으로 국민에게 주지시키고,[114] 국민 모두를 감시망 속에 집어넣어 감시체제의 끄나풀로 만들어갔다.

'5가구조' 감시체제와 '민방위대'가 잘 작동하기 위해서는 5가구조의 상위조직이자 민방위 분대인 '반'이 살아나야 했다. 1976년 내무부 장관 김치열은 '반'이 외형만 유지하는 데서 벗어나 불순분자를 잡아내는 '살아 있는 조직'이 되어야 지역방위체제 확립이 가능하다고 강조하며, 민방위대를 주축으로 삼아 주민조직의 활성화를 도모하라고 요구했다.[115]

이러한 내무부의 요구는 마을 반상회에 반영되었다. 1970년대 후반 반상회에서 다뤄진 주요 내용은 새마을운동 사업추진 관련 사안, 그리고 '간첩·공비 등 불순분자'와 '각종 범죄·병역기피 등 범법자'의 색출을 위한 "5가구조 편성, 신고 및 연락체계 확립, 신고사항 결정(간첩, 거동 수상자, 절도범 등)" 등과 같은 사안이었다.[116]

반을 '살아 있는 조직'으로 만들기 위한 출발점은 반원의 전입·출입을 정확하게 파악하는 것이다. 1962년 4월 군사쿠데타 세력이 주민등록법을 제정하며 법적 근거가 없던 동적부(洞籍簿)와 이적부(里籍簿)를 폐지했다.[117] 동·리적부 및 반적부(班籍簿) 작성은 주민의 거주 관계를 파악하기 위한 기류법

113 「내무부장관 지휘지시 제16호」, 『지방행정』 제266호, 1975.12, 33면.
114 중앙정보부·내무부 『국민대공교범』 제2집, 1973, 177면.
115 위와 같음. 우수민방위대 사례보고를 보면 거동 수상자나 간첩 발견 시 사용할 암구호까지 사전에 정해놓고, 거동이 이상하면 바로 신고가 들어갈 정도로 주민들 간의 감시망이 치밀하게 짜였다(이강서 「우수 민방위대장 수기」, 『지방행정』 제275호, 1976.9, 112면).
116 최창호 「반상회와 새마을운동」, 『반상회의 시대적 의의』, 내무부 1978, 37~38면.
117 「주민등록법 통과 6월 20일부터」, 『동아일보』 1962.5.8.

사진 43 조선말기 오가작통기(金生面統紀)

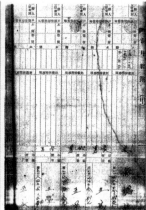

사진 44 1950년대 괴산군 동리적부

(寄留法)의 실시와 관련이 있었는데, '주민등록'에 거주 관계가 포함되면서 별도로 작성할 필요가 없어졌기 때문이다. 한말 오가작통기(五家作統紀)에서부터 1950년대 동·리적부까지 주요 기재사항은 각호 구성원의 변화였다.

그런데 1975년부터 각 시·군에서 기존 동·리적부와 기재 내용이 다른 반적부가 다시 쓰이기 시작했다. 수원시의 경우 1975년 4월 반적부를 부활하여 전출입 때 작성을 의무화했다.[118] 전남 광양 군청의 경우 8월 중순에 읍·면장들에게 '반적부 및 주민등록증 갱신업무'가 철저하게 이행되지 않고 있음을 지적하고, "국가적인 차원에서 볼 때 가장 중요한 업무이니 반드시 지시된 소정 일정에 의해 처리"하라는 지시를 면사무소에 하달했다. 광양 군청이 하달한 세부 시정 사항은 주민등록부표 기재 실수와 주민등록증 발급 준비 부족, 반적부 작성의 오류, 민방위대 대상자 명부의 미정리 등이었다.[119]

---

118 「수원, 전출입 경우에 반적부 등재 의무화」, 『동아일보』 1975.4.26.
119 광양군수 「반적부 및 주민등록증 갱신업무 철저 이행」 1975.8.1, 자료철: 주민등록관계, 생산기관: 전라남도 광양군 내무과, 국가기록원 관리번호: BA0086598.

사진 45 1975년 반적부 표지　　　　**사진 46** 1975년 반적부 양식

　1975년 반적부가 작성된 목적은 민방위대원을 포함한 '지역사회 방위자원'의 상시적인 파악을 세대 단위로 하는 데 있었다. 반적부에는 반에 속한 각 세대 구성원의 민방위대와 타 방위체제(현역·예비군·학도호군단 등) 편성 여부 그리고 세대원의 전출입 변동사항을 기재했다.(표 10-10 참조)[120] 마을 민방위 분대장인 반장은 반적부와 민방위대원 명부를 철저히 관리할 의무가 있었다.[121] 이는 도시도 마찬가지였다. 경상북도 시·군·반 설치조례에 따르면 도시와 농촌 관계없이 반장이 해야 할 주요 업무에는 '주민의 거주이동 파악과 반적부 관리'가 포함되었다.[122]

---

120 언론에 따르면 1975년 수원시는 반적부에 학력, 병력사항, 가옥구조와 평수까지 기록하게 했다고 하는데, 아마도 가옥구조와 평수 같은 항목의 기입 요구는 초기 반적부 양식이 확정되지 않았기 때문일 것이다(「수원, 전출입 경우에 반적부 등재 의무화」, 『동아일보』 1975.4.26).

121 「이장회의 지시」, 『이장회의 서류』(1976.1.29), 국사편찬위원회 사료철 DGJO40_01_00C0021, 등록번호: IM0000157779.

122 곽춘식 「반상회 운영 강화방안」 26~27면; 대구시 『반상회 백서』 1978, 11~12면.

표 10-10 반적부 양식(1975)

일련번호	성	성	연	민방위대 편성			편성 제외 내역						전출입	비고
가옥-세대-개인	명	별	령	지역	직장	기술	현역	보충역	動豫	一豫	學訓	기타	상황	

* 動豫: 동원예비군, 一豫: 일반예비군, 學訓: 학생군사훈련.
* 국사편찬위원회 사료관에는 전남 화순군 도암면 정천리(淨川里), 전남 화순군 도장면, 충북 음성군 소이면 문등리(文等里), 강원 평창군 대화면 신5리(新5里), 충남 공주군 유구읍 세동리(細洞里) 및 동해리(東海里) 등에서 수집된 반적부가 소장되어 있는데, 대부분 1975년부터 작성되었으며, 기재 항목은 모두 동일하다.

표 10-10 반적부 양식에서 '전출입 상황' 항목은 반적부의 주요한 기능이 인구이동을 총력안보체제 차원에서 파악, 관리하기 위한 데 있음을 보여준다. 대부분 마을에서는 전출입 사항과 관련하여 이주지를 간략히 적는 정도에 그쳤으나, 전남 화순군 도암면 정천리(淨川里)처럼 각 세대 구성원의 이주 정보를 이주 시점과 이주지의 주소까지 상세하게 파악해 기록한 곳도 있다.[123]

도시의 반적부는 학도호국단에 편성되지 못한 연소자뿐만 아니라 광범한 일용직 근로자와 영세민의 거주지 이동까지 파악하여 민방위대를 편성하는 자료가 되었다. '5가구조 감시망, 반상회와 반적부, 지역 민방위대'는 이른바 급격한 산업화와 도시화 속에서 체제불안 요인으로 부상한 '하위주체'를 관리하는 시스템으로서의 성격을 지녔다고 볼 수 있다.[124]

1975년 반적부의 부활과 민방위대 결성은 1967년 9월 14일 국가안전보장회의에서 제기된 동적부의 정비 및 민방위법 추진이라는 과제가 드디어

---

123 화순군 정천리 1~5반 「반적부」, 전남 화순군 도암면 정천리 마을회관 지역사 수집자료, 국사편찬위원회 전자사료관.

124 유신시대 '하위주체'에 관해서는 다음 책을 참조. 김원 『박정희 시대의 유령들: 기억, 사건 그리고 정치』, 현실문화연구 2011.

완결되었음을 의미한다. 완결된 제도는 공동체의 삶의 일부분이 되었다. 1976년 전라남도 화순군 도암면에서는 '독수리작전'이라는 대유격전 훈련을 시행하고 정례적인 반상회 개최와 민방위 훈련, 간첩 찾아내기 날(매월 15일) 실시 등을 통해 이른바 '총력향토방위체제'를 마을 공동체의 삶을 구성하는 일부분으로 만들어갔다.[125]

박정희 정부의 '5가구조' 지배체제 확립은 일제의 식민지 지배, 동아시아의 냉전 그리고 한반도의 냉전이 중첩된 결과로 이해할 필요가 있다. 1장에서 살펴보았듯이 일제는 전쟁 동원을 위해 만주국 농촌을 이른바 국민인보조직으로 재편하고 둔상회의 운영에 보갑연좌제를 끝까지 집어넣었다.

그런데 만주국 지역사회 지배체제는 동아시아와 한반도의 냉전과 중첩되지 않았다면 '1972년 분단국가체제'까지 이어질 수 없었을 것이다. 남베트남 응오딘지엠 정부가 남베트남민족해방전선 세력의 농촌지배를 의식하며 5가구조 지배체제를 작동, 변용시켰듯이, 박정희 정부의 5가구조 도입은 북한의 '5호담당책임제(五戶擔當責任制)' 시행이 미친 영향이 컸다. 김일성 정부는 5가구조와 유사한 5호담당책임제를 1958년부터 실시했고, '인민반'을 통한 노력동원체제의 확립, 주민의 성분과 거주 이동을 파악하기 위한 '공민증 제도'도 함께 실시했다. 1948년 북한 정부 수립 이래 15~20가구를 단위로 '인민반'을 조직해 주민동원과 통제를 했으며, 전시에는 후방의 반체제세력을 감시, 통제하고 미군과 국군이 침투시킨 유격대를 소탕하기 위한 일환으로 오가작통제를 시행했다.[126] 여기에 1958년 '5호담당책임제'의 시행은 노동당이 정치·사상교육을 통해 인민반 구성원에 대한 지배력을 한

---

125 도암면 「3·16회의 지서 지시사항」, 『이장회의서류』(1976.3.16), 국사편찬위원회 사료철 DGJO40_01_00C0509, 등록번호: IM0000158267.

126 한성훈 『전쟁과 인민: 북한 사회주의 체제의 성립과 인민의 탄생』, 돌베개 2012, 126~27, 262~63면.

층 강화하려는 의도가 있었다. 5호담당책임제 시행으로 당에서 파견된 책임자는 각 가정의 구성원들과 일상적인 접촉을 하며 이들의 소질과 취미에서부터 사상적 동태까지 파악했다.[127]

간접침략, 인민전쟁, 유격전/대유격전으로 채워진 냉전에 규정받은 북한 역시 남한의 위협을 방어하고 동시에 '내부 적'을 색출하기 위한 지배체제를 수립해야 했다. 접경지역 강원도당은 1972년 전원회의에서 간첩 색출과 침투 여지 제거를 위해 "당조직과 근로단체 조직들이 짜고 들어 인민반 사업을 강화하고 전체 인민들이 경각성을" 높여야 한다고 역설했다.[128] 여기서 언급된 인민반 사업에 개입하는 당 조직이란 당연히 5호담당책임제였을 것이다.

선행 연구에 따르면 '당조직'의 성격을 가진 5호담당책임제는 1973년 김일성의 지시로 5가구가 10가구로 확대되면서 폐지되고, 도시의 인민반과 농촌의 분조가 그 기능을 흡수했다.[129] 하지만 1973년 초반까지 김일성이 농촌에서 문화혁명을 추진할 때 5호담당책임제를 확대하라고 지시했던 점을 고려할 때,[130] 10가구로 운영방식이 바뀐 뒤에도 5호담당책임제 기능은 그대로 유지되었을 것으로 보인다.

1960년대까지 남한은 북한의 5호담당책임제에 관심을 보이지 않다가

---

127 「북한의 이모저모(1) 일반 사회생활, 인민반과 공민증」, 『동아일보』 1972.7.17; 북한연구소 『북한사회론』 1977, 289면; 알렉산드르 제빈 「사회체제의 변화된 전통으로서의 북한의 인민반」, 『아세아연구』 제91호, 1994, 150면.
128 「강원도 당전원회의 확대회의에서 한 결론」(1972.3.23), 『김일성 저작집』 제27권, 조선노동출판사 1984, 139면.
129 이우영 『전환기의 북한 사회통제체제』, 통일연구원 1999, 25~26면; 배영애 「북한의 체제 유지를 위한 '인민반'의 역할과 변화」, 『통일과 평화』 제10집 2호, 2018.12, 201면.
130 「농촌에서 사상혁명, 기술혁명, 문화혁명을 힘있게 벌릴 데 대하여」(1973.2.21), 『김일성 저작집』 제28권, 조선로동당출판부 1984, 203면,

1970년대로 접어들면서 거론하기 시작했다.[131] 특히 1972년 7·4남북공동성명 발표 이후 통일에 대한 기대와 북한 체제에 관한 대중의 관심이 높아지자, 정부와 언론은 인민반과 5호담당책임제, 공민증 제도 등을 상세히 소개하며 북한 체제의 억압성을 부각하고자 시도했다.[132]

이후 북한의 주민행정체계가 언론과 공안당국에 의해 거론된 시점은 1976년으로 박정희 정부가 '반상회'의 활성화를 독려하던 때와 겹쳐있다. 1976년 지방행정 담당자들은 현 반상회는 과거 "유망민을 방지하기 위한 감시 수단으로 활용"된 오가작통법과 달리 '참다운 민주주의'를 구현하는 데 취지가 있다고 주장했고,[133] 다른 한편에서 경찰과 언론은 일본발 보도라 인용하며 김정일이 권력을 장악하고 '주민 5호조'를 신설하여, 주민의 생활양식과 이동을 철저히 통제한다고 비판했다.[134]

체제와 이념을 놓고 적대적으로 대립한 남과 북은 동아시아 냉전의 굴레에 갇혀 양측 모두 지도자의 영도성을 최우선시하는 체제를 수립하고, 남한의 5가구조와 북한의 5호담당책임제의 시행이 상징적으로 보여주듯이 전근대 대민 지배체제를 변용한 근대 지배체제인 냉전·분단체제의 쌍생아로서 모습을 보였다.

---

131 5호담당책임제를 정리한 이는 강인덕이다. 이에 대해서는 다음 두 책의 관련 부분 참조. 강인덕『국민반공사상대계』, 신현실사 1970; 강인덕『북한사회론』, 극동문제연구소 1977, 220~23면.

132 동아일보는 북한사회의 다양한 측면을 알리기 위한 '북한의 이모저모' 시리즈를 1972년 7월부터 9월까지 50회로 나누어 연재했다. 시리즈를 연재한 필자는 고려대 아세아문제연구소 연구원으로 있던 북한 전문가 김남식(金南植)이었다.

133 곽춘식「반상회 운영 강화방안」 15~16면.

134 「日紙 북괴에 정치적 대변동」,『경향신문』 1976.4.13; 화순군공보『대공회보』 제262호, 1976.4.30, 5면, 국사편찬위원회 사료철 DGJO40_01_00C0575, 등록번호: IM0000158333.

풀뿌리 민주주의 확산과 '1972년 분단국가체제'의 균열

'1972년 분단국가체제' 아래서도 지역사회와 민초는 국가권력에 의해 결코 일방적으로 통제, 동원되지 않았다. '냉전의 새마을' 건설의 전형을 보여준 괴산군에서도 국가 주도의 농촌 재편정책에 속박되지 않고 지역사회 공동체의 삶을 주체적으로 만들어가는 노력이 전개되었다. 괴산군에서 이를 보여주는 대표적인 예가 1960년대 초부터 추진된 신용협동조합 건설이다.[135]

충북지역에는 1960년대 전반기 가톨릭 메리놀회 사제들의 주도하에 11개의 신용협동조합이 만들어졌다. 1964년 괴산군에도 신용협동조합이 설립되었고,[136] 마을 신용협동조합의 보급은 기존 경제적·사회적 측면에서 박정희 정부가 수립한 마을 지배질서에 균열을 가져왔다. 신용협동조합이 활성화된 마을에서는 농민들이 저리의 신용협동조합 대출을 이용하게 되면서 과거 장리쌀을 매개로 형성되던 고리대 관계가 사라지게 되었고,[137] 나아가 농촌에 '풀뿌리 민주주의'를 정착시키며 박정희 정부의 지배체제에

---

135 1970년대 괴산군에서는 가톨릭의 농촌개발 및 농민운동 이외에도 한국기독교사회봉사회의 지역사회개발사업이 추진되었다. 한국기독교사회봉사회는 기독교세계봉사회와 밀접한 관계를 맺었던 한국기독교봉사회가 1972년에 개편된 단체이며(한국기독교사회봉사회『한국기독교사회봉사회 40년사』 2003, 제2장 참조) 구호·원조 중심에서 벗어나 농촌의 자조·자립 역점을 두었다. 1974년 기독교사회봉사회는 일선 농촌교회가 새마을사업에서 교회가 선도적인 역할을 할 수 있도록 8개 부락을 농촌개발 시범부락으로 선정하여 지원했다. 여기에 괴산군에서 괴산면 정용리와 칠성면 사평리가 선정되었다. 1975년에는 12개부락으로 확대되었는데 괴산군 2곳은 그대로 유지되었다(같은 책 161~62면; 한국기독교교회협의회『한국기독교사회운동사: 자료집』 제7권, 2020, 275~76면). 자료의 한계로 단언하기 어려우나 정부의 새마을운동과 최대한 호응하는 방식으로 추진되었기 때문에 1980년대 지역 농민운동과의 접점은 미약했던 것으로 판단된다.

136 괴산 지역 신용협동조합운동의 도입 및 전개에 관한 상세한 내용은 김소남의 연구를 참조. 김소남「1960~70년대 초 괴산가축사양조합의 협동조합운동 연구」,『학림』 제43집, 2019.

137 조희부 구술「전 충북농촌개발회 전무의 경험을 통해서 본 충북지역의 협동운동」2013, 24면, 국사편찬위원회 COH010_16_00A0006.

균열을 내게 되었다.

1970년대 후반 충북지역 신용협동조합 건설을 이끌었던 농촌운동가의 구술을 들어보자.

유신 이후에는 전국적으로 일체 선거가 없는 그런 상황인데 신협은 회의를 꼬박꼬박 하고 선거를 해가지고 투표해서 뽑고 (…) 신용협동조합은 관청하고는 관계없는 조직이거든. 물론 재무부의 감독은 받지만은. 모든 걸 자율적으로 행하니까. 그리고 회의를 해온 사람들이 정부 하는 일이나 농협 이런 데에 비판적인 생각을 갖게 마련이고.[138]

박정희 정부는 지방자치제의 재개 요구에도 1968년 상황을 구실로 지연시키다가, '1972년 분단국가체제'를 수립하면서 통일을 명분으로 다시 지방자치제 시행을 기약 없이 미루었다.[139] 여기에 박정희 정부가 전국의 마을을 '냉전의 새마을'로 재편하는 상황에서, 농민이 자율적인 경제적 이해를 추구하고 이를 위한 선거를 하는 상황은 당시 농촌운동가의 표현을 빌리면 '혁명'과도 같은 의미가 있었다.[140] 작지만 큰 혁명이었다.

1970년대 후반 괴산군 장연면 방곡리에서 일어난 변화는 밑으로부터 지배체제의 균열이 일어났음을 방증한다. 방곡마을은 여유롭지 못한 산골 마을이었는데,[141] 1976년 9월 창립된 신용협동조합이 짧은 기간 동안 큰 성장을 이룬 곳이었다. 신용협동조합을 창립할 때 10만 원 정도에 불과했던 마

---

138 같은 글 32면.
139 서중석 「미군정·이승만정권 4월혁명기의 지방자치제」, 『역사비평』 제13호, 1991, 56면.
140 조희부 구술 「전 충북농촌개발회 전무의 경험을 통해서 본 충북지역의 협동운동」 64면.
141 1979년 당시 총 89호 중 농가 77호, 상주인구 433명으로, 호당 평균경지면적은 0.92정보로 전구 호당 평균경지면적 0.99정보, 충북 호당 경지면적 1.12정보보다 적었다(조희부·정만호 「방곡부락 정밀조사서」 1979, 1~3면, 국사편찬위원회 DCB049_02_00C0051).

을주민의 출자금은 1979년 200만 원을 넘는 금액으로 대폭 증가했다. 마을 신용협동조합은 매월 회의와 이사회를 개최했고, 그 어떤 단체보다 구성원의 참여도가 높았다. 특히 방곡마을을 세밀하게 조사한 보고서에 따르면 신용협동조합 활동의 확대와 함께 주민이 이장이나 새마을지도자, 농협 단위 소합 총대(總代)보다 신협 회장이나 이사장을 더 신뢰하는 결과를 낳았다.[142]

방곡마을에 1976년 부녀회가 만들어졌고 뒤이어 1977년에는 가톨릭농민회가 설립되었다. 1977년은 가톨릭농민회 충북지구연합회가 출범한 해였고,[143] 방곡마을의 농민회 설립도 충북지역의 가톨릭 농민운동의 확대에 영향을 받았을 것이다. 1979년 방곡마을 농민회 회원 수는 17명으로 농협 민주화와 농민 권익실현을 위한 사업과 교육을 자발적으로 벌였다.[144] 방곡마을 가톨릭농민회는 신용협동조합처럼 폭발적인 성장을 보이지는 않았다. 조사자들은 농민회에 대한 주민의 이해도가 낮았다는 점을 들었는데, 이는 정부가 공권력을 동원해 농민의 가톨릭농민회 참여를 억압한 사실과 무관하지 않을 것이다.

1972년 한국가톨릭농민회가 정식 출범한 이래 가톨릭농민회는 종교인의 이상적 신앙촌 건설에서 전체 농민을 억압하는 사회구조를 개선하는 데 초점을 맞추고, 농민이 변화의 주체가 되는 것을 지원하고자 했다.[145] 정부는

---

142 조희부·정만호 「방곡부락 정밀조사서」 23~24면. 1970년대 마을 단위로 만들어진 괴산 지역 신용협동조합은 1980년대 신용·대출 업무 운영의 전문성과 효율성을 기하기 위해 면 단위로 통합되었고, 대신 마을에는 축산협동반이 생겼다. 방곡마을 신용협동조합도 장연면 신용협동조합으로 통합되었다(이태근 구술 「전 충북농촌개발회 개발부장의 구술을 통해서 본 충북지역의 협동운동」 2013, 31면, 국사편찬위원회 사료철 COH010_16_00A0005).

143 1972년 가톨릭농촌청년회가 가톨릭농민회로 전환한 뒤, 1974년부터 연차별로 지구연합 회가 설립되어갔다(가톨릭농민회50년사 편찬위원회 『가톨릭농민회 50년사』 I, 가톨릭농민 회 2017, 539~41면).

144 조희부·정만호 「방곡부락 정밀조사서」 25면.

145 김태일 「한국의 이익정치와 농민: 전국농민회총연맹」(1990.4.24), 『대한정치학회보』 제

관료, 경찰, 농협 직원들을 동원해 농민운동을 억압했으나, 정부의 억압적인 방침은 의도와 달리 농민들의 정치의식을 키우는 결과를 낳았다. 경상북도 지역 가톨릭농민회는 공권력의 탄압에 회원들이 위축되지 않도록 '지서 똑바로 쳐다보고 지나가기' '첫 싸움을 꼭 이겨라' 등을 과제로 삼을 정도였다.[146] 1980년대도 가톨릭농민회가 마을 차원에서 벌인 주요 사업은 이장·반장을 바로 뽑아 마을 운영, 마을 회의를 제대로 하는 '마을민주화운동'이었다.[147]

박정희 정부가 '5가구조'에 기반한 지배체제를 작동시키고자 했다면, 가톨릭농민회는 이를 전복하는 조직을 만들어갔다. 가톨릭농민회는 5인의 회원이 모이면 마을 분회를, 5개 이상의 분회가 모이면 지구연합회를 만드는 방식을 취했다. 농민회는 이러한 조직 방식은 상부의 명령과 하부의 복종으로 이루어지는 하향식 방식이 아니라 민주적인 상향식 건설 방식이라고 보았다.[148]

1976년 경상북도 지방과장에 따르면 정부가 반상회 활성화를 독려한 시기부터 농촌 주민은 '반상회'와 '반회'를 의식적으로 구별하여, 반상회는 주민에게 자치적 모임이 아닌 행정력을 관철하기 위한 회의로 받아들이고, 반면 '반회'는 행정 사안을 논의하더라도 반원의 희망과 필요에 따라 모이는 자치적 모임이라는 인식을 의식 속에 뿌리 깊게 갖고 있었다.[149] 박정희 정부는 모든 주민을 국가의 동원체제와 감시체제에 묶었으나 민초는 공동체의 이해와 국가권력의 이해를 구분하며 공동체의 이해를 추구했음을 보

10권 3호, 2003, 297~98면.

146 정대돈 「가톨릭농민회와 나」, 『내일을 여는 역사』 제34호, 2008, 98~99면.

147 가톨릭농민회50년사 편찬위원회 『가톨릭농민회 50년사』 I, 193면.

148 가톨릭농민회50년사 편찬위원회 『가톨릭농민회 50년사』 II, 가톨릭농민회 2017, 151면.

149 곽춘식 「반상회 운영 강화방안」 49면.

여준다. 1970년대 후반 새마을운동을 통한 농촌의 안정화 기획까지 사실상 실패하여,[150] 박정희 정부는 민중을 '냉전의 새마을'에 정착시켜 자발적인 체제 지지자로 견인할 경제적인 유인책도 없었다.[151] '냉전의 새마을'을 토대로 삼은 지배체제는 형해화의 길을 걸을 수밖에 없었다.

1978년 내무부는 열강의 이해 추구와 북한의 위협이라는 여건에서 국방자립, 경제성장, 평화통일이라는 과제를 성취하기 위해서는 국민총화가 전제되어야 하고, 반상회는 국민총화를 달성하는 기제라고 강조했다.[152] 1978년 내무부는 반상회 참여율이 무려 90%에 달할 정도로 주민 참여도가 높아졌다고 긍정적인 평가를 했으나,[153] 1979년 내무부 반상회 운영백서는 반상회의 가장 큰 문제점으로 '관주도 일변도'에 있다고 지적하며, 더불어 '반장의 사기와 능력의 저하' '지도층의 무성의, 생활격차 등 대화 장애' '흥미 없고 지시 일변도의 안건' '결의사항의 실천 미흡' 등을 언급했다.[154] 이러한 지적은 반상회가 사실상 고사 상태에 있었음을 말해준다.

1979년 '10·26사건'이 '1972년 분단국가체제'가 위로부터 붕괴하는 것을 보여주는 것이었다면, 고사 상태에 빠진 반상회는 '1972년 분단국가체제'의 기반인 '냉전의 새마을'이 해체되고 있었음을 보여준다.

---

150 황병주 「새마을운동을 통한 농업 생산과정의 변화와 농민 포섭」, 『사회와 역사』 제90호, 2011, 33~34면.

151 1970년대 이촌향도의 가장 큰 이유는 경제적인 문제였다. 괴산군 방곡마을의 경우 전체 상주인구 433명 외에 상주인구의 30%에 달하는 133명이 마을 외부에 거주했으며, 외지거주 사유는 취업(취업 96명, 유학 27명, 군대복무 10명)이 압도적이었다. 공원으로 취업한 인구는 31명(남 19, 여12, 일반공원 18명. 기능공 13명)이었다(조희부·정만호 「방곡부락 정밀조사서」 5~6면).

152 김종호(내무부 지방행정차관보) 「반상회의 시대적 구상」, 『반상회의 시대적 의의』, 내무부 1978, 5~7면; 김기수(한양대 교수) 「반상회와 국민총화」, 같은 책 31면.

153 내무부 지도과 「반상회 운영상황 및 성과」, 같은 책 11면.

154 내무부 『반상회운영백서』 1979, 74~76면.

종장

새로운 삶의 공동체 건설을 위한 역사적 전환

'냉전의 새마을'에 기반한 '1972년 분단국가체제'

박정희 정부가 수립한 '1972년 분단국가체제'는 '냉전의 새마을'을 토대로 삼은 체제이자, 동아시아 냉전의 근대화 원리를 공유하고 관철한 체제였다. '1972년 분단국가체제'의 특성을 정리하면 다음과 같다.

첫째, '냉전의 새마을'을 토대로 한 '1972년 분단국가체제'의 등장은 일제 방공전사에서 전후 냉전전사로 거듭난 이들이 만주국 반만항일세력 진압, 제주4·3사건과 여순사건 진압, 그리고 베트남전쟁 평정에 참여하여 체득한 원리를 이식하고 원용한 결과물이다.

1930년대 만주국은 동아시아 냉전의 원형을 보여주는 곳이었다. 일제는 만주국을 제국팽창의 최전선이자 방공의 최전선으로 만들기 위해 지역사회에 '집단부락'을 대대적으로 건설했다. 집단부락은 '비민분리'를 위한 인적 통제, 중층적 감시체계의 작동과 방위를 위한 자위대 운영, 그리고 집단부락의 안정화를 위한 농촌부흥 모색까지 이후 '냉전의 새마을'의 원형을 보여준 역사적 공간이었다.

만주국군과 경찰에 복무하며 식민제국 일제의 지역사회 평정과 지배전략을 체득한 조선인 방공전사들은 만주국 패망 이후 미군정의 경찰, 국방경비대에 참가하여 분단국가 수립을 주도하는 냉전전사로 거듭났다. 홍순봉은 만주국의 지역사회 평정 방침을 제주도에 이식하며 집단부락 건설을 주도했고, 정일권·백선엽 등 지리산 지역 공산유격대 토벌을 주도한 만군 출신 지휘관들은 만주에서 학습한 대유격전 원리를 원용하여 군사적 대응전법과 대민정책을 적극적으로 펼쳤다. 특히 정일권은 식민지배 청산과 자주적 민족국가 건설 추진 그리고 미·소 분할점령에 따른 이념대립의 고조 등이 맞물리는 복잡한 상황을 진영대립의 구도로 재단하고, 대유격전에 국가건설을 위한 고도의 정치 행위로서의 의미를 부여했다.

일군, 만군 출신자라 해서 반드시 냉전전사가 될 이유는 없다. 만군, 심지어 악명높은 간도특설대 안에도 박창암과 같이 건국동맹에 관여한 이들이 있었고, 귀환 후 이들은 민족국가를 건설하는 데 만주에서 쌓은 군사적 경험을 활용하고자 월북하여 인민군 창설에 참여했다. 하지만 분단화의 심화 속에서 여운형과 건국동맹에 참여한 만군 출신 군인들이 모색한 민족국가 군대 건설의 가능성은 차단되며 이들은 냉전전사로서 거듭났다. 냉전전사로 거듭난 박정희, 박창암, 박임항 등은 5·16군사쿠데타에서 결합했고, 5·16군정은 남베트남에 군사사절단을 파견해 한국군이 베트남전쟁으로 들어가는 가교를 놓았다.

베트남전 개입은 한국군을 포함한 안보정책 책임자들이 안보와 개발이 결합된 근대화를 숙고하고, 평정을 지역사회개발에부터 국가발전까지 종합적으로 고려하는 계기였다. 일제 관동군은 숙정공작을 벌이며 안정적인 농촌지배를 위해서는 군사적 토벌을 넘어 광의의 농촌부흥이 필요하다는 점을 절감했으나, 침략전쟁을 확대하며 구두선에 그쳤다. 반면, 베트남전에서 남베트남 정부와 미국 정부는 안보와 개발을 결합한 평정정책을 적극적으로 추진했다. 남베트남 정부는 '확실한 안보'의 확보를 개발의 대전제로 삼았다. 한국군은 남베트남 정부의 평정정책에 참여하며 냉전의 근대화 원리를 체득했다. 1972년 육군대학 특수전 교육을 맡았던 영관장교가 안보와 개발을 결합한 방침을 제시하고 새마을운동을 지지하는 논의를 전개할 수 있었던 것은 동아시아 지역 냉전의 경계지대에서 벌어진 '밑으로부터의 냉전'에 개입한 경험이 바탕에 있었기 때문일 것이다.

더불어 베트남전 개입은 군·관·민 협조에 기반한 방위체제가 지역사회 운영의 핵심으로 자리 잡는 계기였다. 말라야에서 추진된 브리그스 계획, 남베트남 정부의 지역방위 정책, 그리고 민·관·군 협조체제 수립을 강조한 미군의 대반란전 교리 학습은 군의 지역사회 개입의 확대와 민·관·군 협조체제 수립의 배경이 되었다. 일제가 만주국 지역사회 지배를 위해 만든 민·관·군 협조체제가 동아시아 지역의 '밑으로부터의 냉전'이라는 징검다리를 밟고 1970년대 냉전의 새마을과 함께 부활했다고 볼 수 있다.

1967,68년 국면 이후부터 '1972년 분단국가체제' 수립 때까지 한국사회의 재편 방향에 지대한 영향력을 행사했던 최고위 안보정책 책임자들에는 만주국의 방공전사로서 일제의 만주국 대유격전과 농촌 평정에 참여한 박정희, 정일권, 임충식 등이 포진해 있었다. 1969년 1월 '대공전략촌' 설치 추진에서 알 수 있듯이 이들은 만주국에서 집단부락 건설의 경험을 전략촌으로 상징되는 동아시아 냉전의 경험과 연결하며, 불신에 찬 '냉전의 새마을' 건설의 시동을 걸었다.

둘째, '1972년 분단국가체제'의 등장은 동아시아 냉전의 연쇄와 환류가 낳은 결과물이다. 5·16군사쿠데타는 한국군이 동아시아 냉전의 연쇄에 능동적으로 결합할 수 있는 조건을 만들었다. 3년간의 전쟁 뒤 군부는 일제와 만주국의 유산인 국방국가론과 도의국가론을 원용하고 미군의 지원을 받으며 대전략 학습과 도미연수를 실시했는데, 이는 군내 쿠데타 세력이 등장할 수 있는 토양을 제공했다. 5·16군사쿠데타 세력의 집권은 한국사회가 진영대립 구도에서 벗어나 남북문제와 근대화 노선을 모색할 가능성을 근본적으로 차단하고, 군내에 뿌리를 내리던 '군사력의 민주적 문민통제'를 중시하는 지향을 사실상 제거하는 계기였다.

응오딘지엠 정부의 요청을 받은 5·16군사쿠데타 세력은 1962년 두 차례 군사사절단을 파견하며 베트남전 개입의 가능성을 탐색했다. 박창암, 심흥선의 사례가 보여주듯이 한국군의 베트남전 개입은 만주 숙정공작, 제주 4·3사건, 여순사건, 6·25전쟁 등에 참여한 경험이 동아시아 냉전의 경계지대에서 치열하게 벌어지고 있던 '밑으로부터의 냉전'과 접합되는 계기였다.

한국군은 미국 정부의 동아시아 냉전전략을 피동적으로 추수하는 학습자가 아니었다. 한국군이 베트남 전장에서 벌인 자매결연계획이 이를 잘 보여준다. 1962년 심흥선 사절단은 5·16군정이 대대적으로 추진한 자매결연운동을 국민통합의 유용한 방안으로 응오딘지엠 정부에 제안했으며, 베트남전에 참전한 한국군은 관할지역에 신생활촌을 건설하고 자매결연 관계를 수립해갔다. 자매결연은 이후 1970년대 초 대공전략촌의 운영에서도 활용되었다. 진영논리를 명분으로 국익을 추구하기 위해 베트남전에 개입한 한국군은 군사적 평정에서는 발군의 실력을 발휘할 수 있었지만, 베트남인의 역사적 경험과 가치관의 이해에는 근본적인 한계를 보였다.

군과 중앙정보부는 필리핀, 말라야, 베트남에서 벌어진 '밑으로부터의 냉전'과 대공전략을 면밀하게 검토하며, '대공새마을' 건설의 모범 답안을 마련해갔다. 토체체우나 로버트 톰프슨의 방한은 '신촌'으로 대표된 말라야 대반란전·대유격전이 박정희 정부의 '대공새마을' 건설과 동떨어져 있지 않았음을 상징적으로 보여준다. 남베트남 응오딘지엠 정부의 전략촌 건설은 타산지석의 대상이 되었으나, 이후 남베트남 정부가 추진한 평정정책에 관해서는 높게 평가했음을 주목할 필요가 있다.

1960년대 말부터 1970년대 초까지 남베트남 정부는 군사적 평정과 개발을 분리하고, 자위·자치·자체개발과 협동정신을 강조하고, 농촌 재편정책을 도시로 확대하는 방침을 추진했다. 박정희 정부의 '냉전의 새마을' 건설 전략은 남베트남 정부의 그것을 뒤따르는 양상을 보였는데, 이는 남베트남 농촌 평정에 개입하며 '냉전의 새마을' 건설전략을 주목하고, 안보를 전제로 한 개발의 원리를 공유한 결과로 보아야 한다. 국가안전보장회의는 1970년대 초 남베트남의 평정정책을 성공적인 계획으로 높게 평가했으며, 주월한국군사령부도 1973년 완전히 철군할 때까지 남베트남 정부의 평정정책이 성공적으로 이뤄지고 있다고 판단했다.

한편, 동아시아 냉전의 연쇄와 환류의 중심에는 미국이 있었다. 작은 전쟁에 적극적으로 대처하기 위한 냉전전략을 재편한 케네디 정부에게 한국은 '대민활동'에 모범 사례를 제공한 곳이자, 이를 적용하는 실험장이었다. 미군은 1950년대 '주한미군 대한원조'를 동아시아에서 벌어지는 '밑으로부터의 냉전'에서 승리하는 모범적인 사례로 여겼으며, 동시에 5·16군사정부에게 대민활동의 시행을 유도했다. 미국의 대민활동 지원은 경제발전 추진을 우선시한 노선에 의해 크게 위축되었으나, 미군의 교육지원 속에 한국군은 대민활동에 대한 관심을 이어가며 베트남전에 전투병을 파견하기 직전에 대민활동을 군사교리로 확립했다. 한국군의 대민활동 학습과 수용은 한국군이 대반란전·대유격전을 지역사회개발 및 국가개발을 포괄하는 근대화 노선과 직결시키는 계기였으며, 또한 '밑으로부터의 냉전'이 치열하게 벌어지는 베트남전쟁에 개입하기 위한 준비과정이었다.

셋째, '1972년 분단국가체제'의 등장은 박정희와 친위세력이 1960년대 후반 이래 1970년대 초반까지 역동적으로 전개된 국내외의 변화를 인민전쟁 위협론이라는 관점에서 재단하며 절대권력과 영구집권을 추구한 결과였다. 그리고 이는 집권세력 스스로가 외적으로는 동맹에 관해, 내적으로는 민초에 관해 불신의 대상으로 삼고 이를 더욱 심화하는 악순환의 구도에 빠져드는 결과를 낳았다.

1960년대 중반 이래 냉전질서의 다극화 경향의 전면화와 미국의 대중국 정책 변화는 양극적 냉전체제와 진영대립 논리에 의존해 국가안보와 통일 정책을 추진한 박정희 정부에게 안보불안을 불러일으켰다. 한국의 안보 관계자들이 미국의 동아시아 정책에 대해 보인 우려와 불신은 '인민전쟁'과 '민족해방전쟁'을 외치는 중국과 북한에 대한 우려와 동전의 양면을 이루었다. 1967, 68년 북한의 대남 무력공세는 남한의 안보 관계자들에게 인민전쟁을 현실적인 위협으로 여기게 했다. 1967년 9월 14일에 개최된 국가안전보장회의는 '1972년 분단국가체제'의 등장으로 이어지는 주요한 전환점이었다. 정부의 최고위 안보정책 책임자들이 모두 배석한 이 회의에서 '준(準) 군사 민방위체제'의 확립 방침이 수립되었고, 이후 1970년대 중반까지 향토예비군 창설, 지역 방위협의회 설치, 민방위대 결성, 5가구조 감시·통제체제의 확립과 반적부의 부활 등을 통해 순차적으로 실현되었다.

1967년 9월 국가안전보장회의 이후 박정희 정부는 기존 안보 관련법을 검토한 뒤, 1968년 1·21사태를 계기로 '비상대권 확보'와 '지도자 영도론'을 최우선의 과제로 상정했다. 이들은 유격전과 같은 비정규전이 벌어지는 비상사태를 사전에 대처하기 위한 비상대권을 군부의 전폭적인 지지를 받는 지도자에게 부여하여 강력한 영도력을 갖도록 해야 한다고 주장했다. 박정희와 친위세력은 비상대권 확보라는 과제를 1969년 개헌반대에 직면하여 일시 유보했으나, 이후 1971년 국가보위에 관한 특별조치법 제정과 1972년 유신헌법 선포를 거쳐 완결했다.

하지만 당시 여론은 냉전·분단체제의 요동이 안보관의 재정립과 국가체제의 전환을 제기하더라도 민주주의 체제의 약화나 해체를 용인하는 근거가 되어서는 안 된다고 보았다. 심지어 공화당 내에서도 '대유격전—지도자의 영도력—비상대권 부여—종신집권'을 묶는 새로운 안보 프레임에 반대하며 민주주의 체제 수호를 최우선시해야 한다는 견해가 제기되었다.

또한 1960년대 후반 미국 내 대중국 정책의 변화기류와 대서독 정책을 보며 미국의 동맹 방기의 우려를 키웠던 안보 관계자들은 1968년 상반기 미국의 대한정책을 보며 새로운 안보노선이 필요하다고 판단했다. 즉, 1970년대로 접어들면 미국은 중국과 현실적인 외교관계를 수립하고 한반도를 완충지대로 삼을 가능성이 매우 크며, 이러한 가능성이 현실화하면 통일문제는 진영의 문제에서 한국 자체 문제로 전환되고, 북한의 인민전쟁 위협은 지속될 것으로 판단했다. 군부는 북의 위협에 대처하기 위한 작전지휘권의 회수와 인민전쟁 위협론의 관점에서 안보불안 요인인 농촌에 대한 시급한 대책추진이 필요하다고 강조했다.

1950년대 말부터 간접침략론에 기댄 군부는 이승만 정부와 미국의 원조경제정책이 낳은 빈곤한 농촌을 공산세력의 간접침략에 허약한 안보불안요인으로 여겼는데, 이러한 농촌관은 1960년대 후반 중국의 인민전쟁 노선과 1967,68년 북한의 군사모험주의적인 대남 유격전 추진으로 설득력을 확보하여, 동아시아 냉전질서의 변화에 따른 안보 대책을 수립할 때 농촌문제를 중시하게 만들었다.

1971년 중국의 유엔가입과 미국의 대중국 데탕트 정책의 본격적인 추진, 그리고 남북대화에 대한 한국사회의 반응을 인민전쟁 위협론의 관점에서 접근한 박정희와 친위세력은 국가비상사태 선포 이후 새로운 체제 수립을 본격적으로 추진해갔다. 남북대화 추진과 함께 한국사회에서는 '전쟁 없는 평화'와 평화통일에 대한 대중적인 기대가 커지고 여론 주도층까지 남북대화 진전을 위한 반공법과 국가보안법의 개폐를 제기했다. 이에 박정희 정부는 평화통일에 대한 민중의 갈망 표출을 '환상적인 평화무드'에 젖은 국민의 안이한 태도가 낳은 안보위기로 규정하며, '냉전의 새마을'을 토대로 삼은 '1972년 분단국가체제'의 수립을 본격적으로 추진했다.

박정희 정부는 1973년까지 이어진 남북대화를 철저하게 인민전쟁론의 구도 속에서 접근했다. "회색적 지식인층의 북한동조, 이적적 통일론의 대두, 용공세력의 양성화," 그리고 이를 활용한 북한의 '민중봉기' 사주가 남북대화 국면을 바라보는 이들의 기본적인 인식이었다. 이러한 인식에서 남북대화 국면의 진전은 대민 감시와 통제의 확대·강화를 요구하는 것으로 동일시되었다.

넷째, '1972년 분단국가체제'는 비인간화를 악화, 지속하는 체제이자, 전근대적 지배원리를 변용한 지배체제였다. 박정희 정부는 제1차 경제개발계획을 추진하며 급격한 경제성장을 이룰 수 있었으나, 공업화에 치중한 경제성장제일주의 노선은 여러 심각한 사회문제를 드러냈다. 당대 지식인들은 구조적인 사회문제를 극복하기 위한 제도적인 대책의 마련이 필요하다고 보았으나, 박정희 정부는 정신개조적인 측면을 강조하다 1968년 1·21사태 이후 국가안보제일주의를 추가로 강조하며, 사회개발 정책을 '경제성장제일주의'와 '국가안보제일주의' 양자를 안정적으로 추진하는 방안으로 배치했다.

전태일의 분신과 광주대단지 사건을 보며 대학생과 지식인, 종교계는 위계적인 권력구조와 이와 결착된 부정부패, 특권의식이 지배하는 사회를 개혁하지 못하면 정부가 그토록 강조하는 '투철한 국방의식'에 기초한 국가안보는 애초부터 확립할 수 없을 것이라고 비판했다. 민주화를 요구하는 인사들이 볼 때 경제적·사회적 불평등의 심화와 인권·생존권이 위협받는 현실을 극복하지 않고 국가안보와 국민총화를 외치는 것은 기만적인 태도에 불과했다.

민주화운동 세력은 비인간화를 초래하는 근대화 노선을 비판하며, 사회·경제적 민주주의의 확립이 안보의 지름길임을 역설했지만, 박정희 정부와 군은 북의 비정규전 위협의 불변함을 강조하며 전 국민이 대비정규전을 수행하는 주체가 될 것을 요구했다. 이러한 인식을 가진 집권세력은 생존권 요구를 용공행위로 몰아 폭력적인 탄압을 가했다. '1972년 분단국가체제'는 1979년 민중항쟁의 분출을 자초하며 자멸의 길을 걸었다.

주한 미 원조 담당자들은 '비인간화'를 낳는 근대화 노선을 근본적으로 극복하기 위해서는 지역 민중이 자신의 권리를 추구할 수 있도록 자치 권력을 양도하고, 노동자에게 사회적 시민권을 추구할 수 있는 권력을 양도해야 한다고 보았다. 하지만 지방자치제의 조속한 시행을 요구하는 목소리를 남북 대립과 안보 위기를 이유로 묵살했고 비상대권 확보에 몰두한 박정희와 친위세력에게 권력의 조정이란 있을 수 없었다.

주한 미 원조 담당자들의 예견대로 민중을 불신한 박정희 정부는 민중이 지역사회개발을 주도한다는 의사적(疑似的) 자치의식을 불어넣는 새마을운동을 전개했다. 관변 이데올로그들은 새마을운동사업 추진이 '한국적 민주주의'가 토착화에 성공한 것을 보여주는 사례라고 선전했으나, 이는 개발 영역의 새마을과 동전의 양면을 이루고 있는 안보 영역의 새마을, 즉 '대공새마을'의 작동을 고려할 때 전혀 설득력이 없는 궤변에 불과했다. 박정희 정부가 민중에게 허용한 개발 측면의 '자율'은 실질적인 자치권을 배제한 채 '냉전의 새마을' 유지에 부응할 때 허용된 자율이었다.

'냉전의 새마을'을 건설하기 위해 박정희 정부는 내무부와 경찰의 주도로 '대공새마을'로 불린 지배체제를 수립했다. 박정희 정부는 '대공요원대공조장대공조원'을 주축으로 하는 감시체제에 마을 개발을 담당한 이장, 새마을지도자, 농협 이·동 총대를 배치하고, 이장과 반장에게는 민방위 책임을 맡겨 안보와 개발의 책임자를 통합시켰다.

대공새마을 지배체제는 공동체 구성원 전부를 감시자이자 피감시자로 만들고, 경찰이 다수의 망원을 배치하여 이를 감시하는 중층적인 감시체제를 작동시켰다. 공동체 안에서 '내부 적'으로 분류된 이들은 죽어서도 중층적인 감시체제를 벗어날 수 없었고, 이념적 지향이 아닌 정신질환으로 분단국가체제에 순응하지 못하는 이들도 잠재적인 내부의 적으로 분류되어 항상적인 감시를 받았다. '냉전의 새마을'은 감시·통제와 함께 정신개조, 사회순화를 지배체제의 수단으로 삼은 박정희와 친위세력이 추구한 이상향의 현실태라 할 수 있다.

'냉전의 새마을' 건설은 전근대 대민 지배체제가 부활하고 변용되는 동아시아 근대이행의 궤적을 따랐다. 이를 전형적으로 보여주는 사례가 중국과 만주국에서 보갑연좌제의 부활과 변용이다. 만주국에서 보갑제를 크게 활용한 일제는 공동체에 연좌책임을 부과하는 보갑제의 전근대성을 의식하여 과도적 제도라 명명했지만, 전시 동원체제에 보갑제의 핵심 내용인 자위, 상호감시, 연대책임을 그대로 유지했다.

박정희 정부는 1970년대 중반 이후 대공새마을의 활성화를 위해서 5가구조 감시체제 확립, 반적부의 부활, 반상회의 정례화를 추진했다. 이는 박정희 정부가 '냉전의 새마을'의 유지를 위해 5인조제, 보갑제, 오가작통제와 같은 동아시아 지역 전근대 국가의 지배체제 유산과 만주국의 낡은 전시 동원체제를 부활시키는 방식으로 대민 지배체제를 확립했음을 보여준다.

전통적 지배체제의 부활과 변용은 동아시아 지역에서 민중의 장악을 놓고 벌어진 '밑으로부터의 냉전'을 빼놓고 이해할 수 없다. 베트남 전장에서 적대적으로 대립하고 있던 응오딘지엠 정부와 남베트남민족해방전선 모두의 마을에서 5가구조에 기초한 '전통적'인 상호감시체제를 적극적으로 활용하고, 한반도의 남과 북에서도 마찬가지의 양상이 나타난 이유는 동아시아 냉전에 규정된 근대이행의 경로를 밟았기 때문일 것이다. 남한과 북한은 '5가구조' '5호담당제'와 같이 지역사회 공동체를 최대한 잘게 나누어 민중의 일상과 의식을 지배하는 체제를 수립했다. '밑으로부터의 냉전'은 남과 북 분단국가 모두를 강하게 규정했다.

요컨대, 박정희를 위시한 친위세력은 분단국가 지배체제의 안정을 흔들 여지가 있는 모든 요인을 원천적으로 제거하기 위해 불신에 찬 공간이자 '의사적'인 자치를 허용한 '냉전의 새마을'을 건설했다. 그러나 민중은 진정 자신의 권익을 신장할 수 있는 삶의 공동체를 만들고자 했고 이는 풀뿌리 민주주의 확립을 추구하는 운동으로 이어졌다.

'냉전의 새마을'에 의거한 지배체제가 지닌 가장 큰 문제는 공동체의 안전과 생명을 지킬 권리가 공동체 구성원에게서 박탈되었다는 점이다. 공동체에 적대와 불신을 내장시켜 지배와 동원의 주요 수단으로 삼는 분단국가체제에서 민중은 동아시아 열강의 이해 추구와 집권자의 권력 유지의 도구로 전락되는 상황을 막기 위한 기제를 가질 수 없었다. 국가안보제일주의와 경제성장제일주의를 천명하며 수립된 체제는 역설적으로 국민을 안보와 개발의 주체가 아닌 동원의 대상으로 전락시킨 체제이자, 나아가 체제에 적응하지 못하는 개인의 인권과 생명을 위험에 빠트리는 체제였다. 이러한 분단국가체제의 성격은 광주항쟁에서 노골적으로 드러났다.

광기 그 이후, 동아시아 냉전으로의 짧은 회귀

세계사는 문명화를 표방한 식민제국의 폭력과 학살을 반복적으로 보여주었고, 냉전시대 근대화를 내건 공산, 자유 양 진영의 국가도 더하면 더했지 덜하지 않았다. 6·25전쟁 시기 민간인 학살, 베트남전 학살, 크메르루주의 대학살 그리고 1980년 5월 광주에서 다시 그 광기가 발동되었다.

1980년 5월 18일부터 열흘 동안 신군부는 광주를 철저히 고립시키고 민주화를 외치는 시민들의 항쟁을 공산세력이 개입한 '소요사태'로 몰아 학살을 자행했다. 항쟁을 진압한 이후 신군부는 민주화를 위한 광주항쟁을 다시 냉전의 구도 속으로 억지로 욱여넣어야 했다. 신군부가 장악한 군에서는 광주항쟁을 '도시반란'으로 규정하며, 저개발국과 개발도상국에서 인구의 급격한 도시 집중에 따른 만성적인 실업, 빈부격차, 도시빈민 증대 등으로 인해 사회적 불안이 고조되고, 그 결과 '혁명'이 일어날 가능성은 농촌에서 도시로 이동했다고 주장했다.[1]

신군부는 광주항쟁이 시작되자 곧바로 광주시민을 '도시게릴라'로 규정하여 비정규전에 특화된 부대를 투입하기 위한 명분을 만들고,[2] 항쟁 이후에는 이를 사실로 만들기 위한 선전을 벌였다. 광주항쟁을 북한 공작원이 사주한 도시반란으로 규정하는 궤변은 항쟁 직후부터 군의 특수전 전문가에 의해 주장되었다. 즉, 북한의 고정간첩과 같은 불순분자가 개입하여 경찰 및 군부대를 직접 공격하고 특히 교도소를 습격하여 사상범을 포함한 죄수들의 석방을 시도하는 등 '유격 공세활동'을 벌였으며, 무기고를 탈취하고 시민군을 편성하여 지구전을 도모한 '소요'라는 것이다.[3] 신군부는 간접침략론과 인민전쟁론을 활용해 민주항쟁을 '반란' '소요'로 왜곡하며, 자신들의 국가반란 행위를 정당화했다.

신군부의 인식은 북한의 간접침략 위협과 용공세력의 위협을 강조하며 '내부전쟁'을 중시한다는 점에서 1970년대 박정희 정부에 의해 확립된 안

---

1 김무웅(육군대학 특수학처장) 「도시게릴라 위협과 그 대응책」, 『군사평론』 제211호, 1980.12, 10~11면.

2 노영기 『그들의 5·18』, 푸른역사 2020, 208~10면. 신군부의 이러한 조치는 1980년 2월부터 민중의 민주화투쟁을 '폭동'으로 몰아 진압하려는 방침을 세우고 공수특전부대에 강도 높은 훈련을 실시하며 이미 예정되었던 것이라 하겠다. 충정훈련에 관해서는 다음 연구를 참조. 박만규 「신군부의 광주항쟁 진압과 미국문제」, 『5·18민중항쟁과 정치·역사·사회』 2, 5·18기념재단 2007, 420~27면.

3 김무웅 「도시게릴라 위협과 그 대응책」 16면. 교도소 공격이 조작된 것이라는 점에 대해서는 노영기 『그들의 5·18』 315~16면.

보관에서 한 치도 벗어나지 않았다. 여기에 미 육군이 '도시반란'과 '도시게릴라'의 위협을 1970년대 초반부터 강조한 사실까지 고려하면 신군부는 냉전진영의 경계지대인 저개발국과 개발도상국에서 '밑으로부터의 냉전'에 승리하기 위한 미국의 냉전전략을 충실히 따랐음을 알 수 있다.

신군부는 민주항쟁을 진압한 뒤 동남아시아로 시선을 돌렸다.[4] 1981년 7월 전두환(全斗煥)이 인도네시아, 말레이시아, 싱가포르, 태국, 필리핀 등 '동남아시아국가연합'(ASEAN) 5개국 순방길에 나섰다. 전두환의 동남아지역 순방은 1966년 박정희에 이어 두 번째였다. 전두환의 동아시아 지역 방문 목적은 박정희가 그랬던 것처럼 경제적·안보적 양 측면에서 연계를 강화하는 데 있었다.

언론은 전두환이 "이 지역 국가들이 가장 경계하고 있는 공산게릴라 침투에 대비한 특수작전의 풍부한 경험"을 쌓은 인물로서 "세계적으로 널리 알려"져 있어 동남아 지역 국가들과 안보협력 관계 수립에 긍정적으로 기여할 것이라고 보도했다.[5] 이를 부각하고 싶어서였을까. 전두환은 태국에서 일정을 변경하면서까지 캄보디아 접경지역에 있는 전략촌을 방문했다. 전두환은 태국 국왕으로부터 전략촌 현황을 들은 뒤 농촌개발 문제를 태국 측과 논의했다.[6]

2주간의 순방을 마치고 돌아온 전두환은 귀국 성명에서 한국이 "혼란과 불안정을 거듭하여 북한으로부터의 위협에 효과적으로 대처하지 못하고 경제적 늪에서 헤어나지 못했다면" 아세안국가들로부터 환대를 기대할 수 없

---

4 김무웅「동남아시아 제국의 대반란작전(I)」,『군사평론』제212호, 1981.2; 김무웅「동남아시아 제국의 대반란작전(II)」,『군사평론』제214호, 1981.5.

5「태평양시대의 발진(하): 안보문제의 접근」,『경향신문』1981.5.27.

6「전대통령 아세안 여로」,『동아일보』1981.7.6;「태국, 필리핀 방문」, 대통령 기록영상: 전두환 대통령 아시아 5개국 순방, 1981, e영상역사관 소장자료(http://www.ehistory.go.kr).

었을 터인데, 이를 극복했기에 "우리나라에 대한 기대와 신뢰를 전적으로 회복"할 수 있었다고 발언했다.[7] '내부 적의 제거를 통한 안보 확보'가 근대화의 대전제라는 냉전 논리를 내밀며 광주학살을 정당화하는 발언이었다.

1983년은 이른바 '신냉전'이 대두된 이래, 남북 간의 군사적 긴장이 고조된 해였다. 소련의 아프가니스탄 침공과 남태평양 지역 영향력 확대에 대처하기 위해 미국은 전두환 정부와 나카소네 야스히로(中曾根康弘) 정부를 끌어들여 동북아 신냉전 구도를 만들어갔다. 1983년 2월 1일 한미 양군이 대규모의 '팀스피리트 83' 훈련을 시작하자 김일성은 4월 중순까지 준전시 상태를 유지하라는 명령을 전군에 하달했다. 이해 10월 '아웅산 사건'은 남북 간의 긴장을 한껏 고조시켰다.

그러나 1980년대 전반기 동아시아 국제질서의 변화는 신군부가 견지한 안보관이 명분을 얻을 수 없는 방향으로 흘러갔다. 언론에 따르면 1983년 3월 덩샤오핑(鄧小平)이 이끄는 중국 공산당은 중국군의 현대화와 경제발전에 집중하는 데 인민전쟁 노선은 부합하지 않는다고 평가하고 인민전쟁 노선을 공식적으로 폐기했다.[8] 1983년 중국 공산당의 인민전쟁 노선 폐기는 방어 차원에서 유격전을 중시하는 중국의 군사노선을 최종적으로 정리한 조치였다.

1978년 미·일 수교, 1979년 미·중 수교, 1980년대 중반 미하일 고르바초프(Mikhail S. Gorbachyev)의 아프가니스탄 철군과 중·소관계 개선, 1990년 한·소 수교, 1992년 한·중 수교까지 거치며 동북아시아 냉전체제는 비록

---

7 「위대한 태평양시대 도래 확신」, 『경향신문』 1981.7.9.
8 언론은 중국의 인민전쟁 노선의 폐기 조치를 놓고, 덩샤오핑의 군내 반대세력 제거조치이자, 미·소 대결을 틈타 경제건설에 치중하며, 경제력과 과학기술의 발전을 바탕으로 군의 현대화를 이룬다는 전략을 중국이 취한 것이라 해석했다(「등소평의 국가, 전인대 이후의 중공」, 『경향신문』 1983.6.24).

북·미관계, 북·일관계 정상화가 동반되지 못했다는 점에서 불완전하지만 새로운 시대로 넘어가는 불가역적인 해체 과정을 밟아갔다.[9]

'냉전의 새마을'의 해체와 탈냉전 공동체 건설의 시작

신군부는 유신시대가 남긴 긍정적인 유산 중의 하나는 강력한 '국가건설'(state building)이라 보았고, 지방행정 기구의 강화와 예비군제도 및 반상회 제도의 시행을 대표적인 성공사례로 여겼다. 반상회는 "고도의 기동성과 능률성을 지닌 통치조직"을 작동시키는 핵심적인 수단으로 높이 평가했다.[10]

1982년부터 전두환 정부는 주민등록번호 신규 조립과 반상회 활성화를 이끈 김태호(金泰鎬)를 정무 제2수석으로 발탁하고,[11] 행정부 주요 부처 책임자들이 반상회에 참여하여 반상회의 활성화를 독려했다. 같은 해 1월 서울시는 반상회 규모를 평균 26개 가구에서 15개 가구로 재편했다.[12] '냉전의 새마을' 위에 세워진 지배체제를 재작동하려는 시도였다고 할 수 있다. 하지만 주민의 반상회에 대한 관심도는 낮았다. 특히 도시는 더 심해서 1983년 1월 대전시민의 반상회 참여도 조사에 응한 주민의 절반 이상이 매월 실시되는 반상회의 필요성에 대해 부정적인 답변을 할 정도였다.[13]

1983년 5월 초 사흘간 실시된 '멸공83'은 신군부가 '1972년 분단국가체제'를 복구하려는 시도를 상징적으로 보여주는 훈련이었다. '멸공83'이 실

---

9 이에 관해서는 다음 책을 참조. 돈 오버도퍼, 로버트 칼린 『두 개의 한국』, 이종미·양은미 옮김, 길산 2014, 제9~11장.

10 현대한국사연구회 『第五共和國前史: 本文 1編』 1982, 108면.

11 「김태호 정무 제2수석 내무관료의 정통파」, 『경향신문』 1982.1.7.

12 「반조직 재편, 평균 15가구 단위로」, 『경향신문』 1982.2.1.

13 「대전시민 53.8%, 반상회 소극적」, 『동아일보』 1983.2.1.

시되기 직전인 1983년 4월 전두환은 대구시청을 순시한 자리에서 '북괴의 도발'에 대비한 주민신고체제를 정비하고, 모든 조직을 점검하여 '유사시'에 바로 활용할 수 있도록 만들라고 지시했다.[14] '멸공83'에는 신설된 특공부대, 주한미군, 예비군, 민방위대원 등 350여만 명에 달하는 대규모 인원이 참여했다. 이 훈련의 목표는 북한의 유격부대 침투에 대응하기 위한 수도권 방위태세 점검과 함께 전 국민의 안보의식을 고취하여 총력안보태세를 갖추는 데 있었다. 정부는 훈련이 시행되는 지역에서 임시 반상회를 사전에 열고 주민들의 참여를 독려했다.[15]

1984년에는 전두환 정부가 사회 저명인사 3,000여 명을 참여시킨 안보대책 보고회를 개최하며 총력안보체제의 활성화를 도모했다.[16] 전두환 정부는 주민신고업무와 추진계획을 지역 방위협의회가 심의, 주관하도록 했으며,[17] 이·통장의 주요 임무인 신고망 및 이·통 반적부의 관리도 계속 강조했다.[18]

전두환 정부의 후반기에 한·중 교류가 진전되며 안보 관계자들은 인민전쟁 위협은 곧 '중국'이라는 논지를 강조하지는 않았다. 하지만 냉전을 규정하는 핵심 요인으로서 인민전쟁은 계속 강조되었다. 1986년에도 안보 관계자들은 '마을 단위 자위조직 활성화와 신고체제 확립' '전 국민이 참여하는 향토방위촌 육성' '방위의식 고취를 위한 정신혁명으로서 새마을운동 강조' 그리고 '간접침략과 유격전에 대한 대응 필요성' 등을 역설했다.[19]

---

14 「전대통령 경북도 대구시 순시서 강조, 반상회 등 질서 교육」, 『동아일보』 1983.4.1.

15 「멸공83 훈련지역 오늘 임시반상회」, 『매일경제』 1983.5.6; 「9일부터 '멸공83' 훈련」, 『동아일보』 1983.5.6; 「대규모 멸공훈련, 모의 북괴군 신고를」, 『매일경제』 1983.5.6; 「수도권 '멸공83' 훈련 끝나」, 『조선일보』 1983.5.13.

16 황호식 편 『방위총서』, 국제문제연구소 1986, 989면.

17 내무부 한국지방행정연구원 『한국지방행정사(1948~1986)』 하, 1988, 1905~1906면.

18 황호식 편 『방위총서』 517~19면.

19 같은 책 371, 460~64, 478~79면.

그러나 신군부의 바람과 달리 '1972년 분단국가체제'와 '냉전의 새마을' 은 더는 유지될 수 없었다. 전두환 정권의 '개방농정'은 농민의 삶을 악화일 로로 몰아갔고, 분단국가체제는 생존권을 확보하기 위한 민중의 저항 속에 서 밑으로부터 붕괴하기 시작했다.

괴산군 농민들도 1980년대 상반기에 '농민의 생존권'을 위협하는 전두환 정부와 미국의 개방농정을 비판하며 생존권 투쟁을 벌였다.[20] 1986년 7월에 는 괴산군에 '농활'을 온 대학생들과 농민들이 외국농산물 수입 반대와 소 값 파동을 비판하는 시위를 벌이자 경찰이 이들에게 폭력을 가하는 사건이 발생했다. 이에 괴산군 가톨릭농민회와 기독교농민회는 농촌의 현실을 무시 하는 경찰과 지방행정 책임자의 행위를 근절하기 위해서는 국민의 힘으로 "진정한 민주주의의 확립과 지방자치제를 이루어야 한다"라고 역설했다.[21]

1987년 6월항쟁 기간 전국에서 동시다발적인 시위가 일어났고, 남녀노 소, 계급·계층을 가리지 않고 참여한 수많은 이들이 '게릴라식' 집회를 이 어갔다.[22] 민주화를 위해 거리로 나선 전국의 시민이 벌인 '작은 전쟁'이 모 여, 간접침략, 인민전쟁, 유격전/대유격전이라는 냉전·분단체제의 구도가 만든 족쇄를 해체하는 거대한 항쟁이 되었다. 6월항쟁은 냉전·분단체제가 작동시킨 '불신의 연좌'를 대체하는 새로운 희망의 연대를 만들기 위한 역 사의 출발점이었다.

충북 지역은 민주화운동단체와 가톨릭농민회, 기독교농민회, 인권위원회 의 관계자들이 중심이 되어 6월항쟁을 이끌어갔다. 6월항쟁 기간 민주헌법

---

20 이태근 구술 「전 충북농촌개발회 개발부장의 구술을 통해서 본 충북지역의 협동운동」 2013, 31면, 국사편찬위원회 사료철 COH010_16_00A0005.

21 「괴산군수는 농민을 우롱하지 말라」, 가톨릭농민회 괴산협의회, 괴산군 기독교농민회 『괴 산농민』 1986.8.15, 2면.

22 서중석 외 『6월 민주항쟁: 전개와 의의』, 한울아카데미 2017, 제5장.

쟁취 국민운동 충북본부는 국민대중의 민주적 제 권리 회복과 생존권 확보를 위해 한국사회 각 분야가 안고 있는 구조적 모순을 타파하여 정치, 경제, 사회 민주화를 달성하고 '나눔과 섬김의 공동체 사회'를 실현한다는 헌장을 발표했다. 그리고 국민운동 충북본부는 국민운동의 첫 번째 실천원칙으로 "국민에 의해, 국민의 힘으로 정부 선택권을 비롯한 모든 권력기구의 주권자로서 권리를 회복하고 주민자치를 실현"함을 제시했다.[23] 6월항쟁 직후 충북 각 군에서는 국민운동 지부가 결성되기 시작했고, 괴산에서도 8월 23일 가톨릭농민회, 기독교농민회, 농산물 생산비 안정대책위원회, 민주산악회 등이 모여 지부를 결성했다.[24]

6월항쟁은 밑으로부터 점진적이지만 거대한 변화를 열었다. 항쟁 이후 통제와 동원의 상징인 반상회 폐지가 점진적으로 이뤄졌고,[25] 지방자치의 실시는 안보를 시민의 생명과 안전 그리고 공동체의 정의를 지키는 방향으로 움직여갔다. 1991년 3월 시·군·구 지방자치 의회의 시행을 앞두고 지방자치 실시의 촉진을 위해 만들어진 '참여와 자치를 위한 시민연대회의'는 발기 선언문에서 '자유롭고 정의로운 민주사회 건설'과 '민족의 재결합과 통일'이라는 당면과제를 이루기 위해서는 '민주주의'에서 '민'이 부재하고,

---

23 민족민주운동연구소 『국민운동본부: 민주쟁취국민운동본부평가서(I)』 1989, 215~16면. 충북 지역에서는 5월 15일 '장기집권, 호헌책동 분쇄투쟁위원회'가 결성되고, 이후 전국단위의 '민주헌법쟁취 국민운동본부'가 조직되자 명칭을 통일했다. 충북 지역 6월항쟁 전개에 관해서는 다음 책을 참조. 충북민주화운동사편찬위원회 편 『충북민주화운동사』, 선인 2011, 제3부 제3장.

24 민족민주운동연구소 『국민운동본부: 민주쟁취국민운동본부평가서(I)』 221면.

25 반상회에 대한 반발은 1988년 서울 강남구가 반상회 불참 벌금부과금 금지조례를 만든 사례에서 알 수 있듯이 6월항쟁 이후 표출되었다. 1995년 내무부는 지방자치제의 본격화와 맞물려 각 시·군·구에 '반상회 운영 자율화 방안'을 시달했고, 이후 민선 자치단체장들에 의해 반상회의 잠정 중단 또는 폐지 조치가 시행되었다(「김천시 반상회 첫 폐지」, 『동아일보』 1995.9.6; 「'민 위주 행정' 일단 안착」, 『경향신문』 1995.12.27). '통반적부'는 1994년 '전출입 통·반장 경유제'가 폐지되며 유명무실해졌다(「'통반적부' 부활 말썽」, 『조선일보』 1996.6.1).

'주권재민'에서 '민'이 배제되는 현실을 극복하고 시민이 시민주권을 확보하여, '희망을 불어넣는 새로운 연대'를 만들어야 한다고 제창했다. 그리고 이들은 '희망의 연대'를 기반으로 삼은 새로운 공동체 '인간의 마을'을 만들어가자고 제안했다.[26]

1987년 6월항쟁을 거치며 한국사회는 냉전·분단체제의 이상향으로 여겼던 '냉전의 새마을'을 해체하고, 개인의 생명과 자유가 존중받고 각자의 인간다움을 성취하는 공동체이자 한반도 평화와 통일의 기반이 되는 공동체를 만들기 위한 새로운 여정에 나섰다.

---

26 「참여와 자치를 위한 시민연대회의 발기 선언문」 1991.3.4, 『참여와 자치를 위한 시민운동의 과제와 전략』, 민주화운동기념사업회 오픈아카이브(https://archives.kdemo.or.kr).

| 참고문헌 |

I. 자료

1. 한국 자료

1) 미공간(未公刊) 자료

(1) 대통령기록관 국가안전보장회의 자료

「1967년도 국가안전보장회의 제1차 회의, 발언요지」 1967.9.14, 대통령기록관 소장자료, 건번호: A000065410007967.

(2) 베트남전 한국군 관계 자료

『월남 농업기술단 파견』, 외교사료관 762.51VT.

『월남정세, 1974』, 외교사료관 7709 772VT.

『파월 역사자료(시찰보고서)』 국가기록원 자료철 CA0247761.

「제2군단 농촌 건설회의 토의 자료」 1968.10, 군사편찬연구소 사료 No. 01-57.

『월남평정계획, 1972~1975』, 군사편찬연구소 사료 No 90-2251.

제9사단 사령부 『각 부대 민사심리전』 1968, 군사편찬연구소 사료 No. 909-1882.

주월사 『심리전 일반』 1968, 군사편찬연구소 사료 No 90-1774.

주월한국군사령부 『월남전쟁: 주월사민사심리전(1967.9~1967.12)』, 군사편찬연구소 사료
　　　No. 90-2140.

국방부 군사편찬연구소 「보국대대 중대장 중위 박창암」, 『6·25전쟁 참전 증언록(1)』 2003.
대한민국군사사절단 「M-21 파견단 對越南政府建議書」 1962.8.15.
주월한국군사령부 전투능력평가반 『전투능력평가보고서(1/4분기)』 1968.4.

(3) 지방 군·면·리 행정문서, 구술자료
① 내무부, 도, 군 행정문서
사료철 동리(주민)조직관계 1971-1972, 국가기록원 관리번호 BA0840177.
내무부 「반상회 운영강화 지시」 1972.2.5, 국가기록원 소장자료(원문뷰어).
전라남도 「반상회 운영강화 지시」 1972.2.11, 국가기록원 소장자료(원문뷰어).
「반상회 운영강화 지시」 1972.2.6, 국가기록원 소장자료(원문뷰어).
각 도, 군, 면 방위협의회 자료, 국가기록원 소장자료(원문뷰어).
② 경기도 용인군 구성면 행정문서
『관내상황(종합감사)』(1965.5), 『현황(감사자료)』(1966.5), 『현황(감사자료)』(1967.10),
　　　『현황(감사자료)』(1968.10). 『현황보고』(1972), 『현황설명』(1972), 『접견자 명부』
　　　(1976.8), 『면정보고』(1979.1), 『면정보고』(1981.7).
③ 전라남도 화순군 도암면 행정문서
「신고센터운영일지」 국사편찬위원회 사료철 DGJO40_01_00C0002.
「비상사태 초극 위한 긴급불가결의 법」, 국사편찬위원회 사료철 DGJO40_01_00C0004.
『반상회회의록(1)』, 국사편찬위원회 사료철 DGJO40_01_00C0007.
『이장회의서류(11)』, 국사편찬위원회 사료철 DGJO40_01_00C0021.
『대공회보』, 국사편찬위원회 사료철 DGJO40_01_00C0034.
「총력향토방위체제 전략회의」(회의서류), 1975.5.21, 국사편찬위원회 사료철 DGJO40_01
　　　00C0076.
『이장회의서류』, 국사편찬위원회 사료철 DGJO40_01_00C0509.
『이장회의서류』, 국사편찬위원회 사료철 DGJO40_01_00C0547.

『화순군공보 제262호』, 국사편찬위원회 사료철 DGJO40_01_00C0575.

『화순군공보 제264호』, 국사편찬위원회 사료철 DGJO40_01_00C0577.

④ 평창군 행정문서

자료철 강원도 평창군 건설과 「집단의 주택지 관계 문서」, 국가기록원 관리번호:
　　　BA0096419.

⑤ 지역 구술 및 기타 자료

국사편찬위원회 충북 괴산군 문광면 지역사 수집자료 DDC002_06.

국사편찬위원회 충북 괴산군 사리면 지역사 수집자료 DDC002_09.

국사편찬위원회 충북 괴산군 소수면 지역사 수집자료 DDC002_10.

조희부·정만호 「방곡부락 정밀조사서」 1979, 국사편찬위원회 DCB049_02_00C0051.

조희부 구술 「전 충북농촌개발회 전무의 경험을 통해서 본 충북지역의 협동운동」 2013,
　　　국사편찬위원회 사료철 COH010_16_00A0006.

이태근 구술 「전 충북농촌개발회 개발부장의 구술을 통해서 본 충북 지역의 협동운동」
　　　2013, 국사편찬위원회 사료철 COH010_16_00A0005.

(4) 경찰서 생산 자료

① 용산경찰서 생산 자료

사료철 용산경찰서정보과 『요시찰인전출(1972~1974)』, 국가기록원 관리번호:
　　　BA0184230.

② 괴산군 경찰서 생산 자료

사료철 괴산경찰서정보과 『대공통계철(1969~1969)』, 국가기록원 관리번호: BA0630530.

사료철 괴산경찰서정보과 『대공통계철(1970~1970)』, 국가기록원 관리번호: BA0630531.

사료철 괴산경찰서정보과 『대공통계철(1971~1971)』, 국가기록원 관리번호: BA0630533.

사료철 괴산경찰서정보과 『대공통계철(1971~1971)』, 국가기록원 관리번호: BA0630534.

사료철 괴산경찰서정보과 『대공통계철(1971~1971)』, 국가기록원 관리번호: BA0630535.

사료철 괴산경찰서정보과 『대공통계철(1972~1972)』, 국가기록원 관리번호: BA0630536.

사료철 괴산경찰서정보과 『대공통계철(1972~1972)』, 국가기록원 관리번호: BA0630537.

사료철 괴산경찰서정보과 『대공통계철(1973~1973)』, 국가기록원 관리번호: BA0630539.

사료철 괴산경찰서정보과 『대공통계철(1973)』, 국가기록원 관리번호: BA0630540.

사료철 괴산경찰서정보과 『대공통계철(1974~1974)』, 국가기록원 관리번호: BA0630541.

사료철 괴산경찰서정보과 『대공통계철(1975~1975)』, 국가기록원 관리번호: BA0630546.

사료철 괴산경찰서정보과 『대공통계철(1975~1975)』, 국가기록원 관리번호: BA0630547.

2) 공간 자료

(1) 정부출판물, 연감류, 인명사전, 지방지(地方誌)

강진화 편 『대한민국건국10년지』, 대한민국 건국10년지 간행회 1956.

공보부 『정부 중요시책 및 업적』 1961.

국회사무처 『국가재건최고회의 상임위원회 회의록』 1961, 1962.

내각기획조정실 편 『한국경제발전의 이론과 현실: 제9집 '사회개발편'』 1971.

내무부 『반상회운영백서』 1979.

내무부 『새마을운동10년사』 1980.

내무부 『지방자치백서』 1968.

내무부 지도과 『반상회의 시대적 의의』 1978.

내무부 지방행정연구위원회 『읍면행정실태조사종합보고서』 1968.

내무부 한국지방행정연구원 『한국지방행정사(1948~1986)』 상·하, 1988.

대구시 『반상회백서』 1978.

대통령 비서실 『박정희대통령 연설문집』 제5집, 1976.

문화공보부 『난국타개를 위한 우리의 생활지도, 총력안보의 지도요강』 1972.3.

문화공보부 『비상사태 극복을 위한 긴급불가결의 법』 1971.12.

보건사회부 『사회기풍순화대책참고자료』 제Ⅰ·Ⅱ집, 1971.11.

보건사회부 사회보장심의위원회 『사회개발 장기전망』 1969.

보건사회부 사회보장심의위원회 『사회개발(제1집: 기본구상)』 1969.

보건사회부 사회보장심의위원회 『사회개발연구에 관한 활동일지(1967.3~1968.9)』 1968.

보건사회부 사회보장심의위원회 『사회순화: 필요성과 그 요령』 1976.10.

재건국민운동본부 『재건국민운동』 1963.

한국은행조사부『극동지역주재 ICA농무관 제55차회의보고서』1959.

한국응용사회과학연구소『사회개발계획을 위한 기본조사』1968.12.

행정개혁조사위원회『농촌지도체계의 개선을 위한 조사보고서』1965.

괴산군편찬위원회『괴산군지』1990.

용인문화원 향토문화연구소『구성면지』1998.

지역문화연구소『평택 일기로 본 농촌생활사』I·II·III, 경기문화재단 2007, 2008.

청사 편집부 편『칠십년대 한국일지』, 청사 1984.

(2) 중앙정보부·군·경찰 출판/자료집

김일수 편『적화전술: 조국을 좀먹는 그들의 흉계』, 경찰교양협조회 1949.

헌병사편찬실『한국헌병사』, 헌병사령부 1952.

국방대학『국방대학이란?』1956.

국방대학원30년사편찬위원회『국방대학원30년사』, 국방대학원 1987.

국방연구원『4295년도 교육과정 지시: 국내정치력의 분석(5-1)』1961.

국방군사연구소『대비정규전사(1961~1980)』II, 1998.

국방부 전사편찬위원회『대비정규전사(1945~1960)』1988.

국방부 전사편찬위원회『주월한국군 전사 자료집』1~7, 1969.

국방부 전사편찬위원회『증언을 통해 본 베트남전쟁과 한국군』1, 2001.

전사편찬위원회『한국전쟁사(1): 해방과 건군』1967.

한국군사혁명사편찬위원회『한국군사혁명사』제1, 2집, 1963.

육군본부『월남과 우리육군』제1집, 1965.

육군본부『월남전의 戰訓』1966.

육군본부『파월전사』제2집, 1967.

육군본부『한국전에서의 유엔군 유격전(미 존스홉킨스대학 작전연구실(ORO) 보고서)』

1988.

육군본부 군사연구실 편『한국전쟁과 유격전』1994.

육군본부 작전교육국『대유격작전(技敎50-31-20-1)』, 국방부 육군본부 고급부관실 1951.

육군본부 정보참모부『공비연혁』, 육군본부 전사감실 1971.

육군사관학교『한국정치제도론』1961.

육사30년사편찬위원회『대한민국 육군사관학교 30년사』1978.

주월한국군사령부『월남전종합연구』1974.

주월한국군사령부『주월한국군 전사 자료집』1·2, 1967.

중앙정보부『대유격전』1968.

중앙정보부『동서독자료집: 접촉관계 上』1, 1974.

현대한국사연구회『第五共和國前史』1982.

(3) 연구소 발간 현대사 자료집

양승함·박명림·박용수 편『한국대통령 통치사료집』Ⅵ~Ⅶ, 연세대학교 국가관리연구원
    2010.

한국정신문화연구원 현대사연구소 편『5·16과 박정희 정부의 성립』, 한국정신문화연구원
    1999.

한림대학교 아시아문화연구소『빨치산 자료집』1~5, 1996.

(4) 진상조사 보고서, 민주화운동 관련 자료

김삼웅『민족·민주·민중선언』, 일월서각 1984.

민족민주운동연구소『국민운동본부: 민주쟁취국민운동본부평가서』Ⅰ, 1989.

한국기독교교회협의회 인권위원회 편『1970년대 민주화운동』1, 1987.

기쁨과희망사목연구소『암흑 속의 횃불: 7,80년대 민주화운동의 증언』제1권, 1996.

부산대학교 부산울산경남지역 산업 및 문화전문인력양성사업단 편『6월민주항쟁증언록』
    2007.

서울법대 학생운동사 편찬위원회『서울법대 학생운동사: 정의의 함성 1964~1979』2008.

제주4·3사건 진상규명 및 희생자 명예회복위원회『제주4·3사건 진상조사 보고서』2003.
제주4·3사건 진상규명 및 희생자 명예회복위원회『제주4·3사건 자료집』2002.
제주4·3평화재단『제주4·3사건 추가진상조사보고서』I, 2019.

진실·화해를 위한 과거사 정리위원회『2007년 상반기 조사보고서』2007.
진실·화해를 위한 과거사 정리위원회『2009년 상반기 조사보고서』2009.

친일인명사전편찬위원회『친일인명사전』1~3, 민족문제연구소 2009.

가톨릭농민회50년사 편찬위원회『가톨릭농민회 50년사』I, 가톨릭농민회 2017.
가톨릭농민회50년사 편찬위원회『가톨릭농민회 50년사』II, 가톨릭농민회 2017.

한국기독교교회협의회『한국기독교사회운동사: 한국기독교교회협의회 총회록(1976~
        1978)』제7권, 2000.
한국기독교사회봉사회『한국기독교사회봉사회 40년사』2003.

민주화운동기념사업회 오픈아카이브 소장 자료(https://archives.kdemo.or.kr)
'괴산농민' '괴산 농민의 소리' '농민회보'『참여와 자치를 위한 시민운동의 과제와 전략』.

2. 북한관계 자료

『김일성 저작집』20~28권, 조선로동당출판사 1980~1984.
김준엽·김창순·이일선 공편『북한연구자료집』VI·VII, 고려대 아세아문제연구소 1981.
북조선로동당 중앙본부 선전선동부 강연과『전후의 希臘(강연자료)』1948.

3. 일제시대·만주국 관련 자료(집)

滿洲國民政部警務司『保甲制度槪說』1934.

國務院總務廳情報處『省政彙覽: 第六輯 間島省篇』1935.

民政部警務司『滿洲國警察槪要』1935.

民政部警務司『保甲制度を中心とする諸問題』1936.

朝鮮總督府『間島集團部落』1936.

滿洲國臨時産業調査局『(奉天省 新民縣) 農村實態調査 4卷: 一般調査報告書(下卷)』1936.

滿洲國軍事顧問部『國內治安對策の硏究』1937.

關東軍參謀部『最近における滿洲國の治安』1937.

朝鮮總督府『在滿朝鮮總督府施設記念帖』1940.

大同學院 編『通化省農村實態行政事情調査報告書』1942.

大同學院 編『興城縣農村實態調査報告書』1942.

滿洲帝國協和會中央本部調査部『國內における鮮系民實態』1943.

復員局資料整理課『滿洲に關する用兵的觀察』第3卷下, 1952.

復員局資料整理課『滿洲に關する用兵的觀察』第12卷, 1952.

만주국 치안부 경무사(길림성 공안청 공안사연구실 편역)『滿洲國警察史』1982.

김동화 외 편저『연변당사 사건과 인물』, 연변인민출판사 1988.

吉林省社會科學院 編『(日本帝國主義侵華檔案資料選編) 僞滿傀儡政權』第3卷, 1994.

栗屋憲太郞·竹內桂 編集·解說『對ソ情報戰資料』第1~3卷, 1999.

乾安縣地方志編纂委員會『乾安縣志』, 吉林人民出版社 1999.

吉林省檔案館·廣西師範大學出版社 編『日本關東憲兵隊報告集(第一輯)』第3卷, 2005.

中共河北省委黨史硏究室 編『長江線上千里无人區: 日僞檔案及日僞檔案資料摘編』第4卷, 中央編譯出版社 2005.

Lee Chong-Sik, *Counterinsurgency In Manchuria: The Japanese Experience, 1931-1940*, RAND 1967.

4. 미국 자료

1) 미공간 자료

(1) 주한미대사관 생산 자료

RG59, 795.5/8-1762 (국회도서관 dl.nanet.go.kr).

RG59, 1967~69 SNF Central Foreign Policy Files (국립중앙도서관 해외 한국관련 기록물 https://nl.go.kr).

(2) 태평양방면 미 육군 생산자료 (국사편찬위원회 전자사료관)

RG550, Organizational History Files, 1959-1973.

(3) 베트남전 미군사지원사령부 생산 자료(미국 NARA)

RG472, MACV CORDS, MR2, Monthly Province Report.

RG472, MACV CORDS, MR2, Office of the Executive Secretary.

RG472, MAVC CORDS, MR2, Office of Management Support.

RG472, MAVC CORDS, MR2, Office of Plans, Reports, and Evaluations.

RG472, Office Files of Henry Lee Braddock 1968-1975.

(4) 베트남전 참전 지휘관 임무보고서(U.S. Army Center of Military History)

Senior Officer Debriefing Report: LTG W.R. Peers, 1969.6.23, HRC 314.82 Debriefing.
Senior Officer Debriefing Report: Lieutenant General A.S. Collins, Jr, 1971.1.7, HRC 314.82 Debriefing.

(5) 드레이퍼 위원회 관계자료 (국사편찬위원회 전자사료관)

RG84, 84.2 Records of Diplomatic Posts, 1788-1962, Korea, Seoul Embassy, Entry 2846A, Classified General Records, 1959, Box 11.

U.S. President's Committee to Study the U.S. Military Assistance Program (Draper Committee) Records, 1958-59, Box 17, Category V-Central Files-(Military

Assistance) Jan. 1959 (1), Dwight D. Eisenhower Library.

U.S. President's Committee to Study the U.S. Military Assistance Program (Draper Committee) Records, 1958-59, Box 2, Committee Meeting-Sixth-(2/24, 25, 26/59) (1), Dwight D. Eisenhower Library.

(6) 주한미군대한원조(AFAK) 및 대민활동(civic action) 자료(국립중앙도서관 해외 한국 관련 기록물)

1505-100 AFAK Construction Project (FY 68-69), RG550 Records of United States Army, Pacific.

400 Civic Action, 1962, RG84, Korea, Seoul Embassy, Classified General Records, 1952-1963.

MAP 3 Civic Action, RG286, Korea Subject Files, FY 61-63.

Program-AFAK, Jan 1962, RG286 Korea Subject Files, FY 61-63.

(7) 케네디 정부 냉전정책 관계 자료(케네디 대통령 도서관 https://www.jfklibrary.org/ archives)

Bureau of Intelligence and Research Department of State, *Internal Warfare and The Security of The Underdeveloped States, 1961.11.20.*, Folder title: Counter-insurgency.

Cold War Activities of The United States Army, 1 January 1961 to 26 January 1962, Folder Title: National Security Action Memoranda (NSAM) 119, Civic Action.

From: McGeorge Bundy To: The Secretary of State, Subject: Civic Action, 1961.12.18. Folder Title: National Security Action Memoranda (NSAM) 119, Civic Action.

Hilsman, Roger, Memorandum For The President, 1962.1.13., Folder title: Counter-insurgency.

(8) 미 원조기관(ICA, AID) 공안(public safety)관계 자료

RG469, Korea Subject Files 1950-1961, Box 169.

RG286, Office of Public Safety Operations Division East Asia Branch series(국립중앙도서관 해외 한국관련 기록물).

RG286, Subject Files, 1956-1975 (Entry A1 31), Box 24(국사편찬위원회 전자사료관).

2) 공간자료

(1) 미 정부기관, 미 의회 공간물

Foreign Relations of United States (FRUS) Vol. XVIII, Japan, Korea, 1959-1960, U.S.G.P.O, 1994.

Foreign Relations of United States Vol. XXII, North East Asia, 1961-1963, U.S.G.P.O, 1996.

Foreign Relations of United States Vol. XXIX, Part 1. Korea, 1964-1968, U.S.G.P.O, 2000.

Foreign Relations of United States Vol. XIX, Part 1. Korea, 1969-1976, U.S.G.P.O, 2010.

Foreign Relations of United States (FRUS), 1961-1963, Vol. I, Vietnam, 1961, U.S.G.P.O, 1988.

Foreign Relations of United States (FRUS), 1961-1963, Vol. II, Vietnam, 1962, U.S.G.P.O, 1990.

Hearings Before the Committee on Foreign Relations United States Senate 89th Congress on U.S. Policy with Respect to Mainland China, 1966, U.S. Government Printing Office.

Agency for International Development, 1968, *U.S. FOREIGN AID IN EAST ASIA* (Excerpted from Proposed Economic Assistance Programs, FY 1969).

(2) 미군 군사교범

The Infantry School Fort Benning, Georgia, *Special Text 31-20-1, Operations Against Guerrilla Force*, 1950.9.

The United States Army Special Warfare, *Counterinsurgency Planning Guide*, 1963.

Hq, Department of the Army, FM31-16 *Counterguerrilla Operations*, 1967.3.

Hq, Department of the Army, FM31-23 *Stability Operations US Army Doctrine*, 1972.10.

Hq, Department of the Army, *The Problem of Urban Insurgency*, 1974.4.

(CIA-RDP85-00671R000300290003-7, CIA CREST: 25-Year Program Archive).

(3) 미 정보기관, 정책연구소 및 대학 연구기관 보고서

CIA, *Communist Capabilities In South Korea* (ORE 32-48), 1949.2.

Hanrahan, Gene Z., *Japanese Operations Against Guerrilla Forces (ORO-T-268)*, Operations Research Office, The Johns Hopkins University 1954.

Stolzenbach, C. Darwin & Henry Kissinger, A., *Civil Affairs in Korea 1950-51*, Operations Research Office, The Johns Hopkins University 1952.

Daugherty, William E. & Andrews, Marshall, *A Review of US Historical Experience with Civil Affairs, 1776-1954 (ORO-TP-29)*, Operations Research Office, The Johns Hopkins University 1961.

Hausrath, Alfred H., *Civil Affairs in the Cold War (ORO-SP-191)*, Operations Research Office, The Johns Hopkins University 1961.2.

Donnell, John C., Hickey, Gerald C., *The Vietnamese Strategic Hamlets: A Preliminary Report*, RAND 1962.

Hosmer, Stephen T. & Crane, Sibylle O., *Counterinsurgency: A Symposium, April 16-20, 1962*, RAND 2006.

Komer, R. W., *The Malayan Emergency in Retrospect: Organization of A Successful Counterinsurgency Effort*, RAND 1972.

Rural Development Division, Community Development Directorate, CORDS, *The Vietnamese Village 1970: Handbook for Advisors*, 1970.

Donoghue, John D., *My Thuan: A Mekong Delta Village in South Vietnam*, Michigan State University Vietnam Advisory Group 1961.

Michigan State University Vietnam Advisory Group, *Report on the Organization of the Special Commissariat for Civic Action*, 1967.

Michigan State University Vietnam Advisory Group, *Final Report*, Covering Activities of the Michigan State University Vietnam Advisory Group for the Period May 20, 1955-June 30, 1962, Saigon, Vetnam 1962.6.

Woodruff, Lloyd W., *The Study of A Vietnamese Rural Community Administrative Activity, 1960*, Michigan State University Viet-Nam Advisory Group.

5. 신문/잡지

『大阪 朝日, 滿洲版』.

『半島の光』『三千里』『宣撫月報』『新世紀』『朝鮮』『協和運動』.

『경제신문』『경향신문』『고대신문』『대학신문』『동방신문』『동아일보』『부산일보』『서울신문』『영남일보』『자유신문』『조선중앙일보』.

『다리』『민족』『사상계』『세대』『신동아』『월간중앙』『자유』『정경연구』.

『국방공론』『국회보』『도의교육』『정책계보』『지방행정』『최고회의보』.

『국방』『국방연구』『국방학보』『대전략』『번역월보』『추성』『한국안전보장논총』『해군』.

『국민대공교범』『군사평론』『길』.

『논단』『자유세계』.

Army, Army Information Digest.

6. 회고록, 평전, 논총

강재『참군인 李鍾贊 장군』, 동아일보사 1986.

강영훈『나라를 사랑한 벽창우』, 동아일보사 2008.

강원용『역사의 언덕에서』1, 한길사 2003.

계인주『맥아더 장군과 계인주 대령』, 다인미디어 1998.

고정훈『(祕錄) 軍』, 동방서원 1967.

공국진『한 노병의 애환』, 원민 2001.

권정식『군인정신의 양식』, 백문사 1964.

김결『북위40도선: 유격백마부대혈전사』, 유격백마부대전사출판사 1968.

김석범『滿洲國軍志』1987.

김성은『나의 잔이 넘치나이다』, 아이템플 코리아 2008.

김성진『박정희를 말하다: 그의 개혁정치, 그리고 과잉충성』, 삶과꿈 2006.

김윤근『해병대와 5·16』, 범조사 1987.

김정렴『김정렴 회고록: 최빈국에서 선진국 문턱까지』, 랜덤하우스 2006.

김종필『김종필 증언록: 5·16에서 노무현까지』 1, 와이즈베리 2016.

김홍일『국방개론』, 고려서적 1949.

박경석『재구대대: 진중회고록』, 병학사 1966.

백선엽『군과 나』, 대륙연구소 출판부 1989.

_____『對ゲリラ戰: アメリカはなぜ負けたか』, 原書房 1993.

_____『若き將軍の朝鮮戰爭』, 草思社 2000.

신현준『노해병의 회고록』, 가톨릭출판사 1989.

육사7기특별동기생회『노병의 추억: 육사7기특별임관 40주년기념특집』1989.

이계홍『장군이 된 이등병: 최갑석 장군 이야기』, 화남 2005.

이명춘『새역사를 창조하는 사람들』, 精硏社 1962.

이석제『각하, 우리 혁명합시다』, 서적포 1995.

이인수『언제까지나 당신과 함께』, 삼일서적 1985.

이종찬『숲은 고요하지 않다』 1·2, 한울 2015.

이한림『세기의 격랑』, 팔복원 1994.

이훈섭 구술, 조성훈 엮음『전시동원과 경제건설』, 선인 2017.

임동원『피스메이커』, 창비 2015.

장우주『국격의 그림들』, 글마당 2014.

장창국『육사졸업생』, 중앙일보사 1984.

정일권『정일권 회고록』, 고려서적 1996.

조병옥『나의 회고록』, 해동 1986.

조인복『戰塵落穗』, 삼신서적 1968.

주영복『내가 겪은 조선전쟁』, 고려원 1990.

짐 하우스만·정일화 공저『한국 대통령을 움직인 미군대위, 하우스만 증언』, 한국문원
　　　1995.

蒼巖 간행위원회『창암: 만주 박창암장군 논설집』2002.

채명신『베트남전쟁과 나』, 팔복원 2006.

최덕신『제2의 판문점은 어디로』, 청운문화사 1968.

漢南戰友會 편『陸軍獨立 機甲聯隊史』 1997.

홍순봉『나의 생애』, 서강 1976.

東泉 이기원박사 화갑기념논문집 간행위원회『분단상황과 이념문제』 1990.

碩山 서석순박사 고희기념문집 발간위원회『석산 서석순박사 고희기념문집』 1991.

한국정신문화연구원 편『내가 겪은 민주와 독재』, 선인 2001.

한국정신문화연구원 편『내가 겪은 한국전쟁과 박정희정부』, 선인 2004.

한국정신문화연구원 한민족문화연구소 편『내가 겪은 해방과 분단』, 선인 2001.

오기영전집 편찬위원회『동전 오기영 전집 3: 자유조국을 위하여』, 모시는사람들 2019.

은진중학교 동문회『恩眞80년사: 북간도의 샛별』, 코람데오 2002.

심융택 편『자립에의 의지: 박정희 대통령 어록』, 한림출판사 1972.

한국유신학술원 편『우리의 신조: 박정희 대통령 각하 어록 선집』 1977.

II. 논저

1. 일제강점기

穗積陳重 編『五人組制度論』, 穗積奬學財團出版 1921.

西村精一『五人組制度新論』, 岩波書店 1937.

金斗禎『防共戰線勝利の必然性』, 時局對應全鮮思想報國聯盟 1939.

和田淸『中國地方自治發達史』, 汲古書院 1939.

平竹傳三『新東亞の建設 : 蘇聯·支那·滿洲·北洋問題』, 敬文堂書店 1939.

墨田覺『國防國家の理論』, 弘文黨 1941.

桑原三郎『隣保制度槪說』, 二見書房 1941.

吉富重夫『國防國家體制論』, 立命館出版部 1942.

中谷給治「間琿地方に於ける鮮農集團部落」, 『朝鮮』 제224호, 1934.1.

堀勇雄「靑年自興運動の提唱」, 『協和運動』 1940.10.

鄭飛石「間島의 農村相」, 『半島の光』 제64호, 1943.

石垣貞一(桓仁縣公署副縣長)「共匪地帶における宣撫工作」, 『宣撫月報』 제4권 4호, 1939.

早野正夫「東邊道における宣傳宣撫工作: 臨江縣を中心として」, 『宣撫月報』 제4권 4호, 1939.

松井政茂「靑少年運動は當面何をなすべきか(二)」, 『協和運動』, 1940.9.

佐藤公一「討伐工作回顧(1)」, 『協和運動』 1940.10.

福田淸「靑少年運動發展の爲に(下)」, 『協和運動』 1940.10.

高永煥「國防國家란 무엇인가」, 『新世紀』 제3권 1호, 1941.1.

蔡萬植「농산물 출하(공출) 기타」, 『半島の光』 제64호, 1943.

Stewart, John R., "Japan's Strategic Settlements In Manchoukuo," *Far Eastern Survey*, 8:4, 1939.2.15.

Stewart, John R., "Protected and Railway Villages In Manchuria," *Far Eastern Survey*, 8:5, 1939.3.1.

2. 해방이후~1970년대

(1) 저서

가톨릭출판사『사회정의: 가톨릭의 입장』 1976.

갈봉근『유신헌법론』, 한국헌법학회 1976.

구자헌『사회개발론』, 한국사회복지연구소 1970.

권태준·김광웅『한국의 지역사회개발』, 법문사 1981.

김종문 『선전전의 이론과 실제』, 정민문화사 1949.

김종문 외 『국방의 당면과제』, 국방부 정훈국 1955.

김정수 『현대전과 정신전력』, 열화당 1975.

리차드 닉슨 『1970년대의 미국대외정책, 평화를 위한 새 전략』, 미국공보원 1970.2.18.

반성환 『한국농업의 성장』, 한국연구개발원 1973.

빈센트 브란트·이만갑 『한국의 지역사회개발: 4개 새마을부락의 사례연구』, 유네스코한
　　　국위원회 1979.

서지열 『대한국민운동의 기초이론』, 協啓社 1949.

송태균 편 『간접침략』, 병학사 1979.

에드워드 S. 메이슨 외 『한국 경제·사회의 근대화』, 한국개발연구원 1981.

이기홍 『국방과 국민경제와의 연관성』, 홍원상사주식회사 1958.

이범준 『'말라야' 공산게릴라전 연구』, 고려대 아세아문제연구소 1968.

이성구·황의백 『한국의 민방위』, 세우출판사 1972.

이소 『군인의 사고』, 학생사 1950.

이승헌 『남베트남민족해방전선연구』, 고려대 아세아문제연구소 1968.

임동원 『혁명전쟁과 대공전략: 게릴라전을 중심으로』, 탐구당 1967.

정일권·예관수 『공산군의 유격전법과 경비와 토벌』, 병학연구사 1948.

정태진 편 『5·16 군사혁명 요람』, 재정사 1961.

크리스찬아카데미 편 『근대화와 지식인』, 삼성출판사 1975.

크리스찬아카데미 편 『양극화시대와 중간집단』, 삼성출판사 1975.

(2) 논문

강금수 「주민등록제도의 개선」, 『지방행정』 제180호, 1968.10.

강병규 「미영세력권의 대중공 방위전략」, 『국회보』 제58호, 1966.8.

강봉수 「지역사회개발사업의 현황과 전망」, 『지방행정』 제153호, 1966.7.

강영우 「한국의 자립경제와 교육의 나아갈 길」, 『새교육』 제11권 2호, 1959.2.

강영훈 「현대국방문제」, 『국방의 당면과제』, 국방부정훈국 1955.

강인덕 「중공의 전쟁준비」, 『신동아』 제21호, 1966.5.

_____「중공·북괴관계의 현 단계」,『국방연구』제22호, 1967.9.

_____「북괴 전쟁준비 실태와 우리의 대비책」,『국방학보』제1집, 1969.4.

_____「북괴도발의 측정과 대응: 북괴의 대남전략과 우리의 안보」,『사상계』제203호, 1970.3.

곽춘식「반상회운영강화방안」, 지방행정연수대회 연구논문 1976.

국가안보위 정책기획실「70년대 세계 속의 우리의 좌표」,『지방행정』제20권 208호, 1971.2.

국방부정훈국「한국전쟁의 특질」,『국방』제25호, 1953.7.

권병호「국방동원기구론」,『국방연구』제5호, 1959.6.

권정식「제한전쟁과 한국의 경우」,『국방연구』제10호, 1961.3.

_____「현대전략이론」,『국방연구』제12호, 1961.12.

_____「한국의 군사전략」,『국방연구』제13호, 1962.11.

_____「6·25전란과 한국군의 현대적 성장」,『공군』제85호, 1964.3.

김태선·성영소「물가파동」,『신동아』제114호, 1974.2.

김기범「한국에 있어서의 국가긴급권」,『연세논총』제9권, 1972.5.

김도현「반공법 정치질서의 한계」,『다리』제2권 9호, 1971.10.

김동하「창간사」,『최고회의보』창간호, 1961.8.

김무웅「도시게릴라 위협과 그 대응책」,『군사평론』제211호, 1980.12.

_____「동남아시아 제국의 대반란작전(I)」,『군사평론』제212호, 1981.2.

_____「동남아시아 제국의 대반란작전(II)」,『군사평론』제214호, 1981.5.

김병률「현대전과 국민조직」,『국방』제10호, 1952.1.

김성두「제4차 5개년계획에서 본 사회개발」,『신동아』제138호, 1976.2.

김성집「일본의 재무장과 그 전망」,『사상계』제166호, 1967.2.

김성태「읍면 행정의 진로: 읍면행정을 개선하는 길(지방과장의 입장에서)」,『지방행정』제173호, 1968.3.

김성희「국가안전보장과 정치상의 문제점」,『한국안전보장논총』제1집, 1968.12.

김수만「미국의 대중공정책」,『국방연구』제22호, 1967.9.

김신배「공산전략과 게릴라 전술」,『군사평론』제96호, 1968.8.

김영모 「사회개발과 국가책임」, 『사상계』 제197호, 1969.9.

김영준 「중공의 세계전략과 한국통일」, 『중공의 대아시아정책과 한국통일』, 국토통일원 1969.

_____ 「중·소관계의 변화와 극동의 국제관계」, 『국방연구』 제29호, 1970.12.

김용기 「전환기에 있어서 국민의 새 정신자세」, 『중앙행정』 제4권 2호, 1972.2.

김윤환 「복지국가의 이상과 현실」, 『노동문제논집』 제1권, 1969.12.

_____ 「사회개발로서의 노동정책」, 『신동아』 제138호, 1976.2.

김일평 「중공의 대북한 관계」, 고려대 아세아문제연구소 공산권연구실 편 『한국통일과 국제정세』, 고려대학교 출판부 1972.

김재영 「국방경제에 대한 시론: 전쟁에 미치는 국가경제력을 중심으로」, 『국방연구』 제2호, 1958.6.

김재준 「정의가 다스리는 사회」, 『기러기』 제7권 7호, 1971.7.

김재춘 「간접침략과 국민생활」, 『최고회의보』 제9호, 1962.6.

_____ 「간접침략을 분쇄하는 길」, 『최고회의보』 제21호, 1963.6.

김정명 「일본의 대북한정책」, 고려대 아세아문제연구소 공산권연구실 편 『한국통일과 국제정세』, 고려대학교 출판부 1972.

김종문 「대학생에게 붙이는 편지」, 『자유』 제20집, 1971.5.

김종호 「반상회의 시대적 구상」, 『반상회의 시대적 의의』, 내무부 1978.

김종휘 「한미외교의 전개와 대미외교의 과제」, 『국방연구』 제21호, 1966.12.

_____ 「미국의 대중공정책: 역사적인 변천과정을 중심으로」, 『국방연구』 제29호, 1970.12.

김창파 「한국전략개념」, 『국방연구』 제8호, 1960.6.

김철 「60년대 후기의 민족적 과제: 냉전 속에서 국가이익을 찾는 세계와 한국」, 『사상계』 제155호, 1966.1.

김치열 「시도민방위국방회의 내무부장관 훈시」, 『지방행정』 제269호, 1976.3.

김태경 「국방대학원을 마치고(2)」, 『지방행정』 제155호, 1966.9.

_____ 「국방대학원을 마치고(3)」, 『지방행정』 제156호, 1966.10.

김형욱 「간접침략이란 이런 것이다」, 『최고회의보』 제2호, 1961.10.

김홍철 「한국의 국방정책을 중심하여 본 자유아세아의 안전보장책 소고」, 『국방연구』 제

19호, 1966.7.

_____「일본 군대와 한국의 安全保障攷: 한·일 관계의 군사적 측면」,『국방학보』제2집, 1969.12.

김환묵「우리 고장의 자장 연구실천하는 행정: 충청북도 괴산, 이동정 관리를 잘하고 있는 사례」,『지방행정』제208호, 1971.2.

남영우「일선행정의 강화방안: 읍면동의 조직보강을 중심으로」,『지방행정』제216호, 1971.10.

남재희「(특집: 전환기의 학생운동) 새시대의 새 선도자」,『다리』제2권 10호, 1971.11.

내무부 지방국 행정과「내무행정 쇄신지침: 제2회 지방장관회의 지시」,『지방행정』제 126호, 1964.4.

노명식「(특집: 전환기의 학생운동) 비판적 참여의 可能域」,『다리』제2권 10호, 1971.11.

_____「가치관 혼란의 극복」,『자유』제18집, 1971.1.

문민영「면행정 쇄신과 里의 제도적 개선: 면장의 입장에서」,『지방행정』제216호, 1971.10.

문병집「국민총화와 사회적 과제」,『정경연구』제133권, 1976.2.

문창주「안보위기상황으로부터의 탈각」,『정경연구』제109권, 1974.2.

문태준「국가안전보장 정책의 개념」,『국방연구』제3호, 1958.11.

민달현 역「제한전쟁의 전망과 가능성」,『군사평론』제6호, 1959.8.

박경원「국민과 호흡을 같이하자」,『지방행정』제183호, 1969.1.

_____「읍면 행정사무의 간소화와 표준화」,『지방행정』제112호, 1963.2.

박기병「공비정책의 시대성」,『국방』제23호, 1953.4.

박동운「자주국방과 제2경제의 과제」,『지방행정』제176호, 1968.6.

박영대「일본 자위대 백만 구상의 저변: 일본의 재군비는 아시아에 새 혼란을 가져온다」, 『사상계』제197호, 1969.9.

박임항「권두사」,『국방연구』제2호, 1958.6.

박정운「대간첩작전의 소고」,『군사평론』제75호, 1966.9.

_____「주월 한국군의 작전」,『군사평론』제100호, 1968.10.

박정희「혁명정부의 사명」,『최고회의보』창간호, 1961.8.

박중윤「1970년대 한국안전보장의 전략적 전망」,『한국안전보장논총』제1집, 1968.12.

박창규 「이·동개발위원회의 보강책: 조직과 운영을 중심으로」, 『지방행정』 제189호, 1969.7.

박창암 「國防餘題에 대한 명상」, 『추성』 제6호, 1959.5.

_____ 「민간방위체제 개념의 기초에 대한 고찰」, 『국회보』 제76호, 1968.2.

_____ 「예비군 논쟁에 대한 심판」, 『자유』 제18집, 1971.1.

박희선 「제2의 경제와 그 운동방향」, 『정책계보』 제3권 1호, 1968.4.

백문오 「현대전과 특수부대의 사명」, 『군사평론』 제22호, 1962.2.

봉래(蓬萊) 「민족주체세력의 형성과제: 전환기의 결단과 정치의식」, 『사상계』 제202호, 1970.2.

부완혁 「금후 2년간의 존슨 노선과 새 미소관계」, 『사상계』 제165호, 1967.1.

_____ 「월남에 일개군단을 꼭 보내야 하나?」, 『사상계』 제158호, 1966.4.

서동구 「드골의 중공 승인과 대동남아정책」, 『세대』 제2권 10호, 1964.3.

_____ 「전후 후기의 최대 '이슈' 미·중공 관계: A. 토인비의 협상론을 중심으로」, 『세대』 제3권 26호, 1965.9.

_____ 「중공의 봉쇄와 태평양시대의 是非」, 『사상계』 제165호, 1967.1.

서석순 「군인과 정치」, 『해군』 제42호, 1956.6.

서정갑 「국민총화와 기업의 사회적 책임」, 『국민논단』 제15호, 1977.4.

서정순 「총력전력」, 『군사평론』 제2호, 1957.5.

손수익 「앞으로의 읍·면·동 일선행정」, 『지방행정』 제216호, 1971.10.

손재식 「지방행정의 회고」, 『지방행정』 제267호, 1976.1.

손정목 「농촌의 질적 변화와 시범행정의 전략적 기능」, 『지방행정』 제174호, 1968.2.

_____ 「한국의 사회개발시론」, 『사회개발문헌집』, 국립사회사업지도자훈련원 1968.

손창규 「국가재건을 위한 전제와 사회문화정책의 방향」, 『최고회의보』 창간호, 1961.8.

송석하 「국가안전보장의 현대적 개념과 우리나라의 국가안전보장회의」, 『국회보』 제39호, 1964.12.

_____ 「군사적 방위와 비군사적 방위」, 『광장』 제26호, 1975.7.

_____ 「방위전략」, 『세대』 제30호, 1966.1.

_____ 「우리나라의 민방위 문제」, 『국회보』 제45호, 1965.6.

신남균 「사회복지기획논고」, 『사회복지』 제26호, 1969.9.

신상초 「중공의 호전적 정책과 그에 대한 대책을 말한다」, 『국회보』 제58호, 1966.8.

_____ 「한국의 안전보장과 정당」, 『한국안전보장논총』 제1집, 1968.12.

신석연 「비정규전」, 『군사평론』 제23호, 1962.5.

신응균 「동원체제 문제」, 『국가안전보장논총』 제3집, 1971.12.

심이섭 「국민운동의 갈 길」, 『재건통신』 제1호, 1963.1.

_____ 「발전의 여지」, 『재건통신』 제6호, 1962.6.

_____ 「조직활동의 강화를 위하여」, 『재건통신』 제1호, 1962.1.

안동준 「자주국방태세 완비와 헌법개정」, 『정책계보』 제4권 3호, 1969.9.

안병욱 「국가안전보장과 사회적 제문제」, 『한국안전보장논총』 제1집, 1968.12.

양창식 「자립자위와 대학인의 의지」, 『자유』 제20집, 1971.5.

양홍모 「민방위조직과 체제: 주민조직을 중심으로」, 『지방행정』 제261호, 1975.

유갑수 「서구문명에 대한 일고」, 『雛星』 창간호, 1954.12.

유안석 「산악지역에서의 대 '게릴라' 작전」, 『군사평론』 제109·110호, 1969.9.

유준형 「대비정규전의 문제점과 그 해결책」, 『군사평론』 제58호, 1965.5.

_____ 「대비정규전의 본질」, 『군사평론』 제52호, 1964.11.

육대교수단 「제주도 공비토벌 작전」, 『군사평론』 제79호, 1967.2.

윤동찬 「대유격 작전에 관한 고찰」, 『군사평론』 제30호, 1962.12.

윤태호 「북괴의 전쟁준비실태」, 『군사평론』 제100호, 1968.10.

윤형섭 「복지국가와 병영국가」, 『사상계』 제124호, 1963. 8.

이강서 「우수 민방위대장 수기」, 『지방행정』 제275호, 1976.9.

이경남 「서해안의 '동키부대' 용전기」, 『신동아』 제58호, 1969.6.

이광호 「도미유학장교단의 보고」, 『국방』 제25호, 1953.7.

이규선 「시범면에 있어서의 기반행정」, 『지방행정』 제143호, 1965.9.

이극찬 「권력의 집중화와 민주주의 背理」, 『사상계』 제186호, 1968.10.

_____ 「정치분야상에서 본 인간화」, 『대화』 제16호, 1970.10.

이기원 「다원화와 한국외교의 방향」, 『국방연구』 제19호, 1966.7.

_____ 「자주국방의 이론과 현실」, 『국가안전보장논총』 제3집, 1971.12.

이대원「진실에의 정신혁명」,『추성』창간호, 1954.12.

이도상「특수전 이론체계 정립을 위한 제언」,『군사평론』제227호, 1982.8.

이동화「1965년 미국의 극동전략과 한국군사전략의 방향」,『국방연구』제18호, 1965.11.

이만갑「지역사회의 사회적 분석」,『지방행정』제130호, 1964.8.

이범준「8·15선언과 4개국보장책」,『자유』제18집, 1971.1.

이병용「보안·반공법수정 당위론」,『다리』제2권 9호, 1970.10.

이병주「중립론」,『추성』제8호, 1961.3.

이봉학「민방위대창설 2주년 결산」,『지방행정』제288호, 1977.10.

이선희「경제개발을 저해하는 정신적 제도적 요인」,『정책계보』제3권 1호, 1968.4.

이성수「월남과 '쟝글' 작전」,『군사평론』제58호, 1965.5.

이세호「파월국군 귀국보고」,『군사평론』제158호, 1974.3.

이승헌「국가위기의 극복과 비상대권」,『세대』제103호, 1972.2.

_____「국제기류의 변화와 남북접근」,『세대』제109호, 1972.8.

_____「남북대화··유엔전략·헌정유신」,『세대』제113호, 1972.12.

이양호「기반행정과 자력개발」,『지방행정』제172호, 1968.2.

이열모「경제분야에 있어서의 비인간화 문제」,『대화』제16호, 1970.10.

_____「사회정의와 경제개발」,『기러기』제7권 7호, 1971.7.

이영학「현대의 애국심」,『추성』창간호, 1954.12.

이영희「중공의 기본전략」,『국방연구』제22호, 1967.9.

이웅희「박대통령은 3선에 출마할 것인가」,『신동아』제51호, 1968.11.

이인수「국방력 강화를 위한 시론(상)」,『군사평론』제6호, 1959.8.

이정규「국방경제 확립의 기초문제」,『국방의 당면과제』, 국방부정훈국 1955.

이종익「한국사회의 불안과 사회정의의 실현」,『기독교사상』제15권 11호, 1971.11.

이종찬「우리나라 민주주의 신과제」,『추성』제6호, 1959.5.

이지형「전진하는 국민운동」,『재건통신』제6호, 1962.6.

이창록「미·일 안보체제의 전망」,『육군』제129호, 1969.3.

이창순「군력증강을 위한 軍援의 효율적인 관리책」,『국방연구』제8호, 1960.6.

이학구「보고문서 감축에 따른 읍면행정의 능률화」,『지방행정』제236호, 1973.6.

이항녕 「권두언: 국민총화의 광장을 위하여」, 『다리』 제2권 9호, 1971.10.

이호 「내무행정 당면시책 과제」, 『지방행정』 제166호, 1967.8.

임동원 「제삼의 도전 '인민해방전쟁'」, 『사상계』 제179호, 1968.3.

_____ 「공산주의혁명전쟁」, 『자유』 1968.7.

_____ 「공산게릴라전에 관한 연구」, 『국방학보』 제1집, 한국국방학회 1969.4.

_____ 「핵무기시대의 게릴라전」, 『신동아』 제58호, 1969.6.

_____ 「제삼의 도전 '인민해방전쟁'」, 『사상계』 제179호, 1968.3.

임병옥 「내가 읍면장이라면: 주민의 진정한 이해와 협조를 얻도록 노력하겠다」, 『지방행
        정』 제125호, 1964.3.

임진창 「사회정의와 인간개발」, 『기러기』 제7권 7호, 1971.7.

장호강 「예비군방위의 절대치」, 『자유』 제18집, 1971.1.

전용홍 「군사력을 위한 지도자와 정치가」, 『추성』 제8호, 1961.3.

정선호 「대한경제 원조와 그 영향: 농촌경제를 중심으로 한」, 『추성』 제7호, 1960.7.

_____ 「후진국경제와 경제체제」, 『추성』 제8호, 1961.3.

정연권 「미국의 대중공정책 논쟁」, 『신동아』 제21호, 1966.5.

정용석 「황하를 향한 미소작전」, 『다리』 제2권 11호, 1971.12.

정하은 「행동, 전쟁, 문화」, 『추성』 제3호, 1956.5.

정희채 「국가안보와 위기정부」, 『외교안보논총』 제1호, 1978.

조병규 「읍면행정을 이렇게 강화했다」, 『지방행정』 제188호, 1969.6.

조효원 「사회개발의 기본구조」, 『정책계보』 제3권 2호, 1968.6.

주경헌 「미국의 극동정책과 한국의 안전보장」, 『군사평론』 제97호, 1968.9.

주학중 「계층별 소득분포의 추계와 변동요인」, 『한국개발연구』 제1권 1호, 1979.3.

지명관 「'가족찾기운동'과 민족적 발상」, 『다리』 제2권 9호, 1971.10.

최경락 「일본의 대아시아 정책: 대중공정책의 전환점에서 본」, 『국방연구』 제31호, 1971.11.

최광석 「동향에서 본 한국의 국방문제」, 『국방학보』 제3집, 1970.7.

최봉용 「통일론에 대한 소고」, 『추성』 제8호, 1961.3.

최봉채 「시범면에 있어서의 기반행정」, 『지방행정』 제143호, 1965.9.

최성준·조기수 「북한의 인민전략과 그에 따른 농민대책」, 조선대학교 통일문제연구소

1972.

최진우 「대학의 자유와 군사훈련」, 『자유』 제20집, 1971.5.

최창호 「새마을운동과 주민조직의 활용」, 『지방행정』 제256호, 1975.2.

_____ 「반상회와 새마을운동」, 『반상회의 시대적 의의』, 내무부 1978.

최천송 「한국의 사회개발」, 『정책계보』 제4권 2호, 1969.6.

편집부 「제2경제운동추진위원회」, 『정책계보』 제3권 1호, 1968.3.

한국진 「정훈과 부흥」, 『국방의 당면과제』, 국방부 정훈국 1955.

한기장 「읍면 행정의 개선방안(2)」, 『지방행정』 제197호, 1970.3.

_____ 「읍면 행정의 개선방안(3)」, 『지방행정』 제198호, 1970.4.

한대석 「일선실무자의 위치에서 본 병무행정의 결함과 금후 개선점(1)」, 『지방행정』 제
   136호, 1965.2.

_____ 「일선실무자의 위치에서 본 병무행정의 결함과 금후 개선점(完)」, 『지방행정』 제
   140호, 1965.6.

한병용 「(특집: 읍면행정의 강화) 행정운영개선을 통한 읍면강화 방안: 군수의 입장에서」,
   『지방행정』 제238호, 1973.8.

한상범 「시민사회의 논리와 복지국가에의 환상」, 『사상계』 제195호, 1969.7.

한영옥 「현대국가의 변천」, 『추성』 제6호, 1959.5.

한용원 「후진국과 공산주의」, 『추성』 제8호, 1961.3.

함성렬 「현대육상전략이론」, 『국방연구』 제4권, 1959.3.

함병춘·한배호 「60년대, 후반기의 국제사회: 한국이 설 자리를 찾는 입장에서」, 『사상계』
   제156호, 1966.2.

홍승목 「대비정규전」, 『군사평론』 제146·147호, 1972.12.

홍용기 「중공의 유엔가입을 둘러싼 美·佛대립」, 『세대』 제2권 11호, 1964.4.

홍진기 「한국의 안전보장과 국내정책」, 『한국안전보장논총』 제1집, 1968.12.

황두영 「한국 농촌지도자에 대한 비교연구(2)」, 『지방행정』 제188호, 1969.6.

_____ 「한국 농촌지도자에 대한 비교연구」, 『지방행정』 제187호, 1969.5.

황병무 「중공의 대아시아 정책」, 『국방연구』 제31호, 1971.11.

베카, 칼 엘(Carl L. Becker)『자유의 책임』, 윤세창 역, 민중서관 1956.

───『현대민주주의론』, 윤세창 역, 삼진문화사 1954.

스미스, 루이스『민주주의와 군사력』, 박문출판사 1955.

오스굿, 로버트『제한전쟁』(원제: *Limited War: The Challenge to American Strategy*), 국방부 정훈국 1958.

킷신저, 헨리 A.『핵무기와 외교정책』(원제: *Nuclear Weapons and Foreign Policy*), 최영두·강병규·우병규 공역, 국방연구원 출판부 1958.

테이어, 찰스 W.『게릴라』, 황병무 옮김, 삼우문화사 1968.

톰슨, 로버트『평화의 허상: 베트남 이후 미국과 서방의 입장』, 김성진 옮김, 광명출판사 1976.

Bergren, Orville V., 국방연구원 교수부 옮김, 「국방기구 개편의 신국면」, 『국방연구』 제4호, 1959.3.

Cottrell, Alvin J., 김제순 옮김 「군사적 안전보장과 '뉴룩' 정책」, 『대전략』 제1권 10호, 1961.10.

Decker, G. H. 「현대지상군」, 『국방연구』 제4호, 1959.3.

Draper, William H. 「'드레이퍼' 위원회 제1차 보고」, 『번역월보』 제2호, 1959.5.

Seim, Harvey B. 「제한전쟁에 대한 우리의 준비태세는 되어 있는가?」, 『대전략』 제1권 4호, 1961.4.

맥나마라, 로버트 「안정정권 확립을 기대」, 『대전략』 제7권 4호, 1965.4.

모겐소, 한스 J. 「핵능력 과시에 의한 봉쇄」, 『신동아』 제21호, 1966.5.

바아네트, 도우크 「동아시아의 다극화 세력균형」, 『논단』 제7권 2호, 1971.9.30.

번디, 윌리엄 「미국과 중공」, 『대전략』 제8권 5호, 1966.5.

───「미국의 월남 및 동남아정책」, 『대전략』 제7권 3호, 1965.3.

───「월남: 신화와 현실」, 『대전략』 제7권 12호, 1965.12.

스미스, 루이스 「군사력의 문관통제문제」, 『해군』 제48호, 1956.12.

스칼라피노, 로버트 A. 「접근을 통한 견제」, 『신동아』 제21호, 1966.5.

워커, R. L. 「중소분쟁의 저류」, 김준엽 편『중공권의 장래: 아세아에서의 공산주의』, 범문사 1967.

워커, 리처드 「중공의 위협」, 『대전략』 제8권 5호, 1966.5.

테일러, G. E. 「전투적 혁명관과 혁명수출」, 『세대』 제37호, 1966.8.

투우, C. C. 「馬來 공산주의운동의 특징: 신부락 창설방법에 관하여」, 김준엽 편 『중공권의 장래: 아세아에서의 공산주의』, 범문사 1967.

페어뱅크, 존 K. 「전략물자 제외한 통상교류」, 『신동아』 제21호, 1966.5.

힐스먼, 로저 「베트남 보고서」, 『자유세계』 12-1, 1963.

Hausrath, Alfred H., *Civil Affairs in the Cold War*, Operations Research Office, The Johns Hopkins University 1961.

Lansdale, Edward G., "Civic Action Helps Counter the Guerrilla Threat," *Army Information Digest*, 17:6, 1962.6.

Mills, Neil B. (Lt Colonel, USMC), *An Analysis of Civic Action in Selected Underdeveloped Countries*, A thesis presented to the Faculty of the U.S. Army Command and General Staff College in partial fulfillment of the requirement of the degree Master of Military Art and Science, Fort Leavenworth, Kansas, 1964.

Slover, Robert H., "Action Through Civic Action," *Army Information Digest*, 17:11, 1962.10.

_____, "This is Military Civic Action," *Army*, 13:12, 1963.7.

3. 최근 연구

1) 국내연구

(1) 저서

강대민 편 『기억 속의 만주국 체험』 I, 경인문화사 2013.

강만길 『분단시대의 역사인식』, 창비 1978.

_____ 『조선민족혁명당과 통일전선』, 역사비평사 2003.

_____ 『통일운동시대의 역사인식』, 창비 2018.

고경태『1968년 2월 12일, 베트남 퐁니·퐁넛 학살 그리고 세계』, 한겨레출판 2015.

권오신『미국의 제국주의: 필리핀인들의 시련과 저항』, 문학과지성사 2000.

권헌익『전쟁과 가족』, 정소영 옮김, 창비 2020.

_____『학살, 그 이후』, 유강은 옮김, 아카이브 2012.

기사연 지자제 연구위원회『지방자치제와 한국사회 민주변혁』, 한국기독교사회문제연구
　　　원 1991.

김건우『대한민국의 설계자들: 학병세대와 한국 우익의 기원』, 느티나무 2017.

김기승『조소앙이 꿈꾼 세계』, 지영사 2003.

김도형『민족과 지역: 근대 개혁기의 대구·경북』, 지식산업사 2017.

김동노 편『일제 식민지 시기의 통치체제 형성』, 혜안 2006.

김동춘『전쟁과 사회』, 돌베개 2000.

김득중『'빨갱이'의 탄생: 여순사건과 반공 국가의 형성』, 선인 2009.

김득중 외『죽음으로써 나라를 지키자』, 선인 2007.

김성민『통일담론의 지성사』, 패러다임북 2015.

김영미『동원과 저항: 해방전후 서울의 주민사회사』, 푸른역사 2009.

김영숙『근대 일본의 동아시아 정책』, 선인 2009.

김원『박정희 시대의 유령들: 기억, 사건 그리고 정치』, 현실문화연구 2011.

김종엽『분단체제와 87년체제』, 창비 2017.

김지형『데탕트와 남북관계』, 선인 2008.

김행선『유신체제기 통일주체국민회의의 권한과 활동』, 선인 2014.

김효순『간도특설대』, 서해문집 2014.

노영기『그들의 5·18』, 푸른역사 2020.

민주화운동기념사업회 엮음『한국민주화운동사』1~3, 돌베개 2008~2010.

민주화운동기념사업회 한국민주주의연구소 편『6월항쟁: 전개와 의의』, 한울아카데미
　　　2017.

박명림『한국 1950: 전쟁과 평화』, 나남 2002.

박명림·장훈각『강원용 인간화의 길 평화의 길』, 한길사 2017.

박선영『글로컬 만주』, 한울아카데미 2018.

박찬승『마을로 간 한국전쟁』, 돌베개 2010.

박창욱 외『중국 원주촌 연구』, 원주시 2007.

박태균『베트남 전쟁』, 한겨레출판 2015.

_____『우방과 제국: 한미관계의 두 신화』, 창비 2006.

박환『러시아한인민족운동사』, 탐구당 1995.

백낙청『흔들리는 분단체제』, 창비 1998.

변은진『파시즘적 근대체험과 조선민중의 현실인식』, 선인 2013.

빅터 D. 차『적대적 제휴: 한국, 미국, 일본의 삼각안보체제』, 김일영·문순보 옮김, 문학과
    지성사 2004.

서굉일·동암 공편『간도사신론(하)』, 우리들의 편지사 1993.

서승원『북풍과 태양: 일본의 경제외교와 중국, 1945~2005』고려대학교 출판부 2012.

서중석『조봉암과 1950년대(하): 피해대중과 학살의 정치학』, 역사비평사 1999.

서중석 외『6월 민주항쟁: 전개와 의의』, 한울아카데미 2017.

성공회대 동아시아연구소 편『냉전 아시아의 문화풍경 1: 1940~1950』, 현실문화 2008.

신정화『일본의 대북정책』, 오름 2004.

심지연『한국정당정치사』, 백산서당 2004.

양영조『남북한 군사정책과 한국전쟁: 1945~1950』, 한국학술정보 2007.

양정심『제주4·3항쟁: 저항과 아픔의 역사』, 선인 2008.

염인호『또 하나의 한국전쟁: 만주 조선인의 조국과 전쟁』, 역사비평사 2010.

오유석 외『박정희 시대의 새마을운동 : 근대화, 전통 그리고 주체』, 한울아카데미 2014.

오창헌『유신체제와 현대 한국정치』, 오름 2001.

오타 오사무·허은 편『동아시아 냉전의 문화』, 소명출판 2017.

와다 하루키『북조선』, 서동만·남기정 옮김, 돌베개 2002.

유인선『베트남과 그 이웃 중국』, 창비 2012.

_____『새로 쓴 베트남의 역사』, 이산 2002.

윤충로『베트남 전쟁의 한국사회사』, 푸른역사 2015.

_____『베트남과 한국의 반공 독재국가 형성사』, 선인 2005.

윤택림『인류학자의 과거 여행: 한 빨갱이 마을의 역사를 찾아서』, 역사비평사 2003.

윤해동『지배와 자치』, 역사비평사 2006.

윤휘탁『만주국: 식민지적 상상이 잉태한 '복합민족국가'』, 혜안 2013.

_____『일제하 '만주국' 연구: 항일무장투쟁과 治安肅正工作』, 일조각 1996.

_____『중일전쟁과 중국혁명』, 일조각 2002.

이만갑『한국농촌사회연구』, 다락원 1981.

이병천·박형준 편『마르크스주의의 위기와 포스트 마르크스주의』II, 의암출판 1992.

이상록『한국자유민주주의와「사상계」』, 고려대 민족문화연구원 2020.

이신재『북한의 베트남 전쟁 참전』, 국방부 군사편찬연구소 2017.

이우영『전환기의 북한 사회통제체제』, 통일연구원 1999.

이종석『북한-중국관계: 1945~2000』, 중심 2000.

_____『한반도 평화통일론』, 한울아카데미 2012.

임경석『한국사회주의의 기원』, 역사비평사 2003.

장석흥 외『해방 후 한인 귀환의 역사적 과제』, 역사공간 2012.

장세진『슬픈 아시아: 한국 지식인들의 아시아 기행(1945~1966)』, 푸른역사 2012.

장준하선생추모문집간행위원회 편『민족혼·민주혼·자유혼』, 나남출판 1995.

정광민『김일성과 박정희의 경제전쟁』, 꼬레아 2012.

정병준『한국전쟁: 38선 충돌과 전쟁의 형성』, 돌베개 2006.

정용욱 외『구술로 본 한국현대사와 군』, 선인 2020.

정주진『우리의 새마을운동』, 아이엔티 2017.

정태헌『평화를 향한 근대주의 해체』, 동북아역사재단 2019.

조성훈『한국전쟁의 유격전사』, 국방부 군사편찬연구소 2003.

지수걸『일제하 농민조합운동 연구: 1930년대 혁명적 농민조합운동』, 역사비평사 1993.

최용호『베트남전쟁과 한국군』, 국방부 군사편찬연구소 2004.

최일남『그 말 정말입니까: 최일남의 인간기행』, 동아일보사 1983.

최장집『한국의 노동운동과 국가』, 열음사 1988.

최천송『한국사회보장론』, 한국노사문제연구협회 1977.

_____『한국사회보장연구사』, 1991.

충북민주화운동사편찬위원회 편『충북민주화운동사』, 선인 2011.

한석정『만주국 건국의 재해석: 괴뢰국의 국가효과, 1932~1936』, 동아대학교 출판부 2007
(개정판).

_____『만주 모던: 60년대 한국 개발 체제의 기원』, 문학과지성사 2016.

한성훈『전쟁과 인민: 북한 사회주의 체제의 성립과 인민의 탄생』, 돌베개 2012.

한용원『創軍』, 박영사 1984.

_____『한국의 군부정치』, 대왕사 1993.

한홍구『유신: 오직 한 사람을 위한 시대』, 한겨레출판 2014.

허은『미국의 헤게모니와 한국 민족주의』, 고려대 민족문화연구원 2008.

허호준『그리스와 제주, 비극의 역사와 그 후』, 선인 2014.

홍석률『분단의 히스테리』, 창비 2012.

황호식 편『방위총서』, 국제문제연구소 1986.

후지이 다케시『파시즘과 제3세계주의 사이에서』, 역사비평사 2012.

(2) 논문

강만길「일제시대 민족해방운동의 통일전선운동」,『한국독립운동사연구』제12집, 1998.

강민철「1968년 안보위기론 조성과 향토예비군 창설」, 가톨릭대 석사학위 논문, 2009.

강성현「'예외상태 상례'의 법 구조에 대한 비교 연구: 한국전쟁기와 유신체제기 발동한
국가긴급권을 중심으로」,『사회와 역사』제108호, 2015.

강해수「'도의국가(道義國家)'로서의 만주국과 건국대학」,『일본공간』제20호, 2016.

강효숙「제2차 동학농민전쟁과 일본군」,『동양사학회 학술대회 발표논문집』, 2006.

_____「청일전쟁기 일본군의 조선 민중 탄압」,『청일전쟁기 한·중·일 삼국의 상호전략』,
동북아역사재단 2009.

_____「청일전쟁에 있어 일본군의 동학농민군 진압」,『열린정신 인문학 연구』제6호, 2005.

고경태「진실을 말해준 사람들」,『베트남전쟁과 한국군 파병에 관한 심포지움 자료집』, 베
트남전 민간인학살 진실위원회 2000.

고정휴「태평양문제연구회 조선지회와 조선사정연구회」,『역사와 현실』제6권, 1991.

곽경상「5·16군정기 군사정부의 지방정책과 정치·행정구조의 개편」,『역사와 현실』제
92호, 2014.

금보운 「주한미군과 주둔지 주변 지역사회의 관계(1964~1973)」, 『사학연구』 제133호, 2019.

김대희 「1937년 중앙아시아 지역 한인 강제이주 연구」, 이화여대 석사학위 논문 2003.

김무용 「여순사건 진압을 위한 대항 게릴라 작전과 민간인 희생화 전략」, 『역사연구』 제 31호, 2016.

김민식 「1950년대 한국군의 미국 군사유학 시행과 군사교육 체제의 재편」, 고려대 석사학 위 논문 2015.

김선호 「한국전쟁 전후 조선인민군의 월남병과 분단체제의 강화」, 『역사문제연구』 제 36호, 2016.

김성보 「1945~50년대 농촌사회의 권력변화: 충청북도의 면장·면의원 분석을 중심으로」, 『소허사학』 제35집, 2003.

김소남 「1960~70년대 초 괴산가축사양조합의 협동조합운동 연구」, 『학림』 제43집, 2019.

_____ 「1960~80년대 원주지역의 민간주도 협동조합운동 연구: 부락개발, 신협, 생명운 동」, 연세대 박사학위 논문 2013.

김소진 「미국의 대한(對韓)경찰원조 변화와 한국경찰의 치안업무 재편 (1953~1967)」, 고 려대 석사학위 논문 2020.

김수자 「1948~1953년 이승만의 권력강화와 국민회 활용」, 『역사와 현실』 제55호, 2005.

김아람 「한국의 난민발생과 농촌 정착사업(1945~1960년대)」, 연세대 박사학위 논문, 2017.

김양식 「1950년대 충북지역 유지층의 변동과 그 성격」, 『정신문화연구』 제93호, 2003.

_____ 「한국전쟁 전후 충북지역의 인구변동과 민간인 피해」, 『사학연구』 제83호, 2006.

김영미 「해방 이후 주민등록제도의 변천과 그 성격: 한국 주민등록증의 역사적 연원」, 『한 국사연구』 제136호, 2007.

김영희 「국민동원체제와 식민지 유산」, 김영희 외 『민족과 국민, 정체성의 재구성』, 혜안 2009.

김원 「1979년, 그들의 선택: YH노동조합 신민당사 농성」, 『역사비평』 제128호, 2019.

김원섭 「복지국가란 무엇인가? 시민권 이론의 관점에서」, 『사회보장연구』 제23권 4호, 2007.

김인수 「1930년대 후반 조선 주둔 일본군의 대(對)소련, 대(對)조선 정보사상전」, 『한국문학연구』 제32호, 2007.

김재웅 「북한의 38선 접경지역 정책과 접경사회의 형성: 1948~1949년 강원도 인제군을 중심으로」, 『한국사학보』 제28호, 2007.

김주용 「만주지역 간도특설대의 설립과 활동」, 『한일관계사연구』 제31호, 2008.

김지훈 「김홍일의 중국 국민혁명군 경험과 『국방개론』 저술」, 『군사』 제112호, 2019.

김진기 「박정희와 한국의 무기, 방위산업」, 이지수 엮음 『박정희 시대를 회고한다』, 선인 2010.

김춘선 「광복 후 중국 동북지역 한인들의 정착과 국내귀환」, 『한국근현대사연구』 제28호, 2004.

김태국 「만주지역 '朝鮮人民會' 연구」, 국민대 박사학위 논문 2001.

김태일 「한국농촌부락의 지배구조: 국가 '끄나풀' 조직의 지배」, 한국농어촌사회연구소 편 『한국농업·농민문제연구』 II, 연구사 1989.

_____ 「한국의 이익정치와 농민: 전국농민회총연맹(1990.4.24)」, 『대한정치학회보』 제10권 제3호, 2003.

김학재 「국가권력의 모세혈관과 1950년대의 대중동원: 국민반을 통한 감시와 동원」, 김득중 외 『죽엄으로써 나라를 지키자: 1950년대, 반공·동원·감시의 시대』, 선인 2007.

_____ 「한국전쟁 전후 민간인학살과 20세기 내전」, 『아세아연구』 제142호, 2010.

남정옥 「국민방위군」, 국방부 군사편찬연구소 편 『한국전쟁사의 새로운 연구』 1, 국방부 군사편찬연구소 2001.

노영기 「1945~50년 한국군의 형성과 성격」, 성균관대 사학과 박사학위 논문 2008.

_____ 「5·16쿠데타 주체세력 분석」, 『역사비평』 제57호, 2001.

도지인 「1960년대 한국의 중립국 및 공산권 정책 수정에 대한 논의」, 『한국과 국제정치』 제99호, 2017.

마상윤 「근대화 이데올로기와 미국의 대한정책: 케네디 행정부와 5·16쿠데타」, 『국제정치논총』 제42호, 2002.

_____ 「한국군 베트남 파병결정과 국회의 역할」, 『지역연구』 제22권 2호, 2013.

문명기 「근대 일본 식민지 통치모델의 轉移와 그 의미: '대만 모델'의 關東州·朝鮮에의 적

　　　　　용 시도와 변용」, 『중국근현대사연구』 제53호, 2012.

_____ 「保甲의 동아시아: 20세기 전반 대만·만주국·중국의 기층행정조직 재편과 그 의미」, 『중앙사론』 제47호, 2018.

미즈노 나오끼 「1930년대 후반 조선에서의 사상 통제 정책: 함경남북도의 '사상 정화 공작'과 그 이데올로기」, 방기중 편 『일제 파시즘 지배정책과 민중생활』, 혜안 2004.

박경숙 「식민지 시기(1910~1945) 조선의 인구 동태와 구조」, 『한국인구학』 제32권 2호, 2009.

박만규 「신군부의 광주항쟁 진압과 미국문제」, 5·18기념재단 편 『5·18민중항쟁과 정치·역사·사회』 2, 5·18기념재단 2007.

박명림 「지방에서의 한국전쟁(1): 충북, 1945-1953」, 『아세아연구』 제40호, 1997.

박상수 「1950년대 북경 街道 '공간'과 거민위원회의 작동 방식」, 『중국근현대사연구』 제64호, 2014.

박성진 「만주국 조선인 고등 관료의 형성과 정체성」, 『동양정치사상사』 제8권 1호, 2009.

박태균 「1950·60년 미국의 한국군 감축론과 한국정부의 대응」, 『지역연구』 제9권 3호, 2000.

_____ 「1960년대 중반 안보 위기와 제2경제론」, 『역사비평』 제72호. 2005.

_____ 「5·16쿠데타와 미국」, 『역사비평』 제55호, 2001.

배영애 「북한의 체제유지를 위한 '인민반'의 역할과 변화」, 『통일과 평화』 제10집 2호, 2018.

배항섭 「'근대이행기'의 민중의식: '근대'와 '반근대'의 너머」, 『역사문제연구』 제23호, 2010

_____ 「19세기 지배질서의 변화와 정치문화의 변용」, 『한국사학보』 제39호, 2010.

_____ 「동학농민전쟁 당시 일본군의 개입과 그 영향」, 『군사』 제53호, 2005.

서중석 「미군정·이승만정권 4월혁명기의 지방자치제」, 『역사비평』 제13호, 1991.

송광성 「그리스와 미국의 전쟁: 냉전정책의 선언」, 『정책과학연구』 제10집, 2000.

신규섭 「'만주국'의 협화회와 재만 조선인」, 『만주연구』 제1호, 2004.

신상구 「1960년대 한국군의 베트남전 참전과 대반란전 이해: 군사교리의 개편을 중심으로」, 고려대 석사학위 논문, 2018.

_____ 「한국군 민사심리전의 형성과 발전: 1950~60년대를 중심으로」, 『군사연구』 제

151집, 2021.

신주백 「1945년 한반도에서 일본군의 '본토결전' 준비: 편제와 병사노무동원을 중심으로」, 『역사와 현실』 제49호, 2003.

_____ 「만주국군 속의 조선인 장교와 한국군」, 『역사문제연구』 제9호, 2002.

안정애 「만주군 출신 장교의 한국전쟁과 주한미군에 대한 인식」, 『한국인물사연구』 제3호, 2005.

알렉산드르 제빈 「사회체제의 변화된 전통으로서의 북한의 인민반」, 『아세아연구』 제91호, 1994.

양봉철 「홍순봉과 제주4·3」, 『4·3과 역사』 제17호, 2017.

양영조 「한국전쟁기 해외 군사경력자들의 재편과정과 정치화」, 『한국근현대사연구』 제26집, 2003.

양재진 「박정희시대 복지연금제도의 형성과 유보에 관한 연구」, 『한국거버넌스학회 하계 공동학술대회 발표논문집』 2006.

양정심 「제주4·3과 그리스 내전 비교 연구: 미국의 역할을 중심으로」, 『이화사학연구』 제37집, 2008.

오제연 「1960~1971년 대학 학생운동 연구」, 서울대 박사학위 논문, 2014.

우영란 「위만주국시기의 집단부락에 대한 연구」, 서굉일 외 『間島史新論(하)』, 우리들의 편지사, 1993.

유필규 「만주국시기 한인의 강제이주와 집단부락 연구」, 국민대 박사학위 논문 2014.

윤상원 「1937년 강제이주 시기 한인 탄압의 규모와 내용」, 『한국사학보』 제78호, 2020.

_____ 「러시아 지역 한인의 항일무장투쟁 연구(1918~1922)」, 고려대 박사학위 논문, 2009.

_____ 「소련의 민족정책 변화와 1937년 한인 강제이주」, 『사림』 제46호, 2013.

윤휘탁 「'만주국' 시기 일제의 대민지배의 실상: 보갑제도와 연관하여」, 『동아연구』 제30호, 1995.

_____ 「'滿洲國'의 '2등 국(공)민,' 그 실상과 허상」, 『역사학보』 제169호, 2001.

_____ 「만주국 시기 북만주의 촌락 실태와 농민생활」, 『만주연구』 제24집, 2017.

이만재 「제1공화국 초기 향보단·민보단의 조직과 활동」, 『한국민족운동사연구』 제93호,

2017.

이상록「'예외상태 상례화'로서의 유신헌법과 한국적 민주주의 담론」,『역사문제연구』제 35호, 2016.

_____「1979년 크리스챤아카데미 사건을 통해 본 한국의 인권 문제」,『역사비평』제 128호, 2019.

이상일「1937년 연해주 한인의 강제이주 배경과 일본의 對蘇 정보활동」,『한국독립운동 사연구』제19집, 2002.

이상철「1959년 드레이퍼 위원장 방한과 합경위 수출진흥분과위원회」,『역사비평』제 112호, 2015.

이선아「여순사건 이후 빨치산 활동과 그 영향」,『역사연구』제20호, 2011.

이완범「장면과 정권교체: 미국의 대안고려와 그 포기 과정을 중심으로, 1952~1961」,『한 국민족운동사연구』제34호, 한국민족운동사학회 2003.

이용기「마을에서의 한국전쟁 경험과 그 기억」,『역사문제연구』제6호, 2001.

이우재「1979년 크리스챤아카데미 사건」,『역사비평』제12호, 1991.

이유리「1950년대 '도의교육'의 형성과정과 성격」,『한국사연구』제114호, 2009.

이종민「전시하 애국반 조직과 도시의 일상 통제: 경성부를 중심으로」,『동방학지』제 124호, 2004.

이태훈「일제말 전시체제기 조선방공협회의 활동과 방공선전전략」,『역사와 현실』제 94호, 2014.

임성모「'국방국가'의 실험: 만주국과 일본파시즘」,『중국사연구』제16집, 2001.

_____「만주국협화회의 총력전체제 구상 연구」, 연세대 박사학위 논문 1997.

_____「일본제국주의와 만주국: 지배와 저항의 틈새」,『한국민족운동사연구』제27권, 2001.

임종명「해방 직후 남한 신문과 베트남 전쟁 재현·표상」,『현대문학의 연구』제54호, 2014.

장규식「1950~1970년대 사상계 지식인의 분단인식과 민족주의론의 궤적」,『한국사연구』 제167호, 2014.

장석흥「일제강점기 한인 해외 이주의 강제성과 귀환 문제」,『한국학논총』제27권, 2005.

_____「해방후 중국지역 한인의 귀환과 성격」, 중국해양대학교 해외한국학 중핵대학 사

업단 편『귀환과 전쟁, 그리고 근대 동아시아인의 삶』, 경진 2011.

전갑생「한국전쟁 전후 대한청년단의 지방조직과 활동」,『제노사이드연구』제4호, 2008.

정근식「한국전쟁 경험과 공동체적 기억: 영암 구림권을 중심으로」,『지방사와 지방문화』
　　　제5권 2호, 2002.

정근식·이원규「전략촌 대마리의 형성과 향군촌 정체성의 변화: 평화함축적 상징의 수용
　　　을 중심으로」,『통일과 평화』제12권 1호, 2020.

정대돈「가톨릭농민회와 나」,『내일을 여는 역사』제34호, 2008.

정무권「국가자율성, 국가능력, 사회보장정책: 유신체제의 사회보장정책」,『한국행정학회
　　　월례발표회논문집』1993.

정병준「조선건국동맹의 조직과 활동」,『한국사연구』제80호, 1993.

정일준「전쟁과 근대화: 한국과 남베트남 비교, 1961~1965」, 한국산업사회학회 편『노동
　　　과 발전의 사회학』, 한울 2003.

_____「지엠 정권과 미국의 동맹」,『사회와 역사』제108호, 2015.

조건「일제의 간도성 '조선인특설부대' 창설과 재만 조선인 동원(1938~1943)」,『한국근
　　　현대사연구』제49호, 2009.

조진구「중소대립, 베트남전쟁과 북한의 남조선혁명론, 1964~68」,『아세아연구』제
　　　114호, 2003.

지수걸「한국전쟁과 군단위 지방정치: 공주·영동·예산지역 사례를 중심으로」,『지역과 역
　　　사』제27권, 2010.

지승준「친일인물연구, 사회주의에서 친일의 길로 전향한 김두정」,『민족문제연구』제
　　　5권, 1994.

진필수「1930~40년대 일본 지역조직의 재편과 관제적 자치: 오인조(五人組)에서 인조(隣
　　　組)로」,『실천민속학연구』제34호, 2019.

찰스 K. 암스트롱, 정병선 옮김,「한국의 베트남 전쟁」,『볼』제7권, 2007.

천성림「신생활운동의 성격」,『중국사연구』제9호, 2000.

최동주「한국의 베트남 참전 동기에 관한 재고찰」,『한국정치학회보』제30권 2호, 1996.

최영호「이승만 정부의 태평양동맹 구상과 아시아민족반공연맹 결성」,『국제정치논총』
　　　제39권 2호, 1999.

최용호 「베트남전쟁에서 한국군의 작전 및 민사심리전 수행방법과 결과」, 경기대 박사학
위 논문 2005.

한도현 「국가권력의 농민통제와 동원정책: 새마을운동을 중심으로」, 한국농어촌사회연구
소 편 『한국농업·농민문제연구』 II, 연구사 1989.

한봉석 「2차 세계대전 후 동아시아지역 미국 경제협조처사업의 성격: 중국본토 및 타이완
의 농촌부흥연합회 사례를 중심으로」, 『인문사회21』 제9권 3호, 2018.

한홍구 「박정희 정권의 베트남 파병과 병영국가화」, 『역사비평』 제62호, 2003.

_____ 「한국군의 베트남전 파병과 민간인 학살문제」, 『베트남전쟁과 한국군 파병에 관한
심포지움 자료집』 2000.

허은 「1950년대 전반 미국의 '생체정치'와 한국사회 헤게모니 구축」, 『한국사연구』 제
133호, 2006.

_____ 「1950년대 후반 지역사회개발사업과 미국의 한국 농촌사회 개편구상」, 『한국사학
보』 제17호, 2004.

_____ 「1960년대 후반기 냉전·분단체제의 변동과 한국의 안보관 재정립」, 『아세아연구』 제
180호, 2020.

_____ 「5·16군정기 재건국민운동의 성격: '분단국가 국민운동' 노선의 결합과 분화」, 『역사
문제연구』 제11호, 2003.

_____ 「냉전분단시대 '대유격대국가'의 등장」, 『한국사학보』 제65호, 2016.

_____ 「동아시아 냉전의 연쇄와 박정희정부의 '대공새마을' 건설」, 『역사비평』 제111호,
2015.

_____ 「박정희 정부시기 농촌사회 재편과 지역 총력안보체제 구축: 구성면 면정문서 분석
을 중심으로」, 『사총』 제84호, 2015.

_____ 「한국군의 남베트남 '농촌 平定' 개입과 동아시아 냉전의 연쇄」, 『한국사학보』 제
69호, 2017.

_____ 「한반도 탈냉전과 평화·통일의 경로: '냉전·분단의 공동체' 극복과 새로운 '삶의 공
동체' 형성 모색」, 『한국사학보』 제86호, 2022.

홍석률 「4월혁명과 이승만 정권의 붕괴 과정」, 『역사문화연구』 제36집, 2010.

_____ 「5·16쿠데타의 원인과 한미관계」, 『역사학보』 제168호, 2000.

_____「위험한 밀월: 박정희·존슨 행정부기 한미관계와 베트남전쟁」, 『역사비평』 제 88호, 2009.

_____「이승만 정권의 북진통일론과 냉전외교정책」, 『한국사연구』 제85호, 1994.

_____「푸에블로 사건과 남한·북한·미국의 삼각관계」, 『한국사연구』 제113호, 2001.

홍성태「일상적 감시사회를 넘어서」, 공제욱 엮음『국가와 일상』, 한울아카데미 2008.

홍순권「의병학살의 참상과 '남한대토벌'」, 『역사비평』 제45호, 1998.

홍종필「'만주사변' 이후 조선총독부가 간도지방에 건설한 조선인 집단부락에 대하여」, 『명지사론』 제7호, 1995.

황병주「새마을운동을 통한 농업 생산과정의 변화와 농민 포섭」, 『사회와 역사』 제90호, 2011.

후지이 다케시「4·19/5·16 시기의 반공체제 재편과 그 논리」, 『역사문제연구』 제25호, 2011.

Do Thanh Thao Mien「베트남 전쟁기 한반도와 베트남 관계 연구」, 이화여대 박사학위논문 2018.

2) 해외 연구 논저

(1) 일본

조경달『이단의 민중반란』, 박맹수 옮김, 역사비평사 2008.

후지타 쇼조『천황제 국가의 지배원리』, 김석근 옮김, 논형 2009.

야마무로 신이치『키메라: 만주국의 초상』, 윤대석 옮김, 소명출판 2009.

강상중·현무암『기시 노부스케와 박정희』, 이목 옮김, 책과함께 2010.

기시 도시히코, 쓰치야 유카 편『문화냉전과 아시아: 냉전 연구를 탈중심화하기』, 김려실 옮김, 소명출판 2012.

이노우에 가쓰오「일본군 최초의 제노사이드 작전」, 나카츠카 아키라, 이노우에 가쓰오, 박맹수『동학농민전쟁과 일본』, 한혜인 옮김, 모시는사람들 2014.

이타가키 류타「제국의 신민 관리 시스템: 과거와 현재」, 『당대비평』 제20호, 2002.

可藤豊隆『滿洲國警察小史』, 財團法人 滿蒙同胞援護會 愛媛縣支部 1968.

防衛廳 編『日本の防衛: 防衛白書』, 大藏省印刷局 1970.

滿洲移民史硏究會 編『日本帝國主義下の滿洲移民』, 龍溪書舍 1976.

小林弘二『滿洲移民の村』, 筑摩書房 1977.

中兼和津次『舊滿洲農村社會經濟構造の分析』, 財團法人アジア政經學會 1981.

淺田喬二·小林英夫『日本帝國主義の滿洲支配』, 時潮社 1986.

金靜美『中國東北部における抗日·朝鮮·中國民衆史序說』, 現代企劃室 1992.

山本有造 編『‘滿洲國’の硏究』, 京都大學人文科學硏究所 1993.

山根幸夫『建國大學の硏究』, 汲古書院 2003.

段瑞聰『蔣介石と新生活運動』, 慶應義塾大學出版會 2006.

田中隆一『滿洲國と日本の帝國支配』, 有志舍 2007.

中野聰『歷史經驗としてのアメリカ帝國: 米比關係史の群像』, 岩波書店 2007.

李海燕『戰後の滿洲と朝鮮人社會-越境·周緣·アイデンティティ』, 御茶の水書房 2009.

富田武『戰間期の日ソ關係』, 岩波書店 2010.

高岡裕之『總力戰体制と‘福祉國家’』, 岩波書店 2011.

金永哲『‘滿洲國’期における朝鮮人滿洲移民政策』, 昭和堂 2012.

崔慶原『冷戰期日韓安全保障關係の形性』, 慶應義塾大學出版會 2014.

木畑洋一『二〇世紀の歷史』, 岩波書店 2014.

飯倉江里衣「滿洲國軍朝鮮人の植民地解放前後史: 日本植民地下の軍事經驗と韓國軍への
　　　連續性」, 東京外國語大學 大學院 博士學位論文 2017.

和田春樹「遊擊隊國家の成立と展開」,『世界』1993.10.

水野直樹「咸鏡北道におこる思想淨化工作と鄕約·自衛團」, 松田利彦·陳姃湲 編『地域社會
　　　から見る帝國日本と植民地』, 思文閣出版 2013.

遠藤正敬「滿洲國統治における保甲制度の理念と實態: ‘民族協和’と法治國家というの國是
　　　めぐって」,『アジア太平洋討究』20, 2013.

金奈英「經路依存から解釋した地域住民組織の依存」,『政治社會論叢』第2号, 2014.

(2) 중국/대만

양소전 외『중국조선혁명투쟁사』, 연변인민출판사 2009.

션즈화『최후의 천조(天朝)』, 김동길 외 옮김, 선인 2017.

聞鈞天『中國保甲制度』, 商務印書館 1935.

孫春日『'滿洲國'時期 朝鮮開拓民硏究』, 延邊大學出版社 2003.

李淑娟「日僞統治下的東北農村述論」, 南開大學歷史學院 博士學位論文 2005.

鄭光日「日僞時期東北朝鮮族'集團部落'硏究」, 延邊大學 博士學位論文 2010.

劉志兵『集團部落: 日軍侵華暴行的又一鐵證』, 承德市老區建設促進會 2013.

張磊「東北淪陷時期日軍建立'集團部落'的影響及危害」, 『長春大學報』第28卷 第5期, 2018.

王廣義·張寬「東北抗聯反日僞'集團部落'鬪爭硏究」, 『歷史敎學問題』 2019年 第2期.

王學新『日治時期臺灣保甲制度之硏究』, 國史館臺灣文獻館 2009.

(3) 영·미권

고프먼, 어빙『수용소』, 심보선 옮김, 문학과지성사 2018.

메릴, 존『침략인가 해방전쟁인가: 1948~1950 한국전쟁의 국제적 배경』, 신성환 옮김, 과학과사상 1988.

미무라, 제니스『제국의 기획: 혁신관료와 일본 전시국가』, 박성진 옮김, 소명출판 2015.

브라진스키, 그렉『대한민국 만들기, 1945~1987』, 나종남 옮김, 책과함께 2012.

센, 아마티아『자유로서의 발전』, 김원기 옮김, 갈라파고스 2013.

슈미트, 카를『정치적인 것의 개념』, 김효전·정태호 옮김, 살림 2012.

슈퇴버, 베른트『냉전이란 무엇인가』, 최승완 옮김, 역사비평사 2008.

스칼라피노, 로버트, 이정식『한국공산주의운동사』, 한홍구 옮김, 돌베개 2014.

스콧, 제임스『농민의 도덕경제』, 김춘동 옮김, 아카넷 2004.

워커, 리처드『한국의 추억』, 이종수·황석유 옮김, 한국문원 1998.

크루벨리에, 티에리『자백의 대가: 크메르루즈 살인고문관의 정신세계』, 전혜영 옮김, 글항아리 2012.

톰슨, 로버트 『평화의 허상』, 김성진 옮김, 광명출판사 1976.

페이지, 제프리 『농민혁명』, 강문구 옮김, 서울프레스 1995.

하워드, 마이클 『전쟁과 자유주의 양심』, 안두환 옮김, 글항아리 2018.

헬버스탬, 데이비드 『최고의 인재들』, 송정은·황지헌 옮김, 글항아리 2014.

홉스봄, 에릭 『극단의 시대, 20세기의 역사』, 이용우 옮김, 상·하, 까치 1997.

Ahern Jr, Thomas L., *Vietnam Declassified: The CIA and Counterinsurgency*, The University Press of Kentucky 2010.

Barnett, A. Doak, *Our China Policy: The Need for Change*, The Foreign Policy Association 1971.

Beckett, Ian F. W. ed., *The Roots of Counter-Insurgency*, Blandford Press 1988.

Bessel, Richard & Haake, Claudia B., *Removing Peoples: Forced Removal in the Modern World*, Oxford University Press 2009.

Birtle, Andrew J., *U.S. Army Counterinsurgency and Contingency Operations Doctrine 1942-1976*, Center of Military History U.S. Army 2006.

Boot, Max, T*he Road Not Taken*, W.W.Norton & Company Ltd. 2018.

Cable, Larry E., *Conflict of Myths: The Development of American Counterinsurgency Doctrine and the Vietnam War*, New York University Press 1986.

Catton, Philip E., *Diem's Final Failure: Prelude to America's War in Vietnam*, University Press of Kansas 2002.

Cumings, Bruce, *The Origins of the Korean War: vol. II, The Roaring of the Cataract*, Princeton University Press 1990.

De Pauw, John W., Luz, George A. eds., *Winning the Peace: the Strategic Implications of Military Civic Action*, Strategic Studies Institute, U.S. Army War College 1990.

Dow, Maynard Weston, *Nation Building in Southeast Asia*, Pruett Press 1966.

Duy Lap Nguyen, *The Unimagined Community: Imperialism and Culture in South Vietnam*, Manchester University Press 2020.

Eckert, Carter J., *Park Chung Hee and Modern Korea: The Roots of Militarism, 1866-1945*,

Belknap Press of Havard Universities Press 2016.

Elliott, Mai, *RAND in Southeast Asia*, RAND 2010.

Engel, Jeffrey A. ed., *Local Consequences of the Global Cold War*, Woodrow Wilson Center Press 2007.

Forth, Aidan, *Barbed-Wire Imperialism: Britain's Empire of Camps 1876-1903*, University of California Press 2017.

Gerlach, Christian, *Extremely Violent Societies: Mass Violence in the Twentieth-Century World*, Cambridge University Press 2010.

Glick, Edward Bernard, *Peaceful Conflict: The Non-Military Use of the Military*, Stackpole Books 1967.

Hilsman, Roger, *To Move a Nation: The Politics of Foreign Policy in the Administration of John F. Kennedy*, Doubleday & Company, INC. 1967.

Hosmer, Stephen T. & Crane, Sibylle O., *Counterinsurgency, A Symposium, April 16-20, 1962*, RAND 2006.

Hunt, Richard, *Pacification: The American Struggle for Vietnam's Hearts and Minds*, Westview 1996.

Hyun, Sinae, *Indigenizing the Cold War: Nation-Building by the Border Patrol Police of Thailand, 1945-1980*, Diss of Ph.D, University of Wisconsin-Madison 2014.

Immerwahr, Daniel, *Thinking Small: The United States and the Lure of Community Development*, Havard University Press 2015.

Komer, R. W., *The Malayan Emergency in Retrospect: Organization of A Successful Counterinsurgency Effort*, RAND 1972.

Latham, Michael E., *Modernization as Ideology: American Social Science and "Nation Building" in the Kennedy Era*, The University of North Carolina Press 2000.

_____, *The Right Kind of Revolution: Modernization, Development, and U.S. Foreign Policy from the Cold War to the Present*, Cornell University Press 2011.

Miller, Edward, *Misalliance: Ngo Dinh Diem, the United States, and the Fate of South Vietnam*, Harvard University Press 2013.

Nashel, Jonathan, *Edward Lansdale's Cold War*, University of Massachusetts Press 2005.

Osborne, Milton E., *Strategic Hamlets in South Viet-Nam*, Cornell University Southeast Asia Program Publications 1965.

Osgood, Kenneth, *Total Cold War: Eisenhower's Secret Propaganda Battle*, University Press of Kansas 2006.

Phillips, Rufus, *Why Vietnam Matters: An Eyewitness Account of Lessons Not Learned*, Naval Institute Press 2017.

Pitzer, Andrea, *One Long Night: A Global History of Concentration Camps*, Little Brown and Company 2017.

Rich, Paul B. & Stubbs, Richard eds., *The Counter-Insurgent State: Guerrilla Warfare and State Building in the Twentieth Century*, Macmillan Press 1997.

Scigliano, Robert, *South Vietnam: Nation Under the Stress*, Houghton Mifflin 1964.

Souchou Yao, *The Malayan Emergency: A Small, Distant War*, NIAS Press 2016.

Stewart, Geoffrey C., *Vietnam's Lost Revolution*, Cambridge University Press 2017.

Strausz-Hupé, Robert, *In My Time*, W.W.Norton & Company, Inc. 1965.

_____, Kintner, William R., Dougherty, James E., Cottrell, Alvin J., *Protracted Conflicted*, Haper Colophon Books 1963.

Stubbs, Richard, *Hearts and Minds in Guerrilla Warfare: The Malayan Emergency 1948-1960*, Oxford University Press 1989.

Tanham, George K. et al., *War Without Guns*, Praeger 1966.

Tarling, Nicholas, *The British and the Vietnam War: Their Way With LBJ*, NUS Press 2017.

Thompson, Robert, *No Exit From Vietnam*, David McKAY Company, Inc. 1969.

_____, *Defeating Communist Insurgency: Experiences from Malaya and Vietnam*, Chatto and Windus 1966.

_____, *Make for the Hills: Memories of Far Eastern War*, Leo Cooper 1989.

Tran Dihn Tho, *Pacification*, US Army Center of Military History 1977.

Trinquier, Roger, *Modern Warfare: A French View of Counterinsurgency*, Pall Mall Press 1964.

Trullinger, James W., *Village at War: An Account of Conflict in Vietnam*, Stanford University

Press 1994.

Truman, Harry S., *Memoirs, Vol. II: Years of Trial and Hope 1946-1953*, Doubleday Company 1955.

Walterhouse, Harry F., *A Time to Build*, University of South Carolina Press 1964.

Westad, Odd Arne, *The Cold War*, Basic Books 2017.

_____, *The Global Cold War*, Cambridge University Press 2007.

Woodside, Alexander B., *Vietnam and the Chinese Model: A Comparative Study Vietnamese and Chinese Government in the First Half of the Nineteenth Century*, Harvard University Press 1971.

_____, *Community and Revolution in Modern Vietnam*, Houghton Mifflin Company 1976.

Yuen Foong Khong, *Analogies at War: Korea, Munich, Diem Bien Phu and Vietnam Decisions of 1965*, Princeton University Press 1992.

Blaxell, Vivian, "Seized Hearts: 'Soft' Japanese Counterinsurgency Before 1945 and Its Persistent Legacies in Postwar Malaya, South Vietnam and Beyond," *The Asia-Pacific Journal/Japan Focus*, 18:6:2, 2020.

Busch, Peter, "Killing the 'Vietcong': The British Advisory Mission and the Strategic Hamlet Programme," *Journal of Strategic Studies*, 25:1, 2002.

Ching-chin Chen, "The Japanese Adaptation of the Pao-Chia System in Taiwan, 1895-1945," *Journal of Asian Studies*, 34:2, 1975.

Fisher, Christopher T., "The Illusion of Progress: CORDS and the Crisis of Modernization in South Vietnam, 1965-1968," *Pacific Historical Review*, 75:1, 2006.

Forth, Aidan & Krienbaum, Jonas, "A Shared Malady: Concentration Camps in the British, Spanish, American and German Empires," *Journal of Modern European History*, 14:2, 2016.

Lee Eun Ho and Yim Young Soon, "Military Civic Actions of South Korean and South Vietnamese Forces in the Vietnamese Conflict, 1955-1970," *Korea Observer*, 13:1, 1982.

Smith, Iain R. & Stucki, Andreas, "The Colonial Development of Concentration

Camps(1868-1902)," *The Journal of Imperial and Commonwealth History*, Vol. 39, 2011.

Sutton, Keith , "The Influence of Military Policy on Algerian Rural Settlement," *Geographical Review*, Vol. 71, 1981.

Muhlhahn, Klaus, "The Dark Side of Globalization: The Concentration Camps in Republican China in Global Perspective," *World History Connected*, 6:1, 2009, https://worldhistoryconnected.press.uillinois.edu/6.1/muhlhahn.html.

Friedman, Herbert A., "Psychological Warfare of the Malayan Emergency, 1948-1960," 2006, https://www.psywar.org/malaya.php.

(4) 말레이시아

Lim Cheng Leng, *The Story of A Psy-Warrior: C.C.Too*, Lim Cheng Leng KMN AMN 2000.

(5) 러시아

김블라지미르『재소한인의 항일투쟁과 수난사』, 조영환 옮김, 국학자료원 1997.

리 블라지미르 표로도비치, 김 예브게니 예브게니예비치『스딸린 체제의 한인 강제이주』, 김명호 옮김, 건국대학교 출판부 1994.

| 도판 출처 |

사진 1~2	朝鮮總督府『間島集團部落』1936, 국립중앙도서관 https://nl.go.kr
사진 3~7	朝鮮總督府『在滿朝鮮總督府施設記念帖』1940, 국립중앙도서관 https://nl.go.kr
사진 8	朝鮮總督府『在滿朝鮮總督府施設記念帖』1940, 국립중앙도서관 https://nl.go.kr
사진 9~12	제주4·3평화재단 소장자료
사진 13	RG550, Organizational History Files, 1959-1973, 국사편찬위원회 전자사료관
사진 14~17	국가기록원 소장자료, https://www.archives.go.kr
사진 18~19	Army, 13:12, 1963.7
사진 20~21	충청북도 사진 DB, https://photo.chungbuk.go.kr/photo/index.do
사진 22-23	Composite Report Of The President's Committee To Study the United States Military Assistance Program, Vol. 1. 1959.8.17, Washington
사진 24~27	Texas Tech University The Vietnam Center & Sam Johnson Vietnam Archive 소장자료, https://vva.vietnam.ttu.edu
사진 28	국방부『파월한국군 전사 사진집: 1964.9~1970.6』1970 (동아시아 지도: U.S. AID, U.S. Foreign Aid in East Asia, 1968)
사진 29	국방부 전사편찬위원회 편『파월 한국군 전사 사진집』2, 1970
사진 30	국가기록원 소장자료, https://www.archives.go.kr
사진 31	충청북도 사진 DB, https://photo.chungbuk.go.kr/photo/index.do

사진 32   서울사진아카이브, http://photoarchives.seoul.go.kr

사진 33   중앙일보신문사

사진 34~35 충청북도 사진 DB, https://photo.chungbuk.go.kr/photo/index.do

사진 36~37 여주시 포토갤러리, https://www.yeoju.go.kr/main/photo

사진 38-39 한림대학교 아시아문화연구소『빨치산 자료집 4: 문건편(4) 한국경찰대 일일보고서(II)』1996

사진 40~42 국사편찬위원회 충북 괴산군 문광면 개인자료 07. 사료철 DDC002_06_08

사진 43   고려대학교 해외한국학자료센터, http://kostma.korea.ac.kr

사진 44   국사편찬위원회 충북 괴산군 청안면 개인자료 06. 사료철 DDC002_08_07C001

사진 45   국사편찬위원회 충남 공주 유구읍 동해리 소장 지역사 수집자료 사료철 DDC011_06_01

사진 46   국사편찬위원회 전남 화순군 새마을운동 관련 도장면 마을회관 소장 지역사 수집자료 사료철 DGJ040_01

냉전과 새마을
동아시아 냉전의 연쇄와 분단국가체제

초판 1쇄 발행 / 2022년 3월 25일

지은이 / 허은
펴낸이 / 강일우
책임편집 / 정편집실·김가희
조판 / 박지현
펴낸곳 / (주)창비
등록 / 1986년 8월 5일 제85호
주소 / 10881 경기도 파주시 회동길 184
전화 / 031-955-3333
팩시밀리 / 영업 031-955-3399 편집 031-955-3400
홈페이지 / www.changbi.com
전자우편 / human@changbi.com

ⓒ 허은 2022
ISBN 978-89-364-8297-8 93910